Economia do bem comum

Jean Tirole

Economia do bem comum

Tradução:
André Telles

Revisão técnica:
Renato Gomes e Alípio Ferreira Cantisani

Título original:
Économie du bien commun

Tradução autorizada da primeira edição francesa,
publicada em 2016 por Presses Universitaires de France,
de Paris, França

Copyright © 2016, Presses Universitaires de France

Copyright da edição brasileira © 2020:
Jorge Zahar Editor Ltda.
rua Marquês de S. Vicente 99 – 1º | 22451-041 Rio de Janeiro, RJ
tel (21) 2529-4750 | fax (21) 2529-4787
editora@zahar.com.br | www.zahar.com.br

Todos os direitos reservados. A reprodução não autorizada desta publicação,
no todo ou em parte, constitui violação de direitos autorais. (Lei 9.610/98)

Cet ouvrage, publié dans le cadre du Programme d'Aide à la Publication année 2017
Carlos Drummond de Andrade de l'Ambassade de France au Brésil, bénéficie du
soutien du Ministère de l'Europe et des Affaires étrangères.

Este livro, publicado no âmbito do Programa de Apoio à Publicação ano 2017
Carlos Drummond de Andrade da Embaixada da França no Brasil, contou com
o apoio do Ministério francês da Europa e das Relações Exteriores.

Grafia atualizada respeitando o novo Acordo Ortográfico da Língua Portuguesa

A editora não se responsabiliza por links ou sites aqui indicados, nem pode garantir que
eles continuarão ativos e/ou adequados, salvo os que forem propriedade da Zahar.

Tradução do cap. 9: Rodrigo Lacerda
Revisão: Tamara Sender, Édio Pullig | Capa: celso longo + daniel trench

CIP-Brasil. Catalogação na publicação
Sindicato Nacional dos Editores de Livros, RJ

T517e
Tirole, Jean, 1953-
Economia do bem comum/Jean Tirole; tradução André Telles; revisão técnica Renato Gomes, Alípio Ferreira Cantisani. – 1.ed. – Rio de Janeiro: Zahar, 2020.

Tradução de: Économie du bien commun
Inclui bibliografia
ISBN 978-85-378-1863-3

1. Economia. I. Telles, André. II. Gomes, Renato. III. Cantisani, Alípio Ferreira. IV. Título.

CDD: 330
CDU: 330

19-60961

Leandra Felix da Cruz – Bibliotecária – CRB-7/6135

Sumário

Prefácio 9

ECONOMIA E SOCIEDADE

1. Você gosta de economia? 23
   I. O que bloqueia nossa compreensão da economia
   II. O mercado e os outros modos de gestão da raridade
   III. Melhor compartilhar a economia

2. Os limites morais do mercado 43
   I. Limites morais do mercado ou falhas de mercado?
   II. O não mercadológico e o sagrado
   III. O mercado, ameaça ao laço social?
   IV. As desigualdades

A PROFISSÃO DE PESQUISADOR EM ECONOMIA

3. O economista na esfera pública 75
   I. O economista, intelectual público
   II. Os inconvenientes do envolvimento na esfera pública
   III. Uma necessária interação e algumas salvaguardas
   IV. Da teoria à política econômica

4. A pesquisa no cotidiano 91
   I. O vaivém entre teoria e evidência empírica
   II. O microcosmo da economia universitária
   III. Os economistas: raposas ou ouriços?

iv. O papel da matemática
v. A teoria dos jogos e a teoria da informação
vi. As contribuições metodológicas

5. A economia em movimento   131
i. Um ator nem sempre racional: *Homo psychologicus*
ii. *Homo socialis*
iii. *Homo incitatus*: os efeitos contraproducentes das recompensas
iv. *Homo juridicus*: direito e normas sociais
v. Pistas mais inesperadas

O ARCABOUÇO INSTITUCIONAL DA ECONOMIA

6. Por um Estado moderno   165
i. O mercado tem inúmeras falhas, que devem ser corrigidas
ii. A complementaridade entre mercado e Estado e os fundamentos do liberalismo
iii. Primazia do político ou de autoridades independentes?
iv. Reformar o Estado

7. A empresa, sua governança e sua responsabilidade social   187
i. Diversas organizações possíveis... e poucas escolhidas
ii. E a responsabilidade social da empresa em tudo isso?

OS GRANDES DESAFIOS MACROECONÔMICOS

8. O desafio climático   209
i. A questão climática
ii. As razões da apatia
iii. Negociações que não estão à altura dos problemas
iv. Responsabilizar os atores face ao aquecimento global
v. A desigualdade e a tarifação do carbono
vi. Credibilidade de um acordo internacional
vii. Concluindo: recolocar as negociações no caminho certo

9. Superar o desemprego   245
I. A constatação
II. Uma análise econômica do contrato de trabalho
III. A incoerência de nossas instituições
IV. Qual a vantagem de uma reforma e como fazê-la?
V. Os outros grandes debates relativos ao emprego
VI. A urgência

10. A Europa na encruzilhada   278
I. A construção europeia: da esperança à dúvida
II. As origens da crise do euro
III. O caso da Grécia: muita amargura de ambos os lados...
IV. Quais são as opções para a Europa daqui em diante?

11. Para que servem as finanças?   308
I. Para que servem as finanças?
II. Como transformar produtos úteis em produtos tóxicos?
III. Os mercados são eficientes?
IV. Mas, no fundo, por que regulamos?

12. A crise financeira de 2008   339
I. A crise financeira
II. O novo ambiente pós-crise
III. De quem é a culpa? Os economistas e a prevenção das crises

A QUESTÃO INDUSTRIAL

13. Política da concorrência e política industrial   369
I. Para que serve a concorrência?
II. E a política industrial nisso tudo?

14. Quando o digital modifica a cadeia de valor   394
I. As plataformas, guardiãs da economia digital
II. Os mercados bifaces
III. Um modelo econômico diferente: quando as plataformas regulam
IV. Os desafios dos mercados bifaces para a lei da concorrência

15. Economia digital: os desafios sociais   417
I. A confiança
II. A propriedade dos dados
III. A saúde e a solidariedade
IV. As novas formas de emprego no século XXI
V. Economia digital e emprego
VI. O regime fiscal

16. A inovação e a propriedade intelectual   447
I. O imperativo da inovação
II. A propriedade intelectual
III. Administrar a acumulação de royalties
IV. As instituições da inovação
V. O desenvolvimento cooperativo e o software livre
VI. E muitos outros debates...

17. A regulação setorial   472
I. Uma reforma quádrupla e sua racionalidade
II. A regulação incitativa
III. As tarifas das empresas reguladas
IV. A regulação do acesso à rede
V. Concorrência e serviço público

Notas   500

Agradecimentos   551

Prefácio

Onde foi parar o bem comum?

Desde o retumbante fracasso econômico, cultural, social e ambiental das economias planejadas, desde a queda do muro de Berlim e a metamorfose econômica da China, a economia de mercado tornou-se o modelo dominante, exclusivo até, de organização de nossas sociedades. Mesmo no "mundo livre", o poder político perdeu sua influência, em prol ao mesmo tempo do mercado e de novos atores. As privatizações, a abertura à concorrência, a globalização e o recurso mais sistemático às licitações nas compras públicas restringem o campo da decisão pública. E, para esta última, o aparelho judiciário e as autoridades independentes de regulação, órgãos não submetidos ao primado do político, passaram a ser atores incontornáveis.

Ainda assim, a economia de mercado não obtete senão uma vitória parcial, uma vez que não conquistou nem os corações nem as mentes. A preeminência do mercado, no qual só uma pequena minoria de nossos concidadãos confia, é recebida com um fatalismo às vezes tingido de indignação. Uma oposição difusa denuncia o triunfo da economia sobre os valores humanistas, um mundo sem piedade e sem compaixão entregue ao interesse privado, a diluição do laço social e dos valores ligados à dignidade humana, o recuo do político e dos serviços públicos ou ainda a efemeridade de nosso meio ambiente. Um slogan publicitário que não conhece fronteiras lembra que "o mundo não é uma mercadoria". Essas interrogações ressoam com especial veemência no contexto atual marcado pela crise financeira, o aumento do desemprego e das desigualdades e a incompetência de nossos governantes face à mudança climática; pela incerteza da construção europeia, a instabilidade geopolítica e a crise dos imigrantes dela resultante; bem como pela escalada dos populismos no mundo inteiro.

Onde foi parar a busca do bem comum? E em que medida a economia pode contribuir para sua realização?

Definir o bem comum, aquilo a que aspiramos para a sociedade, requer, ao menos em parte, um juízo de valor. Esse juízo pode refletir nossas preferências e nosso grau de informação, bem como nossa posição na sociedade. Mesmo concordando quanto ao bom propósito de tais objetivos, podemos avaliar diversamente a equidade, o poder de compra, o meio ambiente, o lugar atribuído ao nosso trabalho ou à nossa vida privada. Sem falar em outras dimensões, como os valores morais, a religião ou a espiritualidade, a cujo respeito as opiniões podem divergir profundamente.

Ainda assim, é possível eliminar parte da arbitrariedade inerente ao exercício de definição do bem comum. A hipótese a seguir fornece uma boa porta de entrada para o tema. Suponha que você ainda não tenha nascido e que, portanto, não conheça o lugar que lhe será reservado na sociedade: nem seus genes, nem seu meio familiar, social, étnico, religioso, nacional... Faça então a pergunta: "Em que sociedade eu gostaria de viver, sabendo que poderei ser homem ou mulher; ter uma saúde boa ou ruim; ter vindo ao mundo numa família rica ou pobre, instruída ou inculta, ateia ou religiosa; crescer no centro de Paris ou no campo; querer me realizar profissionalmente ou adotar outro estilo de vida etc.?" Essa maneira de se interrogar, de abstrair sua posição na sociedade e seus atributos, de se colocar "sob o véu de ignorância", é oriunda de uma longa tradição intelectual, inaugurada na Inglaterra no século XVII por Thomas Hobbes e John Locke, aprofundada na Europa continental no século XVIII por Immanuel Kant e Jean-Jacques Rousseau (e seu contrato social), e mais recentemente retrabalhada nos Estados Unidos pela teoria da justiça (1971) do filósofo John Rawls e pela comparação interpessoal do bem-estar do economista John Harsanyi.

A fim de restringir as escolhas e impedir o leitor de "driblar a questão" através de uma resposta quimérica, reformulo ligeiramente a pergunta: "Em que organização da sociedade você gostaria de viver?" Com efeito, a questão pertinente não é saber em qual sociedade ideal gostaríamos de viver, por exemplo uma sociedade em que os cidadãos, trabalhadores e dirigentes do mundo econômico, os líderes políticos e os países privilegiariam espontaneamente o interesse geral em detrimento de seu interesse pessoal. Pois embora,

Prefácio

como veremos neste livro, o ser humano não esteja o tempo todo em busca de seu interesse material, o fato de não levar em conta incentivos e comportamentos todavia bastante previsíveis, que encontramos por exemplo no mito do homem novo, conduziu no passado a formas de organização da sociedade totalitárias e empobrecedoras.

Este livro, portanto, parte do seguinte princípio: todos nós, seja qual for nosso lugar na sociedade, sejamos políticos, líderes empresariais, assalariados, desempregados, trabalhadores autônomos, funcionários graduados, agricultores, pesquisadores, todos nós reagimos aos incentivos aos quais somos expostos. Esses incentivos – materiais ou sociais – e nossas preferências combinados definem o comportamento que adotamos, um comportamento que pode ir de encontro ao interesse coletivo. Eis por que a busca do bem comum passa em grande parte pela construção de instituições visando, na medida do possível, conciliar o interesse individual e o interesse geral. Nessa perspectiva, a economia de mercado não é em absoluto um fim em si. Ela não passa de um instrumento; e não só isso, um instrumento bastante imperfeito, se levarmos em conta a divergência possível entre o interesse particular dos indivíduos, dos grupos sociais e das nações, e o interesse geral.

Embora seja difícil nos colocarmos sob o véu de ignorância, de tal modo somos condicionados pelo lugar específico que já ocupamos na sociedade,[1] esse experimento mental permite que nos orientemos com muito mais segurança rumo a um terreno de consenso. É possível que eu consuma água demais ou que eu polua não porque extraia disso um prazer intrínseco, mas porque isso satisfaz meu interesse material: produzo mais legumes ou economizo nos custos de isolamento térmico, ou evito a compra de um veículo mais limpo. E você, que sofre com minha conduta, irá reprová-la. Mas se refletirmos sobre a organização da sociedade, podemos concordar quanto a meu comportamento ser ou não desejável do ponto de vista de alguém que não sabe se será seu beneficiário ou sua vítima, isto é, se a contrariedade desta excede o proveito daquele. O interesse individual e o interesse geral divergem a partir do momento em que meu livre arbítrio vai de encontro aos seus interesses, mas convergem parcialmente sob o véu de ignorância.

Outro benefício dessa ferramenta de raciocínio representada pela abstração do véu de ignorância é que os direitos adquirem racionalidade e deixam de ser simples slogans: o direito à saúde é uma garantia contra o infortúnio de ter genes deficientes, a igualdade de oportunidades no que se refere à educação deve nos blindar contra as diferenças induzidas pelo contexto em que nascemos e crescemos, os direitos humanos e a liberdade são proteções contra a arbitrariedade dos governantes etc. Os direitos não são mais conceitos absolutos, que a sociedade pode ou não conceder – o que os torna mais operacionais, pois na prática podem ser outorgados em diversos níveis ou entrar em conflito uns com os outros (por exemplo, a liberdade de um termina onde começa a do outro).

A busca do bem comum adota como critério nosso bem-estar sob o véu de ignorância. Não prejulga soluções e não tem outro parâmetro senão o bem-estar coletivo. Admite o uso privado para o bem-estar da pessoa,[2] mas não o abuso desse uso à custa dos outros. Tomemos o exemplo dos bens comuns, esses bens que, sob o véu de ignorância, devem, por razões de equidade, pertencer à comunidade: o planeta, a água, o ar, a biodiversidade, o patrimônio, a beleza da paisagem... Seu pertencimento à comunidade não impede que, em última instância, esses bens venham a ser consumidos pelos indivíduos. Por todos, com a condição de que meu consumo não elimine o seu (é o caso do conhecimento, da iluminação das vias públicas, da defesa nacional ou do ar).[3] Em contrapartida, se o bem é disponível em quantidade limitada ou se a coletividade deseja restringir sua utilização (como no caso das emissões de carbono), o uso é necessariamente privatizado de uma maneira ou de outra. É assim que a taxação da água, do carbono ou do espectro radioelétrico privatiza seu consumo, outorgando aos agentes econômicos um acesso exclusivo, contanto que estes paguem à coletividade o preço exigido. Mas é precisamente a busca do bem comum que motiva esse uso privativo: o poder público quer evitar que a água seja desperdiçada, deseja responsabilizar os agentes econômicos quanto à gravidade de suas emissões e pretende alocar um recurso raro – o espectro radioelétrico – a operadores que dele façam um bom uso.

Essas observações antecipam em grande parte a resposta à segunda questão, a contribuição da economia à busca do bem comum. A economia, assim como as demais ciências humanas e sociais, não tem como objetivo substituir a sociedade ao definir o bem comum. Mas ela pode contribuir para isso de duas maneiras. Por um lado, orientando o debate para objetivos materializados na noção de bem comum, distinguindo-os dos instrumentos que podem colaborar para sua realização; pois não raro, como veremos, esses instrumentos, quer se trate de uma instituição (por exemplo, o mercado), de um "direito a" ou de uma política econômica, adquirem vida própria e terminam por perder de vista sua finalidade, indo então de encontro ao bem comum que a princípio os justificava. Por outro lado, e acima de tudo, a economia, tomando o bem comum como um dado, desenvolve as ferramentas para contribuir para ele. A economia não está a serviço nem da propriedade privada e dos interesses individuais, nem dos que gostariam de utilizar o Estado para impor seus valores ou fazer prevalecer seus interesses. Ela recusa tanto o mercado total como o Estado total. A economia está a serviço do bem comum; tem como objetivo tornar o mundo melhor. Com esse fim, tem como tarefa identificar as instituições e políticas que venham a promover o interesse geral. Em sua busca do bem-estar para a comunidade, ela engloba as dimensões individual e coletiva do sujeito, analisando as situações em que o interesse individual é compatível com essa busca de bem-estar coletivo e aquelas em que, ao contrário, ele constitui um entrave.

Itinerário

O percurso que proponho ao leitor através da economia do bem comum é exigente mas, espero, enriquecedor. Este livro não constitui nem um curso acadêmico, nem uma série de respostas formatadas, e sim, a exemplo da pesquisa científica, uma ferramenta de questionamento. E traduz uma visão pessoal do que é a ciência econômica, a maneira como ela é construída e o que ela implica. A visão de uma pesquisa fundamentada na comparação entre a teoria e a prática e de uma organização da sociedade que reconhece ao mesmo tempo as virtudes do mercado e sua necessária regulação. A esse título, o leitor poderá vir a discordar de determinadas conclusões, ou talvez mesmo da maioria; mas espero que, mesmo em tal hipótese, encontre material para reflexão na argumentação deste estudo. Aposto em sua avidez por uma melhor compreensão do mundo econômico que o cerca, na certeza de que sua curiosidade o leve a olhar do outro lado do espelho.

Economia do bem comum também tem por ambição compartilhar a paixão por uma disciplina, a economia, janela aberta para o nosso mundo. Até fazer meu primeiro curso de economia, aos 21 ou 22 anos de idade, eu não tivera nenhum contato com essa matéria, exceto pela mídia. Eu procurava compreender a sociedade. Apreciava o rigor da matemática ou da física e me apaixonava pelas ciências humanas e sociais, filosofia, história, psicologia... Fui imediatamente cativado pela economia, pois ela combina a abordagem quantitativa e o estudo dos comportamentos humanos individuais e coletivos. Mais tarde, compreendi que a economia abria uma janela para um mundo que eu não compreendia direito e que me oferecia uma dupla oportunidade: confrontar-me com problemas intelectualmente exigentes e apaixonantes e contribuir para a tomada de decisão nas esferas pública e privada. A economia não só documenta e analisa os comportamentos individuais e coletivos, como também aspira a tornar o mundo melhor, emitindo recomendações de política econômica.

O livro se desdobra em torno de cinco grandes temas. O primeiro diz respeito à relação da sociedade com a economia como disciplina e paradigma. O segundo é dedicado à profissão de economista, desde sua vida cotidiana na pesquisa até seu envolvimento político. Nossas instituições, Estado e mercado, estão no centro do terceiro tema, que as ressitua em sua dimensão econômica. O quarto tema traz elementos de reflexão sobre quatro grandes desafios macroeconômicos, que estão no cerne das preocupações atuais: o clima, o desemprego, o euro, as finanças. O quinto tema abrange um conjunto de questões microeconômicas que, sem dúvida, encontram menos eco no debate público, mas que são essenciais para nossa vida cotidiana e para o futuro de nossa sociedade; agrupadas sob o título "A questão industrial", incluem a política da concorrência e a política industrial, a revolução digital – seus novos modelos econômicos e desafios societários –, a inovação e a regulação setorial.

A relação da sociedade com a economia

As duas primeiras partes do livro dizem respeito ao papel da disciplina econômica em nossa sociedade, à posição do economista, ao trabalho cotidiano de um pesquisador nessa disciplina, à sua relação com as demais ciências sociais e ao questionamento dos fundamentos morais do mercado.

Por muito tempo hesitei em incluir esses capítulos, temendo que contribuíssem para a "glamourização" atual dos economistas, pela qual os comentadores são ávidos, e desviassem a atenção do leitor do verdadeiro objeto do livro, econômico. Acabei decidindo correr esse risco. Minhas discussões nos liceus, nas universidades ou fora desses locais de saber fortaleceram minha percepção das interrogações que minha disciplina suscita. As perguntas são sempre as mesmas: mas o que faz então um pesquisador em economia? A economia é uma ciência? Pode haver uma disciplina econômica fundada no "individualismo metodológico", segundo o qual os fenômenos coletivos resultam dos comportamentos individuais e, por sua vez, afetam estes últimos? É possível postular uma forma de racionalidade dos comportamentos e, em caso afirmativo, qual? Os mercados são morais? Os economistas são úteis, não tendo sabido prever a crise financeira de 2008?

A economia é ao mesmo tempo exigente e acessível. Exigente, pois, como veremos no capítulo 1, nossas intuições costumam nos pregar peças. Somos todos vulneráveis e suscetíveis a ceder a certas heurísticas e certas crenças. A primeira resposta que nos ocorre quando refletimos sobre um problema econômico nem sempre é a correta. Nosso raciocínio não raro atém-se às aparências, às crenças que gostaríamos de cultivar e às emoções que sentimos. A economia tem como objetivo ir além das aparências. Ela é uma lente que modela o olhar que lançamos sobre o mundo e nos permite olhar além do espelho. A boa notícia é que, desmontadas as armadilhas, a economia é acessível. Sua compreensão não é condicionada por uma instrução privilegiada ou um quociente intelectual superior à média. Ela pode nascer da conjunção de uma curiosidade intelectual e de uma cartografia das armadilhas naturais que nossa intuição nos estende. Todos os capítulos são recheados de exemplos concretos que ilustram a teoria e reforçam a intuição.

Repercutindo o mal-estar difuso mencionado anteriormente, numerosos estudos questionam a moralidade do mercado e insistem na necessidade de se estabelecer uma fronteira clara entre os domínios mercadológico e não mercadológico. O capítulo 2 mostra que determinadas críticas dirigidas ao mercado num plano moral não passam na verdade de reformulações da noção de "falha de mercado", a qual pede uma ação pública, mas não envolve particularmente problemas éticos. Outras críticas são mais profundas. Procuro compreender por que transações de mercado que envolvem, por exemplo, vendas de órgãos, mães de aluguel ou prostituição nos incomodam. Insisto na ideia de que o sentimento de indignação, embora suscetível de apontar aberrações nos comportamentos individuais ou na organização de nossa sociedade, pode igualmente ser mau conselheiro. Muitas vezes, no passado, a indignação resultou na primazia das preferências individuais em detrimento da liberdade geral; e não raro ela se exime de uma reflexão em profundidade. Por fim, o capítulo analisa nossas inquietudes quanto à fragilização do laço social e à escalada da desigualdade na economia de mercado.

O ofício de economista

A segunda parte do livro aborda a profissão de economista, começando, no capítulo 3, pelo seu engajamento político. A disciplina econômica ocupa um lugar à parte nas ciências humanas e sociais; mais do que qualquer outra, ela interroga, fascina e inquieta. Os economistas – cujo papel não é tomar decisões, e sim identificar as regularidades que estruturam a economia e compartilhar o que diz a ciência econômica no estado atual de nossos conhecimentos – enfrentam duas críticas um tanto contraditórias. Para alguns, os economistas não servem para nada; para outros, ao contrário, eles são influentes, embora suas teorias legitimem políticas que vão de encontro ao bem comum. Concentro-me na segunda crítica, delegando ao conjunto do livro a tarefa de responder à primeira.

Refletir sobre o papel social dos economistas constitui um questionamento legítimo. Os pesquisadores em economia, assim como seus pares das outras disciplinas científicas, são em geral financiados pelo Estado; eles influenciam em setores inteiros de nossas regulações e de nosso sistema econômico, seja diretamente, por sua participação na vida política, seja indiretamente, por sua pesquisa e ensino. Sua confiabilidade, assim como a de todo cientista, não pode obliterar o fato de que eles devem prestar contas. Por mais apaixonante que seja a vida dos economistas acadêmicos, estes devem, coletivamente, ser úteis à sociedade.

O envolvimento político do pesquisador se exprime de diversas maneiras: interação com os setores público e privado, participação no debate público, midiático ou político. Cada uma dessas interações, bem-estruturada, embora útil à sociedade, carrega em si germes de contaminação. Tomando como exemplo a economia (mas com uma perspectiva mais genérica sobre a pesquisa universitária em seu conjunto), o capítulo 3 passa em revista o que pode alterar a pesquisa e sua transmissão e propõe algumas reflexões pessoais sobre como as instituições são capazes de limitar o risco de que o dinheiro, as amizades e o desejo de reconhecimento ou celebridade alterem o comportamento do estudioso dentro e fora do laboratório.

O capítulo 4 descreve o cotidiano de um pesquisador em economia. Explico por que essa "ciência lúgubre" – qualificativo com que o historiador Thomas Carlyle a dotou em 1849 num panfleto que propunha restaurar a escravidão – é, ao contrário, cativante; e por que um estudante de ensino fundamental ou médio que se interroga sobre sua carreira pode considerar vir a ser um economista.

Evoco a complementaridade e os vaivéns entre teoria e trabalho empírico; o papel da matemática; a validação dos conhecimentos; os consensos e dissensões entre economistas; ou ainda seu estilo de raciocínio cognitivo. Por fim, apresento de maneira intuitiva dois pressupostos teóricos, a teoria dos jogos e a da informação, que revolucionaram nossa compreensão das instituições econômicas nos últimos quarenta anos.

Antropólogos, economistas, historiadores, juristas, cientistas políticos, psicólogos e sociólogos se interessam pelos mesmos indivíduos, grupos e sociedades. O capítulo 5 reposiciona a economia entre as ciências humanas e sociais, às quais ela estava integrada até o fim do século XIX. No século XX, a economia se desenvolveu de maneira autônoma através da ficção do *Homo œconomicus*, isto é, da hipótese simplificadora segundo a qual os tomadores de decisão (consumidores, políticos, empresas...) são racionais, no sentido de agirem precipuamente por seus interesses, considerando a informação de que dispõem (a economia, todavia, insiste na ideia de que essa informação pode ser parcial ou manipulada). Na prática, evidentemente, todos nós usamos de artifícios em nossa reflexão e tomadas de decisão, assim como temos objetivos que vão além do interesse material, que não procuramos sistematicamente. Há vinte anos, a pesquisa em economia incorpora cada vez mais as contribuições das demais ciências sociais e humanas para melhor compreender os comportamentos dos indivíduos e grupos, a tomada de decisão política ou a maneira como as leis são formatadas. O capítulo mostra como a consideração da procrastinação, dos erros na formação de nossas crenças ou dos efeitos contextuais enriquece a descrição dos comportamentos e a ciência econômica. Reconsidera nossa moralidade e sua fragilidade; evoca o elo entre motivação intrínseca e motivação extrínseca, bem como a influência das normas sociais sobre nossos comportamentos.

Nossas instituições

Os dois capítulos seguintes estudam dois protagonistas de nossa vida econômica: o Estado e as empresas. O bem comum me leva a abordar no capítulo 6 uma nova concepção do Estado. Nossa escolha de sociedade não é uma escolha entre Estado e mercado, como intervencionistas e adeptos do laissez-faire gostariam de nos fazer crer. O Estado e o mercado são complementares, e não excludentes. O mercado precisa da regulação e o Estado, de concorrência e incentivos.

De provedor de empregos através do funcionalismo público e produtor de bens e serviços através das empresas públicas, o Estado se transforma em regulador. Seu novo papel é estabelecer as regras do jogo e intervir para mitigar as falhas de mercado, e não o substituir. Ele assume todas as suas responsabilidades ali onde os mercados são deficientes, a fim de garantir uma concorrência saudável, regular os monopólios, supervisionar o sistema financeiro, nos responsabilizar no que se refere ao meio ambiente, nos proteger contra os imprevistos da saúde e de percurso, criar uma verdadeira igualdade de oportunidades e redistribuir a renda mediante o imposto. O capítulo analisa o papel e a pertinência das autoridades independentes e do primado da esfera política. Aborda a espinhosa questão da reforma do Estado, insiste em sua necessidade face à ameaça que as finanças públicas representam para a perenidade do nosso sistema social e oferece sugestões de reforma.

O capítulo 7 aborda as empresas e abre com um enigma: por que um modo de gestão bastante peculiar, a gestão capitalista, é tão presente na maior parte dos países? Esse modo outorga o poder de decisão aos acionistas, e na falta deles, aos credores, caso as dívidas não sejam pagas. Ora, as empresas têm outras partes integrantes: os assalariados, os terceirizados, os clientes, as coletividades territoriais, os países onde elas estão implantadas, os vizinhos passíveis de sofrer prejuízos de sua parte. Podemos então conceber uma série de organizações em que as partes integrantes dividiriam entre si o poder em configurações de geometria variável. Tendemos a esquecer que outras modalidades, como a empresa de autogestão ou a cooperativa, são possíveis num mundo de livre comércio. A análise da viabilidade dessas alternativas me leva a uma discussão sobre as forças e fraquezas da governança das empresas. Analiso então as noções de responsabilidade social das empresas e de investimento socialmente responsável: o que tais conceitos recobrem? São incompatíveis com uma economia de mercado ou, ao contrário, uma emanação natural da economia de mercado?

Uma janela para o nosso mundo

Os capítulos que tratam dos grandes temas econômicos (caps. 8 a 17) requerem muito menos explicação, tamanha a familiaridade que temos com seus tópicos. Essa parte do livro propõe então uma viagem através de temas que afetam nosso cotidiano, mas que, não obstante, não controlamos: o aquecimento global, o desemprego, a Europa. As finanças, a concorrência e a política industrial, nossa relação com o digital, a inovação e a regulação setorial. No âmbito de cada tema, analiso o jogo dos atores públicos e privados e reflito sobre as instituições que poderiam participar de uma convergência entre o interesse individual e o interesse geral. Em suma, do bem comum.

Minha mensagem é otimista. Explica as razões pelas quais não existe fatalidade nos males padecidos por nossas sociedades: existem soluções para o desemprego, o aquecimento do clima, a dissolução da construção europeia. Explica igualmente como enfrentar o desafio industrial e como agir de maneira a que bens e serviços estejam a serviço do povo e não do enriquecimento dos acionistas ou dos funcionários das empresas. Mostra como regular as finanças, os grandes monopólios, os mercados e o próprio Estado, sem fazer a máquina econômica descarrilar ou negar o papel do Estado na organização da sociedade.

A escolha dos temas econômicos aqui abordados é necessariamente seletiva. Privilegiei aqueles sobre os quais publiquei estudos nas revistas científicas. Deixei de lado outros assuntos, sobre os quais outros economistas se exprimirão com muito mais propriedade do que eu poderia fazer, ou, como no caso da globalização e da desigualdade, preferi tratá-los de maneira parcial no quadro de capítulos existentes, nos quais eles eram fundamentais para determinada explicação.

O fio condutor

Embora este livro se organize em torno de temas familiares a todos, seu fio condutor é um conceito ao qual muitos leitores sem dúvida estão menos habituados: a teoria da informação, avanço primordial da economia nos últimos quarenta anos. Essa teoria se baseia numa evidência: as decisões dos atores econômicos (os lares, as empresas, o Estado) são ditadas pela informação limitada de que dispõem. As consequências desses limites informacionais se encontram em toda parte: na dificuldade dos administrados de compreender e avaliar as políticas adotadas por seus governantes – a dificuldade do Estado em regular bancos ou empresas dominantes, em proteger o meio ambiente ou gerir a inovação, e a dificuldade dos investidores em controlar a utilização que é feita de seu dinheiro pelas empresas que eles financiam –; nos modos de organização interna de nossas empresas; em nossa relações interpessoais; e até em nossa relação com nós mesmos, por exemplo quando construímos uma identidade ou acreditamos no que queremos acreditar.

Como demonstrarei, a necessária compatibilidade das políticas públicas com a informação disponível tem implicações cruciais para a concepção das políticas do emprego, da proteção do meio ambiente, da política industrial ou da regulação setorial ou bancária. No setor privado, as assimetrias de informação subjazem às instituições de governança e aos modos de financiamento. A questão da informação está no cerne da própria construção de nossas instituições e nossas escolhas de política econômica. No cerne da economia do bem comum.

Guia de leitura: os dezessete capítulos foram escritos de maneira a poderem ser lidos independentemente. Uma leitura com tempo limitado ou interesses específicos pode, portanto, concentrar-se em seus temas prediletos. No entanto, é aconselhável ler o capítulo 11 (sobre as finanças) antes de ler o 12 (sobre a crise de 2008).

Boa leitura!

Economia e sociedade

Economia e sociedade

1. Você gosta de economia?

A MENOS QUE SEJA ECONOMISTA por formação ou profissão, você deve estar intrigado com a economia (caso contrário, não estaria percorrendo estas páginas), mas daí a gostar dela... Sem dúvida você acha o discurso econômico obscuro e pouco intuitivo, até mesmo contraintuitivo. Neste capítulo, eu gostaria de explicar por que as coisas são assim, descrevendo alguns vieses cognitivos que às vezes nos pregam peças quando abordamos as questões econômicas e propondo caminhos para uma maior difusão da cultura econômica.

Pois a economia, que diz respeito a todos no dia a dia, não é privilégio dos especialistas; ela é acessível, contanto que a vislumbremos para além das aparências. E é apaixonante, uma vez identificados e vencidos os primeiros obstáculos.

I. O QUE BLOQUEIA NOSSA COMPREENSÃO DA ECONOMIA

Desde sempre psicólogos e filósofos se debruçaram sobre os motores da formação de nossas crenças. Vários vieses cognitivos nos são úteis (o que sem dúvida explica sua existência) e prejudiciais ao mesmo tempo. Nós os encontraremos ao longo de todo este livro, afetando nossa compreensão dos fenômenos econômicos e nossa visão da sociedade. De forma resumida, existe o que vemos, ou queremos ver, e existe a realidade.

Acreditamos no que queremos acreditar e vemos o que queremos ver

É muito comum acreditarmos no que queremos acreditar, e não no que a evidência nos levaria a acreditar. Como apontaram pensadores tão diversos como Platão, Adam Smith ou o grande psicólogo americano do século XIX William James, a formação e a revisão de nossas crenças servem igualmente para reiterar a imagem que queremos ter de nós mesmos ou do mundo que nos cerca. E tais crenças, agregadas no nível de um país, determinam as políticas econômicas, sociais, científicas ou geopolíticas.

Não só nos sujeitamos a esses vieses cognitivos, como também, muito frequentemente, os procuramos. Interpretamos os fatos pelo prisma de nossas crenças, lemos os jornais e procuramos a companhia de pessoas que as ratificam e, consequentemente, nos obstinamos nelas, certas ou erradas. Confrontando indivíduos com provas científicas do fator antrópico (isto é, ligado à influência do homem) no aquecimento global, Dan Kahan, professor de direito na Universidade Yale, observou que os americanos que votam no Partido Democrata mostram-se mais persuadidos da necessidade de agir contra o aquecimento global, ao passo que, confrontados com os mesmos dados, numerosos republicanos reafirmavam sua postura cética com relação ao clima.[1] Mais espantoso ainda, esta não é uma questão de instrução ou inteligência: estatisticamente, a recusa em aceitar a evidência está tão enraizada nos republicanos mais cultos quanto nos republicanos menos instruídos! Ninguém, portanto, está imune a esse fenômeno.

O desejo de nos tranquilizar quanto ao nosso futuro também desempenha papel importante na compreensão dos fenômenos econômicos (e, mais genericamente, científicos). Não queremos ouvir que a luta contra o aquecimento global será dispendiosa. Daí a popularidade da noção de crescimento verde no discurso político, cujo próprio nome sugere que uma política ambiental seria "100% lucrativa". Mas se ela é tão pouco dispendiosa, por que ainda não foi adotada?

Assim como queremos acreditar que acidentes e doenças só acontecem com os outros e não conosco ou nossos parentes e amigos (o que pode induzir a comportamentos nefastos – uma redução da prudência ao volante ou da prevenção médica –, mas não apresenta apenas inconvenientes, pois a despreocupação nesse domínio também traz benefícios em termos de qualidade de vida), evitamos pensar na possibilidade de que a explosão da dívida pública ou de nosso sistema de previdência social poderia colocar em risco a perenidade de nosso sistema social, ou então nos empenhamos em acreditar que "alguém" pagará.

Todos nós sonhamos com outro mundo, no qual os atores não precisariam ser estimulados pela lei a se comportar virtuosamente, despoluiriam ou pagariam seus impostos por iniciativa própria e dirigiriam prudentemente mesmo na ausência do guarda. Eis por que os cineastas (e não só os de Hollywood) concebem fins segundo nossas expectativas: os *happy ends* reforçam nossa ideia de que vivemos num mundo justo, onde a virtude prevalece sobre o vício (o que o sociólogo Melvin Lerner qualificou de "crença num mundo justo" – "*belief in a just world*").[2]

Enquanto os partidos populistas tanto de direita como de esquerda surfam nessa visão de uma economia sem coerções, as mensagens que arranham a imagem desse conto de fadas e Ursinhos Carinhosos são percebidas na melhor das hipóteses como geradores de ansiedade, no pior como emanando de cúmplices dos adeptos do aquecimento do clima, dos ideólogos da austeridade ou dos inimigos do gênero humano, conforme o caso. Esta é uma das razões pelas quais a ciência econômica é comumente designada como a ciência lúgubre (*dismal science*).

O que vemos e o que não vemos

Primeiras impressões e heurísticas

O ensino da economia costuma repousar na teoria da escolha racional. Para descrever o comportamento de um agente econômico, ele parte de uma descrição de seu objetivo. Seja o indivíduo egoísta ou altruísta, ávido de lucro ou de reconhecimento social, seja impelido por alguma outra ambição, em todos os casos ele age precipuamente no seu interesse. Vítima de vieses cognitivos, ele é suscetível de se enganar quando avalia a maneira de realizar seu objetivo. Esses vieses de raciocínio ou de percepção abundam. Eles não invalidam a teoria da escolha racional como definidora das escolhas normativas (isto é, das escolhas que o indivíduo deveria fazer para agir precipuamente no seu interesse), mas explicam por que procedemos necessariamente a tais escolhas.

Nós utilizamos "heurísticas" – caras ao psicólogo Daniel Kahneman,[3] prêmio Nobel de Economia em 2002 –, isto é, formas de raciocínio sumário que fornecem um esboço de resposta às nossas questões. Essas heurísticas nos são muitas vezes úteis, pois permitem decidir com rapidez (se nos encontrarmos cara a cara com um tigre, nem sempre dispomos do tempo necessário para pensar uma resposta ideal...), mas podem igualmente se revelar enganadoras. Elas podem ter como vetor a emoção, que, embora às vezes um guia confiável, também é muito pouco perspicaz.

Tomemos um exemplo de heurística clássico: o que nos vem à cabeça quando estamos em situação de decidir ou simplesmente avaliar. "O telefone que toca sempre quando estamos ocupados ou no banho" é evidentemente uma peça que a memória nos prega; lembramos muito mais as situações em que praguejamos porque nossa atividade foi interrompida, o que permanece gravado em nossa memória, do que dos casos em que os telefonemas não nos causam qualquer incômodo. Da mesma forma, todos nós receamos os acidentes de avião ou atentados, pois estes são exaustivamente noticiados pela imprensa, esquecendo-nos de que os acidentes de carro e homicídios "corriqueiros" matam infinitamente mais do que esses episódios felizmente raros. Os Estados Unidos, por exemplo, depois do 11 de Setembro de 2001 tiveram 200 mil homicídios, dos quais apenas cinquenta foram perpetrados por terroristas islâmicos americanos;[4] isso não impede que os atos terroristas permaneçam gravados em todos os espíritos.

A contribuição mais importante dos trabalhos de Kahneman e Tversky é mostrar que essas heurísticas nos induzem frequentemente ao erro. Os dois psicólogos dão numerosos exemplos do fenômeno, mas um é particularmente eloquente: os estudantes de medicina da Universidade Harvard cometem erros crassos[5] quando se trata de calcular as probabilidades de se desenvolver um câncer depois de se apresentar certos sintomas. Ora, no caso estamos lidando com os melhores estudantes americanos. Voltamos a encontrar um exemplo de distorção de crenças que não é corrigido por um intelecto brilhante e um nível de instrução elevado.[6]

Em economia, analogamente, as primeiras impressões, a atenção exclusiva ao que parece mais evidente, também nos pregam peças. Constatamos o efeito direto de uma política econômica, facilmente compreensível, mas paramos nesse ponto. Na maior parte do tempo, não temos consciência dos fenômenos de incentivos, substituição ou realocação intrínsecos ao funcionamento dos mercados; não apreendemos os problemas em sua globalidade. Ora, as políticas têm efeitos secundários, que podem facilmente tornar nociva uma política bem-intencionada.

Encontraremos inúmeras ilustrações desse fenômeno ao longo de todo este livro, mas agora tomemos um único exemplo, propositalmente provocador.[7] Se escolho esse exemplo, é porque ele é capaz de induzir a uma má compreensão do efeito das decisões de políticas públicas. Suponhamos que uma ONG faça uma apreensão de marfim de traficantes. Ela tem a escolha entre destruí-lo imediatamente ou, ao contrário, revendê-lo discretamente no mercado. Instigados a reagir prontamente, uma imensa maioria de leitores veria na segunda hipótese um comportamento absolutamente repreensível. Minha reação espontânea não teria sido diferente. Mas detenhamo-nos um pouco nesse exemplo.

Deixando de lado o dinheiro coletado pela ONG, que poderia então servir a uma causa nobre, proporcionando-lhe mais recursos para limitar o tráfico (incremento da capacidade de detecção e investigação, veículos suplementares), a venda do marfim tem uma consequência imediata: ela contribui para fazer baixar as cotações do marfim (um pouco se for pouco o marfim vendido, mais se a quantidade for maior).[8] Os traficantes são, como muitos outros, racionais: pesam os ganhos monetários de sua atividade e os riscos de prisão ou luta contra as forças da ordem em que incorrem; uma queda dos preços teria como consequência, marginalmente, desestimular alguns deles a matar mais elefantes. Nessas condições, a venda de marfim pela ONG é imoral? Talvez, pois uma venda ostensiva de marfim por uma ONG, organização considerada respeitável, poderia legitimar seu comércio aos olhos de compradores que, de outra forma, se sentiriam minimamente culpados por seu interesse pelo marfim. Contudo, convém pensar duas vezes antes de condenar o comportamento da ONG em questão. Ainda mais que nada impede o poder público de exercer suas funções soberanas naturais: perseguir os caçadores e vendedores de marfim ou de chifres de rinocerontes e discutir as normas de comportamento a fim de modificá-las.

Esse roteiro fictício permite compreender uma das razões fundamentais do fracasso do protocolo de Kyoto, que em 1997 prometia ser uma etapa-chave na luta contra o aquecimento global. Sejamos mais precisos. Os efeitos de realocação no caso do meio ambiente são, em jargão econômico, chamados de o "problema dos vazamentos". Designamos com isso o mecanismo pelo qual a luta contra as emissões de gás estufa numa região do globo pode não ter nenhum impacto, ou apenas um impacto irrisório, sobre a poluição mundial. Suponhamos, por exemplo, que a França reduza seu consumo de combustíveis fósseis (diesel, carvão...); esse esforço é louvável e, a propósito, os especialistas concordam em dizer que serão necessários muito mais esforços do conjunto dos países para limitar a elevação das temperaturas num nível razoável (1,5°C a 2°C); entretanto, quando economizamos uma tonelada de carvão ou um barril de gasolina, fazemos o preço do carvão do petróleo cair e assim estimulamos outros a consumirem mais em outras partes do mundo.

Analogamente, se a Europa obrigar suas empresas de setores expostos à concorrência internacional a pagarem por suas emissões de gás estufa, as produções emissoras nesse setor tenderão a se deslocar para países pouco rigorosos com as emissões, o que contrabalançará, em parte ou na totalidade, a redução das emissões de gás estufa na Europa, acarretando um efeito ecológico bastante tênue. Qualquer solução séria para o problema do aquecimento do clima deve ser necessariamente global.

Em matéria econômica, o inferno está cheio de boas intenções.

O efeito da vítima identificável

Nossa empatia se volta naturalmente para os que se acham próximos de nós em termos geográficos, étnicos e culturais. Nossa inclinação natural, ligada a causas evolucionistas,[9] é sentir mais compaixão por pessoas desfavorecidas da nossa comunidade do que por crianças morrendo de fome na África, mesmo reconhecendo intelectualmente que estas últimas necessitam mais de nossa ajuda. De um modo amplo, sentimos mais empatia quando podemos nos identificar com a vítima; e, para nos identificarmos com ela, o fato de ela ser identificável ajuda. Os psicólogos também estudaram durante muito tempo essa tendência que todos nós temos de dar mais importância a pessoas a quem podemos atribuir um rosto do que a outras que são anônimas.[10] O efeito da vítima identificável, por mais humano que seja, afeta as políticas públicas; como diz o provérbio (geralmente atribuído a Stálin, porém de origem controversa), "a morte de um homem é uma tragédia; a morte de 1 milhão de homens é uma estatística". Por exemplo, a foto chocante do menino sírio de três anos encontrado morto numa praia da Turquia nos obrigou a tomar consciência de um fenômeno que gostaríamos de ignorar. Ela teve um impacto muito maior para a conscientização dos europeus do que as estatísticas de milhares de imigrantes que se haviam afogado pouco antes no Mediterrâneo. A foto de Aylan representa para a imigração para a Europa o que a foto da pequena vietnamita Kim Phuc correndo nua, queimada por napalm, numa estrada representou na Guerra do Vietnã. Uma única vítima identificável marca muito mais os espíritos do que milhares de vítimas anônimas. Da mesma forma, uma campanha publicitária contra o alcoolismo no volante surte mais efeito ao mostrar um passageiro projetado num para-brisa do que ao anunciar o número anual de vítimas (uma estatística não obstante muito mais rica de informações quanto à amplitude do problema).

O efeito da vítima identificável também nos prega peças nas discussões sobre políticas de emprego praticadas nos países com forte proteção dos postos permanentes e onde se constata uma dualidade entre assalariados protegidos e assalariados em posições precárias.* A mídia cobre a luta de funcionários com contrato de duração indeterminada prestes a perderem o emprego e seu drama, ainda mais real na medida em que vivem num país onde têm poucas chances de encontrar outra vaga permanente; essas vítimas têm um rosto. Aqueles e aquelas, em número muito maior, que sofrem entre períodos de desemprego, empregos subsidiados ou temporários não têm rosto; não passam de estatísticas. Não obstante, como veremos no capítulo 9, eles são vítimas de instituições, entre as quais aquelas criadas para proteger os empregados em contrato de duração indeterminada e que fazem com que as empresas prefiram os empregos precários e os contratos financiados pelo dinheiro público à criação de empregos estáveis. Como podemos gastar tanto dinheiro público e impostos sociais, atrapalhando a competitividade das empresas e assim os empregos, ou sacrificando o dinheiro que poderia ter ido para a educação ou a saúde, para chegar a um resultado assim tão medíocre? A resposta vem em parte do fato de que nós pensamos nos planos de demissão voluntária mas esquecemos os excluídos do mercado de trabalho, quando essas duas coisas não passam dos dois lados da mesma moeda.

O contraste entre a economia e a medicina, nesse aspecto, é impressionante: na opinião pública, ao contrário da "ciência lúgubre", a medicina é

---

* Essa dualidade, isto é, uma segmentação do grupo de pessoas empregadas entre "estáveis" e "instáveis" é comum em países desenvolvidos. Na França, ela se manifesta através das duas modalidades mais comuns de contrato de trabalho, chamados CDI (Contrato de Duração Indeterminada), mais estável, e CDD (Contrato de Duração Determinada), que possui prazo de duração, podendo ser renovado um número limitado de vezes. (N.R.T.)

vista – com justiça – como uma profissão devotada ao bem-estar das pessoas (a expressão inglesa *"caring profession"* é particularmente apropriada aqui). Não obstante, a finalidade da economia é similar à da medicina: o economista, assim como o oncologista, diagnostica e propõe, se necessário, o melhor tratamento levando em conta o estado (obrigatoriamente imperfeito) de seus conhecimentos, ou recomenda a ausência de tratamento, se desnecessário.

A razão desse contraste é simples. Em medicina, as vítimas dos efeitos colaterais são as mesmas pessoas que fazem o tratamento (salvo no domínio da epidemiologia, com as consequências ligadas aos antibióticos ou à ausência de vacinação); logo, o médico só precisa permanecer fiel ao juramento de Hipócrates e recomendar o que ele julga ser do interesse de seu paciente. Em economia, as vítimas dos efeitos colaterais são frequentemente pessoas diferentes daquelas às quais o tratamento se aplica, como o exemplo do mercado de trabalho ilustra muito bem. O economista se obriga a pensar igualmente nas vítimas invisíveis, sendo assim às vezes acusado de ser insensível aos sofrimentos das vítimas visíveis.

II. O MERCADO E OS OUTROS MODOS DE GESTÃO DA RARIDADE

Se por um lado o ar, a água de um riacho ou a visão de uma paisagem podem ser consumidos por alguém sem que isso impeça os outros de usufruírem deles, a maioria dos bens são escassos. Seu consumo por uma pessoa exclui o consumo por parte de outra. Uma questão essencial, no que se refere à organização de nossas sociedades, é a da gestão da escassez, a dos bens e serviços que todos queremos consumir ou possuir: o apartamento que alugamos ou compramos, o pão que vamos pegar na padaria, as terras raras utilizadas pelas ligas metálicas, os corantes ou as tecnologias verdes. Embora a sociedade possa atenuar a escassez – mediante ganhos de eficiência em sua produção, inovação ou comércio –, ela deve também administrá-la em tempo real, um dia após outro; o que ela pode fazer mais ou menos bem.

Historicamente, a escassez foi administrada de múltiplas maneiras: a fila (no caso de carestia de bens vitais, como comida ou gasolina); o sorteio (para a concessão de *green cards* nos Estados Unidos, de lugares para concertos musicais muito demandados, de transplantes de órgãos); a abordagem administrativa de distribuição dos bens (estabelecendo públicos prioritários) ou o tabelamento de seus preços abaixo do nível que equilibraria oferta e demanda; a corrupção e o favorecimento; a violência das guerras; e *por fim, mas não menos relevante*, o mercado, que por conseguinte não é senão uma maneira entre outras de administrar a escassez. Embora atualmente o mercado prevaleça na alocação de recursos entre empresas (B2B), entre empresas e pessoas físicas (comércio de varejo) e entre pessoas físicas (eBay), nem sempre foi assim.

Os outros métodos empregados correspondem, sem exceção, a sistemas de precificação implicitamente mais fracos que o do mercado, e, logo, a uma busca dos compradores por um ganho (que se chama em economia uma "renda extraordinária", ou ganho injustificado) que esse preço exageradamente baixo cria. Suponhamos que compradores estejam sempre dispostos a pagar €1.000 por um bem disponível em quantidade limitada e que haja mais compradores do que a quantidade do bem disponível. O preço de mercado é aquele que equilibra oferta e demanda. Por mais de €1.000, ninguém compra; e por menos de €1.000, há excesso de demanda. O preço do mercado é então €1.000.

Suponhamos agora que o preço do bem seja tabelado pelo Estado em €400 com proibição de vender mais caro, de maneira que há mais compradores interessados do que bem disponível. Os compradores estariam dispostos a queimar – se pudessem – €600 para ter acesso ao bem. E se lhes dessem oportunidade de dissipar outros recursos para se apossarem daquele recurso escasso, eles o fariam. Tomemos o exemplo da gestão da escassez por meio da fila, outrora utilizada sistematicamente nos países soviéticos (e ainda hoje em nossas sociedades para lugares em certos eventos esportivos). Os consumidores chegam com horas de antecedência e esperam em pé, às vezes no frio,[11] a fim de adquirir um gênero alimentício de consumo cotidiano. Se o preço for reduzido, eles virão com mais antecedência ainda. Essa perda de utilidade faz com que, a par dos efeitos perversos de um preço baixo demais (a que voltaremos em seguida), os pretensos "beneficiários" da política de preços baixos não o sejam na realidade. O mercado se equilibra não pelos preços, mas pela utilização de outra "moeda", no caso o desperdício de tempo, o que acarreta uma considerável perda de bem-estar social. No exemplo acima, o equivalente de €600 por compra virou fumaça: o proprietário (público ou privado) do recurso perdeu €600 e os compradores não ganharam nada, pois dissiparam por outros canais os ganhos injustificados que adquiriram.

Determinados métodos de alocação de bens, como a corrupção, o favorecimento, a violência e a guerra são profundamente injustos. E igualmente ineficientes, se considerarmos os custos dispendidos ou impostos pelos atores em sua busca dos ganhos injustificados, com o objetivo de abocanhar os recursos sem pagar seu preço. Desnecessário insistir na inadequação desses métodos de alocação de bens. Não falemos mais nisso.

A fila, o sorteio, a abordagem administrativa de distribuição dos bens racionados ou de tabelamento de seus preços são soluções muito mais justas (se não forem contaminadas pelo favorecimento ou a corrupção, claro). Mas podem colocar três tipos de problemas. O primeiro já foi evocado no exemplo acima: um preço baixo demais ocasiona um desperdício na busca de ganhos injustificados (por exemplo, mediante filas). Em segundo lugar, no exemplo mencionado, a quantidade do bem era limitada; mas em geral não é; evidentemente, os vendedores produzirão mais bens se o preço for €1.000 do que se for €400. A médio prazo, um preço baixo demais termina por criar desabastecimento. É o que observamos quando ocorre congelamento dos aluguéis: o estoque de unidades em bom estado encolhe com o tempo, criando a escassez e terminando por penalizar os beneficiários potenciais. Em suma, determinados mecanismos podem gerar uma má alocação dos recursos em quantidade limitada; por exemplo, usar um sorteio para distribuir lugares num evento esportivo não necessariamente dará lugares àqueles com mais vontade de ir (a menos que haja um mercado de revenda); ou, ainda no exemplo de uma fila, o mecanismo pode atribuir o bem àqueles que estão disponíveis naquele dia ou que temem menos o frio, e não aos mais interessados em consumir o bem.

Uma alocação imprópria dos recursos remete então ao fato de que estes não vão obrigatoriamente para os que mais os apreciam. Produtos de primeira necessidade distribuídos administrativamente podem cair nas mãos de alguém que já os possui ou que preferiria outros produtos. Da mesma forma, ninguém pensaria em alugar um imóvel de maneira aleatória: o imóvel que seria atribuído a você certamente não seria aquele que você desejaria em termos de localização, área ou outras características. A menos que se aceite um mercado de revenda para esses imóveis, em que você pudesse trocar livremente. Mas nesse caso voltamos ao mercado.

O exemplo do espectro radioelétrico é, nesse aspecto, particularmente eloquente. O espectro radioelétrico é um recurso pertencente à coletividade, mas que, ao contrário do ar, existe em quantidade limitada: seu consumo por um ator econômico impede outro ator econômico que o cobiça de tirar proveito dele. Na realidade, ele tem muito valor para as telecomunicações ou a mídia. Nos Estados Unidos, uma lei de 1934 ordenou à agência reguladora das comunicações (a Federal Communications Commission, ou FCC) que distribuísse as frequências "no interesse público". No passado, a FCC recorreu muitas vezes a sabatinas públicas dos candidatos, após as quais as licenças eram outorgadas com base nas qualificações dos pretendentes. Essas audiências, no entanto, consumiam demasiado tempo e recursos; além disso, não sabemos realmente se resultavam em escolhas apropriadas de candidatos, a competência não sendo sinônimo de bom plano estratégico ou boa gestão. A FCC utilizou também loterias para distribuir as concessões.

Em ambos os casos, a administração americana concedia a agentes privados, sem contrapartida, um recurso público (como foi feito na França no caso da concessão das licenças de táxi, bens de grande valor). Além disso, não havia nenhuma garantia de que a pessoa ou empresa que recebesse tal privilégio estivesse em condições de fazer dele seu melhor uso (é evidentemente o caso das loterias, mas também pode ser o caso de uma concessão com base na competência); daí as autorizações para revender concessões a fim de restabelecer a eficiência... Com a possibilidade de cessão ressurge o mercado, com o detalhe de que, nesse ínterim, o ganho injustificado criado pela escassez do bem foi para o bolso de indivíduos e não para a coletividade, a quem ele pertence.

Há vinte anos os Estados Unidos, assim como a maioria dos países, recorrem a leilões para conceder as licenças. A experiência mostra que leilões representam um meio eficaz de se certificar de que as licenças são concedidas aos atores que as valorizam mais, ao mesmo tempo recuperando para a coletividade o valor do recurso escasso, o espectro. Por exemplo, os leilões de espectro radioelétrico nos Estados Unidos depois de 1994 proporcionaram cerca de US$60 bilhões ao Tesouro americano, dinheiro que de outra forma teria ido sem motivação alguma para a carteira de atores privados. A participação dos economistas na concepção desses leilões contribuiu muito em seu sucesso financeiro para o Estado.

O que queremos fazer e o que podemos fazer

Qual é, você perguntará, o elo entre essa discussão dos mecanismos de gestão da escassez e os vieses cognitivos mencionados anteriormente? Quando o Estado decide cobrar por um recurso escasso €400 em vez de seu preço de mercado, €1.000, ele exprime a louvável intenção de tornar esse bem acessível; mas não enxerga os efeitos indiretos: a curto prazo, a fila ou qualquer outro desperdício induzido pela concorrência entre atores para se apoderar do bem; num prazo mais longo, a escassez criada por um preço baixo demais.

Quando o Estado tenta atribuir o espectro radioelétrico gratuitamente àqueles que julga mais aptos a explorá-lo, ele geralmente confunde o que gostaria de fazer e o que pode fazer, esquecendo-se de que não dispõe da informação necessária. A informação está no cerne da alocação dos recursos. Ela é revelada pelo mecanismo de mercado. Não sabemos quais empresas têm as melhores ideias ou os custos mais baixos de exploração desse espectro radioelétrico, mas os leilões nos revelam isto: as que estão dispostas a pagar mais.[12]

De um ponto de vista mais geral, só raramente o Estado tem a informação necessária para decidir por si mesmo quanto à alocação. Isso não quer em absoluto dizer que não exista margem de manobra, muito pelo contrário; mas ele deve aceitar com humildade seus limites. Veremos ao longo de todo este livro como a *hybris* – no caso, uma confiança excessiva do Estado em sua capacidade de fazer escolhas detalhadas de política econômica – pode, em conjunção com a vontade de manter um controle, e, logo, o poder de distribuir favores, levá-lo a implementar políticas ambientais e trabalhistas nefastas. O eleitorado fica ansioso num mundo em que o mercado, figura anônima, prevalece; ele procura rostos para protegê-lo. Mas deve igualmente admitir que nossos governantes não são super-homens. Ao mesmo tempo que deve cobrá-los quando eles não colocam em ação o que é exequível e útil, deve parar de considerá-los incompetentes ou "vendidos" quando não encontram remédio milagroso. Pois, na prática, o eleitorado nem sempre é carinhoso com os que dão prova de humildade, como o primeiro-ministro francês Lionel Jospin pôde experimentar na carne: sua pequena frase a respeito das demissões na Michelin ("O Estado não pode tudo", 14 de setembro de 1999) o perseguiu até sua fracassada campanha eleitoral em 2002.

A escalada dos populismos no mundo

Em todos os quadrantes do mundo, os populismos de direita ou de esquerda vêm ganhando terreno. Difícil definir o populismo, tão multiforme ele é; um fio condutor, no entanto, é sua capacidade de surfar nos preconceitos, nos medos ou na ignorância do eleitorado. A hostilidade reinante a respeito dos imigrantes, a desconfiança face ao livre comércio e a rejeição ao estrangeiro jogam com essas motivações. Essa escalada do populismo tem certamente causas diferentes segundo os países, mas a inquietude frente às mutações tecnológicas e de emprego, a crise financeira, a queda do crescimento, o aumento das dívidas e das desigualdades são certamente fatores universais. No plano puramente econômico, é chocante constatar o desprezo dos programas populistas por mecanismos econômicos elementares, até mesmo pela simples contabilidade pública.

Os economistas – e mais genericamente os cientistas – devem se colocar a questão de sua influência. Para nos ater ao exemplo da votação de 23 de junho de 2016 a favor do Brexit, difícil estimar o impacto eleitoral da mensagem quase unânime dos melhores economistas tanto ingleses quanto estrangeiros, bem como de organismos reputados (Institute for Fiscal Studies, FMI, OCDE, Banco da Inglaterra...), segundo a qual o Reino Unido não tem economicamente nada a ganhar e sem dúvida tem muito a perder com uma saída do bloco europeu.[13] Decerto a votação pareceu se decidir mais em outros planos – em especial a imigração – igualmente objeto de distorções populistas. Mas o eleitorado britânico não pareceu concernido pelo que estima (ou quer crer) ser um debate de especialistas que "por definição sempre estão em desacordo entre si".

III. MELHOR COMPARTILHAR A ECONOMIA

A economia é como qualquer outra cultura, por exemplo a música, a literatura ou o esporte: nós a apreciamos melhor quando a compreendemos. Como facilitar o acesso do cidadão à cultura econômica?

Mobilizemos os economistas transmissores de saber

Para começar, os próprios economistas deveriam desempenhar um papel mais significativo na transmissão de seus conhecimentos.

Como todo mundo, os estudiosos reagem aos incentivos com que são confrontados; em todo domínio científico, uma carreira científica é julgada com base nos trabalhos de pesquisa, nos estudantes formados, e de modo algum em função das ações empreendidas para atingir um público mais amplo. E, de fato, convém reconhecer que é confortável não abandonar o casulo universitário; pois, como veremos no capítulo 3, passar do debate acadêmico à comunicação com o grande público não é tão simples assim.

Os pesquisadores mais criativos costumam estar ausentes do debate público. A missão que lhes cabe é criar saber e transmiti-lo aos estudantes. A menos que possuam uma energia fora do comum, é difícil para eles conciliar essa missão com uma atividade de divulgação das ideias para o grande público. Não se pedia a Adam Smith para fazer previsões, redigir relatórios, falar na televisão, manter seu blog e escrever manuais de divulgação científica: todas essas novas demandas da sociedade são legítimas, mas às vezes criam um fosso entre criadores de saber e transmissores de saber.

Além disso, no exercício de sua missão definida *stricto sensu*, os economistas não são isentos de críticas. Eles devem desenvolver esforços para construir um ensino pragmático e intuitivo, fundado nas problemáticas modernas dos mercados, das empresas e da decisão pública, baseando-se não só num quadro conceitual seguro e simplificado com fins pedagógicos, como na observação empírica. O ensino de pensamentos econômicos obsoletos e de debates entre economistas antigos, o discurso pouco rigoroso ou, inversamente, a matematização exagerada do ensino não correspondem às necessidades dos estudantes do ensino médio* e universitários. A imensa maioria deles não virão a ser economistas profissionais, muito menos pesquisadores em economia. Eles precisam de uma iniciação pragmática à economia, ao mesmo tempo intuitiva e rigorosa.

Essas observações valem igualmente para as *grandes écoles*, as universidades, a École Nationale d'Administration (ENA) ou as seções ES e STMG

---

* Na França, alunos de ensino médio (*lycée*) podem ter aulas de introdução à economia. (N.R.T.)

dos liceus.* Apesar dos esforços dos professores do secundário e da recente melhora dos programas e das provas do *baccalauréat*, o ensino no liceu nem sempre fornece aos alunos uma preparação suficiente para uma compreensão dos fenômenos econômicos em sua vida de cidadão e sua vida profissional.[14] Uma das desvantagens é a insuficiência de matemática (ainda que certos liceus se empenhem em reforçar a matemática em ES). A dicotomia entre classes ES, muito fracas em matemática, e classes S, fortes em matemática, mas cujos alunos preferem esperar para estudar economia, sociologia ou administração se tal é seu desejo e não são obrigatoriamente apaixonados por física ou biologia, não passa do reflexo de uma inadequação do sistema educacional francês, que especializa os alunos cedo demais, deixando-lhes estreita margem de manobra em suas escolhas de carreira.

Reformemos nosso sistema de ensino superior

A grande maioria dos franceses que fazem cursos superiores se especializa após o *baccalauréat*. Um absurdo, claro: como é possível aos dezoito anos decidir ser economista, sociólogo, advogado ou médico, quando não se teve nenhum ou quase nenhum contato com a disciplina? Sem falar no fato de que as vocações podem chegar tardiamente. A especialização prematura dos estudantes implica também que muito poucos fazem um curso de economia. Ao passo que os estudantes de todas as disciplinas deveriam fazer um curso de economia, mesmo que não voltem a ele na sequência. Decerto, ao contrário de seus pares que ingressaram na universidade, os alunos das *grandes écoles* têm a sorte de poderem adiar suas escolhas. Mas eles representam uma pequena minoria do ensino superior e sua abertura para novos domínios, entre eles a economia, costuma acontecer bem tarde.

---

* No sistema educacional francês, o liceu permite aos alunos escolherem algumas especializações. O autor cita ao longo do parágrafo as seções ES (seção econômica e social) e STMG (seção ciências e tecnologias da administração e gestão) e S (seção científica), cada uma contendo diferentes enfoques e disciplinas. Após terminar o liceu, os alunos passam por uma prova nacional chamada *"baccalauréat"* (algo próximo ao nosso Enem), e daí podem partir para estudos superiores em universidades ou nas chamadas *"grandes écoles"*, especializadas em administração, engenharia etc. Uma delas é a ENA, mencionada pelo autor, especializada na formação de quadros da administração pública francesa. (N.R.T.)

Reformemos a tomada de decisão pública

Houve um tempo em que a utilização do raciocínio econômico no setor público e nas sociedades de economia mista franceses gerava grande admiração no estrangeiro. A linhagem dos Jules Dupuit, Marcel Boiteux, Pierre Massé (estes dois últimos tendo revolucionado a concepção da gestão e da tarifação no seio de uma empresa pública de energia elétrica EDF) e outros "engenheiros economistas" franceses contribuiu durante muito tempo para desenvolver as ferramentas de análise econômica na administração francesa. Mas se tratava mais de contribuições de indivíduos fora da norma do que de uma escolha institucional, e esse trabalho que remonta a décadas era essencialmente centrado na economia do setor público. No entanto, diversas grandes questões econômicas atuais incidem sobre as empresas e os mercados: concorrência internacional, direito da concorrência, regulação dos mercados, mercado de trabalho, gestão de portfólio, reforma dos regimes de aposentadoria, regulação dos monopólios naturais, governança das organizações públicas e privadas, parcerias público-privadas, responsabilidade social das empresas, desenvolvimento sustentável, promoção da inovação, tratamento dos direitos de propriedade intelectual ou controle da solvência dos intermediários financeiros, para citar apenas alguns temas.

A França, além de ter uma longa tradição de intervencionismo do Estado, permaneceu com frequência parcialmente fechada em si mesma. Antigamente o CEO de uma empresa poderosa que esbarrasse num problema de direito da concorrência não precisava compreender muita coisa de economia industrial: era muito mais importante ele ter relações pessoais com o ministro, a fim de poder dar um telefonema para ele e solucionar o problema. Da mesma forma, uma empresa que gozasse de uma situação confortável de monopólio protegido nem sempre se colocava a questão da evolução de sua estratégia empresarial.

Mesmo na administração pública, a França acumulou um atraso patente com relação a outros países na concepção, difusão e utilização desse *corpus* de conhecimentos científicos. Vigora, decerto, no seio do Ministério da Economia e das Finanças uma tradição de economia encarnada pelo Insee* e pela Diréction de la Prévision, agora revertida na direção do Tesouro; tradicionalmente,

---

* O instituto oficial de estatísticas da França. (N.R.T.)

sempre houve economistas no Ministério do Desenvolvimento Sustentável, e na direção do Orçamento; mas essa cultura não se propagou efetivamente para os outros ministérios ou mesmo no âmbito desses ministérios. Enquanto outros países criavam postos de "economistas-chefes", ocupados por pesquisadores reputados licenciados de suas universidades e com acesso direto aos tomadores de decisão no escalão mais alto dos ministérios e às autoridades independentes, ou não hesitavam em utilizar pesquisadores em economia para ocupar os postos de ministro da Economia e das Finanças ou de presidente do Banco Central, a França permaneceu sempre tímida na matéria.

Sejamos donos do nosso nariz

Nossa compreensão econômica, assim como nossa compreensão científica ou geopolítica, guia as escolhas feitas por nossos governos. A fórmula consagrada diz que "numa democracia, temos os políticos que merecemos". Pode ser, embora, como diz o filósofo André Comte-Sponville, seja preferível apoiar os políticos em vez de criticá-los o tempo todo.[15] Do que eu tenho certeza é que temos as políticas econômicas que merecemos e que, sem cultura econômica do grande público, fazer as escolhas certas pode requerer muita coragem política.

Com efeito, os políticos hesitam em adotar políticas impopulares, temendo o posterior castigo das urnas. Consequentemente, uma boa compreensão dos mecanismos econômicos é um bem público: eu gostaria que os outros fizessem um investimento intelectual para estimular os políticos tomadores de decisão a fazerem escolhas coletivas mais racionais, mas eu mesmo não estou disposto a fazer esse esforço. Na ausência de curiosidade intelectual, adotamos um comportamento de carona (*free rider*)* e não investimos o suficiente na compreensão dos mecanismos econômicos.[16]

Um dos raríssimos economistas de alto nível a ter conseguido tornar acessíveis conceitos árduos da ciência econômica, o prêmio Nobel Paul Krugman propunha a seguinte análise:

---

* Isto é, o comportamento individual que consiste em tirar proveito de um esforço coletivo sem participar de tal esforço.

Existem três maneiras de falar de economia: o modo científico, o modo jornalístico e o modo aeronáutico. O modo científico – formal, teórico e matemático – é exclusivo dos professores universitários. Como toda disciplina científica, a ciência econômica deve contar com sua parcela de charlatães, que mascaram a banalidade de suas ideias por trás de um jargão complicado; mas também é movida por um certo número de verdadeiros pesquisadores que utilizam uma linguagem especializada para exprimir suas opiniões com precisão. Infelizmente, até a melhor literatura científica permanece incompreensível para qualquer um que não tenha feito estudos profundos no domínio econômico. (Um jornalista do *Village Voice* teve má sorte de topar com alguns dos meus escritos científicos, que ele qualificou de "linguagem tão obscura que, comparativamente, até a escolástica medieval parece compreensível e mesmo agradável".) O modo jornalístico é o que alimenta as páginas econômicas das revistas e mais ainda as notícias econômicas da TV. Ele se interessa sobretudo pelas últimas notícias e as estatísticas mais recentes: "Segundo o último relatório publicado, o investimento imobiliário das famílias continua progredindo, sinal claro da força da retomada econômica. Essa notícia provocou uma queda no mercado de ações..." Esse tipo de economia é considerado particularmente tedioso, reputação em larga medida justificada. Claro, é possível ser brilhante nesse exercício – alguns são capazes de praticar a previsão econômica de curto prazo com inspiração. Mas é lamentável constatar que a maioria das pessoas está convencida de que a ciência econômica se reduz a essas elucubrações jornalísticas. Por fim, o modo aeronáutico é o domínio dos best-sellers econômicos, que encontramos principalmente nas bancas de jornais dos aeroportos, onde eles são destinados aos viajantes de negócios que esperam a decolagem de seus aviões atrasados. A maioria dessas obras anuncia uma catástrofe: a próxima grande depressão, a espoliação de nossa economia pelas multinacionais japonesas, o desmoronamento de nossa moeda. Alguns, menos numerosos, dão, ao contrário, mostras de um otimismo ingênuo: o progresso tecnológico ou a economia da oferta estão prestes a engendrar uma era de crescimento econômico sem precedente. Otimista ou pessimista, esse tipo de literatura econômica é sempre divertido, raramente bem-argumentado e nunca sério.[17]

Somos todos responsáveis por nossa compreensão limitada dos fenômenos econômicos, induzida pela nossa vontade de acreditar no que queremos acreditar, nossa relativa preguiça intelectual e nossos vieses cognitivos. Pois temos capacidade de compreender a economia – como observei, os erros de raciocínio estão longe de serem explicados pelo quociente intelectual e o nível de instrução.

Confessemos: é mais fácil assistir a um filme ou devorar um bom romance policial do que nos atrelar à leitura de um livro de economia (isso não é uma crítica: com frequência faço pessoalmente essa constatação no caso de outros domínios científicos). E quando resolvemos fazê-lo, esperamos do livro que este defenda uma tese simples, exemplificada de maneira radical por Paul Krugman em sua alegoria do livro de aeroporto. Como em todo domínio científico, ir além das aparências exige mais esforço, menos certezas e mais determinação na busca da compreensão.

Amanhã

A França dispõe de um imenso capital humano e economistas talentosos. Os alunos das *grandes écoles* (por exemplo, a École Polytechnique e a École Normale Supérieure) recebem formações particularmente privilegiadas; e algumas universidades passaram a oferecer programas de qualidade em economia. Um símbolo, episódico, mas bastante curioso, foi a escolha por parte do FMI, em 2014, de 25 economistas influentes com menos de 45 anos. De maneira notável, sete deles eram franceses, ainda que todos tivessem obtido seu doutorado nos países anglo-saxões (quatro deles no MIT). Esse fato é ainda mais estimulante na medida em que, à lista do FMI, acrescentam-se diversos outros jovens franceses talentosos, que, por razões diversas (por exemplo o tema de pesquisa, pois essa lista, excelente, era, de maneira compreensível no caso do FMI, orientada para a macroeconomia e a economia aplicada), não figuram na seleção. Não penso por isso que haja um *French touch*, como muitos afirmaram. Há simplesmente estudantes muito bem-formados nas técnicas quantitativas que, em seguida, confrontam-se com a economia contemporânea nas grandes universidades, geralmente americanas.

A qualidade dos economistas franceses não data de hoje. A novidade com relação às gerações anteriores é a mobilidade. Entre os sete apontados pelo FMI, cinco vivem nos Estados Unidos e uma (Hélène Rey) na Inglaterra; um único (Thomas Piketty) vive na França. Isso é um motivo de preocupação, pois, deixando de lado o reconhecimento da qualidade da formação francesa, trata-se para nosso país de uma verdadeira perda de capital humano. Muitos de nossos pesquisadores mais dinâmicos e formados dispendiosamente pelo Estado se exilam. Em nosso mundo globalizado, não faz sentido apedrejá-los por isso. Eles são cidadãos do mundo. Cabe a nós lhes oferecer condições de pesquisa equivalentes às que prevalecem nos grandes países de pesquisa. Nossa capacidade de existir na economia do século XXI dependerá da atratividade de nossos centros de pesquisa, tanto em economia como nos outros domínios científicos.

A par disso tudo, há razões para pensarmos que a cultura econômica francesa irá se aprimorar, pois constatamos uma forte atração pela matéria. Hoje, uma empresa deve defender no terreno econômico, e não político, a legitimidade da aquisição que ela contempla ou o comportamento que adotou no passado. Os altos funcionários franceses, por sua vez, devem debater com seus pares estrangeiros no âmbito da Comissão Europeia, do FMI e do Banco Mundial, da OMS ou da OMC, do Banco Central Europeu e de numerosas outras instâncias internacionais. E esse debate é em grande parte econômico. Se não dispuser de uma cultura econômica forte, a França terá cada vez mais dificuldade de se fazer ouvir. E, nesse aspecto, convém destacar uma boa notícia: essa evolução se traduz nas jovens gerações por uma avidez cada vez maior por uma compreensão pragmática da economia.

2. Os limites morais do mercado

> No reino dos fins, tudo tem um preço ou uma dignidade. O que tem um preço pode ser substituído por uma coisa equivalente; ao contrário, o que está acima de todo preço, não admitindo portanto equivalente, é o que tem uma dignidade.
>
> IMMANUEL KANT[1]
>
> Se você der a uma criança US$1 para ler um livro, o que algumas escolas tentaram fazer, você não só cria uma expectativa de que a leitura faz ganhar dinheiro, como corre o risco de privar para sempre a criança de seus benefícios. Os mercados não são inocentes.
>
> MICHAEL SANDEL[2]
>
> Sim à economia de mercado, não à sociedade de mercado.
>
> LIONEL JOSPIN[3]

AS CRENÇAS DOS CIDADÃOS nos "méritos do livre comércio e da economia de mercado" variam muito através do mundo.[4] Em 2005, 61% dos habitantes de nosso planeta pensavam que a economia de mercado é o melhor sistema no qual fundar seu futuro. Mas se 65% dos alemães, 71% dos americanos e 74% dos chineses formulavam essa opinião, apenas 43% dos russos, 42% dos argentinos e 36% dos franceses confiavam no mercado. Crenças que, por sua vez, afetavam as escolhas econômicas dos países em questão.

O mercado, caso seja suficientemente competitivo, aumenta o poder de compra das famílias, reduzindo os preços, criando estímulos à queda dos custos de produção e incentivando a inovação, ao expandir o intercâmbio internacional. De maneira talvez menos visível, protege o cidadão do discricionário, dos lobbies e do favorecimento tão presentes nos mecanismos mais centralizados de alocação dos recursos (e que estiveram na raiz da Revolução Francesa, que aboliu os privilégios em 1789 e as corporações em 1791, ou da implosão das economias planejadas no fim do século XX). Por todas essas razões, ele desempenha um papel central na vida econômica.[5]

Mas, como este livro pretende mostrar, beneficiar-se das virtudes do mercado requer muitas vezes afastar-se do laissez-faire. Na realidade, os economistas consagraram grande parte de suas pesquisas à identificação das falhas de mercado e à sua correção pela política pública: direito da concorrência, regulação pelas autoridades setoriais e prudenciais, taxação das externalidades ambientais ou de congestionamento, política monetária e estabilização financeira, mecanismos de fornecimento dos bens tutelares como a educação e a saúde, redistribuição da renda etc. Diante dessas sutilezas, a imensa maioria dos economistas é, pelas razões enunciadas acima, favorável ao mercado, visto como um simples instrumento e nunca como um fim em si.

Os especialistas nas outras ciências sociais (filósofos, psicólogos, sociólogos, advogados e cientistas políticos...), uma grande parte da sociedade civil e a maioria das religiões têm uma visão diferente do mercado. Embora reconhecendo suas virtudes, eles costumam censurar os economistas por não levarem em conta de maneira suficiente os problemas éticos e a necessidade de estabelecer uma fronteira clara entre os domínios mercadológico e não mercadológico.

Um sintoma dessa percepção é o sucesso planetário do livro *O que o dinheiro não compra*, de Michael Sandel, professor de filosofia em Harvard.[6] Para citar apenas alguns de seus exemplos, Sandel defende que uma gama inteira de bens e serviços, como a adoção de crianças, a procriação assistida, a sexualidade, as drogas, o serviço militar, o direito de voto, a poluição ou o transplante de órgãos, não deve ser banalizada pelo mercado, assim como a amizade, o ingresso nas grandes universidades ou o prêmio Nobel não devem ser comprados, ou ainda os genes e, mais amplamente, o ser vivo não devem ser patenteados.[7] De uma forma mais abrangente na sociedade, reina um mal-estar face ao mercado, que se traduz bem no conhecido slogan "O mundo não é uma mercadoria".

Este capítulo analisa as reticências face ao mercado e a distinção entre domínio de mercado e domínio sagrado, o lugar da emoção e da indignação em nossas escolhas de sociedade e o mercado como ameaça ao laço social e à igualdade. Seu intuito é empreender uma reflexão científica sobre os fundamentos de nossa moralidade, sem pretender dar uma resposta – que muitas vezes não tenho – a problemas muito complexos. Refletir cientificamente sobre esse tema abala nossas certezas (a começar pelas minhas). Mas esse desvio intelectual me parece indispensável para nos interrogar sobre a concepção das políticas públicas, mesmo que no fim o raciocínio ratifique as crenças das quais partimos.

Em primeiro lugar, porque o que julgamos moral oscila no tempo, inclusive no domínio econômico. Antigamente, o seguro de vida ou o juro que remunera a poupança eram percebidos como imorais; mais próximo de nós, as soluções preconizadas por muitos economistas para vencer o desemprego ou o aquecimento global – soluções que consistem em responsabilizar os atores pelas consequências de seus atos[8] – às vezes ainda são consideradas imorais, a despeito de a opinião pública ter evoluído um pouco nos últimos trinta anos.

Depois, porque a moral pode ter uma dimensão muito pessoal. Quando ela acende a chama da indignação, pode ser utilizada para impor seus próprios juízos de valor e reduzir a liberdade dos outros. Por exemplo, durante muito tempo e na maioria das sociedades, os atos sexuais entre pessoas do mesmo sexo ou de raças diferentes foram julgados imorais pela maioria dos cidadãos. A resposta a tais afirmações morais não é necessariamente outra afirmação moral – minha moralidade contra a sua, o que leva ao confronto e ao impasse –, mas talvez, ao contrário, o raciocínio, que começa com perguntas simples: Onde está a vítima? Qual é o fundamento de sua crença? Como você justifica usurpar a liberdade de alguém movido apenas por sua indignação? Compreendam-me: a indignação é muitas vezes bem útil para apontar uma disfunção da sociedade ou a inconveniência de determinados comportamentos; meu argumento é simplesmente que não podemos nos restringir a ela: é preciso compreender seus fundamentos.

Este capítulo mostra primeiramente por que a regulação ou a interdição de um mercado pode ser uma resposta a um problema de informação (é a ideia segundo a qual a monetização de um bem pode destruir seu valor alterando sua significação), a uma externalidade (a existência de um ônus imposto a uma troca por uma terceira parte) ou ainda a uma internalidade (que remete ao comportamento de um indivíduo que vai contra seu próprio interesse). Nos três casos, a regulação ou a interdição de um mercado responde a uma simples falha de mercado. De modo que, então, invocar a ética pouco contribui para a análise ou a conclusão e, principalmente, não explica nem a que mercados essa regulação ou essa interdição deve se aplicar, nem a maneira de refletir sobre soluções que seriam mais apropriadas a nossos objetivos do que um simples mercado.

Prendo-me então a outros temas que suscitam em todos nós reticências de ordem ética: a remuneração das doações de órgãos, as mães de aluguel, a prostituição... A finalidade aqui não é em hipótese alguma questionar as regulações e as interdições existentes, mas refletir sobre seus fundamentos. Por um lado, porque, pelas razões mencionadas, o raciocínio permite compreender melhor o porquê de nossas políticas na matéria. Por outro lado, porque refletir sobre esse porquê pode ajudar em seu aprimoramento. Descreverei portanto a maneira como os economistas lograram salvar vidas defendendo as doações de órgãos sem que isso levantasse objeções éticas significativas.

As duas últimas partes do capítulo tratam de outras reticências com respeito ao mercado: o afrouxamento do laço social e a desigualdade, enfatizando em que a economia pode contribuir na matéria. Um dos leitmotivs aqui é que as políticas públicas devem ser guiadas pela exigência de realização dos objetivos, e não por posturas ou sinalizações demagógicas, que às vezes vão de encontro aos efeitos pretendidos ou dilapidam o dinheiro público.

I. LIMITES MORAIS DO MERCADO OU FALHAS DE MERCADO?

A fim de nos concentrar nas verdadeiras questões, afastemo-nos desde já dos exemplos fornecidos por Michael Sandel, que refletem simplesmente um desconhecimento dos trabalhos dos economistas. Tanto das obras pertencentes à esfera habitual da economia como daquelas sobre a economia da informação e das externalidades.* Ou ainda dos trabalhos multidisciplinares empreendidos há dez ou vinte anos tanto na Europa como nos Estados Unidos; estes últimos trabalhos, teóricos e experimentais (de campo, no laboratório ou em neuroeconomia) cobrem assuntos tão diversos quanto a moral e a ética, as normas sociais, a identidade, a confiança ou os fenômenos de exclusão criados

---

* Diz-se que um agente econômico ou grupo de agentes econômicos exerce uma externalidade quando sua atividade proporciona aos outros uma utilidade ou vantagem de maneira gratuita, ou, ao contrário, uma desutilidade, um prejuízo sem compensação.

pelos incentivos. Uma série de exemplos nos permitirá ilustrar a confusão entre falha de mercado e limite moral do mercado.

A informação

A ideia de que é possível comprar uma amizade, uma matrícula na universidade ou um prêmio científico, por exemplo, contradiz as teorias elementares sobre as assimetrias de informação: esses "bens" perderiam todo valor se pudessem ser comprados! Pois não estaríamos mais em condições de saber se a amizade é real, se o ingresso na universidade é um sinal de talento, ou o prêmio científico, merecido. Nessas condições, o diploma universitário seria um sinal de riqueza, e não de aptidão, e não teria qualquer utilidade para convencer um empregador. Desse ponto de vista, é particularmente chocante o fato de determinadas universidades americanas, em especial da Ivy League, admitirem estudantes que não teriam admitido, apenas porque os pais fizeram uma grande doação à universidade. Claro, a maioria das doações às universidades não é motivada por tais considerações. Além disso, o fenômeno permanece suficientemente marginal para não suscitar dúvidas quanto à qualidade média dos estudantes; mas é justo este o ponto: alguns pais muito ricos estão dispostos a desembolsar uma fábula para "comprar" uma matrícula, para que seus filhos se misturem a uma massa de estudantes brilhantes e mais tarde se beneficiem de um diploma reputado.

Externalidades e internalidades

Num outro registro, um mercado de adoção de crianças em que "vendedores" (pais biológicos, agências de adoção) e "compradores" (pais adotivos) negociariam crianças em troca de dinheiro vivo não incluiria uma terceira parte não obstante extremamente interessada: as próprias crianças, que poderiam padecer com a transação e sofrer então externalidades relevantes. Outro exemplo ainda de externalidade criada por um mercado é o do comércio de diamantes usados para alimentar uma guerra civil. É evidente que autorizar o tráfico de diamantes por facções armadas prejudica imensamente as populações civis afetadas pela guerra. Quanto à poluição, a experiência mostra que a recomendação dos economistas – uma taxação do poluente por meio de uma taxa sobre as emissões ou direitos de emissão negociáveis – diminuiu nitidamente o custo das políticas ecológicas, contribuindo assim para melhorar nosso meio ambiente. Alguns ainda acham imoral a ideia de uma empresa pagar para adquirir o direito de poluir. Mas o argumento subjacente é muito fraco. Hoje, as empresas emissoras de carbono não pagam senão uma soma irrisória proporcionalmente ao que está em jogo: isso é de fato mais moral? Afinal de contas, é preciso reduzir a poluição; e como infelizmente não podemos eliminá-la por completo, devemos nos certificar de que aqueles que podem reduzir sua poluição a baixo custo o façam; é exatamente isso que a taxação do carbono proporciona.

A questão dos entorpecentes, por sua vez, para além dos problemas de violência ou saúde pública ligados às drogas pesadas, levanta o problema da insuficiência da autodisciplina e da dependência, cujas primeiras vítimas são os indivíduos concernidos. A questão da droga, portanto, não é uma questão de moralidade, mas de proteção dos cidadãos contra os outros (externalidades) e sobretudo contra eles mesmos (internalidades).

Essas considerações podem certamente se interligar, como no caso do doping nos esportes. O controle do doping se justifica ao mesmo tempo por uma internalidade (a saúde a longo prazo do atleta é sacrificada em prol do desejo de reconhecimento, glória ou dinheiro) e por uma externalidade (um atleta que se dopa degrada a imagem de seu esporte e afeta negativamente seus colegas).

Outro exemplo: um país em que o direito de voto fosse trocado por um preço de mercado não levaria a políticas que subscreveríamos "sob o véu de ignorância", isto é, antes de conhecer nosso lugar na sociedade.[9] As famílias mais ricas poderiam comprar direitos de voto e fazer com que fossem aprovadas leis que lhes seriam favoráveis. Esse argumento, aliás, é utilizado para limitar as contribuições individuais às campanhas eleitorais ou para financiar parte delas com dinheiro público. Com mais forte razão, uma compra direta de votos seria mais nefasta que uma contribuição a uma campanha eleitoral, que não "compra" votos senão de maneira muito indireta, dando maior visibilidade ao candidato.

Assim, como se vê, a lista das falhas de mercado é relativamente vasta e os economistas sempre as colocaram em primeiro plano.

Os efeitos contraproducentes dos incentivos

A economia insiste na necessidade de agir de modo a que os objetivos individuais estejam alinhados com os objetivos coletivos. Trata-se de colocar os indivíduos em sintonia com a sociedade, em especial por meio de incentivos que desestimulem os comportamentos prejudiciais a esta última, como a poluição, e, ao contrário, estimulem os comportamentos virtuosos. As demais ciências sociais discordam em parte desse princípio; segundo elas, as motivações extrínsecas (os incentivos) podem excluir as motivações intrínsecas, revelando-se contraproducentes. Numa das epígrafes deste capítulo, Michael Sandel acusa o mercado, porém é mais genericamente os incentivos que ele ataca. Com efeito, uma política que vise pagar as crianças para elas lerem pode muito bem emanar de um Estado ou de um organismo multilateral: o mercado não cria senão um sistema específico de incentivos.

Sandel incorpora crítica antiga dos psicólogos com relação ao postulado econômico segundo o qual o aumento do preço de um bem aumenta sua oferta. Embora esse postulado tenha sido verificado empiricamente em diversos domínios da vida econômica, também há exceções. Pagar uma criança para ler um livro ou passar num exame pode efetivamente levar a criança a ler aquele livro em particular ou se preparar bem para o exame em questão; mas esse efeito benéfico de muito curto prazo pode igualmente ser destruído logo em seguida, com a vontade de aprender da criança diminuindo uma vez suprimida a recompensa. A política de incentivo revela-se então contraproducente.

Num outro domínio, sabemos que pagar pelas doações de sangue não aumenta necessariamente o nível da coleta. Enquanto alguns reagem positivamente ao incentivo assim fornecido, outros, ao contrário, perdem sua motivação pela mesma razão. Como veremos no capítulo 5, a vontade de aparecer, isto é, de oferecer uma boa imagem nossa, seja a nós mesmos, seja aos outros, pode gerar efeitos contraproducentes dos incentivos, principalmente quando o comportamento é público (sobretudo diante de pessoas cuja estima almejamos) e passível de ser lembrado por outros. A perspectiva de uma remuneração por um ato pró-social (como a doação de sangue) nos faz temer que nossa contribuição seja interpretada como um sinal de ganância, e não de generosidade, e que o sinal de virtude que enviamos aos outros ou a nós mesmos se veja assim diluído. Contrariando um princípio básico da economia, uma recompensa monetária pode reduzir a oferta do comportamento em questão. Vários estudos empíricos comprovaram essa hipótese.

II. O NÃO MERCADOLÓGICO E O SAGRADO

Os exemplos anteriores são da esfera da economia clássica. Independentemente disso, todos nós temos reticências de ordem ética ou moral diante de certos mercados ou certas formas de incentivo. É o caso da doação de órgãos, das mães de aluguel, das escolhas relativas ao ser vivo, da prostituição ou de pagamentos com a finalidade de escapar do serviço militar. Por quê?

A vida não tem preço

Na máxima citada na abertura deste capítulo, Kant defende uma separação clara entre o que tem um preço e o que tem uma dignidade. Nossa atitude com relação ao mercado talvez também derive de nossa recusa a comparar o dinheiro a outros objetivos. Por exemplo, a introdução de considerações financeiras choca particularmente nossos pontos de vista acerca do caráter sagrado da vida humana. Todos sabemos que a vida não tem preço. Os tabus sobre a vida e a morte, que fazem parte do "incomensurável" tão caro a Émile Durkheim, têm consequências. A explicitação das escolhas ligadas à saúde e à vida (alocação dos orçamentos hospitalares e dos orçamentos de pesquisa médica ou escolha das normas de segurança) suscita acaloradas controvérsias, mas nossa recusa em comparar os efeitos terapêuticos e o número de vidas salvas nessas escolhas implica um aumento dos óbitos. Não é absurdo gastar uma soma altíssima para salvar uma vida quando, com a mesma soma, poderíamos salvar dezenas?[10] Mas o lado contábil e o aparente cinismo de tal consideração chocam a sociedade, que não está disposta a ouvi-la.

Há muito tempo que os filósofos vêm refletindo sobre nossas reticências face às considerações utilitaristas desse tipo.[11] O dilema mais célebre postulado pelos filósofos na matéria é o do bonde: estaríamos dispostos a empurrar um homem para debaixo de um bonde a fim de fazer este último descarrilar e assim evitar a morte de cinco pessoas que se encontram atravessando a via férrea? A maioria das pessoas não o faria. Ou um cirurgião estaria disposto a matar um homem saudável para salvar cinco pessoas condenadas se não receberem um transplante imediato de determinado órgão? Ou ainda: o que faríamos se nos pedissem para escolher entre salvar do afogamento nosso filho e salvar cinco outras crianças, sendo que fazer ambas as coisas não é fisicamente possível?

Questões puramente teóricas? De forma alguma, e os exemplos abundam. Os Estados, por exemplo, veem-se confrontados com os sequestros: devem pagar o resgate para não sacrificar vidas, expondo então, no futuro, seus cidadãos a outros sequestros? Observemos aqui que reencontramos o fenômeno da vítima identificável do capítulo 1: num sequestro, o refém tem um rosto; os futuros reféns, vítimas do pagamento do resgate, não têm. Os dados estão viciados. Eis por que um país deve adotar uma política geral e não decidir caso a caso.

Citemos outro exemplo que poderia perfeitamente constituir um problema num futuro próximo. Dentro de poucos anos chegarão a nossas ruas os carros sem motorista. Uma ótima coisa. Os acidentes talvez sejam reduzidos em 90%. Nossas ruas e estradas ficarão muito mais seguras. Em contrapartida, nossas sociedades terão de fazer certas escolhas eticamente delicadas.[12] Suponhamos que eu seja o único passageiro de um carro diante de uma situação, rara, em que o acidente será inevitável. A escolha do veículo se limitará a duas opções: sacrificar-me, jogando-me numa ribanceira, ou matar cinco pedestres que estão na minha frente. Hoje, é o motorista que toma tal decisão numa fração de segundo. Amanhã, será um algoritmo embarcado no automóvel que terá sido programado antecipadamente, friamente, para reagir à situação e decidirá num ou noutro sentido. E se me perguntarem que tipo de carro eu prefiro: o que sacrificará o passageiro ou o outro que atropelará os cinco pedestres? Intuitivamente, perceberei o primeiro veículo como mais "moral"; mas que carro escolherei para mim mesmo? "Sob o véu de ignorância", tenho cinco vezes mais chances de ser um dos cinco pedestres do que de ser o passageiro do carro; logo, optarei pelo carro que faz menos vítimas. Mas as coisas são muito diferentes quando se trata da escolha real do meu carro. Logo, é preciso regular se estamos dispostos a fazer explicitamente tal escolha ética (o que, penso eu, deveríamos fazer). Face a essa questão, porém, muitos cidadãos discordam que tal escolha seja ditada pelo Estado.

Mais genericamente, não nos sentimos à vontade diante de escolhas ligadas ao ser vivo. Para citar um caso menos radical que os anteriores, duas pesquisadoras americanas[13] mostraram que o mercado americano das funerárias, que a priori deveria ser bastante competitivo, exibe margens quase monopolísticas, em razão de nossa repugnância em falar de dinheiro por ocasião da morte de um parente. Cumpre, todavia, nos interrogar sobre a origem desses tabus, nos perguntar se são socialmente justificados e avaliar sua incidência sobre as políticas públicas. Com efeito, todos atribuímos implicitamente um valor à vida, a dos pacientes por ocasião das políticas hospitalares referentes às escolhas de equipamentos, ou a de nossos filhos em nossas escolhas de automóvel ou de férias. Mas sempre nos recusamos a admitir que fazemos essas escolhas, as quais julgamos insustentáveis. Esses tabus são provocados pelo medo de perder nossa dignidade se assumíssemos explicitamente tais escolhas?[14] Ou pelo medo de que a sociedade degringole numa "ladeira escorregadia"?

As doações de órgãos

Continuemos essa discussão com um debate que desperta muitas paixões dos dois lados: a remuneração por doação de órgão. Gary Becker, professor na Universidade de Chicago e conhecido defensor do estudo dos comportamentos sociais (família, drogas etc.) através do prisma da economia, observava que a proibição de vender um de seus rins, por exemplo, limitava essas doações (hoje basicamente reservadas à família ou aos muito próximos), condenando anualmente milhares de pessoas, só nos Estados Unidos, a morrerem por falta de doador. Gary Becker concluía disso que a questão é complexa e que, diante dos números, os detratores dos mercados de órgãos não deveriam arrogar-se uma superioridade moral.

A despeito da pertinência do argumento de Becker, nós reprovamos o pagamento pela retirada de um órgão. No entanto, diante dos consideráveis dilemas em jogo, conviria compreender por quê. Uma primeira pista, pouco sujeita à controvérsia, é o temor de que os doadores não estejam suficientemente informados acerca das consequências de seu ato. Com efeito, a doação de um rim acarreta consequências de longo prazo para o doador e nada tem de banal. Trata-se então de regulamentar rigorosamente o processo que leva à doação e detalhar para o doador as consequências do ato. Nada de novo, sob esse aspecto: isso já é feito no caso de doação a um parente. Uma segunda pista é que, em caso de remuneração, algumas pessoas atraídas pelo ganho a curto prazo (para ajudar sua família ou, como veremos, por indigência) poderiam no futuro se arrepender de sua escolha. Estamos no domínio da internalidade e da proteção dos indivíduos descritas acima. Uma terceira pista é que a venda de órgãos, mostrando que indivíduos estão dispostos a perder um rim por algumas centenas de euros, revelaria desigualdades que gostaríamos de esquecer;[15] pois na verdade são os mais pobres, sobretudo os indigentes, que venderão seus rins. Uma variante do mesmo argumento é a repugnância que sentimos com respeito ao turismo de transplante.[16] Evidentemente, tentar eludir a realidade proibindo essas trocas não resolve em nada o problema da pobreza. Mas essa terceira pista reforça a segunda, pois a indigência supõe a necessidade de recursos, expondo o indivíduo a escolhas que lhe são nefastas. O tráfico existe; trata-se, naturalmente, de tomar medidas contra ele, mas também de encontrar soluções para o que originou esse tráfico: o desespero daqueles que estão à espera de doadores. Nesse sentido, cumpre facilitar a retirada dos órgãos das pessoas falecidas e estimular isso, incentivando soluções inovadoras, como as doações cruzadas que abordarei a seguir. Por fim, uma quarta pista é a possibilidade de que os doadores não estejam de acordo e sejam forçados a vender seu rim por organizações mafiosas. Esse argumento é naturalmente correto, mas não é específico das vendas de órgãos: a máfia também pode obrigar um indivíduo a lhe entregar sua poupança ou transformá-lo em quase escravo confiscando de maneira permanente uma parte de sua renda. No máximo podemos dizer que a existência de um mercado de órgãos aumenta ainda mais as possibilidades de extorsão.

Às vezes, outras considerações, igualmente nem sempre explícitas, subjazem à nossa reprovação. Por exemplo, a imagem de nossa sociedade que os combates projetam, como no caso dos esportes ultraviolentos como as lutas marciais mistas (proibidas na França) ou o boxe. Nosso bem-estar requer não viver numa sociedade violenta, de modo que a visão de espectadores se deleitando com tal violência provoca ansiedade. Não se trata então apenas de proteger os lutadores contra si mesmos (na medida em que eles podem privilegiar a remuneração em detrimento das consequências de longo prazo sobre sua saúde ou o risco imediato que correm), mas também de nos proteger contra a visão perturbadora do regozijo coletivo por ocasião de tais espetáculos. Na França, as execuções públicas de condenados à morte foram proibidas por uma razão similar de 1939 a 1981, quando a pena de morte foi então abolida.[17]

Outro exemplo chocante é o arremesso de pessoas de baixa estatura (prática cuja existência foi revelada a muitos por filmes tais como *O Senhor dos Anéis* e *O lobo de Wall Street*): antigamente, havia em vários países o costume bizarro de pagar indivíduos de baixa estatura que aceitavam ser projetados (a princípio sobre um colchão e protegidos por um capacete e outras precauções suficientes para tornar a atividade não perigosa), por ocasião de torneios em que os praticantes tentavam arremessá-los o mais longe possível. Na França, o Conselho de Estado foi obrigado a legislar sobre o assunto, o que só fez em 1995. Em 1991, a comuna de Morsang-sur-Orge, no Essone, proibira um espetáculo de arremesso de anões que ocorria numa discoteca. O arremessado em questão travou uma batalha jurídica para conservar seu direito de exercer sua atividade; o tribunal administrativo de Versalhes lhe deu razão, mas o Conselho de Estado julgou que o respeito à dignidade da pessoa humana fazia parte da ordem pública. Para além do fato de que a maioria de nós tem dificuldade em compreender o interesse dos praticantes de tal exercício, por que experimentamos um sentimento de repugnância face ao que não passa de uma troca mutuamente consentida, segundo seus defensores? Uma resposta – por sinal sugerida por uma associação de pessoas de baixa estatura – é a externalidade sobre as outras pessoas de baixa estatura através de sua imagem coletiva, que acarreta uma perda de dignidade, e não sobre aquele que aceita se prestar ao jogo.[18]

O exemplo da prostituição combina de certa forma todas as pistas já encontradas em nossos exemplos: a internalidade; a vontade de esquecer as desigualdades – aliás, as políticas seguidas na matéria às vezes visam simplesmente mascarar ou deslocar o problema –; as externalidades – a degradação da imagem da mulher –; a violência e a exploração não consentida por parte dos proxenetas.

Voltemos rapidamente às doações de órgãos. A fim de resolver o problema da escassez de transplantes, Alvin Roth, prêmio Nobel de economia em 2012,[19] e seus colaboradores inventaram uma nova abordagem com o objetivo de aumentar o número de transplantes sem introduzir remuneração, estratégia que foi em seguida posta em prática: tradicionalmente, as doações entre vivos restringem-se a pessoas muito próximas. Mesmo assim, o doador e o recebedor podem não ser compatíveis (especialmente se seu grupo sanguíneo for diferente), o que limita imensamente o número de possibilidades. A ideia então é a seguinte: na versão mais simples do mecanismo, A quer doar um rim a B, e C quer fazer o mesmo com D; infelizmente A e B são incompatíveis, assim como C e D. Em vez de desistir de qualquer transplante, podemos ter os dois se A e D forem compatíveis, assim como B e C. Os quatro protagonistas são emparelhados por um mecanismo centralizado de troca. Quatro salas de cirurgia são utilizadas simultaneamente; A doa seu rim para D, e C faz o mesmo com B. Existem nos Estados Unidos trocas que envolvem muito mais pessoas quando um dos rins provém de uma pessoa morta.[20] Na França, essas "doações cruzadas" foram autorizadas a título experimental pela lei de bioética de 2011. Observemos igualmente que a doação entre vivos a um amigo ou a um desconhecido é incompatível com a lei francesa de 2004, que limita as doações a um membro da família ou a uma pessoa com a qual se vive há pelo menos dois anos.[21]

Uma troca não compreende necessariamente uma dimensão monetária. A economia, de maneira mais geral, estuda o encontro da oferta e da demanda. Os economistas podem promover o bem comum construindo melhores mecanismos de alocação, como provam os trabalhos de Alvin Roth e, mais genericamente, dos pesquisadores que trabalham no que hoje é chamado de desenho de mercados (market design).

A indignação, por vezes um falso guia da moralidade, infelizmente

Paralelamente a esses dilemas morais, lembremos que os tabus evoluem no tempo e no espaço. Como observei no início do capítulo, basta considerar as atitudes de sociedade com respeito ao seguro de vida e ao pagamento de juros sobre o crédito, duas práticas outrora amplamente condenadas como imorais. No terreno mais econômico, os direitos de emissão negociáveis inspiravam uma repulsa generalizada vinte anos atrás, antes de se banalizarem em parte, uma vez que uma parcela da população compreendeu que eles promoviam a causa ecológica. Ainda que, como Lionel Jospin, possamos nos preocupar com a extensão da economia de mercado no setor dito não mercadológico, a definição das políticas econômicas não pode então se satisfazer com uma dicotomia arbitrária entre domínio do não mercadológico e domínio mercadológico – ou, para repetir Kant, entre o que deriva do mercado e o que deriva de considerações superiores; ela não pode ser ditada por simples congelamentos nas posturas morais.

Indignamo-nos, por exemplo, face à injustiça ou a comportamentos que fazem pouco caso do ser humano. O sentimento de indignação costuma apontar deslizes no comportamento individual ou na organização de nossa sociedade, da mesma forma que um imperativo moral sugere, talvez de maneira muito rígida, comportamentos a serem adotados ou proscritos. Ainda assim, a indignação também pode ser má conselheira. Ela pode resultar no triunfo de preferências individuais em detrimento da liberdade dos outros; e às vezes impede uma reflexão em profundidade.

Como aponta o psicólogo Jonathan Haidt,[22] professor na Universidade de Nova York, a moral do senso comum remete não só a externalidades como a condenações de comportamentos sem vítima claramente identificada. Lembremos aqui que, meio século atrás, a opinião majoritária condenava os atos sexuais entre duas pessoas do mesmo sexo, ou (nos Estados Unidos) entre duas pessoas de raças diferentes, ou ainda envolvendo uma mulher (mas não um homem) não casada. Onde estavam então as vítimas desses comportamentos julgados repugnantes? Na falta de uma identificação clara das externalidades, o triunfo das preferências individuais de uns pode rapidamente atingir a liberdade dos outros.

Nossos sentimentos de repulsa são então fontes de inspiração ética pouco confiáveis. Eles podem nos colocar num caminho, nos indicar que alguma coisa não parece funcionar na organização da sociedade ou em nossos comportamentos individuais. Mas seu papel deve parar aí. Na concepção das políticas públicas, cumpre questionar esses sentimentos e privilegiar a reflexão. E devemos compreender melhor os fundamentos da moralidade e de nossos receios com relação à mercantilização de determinados domínios. É nisso que a comunidade acadêmica se empenha.

III. O MERCADO, AMEAÇA AO LAÇO SOCIAL?

Outra categoria de objeções à economia de mercado provém de um mal-estar difuso face à perda de laço social. Manifestamente, há muitas outras causas para esse mal-estar, por exemplo a urbanização ou a substituição da comunicação direta pela utilização da Internet (não obstante esta última, pelas redes sociais, Skype ou e-mail, possibilitar igualmente manter um contato muito mais frequente com a família e os amigos distantes). Em todo caso, não deixa de ser verdade que o laço social pode se afrouxar em virtude de fenômenos ligados ao mercado: a globalização, a mobilidade...[23] Comercializamos com a China e não mais com o vilarejo vizinho. Vamos morar longe de nossos pais e de nossas raízes. A adesão popular às injunções do tipo "Compremos o que é francês" ou "Compremos o que é americano" reflete esse mal-estar, e não, esperamos, um juízo de valor quanto aos méritos ou necessidades relativas dos assalariados franceses e americanos comparados aos trabalhadores chineses ou indianos.

O mercado torna anônimas as relações. Mas esta é em parte sua função: ele supostamente liberta os atores do poder econômico de outros atores ou, em outros termos, limita o poder de mercado (a possibilidade de ditar os termos da troca), por exemplo impedindo empresas poderosas de impor um preço elevado e uma qualidade medíocre a consumidores cativos. Ele pode efetivamente, como apontam aqueles que deploram o afrouxamento do laço social, facilitar a troca efêmera, anônima, antítese da economia do dom e do contradom (ainda que, nas economias modernas, as noções de reputação e de relação repetida ainda desempenhem um papel crucial nas dimensões da troca cuja especificação clara num contrato não é recomendável, e, logo, sejam delegadas à boa vontade dos contratantes: não admira que os gigantes da Internet, de Uber a eBay ou Booking, tenham criado um sistema de notas e compartilhamento das experiências entre usuários).

Mas esse afrouxamento dos laços também tem virtudes. Por um lado, a economia do dom e do contradom cria uma relação de dependência.[24] Pierre Bourdieu via nela inclusive uma relação de superioridade entre doador e donatário, na qual "a violência é mascarada sob uma aparência de generosidade sem cálculo".[25] Mais genericamente, os laços sociais, embora tenham muitas virtudes, podem também se revelar sufocantes e coercitivos (como mostra o exemplo do aldeão que comeu pão ordinário a vida inteira por não ousar melindrar o padeiro da aldeia). Por outro lado, o mercado permite estender seu círculo de interações. Montesquieu falava do "doce comércio"; a seus olhos, o mercado nos ensina a interagir com estranhos e a conhecê-los. O economista americano Sam Bowles, antigo colaborador de Martin Luther King, pós-marxista e um dos pioneiros da expansão da economia para as outras disciplinas das ciências humanas e sociais, adota uma posição similar em seus trabalhos e numa coluna de título sugestivo, "The Civilizing Effect of Market Economics" ("O efeito civilizador das economias de mercado").[26]

Os que exprimem inquietação com o impacto do mercado sobre o laço social costumam, por sua vez, fazer o amálgama de três preocupações bem diferentes.

Primeira preocupação: o mercado reforçaria o egoísmo de seus atores, tornando-os menos capazes de laços afetivos com os outros. Afinal de contas, Adam Smith não enunciou numa fórmula célebre que "Não é da benevolência do açougueiro, do cervejeiro ou do padeiro que esperamos nosso jantar, mas de sua preocupação com seu interesse próprio"?

O egoísmo, portanto, parece estar no cerne da economia de mercado, ainda que, como aponta, em ressonância com Adam Smith, um dos mais brilhantes economistas contemporâneos e professor no MIT, Daron Acemoglu,[27] o importante não é obrigatoriamente o que motiva o resultado, mas o resultado em si:

> Uma das contribuições profundas e importantes da ciência econômica é revelar que, em si, a ganância não é boa nem ruim. Quando canalizada a serviço de um comportamento inovador, competitivo e centrado na maximização do lucro, no quadro de leis e regulamentações bem-concebidas, a ganância pode operar como um motor da inovação e do crescimento econômico. Mas quando não submetida ao controle das instituições e de regulamentações apropriadas, ela degenera-se na busca de ganhos injustificados, em corrupção e criminalidade.

Segunda preocupação: o mercado estimularia o afastamento dos cidadãos das instituições tradicionais, como suas aldeias e famílias ampliadas, enfraquecendo assim seus laços com a sociedade que o cerca.

Terceira preocupação: o mercado, este é um ponto a que já nos referimos, permitiria aos cidadãos conceber certas transações que de outra forma seriam impensáveis – vender seus órgãos ou serviços sexuais, por exemplo –, colocando assim certos aspectos de sua intimidade no mesmo plano de banais negociações comerciais.

Em seu livro *La Société des inconnus. Histoire naturelle de la collectivité humaine*, meu colega Paul Seabright, diretor do Instituto de Estudos Avançados de Toulouse (Iast), analisa essas três preocupações concernentes à influência da economia de mercado.[28] Ele observa que, longe de se basear apenas no egoísmo de seus participantes, o mercado também exige deles uma grande capacidade de estabelecer a confiança – e nada é mais corrosivo para a confiança do que o egoísmo puro. Ele mostra como, desde a pré-história, foi o aspecto social de nossa natureza humana que nos permitiu ampliar o círculo de nossas trocas econômicas e sociais. De toda forma, isso certamente não nos transforma em criaturas muito altruístas. O mercado é ao mesmo tempo um lugar de competição e de colaboração, e o equilíbrio entre os dois é sempre delicado.

Também é verdade que, ao nos permitir escolher nossos parceiros de troca, o mercado facilita nossa ruptura com certos laços tradicionais. Todavia, trata-se de uma transformação de laços herdados em laços escolhidos, e não pura e simplesmente uma degradação do laço social. E sem dúvida a médio prazo as relações são menos duradouras. Mas nem a durabilidade nem a herança dos laços sociais são virtudes em si mesmas. Quem afinal lastimaria o desaparecimento dos laços sociais mais fortes que já existiram, aquele entre o escravo e seu dono, aquele entre a mulher e um marido onipotente, aquele entre um operário submetido às condições de um patrão monopsonista[29] ou – para repetir um exemplo mais leve – aquele entre o nosso aldeão submetido a vida inteira a um padeiro pouco talentoso?

Quanto à comercialização de certas transações até aqui consideradas da esfera do sagrado, Paul Seabright destaca o quanto as instituições que definem o domínio do sagrado oscilaram ao longo das épocas e através das culturas. A recusa da mercantilização explícita, ele afirma, pode coexistir com uma mercantilização implícita: uma pessoa a quem a própria ideia de prostituição ou de remuneração a alguém que lhe faça companhia escandaliza pode ainda assim permanecer com um esposo/esposa que ele/

ela não mais ama, por desejo de segurança financeira ou medo da solidão. Não existem conclusões fáceis nesse domínio, e essa observação não é em absoluto um argumento a favor de uma legalização do mercado (seja qual for a significação que lhe demos) ou de uma forma particular de regulação (que difere muito entre os países). Retomando uma observação que já fiz a respeito da desigualdade, a conclusão que eu gostaria de tirar disso é que o mercado é às vezes um bode expiatório para nossa própria hipocrisia. Sem por si só fortalecer ou enfraquecer nossos laços sociais, o mercado é um espelho de nossa alma, explicitando as realidades de nossa sociedade ou facetas de nossas aspirações e preferências que teríamos optado por esconder não só dos outros, como de nós mesmos. Podemos quebrar o espelho suprimindo o mercado. Mas assim não fazemos senão cercear o questionamento de nossos valores pessoais e coletivos.

IV. AS DESIGUALDADES

Uma análise do elo entre mercado e moralidade não seria completa sem ao menos uma breve evocação das desigualdades. A economia de mercado não tem a priori razão alguma para gerar uma estrutura das rendas e riquezas em conformidade com o que a sociedade desejaria. É por isso que um sistema tributário redistributivo foi implementado em todos os países.

Poderíamos pensar que, na medida em que o mercado é geralmente visto como a causa do aumento das desigualdades[30] constatadas nesses últimos trinta anos, a desconfiança com relação a ele em certos países seria uma reação ao aumento das desigualdades. No entanto, esse não parecer ser o caso. Por exemplo, o 1% dos franceses mais bem-remunerados recebia em 2007 duas vezes menos (proporcionalmente ao total das rendas no país) do que seus pares americanos; da mesma forma a desigualdade global[31] após imposto é nitidamente mais fraca na França do que nos Estados Unidos. Ora, como vimos, duas vezes mais americanos do que franceses creem nas virtudes do mercado. Aliás, não há razão alguma para fazer a atitude com respeito aos mercados depender do nível das desigualdades; como mostram os países escandinavos, um país pode muito bem aderir plenamente à economia de mercado e utilizar o imposto para atenuar as desigualdades.

Numerosas pesquisas em ciência econômica moderna incidiram sobre a mensuração e a compreensão das desigualdades. Esse tema por si só já mereceria um livro inteiro. Eu gostaria aqui simplesmente de fazer algumas observações sobre as possíveis contribuições da ciência econômica ao debate.

O papel da economia

Comecemos pelo que pertence à esfera da economia: documentar as desigualdades, compreendê-las e sugerir políticas eficazes (isto é, não dissipadoras do dinheiro público) para obter um dado nível de redistribuição.

Mensurar as desigualdades

Um grande número de trabalhos estatísticos realizados durante os últimos vinte anos forneceu uma visão mais precisa da desigualdade. Em especial, o aumento relativo da riqueza do 1% mais favorecido (o "top 1%") foi minuciosamente estudado pelos economistas, em especial por Thomas Piketty[32] e seus colaboradores na análise das desigualdades de patrimônio. O aumento da parcela das rendas captada pelo 1% também é digno de nota. Por exemplo, nos Estados Unidos, a renda média cresceu 17,9% entre 1993 e 2012; a dos altos salários (o top 1%) cresceu 86,1%, enquanto a dos 99% restantes só cresceu 6,6%; a parte das rendas recebidas pelo top 1% passou de 10% em 1982 para 22,5% em 2012.[33] Os economistas também estudaram a desigualdade em seu conjunto, pois esta é multiforme.[34]

Além disso, eles também estudaram o fenômeno da polarização engendrada há cerca de vinte anos nos Estados Unidos, e que observamos na maioria dos países. Essa polarização consiste num aumento dos muito qualificados, cuja remuneração cresce fortemente, e dos pouco qualificados, cuja remuneração estagna, com uma redução das profissões intermediárias, que tendem a desaparecer.[35] Por fim, os economistas analisaram a diminuição da desigualdade entre nações e se debruçaram sobre a redução da pobreza, em forte recuo graças em particular ao dinamismo das economias chinesa e indiana convertidas ao mercado, mas ainda bastante enraizada. O conjunto desses trabalhos de mensuração das desigualdades é indispensável, pois nos fornece uma fotografia da situação presente e nos permite refletir melhor sobre a extensão do problema.

Compreender as desigualdades

O aumento das desigualdades tem causas múltiplas e depende do tipo de desigualdades de que falamos: de renda ou de riqueza? E em que nível (o 1% ou a desigualdade mais global)? Por exemplo, no que se refere ao forte aumento da renda do 1% superior, numerosas causas foram sugeridas.

Primeiro fator explicativo: a mudança de tecnologia que beneficia os mais qualificados com o surgimento da economia digital e, mais genericamente, a revitalização da economia do conhecimento. Isso é particularmente visível no topo da distribuição das remunerações. Como veremos no capítulo 14, a economia digital é submetida a fortes rendimentos de escala e economias de rede e, por conseguinte, ao fenômeno do *winner takes all* (o vencedor ganha tudo): os empreendedores que fundaram Microsoft, Amazon, Google, eBay, Uber, Airbnb, Skype ou Facebook e seus colaboradores enriqueceram amplamente, ao mesmo tempo criando valor para a sociedade; o mesmo acontece com os criadores de novos medicamentos ou vacinas.

A globalização[36] faz com que essas empresas exportem seu modelo para o mundo inteiro; inversamente, ela estimula a concorrência, nos setores não protegidos (os submetidos à concorrência internacional), entre os assalariados dos países com baixos salários e os dos países desenvolvidos, oferecendo uma chance aos primeiros de sair da pobreza, mas exercendo uma pressão para baixo nos salários dos segundos. Menos conhecido é o fato de que a liberalização das trocas aumenta fortemente as desigualdades entre pessoas de um mesmo país com níveis de competência equivalentes, da mesma maneira que beneficia muito mais as empresas eficientes (que podem exportar) e enfraquece ainda mais as empresas de pior desempenho (que fazem então face às importações).[37]

A globalização acirrou a concorrência pelos talentos. Os empreendedores podem escolher onde instalar sua startup; os melhores pesquisadores, médicos, artistas ou executivos vão cada vez mais para onde lhes oferecem as melhores condições. Podemos lamentar, mas, em nosso mundo internacionalizado, isso é um fato. A concorrência pelos talentos decerto emancipa as pessoas envolvidas, mas pode ir longe demais, como meu colega Roland

Bénabou, da Universidade de Princeton, e eu mesmo mostramos recentemente num artigo sobre a cultura do bônus:[38] a fim de atrair os melhores ou conservar seus talentos, as empresas oferecem remunerações variáveis muito elevadas, excessivamente indexadas na performance de curto prazo, e levam seus beneficiários, sobretudo os menos escrupulosos, a negligenciar o longo prazo, ou mesmo a adotar comportamentos pouco éticos.

A partida de um empresário, de um patrimônio, de um pesquisador ou de uma empresa para o estrangeiro representa uma perda para um país: perda de empregos que teriam sido criados pela pessoa ou a empresa no país em questão; perda de impostos que teriam sido úteis à nação; perda de transmissão de saberes etc. A questão é mensurar a amplitude do fenômeno, e este é o calcanhar de aquiles: a falta de dados confiáveis e o fraco nível dos estudos empíricos estimulam as ideias preconcebidas de ambos os lados.[39]

Atendo-nos aos fatos, logo constatamos os obstáculos enfrentados pelos pesquisadores que buscam desdramatizar o debate. Os efeitos da defasagem (ninguém se expatria como reação imediata a uma política considerada pouco favorável; os efeitos são observados a médio prazo) complicam a estimativa econométrica, assim como a "não estacionariedade" do fenômeno (as gerações jovens são mais móveis internacionalmente do que as mais velhas). Além disso, não há interesse apenas pelo número de partidas (é a tradição cultural; os franceses, aliás, em geral, emigram pouco). Parece verossímil que, entre os empresários, os profissionais liberais e os pesquisadores, a fuga para o estrangeiro envolva sobretudo os melhores talentos; por exemplo, no setor da pesquisa o número de pesquisadores europeus que emigram é fraco, mas essa perda se situa de maneira desproporcional entre os mais criativos, muito procurados no estrangeiro;[40] analogamente, perder o novo Steve Jobs ou o novo Bill Gates é muito dispendioso em termos de criação de empregos, receitas fiscais e ambiente de inovação.[41]

A globalização e a evolução tecnológica favorável aos indivíduos mais qualificados não são as únicas razões do enriquecimento do 1% superior.[42] Alguns criticaram as remunerações do capital, que nos países anglo-saxões podem alcançar dezenas de milhões de dólares por ano nos grandes bancos de varejo, e mais ainda nas estruturas não reguladas, tais como fundos de investimento especulativos, fundos de investimento privados ou bancos de investimento.

Uma ideia sobre a qual todos os economistas concordarão, seja qual for sua atitude com relação à redistribuição, é que nem todas as desigualdades têm o mesmo status. Uma riqueza adquirida criando valor para a sociedade não é equivalente a uma riqueza proveniente de uma renda de circunstância. Por exemplo, um fator muito importante do aumento das desigualdades de riqueza em muitos países é o aumento da renda imobiliária.[43] Mas um proprietário de imóveis, ao contrário do inventor de um novo tratamento contra o câncer, não cria valor para a sociedade. Esse aumento da desigualdade poderia ter sido em parte evitado, de um lado taxando as mais-valias imobiliárias e, de outro, não utilizando os planos locais de urbanismo a fim de restringir a construção nos centros das cidades e aumentar a renda imobiliária. Da mesma forma, retomando um exemplo utilizado por Philippe Aghion em sua aula inaugural no Collège de France, o bilionário mexicano Carlos Slim, um dos homens mais ricos do mundo e que construiu sua fortuna graças a uma proteção contra a concorrência, não pode ser comparado aos seus pares Steve Jobs ou Bill Gates, que apostaram na inovação. A conclusão de Philippe Aghion[44] é que é preciso uma reforma tributária para distinguir claramente entre criação de valor e rendas injustificadas, mesmo que na prática essa distinção nem sempre seja fácil de fazer.

Sugerir soluções e avaliar

O economista também é capaz de explicar como um objetivo de redistribuição pode ser alcançado de maneira eficaz ou se uma dada política de redistribuição alcança seu objetivo. Quase todos os economistas militam em favor de uma simplificação fiscal. Na França, a carga tributária, a parafernália de impostos e dos nichos criam um caos total. Mas a grande revolução fiscal é postergada por todos os governos. Às vezes, são realizadas reformas parciais e frequentemente efêmeras. Lionel Jospin, quando primeiro-ministro, criara a Prime pour l'Emploi [Bônus para o Emprego], um complemento de renda pago pelo Estado às pessoas que têm um emprego de baixo salário, na esteira de estudos de economistas que mostram que, ao recuperar um posto de trabalho, um desempregado podia ver sua renda... diminuir (uma alíquota de taxação superior a 100%). A culpa é da profusão de auxílios e bolsas submetidos a critérios de renda; embora cada medida isoladamente partisse de uma intenção louvável e obtivesse sem dificuldade o aval dos parlamentares, a coerência das diferentes medidas nunca era levada em conta. E o problema ressurgia regularmente. As pequenas ajudas concedidas aos mais pobres, cada uma justificada isoladamente, em conjunto terminam por gerar efeitos de limiar [*effet de seuil*] altamente prejudiciais à sociedade. E este é apenas um exemplo entre outros. Um acordo bipartidário para reformar de ponta a ponta o sistema tributário contribuiria muito para o nosso país.

Tal como em outros domínios, a avaliação das políticas redistributivas deixa muito a desejar.[45] Por desconhecimento ou reflexo, os discursos públicos parecem às vezes atribuir mais importância à presença dos diferentes "marcadores" de uma política redistributiva do que à sua capacidade real de alcançar seus objetivos fundamentais. Ora, numerosas políticas pretensamente igualitárias ou se voltam contra os beneficiários-alvo, ou não têm senão um impacto irrisório sobre estes últimos e custam muito caro à sociedade, ameaçando a médio prazo o sistema social a que estamos vinculados. O capítulo 9, sobre o desemprego, mostra no detalhe de que maneira as políticas que supostamente beneficiam os assalariados, como a proteção do emprego pela judicialização das demissões ou a opção por um aumento do salário mínimo em lugar de uma renda garantida para o trabalhador ativo, se voltam na realidade contra os supostos beneficiários ou, ao menos, contra os mais frágeis deles. Vejamos alguns exemplos pinçados em outros domínios.

No domínio da habitação, uma política visando proteger os locatários em situação de inadimplência é aparentemente uma política generosa e humanista. Mas os inadimplentes induzem os proprietários-locadores a selecionar com rigor seus inquilinos, a excluir do parque habitacional privado as pessoas em contrato de trabalho com duração limitada e os jovens, quando estes não têm pais com capacidade para serem fiadores. Da mesma forma, se é inteiramente legítimo proteger os locatários contra altas abusivas de aluguéis durante a vigência do contrato, uma política de controle dos aluguéis entre dois contratos distintos termina sempre por produzir um parque habitacional escasso e de qualidade medíocre, que afetará em primeiro lugar os mais frágeis economicamente. Mais uma vez, políticas de habitação aparentemente progressistas podem facilmente se voltar contra os indivíduos socialmente mais frágeis.

Ainda no domínio da habitação, as subvenções são efetivamente o primeiro instrumento redistributivo na França. Seu montante alcançava 17 bilhões em 2013, nitidamente mais que a Renda de Solidariedade Ativa (RSA) e a Prime pour l'Emploi (PPE) acumuladas (e atualmente fundidas). Ora, esses auxílios contribuíram para a inflação dos aluguéis, a oferta de imóveis não tendo acompanhado porque a renda imobiliária é protegida e a altura das construções é limitada nas grandes cidades onde elas seriam possíveis. Esta é uma boa notícia para os locatários, cujas receitas progridem graças a essas ajudas, mas certamente não o é para o público-alvo. O auxílio-aluguel, poderoso instrumento redistributivo, beneficia muito pouco seus destinatários e implica um ônus elevado para as despesas públicas, em detrimento de outros usos desses fundos públicos.

Outro exemplo paradoxal: o sistema educacional francês alardeia objetivos igualitaristas (através da uniformização dos programas e da setorização), mas cria fortíssimas desigualdades em detrimento dos menos favorecidos e em prol dos mais bem-informados e daqueles cujos pais moram nos bairros ricos. Outro aspecto paradoxal do pretenso igualitarismo do sistema educacional francês é a recusa da seleção no ingresso à universidade. Essa recusa acarreta a seleção através do fracasso ao fim do primeiro ou segundo ano, tendo como resultado que os estudantes menos bem-preparados não somente não têm acesso aos diplomas, como também passam a se sentir desestimulados, quando não estigmatizados, após desperdiçarem um, dois ou três anos. Um caos que afeta pouco as elites, cujos filhos raramente são atingidos por esse fenômeno. O sistema de ensino francês é, em seu conjunto, um vasto *insider trading*.

Da mesma forma, a ausência de despesas de matrícula na universidade e na maioria das *grandes écoles* beneficia em primeiro lugar as classes abastadas. A solução para esse problema não é simples. Cobrar pelos estudos superiores pode levar a distorções, como vemos com a alta taxa de endividamento de alguns estudantes americanos. A classe média pode se ver em dificuldades, caso não tenha acesso a bolsas de estudo. Mas é possível considerar despesas de estudos progressivas e racionais, onerando as famílias cujas receitas permitem isso e redistribuindo parte dessas receitas sob forma de bolsas suplementares condicionadas ao sucesso no curso em questão.

Por fim, e no nível mais macroeconômico, o controle das finanças públicas ainda é geralmente visto como um freio às políticas redistributivas. Todavia, de tanto nos mostrarmos reticentes ao controle das despesas públicas, ameaçamos a própria perenidade de nosso sistema social: uma redução forte das despesas de saúde e educação e a queda das aposentadorias associadas a dificuldades financeiras representariam de fato uma ruptura do pacto republicano e afetariam especialmente os mais pobres.

A lição desses exemplos entre tantos outros similares é mais uma vez que é preciso olhar do outro lado do espelho. Para saber se uma política pública é ou não redistributiva, não basta conhecer as condições socioeconômicas dos públicos que ela visa: convém levar em conta também o conjunto de suas consequências.

Os limites da economia

Paralelamente à compreensão das desigualdades e à análise das políticas redistributivas, perfila-se uma escolha de sociedade, sobre a qual o economista tem menos a dizer, salvo em sua condição de simples cidadão.

Num sistema fiscal coerente, há necessariamente um conflito entre um pouco mais de redistribuição e um pouco menos de poder de compra ou de crescimento (caso contrário, o sistema fiscal é malconstruído e pode ser aperfeiçoado). A escolha certa face a tal conflito de objetivos é complexa. De um lado, porque ela depende das preferências do interessado em favor da redistribuição, o que deriva de um juízo de valor pessoal. Ademais, porque não dispomos de toda a informação necessária no que se refere a esse conflito de objetivos. O que me leva a voltar brevemente ao elo entre causas da desigualdade e conveniência da redistribuição. Intuitivamente, convém saber se a renda provém do acaso ou de relações privilegiadas, ou se, ao contrário, é fruto de um esforço ou investimento. No primeiro caso, o beneficiário não tem nenhum mérito e a redistribuição deveria ser total (uma alíquota de taxação de 100%); e esse ponto de vista é globalmente compartilhado: até mesmo os republicanos americanos mais conservadores consideram que, em virtude da falta de responsabilidade das pessoas nessa condição, a sociedade deve dar provas de solidariedade com relação aos menos favorecidos. No segundo caso, o argumento para manter uma alíquota de taxação incitativa é convincente.

O problema é que não temos senão uma vaga ideia do que gera o sucesso financeiro: o esforço ou o concurso de circunstâncias. Diante dessa escassez de informação, não admira que cada um acredite no que deseja acreditar. A esse respeito, sociólogos e psicólogos apontaram um fenômeno espantoso: 29% dos americanos acreditam que os pobres estão presos numa armadilha de pobreza e 30% que o sucesso deve-se à sorte e não ao esforço e à educação; para os europeus, os números são respectivamente de 60% e 54%.[46] Da mesma forma, 60% dos americanos (incluindo uma fração elevada dos pobres!) e apenas 26% dos europeus respondem afirmativamente à pergunta "Os pobres são pobres porque são preguiçosos ou apáticos?". Visões de mundo antinômicas... Os americanos creem num mundo justo no qual as pessoas têm o que merecem; tendem, além disso, a superestimar a mobilidade social em seu país. Não estariam errados? Como os franceses, aliás, sem dúvida demasiado pessimistas, mesmo podendo se justificar por não acreditarem no mérito, citando por exemplo os múltiplos nichos fiscais, as profissões regulamentadas, o sistema educacional favorecendo as classes ricas e os bem-relacionados, a fraca integração das populações oriundas da imigração, decisões públicas tomadas sob a ameaça dos grupos de interesse e não em consequência de uma análise do bem comum ou o papel importante demais das relações pessoais na obtenção de um estágio ou de um contrato de duração indeterminada (dito isso, os trabalhos do sociólogo Mark Granovetter mostram que acontece a mesma coisa nos Estados Unidos).[47] Não sei. A verdade é que não sabemos muita coisa empiricamente sobre o elo entre mérito e sucesso econômico em diferentes países, e esse é justamente o cerne do problema: a falta de informação estimula as crenças.

Mas a história não para aí. Por mais frágeis que sejam essas crenças, elas mesmo assim têm uma coerência com relação ao sistema fiscal e social do país. Roland Bénabou e eu mostramos que essas crenças, que evidentemente afetam as escolhas de fiscalidade e proteção social (logicamente mais progressistas na Europa, considerando a diferença de crenças), são em parte endógenas.[48] Num país com fraca proteção social, é preferível pensar que o sucesso depende fortemente do esforço pessoal e que só a determinação poderá assegurar um futuro decente ao indivíduo, e vice-versa num sistema de forte proteção social. E examinamos as consequências (os custos e benefícios) dos dois sistemas de crenças. Por exemplo, a crença num mundo justo tem como corolário mais estigmatização dos pobres e daqueles que dependem do sistema de proteção social. Ela pode levar a superestimar a mobilidade (esse parece ser o caso nos

Estados Unidos). Mas estimula o crescimento e vincula melhor as rendas líquidas ao mérito, o que pode ter efeitos benéficos (menos para os pobres), ainda que a crença num mundo justo se revele equivocada...

Uma dificuldade suplementar diz respeito à definição do perímetro em que se julga a desigualdade. Para compreender o problema, basta refletir, por exemplo, sobre a liberalização das trocas, que, embora aumentando certas formas de desigualdade nas economias ricas, permitiu que populações significativas no Sul saíssem da pobreza; ou ainda sobre nossas reações face aos imigrantes (mesmo que nossos concidadãos continuem sem saber que a imigração oferece geralmente muitas vantagens econômicas para o país anfitrião – desde que o mercado de trabalho não exclua os recém-chegados). No caso, trata-se de um juízo ético para o qual o economista terá um ponto de vista, mas não um saber específico com que contribuir.

Entretanto, esse juízo ético condiciona fortemente nossas políticas de redistribuição e, mais genericamente, nossas políticas econômicas. Os trabalhos de Alberto Alesina, Rezá Baqir e William Easterly mostraram que a redistribuição mediante o fornecimento de bens públicos no nível local é bem mais eficiente quando as populações são homogêneas, seja étnica ou religiosamente.[49] Mesmo que a preferência local, a preferência nacional e outras formas de preferências pela redistribuição concebidas de maneira tacanha nos choquem, elas são realidades com as quais somos confrontados por ocasião da concepção de políticas públicas.

Da mesma forma que diferentes indivíduos avaliarão a desigualdade segundo diferentes considerações geográficas, o horizonte intergeracional vigente também pode variar muito: que peso atribuímos às gerações de nossos filhos, netos etc.? Nossas sociedades não dão provas de muita generosidade com respeito às gerações futuras, não obstante o discurso que afirma defender a sustentabilidade de nossas políticas. Decerto, em virtude do progresso tecnológico, as gerações futuras serão a priori mais ricas e mais bem-protegidas contra a doença e o envelhecimento do que a nossa. Em contrapartida, nós lhes legamos um futuro muito incerto. Para nos atermos à França (observações similares se aplicam a diversos países), os jovens se veem confrontados: com o desemprego (5% de taxa de desemprego dos jovens em 1968, 25% atualmente) ou empregos menos atrativos (os contratos permanentes de trabalho, em oposição aos temporários, representavam 50% das criações de emprego em 1982 e hoje não passam de 10%); com um déficit habitacional nas zonas tensas (implicando uma superseleção dos locatários, sendo frequente morar na casa dos pais, e um acesso muito caro à propriedade); com uma educação precária e nem sempre ajustada ao mercado de trabalho; com uma paralisação do elevador social (seja no nível das *grandes écoles* ou do secundário, como atestam as classificações Pisa),* e com estudos cada vez mais onerosos para as famílias; com aposentadorias não financiadas; com uma dívida pública elevada; com o aquecimento global; com as desigualdades... Manifestamente, não podemos nos gabar de muita generosidade, nossas políticas sendo comprovadamente e em larga medida norteadas pelo bem-estar de nossas gerações em idade de votar e exercendo seu direito de voto.

Por fim, a desigualdade, embora comumente mensurada sob o ângulo financeiro (renda, riqueza), reveste-se de muitas outras dimensões além do dinheiro, como a integração na sociedade. O acesso à saúde é uma delas. As desigualdades no que se refere à saúde são bem conhecidas, embora muitos ignorem que elas aumentaram significativamente.[50] Nos Estados Unidos, um homem nascido antes de 1920 tinha uma expectativa de vida[51] seis anos superior se sua renda estivesse dentro das 10% mais altas do que se estivessem entre as 10% mais fracas; no caso das mulheres, a diferença era de 4,7 anos. Para um homem e uma mulher nascidos em 1950, o diferencial passou para catorze e treze anos, respectivamente. Por exemplo, a expectativa de vida dos homens entre essas duas populações aumentou em apenas 3% no caso dos mais pobres, porém 28% no caso das altas rendas. Os pesquisadores tentam hoje calibrar as causas dessa disparidade, o que é crucial para definir a natureza das respostas de política pública. Começando pelos problemas de causalidade: em que medida a pobreza gera uma saúde precária ou, ao contrário, uma saúde precária aumenta o risco de pobreza? Os mais ricos contam com uma higiene pessoal melhor (os autores do estudo sugerem isso: nos Estados Unidos, por exemplo, fumar virou um fenômeno de classe, restrito aos mais pobres)? Eles têm acesso a melhores cuidados? Um pouco de tudo isso, claro, mas identificar corretamente as causas permite direcionar a política pública para as áreas mais carentes.

---

* O Programa Internacional de Avaliação de Estudantes (Pisa) é uma prova aplicada pela Organização para a Cooperação e Desenvolvimento Econômico (OCDE) para medir o nível de habilidades de estudantes de diferentes países em três áreas do conhecimento: matemática, leitura e ciências. (N.R.T.)

Particularmente imperativa é a busca de dignidade. É da natureza da ampla maioria dos seres humanos querer ser útil à sociedade, e não um peso para ela. Em sua exigência legítima de solidariedade da sociedade para com sua condição, os deficientes exigem mais do que dinheiro: querem trabalho também.

Paralelamente, surgem questões éticas na escolha das políticas redistributivas pelas instituições do trabalho, como é o caso quando se trata de escolher entre um salário mínimo mais elevado e uma renda mínima para os trabalhadores ativos. Aumentando o salário mínimo além do nível da maioria dos outros países, a França tomou o partido de aumentar assim a renda dos assalariados menos bem-remunerados, em vez de mediante transferências, acarretando um desemprego significativo entre os trabalhadores cujas qualificações são compatíveis com remunerações no patamar ou pouco abaixo do salário mínimo. Esses desempregados perdem não só seu capital humano e parte de seu tecido social, como também parte de sua dignidade. O hábito que alguns de nossos compatriotas têm de zombar dos "biscates à moda alemã" não me parece levar em conta essa dimensão.

Eis outro debate sobre a moralidade e o mercado do qual não poderemos escapar com a informatização da nossa economia, que terá consequências às vezes violentas sobre quase todas as profissões e para a qual, creio, não estamos preparados.

A profissão de pesquisador em economia

3. O economista na esfera pública

> A era da cavalaria está morta. A dos sofistas, economistas e calculistas substituiu-a e a glória da Europa está extinta para sempre.[1]
> EDMUND BURKE

NO MUNDO INTEIRO, a disciplina econômica interroga, fascina e preocupa. Os economistas, às vezes transformados em superstars, são frequentemente desacreditados e invejados. Relegados à categoria dos sofistas[2] e calculistas[3] há mais de dois séculos nas palavras de Edmund Burke, considerado um dos fundadores do conservadorismo anglo-saxão, continuam a ser vistos com suspeição por parte de nossos concidadãos. Todos são acusados de pensar a mesma coisa. Mas para que então serviriam os economistas se não houvesse consenso sobre nenhum assunto?

Os economistas sentem-se ao mesmo tempo lisonjeados e pouco à vontade com tamanha atenção voltada para sua disciplina. Refugiam-se na abstração ou, ao contrário, rejeitam essa manobra a fim de forjarem, o mais prontamente possível, recomendações de política econômica; permanecem em sua torre de marfim ou tornam-se conselheiros dos governantes; trabalham na sombra ou procuram a luz da mídia.

Para que servem os economistas? Todos eles pensam a mesma coisa? O que fazem exatamente? Que influência têm sobre a evolução de nossa sociedade? Essas questões, embora mereçam um livro à parte, são importantes demais para que eu não esboce algumas respostas aqui. A tarefa é ainda mais complicada na medida em que sou um ator nesse debate. Essa posição me expõe aos dois riscos às vezes observados nos cientistas, sejam eles quais forem: de um lado, ceder ao conformismo, à complacência e à defesa corporativista; de outro, tentar construir uma imagem de espírito livre e independente com respeito à sua comunidade após ter sua reputação consolidada com trabalhos enraizados na corrente dominante. Tentei evitar essas duas ameaças, mas caberá ao leitor julgar o resultado. Descrevendo o cotidiano (pouco conhecido do grande público) de um economista acadêmico, eu gostaria de explicar igualmente o elo complexo entre a pesquisa que ele empreende e suas aplicações.

I. O ECONOMISTA, INTELECTUAL PÚBLICO

A profissão de economista

Seja qual for sua disciplina, o pesquisador tem a chance de realizar um trabalho em que a motivação intrínseca desempenha um papel central. A imensa maioria dos meus colegas são apaixonados, "loucos pela pesquisa", como gostava de dizer o fundador da Escola de Economia de Toulouse, Jean-Jacques Laffont. Acontece o mesmo em diversos laboratórios de pesquisa de todas as disciplinas científicas. A comunidade científica é um ambiente de trabalho sedutor, que não tem nada a invejar àquele de outras comunidades.

A atividade de pesquisa apresenta a especificidade de se desenvolver na longa duração, o que é explicitamente reivindicado pelo cientista. Face a tal horizonte, advêm não só a dúvida, equivalente da angústia da página em branco no escritor, como também momentos de autêntica emoção intelectual. O grande cientista francês Henri Poincaré descrevia o prazer inigualável da descoberta (essa citação está gravada nas medalhas do CNRS):* "O pensamento não passa de um relâmpago entre duas longas noites, mas esse relâmpago é tudo." A profissão de pesquisador é sem sombra de dúvida uma profissão privilegiada, uma profissão de grande liberdade, que oferece, cereja do bolo, momentos intensos em que o que não passava de confusão torna-se subitamente simples e límpido. Além disso, naturalmente, como no caso de todo professor, o pesquisador tem a sorte de poder transmitir conhecimento.

---

* O Centre National de la Recherche Scientifique, ou Centro Nacional de Pesquisas Científicas, em tradução livre, desempenha na França um papel similar ao da Capes ou do CNPq no Brasil. (N.R.T.)

A motivação intrínseca não é certamente nosso único motor. Os cientistas não são diferentes dos membros das outras categorias socioprofissionais: eles reagem ao meio ambiente e aos estímulos com que são confrontados. Realizam e organizam sua atividade impulsionados não só por sua motivação intrínseca, como pelo seu desejo de reconhecimento por seus pares e pela sociedade, bem como pelo desejo de promoção ou poder, ou ainda por suas aspirações financeiras.

Todo pesquisador se preocupa com o reconhecimento de seus pares; geralmente também almeja ter acesso aos melhores estudantes, reduzir suas obrigações e melhorar sua qualidade de vida. Contudo, quanto mais a disciplina científica se aproxima de aplicações concretas, como é o caso da economia, da informática, da biologia, da medicina ou da climatologia, mais numerosas são as motivações extrínsecas: emolumentos provenientes dos setores público e privado, respeito de amigos fora do meio acadêmico, busca da atenção midiática ou desejo de influência política.

As motivações, portanto, são complexas e múltiplas, mas, em última instância, não é sua origem que conta. Um pesquisador pode desenvolver sua teoria por orgulho, ganância ou rivalidade com um colega de trabalho, mas o essencial é o avanço da ciência e sua validação por um processo de crítica aberto.

A cientificidade e a sociedade

Um período de dúvidas

O contrato implícito entre o cidadão-contribuinte e o pesquisador vigente durante o último meio século é cada vez mais questionado. É possível prever que os pesquisadores, que no passado às vezes adotaram uma atitude indiferente, até mesmo irreverente, precisarão cada vez mais justificar coletivamente seu trabalho junto aos que financiam o sistema. Com efeito, vivemos um período de desconfiança do grande público com relação à expertise científica, na medida em que esta afeta domínios concretos – a economia, a medicina, a teoria da evolução, a climatologia ou a biologia. Para alicerçar suas dúvidas, o grande público utiliza os desvios reais da comunidade científica, por exemplo a colocação e manutenção no mercado do Mediator* ou a fraude científica ligada a dados inexistentes ou forjados, o que afeta numerosos domínios, que vão da ciência política à biologia. Os economistas, por sua vez, são recriminados pela crise financeira de 2008. (No capítulo 12, voltarei a essa crise e à responsabilidade dos economistas no processo.)

Face a essas críticas, uma reação possível é confinar-se na atividade do pesquisador-professor. Essa abordagem, contudo, não é defensável no nível da comunidade científica em seu conjunto. A nação precisa que especialistas independentes participem da vida pública e alimentem os debates nas instâncias de decisão e na mídia. Coletivamente, claro, pois alguns pesquisadores não têm vocação para isso. Outros ainda enveredam pelos aspectos metodológicos, especializando-se na pesquisa fundamental (ainda que a fronteira entre pesquisa fundamental e pesquisa aplicada seja geralmente muito porosa). Elo indispensável do processo de pesquisa, eles se sentem frequentemente menos à vontade para falar das aplicações do que os colegas que utilizam seus saberes.

O cientista e o setor privado

O elo entre universidades e indústria é um tema recorrente de controvérsia. Para seus detratores, as indústrias são (para os mais moderados) uma atividade arriscada ou (para os mais radicais) uma forma de corrupção do pensamento, quando não uma conivência com o diabo. Seus defensores argumentam que essas interações fecundam novas temáticas de pesquisa e permitem compensar em parte a defasagem de remuneração dos pesquisadores franceses com relação aos outros países e, mais genericamente, melhorar a competitividade do meio universitário. As outras formas de interações extrauniversitárias suscitam o mesmo debate.

A confrontação com a realidade é provavelmente um dos meios mais pertinentes para se conhecer os problemas que se colocam à economia e à sociedade, e para desenvolver e financiar temas de pesquisa originais, ignorados por aqueles que permanecem em sua torre de marfim. Por exemplo, o prêmio Nobel de física em 2007 Albert Fert descobriu a magnetorresistência

---

* Remédio para emagrecer retirado do mercado em 2009 após ter causado a morte de quinhentas pessoas na França. (N.T.)

gigante (GMR) em parceria com a Thomson-CFS (hoje Thales) com vistas à fabricação de multicamadas magnéticas, que entram especialmente na fabricação de cabeças magnéticas nos discos rígidos de computadores. Pierre-Gilles de Gennes, prêmio Nobel de física em 1991, também era particularmente sensível às aplicações industriais. A título pessoal, posso testemunhar a influência, sobre minhas pesquisas, dessas interações com os tomadores de decisão públicos e privados. Com efeito, diversos trabalhos citados pela Academia Real das Ciências da Suécia em seu relatório científico de outubro de 2014 provinham de problemáticas novas que não poderiam ter sido desenvolvidas fora desse quadro. A comunidade dos economistas de fato pode ser extremamente perspicaz em temas sobre os quais ela pratica o que é chamado de "pesquisa intensiva", a que refina saberes existentes, e ao mesmo tempo negligenciar temas fundamentais, que às vezes saltam aos olhos, por assim dizer, dos profissionais, pois não desenvolveu suficientemente a "pesquisa extensiva", a que explora novos territórios científicos.

As advertências contra os perigos dessas interações são pertinentes. Mas estas últimas têm um valor econômico e social importante; eis por que são não só toleradas, como geralmente desenvolvidas no estrangeiro, inclusive nos países onde os cientistas dispõem de verbas vultosas. Para citar um exemplo, as patentes e startups são as receitas dos impostos e dos empregos de amanhã.

O cientista e a coisa pública

O dever do cientista é fazer o conhecimento avançar. Em muitos casos (matemática, física de partículas, origens do universo etc.), talvez a melhor maneira de fazer isso seja não se preocupar com as aplicações, mas limitar-se a procurar a verdade; as aplicações virão mais tarde, quase sempre de maneira inesperada. Mesmo nas disciplinas naturalmente mais próximas das aplicações, a pesquisa movida exclusivamente pela sede de conhecimento, seja qual for sua abstração, é indispensável. Mas os cientistas também devem, coletivamente, tornar o mundo melhor; por conseguinte, eles ou elas, por princípio, não devem se desinteressar da coisa pública. Os economistas, por exemplo, devem contribuir para aprimorar as regulações setorial, financeira, bancária e ambiental; o direito da concorrência; as políticas monetárias e fiscais; refletir sobre a construção da Europa, compreender como vencer a pobreza nos países subdesenvolvidos, tornar as políticas de educação e saúde mais eficazes e justas, antecipar a evolução das desigualdades etc. E devem participar das audiências parlamentares, interagir com o executivo, tomar parte nas decisões técnicas.

Os pesquisadores têm o dever de cumprir sua missão social, tomando posição sobre questões em relação às quais adquiriram uma competência profissional. Como nas demais disciplinas, trata-se, no caso, de um exercício perigoso para os pesquisadores em ciências econômicas. Alguns domínios são bem explorados, outros, menos. Os conhecimentos evoluem e o que pensamos ser correto hoje poderá ser reavaliado amanhã; em suma, mesmo quando pensamos haver consenso, este nunca é total. No fim, o pesquisador em economia pode, no máximo, afirmar que, *no estado atual de seus conhecimentos*, determinada opção prevalece sobre outra. Desnecessário dizer que esse princípio se aplica a todas as proposições feitas neste livro. Essa atitude não é apanágio do economista: um climatologista indicará as zonas de incerteza quanto à mensuração e às causas do aquecimento global, mas, pragmaticamente, apresentará também as perspectivas mais prováveis no estado atual de seus conhecimentos; um professor de medicina se pronunciará sobre o que julga ser a melhor maneira de tratar um tipo de câncer ou doença degenerativa. Assim, o cientista deve realizar um equilíbrio perigoso entre necessária humildade e determinação, convencer seu interlocutor ao mesmo tempo da utilidade de seus conhecimentos adquiridos e de seus limites; o que nem sempre é fácil, pois certezas são mais facilmente comunicáveis e geralmente parecem mais críveis.

II. OS INCONVENIENTES DO ENVOLVIMENTO NA ESFERA PÚBLICA

Os cientistas que se envolvem na esfera pública são movidos pelas motivações intrínsecas ligadas ao cerne de sua atividade: o aprimoramento do conhecimento e a transmissão do saber científico. Mas também respondem, lembremos, a motivações extrínsecas: remunerações ou o reconhecimento junto a um público mais amplo do que seu círculo científico. Essas motivações extrínsecas não colocam problemas enquanto não modificam os comportamentos científicos, mas podem também apresentar certos perigos.

Complementos de remuneração

A primeira tentação é financeira. Nesse caso, trata-se de um tema tabu na França, ao passo que, não obstante, a tentação de complementar o salário é bastante disseminada: com efeito, um pesquisador de alto nível que dispõe de um posto no CNRS, no Inra* ou na universidade ganha muito menos (às vezes três a cinco vezes menos) do que ganharia nos grandes centros da ciência, como os Estados Unidos, o Reino Unido ou a Suíça, ambientes nos quais a qualidade científica das interações não seria sacrificada em prol da remuneração.[4]

É costume afirmar que os cientistas não escolhem o ramo da pesquisa por razões financeiras; não deixa de ser verdade que muitos poderiam ter optado por profissões mais bem-pagas e abraçaram a carreira de pesquisador por vocação. Isso, contudo, não quer dizer que eles sejam insensíveis à remuneração, tanto mais que não sacrificam o interesse intelectual com esse fim. Na prática, enquanto alguns se contentam com seu salário público, a grande maioria com visibilidade internacional complementa a renda de várias maneiras, que dependem do domínio de pesquisa e das tendências do pesquisador: cursos eventuais ou regulares ou mesmo postos permanentes em universidades estrangeiras; criação de startups; detenção de patentes; consultoria às empresas privadas e organismos públicos; partnership num escritório de auditoria ou consultoria; produção de obras de divulgação científica (manuais escolares ou livros para o grande público); prática médica ou jurídica privada; pareceres remunerados em nome de uma das partes por ocasião de processos antitruste ou depoimentos perante instâncias de regulação; conselhos de administração; redação de colunas regulares remuneradas em jornais; conferências para plateias oriundas do mundo econômico etc.

Alguns chamam isso de "fazer bicos" e condenam a "tolerância" das universidades, do CNRS e de outros estabelecimentos públicos de caráter científico e tecnológico com respeito a essas práticas. Pelas razões que apresentei, e não só pelo fato de eu mesmo extrapolar minha prática cotidiana de pesquisador-professor, não compartilho esse ponto de vista; essas atividades

---

* O Institut National de Recherche Agronomique, ou Instituto Nacional de Pesquisas Agronômicas, é um órgão de fomento a pesquisas em agronomia e alimentação, desenvolvendo trabalhos também sobre os aspectos econômicos e sociais destes temas. (N.R.T.)

têm o mais das vezes uma utilidade social. Além disso, no caso da França, é o preço que devemos pagar para conservar grande parte de seus melhores pesquisadores numa época em que estes, ao contrário de seus antecessores, são inteiramente internacionalizados e completamente móveis. A hipocrisia com relação a esse tema é aflitiva e, acima de tudo, preocupante, quando se trata de manter a França no nível de grande nação científica pronta a responder aos desafios econômicos do século XXI.

Mas seria igualmente irresponsável ignorar os dois perigos dessas atividades externas. Em primeiro lugar, elas podem reduzir o tempo dispendido nas tarefas primordiais: a pesquisa e o ensino. Essa possível distorção não me parece ser um problema sério desde que aceitemos o recurso às avaliações independentes (prática que nem sempre tem a adesão do meio científico francês, mas que é bem aceita no mundo inteiro). Um pesquisador que negligencia sua pesquisa em prol de atividades externas e fica muito tempo sem publicar nas grandes revistas internacionais não deveria se beneficiar dos mesmos termos – salário, carga de ensino e, mais genericamente, condições de trabalho – que seu colega que permanecer fiel à sua missão. Da mesma forma, a avaliação dos professores pelos estudantes sempre me pareceu crucial, mesmo ciente de suas falhas (às vezes as boas avaliações recompensam uma atitude um pouco demagógica, e as más são atribuídas a bons professores com opiniões pouco populares ou rigorosos nas notas). Infelizmente, os que se opõem às atividades externas também costumam recusar o princípio da avalição independente.

A tentação midiática

O cientista também pode deixar-se seduzir por uma experiência midiática, por boas ou más razões. Ver seu nome e seu rosto estampados nos jornais ou na televisão massageia o ego. Numa democracia, contudo, é importante que o acesso à expertise não fique reservado a uma pequena elite próxima dos meios intelectuais, sendo preferível que especialistas se manifestem publicamente. Seja para satisfazer seu ego ou em prol do interesse público (mais uma vez, o resultado conta mais que a motivação), muitos cientistas aparecem regularmente na mídia.

Em todo caso, a mídia não constitui um hábitat natural para um cientista. O que singulariza o cientista, seu "DNA", é a dúvida. Suas pesquisas se alimentam de suas incertezas. A propensão a fornecer argumentos e contra-argumentos, o que um cientista fará sistematicamente num artigo especializado ou numa sala de seminário ou de aula, nem sempre é tolerado pelos tomadores de decisão, que, por sua vez, devem formar rapidamente uma opinião. "Arranjem-me um economista maneta!", exclamou o presidente Truman, que não aguentava mais economistas alegando que "por um lado (*on the one hand*) isso pode acontecer, mas por outro (*on the other hand*) também isso pode acontecer". Porém, acima de tudo, o raciocínio científico não se adapta bem ao formato mais corriqueiro dos debates audiovisuais. Os slogans, as declarações lapidares (*sound bites*) e os clichês são mais fáceis de transmitir do que um raciocínio complexo e com efeitos múltiplos; os argumentos fracos são difíceis de refutar sem se enveredar por uma demonstração. Ser eficaz requer frequentemente agir como em política: chegar com uma mensagem simples, simplista até, e ater-se a ela. Entendam bem: um cientista não deve se esconder atrás de suas incertezas e dúvidas científicas, e sim, na medida do possível, emitir um parecer; nessa perspectiva, deve vencer seu impulso inicial e levar em conta a situação, convencer-se de que certos mecanismos são mais prováveis do que outros nas circunstâncias dadas: "No estado de nossos conhecimentos científicos, meu melhor juízo me leva a recomendar que..." Deve agir como um médico decidindo que determinado tratamento é preferível a outro, mesmo ainda havendo incertezas científicas sobre o assunto.

Mas aqui intervém outra questão: uma vez que os conhecimentos científicos evoluem, é natural mudar de opinião. Os intelectuais que participam do debate público de ideias frequentemente estacionam em suas posições originais a fim de não passarem por "birutas", como se mudassem de ideia ao sabor do vento. Decerto esse bloqueio intelectual no âmbito de uma tomada de posição também existe no meio acadêmico, mas o questionamento permanente das pesquisas nos seminários e conferências através do mundo e a necessidade de publicar nas revistas com conselhos editoriais anônimos (voltarei a isso) estimulam o questionamento.

Além disso, embora bastante disseminadas nos comentários, blogs e outras mídias, as intervenções midiáticas são muito pouco comentadas pelos pares – salvo num estilo leviano, "vipizado", em torno da máquina de café.

Infelizmente, como no caso das atividades remuneradas, acontece de os cientistas promoverem nas mídias argumentos que nunca ousariam defender – ou que retificariam prontamente – numa sala de seminário ou em revistas especializadas.

Por fim, a participação midiática expõe o cientista a solicitações concernentes a assuntos em que ele não é especialista, sendo que um cientista está longe de ser um especialista em tudo, nem sequer em seu próprio domínio (a propensão a sair de seu domínio de expertise é às vezes chamada de "síndrome do prêmio Nobel"!). Não é fácil dizer: "Recuso-me a responder, não tenho nada a dizer quanto a isso." É preciso então encontrar um equilíbrio complexo; devemos responder não sendo especialistas no assunto, mesmo dispondo de elementos de resposta advindos de conversas com outros cientistas ou de leituras de obras de referência? Ou se a resposta derivar simplesmente do bom senso?

O apelo da política

Para Platão, o filósofo, pouco preocupado com a organização da coisa pública e julgado inútil pelo comum dos mortais, é livre, ao contrário do político, constantemente absorvido pela vida pública. Ao contrário, uma longa tradição francesa exalta o "intelectual engajado". Não serei eu a atirar a primeira pedra nos cientistas e, mais genericamente, nos intelectuais que tomam posições políticas; muitos o fazem por convicção. E muitos são bons nisso. Além do mais, o pesquisador pode encontrar em seu engajamento uma motivação para descobrir alternativas de pesquisa negligenciadas. Mas, a meu ver – esta é apenas uma opinião pessoal –, a noção de "intelectual engajado" suscita reservas, e por três razões.

A primeira é que o cientista que difunde uma mensagem de natureza política é imediatamente rotulado ("de esquerda", "de direita", "keynesiano", "neoclássico", "liberal", "antiliberal"), o que, à sua revelia, servirá para legitimar ou desacreditar seu discurso. Como se o papel de um pesquisador, seja qual for sua disciplina, não fosse criar saber, desprezando toda ideia preconcebida. O público frequentemente se esquecerá da substância do argumento para julgar a conclusão com base em suas convicções políticas, de maneira favorável ou desfavorável conforme perceber o cientista como um dos seus ou integrando o campo oposto. Nessas circunstâncias, a participação do cientista no debate público perde muito de sua utilidade social. Já é difícil não se deixar levar para o terreno político involuntariamente: por exemplo, quando uma questão incide sobre um assunto técnico que resultou em tomadas de posição conflitantes na maioria e na oposição, qualquer resposta é rapidamente interpretada como uma tomada de posição política do cientista. Estimular a rotulação em função do posicionamento político pode involuntariamente tornar sua mensagem inaudível e, assim, deixar de contribuir para um debate esclarecido.

A segunda dificuldade é que, ao se engajar, o intelectual corre o risco de perder sua autonomia de pensamento. Um exemplo radical mas particularmente chocante foi a cegueira, e depois a negação, por parte de inúmeros intelectuais e artistas franceses, da evidência do totalitarismo, em especial o das experiências soviética, maoísta e cubana. Não que esses intelectuais aderissem à privação de liberdades, aos genocídios, à desordem econômica e ambiental, à repressão da inovação cultural. Mas, embora os produtos do totalitarismo representassem tudo que eles odiavam, seu engajamento os havia privado de espírito crítico, de liberdade. Em contrapartida, podemos citar igualmente numerosos intelectuais que não sucumbiram às sereias "do progresso", como Albert Camus ou Raymond Aron, assim como a maioria dos economistas conhecidos – mas a implicação moral da *intelligentsia* francesa nesse episódio trágico da história é assim mesmo chocante. Atualmente, não resta dúvida de que poucos intelectuais adotariam posições tão extremas, mas a lição subsiste: o engajamento gera o risco de o economista obstinar-se em suas posições a fim de não decepcionar seus companheiros de percurso ou sua audiência midiática.

Por fim, assim como no caso da mídia, a relação entre o mundo científico e a política não é fácil, ainda que inúmeros políticos manifestem certa curiosidade intelectual. O tempo do pesquisador não é o tempo do político, assim como suas respectivas obrigações profissionais. O papel do pesquisador é analisar o existente e propor ideias novas, com toda a liberdade e sem obrigação de resultado imediato. O político, por necessidade, vive no imediato, sob a pressão de uma aprovação eleitoral. Essas relações divergentes com o tempo, ligadas a estímulos distintos, nem por isso justificam uma desconfiança visceral com respeito à classe política.[5] Contudo, embora o cientista deva ajudar o político na tomada de decisão fornecendo-lhe ferramentas úteis de reflexão, não lhe cabe substituí-lo.

A armadilha dos rótulos

Volto à rotulação dos pesquisadores. O economista, como todo pesquisador, deve ir aonde as teorias e os fatos o levam, sem bloqueio intelectual. Em privado, claro, ele é um cidadão como todo mundo, forma sua própria opinião e se engaja. Mas a partir do momento em que são públicas, as diversas categorizações (tais como a vinculação a uma causa política ou a uma "escola" de pensamento econômico) podem sugerir que o pesquisador em questão sacrifica sua integridade científica a uma agenda pessoal: midiática, política, ideológica, financeira, interna ao laboratório etc.

De forma mais insidiosa, esses rótulos fazem a ciência econômica correr o risco de ser percebida como uma ciência sem consenso, de cujos ensinamentos é possível se emancipar sem maiores consequências. Isso é esquecer que os economistas de alto nível (independentemente de suas opiniões pessoais, que são diversas) estão de acordo sobre muitos assuntos, pelo menos sobre o que não se deve fazer, embora nem sempre sobre o que se deve fazer. E isso é bom, pois se não houvesse opinião majoritária o financiamento da pesquisa em economia seria difícil de justificar, a despeito dos desafios colossais das políticas econômicas para nossa sociedade. Em contrapartida, as pesquisas e debates incidem – é caraterística da pesquisa – sobre temas que os economistas compreendem menos claramente e que, portanto, induzem a um consenso limitado. E, desnecessário dizer, o consenso pode e deve evoluir à medida que a disciplina avança.

III. UMA NECESSÁRIA INTERAÇÃO E ALGUMAS SALVAGUARDAS

Não existe solução perfeita para reger as interações do cientista fora do meio acadêmico. Mas algumas práticas podem estruturar essa relação a fim de defini-la, sem com isso enfraquecer as sinergias.

Comportamentos individuais

Como no caso de qualquer outra profissão, a ética pessoal dos cientistas afeta seus comportamentos. Duas regras básicas poderiam ser: 1) debater ideias, jamais pessoas (banir o argumento *ad hominem*); 2) nunca afirmar alguma coisa quando não se está pronto a defendê-la perante seus pares num seminário ou por ocasião de uma conferência. Uma carta ética também permite lembrar ao pesquisador certos princípios básicos, sobre a transparência de seus dados e da metodologia adotada, bem como sobre a divulgação de potenciais conflitos de interesse. Decerto é difícil enunciar claramente o que é um conflito de interesses, na medida em que, como vimos, esses conflitos assumem diversas formas e dependem muito do contexto. Do mesmo modo, não é fácil definir os deveres de um pesquisador quando sua pesquisa é explorada por terceiros, mas sem levar em conta as reservas que seus trabalhos formulam: até onde vai o dever do cientista num caso desses? Afinal, os princípios éticos, estejam inscritos numa carta deontológica ou constituam simples regras pessoais, são sempre frágeis, pois dizem mais respeito ao espírito do que à letra, necessariamente imperfeita. Esses princípios éticos devem todavia desempenhar um papel essencial e ser vigorosamente defendidos pela profissão.

Parcerias institucionais

As parcerias firmadas por um grupo de pesquisadores, um laboratório, uma universidade ou uma *grande école* com um organismo privado ou público devem igualmente obedecer a determinadas regras. O desafio para esses estabelecimentos de pesquisa é preservar a liberdade do pesquisador face à possibilidade de não renovação do financiamento pela parceria privada ou pública, ao mesmo tempo cumprindo sua exigência, por sinal legítima, de que as pesquisas assim financiadas pertençam ao domínio de seu interesse. Todas as maiores universidades do mundo confrontam-se com esse questionamento e a ele responderam de maneira globalmente satisfatória (tendo trabalhado nos Estados Unidos, mais precisamente no MIT, no início de minha carreira, posso testemunhar o extraordinário espaço de liberdade intelectual que as universidades americanas oferecem a seus pesquisadores). Nesse caso também, o tema é complexo e vários modelos são possíveis.

Vou me contentar aqui em descrever algumas ideias,[6] sem nenhuma pretensão à universalidade. São seis os fatores de independência: uma convergência de ponto de vista sobre o objetivo do contrato e suas modalidades; uma perspectiva de longo prazo; a diversificação das parcerias; o direito de publicar livremente; a validação dos trabalhos pelos grandes periódicos internacionais; e uma governança independente.

A definição dos modos de interação antes de o contrato vigorar permite uma "seleção positiva", as parcerias que aceitam tais modalidades estando, por construção, preparadas para jogar o jogo. Um horizonte dilatado, correspondente ao ritmo da pesquisa, estimula a independência, garantia de credibilidade: no médio e longo prazo, os autores de relatórios complacentes são frequentemente desacreditados. A diversificação dos contratos com diferentes parceiros também é uma garantia de independência; ela permite rechaçar com mais facilidade eventuais pressões adeptas de posições facciosas. A dependência de um ou vários atores, ao contrário, aumenta o risco de ceder às pressões.

O direito do pesquisador de publicar livremente não precisa ser comentado. Em contrapartida, convém insistir na validação dos trabalhos pelos grandes periódicos científicos internacionais, um processo sem dúvida pouco conhecido do leitor. Os periódicos científicos ditos "com comissão de leitura" utilizam um processo de avaliação pelos pares. Um artigo enviado a uma revista é submetido a vários especialistas no domínio, os "relatores" ou "avaliadores", que redigem uma avaliação para o editor do periódico, o qual então transmite ao autor do artigo essas avaliações, em caráter anônimo, bem como sua decisão. O anonimato dos relatores é crucial: por envolvimento pessoal, os relatores seriam muito complacentes se a sua identidade fosse revelada ao autor!

Na grande maioria dos domínios científicos, as revistas científicas são classificadas segundo sua qualidade.[7] Em economia, por exemplo, as cinco revistas generalistas mais lidas pela comunidade científica[8] são igualmente as mais seletivas para a publicação de um artigo (o índice de aceitação dos artigos varia entre 5% e 10%); elas têm igualmente os índices mais elevados de citação de artigos publicados. Vêm em seguida as melhores revistas científicas especializadas, e assim por diante. Todas utilizam relatores que trabalham no mundo inteiro.

Por um lado, a validação por parte das grandes revistas internacionais lembra aos pesquisadores uma finalidade importante da parceria: a realização de pesquisas pioneiras sobre problemáticas novas. Por outro lado, repito, um cientista, seja por motivo financeiro, midiático, político ou simplesmente de amizade, pode propor argumentos que ele nunca ousaria defender – ou dos quais se retrataria rapidamente – num contexto acadêmico. O incentivo à publicação nas melhores revistas científicas é um teste: complacência na coleta ou no tratamento dos dados, ou na teoria, relativos a um organismo financiador da pesquisa tem boas chances de ser detectada pela revista científica em questão. A longo prazo, a obrigação de publicação atua como elemento de disciplina intelectual.

Convém, por fim, criar instâncias de controle externas prontas a intervir se a imagem da instituição correr o risco de ser arranhada por comportamentos de curto prazo; um conselho de administração independente (os cientistas de uma instituição não podem ser juiz e parte) e um conselho científico inteiramente externo. Este último deve desempenhar um papel complementar ao das publicações, julgando a seriedade científica da instituição e informando o conselho de administração sobre suas conclusões.

IV. DA TEORIA À POLÍTICA ECONÔMICA

Eu gostaria de concluir este capítulo com algumas reflexões pessoais, e portanto sem dúvida alguma um tanto idiossincráticas, sobre a maneira como as ideias "entram" na concepção das políticas públicas.

Keynes descrevia assim a influência dos economistas: "Todos os políticos aplicam sem saber as recomendações de economistas em geral mortos há muito tempo e cujos nomes eles ignoram."[9] Uma visão bem sombria, mas não totalmente distante da realidade... Seja qual for sua especialidade em economia, o pesquisador pode influenciar de duas maneiras no debate de política econômica e nas escolhas das empresas (não existe um modelo certo, e cada um age segundo seu temperamento). A primeira é envolver-se pessoalmente; alguns, transbordantes de energia, conseguem isso, mas é muito raro um pesquisador dar conta de sua pesquisa e ao mesmo tempo ser muito ativo no debate.

A segunda é indireta: seus trabalhos são lidos pelos economistas nos organismos internacionais, nos ministérios ou nas empresas, que então os colocam em prática. Às vezes, os trabalhos utilizados são artigos de pesquisa bastante técnicos e publicados nas revistas científicas; às vezes, são uma expressão vulgarizada desses mesmos trabalhos.

Pessoalmente, e como diversos pesquisadores que participam da reflexão sobre a decisão pública, sempre escolhi uma via intermediária, que me permitisse continuar a dar aulas em Toulouse: participando de diversas comissões, trabalhando desde 1999 para o Conselho de Análise Econômica (organismo não partidário ligado ao primeiro-ministro francês) e assessorando ocasionalmente os bancos centrais, as agências reguladoras ou da concorrência, ou os organismos internacionais. Mas nunca é demais enfatizar a importância dos profissionais que logram aplicar as lições extraídas da pesquisa na divulgação das ideias econômicas.

A tecnicidade dos debates microeconômicos sobre a política da concorrência, sobre a regulação prudencial dos bancos ou sobre a regulação das indústrias de rede não é um obstáculo à difusão das ideias econômicas na esfera de decisão econômica. Com efeito, o poder de decisão nesse domínio foi regularmente atribuído a autoridades independentes (autoridade da concorrência, banco central, regulador setorial...). Essas autoridades são muito menos pressionadas em suas escolhas do que os ministérios e podem muito mais facilmente embasá-las com considerações técnicas e econômicas. Daí a passagem das ideias à ação ter se acelerado desde a observação de Keynes.

4. A pesquisa no cotidiano

O MUNDO DA PESQUISA em economia é mal conhecido do grande público. De fato, o que pode fazer um professor universitário de economia ao longo do dia, quando não está ensinando aos seus alunos? Como proceder à criação de saber em economia? Como se avalia uma pesquisa em economia? A pesquisa em economia também é objeto de inúmeras críticas, algumas delas justificadas, outras não. A economia é uma ciência? É abstrata demais, teórica demais, matemática demais? Os economistas têm uma visão de mundo específica e dissociada das outras ciências sociais? A disciplina é demasiado consensual, dominada em excesso pelo mundo anglo-saxão?

Este capítulo (e o seguinte) tenta responder a essas perguntas. Começa por descrever o cotidiano do pesquisador, o processo de modelização e validação empírica em economia. Enuncia os pontos fortes e os pontos fracos do processo de avaliação da pesquisa. Aborda em seguida os traços cognitivos dos economistas: são diferentes dos especialistas em outras disciplinas? São "raposas" ou "ouriços", para retomar a distinção introduzida pelo filósofo Isaiah Berlin (os primeiros sabendo muitas coisas e os segundos uma grande coisa)? O capítulo discute então a utilização da ferramenta matemática. Por fim, apresenta as ferramentas que revolucionaram a disciplina nos últimos quarenta anos: a teoria dos jogos e a da informação, concluindo com uma discussão das contribuições metodológicas.

I. O VAIVÉM ENTRE TEORIA E EVIDÊNCIA EMPÍRICA

Como na maior parte das disciplinas científicas, a pesquisa em economia requer uma combinação de teoria e empirismo. A teoria fornece a moldura do pensamento. Também é a chave para a compreensão dos dados: sem teoria, isto é, sem grade de leitura, os dados não passam de observações interessantes, que não dizem nada sobre o que devemos deduzir deles para a política econômica. Inversamente, a teoria se alimenta do empírico, que pode invalidar suas hipóteses ou suas conclusões, e assim conduzir seja a uma melhoria, seja a um abandono da teoria em questão.

Como todos os cientistas, os economistas aprendem "às apalpadelas", por tentativa e erro. Corroboram a visão do filósofo Karl Popper, que afirmou que toda ciência é fundada na observação (imperfeita) do mundo e que a abordagem científica consiste em extrair leis gerais dessas observações, que são testadas em seguida para verificar sua efetividade. Esse processo de vaivém contínuo entre teoria e empirismo nunca produz certeza, mas aumenta progressivamente a compreensão dos fenômenos.

A princípio informal (na época de Adam Smith), a teoria progressivamente se matematizou. Historicamente, desempenhou um papel muito importante no desenvolvimento da disciplina econômica. Para citar apenas alguns nomes, familiares aos leitores franceses, Krugman, Sen e Stiglitz construíram suas carreiras alicerçados em construções teóricas, assim como inúmeros economistas célebres que se tornaram presidentes de bancos centrais ou economistas-chefes dos grandes organismos internacionais: Bernanke, Blanchard, Fischer, King, Rajan, Summers ou Yellen. Observemos que todos os nomes citados, à exceção de Sen, são macroeconomistas – a visibilidade midiática, veremos, estando reservada a apenas algumas disciplinas; a maior parte dos grandes economistas franceses das últimas décadas, por exemplo[1] Grandmont, Guesnerie, Laffont, Laroque, Rochet ou, antes deles, Allais, Boiteux, Debreu, Malinvaud, são teóricos voltados para a microeconomia e, por conseguinte, menos conhecidos do grande público.

Nas últimas décadas, o tratamento dos dados ganhou, a justo título, uma participação cada vez maior em economia. As causas disso são diversas: a melhoria das técnicas estatísticas aplicadas na econometria; o desenvolvimento de técnicas de experiências aleatórias controladas, similares às utilizadas em medicina (a francesa Esther Duflo, professora no MIT, é a grande especialista nesse domínio); a utilização mais sistemática de experiências em laboratório e de campo, domínios antigamente sigilosos e hoje bastante difundidos nas grandes universidades; e, por fim, as tecnologias da informação, que por um lado permitiram uma vasta e rápida disseminação dos bancos de dados e, por outro, estimularam o tratamento estatístico graças a programas eficazes e baratos, bem como a um poder de cálculo infinitamente maior do que antes. Hoje, o Big Data começa a revolucionar a disciplina.

Muitos não especialistas veem na economia uma ciência essencialmente teórica, sem terem consciência de que essa visão está distante da realidade. Embora a teoria continue a desempenhar um papel central na exploração das políticas públicas, do direito da concorrência às políticas monetárias e financeiras, ela leva em conta mais dados do que antes. Uma vertente muito importante da pesquisa atual é empírica. Já na metade dos anos 1990, a maioria dos artigos publicados na *American Economic Review*, uma das cinco melhores revistas da área, eram empíricos ou aplicados.[2] Não resta dúvida de que este ainda é o caso nos dias de hoje. E, de fato, na geração jovem, numerosos astros das grandes universidades americanas voltaram-se em grande parte para os estudos aplicados, sem contudo abandonar a teoria.[3]

A modelização em economia é, em linhas gerais, bastante similar à que se pratica em ciências de engenharia. O ponto de partida é um problema concreto, ou já bem-identificado ou sugerido por um tomador de decisão, público ou privado. Vem então um desvio pela abstração. A "substância medular" é extraída a fim de permitir o foco nos aspectos essenciais do problema. O modelo teórico é dito *ad hoc*: ele nunca é a representação exata da verdade; suas hipóteses são simplificadoras; e suas conclusões jamais poderão explicar a realidade em seu conjunto. Há sempre uma escolha a ser feita entre uma modelização que descreve os comportamentos da maneira mais sutil e realista, de um lado, e uma dificuldade maior em analisar o modelo sob hipóteses suficientemente gerais, de outro.

Uma analogia com noções corriqueiras de física pode ser útil nesse estágio. A teoria newtoniana da gravitação e a teoria dos gases perfeitos fundam-se em hipóteses que sabemos equivocadas.[4] Essas teorias, no entanto, verificaram-se cruciais de duas maneiras: em primeiro lugar, sem elas as teorias posteriores (como a da relatividade) provavelmente não teriam vindo à luz. A simplicidade de uma teoria facilita a compreensão e permite passar às etapas seguintes. Além disso, as leis newtonianas e a teoria dos gases perfeitos representam excelentes aproximações em alguns contextos (no caso das fracas velocidades para as primeiras e das baixas pressões para a segunda), e logo têm aplicações diretas. Na maior parte das ciências, e em particular nas ciências sociais, as aproximações revelam-se em geral nitidamente menos precisas do que as oriundas da teoria newtoniana ou da dos gases perfeitos, mas sua utilidade permanece inegável.

EXEMPLO

Sem entrar nos detalhes da análise do capítulo 8, tomemos o exemplo do aquecimento global. Os climatologistas constatam que nos resta um curto "orçamento carbono", isto é, emissões de gás de efeito estufa (GEE) que podemos emitir antes de alcançarmos o limiar máximo de 1,5°C ou 2°C de aumento da temperatura. O economista deve se basear no consenso dos climatologistas. Partindo daí, seu desafio é descrever políticas que permitam, a um custo razoável, permanecer aquém desse limiar. Para isso, cumpre modelizar o comportamento dos atores emissores de GEE: as empresas, as administrações e as famílias. A fim de obter uma primeira análise, supomos – trata-se de uma hipótese – que esses atores farão a seguinte escolha racional: poluirão se o custo para evitar essa poluição for superior ao que o poder público os fará pagar em caso de poluição; em outros termos, agirão primordialmente em função de seus interesses materiais.

A etapa seguinte da modelização dos comportamentos é a análise normativa da regulação. Os economistas se perguntam que configuração é capaz de engendrar o resultado desejado pelo poder público. Mais uma vez, fazemos uma hipótese simples, até mesmo simplista, para obter uma primeira intuição. O suposto imperativo, segundo o dado objetivo ecológico, é limitar o custo da política adotada, não só porque uma política dispendiosa afetará o poder de compra dos consumidores ou prejudicará a competitividade das empresas e o emprego, mas também porque aumentará a veemência e o poder de persuasão dos lobbies opostos às políticas ecológicas. Se o regulador conhecesse as características de cada empresa, por exemplo, ele poderia adotar uma "abordagem administrativa" e ordenar à empresa que evitasse poluir todas as vezes que o custo de fazê-lo fosse inferior a determinado nível, esse nível sendo aquele que permitiria permanecer globalmente aquém do limiar de aumento de temperatura se esta regra for adotada. Se, como é mais verossímil, ele não detém essa informação, a análise mostra que é preferível para a sociedade que o Estado delegue a decisão à empresa, responsabilizando-a quando ela poluir, seja pagando um imposto sobre o carbono, seja adquirindo direitos de emissão negociáveis.[5] Essa análise, que remonta aos trabalhos do economista inglês Arthur Cecil Pigou em 1920, resulta então em recomendações de política econômica simples e que contribuíram muito para o sucesso de nossas políticas ecológicas nos últimos trinta anos. Mas, claro, trata-se no caso de uma primeira aproximação. Em primeiro lugar, os atores não se comportam exatamente como dissemos. Eles nem sempre dispõem da informação que lhes permite fazer uma boa escolha econômica (por exemplo, sobre o preço do carbono que uma instalação poluidora deverá pagar dentro de vinte anos). Eles também podem não se comportar exatamente com vistas a maximizar seus benefícios materiais. Podem ter uma verdadeira consciência ecológica ou ainda querer se comportar virtuosamente aos olhos de seus vizinhos ou colegas. Uma empresa pode desejar se comportar de maneira socialmente responsável.[6] Uma segunda etapa de aprofundamento consiste então em incorporar a informação incompleta dos agentes econômicos e seus comportamentos pró-sociais. Além disso, numerosos outros aspectos pertinentes, tais como a credibilidade dos compromissos dos Estados, a incerteza sobre a ciência do clima, a inovação, as negociações entre Estados, a geopolítica etc. O aprofundamento da análise consiste igualmente em testar as hipóteses subjacentes. Por exemplo, a recomendação de utilizar um "instrumento econômico" (imposto sobre o carbono, direitos de emissão negociáveis) em vez de uma abordagem administrativa caso a caso repousa na hipótese de que falta informação ao regulador (ou ainda que uma abordagem caso a caso possa levar um regulador menos íntegro do que outros a outorgar privilégios a amigos ou a poderosos grupos de pressão!). Embora essa hipótese pareça justificada por observações episódicas, não passa de uma hipótese. Podemos ou estudá-la diretamente, ou validá-la indiretamente, estudando suas consequências. Os economistas, portanto, realizaram estudos empíricos demonstrando que a utilização de uma abordagem administrativa podia, dependendo do tipo de poluidor, aumentar o custo da política ecológica entre 50% e 200%, confirmando assim a hipótese, decerto intuitiva, de informação incompleta do regulador sobre as melhores soluções de redução da poluição.

Logo, não tenho a pretensão de comparar a exatidão das previsões em ciências sociais e humanas com a da teoria newtoniana. As ciências humanas e sociais, à sua maneira, são mais complexas do que as ciências naturais ou da vida. Alguns dirão que elas são complexas demais para serem modelizadas. O fato é que os seres humanos obedecem a motivações múltiplas, algumas procedentes de seu meio, e que eles cometem erros ou ainda, sob a influência das emoções, são suscetíveis de adotar comportamentos que alguns julgariam irracionais. Por outro lado, as ciências sociais estão no âmago da organização da nossa sociedade e, apesar da dificuldade, cumpre avançar. E, felizmente para os pesquisadores em ciências sociais (cujo trabalho de outra forma se veria desprovido de justificação), é possível evidenciar regularidades nos comportamentos individuais e coletivos.

A formulação teórica

Voltemos à substância medular. Grande parte da dificuldade do exercício reside em sua extração; por razões de viabilidade, não podemos levar tudo em consideração. Logo, é preciso fazer uma triagem entre o que é importante e o que não é senão episódico e cuja omissão tem apenas poucas chances de alterar a análise. A experiência do pesquisador e as discussões com os tomadores de decisão revelam-se muito úteis nesse estágio, mesmo se, no fim, um retorno sobre as hipóteses básicas, uma vez melhor compreendido o problema, e uma verificação empírica, se possível, se impuserem. O modelo será então, no melhor dos casos, uma metáfora; no pior, uma caricatura da realidade.

A construção de um modelo por parte do economista – seja da organização interna de uma empresa, da concorrência sobre os mercados ou dos mecanismos macroeconômicos – requer uma descrição dos objetivos dos tomadores de decisão, bem como das hipóteses sobre seu comportamento. Por exemplo, podemos supor, como primeira aproximação, que as empresas capitalistas desejam otimizar seu lucro a fim de satisfazer seus acionistas; trata-se, naturalmente, de um lucro intertemporal atualizado,[7] pois geralmente é do interesse da empresa sustentável sacrificar ganhos de curto prazo – por exemplo, respeitando a confiança de seus empregados, fornecedores ou clientes, ou gastando em equipamentos ou manutenção – para acumular lucros no longo prazo. Caso necessário, sofisticamos essa hipótese simplista de maximização do lucro utilizando o enorme corpus de saber sobre a governança da empresa, sobre os incentivos dos dirigentes e conselhos de administração, a fim de compreender e incorporar comportamentos que se demarquem desse quadro de análise central de maximização do lucro, por exemplo a ênfase que seus dirigentes poderiam colocar no lucro de curto prazo em detrimento do longo prazo.

No que diz respeito aos comportamentos, a primeira hipótese é que os tomadores de decisão se comportam de maneira racional, isto é, agem primordialmente em função de seus interesses, considerando a informação limitada de que dispõem e os objetivos que os pesquisadores lhes atribuíram como uma descrição decente de suas aspirações reais. Mais uma vez, podemos refinar essa análise básica graças às pesquisas recentes que estudam comportamentos de racionalidade limitada. Por fim, devemos modelizar a maneira como vários atores, por exemplo concorrentes num mercado, interagem. É nisso que a teoria dos jogos (voltarei a ela) intervém.

Esse modelo parcimonioso, até mesmo simplista, permite, de um lado, prever o que acontecerá num mercado, ou a evolução da economia em seu conjunto, e, de outro, formular recomendações aos tomadores de decisão privados ou públicos, isto é, para a concepção das políticas econômicas. Pois, talvez mais do que as outras ciências humanas e sociais, a economia se pretende normativa: ela aspira a "mudar o mundo". Analisar os comportamentos individuais e coletivos, descobrir certas regularidades neles, é importante; mas a finalidade última é a política econômica.

A economia compara então os custos e benefícios de políticas alternativas. Ela pode parar nesse ponto e selecionar a solução que proporcione à empresa o maior lucro líquido (o benefício menos o custo), o que constitui a abordagem correta se, por exemplo, transferências forem desejáveis, que compensem os perdedores eventuais da política selecionada. Na ausência de tais transferências, a análise é mais complexa, pois o tomador de decisão público deve então ponderar o bem-estar dos diferentes atores, indicando quais deseja privilegiar.

Embora parcimoniosos e simplistas, esses próprios modelos podem se revelar complicados para estudar... Nesse aspecto, a crítica é fácil, mas a arte é difícil. Criticar pode então ter apenas um alcance limitado, caso essa crítica não esteja associada a um modelo alternativo profícuo. Por conseguinte, a despeito de debates acalorados nos seminários e conferências, de resenhas de pareceristas anônimos nas revistas científicas internacionais geralmente sem complacência e do consenso da comunidade científica partilhando a visão segundo a qual o questionamento das teorias é central, a crítica só será realmente útil se for construtiva.

A abordagem econômica é a do "individualismo metodológico", segundo o qual os fenômenos coletivos resultam dos comportamentos individuais e, por sua vez, afetam estes últimos. O individualismo metodológico é perfeitamente compatível (talvez até mesmo indispensável) com a apreensão e a análise refinada dos fenômenos de grupo. Os atores econômicos reagem aos seus incentivos e alguns desses incentivos provêm dos grupos sociais aos quais eles pertencem: eles são influenciados pelas normas sociais; cedem ao conformismo e às modas, constroem identidades múltiplas, comportam-se de maneira gregária, são influenciados pelos indivíduos aos quais estão ligados direta ou indiretamente no âmbito de redes sociais e tendem a pensar como os membros de sua comunidade.[8]

Os testes empíricos

Uma vez formulada a teoria e compreendidas suas implicações, trata-se de interrogar a robustez dos resultados nas hipóteses e, na medida do possível, testar as previsões do modelo. Dois tipos de testes (além do "teste do bom senso") são recomendáveis. Se dados anteriores encontram-se disponíveis em quantidade e em qualidade suficientes, podemos submeter as previsões do modelo a testes econométricos (a econometria, isto é, a aplicação das estatísticas na economia, e, mais genericamente, nas ciências sociais, permite determinar o grau de confiança que podemos ter numa relação entre diversas variáveis).

Mas pode acontecer de os dados serem insuficientes ou de o mundo ter mudado e o passado não ser aplicável ao presente. Por exemplo, quando os governos nos anos 1990 decidiram leiloar o espectro radioelétrico (em vez de alocá-lo gratuitamente como costumava acontecer), convinha de fato proceder em duas etapas: de um ponto de vista teórico, como fazer para vender espectro em várias zonas geográficas, sabendo que as operadoras telefônicas estariam talvez mais interessadas num lote específico se também detivessem lotes contíguos? E, uma vez escolhida uma oferta, como saber se os atores compreendiam direito o mecanismo de leilão e se os economistas não tinham esquecido detalhes que poderiam se verificar importantes na prática (por exemplo quanto à possibilidade de os compradores de espectro manipularem o mecanismo)? Os economistas e os governos fizeram então testes para verificar as implicações teóricas, antes de proceder ao leilão real do espectro radioelétrico. E essas ofertas contribuíram com muito dinheiro para os tesouros públicos (US$60 bilhões só nos Estados Unidos desde 1994).

Há duas alternativas à econometria clássica: as experiências de campo e as experiências de laboratório. Numa experiência de campo, submete-se uma amostragem de pessoas, conhecida como "grupo de tratamento", a um ambiente distinto do ambiente do "grupo de controle", a fim de analisar as diferenças de comportamento e suas consequências. O teste por amostragem aleatória[9] é um domínio bem balizado em física, em ciências sociais, em marketing ou em medicina (para os testes clínicos de medicamentos e vacinas); lembremos, por exemplo, que já em 1882 Pasteur dividira aleatoriamente um grupo de cinquenta carneiros em dois subgrupos – um vacinado e o outro não – e injetara antrax em todos eles a fim de testar uma vacina contra a doença.

Às vezes, a amostragem já é naturalmente dividida em duas – fala-se então numa "experiência natural" –, por exemplo, dois gêmeos idênticos que foram separados no nascimento e entregues a famílias diferentes. Um pesquisador em ciências sociais pode então tentar separar o inato do adquirido (isto é, do meio social). Outro exemplo é fornecido por destinos determinados não por uma escolha pessoal (que depende de numerosas características do indivíduo), mas por uma loteria (por exemplo, a matrícula de um aluno numa determinada escola ou o local de lotação no caso do serviço militar).[10]

Os economistas utilizaram e desenvolveram a metodologia das "experiências randomizadas" e suas estratégias de separação entre grupo de tratamento e grupo de controle. Suas experiências estudam, por exemplo, o impacto de uma nova tarifação da eletricidade, de novas formas de auxílios sociais, de seguro-saúde ou de auxílio-desemprego. Elas ganharam um impulso significativo no domínio da economia do desenvolvimento.[11] Um programa célebre nesse domínio é o Progresa, implementado no México em 1997 para combater a pobreza. Consiste em alocar dinheiro às mães sob as condições de acompanhamento médico da família, presença assídua dos filhos na escola e compromisso de dedicar parte do orçamento da família à alimentação; esse programa foi avaliado graças a uma experiência aleatória. Se várias dessas experiências procuram medir a eficiência de políticas públicas ou de estratégias empresariais, outras procuram testar a teoria econômica: por exemplo, os atores compreendem direito a estratégia que deveriam utilizar nos diferentes mecanismos de leilões?[12]

Da mesma forma, é possível recriar em laboratório a situação capturada no modelo teórico e fazer com que indivíduos (estudantes, professores, profissionais) "joguem" o jogo correspondente, observando o resultado; é o método das experiências em laboratório, que valeu o prêmio Nobel em 2002 ao psicólogo Daniel Kahneman e ao economista Vernon Smith. Por exemplo, uma experiência célebre de Vernon Smith visava analisar mercados tais como os de leilões de títulos do Estado ou as bolhas de matérias-primas. Ela dividia os participantes em duas categorias iguais: vendedores (que têm uma unidade a vender) e compradores (que podem comprar uma unidade). Um ator que não troca não recebe nada além de uma soma inicial que o experimentador lhe outorga simplesmente para participar da experiência. Os ganhos de troca além dessa soma inicial são definidos pelo experimentador (e variam no âmbito de um lado do negócio; por exemplo, são sorteados a partir de uma distribuição). Para entender melhor: um comprador, se comprar, receberá, digamos, $10 - p$, onde p é o preço que ele paga e 10 representa seu consentimento em pagar, isto é, o máximo que está disposto a pagar para comprar; da mesma forma, um vendedor poderá receber um custo igual a 4, de maneira que sairá da experiência com $p - 4$ se vender ao preço p. O equilíbrio concorrencial teórico é um preço p^* tal que o número de vendedores ao custo menor que p^* é igual ao número de compradores que consentem em pagar mais do que p^*. Dizemos então que o mercado está em equilíbrio. Mas o que acontece num mundo onde os atores não conhecem senão suas próprias valorações (custo, consentimento em pagar) e fazem ofertas de compra e venda? Os detalhes da organização do mercado influem no resultado, mas um resultado clássico obtido por Vernon Smith é a convergência do resultado (preços, quantidades trocadas) em direção à previsão teórica do equilíbrio concorrencial quando há compradores e vendedores suficientes.[13]

As experiências de laboratório – também elas randomizadas – podem ser mais facilmente replicadas e permitem controlar melhor o ambiente dos atores do que uma experiência de campo. Elas constituem assim o equivalente dos testes em túnel de vento dos engenheiros. Seu inconveniente é que seu ambiente é mais artificial do que o de uma experiência de campo. As experiências de laboratório e de campo são ambas utilizadas em outras ciências sociais e humanas que não a economia e a psicologia: especialmente em ciências políticas, para compreender melhor a tomada de decisão na esfera de comitês.

A economia é uma ciência?

Voltemos por um momento à questão do status da disciplina econômica.[14] Seu procedimento é científico, no seguinte sentido. As hipóteses são claramente explicitadas, o que as torna vulneráveis à crítica. As conclusões e seu domínio de validade são então obtidos por um raciocínio lógico, conforme o método dedutivo. Essas conclusões são por fim testadas graças à ferramenta estatística.

Em contrapartida, a economia não é uma ciência exata, no sentido de que suas previsões não têm nem de longe a precisão, por exemplo, dos cálculos de mecânica celeste. Como um sismólogo que estuda os terremotos e a propagação das ondas, ou um médico preocupando-se com a possibilidade de um infarto ou um câncer num paciente, o economista que tenta prever, digamos, uma crise bancária ou uma crise da taxa de câmbio sente-se mais à vontade na identificação dos fatores propícios ao surgimento do fenômeno do que na previsão da data de desencadeamento ou mesmo de sua simples ocorrência. Voltarei diversas vezes à questão ao longo deste livro, mas é útil apontar os dois obstáculos à previsibilidade. O primeiro obstáculo é partilhado por muitas outras ciências: a falta de dados ou ainda uma compreensão parcial do fenômeno; por exemplo, o economista pode não dispor senão de conhecimentos parciais sobre o real balanço dos bancos ou sobre a competência e os objetivos do supervisor bancário; ele pode compreender que as exposições mútuas entre bancos e outros fatores são suscetíveis de engendrar uma crise sistêmica sem com isso apreender a dinâmica complexa da propagação de tal crise.

O segundo obstáculo é específico das ciências sociais e humanas. Em determinadas circunstâncias, um economista, mesmo dispondo de toda a informação e compreendendo perfeitamente a situação, pode ter dificuldade de prever. O fato de o que eu gostaria de escolher depender do que você escolherá pode dar origem a uma "incerteza estratégica" – isto é, uma dificuldade de prever o comportamento – para um observador externo. Estamos aqui no domínio das "profecias autorrealizadoras" e dos "equilíbrios múltiplos", de que forneceremos algumas ilustrações neste livro,[15] e que, para voltar aos exemplos mencionados acima, podem se produzir por ocasião de um pânico bancário ou de um ataque contra uma moeda. Contentemo-nos, neste ponto, com o seguinte exemplo: um tema recorrente em economia política é que os cidadãos podem desejar coordenar suas escolhas, a fim de formar um grupo de pressão mais influente na decisão política. Assim, se resolvo construir sozinho a minha casa nas proximidades de um aeroporto, nada impedirá a expansão desse aeroporto no futuro, e logo não terei interesse em fazer isso; se, em contrapartida, muita gente constrói perto do aeroporto, um lobby poderoso estará em condições de impedir sua expansão e então eu mesmo terei mais incentivos a construir nesse lugar. A previsão do comportamento coletivo necessita, portanto, compreender a maneira como se vai efetuar a coordenação entre os atores.

II. O MICROCOSMO DA ECONOMIA UNIVERSITÁRIA

Validação e questionamento dos conhecimentos

Como em toda disciplina científica, a pesquisa é um processo de cocriação, através dos debates com os colegas, dos seminários, das conferências e das publicações. Esses debates são intensos. Com efeito, a essência da pesquisa é voltar sua atenção para fenômenos malcompreendidos, a cujo respeito divergências de opinião são suscetíveis de ser mais manifestas. As correntes dominantes mudam em função da solidez das teorias e do feedback das experiências. Assim, a economia comportamental era relativamente sigilosa há 25 ou trinta anos. Alguns centros de pesquisa, como no Caltech ou no Carnegie Mellon, apostaram pertinentemente nessa disciplina negligenciada. Desde então, a economia comportamental faz parte da corrente dominante (*mainstream*) e as grandes universidades têm laboratórios experimentais e pesquisadores a ela dedicados.

A macroeconomia oferece outra ilustração dos debates e evoluções da profissão.[16] Até meados dos anos 1970, o campo era completamente dominado pela teoria keynesiana. Pensamento único? De forma alguma, pois no seio das universidades americanas, essencialmente no Meio-Oeste, desenvolveu-se um movimento contestador. Essa minoria contestava ao mesmo tempo o alcance empírico das teorias existentes e seus próprios fundamentos. Por exemplo, segundo a teoria keynesiana, um aumento da oferta de moeda a fim de criar inflação poderia ter efeitos surpresa de curto prazo e beneficiar a economia: diminuindo as taxas de juros reais, proporcionando assim uma lufada de oxigênio aos que pedem empréstimos; reduzindo os salários reais numa economia que ostente desemprego e rigidez de salários nominais, isto é, salários não indexados pelo custo de vida; e reduzindo o endividamento real das empresas, cuja dívida é em geral expressa nominalmente. Não é difícil compreender, todavia, que a utilização sistemática da inflação não ilude duradouramente os consumidores, credores ou assalariados; assim, os poupadores deterão menos moeda e ativos não indexados pela inflação ou então pedirão taxas de juros muito mais elevadas; os assalariados, por sua vez, exigirão a indexação dos salários (que foi efetivamente um quebra-cabeça considerável para diversos governos mundo afora). Os fatos da época não pareciam mais justificar a teoria keynesiana: os anos 1970 conheceram a estagflação (a combinação de um crescimento pífio e uma forte inflação).

Por fim, na perspectiva keynesiana, as antecipações eram simplesmente "adaptativas": os atores econômicos podiam extrapolar as tendências observadas no passado, mas não tinham antecipações prospectivas. Tomemos o exemplo de uma bolha financeira, isto é, de um ativo supervalorizado com relação a seu valor fundamental.[17] Um ator que decide comprar um ativo supervalorizado só o fará se pretender revendê-lo e "a tempo". Ele deve então se perguntar se, no futuro, os outros atores permanecerão investidos no ativo e até quando. Da mesma forma, um gestor de ativos que tenha que escolher entre a maturação (o que chamamos de "duração") de uma carteira de títulos ou proteger-se contra as flutuações das taxas de juros deve levar em conta a evolução provável das taxas de juros, necessitando então antecipar a maneira como o banco central reagirá à situação econômica. Ou ainda uma empresa que decida investir no estrangeiro ou repatriar seu capital deve refletir sobre os fatores que farão a taxa de câmbio evoluir no curto ou longo prazo. A ausência de considerações prospectivas na teoria keynesiana das antecipações era um tanto paradoxal, sabendo-se que o próprio Keynes evocara "espíritos animais", que refletiam para ele fenômenos de antecipação otimistas suscetíveis de desestabilizar a economia.

Os contestadores refinaram os modelos fazendo-os dinâmicos, desenvolveram a econometria das séries temporais e se tornaram, por sua vez, dominantes. Mas seus próprios modelos tinham seus limites: quase ausência de sistema financeiro (como aliás muitos modelos neokeynesianos) – o cúmulo, ainda mais que a macroeconomia tinha insistido o tempo todo no mecanismo de transmissão monetária pelo sistema bancário e financeiro –, negligência quanto ao risco de bolhas e dos problemas de falta de liquidez na economia etc.

Hoje, keynesianos ou não, os macroeconomistas trabalham para aperfeiçoar esses modelos, ainda bastante perfectíveis. Procuram sintetizar os pontos fortes das diferentes correntes a fim de aprimorar nossa compreensão da pilotagem macroeconômica (por exemplo, um dos domínios mais incompreendidos concerne à política orçamentária, tanto de um ponto de vista teórico como de um ponto de vista empírico). Um francês de Harvard, Emmanuel Farhi, está na vanguarda dessa pesquisa.

A avaliação da pesquisa

A avaliação da pesquisa pode determinar a alocação dos recursos, permitir saber se um grupo de pesquisa funciona bem ou mal, orientar os estudantes em suas escolhas. Como avaliamos a qualidade da pesquisa em economia ou nas outras disciplinas científicas? Simplificando, existem duas abordagens. Uma, bastante rudimentar, funda-se em estatísticas; a outra, na avaliação pelos pares.

O grande público descobriu a abordagem estatística através da classificação de Xangai. Todos os anos, as universidades do mundo inteiro esperam ansiosamente para saber como serão tratadas pela equipe da Universidade Jiao Tong. Mas essa classificação é pertinente para julgar o nível das universidades no mundo? Pois a classificação de Xangai tem seus defeitos. Por exemplo, a qualidade das revistas científicas quase não é levada em conta para avaliar a produção. Além disso, essa classificação privilegia os estabelecimentos que contam com um prêmio Nobel ou uma medalha Fields entre seus ex-alunos; mas em que medida os pesquisadores contribuem para o contexto universitário se não estão sequer presentes nas instituições?

Quais são então os critérios e campos de análise que uma boa "bibliometria" deveria privilegiar? Em primeiro lugar, as classificações devem ser feitas no nível disciplinar, nível mais pertinente para um estudante quando escolhe sua universidade ou para um reitor dirigir seu estabelecimento. A classificação de Xangai detalha um pouco sua categorização em função das disciplinas, mas não o suficiente. Em contrapartida, os estudantes que não fixaram sua escolha numa determinada disciplina precisam de uma classificação no nível das universidades para poderem comparar as alternativas. Logo, fazem-se necessárias classificações mundiais ao mesmo tempo por disciplina e por universidade.

Mensurar a produção dos pesquisadores pelas citações ou a bibliometria é uma coisa complexa. Uma abordagem consiste em medir a produção científica de um pesquisador pelo número de suas publicações. Mas há publicações e publicações; uma publicação na *Nature* ou na *Science* não é equivalente a uma publicação num periódico pouco reputado. Para refletir a diferença de qualidade das revistas científicas, os melhores estudos ponderam as publicações pela qualidade das revistas (por sua vez medida seja pela influência da revista – calculada por um algoritmo ancorado nas citações similar ao utilizado pelo Google para procurar os sites da Internet mais pertinentes para você –, seja por comitês de especialistas); como esperado, elas dão menos crédito a um pesquisador se sua publicação é feita com diversos outros pesquisadores. Mas os limites do exercício são visíveis. A revista é um sinal de qualidade, mas numa mesma publicação coabitam artigos de importância extremamente variável. E o número, mesmo ponderado pela qualidade da revista, não passa de uma medida muito aproximativa da importância da pesquisa. O americano de origem francesa Gérard Debreu, prêmio Nobel em 1983, não era muito "produtivo", mas os artigos que ele produzia a cada três ou cinco anos tinham grande influência.

A segunda abordagem leva em conta as citações e eventualmente pondera sobre elas segundo a importância da fonte (mais uma vez medida pelas citações do citador – algo que os matemáticos reconhecerão como sendo um problema de ponto fixo). Nesse jogo, Maurice Allais, último grande economista não anglófono a escrever artigos de economia em sua língua nativa e primeiro prêmio Nobel francês de economia (em 1987), não teria brilhado nos índices de citação... Além disso, alguns domínios são mais citados do que outros. E a existência de citações não é garantia de profundidade: os indivíduos controversos ou midiáticos são mais citados do que outros. Para mencionar um caso extremo, um historiador negacionista será muito comentado e, portanto, muito citado, sem por isso ser um grande cientista! Os passeios pela literatura e os livros de sínteses, não obstante muito úteis, pois permitem a um não especialista entrar rapidamente num assunto, são naturalmente muito citados, mas em geral não representam avanços científicos notáveis. Por fim, as citações exibem uma defasagem temporal, o que pode ser prejudicial aos jovens pesquisadores.

As classificações, portanto, têm muitos defeitos, sobre os quais não me estenderei. No entanto, mesmo sendo um dos críticos mais acerbos dessas classificações, estou pronto a defender vigorosamente seu uso. Paradoxo? Não completamente: num país como os Estados Unidos, onde a governança das universidades e das agências de financiamento é inteiramente voltada para a excelência, o uso de tais medidas objetivas permanece limitado (mas em crescimento). Em contrapartida, elas representam uma ferramenta indispensável para identificar os centros de excelência em numerosos países europeus. Ao contrário de seus concorrentes principais em pesquisa e inovação, a França não tem a cultura da avaliação científica, que poderia expor fortes diferenciais de criatividade entre laboratórios franceses e igualmente com os melhores laboratórios mundiais. Logo, é geralmente difícil para estudantes ou tomadores de decisão identificar os laboratórios franceses mais inovadores e dotados de visibilidade no estrangeiro. As classificações trazem um elemento de informação importante num contexto de escassez de informação pertinente.

O que me leva à avaliação pelos pares e à boa governança da pesquisa universitária. As agências de financiamento, que distribuem de maneira competitiva os orçamentos de pesquisa, devem constituir júris compostos dos melhores especialistas, como fazem na Europa o Conselho Europeu de Pesquisa (European Research Council, ERC) e nos Estados Unidos a National Science Foundation e o National Institute of Health. Para isso, contudo, é preciso estar em condições de atrair os melhores especialistas, que são muito solicitados. Um procedimento ágil e a certeza de que as escolhas do júri serão respeitadas são condições necessárias para alcançar tal objetivo.

A opinião dos pares é igualmente crucial no procedimento de nomeação dos professores. Com uma frequência cada vez maior nos grandes países científicos, o recrutamento de um professor é feito da seguinte maneira. Comparam-se primeiramente os recrutas potenciais, interna e externamente, sejam os pesquisadores concernidos candidatos ou não. Seguem-se vários debates contraditórios (facilitados por uma ética de sigilo) e um estudo colegiado entre professores sobre os principais artigos dos pesquisadores potencialmente elegíveis. E – isso é essencial – a administração universitária se coloca como "advogado da qualidade". Cada oferta de posto acima da categoria docente universitária mais básica é objeto de cerca de quinze avaliações comparativas por especialistas externos à universidade, que são analisadas pelo reitor ou o decano dessa universidade. Pede-se aos avaliadores externos que comparem a qualidade do pesquisador ou dos pesquisadores escolhidos pela faculdade com uma lista de pesquisadores trabalhando no mesmo domínio, o que permite ao reitor e ao decano, a priori não especialistas na disciplina, terem um complemento de informação. A ideia é então reduzir a assimetria de informação entre a administração da universidade e o departamento e permitir à primeira controlar a qualidade das contratações sugeridas pelo segundo. A França teria tudo a ganhar caso adotasse práticas de governança análogas.

Pontos fracos e abusos da avaliação científica

O âmago da avaliação científica é o processo de releitura e de validação dos artigos pelos pares: os artigos científicos são avaliados de maneira anônima por outros pesquisadores escolhidos pelos editores de uma revista com comitê de leitura ao qual o artigo é submetido com vistas a uma publicação. Baseando-se em relatórios dos avaliadores e em sua própria leitura, o editor toma então a decisão de aceitar o artigo (em geral após um vaivém ligado a pedidos de melhorias) ou rejeitá-lo. Uma avaliação cuidadosa dos artigos é indispensável ao bom funcionamento da comunidade dos pesquisadores e à acumulação dos conhecimentos científicos. Um avaliador não pode ler os milhares ou dezenas de milhares de artigos que são escritos em sua disciplina a cada ano e menos ainda dissecá-los em seus menores detalhes. O trabalho das revistas científicas é verificar a qualidade dos dados e a integridade de seu tratamento estatístico, a coerência lógica e o interesse de sua teoria, bem como o ineditismo de sua contribuição.

Não devemos por isso cair na ingenuidade e desenvolver uma visão utópica desse processo de avaliação. O sistema tem seus pontos fracos: os comportamentos gregários dos cientistas, que fazem com que um assunto atraia a atenção de uma comunidade, ao passo que assuntos conexos importantes são negligenciados; os artifícios editoriais que levam a privilegiar o que é "impactante" (um estudo empírico que retome mais cuidadosamente um estudo já publicado tem menos chances de atrair a atenção da comunidade científica e, consequentemente, do editor de uma revista do que o primeiro estudo que produzira um resultado espantoso); a falta de "replicação" de certos resultados empíricos, que reflete a incapacidade de outros pesquisadores de reproduzir as conclusões de estudos mesmo célebres em experiências ou situações análogas;[18] ou pura e simplesmente os comportamentos de carona (*free rider*) dos avaliadores, que, devendo supostamente conceder seu tempo para avaliar a pesquisa dos outros e assim contribuir para o bem comum, podem deixar de refletir com suficiente profundidade sobre a qualidade, a originalidade e a pertinência da contribuição.

Por fim, claro, em todos os domínios científicos há fraudes: em geral, elas consistem em dados inteiramente inventados, ou passam, de maneira mais ocasional, pelo hackeamento do site da revista científica a fim de alterar os relatórios dos avaliadores, ou ainda, em se tratando de revistas que cometem o erro de pedir ao autor que sugira nomes de avaliadores, há comunicação de falsos endereços de e-mail remetendo a um amigo em vez de à pessoa que deveria avaliar a pesquisa!

A única solução face a esses problemas é, a meu ver, compreender bem sua natureza e tentar controlá-los na medida do possível. No caso, observa-se um aumento da transparência nestes últimos anos (permitido especialmente pela exigência de tornar os dados públicos e a obrigação de elaborar a lista dos possíveis conflitos de interesses). Seríamos tentados a dizer que, a exemplo da democracia, o sistema de revisão pelos pares é o "pior dos regimes – à exceção de todos os outros já tentados no passado". E, dentre esses sistemas alternativos frequentemente testados, encontramos a avaliação interna, em geral cooptada pelo corporativismo dos pesquisadores. Por conseguinte, a avaliação externa e o processo de revisão pelos pares são a pedra angular da avaliação científica.

Um relativo consenso e uma dominação americana sobre a disciplina

Uma crítica corriqueira dirigida à pesquisa em economia, e às vezes motivo de espanto em outras ciências sociais e humanas, é o relativo consenso que reina entre os economistas. Não se trata de um consenso sobre as políticas econômicas, em especial no domínio da macroeconomia, que é particularmente complexo. A propósito, existem decerto tendências bastante diversas – para citar apenas um exemplo, o MIT é tradicionalmente mais democrata e keynesiano do que Chicago, mais conservador e monetarista. Em contrapartida, há um consenso sobre a maneira de fazer pesquisa. Como explicava Paul Samuelson, figura emblemática do MIT, não havia qualquer fio de discordância com seu colega de Chicago Milton Friedman quanto à questão do que constitui uma boa pesquisa: concordavam sobre a necessidade de uma abordagem quantitativa (teoria formalizada e testes empíricos dessas teorias), concordavam sobre a importância da causalidade e insistiam concomitantemente no aspecto normativo da economia, destinada a servir à tomada de decisão.

Esse consenso metodológico não quer evidentemente dizer que as pesquisas são incrementais e seguem mecanicamente o rastro já traçado pela profissão. Ao contrário, como aponta Robert Solow,[19] outra figura emblemática do MIT, os pesquisadores em geral constroem uma reputação questionando os conhecimentos adquiridos e abrindo novas trilhas. De modo que hoje em dia a economia abrange numerosos campos de análise: a rigidez dos preços, os problemas de incentivo, a concorrência imperfeita, as expectativas equivocadas, os artifícios comportamentais etc. Repito, os debates nos seminários, revistas e conferências são exacerbados, e está certo assim: o confronto das ideias e as críticas dos pares permitem o avanço de todos.

É essencial que as abordagens se fecundem mutuamente, o que requer mobilidade. Nada é pior do que uma escola de pensamento em que os discípulos fazem a exegese dos trabalhos de seus "mestres". Um costume anglo-saxão muito útil para impedir isso é a proibição da endogamia: um estudante deve deixar sua universidade no fim de seu doutorado mesmo que permaneça no sistema universitário (em contrapartida, não está proibido de voltar mais tarde). Além de estimular melhores relações entre professores (que não brigam mais para encaixar "seu" aluno em seu departamento), a proibição da endogamia obriga o estudante a investir em novas ideias e seu departamento a se abrir para elas acolhendo docentes não "incrustados no molde".

Outro objeto de crítica é, em suma, a dominação americana. Sem entrar nos detalhes, as dez universidades mais reputadas em economia são americanas, como aliás a maioria das top 100 nesse campo. Sou o primeiro a lamentar isso. Mas, em vez de se indignar face a essa situação, é preferível arregaçar as mangas. Pois, para citar novamente Robert Solow, não admira os Estados Unidos chegarem claramente à frente: com efeito, eles formam uma massa de doutorandos na disciplina. E, sobretudo, o sistema acadêmico recompensa o mérito em vez da hierarquia, sem contar que a forte concorrência entre as universidades para atrair professores e estudantes as leva a criar excelentes condições de pesquisa.

O impacto do ensino da economia sobre os comportamentos individuais

Os economistas realizaram experimentos de laboratório e de campo para estudar o comportamento de seus estudantes. Confrontados com escolhas que implicavam um conflito entre seu próprio bem-estar e o dos outros, os estudantes que fazem aulas de economia[20] tendem a se comportar de maneira mais egoísta do que aqueles que não fazem. Por exemplo, os estudantes da Universidade de Zurique têm, por ocasião de sua matrícula, a possibilidade de doar SFr7 para financiar empréstimos estudantis e SFr5 para ajudar os estrangeiros que estudam na universidade. Apenas 61,8% dos estudantes de economia e comércio, contra 68,7% dos estudantes das outras disciplinas, doam a pelo menos um dos dois fundos.[21] Outros experimentos respaldam essas conclusões. Uma das questões mais importantes é saber se essa observação resulta de uma seleção – os estudantes têm maior probabilidade de se matricular em economia ou em comércio se são egoístas – ou de um doutrinamento – os estudantes se tornam egoístas ao aprenderem economia. A explicação tem importância. No primeiro caso, a aprendizagem da economia é inofensiva (você pode continuar a ler este livro, não é contagioso); no outro, a economia poderia ser "performativa", isto é, poderia modelar nossa visão de mundo e nos levaria a ver o mundo atrás de um prisma um pouco tendencioso.

Infelizmente, nossos conhecimentos nesse domínio são precários. O estudo de Zurique se debruça igualmente sobre a evolução da generosidade durante os estudos e conclui pela ausência de doutrinamento (ao menos no que concerne aos economistas), a seleção restando assim como o único fator explicativo. Alguns estudos corroboram essa conclusão, ao passo que outros chegam à conclusão oposta. Por exemplo,[22] num primeiro estágio os estudantes de direito de Yale são distribuídos de maneira aleatória em determinados cursos. Aqueles que são dirigidos a cursos com um viés econômico (direito da responsabilidade civil) e que se confrontam com professores tendo uma formação de economista se comportam no curto prazo mais egoisticamente do que aqueles que ingressam em cursos "menos economistas" (direito constitucional) e que convivem com professores formados em humanidades. Como a distribuição é aleatória, o fator seleção não tem influência.

A possibilidade de a formação de economista mudar o estado de espírito de um indivíduo deve ser levada a sério. Em todo caso, seria preciso compreender o canal pelo qual essa mudança de mentalidade se dá para poder avaliar suas consequências. Uma hipótese (mas é apenas uma hipótese) diz respeito à fragilidade do altruísmo. Como examinaremos em detalhe no capítulo seguinte, nosso altruísmo é fortemente reduzido quando podemos "justificar" um comportamento egoísta com uma desculpa, boa ou ruim.[23] No caso das formações em economia, estudar, por exemplo, as estratégias de concorrência num mercado (sugerindo que o mundo é impiedoso de qualquer maneira), aprender que comportamentos individuais egoístas podem engendrar uma harmonia social na distribuição dos recursos[24] (sugerindo que é razoável ser egoísta) ou ler trabalhos empíricos que evidenciam comportamentos disfuncionais para a sociedade quando os incentivos são inadequados (sugerindo que nem sempre se pode confiar nos atores econômicos ou políticos) pode criar narrativas que, mesmo corretas, fornecem desculpas, fracas, por sua vez, mas operantes, para se comportar menos moralmente.

Se essa hipótese fosse comprovada, cumpriria então verificar se narrativas alternativas (diferentes, mas tendo o mesmo impacto) não seriam de toda forma fornecidas mais tarde pela vida profissional ou por relações interpessoais. A propósito, os experimentos discutidos aqui incidem sobre o impacto imediato de aulas de economia; não temos muitas informações quanto à possibilidade de os economistas que trabalham para o Estado, o setor privado ou a pesquisa serem piores ou melhores cidadãos do que os outros em termos de doações, bens públicos, poluição, voto etc. Em outras palavras, um dos objetos de estudo a serem desenvolvidos consistiria não só em compreender melhor a verdadeira causa dos efeitos de curto prazo do ensino da economia, como em analisar o impacto a longo prazo do aprendizado da economia.

III. OS ECONOMISTAS: RAPOSAS OU OURIÇOS?

O filósofo inglês Isaiah Berlin começa seu ensaio *O ouriço e a raposa*[25] com um fragmento atribuído ao poeta grego Arquíloco: "A raposa sabe muitas coisas, mas o ouriço sabe uma grande coisa."

Apreendidos em sua globalidade, os economistas há quarenta anos eram ouriços. Simplificando ao extremo (nesse sentido, a afirmação a seguir é incorreta), eles conheciam na ponta dos dedos o modelo dos mercados concorrenciais, o paradigma mais estabelecido intelectualmente em sua disciplina. Conscientes, por certo, dos limites desse modelo, trabalhavam com outras pistas, mas nem sempre tendo a moldura intelectual adequada. Espécie de teoria dos gases perfeitos da economia, o modelo concorrencial era aplicado a uma grande variedade de situações: a volatilidade dos mercados, as finanças, o comércio internacional etc.

Desde então, a economia refinou bastante seus conhecimentos: como estudar uma concorrência imperfeita num mercado com um pequeno número de vendedores ou compradores e daí deduzir preceitos para o direito da concorrência; como incorporar as assimetrias de informação sobre os preços e a qualidade dos bens, ou mesmo a falta de conhecimento sobre os parceiros com quem podemos negociar, para prever outras falhas de mercado e remediá-las; como ajustar as previsões deduzidas da hipótese de comportamento racional incorporando os desvios observados com relação a esse comportamento; como analisar as implicações da separação na empresa entre direitos de propriedade (pertencente aos investidores) e controle real (frequentemente nas mãos dos dirigentes, cujos interesses podem divergir daqueles dos investidores) etc. A introdução dessas fricções com relação ao antigo modelo é um trabalho de fôlego, mas que dá frutos. Os modelos tornaram-se menos parcimoniosos (incluem mais considerações), mas permitem estudar um certo número de questões novas e essenciais para a política pública e as estratégias empresariais.

O "MODELO CONCORRENCIAL"

No paradigma do mercado concorrencial, os compradores e as empresas são supostamente pequenos demais para poderem afetar os preços dos mercados nos quais eles negociam (em outros termos, fazendo os preços subir ao restringir sua oferta ou fazendo-os baixar ao diminuir sua demanda; seu comportamento individual tem apenas um efeito desprezível sobre o preço de mercado). Eles têm um conhecimento perfeito do preço em vigor e da qualidade dos produtos e se comportam de maneira racional e segundo sua livre escolha, com os compradores maximizando a rentabilidade do negócio e as empresas seu lucro. Sem necessariamente poder prever com precisão o futuro, eles têm expectativas racionais sobre o que vai se passar para todo acontecimento futuro.

Esse modelo era aplicado para explicar como a oferta e a procura se equilibram nos diferentes mercados, o que permite estudar os fenômenos de "equilíbrio geral": por exemplo, uma mudança de oferta num mercado afeta os outros mercados, de um lado pelas relações de complementaridade ou de substitutibilidade entre produtos (se compro um smartphone que funciona com Android, comprarei também uma capa compatível e aplicativos para smartphones Android) e de outro lado por efeitos de renda (a mudança de preço induzido sobre esse mercado afeta o consumo do produto e a renda disponível para esse e os outros produtos, mesmo estes últimos não tendo nenhuma relação direta com o mercado afetado – se os jovens pagarem um aluguel mais alto por seu alojamento, eles consumirão menos bens que o habitual para essa faixa etária).

Esta foi uma etapa importante do desenvolvimento da teoria econômica, mas que apresenta dois defeitos intrinsecamente ligados. Por um lado, suas implicações para a política econômica não eram evidentes: a ausência de fricção (mercados concorrenciais, informação simétrica, racionalidade etc.) faz com que os mercados sejam eficientes. Portanto, a única política pública a ser considerada é a progressividade do imposto de renda, o que tornaria hoje inúteis muitos ministérios, autoridades independentes e coletividades territoriais! Por outro lado, esse modelo não descreve praticamente nenhuma das situações que abordo neste livro.

Mesmo no mundo de raposas que prevalece hoje, alguns são "mais raposas" e outros "mais ouriços". Os ouriços procuram a vida inteira, guiados por uma ideia fixa, e não raro tentam convencer discípulos a tomar o mesmo caminho que eles. Assumem um risco louvável ao defenderem um paradigma que julgam importante, até mesmo englobante. Já as raposas veem com certa suspeição as teorias globalizantes e, construindo a partir de abordagens diversas, costumam se questionar. Passam de uma pesquisa a outra quando estimam ter alcançado "rendimentos decrescentes" na anterior. Nenhum dos dois estilos é superior ao outro e a ciência precisa de raposas e ouriços; da mesma forma que a pesquisa procede por vaivéns entre teoria e experiência, ela promove vaivéns entre raposas e ouriços (cada um de nós, inclusive, é às vezes raposa, às vezes ouriço). Aliás, a experiência parece mostrar que o mundo da pesquisa recompensa os dois.[26]

É preferível ser um economista raposa ou um economista ouriço no debate público? Sabemos pouco a respeito, mas os trabalhos do psicólogo Philip Tetlock, da Universidade da Pensilvânia, sobre os especialistas em ciência política são fascinantes.[27] Esquematicamente, Tetlock sugere duas respostas para essa pergunta. A primeira refere-se à recepção das ideias dos professores universitários no debate público. Os ouriços só irritam aqueles que se opõem aos seus pontos de vista. As raposas atraem o ódio de todo mundo, pois, utilizando saberes diversos, não poupam nenhuma sensibilidade. Além disso, as raposas, levando em conta mais parâmetros, frequentemente colocam senões em suas recomendações, fazendo assim seus ouvintes, que desejam certezas, perderem a paciência e não atraindo o interesse dos estúdios de televisão (de fato, o lado "raposa" levado ao extremo pode conduzir a uma pletora de recomendações; as raposas devem se violentar às vezes e selecionar uma recomendação que julgam mais razoável). A mídia prefere os ouriços.

Em segundo lugar, Tetlock estudou durante quase vinte anos as previsões de 284 especialistas em ciência política, pedindo-lhes no total 28 mil previsões: por exemplo, sobre a queda da União Soviética, a probabilidade de cisão de Estados-nações, a guerra no Iraque ou a decadência de partidos políticos poderosos. Ele divide esses especialistas entre raposas e ouriços baseado em catorze critérios.[28] Classifica também os especialistas em função de suas opiniões políticas. Essa dimensão não é completamente independente do estilo cognitivo do especialista. Não admira que as raposas tenham mais probabilidades do que os ouriços de estar no centro e não em um dos dois extremos do tabuleiro político. Essas opiniões políticas, aliás, influenciam muito pouco o índice de erro. Por exemplo, nos anos 1980, os especialistas de esquerda se perderam por conta de sua opinião ruim sobre o intelecto de Reagan, enquanto os de direita estavam completamente obcecados pela ameaça soviética. Em contrapartida, ensinamentos mais ricos concernem ao estilo cognitivo. As raposas produzem previsões bem melhores. Têm mais consciência da probabilidade (não desprezível) de se enganarem. Inversamente, Tetlock cita como exemplos de ouriços Marx e os libertários,[29] adeptos de uma visão simplista do mundo e cujas grandes previsões nunca se materializaram. Não é fácil tirar conclusões definitivas desse estudo inovador, mesmo ele fazendo uso de uma amostragem bem relevante. Outros estudos deveriam ser realizados em outros domínios.

IV. O PAPEL DA MATEMÁTICA

Dentre as ciências sociais e humanas, a economia é aquela que mais utiliza a ferramenta matemática; mais do que as ciências políticas, o direito (incluindo direito econômico) ou a biologia evolucionista; e certamente muito mais do que a sociologia, a psicologia, a antropologia e a história. A esse título, a economia é objeto frequente de críticas: formalista demais, abstrata demais. A matematização da economia é relativamente recente, ainda que no século XIX os engenheiros-economistas franceses (isto é, Antoine-Augustin Cournot, Jules Dupuit, Joseph Bertrand), Léon Walras e Wilfredo Paretto em Lausanne, Johann Heinrich von Thünen na Alemanha, Francis Edgeworth em Oxford e William Stanley Jevons no University College London, por exemplo, não hesitassem em formalizar sua disciplina. A economia se matematizou progressivamente no século XX, com uma aceleração da tendência nos anos 1940 e 1950. Os trabalhos de diversos grandes economistas da época, como Ken Arrow, Gérard Debreu e Paul Samuelson, representaram para a economia o que as obras de Bourbaki[30] representaram para a matemática. Eles organizaram o pensamento econômico, formalizando-o. Mais importante ainda, formalizaram e verificaram (ou deduziram) a lógica de intuições inovadoras, porém nebulosas, por parte dos grandes economistas clássicos, de Adam

Smith a Alfred Marshall. Foi uma etapa necessária, sobre a qual os trabalhos seguintes construíram; mas em seguida cumpria passar a outra coisa.

Como nas ciências físicas ou na engenharia, a matemática intervém em dois níveis: a modelização teórica e a validação empírica. Não pode haver fortes controvérsias quanto à necessidade de utilizar a econometria (a estatística aplicada à economia) para analisar os dados. Pois um pré-requisito para a decisão é a identificação das causalidades. Uma correlação e uma causalidade são dois objetos distintos; o humorista Coluche se divertia com isso: "Quando estamos doentes, não devemos ir ao hospital; a probabilidade de morrer num leito de hospital é dez vezes maior do que numa cama em sua casa", um nonsense completo, mesmo levando em conta as doenças hospitalares. Dizemos que há nisso uma relação de correlação, mas não de causalidade (caso contrário, teríamos de suprimir os hospitais). E só uma estratégia empírica fundada na econometria permitirá identificar um impacto causal e, logo, gerar recomendações de decisão econômica.

Mais controvertida é a utilização de modelos que se empenham em capturar a substância medular do problema. Como indiquei, todo modelo é uma representação simplificada, às vezes de maneira exacerbada, da realidade, ainda que pesquisas posteriores venham a aprofundar e fechar certas lacunas. Como diz Robert Solow nas primeiras linhas de seu célebre artigo sobre o crescimento (que lhe valeu o prêmio Nobel):

> Toda teoria repousa sobre hipóteses que não são completamente verdadeiras. É isso que faz a teoria. A arte de uma boa teorização é fazer hipóteses simplificadoras, de tal maneira que os resultados definitivos não sejam muito suscetíveis a elas. Uma hipótese "crucial" é uma hipótese sobre a qual repousam as conclusões, e é importante que as hipóteses cruciais sejam razoavelmente realistas. Quando os resultados de uma teoria parecem decorrer especificamente de uma hipótese crucial, então, se a hipótese é duvidosa, os resultados são suspeitos.[31]

Apesar de seus defeitos, esse modelo é, a meu ver, indispensável por várias razões. Em primeiro lugar, ele guia o trabalho empírico; sem modelo para testar, os dados não revelam muita coisa de útil à política econômica. O modelo permite a análise de bem-estar e, com isso, a política econômica. Em seguida, porque a própria estrutura do modelo cria uma disciplina de pensamento. Ela obriga o economista a explicitar suas hipóteses, criando certa transparência no raciocínio (os outros podendo então julgar sem embaraço sua tolerância à hipótese). Essa escrita obriga igualmente a verificar a lógica do argumento, já que às vezes nossa intuição é enganadora.

Como diz muito bem o economista de Harvard Dani Rodrik,[32] os economistas utilizam a matemática não porque são inteligentes, mas porque não o são o suficiente:

> Precisamos da matemática para nos certificar de que pensamos logicamente – para zelar para que nossas conclusões decorram de nossas premissas e nos assegurar de que não desprezamos nenhum detalhe no nosso argumento. Em outros termos, utilizamos a matemática não porque somos inteligentes, mas porque não somos suficientemente inteligentes... Somos suficientemente inteligentes apenas para reconhecer que não somos suficientemente inteligentes. E essa aceitação, digo aos nossos alunos, os diferenciará amplamente das pessoas com opiniões muito inflexíveis sobre o que é preciso fazer em relação à pobreza e ao subdesenvolvimento.

Por fim, a escrita e a resolução do modelo nos fazem refletir sobre outras ideias (se as hipóteses levam a conclusões falsas, elas são descabidas ou falta alguma coisa à modelização?).

No entanto, a matematização tem seus custos. Em primeiro lugar, ela às vezes é difícil e as primeiras tentativas para se estudar um assunto se fazem frequentemente "a granel"; daí a necessidade de ser paciente, ao passo que se pedem aos economistas sugestões imediatas de política econômica. Há pouco menos de quarenta anos, não se sabia, ou se sabia muito pouco, modelizar as expectativas, a interação entre as empresas, a informação assimétrica; vertentes inteiras da economia eram então difíceis de formalizar. Em segundo lugar, os economistas cultivam a mania de "olhar embaixo do poste" (em referência ao comportamento que consiste em procurar um objeto sob um poste porque é ali que há luz, quando não forçosamente foi ali que o perdemos). A macroeconomia, por exemplo, durante muito tempo se referiu a um "agente representativo" (em outros termos, supunha que todos os consumidores eram idênticos) simplesmente porque isso tornava o modelo mais fácil de analisar; hoje, essa hipótese é geralmente desprezada, pois os consumidores diferem em diversas dimensões (gostos, riqueza, renda, obrigações quanto aos seus empréstimos, variáveis sociodemográficas etc.), mas ao custo de uma complexidade maior. Quanto mais nuances introduzimos nas hipóteses e maior complexidade na descrição dos agentes, mais necessário se faz o recurso à matemática a fim de nos assegurar do caráter completo do raciocínio.

Em terceiro lugar, o ensino da economia é geralmente muito abstrato, tendência às vezes acentuada pelo uso da matemática. Não é a matemática que está em questão, pois o ensino é livre para escolher seu modo de apresentação. O ensino deve ser compatível com o saber oriundo da pesquisa, mas não deve forçosamente usar as mesmas estratégias de comunicação. Os manuais anglo-saxões no nível da licenciatura são quase sempre pouco afeiçoados à matemática. No entanto, é normalmente mais fácil para o professor expor pesquisas sob suas formas existentes do que transcrevê-las de maneira mais acessível.

Por fim, costuma-se criticar a comunidade dos pesquisadores em economia por um esteticismo muito extremo. A matemática não seria mais um instrumento, e sim uma finalidade, pois sua utilização para construir modelos elegantes e suficientes seria assimilada a um sinal de qualidade científica. Essa mania sem dúvida existe, mas convém igualmente lembrar que, como nas outras disciplinas científicas, os artigos engenhosos, mas superficiais em seu conteúdo, são rapidamente esquecidos, a menos que constituam um avanço metodológico que facilite o surgimento de contribuições mais aplicadas.

V. A TEORIA DOS JOGOS E A TEORIA DA INFORMAÇÃO

A teoria dos jogos e a teoria da informação revolucionaram todos os domínios da economia, na qual foram muito utilizadas, da mesma forma que em biologia evolucionista, ciência política e direito, e mais eventualmente, em sociologia, psicologia e história.

A teoria dos jogos

A microeconomia moderna fundamenta-se na teoria dos jogos – que representa e prevê as estratégias de atores dotados de objetivos próprios e em situação de interdependência – e a teoria da informação – que explica a utilização estratégica de informações privilegiadas por esses mesmos atores.

A teoria dos jogos permite conceitualizar as escolhas de estratégia por parte de atores em situações em que seu interesse diverge. A esse título, a teoria dos jogos tem como objeto não apenas a economia, como as ciências sociais em seu conjunto e se aplica igualmente à política, ao direito, à sociologia e até mesmo (como veremos adiante) à psicologia. Foi inicialmente desenvolvida por matemáticos: o francês Émile Borel em 1921 e os americanos John von Neumann (num artigo publicado em 1928, depois num livro escrito com Oskar Morgenstern e publicado em 1944) e John Nash[33] (num artigo publicado em 1950). Os desenvolvimentos mais recentes são quase sempre motivados pelas aplicações nas ciências sociais, e são em grande parte da autoria de economistas (embora alguns desses desenvolvimentos também sejam da lavra de biólogos ou matemáticos).

Do comportamento individual ao comportamento coletivo

Uma especificidade das ciências sociais e humanas é a importância das expectativas, e em particular da compreensão da maneira como o meio do agente vai evoluir e reagir às suas decisões; para saber como jogar, um ator deve antecipar o que farão os outros atores. Essas expectativas são racionais se o ator compreende bem os incentivos dos outros e sua estratégia, pelo menos "na média". Diz-se que as estratégias estão então em "equilíbrio" (às vezes chamado "equilíbrio de Nash", que em 1950 desenvolveu a teoria geral desses equilíbrios). Essa compreensão do comportamento verossímil dos outros pode resultar do raciocínio (o ator "se coloca na pele dos outros" e reflete sobre o comportamento que adotaria se estivesse em seu lugar) ou, se o jogo for familiar, da extrapolação dos comportamentos passados.

Uma pessoa que não larga sua carteira ou sua bicicleta sem vigilância na rua ou um pedestre que não atravessa na faixa num país em que os motoristas não respeitam os direitos dos pedestres resolvem problemas elementares de teoria dos jogos, na medida em que antecipam corretamente o provável comportamento dos outros. O exemplo da faixa de pedestres ilustra também a possibilidade de equilíbrios múltiplos: um motorista que não desacelera na proximidade de uma faixa de pedestre não sofre ônus (além do psíquico) em se comportar assim se os pedestres não atravessam quando um carro se aproxima, e estes últimos, efetivamente, não têm interesse em atravessar... Inversamente, o motorista que antecipa que o pedestre atravessará quando seu carro se aproximar tem interesse em desacelerar, e o pedestre poderá atravessar caso espere por um comportamento civilizado dos motoristas.

Embora à nossa revelia, somos todos experts em teoria dos jogos, pois participamos todos os dias de centenas ou milhares de "jogos": nos envolvemos em situações em que devemos antecipar o comportamento dos outros, inclusive suas reações ao nosso próprio comportamento. Claro, somos muito mais experts em determinados jogos que jogamos de maneira reiterada ao longo de toda a nossa vida (por exemplo, os associados às relações interpessoais e sociais) do que em outros que não se apresentam senão ocasionalmente; assim, poucas pessoas concebem da primeira vez a estratégia correta a ser adotada num leilão em que cada um detém informação privada sobre o valor do objeto a ser leiloado (por exemplo, uma jazida de minério ou as ações de uma empresa que está estreando na bolsa); a maioria das pessoas, ao contrário dos profissionais, tende a arriscar de maneira mais otimista, pois se eximem de "colocar-se na pele" dos outros pretendentes potenciais e compreender que estes últimos arriscarão pouco quando tiverem más notícias (chama-se esse fenômeno de a "maldição do vencedor", pois tendemos a vencer o leilão precisamente quando o objeto tem pouco valor).

A escolha de um comportamento depende muitas vezes do que os outros fazem. Se os outros motoristas ou usuários do metrô saem para o trabalho às 8h da manhã, talvez eu tenha interesse em sair às 6h, mesmo isso sendo cedo demais do meu ponto de vista. Em "equilíbrio", os fluxos se estabilizam de tal maneira que cada um faz a escolha certa entre seu horário ideal e o congestionamento que enfrentará na rua ou no metrô. Em tais escolhas de deslocamento, os atores procuram diferenciar seu comportamento do dos outros. Em outras ocasiões, os atores fazem face a um problema de coordenação e desejariam comportar-se em conformidade com os demais atores. Por exemplo, se nenhum de meus concidadãos paga suas multas, haverá (infelizmente) um apoio político forte a uma anistia por ocasião da próxima eleição presidencial, o que reduz meu incentivo a pagar as minhas.

"Prever na média" pode refletir o fato de que um equilíbrio comporta às vezes uma "estratégia mista": um bom goleiro no futebol não deve ter a repu-

A pesquisa no cotidiano

tação de cair mais para a direita ou mais para a esquerda em vez de ficar no meio do gol na hora do pênalti; idem para aquele que bate o pênalti. De fato, estudos realizados sobre os profissionais (os amadores são mais previsíveis...) mostram que seus comportamentos são imprevisíveis: um bom goleiro, por exemplo, tem a mesma probabilidade de evitar o gol (cerca de 25%) para cada uma de suas três opções.[34] Outra razão pela qual pode ser impossível prever exatamente as ações dos outros é que não dispomos de toda a informação concernente a eles; no máximo podemos então prever seu comportamento de maneira condicional: "Em tal circunstância, eu faria isso em seu lugar." Por exemplo, no problema do leilão mencionado, podemos prever um lance elevado (respectivamente, fraco) se o outro receber boas (respectivamente, más) notícias quanto ao valor do objeto a ser leiloado.

Para ilustrar a força e os limites da teoria dos jogos, consideremos a situação conhecida como "dilema do prisioneiro", uma configuração estratégica que permite representar e analisar numerosas situações conflitantes. Seu nome provém da análise da seguinte situação: suspeita-se que dois prisioneiros cometeram juntos um delito (o que é efetivamente o caso) e pede-se a esses dois prisioneiros, colocados em duas celas separadas, que confessem. Aquele que confessa se beneficia de um tratamento mais clemente. Coletivamente, os dois prisioneiros prefeririam que nenhum dos dois confessasse, mas individualmente têm interesse em confessar. Em equilíbrio, os dois confessam.

FIGURA 1

		Jogador 2	
		C	D
Jogador 1	C	15, 15	0, 20
	D	20, 0	5, 5

Temos aqui uma situação bem simples, descrita na figura 1, que põe em cena dois jogadores: o jogador 1 (em negrito) e o jogador 2. Cada um tem a escolha entre duas ações: a primeira consiste em cooperar com o outro jogador, a segunda consiste em adotar um comportamento desviante ou oportunista. Um comportamento cooperativo com respeito ao outro jogador é notado C, e um comportamento desviante, D. Em cada casa da matriz dos ganhos, o primeiro ganho (em negrito) é o do jogador 1 e o segundo o do jogador 2. Por exemplo, se o jogador 1 coopera e o jogador 2 desvia, o jogador 1 não tem nada e o jogador 2 recebe 20. Como mostra a figura 1, o comportamento desviante proporciona um ganho suplementar de 5 ao indivíduo e faz o outro perder 5, e isto independentemente da escolha do outro.

Cada um dos jogadores conhece o conjunto das informações contidas no quadro da figura, mas deve tomar sua decisão sem observar a decisão tomada pelo outro. Como vemos claramente na matriz dos ganhos, coletivamente os dois jogadores têm interesse em cooperar (isto é, ambos jogarem C), uma vez que os ganhos obtidos são então de 15 para cada um, ou seja, um total de 30, que é maior do que em qualquer das outras três soluções possíveis do jogo (20 se as escolhas divergem, 10 se os dois desviam). Contudo, individualmente, ambos têm interesse em adotar um comportamento oportunista e o equilíbrio do jogo é que ambos desviem e ganhem apenas 5. Com efeito, o jogador 2 ganha sempre mais jogando D, independentemente do que fizer o jogador 1: se 1 escolhe C, 2 ganha 20 com a escolha D contra 15 com a escolha C; se 1 escolhe D, 2 ganha 5 com a escolha D contra 0 com a escolha C. E o mesmo acontece para o jogador 1.

Esse jogo, portanto, é particularmente simples de analisar, pois diz respeito a "estratégias dominantes", isto é, para tomar sua decisão um jogador não precisa antecipar o que o outro quer fazer; independentemente de seu adversário escolher C ou D, ambos os jogadores têm interesse em escolher a estratégia D.

Deduz-se daí que, colocado face a essa situação de escolha, todo indivíduo racional deveria escolher a estratégia oportunista. Na prática, contudo, em condições de experimentação em laboratório,[35] constata-se que nem todos os jogadores desviam: 15% a 25% dos jogadores optam pela cooperação. O capítulo 5 volta a esse fenômeno, que nos instigará a questionar não a teoria dos jogos, mas o postulado segundo o qual os agentes econômicos se comportam de maneira egoísta mesmo com pessoas com as quais não têm vínculos.

A despeito da simplicidade, o jogo do dilema do prisioneiro permite representar situações de enfrentamento estratégico muito importantes. Por exemplo, antes que se formasse o cartel da Opep, todos os países exportadores de petróleo tinham interesse em aumentar sua produção (estratégia D), com o efeito, indesejável para os demais países exportadores, de fazer baixar o preço, em vez de diminuir sua produção e cooperar assim com os outros (estratégia C). A implantação de cotas e de um sistema de punições no caso de superação das cotas permitiu à Opep aumentar as receitas de seus membros obrigando-os a jogar C. Numa situação desse tipo, compreende-se então o interesse para os jogadores (indivíduos, empresas ou Estados) de firmar uma aliança, homologada por um acordo e ameaças de represálias destinadas a prevenir o comportamento desviante de qualquer dos participantes.

Esse jogo também inspirou os programas de clemência implementados pelos reguladores da concorrência a fim de lutar contra os formadores de cartéis. Esse programa, já antigo nos Estados Unidos, foi recentemente introduzido na Europa, onde dá frutos. Consiste em assegurar uma quase imunidade a toda empresa que desvele às autoridades da concorrência a existência de uma aliança da qual ela é membro e em punir as demais. O programa permite assim desestabilizar a aliança, recriando um dilema do prisioneiro ali onde o acordo interno entre os membros do cartel visava neutralizá-lo.

Outro exemplo de aplicação do dilema do prisioneiro é oferecido pela luta contra o aquecimento global estudada no capítulo 8. Individualmente, embora cada país tenha interesse em não reduzir suas emissões de gás de efeito estufa na atmosfera, as consequências dessa atitude egoísta são desastrosas. Essa "tragédia de bens comuns", descrita por Farret Hardin em seu artigo publicado em 1968 na revista *Science*, explica o fracasso das conferências de Kyoto, Copenhague etc. Para evitar essa tragédia, seria preciso assinar um acordo que obrigasse todos os países a optar pela estratégia C, mas na prática é a estratégia D que é jogada por todos.

A dinâmica das interações

A teoria dos jogos dinâmicos se articula em torno da ideia de que as decisões rotineiras de um ator terão impacto nas dos outros atores no futuro, e que, assim sendo, o ator deve compreender a influência que sua decisão terá sobre as estratégias futuras dos outros. Por exemplo, um Estado que trabalha numa nova legislação ou regulação deve esperar que os comportamentos dos consumidores ou das empresas mudem em reação ao novo contexto institucional; com esse fim, o Estado deve "se colocar na pele" dos outros atores econômicos e antecipar seus comportamentos vindouros. O conceito de equilíbrio é então chamado em jargão econômico (não particularmente feliz aqui) de "equilíbrio perfeito". Num equilíbrio perfeito, cada ator é lúcido quanto às consequências de seus atos sobre os comportamentos futuros dos outros atores.

Muitas vezes o comportamento de um ator revela aos outros o teor da informação que só ele detém. Por exemplo, um investidor que compra ações de uma empresa revela que sua informação ou seu conhecimento da conjuntura o deixa otimista quanto ao valor da empresa; essa informação tende a fazer subir a cotação da ação da empresa e, consequentemente, a reduzir os ganhos do comprador. Isso faz com que os grandes compradores de ações tentem comprar de maneira discreta, fracionando suas ordens de compra ou utilizando intermediários. Outro exemplo é o de um amigo ou fornecedor que se comporta de maneira oportunista, traindo assim a confiança depositada nele; tal atitude informa sobre a verdadeira personalidade do indivíduo em questão, que, por conseguinte, pensará duas vezes antes de colocar em risco sua reputação. Tais situações são estudadas graças ao conceito de equilíbrio baysiano perfeito, que combina o equilíbrio perfeito com um tratamento racional da informação, no sentido da lei de Bayes. O que leva à teoria da informação.

A teoria da informação

O segundo quadro unificador da economia moderna é a teoria da informação, também denominada teoria dos incentivos, teoria dos contratos, teoria do sinal ou ainda teoria do principal-agente, conforme a aplicação que dela é feita. Essa teoria se articula em torno do papel estratégico das informações privadas detidas pelos tomadores de decisão. Uma boa compreensão das relações humanas ou econômicas necessita efetivamente levar em conta o fato de que os atores não detêm a mesma informação e, além disso, utilizam sua informação privada para alcançarem seus objetivos.

A teoria da informação, desenvolvida por Arrow (prêmio Nobel em 1972), Akerlof, Spence, Stiglitz (que dividiram o prêmio Nobel em 2001), Mirrlees e Vickrey (este, prêmio Nobel em 1996), Hurwicz, Maskin e Myerson (que dividiram o prêmio Nobel em 2007), Holmström, Laffont e Milgrom, entre outros, é construída sobre dois conceitos basilares:

O risco moral remete ao fato de que os comportamentos de um agente podem não ser observáveis pela parte contratante afetada pelo comportamento do agente (o "principal" na linguagem dos economistas) ou por um tribunal de justiça que deve fazer respeitar os termos do contrato em caso de litígio. Tomemos por exemplo um contrato do tipo arrendamento entre um "principal" ou "mandante" (o proprietário) e um "agente" ou "mandatário" (o arrendatário). O arrendatário pode não dedicar suficiente atenção à escolha da colheita ou ao timing da semeadura, não se empenhar suficientemente a fim de obter uma safra abundante e de qualidade e se entregar a outras atividades: nesse caso, dizemos que é possível que haja um "risco moral" da parte do arrendatário, isto é, um risco quanto à renda auferida da safra que não vem de causas exógenas (por exemplo, um risco climático ou causado pela demanda), mas do comportamento do agente, por sua vez condicionado por seus incentivos. Dado que o principal não pode observar o esforço empenhado pelo agente (ou prová-lo diante do tribunal de justiça se esse esforço for insuficiente) e sabendo que o resultado final depende não só desse esforço mas também de acontecimentos que o agente não controla, quem deveria suportar o risco inerente à atividade, o principal ou o agente?

A meação é um arrendamento rural no qual um proprietário, o arrendador, delega a um produtor rural a tarefa de cultivar a terra em troca de uma parte da colheita. Um arrendamento de meia, no qual o meeiro entrega metade de sua colheita ao proprietário, "responsabiliza menos", "é menos incitativo ao esforço" do que um arrendamento fixo no qual o produtor rural paga uma soma estabelecida (um aluguel) ao proprietário e recebe então plenamente o fruto de sua colheita. O arrendamento menos incitativo é aquele em que o produtor rural recebe uma soma preestabelecida e, logo, não é sensibilizado pelo resultado de seu esforço. O arrendamento fixo faz todo o risco pesar sobre o produtor rural, inclusive as contingências climáticas, ou outras pelas quais ele não é responsável, e verifica-se oneroso para este último se ele tem aversão ao risco,* desejando então auferir uma renda previsível. Se,

---

* Uma pessoa é avessa ao risco se prefere uma renda certa a uma renda equivalente em média, mas aleatória (por exemplo, receber 20 em vez de 30 com probabilidade de 50% e 10

em contrapartida, o risco financeiro não atemoriza o produtor rural, então o arrendamento fixo é o ideal, pois o produtor rural será plenamente responsabilizado pelo seu esforço e, consequentemente, receberá a proporção adequada, ao passo que fará pouquíssimos esforços quando todo ou parte do risco recai sobre o proprietário.

A *seleção adversa* (também chamada antisseleção) remete à possibilidade de o agente dispor de informação privada no momento da assinatura do contrato entre as duas partes. Para retomar o exemplo da meação, só o produtor rural pode conhecer sua disponibilidade para trabalhar nessas terras, sua aptidão à tarefa ou sua inclinação ao esforço. Inversamente, o proprietário pode ter informação privada sobre a qualidade das terras etc. A seleção adversa afeta os contratos, pois levanta uma suspeição quanto às suas consequências. Para ilustrar essa ideia, suponhamos que o proprietário sabe se as terras são férteis ou não, mas o produtor rural não dispõe dessa informação. Ainda que este último não tema o risco financeiro e que, portanto, o arrendamento fixo seja a priori o ideal, ele acolherá com certa suspeição uma proposta de arrendamento fixo da parte do proprietário: ele ruminará que o proprietário busca livrar-se do risco porque suas terras são na realidade pouco produtivas; ele então poderá pedir que o proprietário divida a receita, a fim de levá-lo a "provar" que não é esse o caso.

Vemos imediatamente que o quadro de análise das instituições em termos de risco moral e seleção adversa é igualmente aplicável à regulação das indústrias de rede ou à regulação bancária (o regulador dispõe de uma informação inexata sobre a tecnologia da empresa, sobre seu esforço para reduzir os custos ou sobre o risco exato do portfólio do banco), à governança e ao financiamento das empresas (os acionistas, os credores e as outras partes integrantes sendo precariamente informados sobre as escolhas da administração ou sobre suas consequências), à sociologia das organizações (em que as divisões ou oficinas conservam estrategicamente a informação para seus próprios fins) etc.

Os progressos da teoria da informação, ao longo das últimas três décadas, permitiram deduzir princípios essenciais para a concepção dos mecanismos de negociação e dos mecanismos de controle. À luz desses princípios, é possível, por exemplo, enunciar algumas regras simples que deveriam pre-

---

com probabilidade de 50%). Quanto mais aversão a pessoa tem ao risco, mais ela pedirá que o contrato transfira o risco associado à remuneração para o principal.

sidir a concepção e a execução de todo contrato. Assim, a parte que redige o contrato deve aceitar a ideia de que, se a outra parte possui uma vantagem informacional, terá de lhe conceder algumas vantagens para fazê-la revelar essa informação.

Da mesma forma, um contrato deve ser robusto de duas maneiras: por um lado, deve basear-se exclusivamente em elementos técnicos contábeis ou comportamentos observáveis e verificáveis, ideia que desempenha papel importante em nossas análises das políticas de emprego ou de luta contra o aquecimento global. Por outro lado, deve basear-se num conjunto de recompensas e sanções plausíveis; na falta de tais mecanismos de incentivos, deve ser objeto de uma relação constante entre as duas partes, na qual a repetição de comportamentos oportunistas por uma das partes cria suspeições na outra e leva à interrupção dessa relação de confiança e cooperação. O contrato também deve ser concebido numa perspectiva dinâmica, sobretudo porque, durante sua vigência, inelutavelmente ocorrerão alguns acontecimentos não previsíveis na assinatura (e talvez observáveis por apenas uma das partes). Convém, portanto, prever modalidades de renegociação, até de anulação, em especial das regras de cálculo das indenizações.

Esses exemplos constituem apenas uma breve introdução à teoria da informação, mas mostram claramente a importância atribuída à racionalidade dos atores, que procuram manipular em seu proveito a assimetria de informação vivida pelos outros atores.

VI. AS CONTRIBUIÇÕES METODOLÓGICAS

Em muitas disciplinas científicas, trabalhos anteriores ao processo de pesquisa permitem o desenvolvimento de técnicas que podem ser utilizadas mais adiante. É o caso da economia. Muitos trabalhos nem sempre têm em vista uma aplicação, um problema econômico preciso a ser resolvido. Eles podem incidir igualmente sobre aspectos metodológicos, sem aplicação direta mas permitindo a outros trabalhos teóricos modelizar alguns fenômenos ou fornecer um quadro conceitual a trabalhos empíricos.

Por exemplo, os econometristas adaptam a estatística ou constroem suas próprias técnicas a fim de permitir aos economistas empíricos medir com maior precisão os fenômenos econômicos e atribuir-lhes uma causalidade (uma variável influencia outra ou é simplesmente correlata a ela?), condição *sine qua non* de aplicabilidade da análise empírica à política pública. Da mesma forma, os teóricos podem trabalhar sobre arcabouços sem aplicação direta. As observações que seguem são ao mesmo tempo bastante abstratas e autorreferentes (pois descrevem o objeto de minhas próprias pesquisas, pelo que peço ao leitor que me desculpe), e seu único objetivo é fazer o leitor percorrer a diversidade dos trabalhos de um pesquisador em economia.

Meus trabalhos em teoria dos jogos pura incidiram sobre os jogos dinâmicos, isto é, situações conflituosas que se desenrolam no tempo e em que os atores (os "jogadores") reagem às escolhas passadas dos outros jogadores. Em primeiro lugar, defini (com Eric Maskin, meu orientador de tese no MIT, hoje professor em Harvard) a noção de "equilíbrio de Markov perfeito"; de acordo com essa noção, qualquer jogo evoluindo ao longo do tempo pode ser identificado de maneira não ambígua como um "resumo" do passado (denominado "variável de estado") capaz de condicionar as estratégias futuras. Esse resumo que a cada instante sintetiza a história do jogo até o instante presente descreve o que os jogadores precisam saber a respeito do impacto das estratégias vindouras sobre os ganhos futuros dos jogadores. Por exemplo, num mercado oligopolista, o nível atual das capacidades de produção das empresas pode, se o modo e o *timing* de aquisição dessas capacidades não forem pertinentes, resumir o passado da indústria. Essa noção é muito utilizada nos trabalhos ditos de economia industrial estrutural, que agora é a abordagem dominante em economia industrial empírica: a noção de equilíbrio de Markov perfeito é hoje utilizada de forma rotineira pelos econometristas que tentam analisar e mensurar os comportamentos dinâmicos de empresas em concorrência umas com as outras.

Junto com Drew Fudenberg, hoje professor no MIT e, como eu, primeiro orientando de Eric Maskin, refinei a noção de "equilíbrio bayesiano perfeito".[36] Esse conceito combina a noção de equilíbrio bayesiano, que permite estudar jogos em informação assimétrica, e a noção de equilíbrio perfeito, que descreve os equilíbrios num contexto dinâmico. Ainda com Drew Fudenberg, defini uma metodologia para estudar os jogos de preempção (ou, mais genericamente, os jogos em que a estratégia dos atores consiste em escolher o momento de agir) em tempo contínuo.

Afora isso, meus trabalhos em teoria pura dos contratos consistiram em estender seu quadro de análise em quatro direções:

A dinâmica. Uma relação contratual é frequentemente repetida. Além disso, pode ser renegociada ao longo de sua execução. Meus trabalhos sobre o tema com Jean-Jacques Laffont, Oliver Hart, Drew Fudenberg (bem como trabalhos anteriores com Roger Guesnerie e Xavier Freixas) desenvolveram uma visão dinâmica e evolutiva dos contratos. Por exemplo, num contexto de seleção adversa (em que o agente possui informação que o principal não tem), a performance do agente revela informação sobre suas características ou as de conjuntura (a dificuldade de sua tarefa, seu talento, seu gosto pelo esforço...) e influencia os contratos futuros. O proprietário que observa uma colheita abundante presume que suas terras são férteis ou que o arrendatário é eficiente. Terá então tendência a oferecer contratos mais exigentes no futuro; por exemplo, exigirá um preço mais elevado num contrato de tipo arrendamento fixo ou estabelecerá objetivos de colheita mais ambiciosos. Antecipado, esse "efeito catraca" incitará o arrendatário a reduzir seu esforço (ou a esconder parte de sua colheita!).

As hierarquias. Os contratos geralmente implicam mais do que duas partes (um principal e um agente). Por exemplo, num contrato de meação, em que o proprietário e o arrendatário recebem cada um metade da colheita, o proprietário pode delegar a um intermediário a medida/vigilância da colheita. Na realidade, tais intermediários estão presentes em toda parte na economia: intermediários financeiros (bancos, fundos de investimento, capital de risco etc.), contramestres e gerentes de estabelecimento, reguladores etc. Quem diz multiplicidade de atores diz possibilidade de conluio entre um subconjunto desses atores e os outros membros da organização. Minha pesquisa consistiu em ligar essa ameaça de conluio no seio de "quadrilhas" (para utilizar a linguagem da sociologia) à estrutura de informação (sua distribuição no seio da organização) e em estudar as consequências da ameaça de conluio para a concepção das organizações.

A teoria do "principal informado". Esses trabalhos (em colaboração com Eric Maskin) forneceram ferramentas conceituais para modelizar a escolha de contrato oferecido a um agente por um principal detentor de informação não detida pelo agente. Por exemplo, um empresário (o principal) que levante fundos nos mercados financeiros pode ter uma real necessidade de liquidez para financiar um bom projeto, ou talvez desejar revender parte de seus ativos antes que más notícias relativas à empresa eclodam na praça pública. A quantidade emitida, bem como seu modo (ações, títulos etc.), será interpretada como sinais pelos investidores (os agentes).

A organização interna das empresas e do Estado. Com Mathias Dewatripont (da Universidade Livre de Bruxelas), analisei as maneiras de estruturar as organizações para nelas criar mais responsabilização; assim, mostramos como um contraditório, que exige a intervenção de advogados de causas opostas (por oposição a atores mais neutros), pode ajudar um juiz ou, mais genericamente, um tomador de decisões neutro a obter mais informação, e isso a despeito do fato de esses advogados virem a omitir a informação que é desfavorável à sua causa. Também examinamos as missões que podem ser confiadas ao núcleo do Estado e mostramos quando missões específicas e claras podem prevalecer sobre uma abordagem mais englobante ("quem tudo quer tudo perde").

Este capítulo buscou apresentar as principais características da pesquisa em economia: os vaivéns entre a teoria e o empírico, entre pesquisa metodológica e pesquisa aplicada, os modos de avaliação das contribuições, o debate científico e o consenso necessariamente flutuante à medida que a compreensão progride, e o papel da matemática e das novas ferramentas conceituais. Como em toda ciência, o avanço do estado dos conhecimentos em economia vai de par com uma especialização dos pesquisadores, às vezes uma fragmentação, pois torna-se cada vez mais difícil dominar as diferentes abordagens, os diferentes domínios e as diferentes ferramentas. No entanto, a transversalidade permanece fonte importante de progresso do conhecimento, tanto no seio da disciplina econômica como entre disciplinas das ciências humanas e sociais, objeto do capítulo seguinte.

5. A economia em movimento

ANTES TOTALMENTE IMBRICADA no conjunto das ciências sociais e humanas, a economia construiu sua identidade própria no século XX ao preço de uma desconexão com suas disciplinas irmãs.

A ciência econômica então forjou a noção do *Homo œconomicus*, isto é, a hipótese simplificadora segundo a qual os tomadores de decisão são racionais e, por conseguinte, agem primordialmente no seu interesse, considerando a informação de que dispõem (a economia, porém, insiste na ideia de que essa informação pode ser parcial ou manipulada). Daí as recomendações de política econômica serem o mais das vezes fundadas na existência de externalidades ou de falhas de mercado, isto é, sobre uma diferença entre racionalidade individual e racionalidade coletiva: o que é bom para um ator econômico não é obrigatoriamente bom para a sociedade em seu conjunto.

Recentemente, os economistas voltaram à psicologia através de suas pesquisas em economia comportamental e em neuroeconomia. A motivação desse retorno metodológico é a necessidade de compreender melhor os comportamentos. De fato, constatamos que o *Homo œconomicus* e o *Homo politicus* nem sempre se comportam tão racionalmente como prevê a teoria. Todos nós temos pontos fracos tanto em nossa reflexão como em nossas tomadas de decisão. Nos últimos vinte anos, a economia vem se voltando para as outras ciências sociais, incorporando seus achados. E isso é mais do que normal. Para provocar um pouco, eu diria inclusive que a antropologia, o direito, a economia, a história, a filosofia, a psicologia, a ciência política e a sociologia formam apenas uma única e mesma disciplina, pois têm os mesmos objetos de estudo: as mesmas pessoas, os mesmos grupos e as mesmas organizações.

O objeto das pesquisas atuais dos economistas em ciências humanas e sociais não é evidentemente saciar um desejo imperialista de esbulhar suas coirmãs. Com efeito, estas últimas têm suas especificidades. Elas são frequentemente (mas nem sempre) menos quantitativas, isto é, menos inclinadas à análise teórica formal e ao tratamento estatístico dos dados. Talvez o ponto mais divergente seja o fato de que nem todos os pesquisadores em ciências humanas e sociais aderem ao princípio do individualismo metodológico caro aos economistas,[1] segundo o qual devemos partir dos incentivos e dos comportamentos dos indivíduos para compreender os dos grupos aos quais eles pertencem. Contudo, a meu ver, é indispensável que os diversos campos disciplinares em ciências humanas e sociais se abram e se retroalimentem. O economista tem muito a aprender das outras disciplinas e, vice-versa, seus trabalhos podem abrir novas perspectivas de pesquisa sobre os comportamentos individuais e os fenômenos sociais.[2]

Livros inteiros poderiam ser dedicados à maneira como a disciplina econômica investe atualmente muito além de suas fronteiras tradicionais. O objeto deste capítulo se limita a fornecer alguns exemplos para ilustrar o processo. Com esse fim, selecionei essencialmente temas próximos de minhas próprias pesquisas; espero que o leitor me perdoe por essa escolha narcísica. Estas não cobrem evidentemente senão uma ínfima parte do campo de análise dos economistas que fogem aos seus assuntos tradicionais; desejo com isso dar uma noção da extensão das pesquisas atualmente empreendidas pelos economistas fora de seu campo tradicional de análise.

I. UM ATOR NEM SEMPRE RACIONAL: HOMO PSYCHOLOGICUS

Por muito tempo, o *Homo œconomicus* teve como encarnação um tomador de decisão consciente de seus próprios interesses e lutando por eles de maneira racional. Decerto podia lhe faltar informação e, por conseguinte, suas decisões talvez fossem piores do que as que poderia ter tomado com todo o conhecimento de causa. Decerto ele tinha a possibilidade de escolher por si mesmo não ser perfeitamente informado ou não levar um raciocínio ao seu fim, pois informar-se e raciocinar implicam custos em termos de tempo e, eventualmente, de dinheiro.[3] Mas ele não deixava de perseguir seus interesses, fossem quais fossem.

Ao encontro do nosso interesse pessoal

Citemos, *a contrario*, alguns exemplos de nossos comportamentos que não correspondem ao modelo do *Homo œconomicus*.

Nós procrastinamos

Um desses entraves é a falta de força de vontade, isso é, uma preferência exacerbada pelo presente que conduz à procrastinação, a adiar as tarefas desagradáveis, a não investir suficientemente no futuro, a adotar comportamentos impulsivos. Existem muitos trabalhos dedicados a esse vício "curto-prazista"; os filósofos gregos já se preocupavam com ele e Adam Smith estudou-o em seu livro *A teoria dos sentimentos morais* (1759). Mas, durante quase um século (o século XX), o tema desaparecera do campo de pesquisa da economia. Hoje as coisas mudaram.

A razão pela qual os economistas se interessam pelo fenômeno da procrastinação é que ele tem consequências importantes para a política econômica. Com efeito, somos suscetíveis a agir contra o nosso próprio interesse: entregues a nós mesmos, temos tendência a não poupar o bastante para nossa aposentadoria, a abusar do álcool e das drogas, a nos entregar ao jogo, a comprar precipitadamente de um vendedor em domicílio para nos livrarmos dele, a comer demais, gordura demais, açúcar demais, a continuar a fumar quando gostaríamos de parar, a assistir tevê quando desejaríamos na realidade trabalhar ou ir encontrar outras pessoas. Em suma, o que fazemos hoje nem sempre é coerente com o que teríamos desejado ontem.

Podemos refletir sobre nosso imediatismo em termos de conflito de objetivos entre nossos diferentes "eus" sucessivos (ou "encarnações temporais"). Gostaríamos de parar de fumar, mas nosso eu presente tem muita vontade de fumar um último maço de cigarros e deixar para o nosso eu de amanhã a tarefa desagradável de parar. Mas, claro, nosso eu de amanhã não se sentirá mais estimulado a parar. Atribuímos sempre muita importância ao prazer ou aos custos imediatos, e então sacrificamos o longo prazo.

O poder público, por sua vez, é confrontado com um dilema entre o respeito à escolha do indivíduo (encarnado pelo eu presente, o que toma a decisão) e o paternalismo (que podemos interpretar como uma defesa dos interesses do indivíduo a mais longo prazo). Embora haja boas razões para desconfiar do paternalismo em geral, pois ele pode "justificar" todas as intrusões do Estado nas escolhas que nos cabem, vemos claramente por que o poder público pode querer corrigir o entrave da procrastinação. É o que ele faz, por exemplo, subvencionando fortemente a poupança para a aposentadoria nos países que praticam um sistema de aposentadoria por capitalização ou garantindo uma aposentadoria mínima em função das rendas em atividade nos países que praticam um sistema por cotas, como a França; ou aplicando impostos elevados sobre o fumo; ou proibindo ou regulando o mercado das drogas ou do jogo; ou ainda concedendo um prazo de reflexão ao consumidor para certos tipos de compra (como a venda em domicílio).

As neurociências também se interessam muito por esse fenômeno. Os pesquisadores estudam o que se passa no cérebro, por exemplo, quando indivíduos se veem confrontados com escolhas intertemporais. Quando perguntamos a voluntários se preferem €10 imediatamente ou €15 daqui a seis meses – o que representa uma taxa de juros extremamente elevada (mais de 130 vezes o que rende uma caderneta de poupança na França) – e observamos quais zonas do cérebro são ativadas para operar essa escolha, notamos que, para os €10 imediatos, é o sistema límbico – parte do cérebro que desempenha um papel importante nas emoções – que é solicitado, um sistema muito antigo que já é muito desenvolvido em outras espécies animais; em contrapartida, no caso dos €15 a prazo, é o contexto pré-frontal, muito mais desenvolvido nos humanos, que é ativado.[4] Essa constatação sugere a existência de uma tensão entre nossas pulsões que visam a gratificação instantânea e nosso interesse de longo prazo, geridos por partes diferentes do cérebro.

Nós nos enganamos na formação de nossas crenças

A maioria de nossas decisões tem efeitos incertos. Logo, é importante não ter uma visão deformada das probabilidades das possíveis consequências de nossos atos. Ora, às vezes somos péssimos estatísticos. Por exemplo, um erro clássico é crer que a natureza vai dar um jeito para que a distribuição das realizações de um acontecimento aleatório se assemelhe "o mais rápido possível" às probabilidades dessas realizações (os que aprenderam estatística sabem que essa semelhança é verificada no caso de um grande número de sorteios: trata-se da "lei dos grandes números"). Todos sabemos que um cara ou coroa dá uma chance igual à cara e à coroa; e, de fato, se jogarmos um grande número de vezes, a proporção de cara será muito próxima de 50%.[5] Em contrapartida, muitos de nós cometemos o erro de acreditar que, quando deu cara três vezes seguidas, a probabilidade de que a realização seguinte seja coroa é maior do que a probabilidade de que seja cara.[6] Na realidade, a moeda não tem memória e escolherá cada uma das duas opões com uma probabilidade de 50%. Essa distorção é encontrada em comportamentos de profissionais que efetuam tarefas repetitivas, que tendem a tomar decisões que "compensem" suas outras decisões recentes: os juízes que decidem sobre pedidos de asilo, os encarregados de empréstimos de um banco que concede créditos ou árbitros de jogos de beisebol que decidem "strikes". Em outros termos, uma decisão é mais provável se a decisão precedente foi no sentido oposto.[7]

Outro obstáculo muito comum é a dificuldade de ajustar corretamente nossas crenças quando somos confrontados com uma informação nova. Aprendemos na escola e na universidade a lei de Bayes, a maneira correta de atualizar nossas crenças em face de novas evidências. Nos modelos micro e macroeconômicos standards, consideramos que os atores revisam racionalmente (isto é, segundo a lei de Bayes) suas crenças a partir do momento em que dispõem de novas informações. Nos fatos, contudo, verifica-se que frequentemente nos enganamos. Isso também é verdade para as categorias da população mais instruídas; como apontei no capítulo 1, os psicólogos Kahneman e Tversky mostraram, por exemplo, que os estudantes de medicina de Harvard, grupo extremamente seleto, cometem erros elementares quando calculam a probabilidade de uma doença em função dos sintomas, mostrando assim que a estatística não é um domínio completamente intuitivo.[8] Ou, para citar outra experiência célebre[9] dos mesmos autores, à pergunta "É mais provável num pequeno hospital do que num grande que mais de 60% dos nascimentos num determinado dia sejam meninos?", a maioria de nós responde que a probabilidade deve ser a mesma, seja qual for o tamanho do hospital. A estatística mostra que, na realidade, a probabilidade de que os nascimentos de meninos excedam 60% dos nascimentos é mais elevada quando o hospital é menor. Intuitivamente, num hospital fictício que veria somente um nascimento por dia, a probabilidade de que o bebê seja menino seria de (aproximadamente) 50%; com dois nascimentos por dia, a probabilidade de que mais de 60% dos nascimentos sejam meninos é a probabilidade de que esses dois nascimentos sejam ambos de meninos, ou seja de 25%; com um grande número de nascimentos, ela se torna quase nula (pois o número de meninos será possivelmente próximo de 50%, logo inferior a 60%).

Nós sentimos empatia

Claro, nem sempre agimos em nosso interesse material, o que por exemplo maximizaria nossa conta bancária ou, mais genericamente, os bens ou amenidades de que dispomos. Doamos a organizações beneficentes, ajudamos desconhecidos que sabemos que não iremos mais rever e dos quais, portanto, não esperamos nenhum gesto de reciprocidade.

Acrescentar um componente de empatia na descrição do objetivo dos atores econômicos não traz nenhum problema para a teoria econômica clássica, pois basta redefinir o interesse: se eu internalizo uma parte do bem-estar de outra pessoa, ele se torna efetivamente meu. Entretanto, os comportamentos pró-sociais, isto é, comportamentos nos quais o indivíduo não coloca seu interesse próprio acima de todo o resto, são, como veremos, muito mais sutis do que isso, e simplesmente acrescentar uma dose de empatia no *Homo œconomicus* não aumenta muito o poder explicativo do paradigma, isto é, a capacidade desse paradigma de explicar comportamentos reais dos indivíduos.

E além disso...

Entre os outros desvios que nos afastam da racionalidade pura e que são objeto de estudos em economia experimental, podemos citar o otimismo excessivo, a forte aversão a perdas, o papel às vezes útil mas igualmente muitas vezes contraproducente das emoções na decisão, a memória seletiva ou ainda a automanipulação das crenças.

Os comportamentos pró-sociais

Concentremos nossa atenção agora nos comportamentos pró-sociais, ou seja, comportamentos nos quais o indivíduo não dá primazia a seu interesse material e internaliza de maneira desinteressada o bem-estar de outras partes. Tais comportamentos contribuem imensamente para a qualidade de vida em sociedade. Claro, alguns de nossos comportamentos cooperativos são apenas aparentemente pró-sociais. Numa relação reiterada, temos interesse em nos comportar corretamente, mesmo do ponto de vista estreito de nosso interesse pessoal: a pessoa com quem interagimos ou o grupo social a que pertencemos se comportará diferentemente a nosso respeito conforme cooperemos ou busquemos nosso interesse pessoal de curto prazo. Mas, como apontamos, num modelo econômico *stricto sensu* não encontramos ninguém para doar a organizações beneficentes, para investir em fundos socialmente responsáveis, para comprar produtos do comércio justo ou trabalhar para ONGs recebendo salários muito inferiores à média.

Tampouco encontramos agente econômico que vote, uma vez que votar não pode ser explicado pelo interesse pessoal: a probabilidade de mudar o resultado de uma eleição com a ajuda exclusiva de sua cédula (diz-se então que o eleitor é "pivô" na votação) é quase nula em quase todas as eleições, exceto em grupos ínfimos; mesmo na célebre eleição bastante apertada de 2000 na Flórida, que determinou o vencedor das eleições presidenciais americanas, a diferença era de algumas centenas de votos e, por conseguinte, um único voto não podia mudar nada. Votar apenas para aumentar as chances de que seu candidato preferido seja eleito não valerá nunca esse incômodo. Na prática, portanto, ou alimentamos ilusões pensando que votamos para promover (no sentido de fazer ganhar) nossa causa preferida, ou não votamos com o objetivo de satisfazer um interesse qualquer material ou ideológico, mas por outra razão: votamos porque julgamos nosso dever fazê-lo; queremos dar uma boa imagem aos outros, bem como a nós mesmos.[10] De maneira geral, constatamos que os indivíduos às vezes tomam decisões que não correspondem necessariamente ao seu interesse estritamente material. O altruísmo é uma das razões que permitem explicar que eles internalizem o bem-estar dos outros. Mas o altruísmo é uma explicação por demais simplista, como iremos constatar.

Altruísmo e imagem de si

A internalização do bem-estar dos outros sem dúvida permite explicar a existência de doações às organizações beneficentes, mas não explica tudo. Para compreender o porquê disso, é útil recorrer a um jogo muito conhecido em ciências sociais, o "jogo do ditador" (ver figura 1).

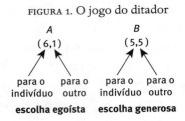

FIGURA 1. O jogo do ditador

Em condições de anonimato,[11] um indivíduo (jogador ativo, denominado o ditador) é convidado a escolher no computador entre a ação A, que lhe garante €6 e doa €1 ao outro participante da experiência (jogador passivo desconhecido do primeiro), e a ação B, que dá €5 a cada um dos dois. Podemos então qualificar a ação A de egoísta e a ação B de generosa. O comportamento racional, no sentido clássico, consiste, para o jogador ativo, em escolher A, que maximiza sua renda. No entanto, na prática, cerca de três quartos dos jogadores a quem essa escolha é proposta optam por B.[12] O sacrifício associado à ação generosa é suficientemente fraco para que essa maioria de indivíduos a escolha. Podemos, contudo, dizer que é porque eles simplesmente internalizaram o bem-estar do jogador passivo?

A generosidade é, de fato, um fenômeno muito complexo, que pode ser desencadeada por três fatores: a motivação intrínseca (somos espontânea e naturalmente generosos), a motivação extrínseca (somos estimulados por incentivos externos a ser generosos) e a vontade de aparecer, de projetar uma boa imagem de si, para os outros e para si próprio também.

A imagem que projetamos para nós mesmos desempenha um papel importante, como veremos, no jogo do ditador, em que o jogador só lida consigo mesmo (o anonimato é total, inclusive com relação ao experimentador). Mas a imagem social e o prestígio social são igualmente motivações essenciais, o que justifica o fato de apenas 1% das doações feitas aos museus ou às universidades serem anônimas e, logo, especialmente admiráveis. E, como ilustra a figura 2, quando existem categorias de doações (por exemplo, doador "prata" entre €500 e €999 e doador "ouro" além de €1.000), observamos uma concentração das somas nos montantes mínimos que permitem entrar em cada categoria, quando poderíamos esperar uma distribuição mais uniforme.

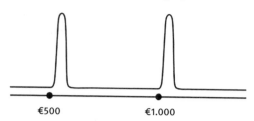

FIGURA 2. Fenômenos de agrupamento

Na mesma perspectiva, um estudo muito interessante foi realizado em determinados cantões suíços sobre a reforma que consistiu em introduzir o voto por correspondência.[13] Um economista tradicional diria a priori que a introdução do voto por correspondência é um fator de aumento da participação nas eleições, uma vez que o custo para os eleitores (ao menos para alguns eleitores, os que preferem votar por correspondência em vez de se deslocar) diminui. Ora, a experiência mostra que o número de votos não aumenta e inclusive, em certos cantões, sobretudo rurais, que há até menos votos quando se introduz o voto por correspondência. A razão disso é que, nas aldeias em que os eleitores se conhecem e onde a pressão social é, portanto, forte, as pessoas se deslocam até a zona eleitoral em parte para mostrar que são bons cidadãos. Mas, a partir do momento em que não é mais necessário sair de casa para votar, a partir do momento em que se tem uma desculpa potencial para não ir à zona eleitoral, a perda de prestígio social em caso de ausência de voto não é mais manifesta. Não sendo mais o ato necessariamente observável, pode-se sempre declarar ter votado mesmo se isso não for verdade. Esse estudo mostra, como se fosse necessário, toda a complexidade dos comportamentos sociais e suas motivações.

O altruísmo recíproco

A espécie humana tem uma peculiaridade importante com relação às outras espécies animais: a cooperação no seio de grupos importantes sem laço genético (as abelhas ou as formigas são fortemente ligadas geneticamente entre si, enquanto as outras formas de cooperação – por exemplo nos outros primatas – se desenvolvem no seio de pequenos grupos). Como apontei anteriormente, convém distinguir entre a cooperação movida pelo interesse, fundada numa relação reiterada com o outro ou mais geralmente com o grupo, e a cooperação fundada em preferências sociais. Esta última é ilustrada pelo jogo do ditador.

Outro jogo célebre que leva em conta preferências sociais é o "jogo do ultimato". O jogador 1 recebe a tarefa de dividir um total de 10 entre ele mesmo e outra pessoa, o jogador 2. Nesse aspecto, o jogo assemelha-se bastante ao jogo do ditador, com o qual compartilha aliás a propriedade de anonimato: os jogadores jamais saberão com quem jogaram, e isto a fim de evitar a cooperação gerada por um interesse material. O ponto em que o jogo do ultimato difere do jogo do ditador é que a distribuição final depende da boa vontade do jogador 2: se ele recusa a alocação proposta pelo jogador 1, os dois jogadores nada recebem. Na prática, uma oferta dividindo os 10 em duas partes iguais é sempre aceita, ao passo que uma oferta especificando que o jogador 2 recebe 0, 1 ou 2 (deixando assim 10, 9 ou 8 para o jogador 1) é frequentemente recusada pelo jogador 2, mesmo que ele tenha um interesse material em aceitar 1 ou 2, que é melhor do que 0. Antecipando essa situação, o jogador 1 com frequência propõe, racionalmente, divisões menos radicais, até mesmo igualitárias.[14] Somos frequentemente movidos por um altruísmo recíproco: somos mais inclinados a ser gentis com pessoas que nos tratam bem e, inversamente, a nos vingar – ou a vingar quem nos é próximo – de pessoas cujo comportamento desaprovamos, mesmo essa vingança sendo onerosa para nós.

A reciprocidade parece ser uma constante universal. Pesquisas empreendidas sobre quinze microssociedades (como os Hadza na Tanzânia ou os Tsimane na Bolívia) evidenciam comportamentos similares no jogo do ultimato. É interessante notar que as sociedades que praticam um nível de troca muito desenvolvido (e que não têm portanto um modo de vida centrado na família) parecem dar provas de mais espírito cooperativo nessas experiências.[15]

A fragilidade do altruísmo e da honestidade

A força das desculpas

Para compreendermos as dificuldades que encontramos quando queremos apresentar uma imagem coerente do altruísmo, retomemos o jogo do ditador, modificando-o da seguinte maneira, ilustrada na figura 3:[16]

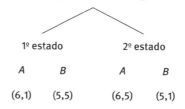

FIGURA 3. Jogo do ditador e ignorância

Existem agora duas possibilidades ou "estados da natureza" com probabilidades conhecidas, por exemplo dois estados equiprováveis. No primeiro estado, os ganhos são os mesmos que anteriormente, *A* sendo a ação egoísta e *B* a ação generosa. Se escolher a ação *A*, o jogador ativo terá €6 e o jogador passivo, €1, ao passo que com a ação *B*, cada um obtém €5. No segundo estado da natureza, a ação *A* é melhor do que a ação *B* para os dois jogadores. No segundo estado da natureza, é então ótimo escolher a ação *A* dos pontos de vista ao mesmo tempo individual e coletivo.

Tudo isso é muito simples, exceto que no início da experiência o ditador não sabe se está no estado 1 ou no estado 2. O experimentador lhe pergunta se deseja conhecer esse estado (não lhe custará nada, se aceitar). Um jogador racional deveria responder sim, pois isso lhe permitiria, conhecendo o que está em jogo, escolher racionalmente. Em particular, um altruísta – isto é, alguém que escolhe *B* quando faz face à escolha entre egoísmo e generosidade – gostaria de saber, para poder escolher *B* quando há uma verdadeira escolha (primeiro estado da natureza) e escolher a ação *A* quando ela beneficia os dois (segundo estado da natureza).

Mas as experiências mostram que a maioria dos jogadores ativos não quer escolher com conhecimento de causa; preferem não saber qual é o estado da natureza e escolhem *A*, a ação egoísta, escondendo-se atrás da "desculpa" potencial de que existe um estado da natureza (o estado 2) no qual eles retiram seu ganho escolhendo *A* sem penalizar o jogador passivo. Em outras palavras, eles preferem não saber que talvez estejam no estado 1, onde deveriam fazer face ao dilema da escolha entre egoísmo e altruísmo. É o comportamento do pedestre que muda de calçada ou de rua para não se ver diante de um mendigo, a quem se sentirá "obrigado" a dar uma esmola.[17]

Uma experiência de laboratório realizada por Armin Falk (da Universidade de Bonn) e Nora Szech (da Universidade de Karlsruhe)[18] e publicada na *Science* mostra que a divisão de responsabilidade pode erodir os valores morais. Essa erosão se aplica aos mercados, mas já se encontra com a mesma força tão logo uma decisão implica outra pessoa, autorizando uma (fachada de) divisão de responsabilidade. Em todas as organizações, a existência de elementos de narração, de "desculpas" ("Me pediram para fazer", "Alguém faria de toda forma se eu não fizesse", "Eu não sabia", "Todo mundo faz isso" etc.), permitiu a eliminação das reticências individuais ante comportamentos pouco éticos. Uma questão importante da pesquisa é compreender melhor como diferentes instituições, do mercado aos sistemas mais regulados, afetam nossos valores e nossos comportamentos.

Os efeitos contextuais

Consideremos outra variante do jogo do ditador (figura 4) na qual o experimentador acrescenta uma terceira opção, C, que é ainda mais egoísta do que a opção A. Normalmente, um indivíduo que escolhe B quando a escolha é unicamente entre A e B (como na figura 1) deveria igualmente escolher B quando a opção C é oferecida; em outros termos, a introdução da escolha C não deveria afetar a frequência da escolha generosa B;[19] e sobretudo ela não deveria afetar a escolha entre A e B para aqueles que não escolhem C de toda forma. Na prática, contudo,[20] o acréscimo da opção C diminui nitidamente a frequência da escolha B e torna a escolha A proporcionalmente muito mais provável do que a escolha B: as alternativas podem se verificar pertinentes, mesmo não sendo elas as escolhidas!

A interpretação exata da importância do contexto não é conhecida. Pode ser que a opção C forneça ao ditador uma narrativa ("Não fui verdadeiramente egoísta") que relativize o alcance de seu comportamento ao fazer

FIGURA 4. Importância do contexto

A	B	C
(6,1)	(5,5)	(10,–15)
escolha egoísta	escolha generosa	escolha muito egoísta

da opção A uma opção que parece menos egoísta do que quando a escolha é entre A e B. A opção A torna-se uma opção "de compromisso". Ou então, o indivíduo pode ver na introdução da opção C um sinal quanto à norma vigente, indicando que o experimentador não espera obrigatoriamente que ele seja muito generoso. Seja como for, essa experiência e outras mostram a importância do contexto no qual tomamos nossas decisões. Aqui, uma alternativa não pertinente (na medida em que de toda forma não a escolhemos) afeta nossa escolha.

Para completar essa discussão sobre os efeitos contextuais, outra razão pela qual o contexto pode influenciar na escolha dos indivíduos é que estes últimos podem interpretar a apresentação das escolhas (e não apenas as opções em si mesmas) como pertinente. Essa ideia conheceu inúmeras aplicações. Por exemplo, uma empresa ou um governo que proponha aos seus funcionários ou cidadãos uma escolha tipo "pegar ou largar" relativa a uma estratégia de poupança de aposentadoria afirma implicitamente que essa escolha convém "para a maioria das pessoas", ainda que escolhas diferentes possam ser melhores em situações específicas. Essa ajuda à decisão é utilizada na literatura sobre o "paternalismo libertário",[21] que engloba o aspecto recomendação ou sinalização de expectativas com relação ao comportamento. O oximoro "paternalismo libertário" exprime claramente a abordagem utilizada: toda liberdade de decisão é delegada ao tomador de decisões de maneira que ele pode adotar a solução que mais lhe convenha, ao passo que sua escolha é guiada quando lhe falta informação e ele permanece indeciso.

O papel da memória

Diversas outras experiências mostram que nossos comportamentos pró-sociais são frágeis e complexos. A memória, por exemplo, desempenha um papel muito importante em sua emergência. Nesse sentido, psicólogos criaram um jogo no qual é possível trapacear sem ser desmascarado. Por exemplo, o voluntário participante da experiência ganha num sorteio aleatório uma dotação entre €1 e €10 (um algarismo é exibido no computador) com uma probabilidade de ¹⁄₁₀ cada um. Declara então essa cifra e recebe o montante correspondente à sua declaração. Ele pode então declarar que tem direito a €7 (e recebê-los), ao passo que a dotação à qual tem direito (e que o experimentador ignora) não passa de €5. Como detectar a trapaça nessas condições? Simplesmente pelas frequências das declarações.[22] Se os indivíduos adotassem um comportamento honesto e se a amostragem fosse suficientemente ampla, cerca de 10% da amostragem deveria declarar 1, 10% declarar 2 etc. Entretanto, as percentagens de números elevados são demasiado frequentes com relação ao que deveria ser, indicando certa trapaça (sem dúvida não uniforme; sabemos por outras experiências que os comportamentos são muito heterogêneos; alguns não trapaceiam, enquanto outros trapaceiam em diversos graus). Mas a experiência não terminou.

Num segundo momento, os experimentadores promovem um segundo jogo, mas somente após terem lido para os participantes os dez mandamentos ou o código de honra da universidade.[23] Percebe-se então que os participantes da experiência trapaceiam muito menos nessa segunda experiência do que na primeira. Eis então uma experiência que desafia a concepção tradicional de um *Homo œconomicus* totalmente racional, assim como desafia versões comportamentais diferentes, mas simplistas. A leitura dos dez mandamentos ou do código de honra da universidade torna a trapaça mais chocante, e logo mais difícil de reprimir em sua memória.

Quando somos punidos pelas nossas boas ações...

Para mostrar claramente toda a complexidade de nossa generosidade, citemos também as experiências do psicólogo francês de Stanford Benoît Monin e de seus colaboradores sobre o ostracismo.[24] Essas experiências confirmam que apreciamos as pessoas generosas... com a condição de que não o sejam muito. Não apreciamos os indivíduos que, mesmo indiretamente, nos dão lições de moral. Os indivíduos percebidos como generosos demais terminam por ser relegados ao ostracismo pelos outros. O problema é que as pessoas muito virtuosas oferecem um nível de referência de comparação[25] pouco favorável à nossa própria imagem. Em vez de suportar essa acusação permanente de nosso egoísmo, preferimos perder de vista aqueles que o evidenciam em excesso.

A automanipulação das crenças

A teoria dos jogos e da informação encontra na psicologia um domínio de aplicação decerto inesperado, mas no fim das contas bastante natural. Com efeito, os psicólogos e filósofos vêm insistindo há séculos (até mesmo milênios) no fenômeno de automanipulação das crenças: os indivíduos quase sempre buscam reprimir/esquecer ou reinterpretar as informações que lhes são desfavoráveis. Foi num artigo publicado em 2000 por dois estudantes de Toulouse, Juan Carrillo e Thomas Mariotti,[26] que nasceu a "teoria da informação comportamental", retomando os temas frequentemente explorados em psicologia e em filosofia sobre a automanipulação das crenças.

Em colaboração com Roland Bénabou (Universidade de Princeton), representei a automanipulação das crenças como o equilíbrio de um jogo entre os diferentes eus do mesmo indivíduo; jogo no qual o indivíduo pode tentar "esquecer" (reprimir) uma informação capaz de minar sua confiança em si próprio.[27] O indivíduo manipula suas crenças, e ao mesmo tempo pode ser consciente de que tem uma memória seletiva.

Para compreender a automanipulação, convém primeiramente entender por que um indivíduo gostaria de mentir para si mesmo; isto é, o aspecto "demanda" da automanipulação. Afinal de contas, a teoria clássica mostra que dispor de uma informação mais abalizada permite tomar melhores decisões; agimos então com todo o conhecimento de causa. Esquecer uma informação é mentir para si mesmo e, portanto, degradar a qualidade de sua informação e de sua decisão. Em nossa pesquisa, identificamos três razões pelas quais o indivíduo pode tentar mentir para si mesmo: 1) o medo da falta de força de vontade e da procrastinação que ela poderia acarretar no futuro (uma confiança maior em si mesmo ou no seu projeto permite contra-atacar, ao menos em parte, essa falta de vontade, dotar-se de "energia" para empreender); 2) a utilidade da antecipação (o indivíduo projeta-se no futuro; ignorar, ou melhor, esquecer os aspectos negativos desse futuro, por exemplo a possibilidade de acidente ou morte, permite uma vida mais feliz, embora acarretando, em contrapartida, falhas na decisão, por exemplo a ausência de exames de rotina ou de uso do cinto de segurança no carro; ao contrário, todos "consumimos" férias ou qualquer outro evento agradável muito antes de ele acontecer); 3) o consumo de crenças que temos sobre nós mesmos (os indivíduos querem se tranquilizar mediante crenças favoráveis sobre si mesmos e se sentirem inteligentes, bonitos, generosos etc.).

Do lado "oferta" da automanipulação (como essa manipulação se opera), observamos: 1) a manipulação da memória (estratégias de recalcamento ou, ao contrário, de repetição); 2) a recusa de adquirir, ouvir ou compreender certas informações; ou 3) a escolha de ações que apontam os traços de caráter do indivíduo.

Platão afirmava que a manipulação das crenças era ruim para o indivíduo. Numerosos psicólogos (William James, Martin Seligman e muitos outros), em contrapartida, insistiram na necessidade que os indivíduos sentem de se verem de maneira positiva: tanto para se motivar a empreender atividades como para seu próprio bem-estar, a pessoa deve ter uma boa imagem de si mesma. Nesse artigo, que se concentrava nos problemas da vontade, nós mostrávamos que essa automanipulação é benéfica para o indivíduo se este tem um grave problema de autocontrole, mas não de outra forma. Em seguida, nos debruçamos sobre um certo número de outros temas ligados à manipulação das crenças, indo da análise das regras de vida pessoais, das religiões e dos preceitos religiosos ao impacto das crenças políticas sobre as escolhas políticas, culminando no problema da identidade (igualmente ligado às crenças, como no caso dramático de um suicídio de adolescente devido a uma imagem negativa de si próprio).[28]

II. HOMO SOCIALIS

A confiança

No cerne da vida econômica e em sociedade se encontra a confiança. Tudo bem, esta última nem sempre é necessária. A invenção da moeda, por exemplo, simplificou a mecânica da troca. Na medida em que podemos verificar a qualidade de um bem, compramos esse bem de um desconhecido por dinheiro. Se não podemos verificar a qualidade do bem antes da compra, podemos sempre contar com o mecanismo de reputação: voltamos a um comerciante que nos agrada ou nos dirigimos a um comerciante que agradou plenamente um amigo; o comerciante compreende esse mecanismo e fará todos os seus esforços para construir uma clientela e conservá-la.

Em suas análises dos comportamentos, os pesquisadores se interessam então pela confiança no outro. Em termos econômicos, pura e simplesmente formalizamos essa noção. Ela é tratada como uma informação imperfeita sobre a confiabilidade e as preferências do outro. Ao longo do tempo, todo ator é levado a revisar suas crenças sobre as pessoas com quem interage. De tanto conviver com os outros agentes e interagir com eles, aprende a conhecê-los e avaliar com mais precisão seu grau de confiabilidade e, por conseguinte, a confiança que pode depositar neles.

Algumas interações, em contrapartida, escapam a esse mecanismo de reputação e repousam na pura confiança, como por exemplo quando compramos num logradouro turístico um objeto cuja qualidade não avaliamos bem, quando decidimos deixar nosso filho algumas horas com uma babá ou um vizinho que não conhecemos direito, quando começamos uma relação pessoal. Algumas atitudes decerto permitem forjar rapidamente uma opinião sobre uma pessoa, mas essas opiniões são muito imperfeitas, constatação que serve de base para alguns *game shows* televisivos em que tudo repousa na confiança.[29]

Mas esse processo de aprendizagem é reservado às interações reiteradas. Ele não nos diz como devemos nos comportar quando interagimos com um desconhecido uma única vez. Sabemos agora que influências hormonais também entram em jogo. Os economistas Ernst Fehr (Zurique), Michael Kosfeld (Frankfurt) e seus colaboradores[30] injetaram um hormônio, a ocitocina,[31] em voluntários num protocolo de jogo experimental que empregava o "jogo da confiança". Envolvendo dois participantes, que denominamos aqui 1 e 2, o jogo pode ser descrito da seguinte forma:

- o jogador 1 recebe do experimentador, digamos, €10 e escolhe retirar de seus haveres um montante compreendido entre €0 e €10 para transferi-lo para o jogador 2; conserva o resto para si mesmo;
- o jogador 2 recebe então, sempre do experimentador, três vezes o montante da soma escolhida por 1, por exemplo €15 se o jogador 1 lhe deu a metade de sua dotação inicial;
- o jogador 2 decide livremente quanto a devolver uma soma ao jogador 1; não há nenhuma obrigação quanto ao montante a restituir; o jogador 2 pode decidir não dar nada, daí a importância da confiança do jogador 1 na reciprocidade do jogador 2.

O jogo se desenrola sob a condição do anonimato: cada jogador fica atrás de um computador e não conhece (e não conhecerá jamais) a identidade da pessoa com quem está jogando.

O ideal para os dois jogadores seria que o jogador 1 entregasse toda a sua dotação ao jogador 2; isso maximizaria o tamanho do bolo a ser dividido (que seria então de €30); e eles poderiam dividir o bolo da maneira que combinassem antecipadamente. Infelizmente um acordo prévio está excluído pela estrutura do jogo. A distribuição fina dos €30 fica totalmente a critério do jogador 2. Assim, transferir toda a soma ao jogador 2 requer enorme confiança em sua reciprocidade.

O comportamento "racional" do jogador 2 (isto é, a escolha que maximiza sua renda) consiste evidentemente em conservar tudo que ele recebe; para o jogador 1 que antecipa racionalmente que o jogador 2 não lhe restituirá nada, esse comportamento consiste em não dar nada, o que minimiza o tamanho do bolo (que permanece igual a 10). Na prática, acontece de maneira diferente. Um número não desprezível de indivíduos na posição do jogador 2 se sente na obrigação de retribuir quando recebem a confiança do jogador 1. Antecipando racionalmente esse comportamento, o jogador 1 dá dinheiro esperando que o jogador 2 venha a ter um comportamento de reciprocidade.

O ponto interessante observado por Ernst Fehr, Michael Kosfeld e seus colaboradores é que a injeção de ocitocina permite aumentar o sentimento de confiança no outro e, logo, em média, aumenta as transferências feitas pelo jogador 1. O que não é nada tranquilizador, pois podemos facilmente imaginar aplicações comerciais a partir dessa alteração dos comportamentos!

Ocitocina ou não, o jogo da confiança reproduz em laboratório o mecanismo de reciprocidade, um dos mecanismos sociais mais poderosos: como eu disse, sentimo-nos tributários com relação àqueles que dão prova de generosidade a nosso respeito e, inversamente, podemos procurar nos vingar de pessoas indelicadas, e isso mesmo em nosso prejuízo. Essa constatação é muito utilizada em marketing, onde as amostras grátis e os presentes tentam usar o princípio do "quem dá recebe".

Uma aplicação do mecanismo de reciprocidade em economia gerou a hipótese de que um empregador pode aumentar seu lucro oferecendo um salário mais alto que o que deve oferecer para atrair um assalariado (o salário de mercado, por exemplo), em razão do esforço maior que o funcionário grato produzirá.³² O sentimento de reciprocidade parece efetivamente incrementar o esforço do assalariado grato por um salário generoso. No entanto, o efeito poderia ser temporário, como mostra uma experiência realizada numa fazenda de chá na Índia.³³ O salário básico dos colhedores foi aumentado em 30%, enquanto sua remuneração variável (em função da quantidade colhida) foi reduzida. No total, a remuneração foi aumentada independentemente da quantidade colhida pelo trabalhador (mas foi particularmente aumentada no caso dos colhedores menos produtivos).³⁴ Ao contrário do previsto pelo modelo clássico da economia, a produção obtida dos colhedores, que tinham agora menos incentivo ao trabalho dado que sua remuneração dependia menos da quantidade colhida, aumentou nitidamente com relação ao grupo de controle. Ao cabo de quatro meses, no entanto, o *Homo œconomicus* estava de volta: a previsão de diminuição do esforço quando se reduzem os incentivos fornecidos pela remuneração variável foi comprovada na prática.

Os estereótipos

Os sociólogos insistem com razão na importância de não se observar o indivíduo fora do contexto, isto é, sem considerar seu meio social. O indivíduo faz parte de grupos sociais e esses grupos afetam de diversas formas a maneira como ele vai se comportar. O grupo define sua identidade, a imagem de si mesmo que ele quer dirigir aos outros e a si próprio. Ele serve de modelo ou de valor de exemplo: ver pessoas próximas, em quem depositamos confiança e com as quais nos identificamos, comportar-se de certa maneira afeta logicamente nosso próprio comportamento. Eu gostaria aqui de discutir brevemente outro tipo de influência exercida pelo grupo: a que passa pela percepção do grupo no exterior dele mesmo.

Meu artigo sobre os estereótipos e a reputação coletiva[35] estuda por que países, grupos étnicos ou religiosos são percebidos como "honestos", "industriosos", "corruptos", "belicosos" ou "preocupados com o meio ambiente", da mesma forma que as empresas têm uma "boa" ou "má" reputação no que se refere à qualidade de seus produtos. Essa reputação afeta a confiança de que gozam os membros do grupo quando eles interagem no exterior do grupo.

De certa maneira, a reputação de um grupo, seja qual for, não passa da resultante dos comportamentos dos indivíduos que compõem esse grupo. A teoria desenvolvida nesse artigo supõe que os comportamentos individuais não são observados senão imperfeitamente; com efeito, se os comportamentos individuais fossem observados perfeitamente, os indivíduos seriam julgados inteiramente com base nestes últimos, e a reputação coletiva não teria influência nenhuma. Ao inverso, se eles nunca fossem observados, os indivíduos fariam pouco esforço para se comportar de maneira responsável, pois a reputação coletiva é um bem público para a comunidade: o táxi que nos faz pagar corridas indevidas ou o vinicultor que batiza seu vinho fazem muito mal ao restante de seus pares. Defender a reputação coletiva implica um custo inteiramente privado e um lucro, por sua vez, completamente difuso, pois partilhado por toda a comunidade. Daí uma tendência ao comportamento de carona (*free riding*). O artigo concilia assim o individualismo metodológico (o chofer de táxi buscará seu interesse pessoal, que, a propósito, não coincide com o do grupo) e o holismo, segundo o qual os comportamentos dos indivíduos não podem ser compreendidos sem o recurso às propriedades do conjunto ao qual eles pertencem.

A análise mostra que comportamentos individuais e comportamentos coletivos são de certa maneira complementares: um indivíduo tem incentivos mais fracos para se comportar bem se a sua comunidade goza de má reputação, isto é, se se comporta mal em seu conjunto: ele se beneficiará de menos confiança em suas relações fora da comunidade e, tendo menos possibilidades de interagir no exterior, terá poucos incentivos para desenvolver uma boa reputação fora de sua comunidade. O comportamento racional individual por sua vez confere um fundamento aos preconceitos sobre o grupo e contribui para seu estereótipo negativo. Dois grupos a priori idênticos podem ser submetidos a estereótipos bastante diversos. É possível, além disso, mostrar que as reputações coletivas são submetidas a um fenômeno de histerese;* em especial, um país, uma profissão ou uma empresa pode sofrer preconceitos durante muito tempo antes de conseguir corrigir sua reputação. É preferível então evitar a todo custo uma má reputação coletiva, pois esta última se torna autorrealizadora e corre o risco de perdurar.

---

* A histerese é o fenômeno no qual um sistema (social, econômico, físico) tende a permanecer num estado após o desaparecimento do que causou esse estado.

III. HOMO INCITATUS: OS EFEITOS
CONTRAPRODUCENTES DAS RECOMPENSAS

Os limites clássicos dos incentivos

No capítulo 2, vimos que a ênfase colocada sobre os incentivos costuma ser criticada nos economistas: em seu mundo, os comportamentos dos atores não seriam guiados senão pelo método da cenoura e da vara. Há uma parte de verdade nessa visão, na medida em que a compreensão do papel dos incentivos é de certa forma o feijão com arroz da disciplina econômica. Mas essa visão também ignora a evolução da economia nos últimos trinta anos.

Em primeiro lugar, os economistas empenham-se em mostrar que os incentivos "funcionam melhor" – isto é, criam comportamentos em maior sintonia com os objetivos da organização ou da sociedade – em determinadas circunstâncias do que em outras, em que seus efeitos são limitados, até mesmo contraproducentes. As teorias correspondentes e seus testes empíricos estão em sintonia com o que cada um de nós vive. Vamos a alguns exemplos.

Suponhamos que o agente econômico em questão tenha diversas tarefas a realizar. Por exemplo, o professor (ou a escola ou universidade) deve, por um lado, dar ao aluno os conhecimentos de que ele precisa para passar de ano, ter êxito nas provas ou encontrar emprego, e, por outro, formá-lo numa perspectiva mais longa na reflexão e na autonomia. Se esse professor é pago com base nas notas ou no índice de sucesso nas provas, ele passará a maior parte do tempo fazendo seus alunos "decorarem", em detrimento de uma formação a mais longo prazo, que por sua vez é muito mais difícil de mensurar e, portanto, de recompensar. Isso não quer dizer que seja necessário renunciar a todo incentivo para os professores; em certos ambientes, os incentivos podem se revelar benéficos. Esther Duflo e seus colaboradores mostram, através de uma experiência realizada na Índia, que os professores reagem aos incentivos financeiros e ao controle de sua atividade, tendo como resultado menos absenteísmo e melhores performances escolares dos alunos.[36] Mas convém prestar muita atenção e não degenerar o processo educativo com incentivos malplanejados e não testados.

O problema do multitarefas é encontrado em muitos domínios.[37] Este livro dá outros exemplos: alguns atores do mundo financeiro confrontados com incentivos baseados no desempenho de curto prazo, o que levou à crise de 2008 (capítulo 12); uma empresa regulada que é recompensada generosamente por suas reduções de custos tenderá a sacrificar a manutenção, criando assim riscos de acidente; incentivos fortes a reduzir os custos devem ir de par com uma vigilância maior da manutenção pelo regulador (capítulo 17).

Muitos outros senões aos incentivos fortes foram apontados pela pesquisa econômica. Estes incentivos não são apropriados quando a contribuição individual de um agente no seio de uma equipe é de difícil identificação ou quando, mais geralmente, seu desempenho depende de um certo número de fatores não mensuráveis e alheios à sua vontade: o agente será então recompensado porque tem a sorte de ter bons parceiros ou porque se beneficia de um efeito de "herança"; ao inverso, o agente poderá ser injustamente punido (punição coletiva, puro azar). Outros limites estão ligados especialmente ao fato de que, numa hierarquia, incentivos fortes levam ao conluio de subquadrilhas, pois aumentam as questões ligadas à manipulação da informação; ou, no caso de a relação entre principal e agente ser recorrente, a relação de confiança pode favoravelmente ser substituída por incentivos formais.

A anulação da motivação intrínseca

Uma crítica de outra natureza é a ideia de que os incentivos extrínsecos podem matar a motivação intrínseca. Consequentemente, um aumento dos incentivos extrínsecos pode ser contraproducente, isto é, traduzir-se numa participação menor ou num esforço menor. Essa questão é crucial para as políticas públicas. Por exemplo, convém pagar as doações de sangue, como é o caso em certos países? Convém contar com a boa vontade dos indivíduos ou colocar um guarda atrás deles? Para realizar objetivos ambientais, é preferível subvencionar a compra de um carro híbrido ou de um aquecedor ecológico?

Para estudar os comportamentos pró-sociais, Roland Bénabou e eu partimos da observação de que os indivíduos são heterogêneos ao mesmo tempo em termos de motivação intrínseca para participar do fornecimento de bens públicos e em termos de ganância. Esses indivíduos são movidos por três motivações: 1) uma motivação intrínseca a contribuir para o bem público; 2) uma motivação extrínseca, sob a forma de uma recompensa financeira (y na figura 5), a se comportar bem – ou de maneira equivalente uma penalidade igual a *y* em caso de mau comportamento; e 3) uma atenção voltada para a imagem que eles projetam de si mesmos. Partindo de uma distribuição estatística dessas características de motivação intrínseca de utilidade pelo dinheiro, determinamos a maneira como os comportamentos (em média) mudam com o incentivo incutido nos indivíduos (ver a figura 5, que ilustra em ordenadas a quantidade total de bem público fornecida pelos agentes e em abscissas o pagamento *y* oferecido àqueles que contribuem).

FIGURA 5. Motivação intrínseca e motivação extrínseca

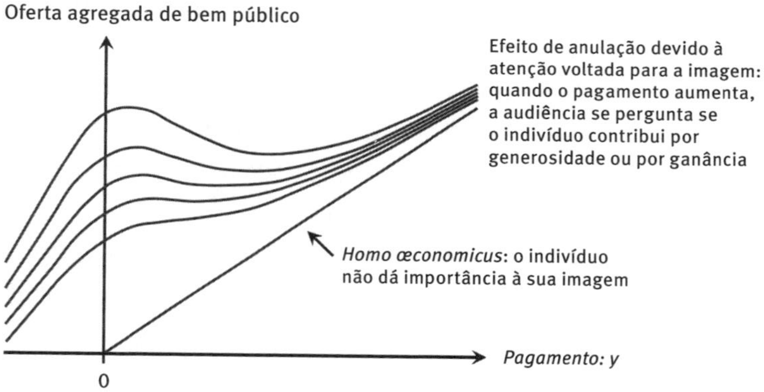

Oferta agregada de bem público

Efeito de anulação devido à atenção voltada para a imagem: quando o pagamento aumenta, a audiência se pergunta se o indivíduo contribui por generosidade ou por ganância

Homo œconomicus: o indivíduo não dá importância à sua imagem

Pagamento: *y*

Esse modelo pode suscitar perguntas como: "Deve-se remunerar os indivíduos para que eles doem sangue?" Se nos dirigirmos ao *Homo œconomicus*, é evidente que uma remuneração o incitará a aumentar suas doações; o que é descrito na figura 5 pela curva inferior: uma remuneração mais elevada aumenta as "doações" de sangue. Mas, se o indivíduo está preocupado com sua imagem, podemos constatar fenômenos que qualificaremos de "curiosos" em termos econômicos.

Num livro célebre publicado em 1970,[38] Richard Titmuss já explicava que não convinha pagar pelas doações de sangue, pois os doadores perderiam então sua motivação a se comportar de maneira pró-social. Essa ideia pode ser compreendida se colocarmos na balança os diferentes tipos de motivação. Podemos ver, no gráfico da figura 5, que, se o indivíduo coloca um excesso de peso sobre sua imagem pessoal, há um intervalo nos incentivos financeiros em que a oferta agregada, isto é, a quantidade total de doações de sangue, diminui com a remuneração. A razão disso é simplesmente que aqueles doadores que, na ausência de remuneração, doam seu sangue em parte para projetar uma imagem de generosidade para si mesmos e para os outros temem então ser suspeitos de só agirem por ganância, no caso de serem remunerados. A contemplação de motivações múltiplas pode romper a relação positiva frequentemente postulada em microeconomia entre remuneração, de um lado, e esforço e resultado, de outro.

Isso então significa que o incentivo extrínseco pode anular o incentivo intrínseco. E, para além dos efeitos de anulação potenciais, sem dúvida pouco frequentes nas esferas de troca clássicas da economia e mais frequentes nos contextos sociais, a teoria prevê que o efeito dos incentivos monetários é menor quando a pessoa beneficiada por eles é observada por seus pares, pois uma dúvida pode então pairar sobre suas motivações. Consequentemente, a imagem que ela projeta ao reagir positivamente a uma remuneração pode sofrer com isso. Essas considerações são de grande utilidade para a implementação de políticas públicas. Se voltarmos à questão colocada anteriormente – "É preferível subvencionar a compra de um carro híbrido ou de um aquecedor ecológico?" –, a resposta que se impõe é que é preferível subvencionar o aquecedor ecológico, pois se trata de um equipamento não visível pelos outros agentes econômicos, de modo que os incentivos monetários terão mais efeito do que no caso de um carro cuja compra é visível por todos, logo para o qual o peso do julgamento social será levado em conta pelo comprador.

Essa teoria foi objeto de testes de laboratório e de campo. Em especial, uma equipe reunida em torno do psicólogo Dan Ariely[39] mostrou que os indivíduos contribuem mais para uma boa causa se são observados por outros (confirmando diversas experiências e a hipótese de que as pessoas são efetivamente motivadas pela imagem que projetam de si mesmas), e sobretudo que os incentivos monetários são especialmente poderosos quando a contribuição não é observada, mas – em suas experiências – que têm um impacto irrisório quando observada: em conformidade com a teoria, os indivíduos receiam então que, em caso de pagamento, sua contribuição seja interpretada cómo um sinal de ganância mais do que de generosidade, e logo que o sinal que eles enviam aos outros não seja aquele que almejam.[40]

A ideia segundo a qual a norma emerge da significação social dos comportamentos pode assim ser testada em campo, como mostram estudos recentes. Estes últimos mensuraram o impacto dos incentivos extrínsecos sobre as normas sociais e o comportamento dos indivíduos em domínios tão díspares como a evasão fiscal na Inglaterra,[41] a escolha de declaração étnica para as crianças chinesas[42] ou os comportamentos de deserção dos soldados britânicos durante a Primeira Guerra Mundial.[43]

Com o exemplo das doações de sangue, vimos que a participação no bem público pode cair se os doadores forem retribuídos, pois a generosidade pode ser interpretada como ganância. É possível, além disso, que um pagamento seja revelador de uma informação, detida por aquele que decide sobre ele, sobre a tarefa a ser realizada ou sobre a confiança em seu executante. Essa ideia reitera novamente os trabalhos dos psicólogos, para quem uma recompensa pode ter dois efeitos: o efeito incitativo clássico (o incentivo a um esforço mais significativo) e o efeito ligado ao que essa recompensa revela quanto à competência do agente ou à dificuldade da tarefa. Por exemplo, pagar seu filho para que ele tire boas notas pode, com o passar do tempo, ter um efeito perverso, pois a criança corre o risco de perder sua motivação intrínseca pelos estudos e só vir a ser motivada pela ganância. A explicação teórica então difere da anterior:[44] a criança pode interpretar a promessa de recompensa como um sinal da falta de interesse intrínseco da tarefa ou de desconfiança quanto à sua capacidade, ou motivação, de executar essa tarefa, o que de toda forma reduz sua motivação intrínseca. Essa teoria prevê que a recompensa tem um efeito decerto positivo a curto prazo, mas um efeito viciante num prazo maior: se a suprimirmos em seguida, a motivação fica ainda menor relativamente a uma situação em que nenhuma recompensa jamais tivesse sido atribuída.

Mais genericamente, é preciso prestar atenção ao que os outros inferem de nossas escolhas. Em se tratando do esforço dos funcionários de uma empresa, sabemos que controlar em demasia um subordinado pode denotar um sinal de desconfiança e minar sua autoconfiança e com isso sua motivação pessoal. O controle também pode contradizer a norma de altruísmo recíproco analisado anteriormente neste capítulo. Uma experiência clássica[45] baseada numa variante do jogo da confiança mostra que a vontade do jogador 1 (o que decide depositar ou não confiança no outro) de garantir para si um retorno mínimo da parte do outro se volta contra ele: não podemos ao mesmo tempo depositar confiança na pessoa e mostrar que desconfiamos dela!

IV. HOMO JURIDICUS: DIREITO E NORMAS SOCIAIS

Em sua interpretação do direito, os economistas veem antes de mais nada um conjunto de incentivos: a perspectiva de uma multa ou de uma prisão nos dissuade de infringir as regras do trânsito, roubar ou cometer outros delitos. Os psicólogos e sociólogos não compartilham essa leitura. Com efeito, eles estimam que, para induzir certos comportamentos pró-sociais, pode ser mais importante utilizar a persuasão e as sanções sociais. O Estado não é capaz de promover incentivos formais em toda parte; para inúmeros comportamentos, tais como as poluições menores (jogar papel na rua, gritar na rua à noite etc.), não se pode utilizar a polícia e a justiça, cujo custo seria proibitivo; além disso, não podemos definir precisamente o que esperam de nós: ajudar um estrangeiro a encontrar seu caminho parece normal, mas até onde vão nossas obrigações quanto a isso? A sociedade deve se controlar, e as normas sociais têm um papel importante a desempenhar ao mesmo tempo na definição do que esperam de nós e para criar incentivos a adotar um comportamento melhor do que aquele que adotaríamos espontaneamente. Os juristas, por sua vez, reconhecem a importância dos incentivos, isto é, reconhecem um papel incitativo ao direito, ao mesmo tempo insistindo na expressão dos valores sociais que uma lei ou regulamento representa. Segundo os juristas, portanto, quando se trata de política pública, não podemos contar exclusivamente com as sanções e os incentivos financeiros para obter dos agentes econômicos um comportamento pró-social.

O sociólogo Robert Cialdini, da Universidade do Estado do Arizona, evidenciou dois tipos de normas.[46] A norma descritiva consiste em desvelar aos indivíduos como seus pares ou sua comunidade se comportam; por exemplo, podemos lhes revelar quanto em média seus pares consomem de eletricidade, reciclam ou doam a organizações beneficentes. A norma prescritiva é aquela que os pares ou a comunidade aprovam; fica claro que um certo número de nossas escolhas é ditado por considerações sobre o juízo de nossos pares e seu comportamento. Numa experiência de tipo prescritivo realizada em Princeton, em reação ao consumo excessivo de álcool pelos estudantes no campus, os experimentadores estabeleceram como objetivo mostrar que, na realidade, a maioria dos estudantes não consome necessariamente porque tem vontade de beber, mas porque pensa (erradamente) que os outros estudantes acham essa prática "cool". Esse tipo de intervenção sobre a norma social visa então fornecer informação aos agentes econômicos sobre o que os outros agentes econômicos fazem (consumo de álcool, eletricidade) ou acham aceitável.

Porém, segundo Cialdini, bem como na teoria econômica,[47] convém tomar muito cuidado para selecionar direito as mensagens. Um governo que suplicasse a seus cidadãos para pagarem seus impostos com base no argumento segundo o qual "um grande número de nossos concidadãos pratica a evasão fiscal quando pode; nesse estado de escassez de receitas fiscais, seu imposto tem um valor especialmente importante para a sociedade" não teria muita chance de obter sucesso... Mensagens mais propícias a um incentivo ao comportamento pró-social devem ser contempladas. Cumpre, por exemplo, divulgar informação quando esta é fecunda para o comportamento pró-social da sociedade: "x% de seus concidadãos reciclam", em que x é uma percentagem elevada pela qual os indivíduos não esperavam, se este for efetivamente o caso. É preferível "positivar" no que se refere à virtude de nossos concidadãos.

O direito e a lei são igualmente expressões dos valores sociais, podendo então servir de mensagens sobre o custo dos comportamentos individuais, a moralidade geral, os valores da sociedade... É claro que um certo número de nossas políticas públicas é ditado por considerações expressivas. Consideremos, por exemplo, as sanções criminais: a análise econômica clássica poderá preconizar penas alternativas (financeiras, serviços comunitários...), mais eficazes socialmente e menos onerosas do que o encarceramento no que se refere ao gasto do dinheiro público. Alguns cidadãos verão nisso, em contrapartida, uma abordagem excessivamente economista, visando banalizar determinados comportamentos que eles julgam inaceitáveis.

Numa mesma ordem de ideias, em todos os países o debate sobre a pena de morte baseia-se essencialmente na ideia de que ela projeta uma imagem de uma sociedade violenta e pouco respeitosa para com a dignidade humana (para a maioria dos legisladores da maioria dos países desenvolvidos) ou, ao contrário, que a pena de morte é um sinal claro de que certos comportamentos não podem ser tolerados pela sociedade (para a maioria dos legisladores nos Estados Unidos). A abordagem custo-benefício (que enfocaria a questão da pena de morte nos seguintes termos: a pena de morte tem um papel dissuasivo? E a que custo para a sociedade?) desempenha um papel absolutamente irrisório no debate. Em resumo, o debate sobre a pena de morte, embora se inscreva geralmente no quadro da análise clássica custo-benefício, pertence muito antes à esfera dos valores aos quais a sociedade se apega. Esse é um terreno que escapa à economia tradicional. Esse exemplo também permite compreender por que as sociedades modernas, querendo enfatizar seus valores, renunciam à pena de morte ou a castigos cruéis, mesmo em caso de consentimento esclarecido da pessoa. Assim, uma imensa maioria de cidadãos estimaria que a substituição de uma pena de prisão por uma flagelação com o pleno consentimento do condenado, que nisso veria uma pena equivalente, seria inadmissível, apesar da consequente economia de dinheiro público que isso permitiria.

Por fim, a utilização de incentivos pode assinalar o pouco entusiasmo de nossos cidadãos pelo bem público, e com isso deteriorar a norma de comportamento cidadão e se revelar contraproducente. Na medida em que todos desejamos conservar a ilusão de que a sociedade em que vivemos é virtuosa, isso explica a ampla resistência à mensagem dos economistas, frequentemente portadores de más notícias empíricas sobre a virtude dos membros de nossa sociedade.

V. PISTAS MAIS INESPERADAS

Por fim, eu gostaria de dizer algumas palavras sobre dois domínios nos quais a intervenção da economia é mais inesperada, mas que estão em plena expansão nessa disciplina: a economia evolucionista e a economia da religião.

Homo Darwinus

Um dos fatos mais marcantes desses últimos vinte anos em pesquisa econômica é a possibilidade de conciliar a visão do homem oriunda das ciências econômicas com a visão de Darwin segundo a qual somos fruto da seleção natural. Os exemplos de polinização cruzada entre economia e biologia evolucionista abundam. Por exemplo as preferências sociais, cruciais para um economista, como demonstra este capítulo, são igualmente examinadas sob o ângulo da evolução.[48]

Os biólogos, a propósito, contribuíram para a teoria dos jogos. Por exemplo, o primeiro modelo da "guerra de usura" (que descreve a irracionalidade coletiva de situações tais como uma guerra ou uma greve, em que cada lado sofre mas resiste na esperança de que o outro vai capitular primeiro) é da lavra do biólogo Maynard Smith em 1974, e o paradigma foi aprimorado em seguida pelos economistas.

A teoria da sinalização é uma terceira preocupação compartilhada por biólogos e economistas. A ideia geral da teoria da sinalização é que pode ser benéfico para um indivíduo, um animal, uma planta, um Estado ou uma empresa desperdiçar recursos se isso for capaz de convencer outros a adotar um comportamento conciliatório. Os animais utilizam toda uma série de sinais onerosos, até mesmo disfuncionais (como as penas do pavão), a fim de seduzir parceiros ou evitar predadores, da mesma forma que homens assumirão riscos para impressionar seus rivais ou uma pessoa que eles desejam atrair, ou que uma empresa pode vender com perdas a fim de tentar convencer seus rivais de que seus custos são baixos ou sua base financeira é sólida e fazê-los abandonar o mercado. Pouco após a publicação do célebre artigo do economista Michael Spence sobre a sinalização,[49] o biólogo Amotz Sahavi publicou análises sobre o mesmo tema.[50] Esses artigos retomam e formalizam os trabalhos do sociólogo Thorstein Veblen (*The Theory of the Leisure Class*, 1899) e as abordagens francesas sobre a diferenciação (Jean Baudrillard, *La Société de consommation*, 1970; Pierre Bourdieu, *La Distinction*, 1979). As ideias sobre a sinalização têm suas origens em Darwin, *The Descent of Man* (1871), muito antes que economistas ou sociólogos se interessassem por elas. Portanto, não existe maior impermeabilidade entre a economia e as ciências naturais do que entre a economia e as outras ciências humanas e sociais.

Homo religiosus

Tendo em vista a importância do fato religioso na organização da vida política e econômica da maioria dos países, o economista, como cientista, não pode se desinteressar da questão religiosa. Para evitar qualquer mal-entendido, assinalemos que o papel do economista não é se colocar no espaço das ideias religiosas, e sim focar nos aspectos da religião para os quais o esclarecimento econômico pode ser útil. Na realidade, a "Economia das religiões" é um domínio de investigação já muito antigo, a despeito de haver ressurgido na disciplina economia há cerca de vinte ou trinta anos.[51] Adam Smith já se preocupava com a maneira como os homens da Igreja eram financiados.[52] Sua teoria afirmava que um financiamento procedente dos fiéis e não do Estado ou da hierarquia religiosa os levava a servir melhor àqueles e à religião mais amplamente; já havia considerações de incerteza moral na época...

Um tema que se tornou clássico com o livro de Max Weber *A ética protestante e o espírito do capitalismo* é o impacto socioeconômico das religiões. A tese de Weber, segundo a qual a Reforma protestante teve um impacto importante sobre a eclosão do capitalismo, gerou um amplo debate nas ciências humanas e sociais. Hoje em dia, o estudo econométrico permite analisar mais detalhadamente os fatos (que por certo inspiraram Max Weber, o qual constatava que os protestantes ganhavam mais que os católicos nas regiões mistas e que em outros lugares as famílias e as coletividades territoriais ricas haviam abraçado mais rapidamente a religião reformada), bem como suas causas, conforme ilustram diferentes observações socioeconômicas em relação com a religião. Por exemplo, Maristella Botticini (Universidade Bocconi em Milão) e Zvi Eckstein (Universidade de Tel-Aviv) questionam a explicação tradicional do sucesso econômico dos judeus, segundo a qual, expurgados de determinadas profissões, eles se refugiaram no banco, no artesanato e no comércio, que transformaram a comunidade judaica em comunidade urbana e instruída.[53] Segundo Botticini e Eckstein, a transformação é anterior a essas coerções: o judaísmo, exigindo a leitura da Torá e promovendo a alfabetização no seio de academias talmúdicas, aumentou o capital humano da comunidade judaica, preparando-a para os aspectos financeiros e jurídicos que posteriormente irão se revelar mais úteis do que determinadas técnicas específicas, como saber plantar trigo.

No mesmo espírito, Mohamed Saleh[54] estuda a islamização do Egito nos séculos que sucederam a conquista muçulmana do ano 640. Ele documenta as conversões ao islã e a evolução das rendas relativas dos coptas e muçulmanos; a comunidade copta evoluiu como comunidade minoritária, porém instruída e rica, com relação aos muçulmanos. Saleh explica esse fenômeno por um mecanismo econômico: como em outras regiões, os não muçulmanos deviam pagar um imposto de capitação de que os muçulmanos eram isentos; os coptas, menos ricos e menos religiosos, se converteram, tornando a comunidade copta restante particularmente mais crente e mais rica, em média; esse efeito de seleção perdurará durante vários séculos.

Os economistas estudam igualmente a concorrência entre religiões. Nesse caso também, fazem-no não no espaço das ideias religiosas, no qual eles não têm expertise específica, mas em suas dimensões econômicas. Com efeito, sabemos que as religiões oferecem determinados benefícios a fim de atrair fiéis; às vezes chegam a desempenhar o papel de "Estado-providência", fornecendo segurança (o que pode aliás ser um dos fatores explicativos da aliança entre grupos religiosos e direita fiscalmente conservadora),[55] educação e bens públicos locais; é o caso, por exemplo, de numerosos partidos islâmicos. Às vezes, inclusive, os grupos religiosos exercem a função de "mercados biface",[56] ajudando seus membros a selecionar certo tipo de cônjuge potencial.[57] Por fim, os economistas investigam os elos entre religião e ciência.[58]

O conjunto desses elementos certamente constitui apenas uma introdução breve e seletiva a um campo disciplinar vasto e em plena evolução. Assistimos a uma reunificação progressiva das ciências sociais. Essa reunificação será lenta, mas é inelutável: com efeito, como eu disse na introdução a este capítulo, os antropólogos, economistas, historiadores, juristas, filósofos, cientistas políticos, psicólogos e sociólogos se interessam pelos mesmos indivíduos, grupos e sociedades. A convergência que existia até o fim do século XIX deve ser restabelecida e demandará, da parte das diferentes comunidades científicas, esforços de abertura às técnicas e ideias das outras disciplinas.

O arcabouço institucional da economia

6. Por um Estado moderno

> Não quero viver no mundo que você descreve.

DEZEMBRO DE 1999, Paris: Jean-Jacques Laffont, o economista francês mais conhecido de sua geração, apresenta seu relatório[1] sobre as etapas rumo a um Estado moderno no Conselho de Análise Econômica. Faz dois anos que esse Conselho, ligado ao primeiro-ministro, foi criado por Lionel Jospin, um ato iconoclasta num país em que os economistas são vistos com grande suspeição.

O que acontece então? O relatório de Jean-Jacques Laffont, apesar de bastante equilibrado, é julgado uma blasfêmia pela plateia de altos funcionários públicos, professores universitários e políticos presentes. É uma grita geral, uma série ininterrupta de intervenções, que, embora congratulando Laffont por seu "relatório notável", afirma em seguida que ele não entendeu nada. Pior, que ameaça corromper a juventude francesa. O que dizia esse relatório? Que os políticos e altos funcionários públicos reagem aos incentivos com que são confrontados de maneira idêntica aos executivos das empresas, assalariados, desempregados, intelectuais ou... economistas. Que a concepção do Estado deveria levar isso em conta. A despeito de ser um espírito original e profundo, Jean-Jacques Laffont não dava provas, nesse ponto, de muita criatividade. De Montesquieu aos *Founding Fathers* da Constituição americana, passando por todos os constitucionalistas e o próprio Karl Marx, a possibilidade de o Estado ser capturado por interesses particulares em detrimento do interesse coletivo e o fato de, num sistema democrático, a preocupação em ser eleito ou reeleito prevalecer sobre todas as outras sempre foram o próprio fundamento da reflexão política.

Jean-Jacques Laffont, por sua vez bastante preocupado com a coisa pública (muito jovem, abrira mão de condições confortáveis nas melhores universidades americanas a fim de colocar sua pedra no edifício do sistema universitário francês; no interior, além do mais), não acusava em absoluto nossos governantes. Sabia muito bem que inúmeros políticos começam sua carreira como idealistas, almejando darem o melhor de si. Sabia também que a condenação da classe política é um gesto perigoso para a democracia, o qual convém relegar aos partidos populistas e demagogos. Desencadeou, contudo, uma onda de protestos à simples sugestão de que nossos dirigentes, como todos os homens e mulheres, pudessem estar trabalhando em função de seus próprios interesses. Questionar o postulado da benevolência do Estado tocava uma corda sensível nas pessoas que comentavam o relatório naquele dia.

A maioria da população mundial vive numa economia de mercado mesclada com intervenção do Estado. Organização da sociedade que apreciamos, toleramos ou detestamos, embora nem sempre nos perguntemos se outros pontos de vista são possíveis. Desde o retumbante fracasso econômico, cultural, social e ambiental das economias planejadas, vemo-nos diante de uma espécie de fatalismo, temperado pela indignação de alguns. Os franceses, em especial, sentem falta de referências. São decerto os mais desconfiados no mundo no que tange a mercado e concorrência.

Alguns pregam a manutenção do *status quo*, até mesmo um mundo alternativo bastante vago, no qual o mercado deixasse de estar no centro de nossa organização social; outros, ao contrário, preconizam um Estado minimalista, concentrando-se em suas funções precípuas: direito e função judiciária, manutenção da ordem e defesa nacional, funções necessárias à garantia dos contratos e do direito de propriedade necessário à livre iniciativa. Essas duas visões não se adequam à realização do bem comum. Neste capítulo, tentaremos compreender por que, e ver como, outra concepção do Estado poderia restituir um pouco mais de confiança ao sistema que rege nossa vida.

Refletir sobre o papel do Estado requer uma identificação dos problemas que o mercado coloca para o bom funcionamento de nossa sociedade e dos limites da intervenção estatal. Para isso, primeiramente recuaremos um pouco e nos interrogaremos sobre a lógica de nossa construção social. Mostraremos em seguida que o mercado e o Estado são complementares, e não substitutos, como sugere o debate público. Discutiremos então acerca da primazia da instância política e sua perda de influência. Por fim, abordaremos o tema espinhoso da reforma do Estado.

I. O MERCADO TEM INÚMERAS FALHAS QUE DEVEM SER CORRIGIDAS

Os adeptos do mercado insistem em sua eficiência e integridade. No que se refere à eficiência, argumentam que a livre concorrência obriga as empresas a inovar e ofertar às unidades familiares bens e serviços a preço razoáveis, o que contribui para o aumento do poder de compra, especialmente importante para os mais pobres e a classe média.

A integridade do mercado é mais abstrata, porém não menos importante. Assim como a liberdade política e cultural protege as populações contra a opressão perpetuada por um grupo majoritário, a liberdade de empreender e comercializar protege os cidadãos contra a apropriação da vida econômica por grupos de interesse que utilizam o sistema político para obter privilégios à custa da coletividade.

A comparação dos padrões de vida entre economias planejadas e economias de mercado por ocasião da queda do muro de Berlim em 1989 (e que nos dias de hoje ainda mostra uma diferença de 1 para 10 entre as duas Coreias) deixa pouca dúvida quanto aos benefícios econômicos da liberdade econômica. No entanto, o mercado tem muitos defeitos, e este livro trata de numerosas "falhas de mercado". Para obter uma visão global dessas falhas, coloquemos a seguinte questão elementar: por que um negócio mutuamente consentido entre um vendedor e um comprador poderia constituir um problema para a sociedade? A priori, se eles decidem realizá-lo, tal negócio beneficia as duas partes: por que interferir?

As falhas de mercado podem ser classificadas em seis categorias:

1) *O negócio pode afetar terceiros, por definição contrários a ele.* Por exemplo, as empresas podem poluir o meio ambiente ao fabricarem um produto para o consumidor. Uma companhia de energia que produz eletricidade a partir do carvão emite poluentes (dióxido de enxofre, óxidos de nitrogênio) que geram chuvas ácidas ou gases de efeito estufa (dióxido de carbono). Não existe nenhum mecanismo de mercado para proteger as populações afetadas, que são passivas e sofrem as consequências. A coletividade, portanto, vê-se com um ar poluído pelo dióxido de enxofre e as partículas finas, a atmosfera tomada por gases de efeito estufa ou, em se tratando de outros poluentes, lençóis freáticos e rios poluídos por agrotóxicos ou vazamentos químicos etc. O mercado, por conseguinte, precisa ser complementado por uma política

de proteção do meio ambiente. Esse argumento justifica a existência de agências reguladoras ambientais e nucleares.

2) *O negócio pode não ser realizado com pleno conhecimento de causa e de maneira consentida.* Para que haja negócio refletido e consentido de forma madura, o comprador deve ser corretamente informado. Ora, o comprador pode não conhecer a periculosidade de um medicamento ou de outro produto qualquer; pode também não ser um "homem do ofício" e ser enganado. Daí a necessidade de uma agência que regule o consumo e reprima as fraudes. Também é possível que o negócio tenha sido fechado sob coerção (por exemplo, ameaça de violência física etc.), ou ainda incida sobre ativos de uma pessoa incapaz de geri-los por si só, o que é evidentemente inaceitável.

3) *É possível que o comprador seja sua própria vítima*, careça de autocontrole e adote um comportamento impulsivo.[2] Filósofos, psicólogos e economistas, desde a Antiguidade (desde Adam Smith, para os economistas), insistiram na possibilidade de o indivíduo demonstrar uma preferência pelo presente que é excessiva mesmo do ponto de vista do indivíduo. Ele pode escolher, mesmo não querendo, consumir no presente à custa de seu futuro. É isso que justifica os impostos sobre cigarros ou alimentos gordurosos ou doces, bem como a limitação do acesso às drogas ou a exigência legal de um prazo de reflexão para algumas compras de bens duráveis (prazo de cancelamento) destinado a proteger os consumidores contra si mesmos (ou, na mesma ordem de ideias, contra vendedores em domicílio dos quais os consumidores sentem-se tentados a comprar para se livrar deles). Este é igualmente o argumento invocado na maioria dos países para forçar ou incitar os indivíduos a contribuir para as aposentadorias (países com sistemas de previdência por capitalização) ou, de maneira ainda mais radical, impondo-lhes um sistema de aposentadoria de adesão obrigatória (países com sistemas por repartição); a ideia subjacente é que os indivíduos põem um peso muito pequeno em seu futuro distante, em favor de seu bem-estar imediato. Vemos claramente os limites do argumento de paternalismo (o Estado não pode nos infantilizar e volta e meia decidir o que é melhor para nós mesmos!), mas a compreensão por parte do indivíduo de que ele pode ter pouca força de vontade e consumir "contra seu próprio interesse" é uma referência potencial para mensurar quando o Estado pode substituir o juízo pessoal.

4) *A realização de um negócio pode ultrapassar a capacidade do indivíduo.* Quando você coloca seu dinheiro no banco, o contrato especifica como você pode retirar seu depósito (por exemplo, a qualquer momento se o depósito foi à vista); da mesma forma, em sua apólice de seguro consta que você poderá receber uma indenização em caso de acidente ou incêndio, e seu investimento em seguro de vida lhe dá direito a uma renda (com garantias ou não). Existe, porém, o risco de, quando você quiser retirar seu dinheiro ou receber a indenização, o banco ou a companhia de seguros ter falido, deixando-o em necessidade financeira. Claro, teoricamente você poderia monitorar dia e noite as atividades de seu intermediário financeiro, pelo balanço e por fora do balanço, para detectar uma falência iminente e retirar seu depósito ou anular sua apólice de seguro caso a saúde do intermediário financeiro se degradasse; mas logo vemos o limite do exercício, tanto em termos de tempo dedicado a essa vigilância quanto em expertise técnica necessária para tirar conclusões fundamentadas. Na prática, um órgão de supervisão bancária (sediado hoje no Banco Central Europeu) e um regulador de seguros (na França, a Autoridade de Controle Prudencial e de Resolução, que exerce a supervisão das companhias de seguros e assiste o BCE na supervisão dos bancos franceses) poupam-lhe esse esforço; além disso um seguro do Estado garante as contas dos depositantes e poupadores até um certo limite.

5) *Empresas podem dispor de poder de mercado*, isto é, de uma capacidade de fazer os consumidores pagarem preços bem acima dos custos ou de oferecer produtos de qualidade medíocre. Este é o caso quando os mercados são monopolizados, em função de fortes ganhos de escala por exemplo. O poder de mercado é o fundamento do direito da concorrência e da regulação setorial. É assim que a Autoridade da Concorrência na França e a Direção Geral da Concorrência da Comissão Europeia controlam as concentrações e as práticas anticoncorrenciais, que a Arcep regula as comunicações eletrônicas e os correios na França, ou que a Creg faz o mesmo no caso da eletricidade e do gás.

6) Por fim, *se o mercado produz eficiência, ele não tem nenhuma razão para produzir equidade.* Tomemos o exemplo da saúde: se autorizássemos as seguradoras ou a previdência social a discriminar nos contratos de seguro-saúde, digamos, conforme o estado de saúde atual ou com base nos dados genéticos, um indi-

víduo acometido de câncer ou dotado de genes que prenunciam uma saúde frágil não poderia obter seguro-saúde a um preço acessível. No caso, trata-se de um tema antigo em economia: a informação mata o seguro. É por essa razão que a lei da maioria dos países proíbe condicionar o seguro-saúde a certos dados do indivíduo (é o caso da França, que paradoxalmente subvenciona os cobiçados contratos coletivos de empresa, que, não obstante, praticam uma seleção de riscos: sendo as pessoas empregadas mais saudáveis que o resto da população, o fato de formarem uma "faixa à parte" encarece o custo das seguradoras com os demais).

Da mesma forma, o mercado tampouco tem qualquer razão para produzir uma distribuição das rendas correspondente ao que desejaríamos para a sociedade. E a desigualdade das rendas antes dos impostos não está melhorando num mundo globalizado, para o qual a riqueza das nações se alicerça cada vez mais na inovação. A desigualdade é onerosa por duas razões, ligadas à justiça e à eficiência.

Em primeiro lugar, a desigualdade numa economia de mercado também pode ser vista como uma falta de seguro. "Sob o véu de ignorância", isto é, antes de nascermos e conhecermos nosso lugar futuro na sociedade, desejaríamos recompensar o esforço a fim de incitar os indivíduos a criar riqueza para a sociedade, mas gostaríamos também de nos certificar de que poderíamos viver em condições dignas se por azar figurássemos entre os mais desafortunados. Nesse sentido, o contrato social pode ser visto como uma simples apólice de seguro. Isso fornece as fundações de uma redistribuição mediante o imposto de renda. Em suma, o acesso ao seguro e a distribuição das rendas e riqueza geradas pelo mercado não têm nenhuma razão para corresponder àqueles que desejaríamos sob o véu de ignorância. Em segundo lugar, e independentemente do aspecto "risco de destino" evocado acima, a desigualdade também pode ser disfuncional.[3] Ela distorce o laço social e pode criar externalidades, padecidas por toda a população, inclusive por aqueles que, por seu trabalho e hábitat, gozam de um destino economicamente favorável: insegurança, guetos, populações fragilizadas manipuláveis e recrutadas para causas intolerantes... O espetáculo aflitivo das comunidades fechadas (*gated communities*) mostra claramente que os efeitos negativos das desigualdades não se resumem simplesmente a uma falta de seguro contra o risco de destino.

II. A COMPLEMENTARIDADE ENTRE MERCADO E ESTADO E OS FUNDAMENTOS DO LIBERALISMO

O debate público costuma opor o defensor do mercado ao defensor do Estado; ambos consideram o mercado e o Estado como concorrentes. E, no entanto, o Estado não consegue fazer seus cidadãos viverem (dignamente) sem o mercado; e o mercado precisa do Estado: não só para proteger a liberdade de empreender e salvaguardar os contratos através do sistema jurídico, como para corrigir suas falhas.

A organização da sociedade tradicionalmente (e implicitamente) repousa sobre dois pilares:

- a mão invisível do mercado concorrencial, descrita em 1776 por Adam Smith em *A riqueza das nações*, irá explorar a busca do interesse pessoal para obter a eficiência econômica. A ideia é que o preço de um bem ou serviço, que resulta do confronto da oferta e da demanda, embute muitas informações sobre as preferências: a propensão a pagar dos compradores e os custos dos vendedores. Com efeito, um negócio só se realiza se o que o comprador estiver disposto a pagar exceder o preço que lhe é pedido; da mesma forma, o vendedor só aceitará vender se o preço que ele recebe excede o seu custo de produção. Colocando lado a lado essas duas observações, o comprador só comprará se estiver disposto a pagar mais do que sua compra custa à sociedade, isto é, o custo de produção do vendedor. Inversamente, num mercado concorrencial, os compradores e vendedores são pequenos demais para manipular o preço e, no equilíbrio do mercado, o preço é tal que a demanda a esse preço é igual à oferta a esse preço; todos os "ganhos de troca" são realizados.[4] Logo, resulta daí uma alocação eficaz dos recursos na sociedade;
- o Estado corrige as (inúmeras) falhas de mercado, que acabamos de enunciar. Ele responsabiliza os atores econômicos e é responsável pela solidariedade. Um dos mais claros defensores dessa ideia é o economista inglês Arthur Pigou (professor de Keynes em Cambridge), que, em 1920, introduziu o princípio do "poluidor-pagador" em seu livro *The Economics of Welfare*.

Antes de analisar seus limites, eu gostaria de insistir na coerência dessa construção: o Estado define as regras do jogo e responsabiliza os atores, que podem (e devem!) então buscar seus próprios interesses. Tomemos o caso do meio ambiente; em vez de escolher as empresas às quais ele pedirá um esforço de despoluição (o que ele só pode fazer às cegas, por falta de informação), o Estado diz, por exemplo: "Se você emitir uma tonelada de CO_2, isso lhe custará €50 ou €100 (estamos, é claro, em plena ficção econômica!): a decisão é sua." A empresa então, responsabilizada pelo impacto de suas escolhas sobre a sociedade, pode concentrar-se na eficiência de sua produção, ao mesmo tempo contribuindo para o respeito aos limites que a sociedade deseja impor em matéria de emissões de CO_2.

Os trabalhos de Smith e Pigou, tomados conjuntamente, constituem o fundamento do valor acionário e do liberalismo, mas de um valor acionário e um liberalismo bem diferentes das acepções tradicionais desses termos na França, que tendem a identificá-los com a ausência de intervenção do Estado e com a luta pela sobrevivência dos indivíduos.

Deficiências do Estado

Essa análise mostra que mercado e Estado não são alternativas um ao outro, e sim, muito pelo contrário, mutuamente dependentes. O bom funcionamento do mercado depende do bom funcionamento do Estado. Inversamente, um Estado deficiente não pode nem contribuir para a eficiência do mercado, nem substituí-lo. No entanto, assim como os mercados, o Estado é frequentemente imperfeito. As causas disso são múltiplas.

A primeira é a cooptação pelos lobbies. É comum pensarmos nas amizades e nos pequenos arranjos (por exemplo, a perspectiva de empregos futuros num determinado setor) que criam uma conivência entre o Estado e aqueles que ele deve regular. Isso, contudo, é apenas uma pequena parte da equação. Está na natureza dos incentivos em política querer ser eleito ou reeleito, o que pode distorcer as decisões de duas maneiras.

Em primeiro lugar, é grande a tentação de surfar nos preconceitos e na incompetência do eleitorado; voltaremos ao tema adiante. Depois, os custos de políticas favoráveis a um grupo de pressão raramente são percebidos pelo restante da coletividade (por exemplo, os contribuintes e os consumidores), embora seus benefícios sejam manifestos no seio de um grupo de pressão supermobilizado. Essa assimetria de informação, às vezes reforçada por uma escolha deliberada de tornar os subsídios pouco transparentes,[5] distorce as escolhas públicas. Outro exemplo importante de política cujos benefícios são visíveis pelos beneficiários e cujos custos são pouco visíveis para os outros é o clientelismo, mediante a criação de empregos, comum na França em governos locais, e que conduz à sua hipertrofia.

A responsabilização da ação política é complexa. A punição funciona em determinados casos, em outros não. Por exemplo, um sistema de transportes públicos precário dá na vista. Muito menos perceptíveis pelo eleitorado são o endividamento e suas múltiplas encarnações extrabalanço, visando disfarçar a dívida dos governos nacional e locais, e a anexação de funções ao Estado (criando *de facto* uma obrigação de longo prazo, igualmente extrabalanço).

Para fazer eco à introdução a este capítulo, os que gostariam de atirar a primeira pedra nos políticos deveriam, antes de fazê-lo, refletir sobre a maneira como eles próprios se comportariam se estivessem em sua pele. Evitar dar lições de moral não é somente prevenir um excesso de severidade para com a classe política, é igualmente compreender as implicações dessa análise, em vez de imaginar que isso não passa de uma questão de pessoas (ainda que efetivamente os políticos sejam diferentes uns dos outros pela coragem e a qualidade de sua gestão).

Enfim, por razões de definições geográficas de jurisdição, as falhas de mercado nem sempre são bem corrigidas. Na falta de acordo internacional, a regulação é necessariamente local: a França pode incentivar suas empresas, cidadãos e administrações a reduzir suas emissões de CO_2, mas não pode fazê-lo no caso de outros países; ela não pode proibir o trabalho infantil num país soberano distante.[6]

III. PRIMAZIA DO POLÍTICO OU DE AGÊNCIAS REGULADORAS INDEPENDENTES

Insistir na necessidade da intervenção do Estado não basta: cumpre igualmente refletir sobre a maneira de organizar essa intervenção. Existem poucos assuntos tão candentes na França quanto a divisão do trabalho entre os representantes eleitos da nação e as agências reguladoras independentes. Essas agências reguladoras, como a Justiça, que não faz muito tempo na França ainda era submetida ao poder político, não são dirigidas por representantes eleitos e escapam ao controle cotidiano do Legislativo ou do Executivo ministerial.

A cada eleição presidencial, direita e esquerda moderadas, temendo ser ultrapassadas pelos populismos, vêm insistindo no tema da primazia do político nas decisões econômicas, questionando a independência de nossas agências reguladoras ou do Banco Central Europeu (BCE). Mais comumente, vituperam não só contra o BCE, como também contra as autoridades da concorrência, que estariam obcecadas com a manutenção da concorrência e não deixariam nossos governantes organizá-la. Tentam nomear deputados e senadores para comissões de regulação setoriais independentes. A Comissão Nacional Informática e Liberdades (Cnil) e a Alta Autoridade de Luta contra as Discriminações e pela Igualdade (Halde) estão igualmente na berlinda. Voltemos um pouco à dupla perda de influência do Estado jacobino* francês nestes últimos trinta anos:

- em proveito do mercado, em virtude das privatizações, da abertura à concorrência, da globalização e do recurso mais sistemático aos leilões e licitações;
- e em proveito de novos atores, sejam eles políticos – a Europa e suas regiões – ou não – Poder Judiciário e agências independentes.

Em larga medida, essa transmissão de poderes resulta de um naufrágio tácito de parte da classe política e da alta função pública, tomando consciência da dificuldade de reformar ou, mais genericamente, de agir sob coerção eleitoral, e delegando a tomada de decisão a atores mais independentes ou, como no caso das autoridades regionais, em concorrência entre si (o que em princípio permite uma comparação dos resultados e aos eleitores de regiões mal-administradas saber que outras políticas são possíveis).

A independência com relação ao poder político decerto não é uma ideia nova (por exemplo, a independência dos juízes em relação à Coroa britânica data do Act of Settlement, de 1701, e a separação dos poderes está inscrita na Constituição americana de 1787). Mas as reformas destes últimos trinta anos e os ataques recorrentes às agências reguladoras independentes na França nos obrigam a recapitular seus fundamentos.

---

* O termo "jacobino" é utilizado neste contexto para se referir a um Estado de gestão centralizada e tecnocrática. (N.R.T.)

O exemplo judiciário ilustra claramente um ponto fundamental: a finalidade da ação pública pertence ao domínio do político e da decisão social. A finalidade, nesse caso, é a administração de uma "boa justiça", seja qual for a significação que a sociedade coloque atrás desse conceito. A aplicação do mandato daí resultante, por sua vez, é melhor assegurada por juízes independentes, e, aliás, esta é uma das marcas de uma verdadeira democracia. Acontece o mesmo em muitos outros domínios. Para uma decisão de ordem econômica, a economia é a ciência dos meios e soluções, e não das finalidades. Consequentemente, à agência reguladora será atribuído um mando geral, em cujo âmbito ela avaliará, encontrará soluções técnicas, será garantia de independência diante dos grupos de pressão e de coerência em suas políticas.

O porquê das agências reguladoras

Para compreender os limites da ação política, é, repito, improdutivo e irresponsável apontar o dedo para a classe política. Cumpre antes constatar que os políticos, como todos nós, reagem aos incentivos com que são confrontados.

No caso, os incentivos, se forem múltiplos, são fortemente influenciados pela sanção eleitoral. Esta última apresenta a vantagem de obrigar os eleitos a levarem em conta a opinião pública. Esse benefício, por outro lado, é o calcanhar de aquiles do mecanismo democrático: ao passo que a democracia representativa tem por objetivo delegar a tomada de decisão a atores mais bem-informados do que o eleitorado, estes últimos frequentemente passam a sondar e "seguir" opiniões, ao menos a opinião formada pela imprensa. Não são poucos os que se recusam a sacrificar sua carreira política, abraçando uma causa impopular ou pouco apreciada por grupos de interesse mobilizados para a ocasião, ou mesmo comprometem uma eleição não fazendo os "gestos" necessários dirigidos a seu eleitorado. Poderão retorquir-me que às vezes o político assume o risco de clarividência e não segue a opinião pública. Citarão François Mitterrand, em setembro de 1981, ao abolir a pena de morte contra uma opinião majoritária por sua manutenção. Vá lá; porém, de um lado, o risco era amenizado pelo calendário (a abolição foi decidida logo no início de um mandato de sete anos); e, de outro, a meu ver, o fato de esse ato de coragem política ter marcado tanto os espíritos apenas reforça isso.

Na realidade, o acesso dos bancos centrais à independência foi, no mundo inteiro, consequência das pressões inflacionárias criadas pelos booms pré-eleitorais. A submissão das telecomunicações, da energia e das outras indústrias ditas de rede a uma regulação independente (agências e, em certos países, juízes) é consequência da tentação do político (quando a regulação é feita por um ministério) a abaixar artificialmente os preços, comprometendo assim o investimento e a viabilidade das redes a longo prazo (o leitor, por exemplo, pode se reportar às recorrentes declarações dos eleitos sobre os preços da eletricidade e do gás).

Na mesma perspectiva, a transferência da política da concorrência e da regulação setorial para agências reguladoras refletia o fato de que os ministérios encarregados dessas políticas não queriam atrair a fúria dos dirigentes e funcionários de empresas estabelecidas, que evidentemente consideravam seu setor como reserva natural e queriam evitar a todo custo a introdução ou o aumento da concorrência. Por exemplo, um abuso de posição dominante ou uma fusão colocando em perigo a concorrência num mercado eram discutidos no gabinete do ministro. O terreno era político, e o resultado dependia tanto das relações pessoais quanto da validade econômica do argumento. O deslocamento da aplicação do direito da concorrência para agências independentes mudou completamente a configuração do tabuleiro. As conivências perderam espaço e as partes interessadas são obrigadas a apresentar argumentos e fatos sólidos. O raciocínio econômico ganhou espaço, no caso. Nem sempre estou de acordo com as decisões tomadas por essas agências, mas não é esse o ponto: as linhas diretrizes e audiências são objeto de debates contraditórios que dizem respeito mais à qualidade dos argumentos do que a relações de força; as decisões tomadas são mais qualificadas do que antigamente. E se queremos melhorar a qualidade das decisões tomadas por essas agências, cabe a nós, economistas, melhorar nossos trabalhos e divulgá-los melhor, e cabe às agências tornarem-se cada vez mais perspicazes em suas análises.

Outro exemplo mostra os perigos do eleitoralismo: as crises bancárias e às vezes soberanas advindas do setor imobiliário. Em todos os países, os governantes, do superconservador George W. Bush ao socialista José Luiz Zapatero, querem promover o acesso dos eleitores à propriedade imobiliária. A priori, nada de condenável, salvo que... entre outras medidas, o mecanismo de acesso à propriedade passa por um afrouxamento dos critérios de empréstimos imobiliários por parte das instituições financeiras. Empresta-se a famílias pouco solventes que, em caso de problemas (pessoais ou macroeconômicos: elevação das taxas de juros, queda dos preços dos imóveis), se veem na impossibilidade de pagar e são despejados de sua moradia.

Falou-se muito na crise dos *subprimes*, empréstimos imobiliários de alto risco nos Estados Unidos, mas experiências análogas podem ser encontradas na Europa, por exemplo na Espanha (na França, houve projetos de lei sobre um serviço bancário universal destinado a facilitar o acesso ao crédito bancário de pessoas sem capacidade comprovada de quitá-lo). A Espanha vivenciou, até 2008, uma bolha imobiliária que, quando estourou, acarretou consequências terríveis para os tomadores de empréstimo, o setor da construção, os bancos (as Cajas), em suma, todo o povo espanhol; os resgates dos bancos degradaram rapidamente as finanças públicas e a dívida (a qual se situava a menos de 40% do PIB antes da crise), de maneira que a Espanha teve que recorrer ao FMI, ao BCE e à União Europeia por um programa de ajuda. O país oscilou entre planos de reaquecimento e planos de austeridade. O desemprego disparou, particularmente entre os jovens, e a crise teve um custo social muito elevado.

A fragilidade das Cajas e de alguns outros bancos foi um fator decisivo na crise espanhola. E se eu lhes dissesse que, segundo seus pares, os supervisores bancários espanhóis (instalados no Banco de Espanha) estão entre os mais qualificados do mundo? Esses supervisores, aliás, logo detectaram, por volta de 2005, os riscos que a bolha imobiliária criava para os bancos; além disso, tinham sido os primeiros no mundo a exigir dos bancos provisões suplementares durante o período de vacas gordas (impossível imaginar o que teria sido a crise espanhola sem esse colchão extra!), antecipando assim as reformas, ao instituir uma exigência de capitalização procíclica dos bancos, adotadas na Basileia após a crise. No entanto, uma vez estabelecido o diagnóstico pelo banco central, a decisão de forçar os bancos a reduzir sua exposição imobiliária estava nas mãos dos políticos, em Madri e nas regiões. O desejo de agradar prevaleceu sobre a prudência.

Fortalecer a primazia do político?

Quando o poder de decisão deve ser atribuído à esfera política? A priori, o processo político parece mais apropriado para escolhas sociais em temas familiares ao conjunto do eleitorado (com a condição, naturalmente, de que elas não ameacem oprimir uma minoria). Em contrapartida, as decisões de ordem técnica veem-se sujeitas à incompreensão do eleitorado e, logo, a uma falha de mecanismo democrático: quantos eleitores fazem um doutorado em economia para apreender melhor as problemáticas da "desagregação do acesso local" de telecomunicação ou da política monetária e, assim, votar de maneira mais informada? Quantos eleitores encaram um doutorado em história e geopolítica para julgarem melhor acerca da política francesa no Oriente Médio? Quantos eleitores destrincharam e refizeram as contas da SNCF, a empresa de transportes ferroviários francesa, para compreender o nível de subsídios e a produtividade da SNCF ou conhecem números relativos à eficiência de intervenções públicas alternativas em matéria de habitação ou educação? Quantos eleitores investem seriamente em assuntos científicos árduos como os organismos geneticamente modificados (OGM), o gás de xisto ou o aquecimento global? A consequência dessa falta de informação do cidadão é que essas decisões de ordem técnica ficam sujeitas à cooptação do regulador pelos grupos de interesse mais poderosos, financeira ou midiaticamente, ou os mais bem-organizados.

Não estou atirando a primeira pedra nos cidadãos mais do que na classe política. Não me sentiria à vontade se o fizesse: eu mesmo avalio a ação política no tocante a certos temas com base numa informação muito precária. Quero simplesmente chamar atenção para as consequências da nossa falta de informação, o que devemos encarar com realismo.

Dito isto, resta, por certo, uma escolha complexa a ser feita entre primazia do político e independência das agências. Não convém, entretanto, exagerar as oposições entre os dois: o Estado moderno oriundo da filosofia iluminista pretende-se independente dos interesses particulares e a democracia foi concebida sob tal perspectiva, em que ela é "o regime menos ruim", sem ser necessariamente inquestionável. A criação de agências independentes constitui um dos instrumentos que permitem à democracia moderar os excessos da tentação eleitoreira e assegurar a independência sustentável do Estado. O status da função pública e sua vontade de criar um corpo de funcionários independentes abraçam a mesma filosofia. O portal do Estado francês[7] resume bem as vantagens da independência: "A Agência Reguladora* buscou responder a

---

* Em francês o termo jurídico utilizado é "Autoridade Administrativa Independente" (AAI). (N.R.T.)

três necessidades: oferecer à opinião púbica maior garantia de imparcialidade das intervenções do Estado; permitir uma participação mais relevante de pessoas de origens e competências diversas, em especial profissionais dos setores regulados; assegurar uma intervenção do Estado rápida, adaptada à evolução das necessidades e dos mercados", apesar de o "em especial dos profissionais dos setores regulados" decerto carecer de algumas precisões quanto à maneira de assegurar outra forma de independência, relativa aos setores regulados.

Autoridades nem tão independentes assim

Se os tomadores de decisão não submetidos à sanção eleitoral (juízes, presidentes das agências de regulação...) atuam com mais liberdade, a outra face da moeda é a ausência de sanção em caso de comportamento desviante. Para limitar os riscos de corrupção das agências reguladoras, a primeira condição é a nomeação de personalidades independentes e respeitadas para dirigi-las, escolhidas após sabatinas focadas em sua qualificação e, se possível, nomeadas de maneira pluripartidária. Bons e leais serviços prestados a um partido ou a um político jamais devem ser levados em conta. Uma vez implementadas, a consulta, a transparência e a exigência de pareceres pertinentes criam incentivos a que se tomem decisões economicamente justificadas; um parecer emitido sobre a "qualidade" da regulação por peritos independentes da agência pode eventualmente aumentar o embaraço provocado por decisões injustificadas.

Por fim, uma "agência independente" não deve ser (e aliás nunca é) totalmente independente: uma maioria qualificada do Parlamento deve poder suspender seus dirigentes com base em sua política global (e não por uma questão de atualidade política). Em suma, convém levar em conta a existência de conflitos de interesses, mais ou menos previsíveis *ex ante*, e tratá-los direta e explicitamente, antevendo procedimentos que permitam limitar seu alcance.

Um pouco de pedagogia, por favor...

A hostilidade ambiente com respeito às agências independentes deve muito ao calendário eleitoral. Por exemplo, a retórica anti-BCE não passa, de certa forma, de um exagero com poucas consequências diretas, sua independência constando de acordos internacionais multilaterais e a França tendo poucas chances de convencer seus parceiros europeus a colocar o BCE sob tutela política.[8]

As consequências indiretas, em contrapartida, são mais sérias. Por um lado, a ameaça que paira sobre as agências estabelecidas é suscetível de um dia submetê-las ao poder político. Por outro, o referendo sobre a Constituição europeia mostrou os extremos da estratégia dos bodes expiatórios. Os ataques demagógicos contra instituições sensatamente criadas para evitar distorções eleitoreiras não podem senão despertar a desconfiança de nossos concidadãos com respeito à coisa pública. A verdadeira coragem política consistiria em fazer um trabalho pedagógico para reconciliar a França com a democracia moderna, na qual as autoridades independentes têm lugar cativo.

IV. REFORMAR O ESTADO

Uma nova concepção do Estado

A concepção do Estado mudou. Ex-provedor de empregos, mediante a função pública, e ex-produtor de bens e serviços, mediante as empresas públicas, o Estado em sua forma moderna estabelece as regras do jogo e intervém para amenizar as falhas de mercado, e não para substituí-lo. De medíocre administrador de empresas, ele passa a regulador.[9] Assume todas as suas responsabilidades ali onde os mercados são incompetentes, para criar uma verdadeira igualdade de oportunidades, uma concorrência saudável, um sistema financeiro não dependente dos resgates com dinheiro público, uma responsabilização dos agentes econômicos com respeito ao meio ambiente, uma solidariedade na esfera do seguro-saúde, uma proteção dos assalariados desinformados (segurança no trabalho, direito a uma formação de qualidade) etc. Quando funciona, ele é ágil e reativo.

Essa transição, no entanto, exige um retorno às questões fundamentais (para que serve o Estado?) e uma mudança nas mentalidades. Os funcionários públicos, em lugar de estarem "a serviço do Estado" – expressão infeliz que perde completamente de vista a finalidade da coisa pública –, devem estar "a serviço do cidadão".[10] A ideia do Estado planejador oriunda do regime de Vichy e retomada depois da guerra[11] deve dar lugar ao Estado árbitro.

O Estado moderno deve disponibilizar recursos para implementar esse sistema social ao qual nossos concidadãos são afeitos. Nesse aspecto, a França poderia se inspirar em outros países tão apegados quanto ela a seu sistema social, mas que compreenderam que a perenidade desse sistema passava por uma gestão rigorosa das finanças públicas.[12] Com efeito, a França apresenta atualmente um índice de despesas públicas entre os mais elevados do mundo: mais de 57% do PIB.[13] Esse nível situava-se em 35% em 1960, na época dos "trinta gloriosos".*

O aumento das despesas públicas não é inelutável: entre 1991 e 1997, a Suécia reduziu suas despesas públicas num montante que representava 10% de seu PIB; graças a contratos privados, nos anos 1990 ela reduziu o contingente de funcionários públicos de 400 mil para 250 mil. Conservou apenas algumas centenas nos ministérios, encarregados da elaboração da estratégia, da arbitragem das escolhas orçamentárias e da organização dos debates; além disso, delega o operacional a uma centena de agências especializadas e independentes em suas decisões de recrutamento e remunerações. Ela soube racionalizar seus serviços; para citar apenas um exemplo, que soará familiar aos ouvidos dos franceses, os serviços postais das zonas rurais, pouco utilizados, foram transferidos para os supermercados e postos de gasolina, não só gerando economia como permitindo a alguns desses comércios sobreviverem, e assim combatendo o esvaziamento da zona rural.

A Alemanha, a Holanda, os países escandinavos e o Canadá são países de tradição social-democrata que preservaram um serviço público e uma proteção social de alto nível. Ganharam a aposta de diminuir as despesas de serviço constante. Conseguiram fazer as reformas através de um pacote único. Pois sabemos que reformas pontuais são difíceis de realizar: os lobbies afetados enlouquecem, enquanto os beneficiários ou não são informados dos ganhos que realizariam, ou permanecem simplesmente apáticos em razão do problema do "carona". Uma reforma global oferece uma visão de conjunto de um bolo maior e cuida dos perdedores. Na França, as reformas a serem empreendidas foram apontadas em diversos relatórios.

---

* Expressão utilizada para designar as três décadas após o fim da II Guerra Mundial, de forte crescimento econômico. (N.R.T.)

A função pública

Em primeiro lugar, convém limitar o número de funcionários públicos, como fizeram esses países, ao mesmo tempo por razões de prudência, às quais voltarei, e porque a informática reduz mecanicamente a necessidade de pessoal. Na França, em vez de diminuir, o número de agentes públicos cresceu 15% de 2000 a 2013.

O então ministro francês da Economia, Emmanuel Macron, provocou um escândalo em setembro de 2015 quando questionou o status do funcionário público. Na situação duradoura de tensão no mercado de trabalho, arranjar um emprego público ainda é visto na França como o Graal (Graal bem relativo, pois os professores, por exemplo, não são particularmente bem remunerados e às vezes enfrentam péssimas condições de trabalho; o que só faz reforçar minha posição). Os líderes políticos, em especial os locais, são pressionados para criar novos postos, inclusive em situação de excedente de pessoal administrativo; sua reeleição pode depender disso. Vamos entender: um governo nacional ou regional tem total legitimidade para ampliar os serviços públicos, com a condição de aumentar os impostos para oferecer esse suplemento. Trata-se, no caso, de uma escolha da sociedade sobre a qual o economista não deve se pronunciar senão como cidadão. Em contrapartida, eu acrescentaria duas ressalvas.

Em primeiro lugar, e de forma resumida, criar empregos públicos não cria empregos: o aumento de impostos necessário para financiá-los certamente será pago, de uma maneira ou de outra. Se, por exemplo, os encargos sociais ou os impostos locais aumentarem, os bens e serviços produzidos pelo setor privado custarão mais caro e as empresas privadas, perdendo em competitividade, contratarão menos. Portanto, a única justificação possível para criar mais cargos públicos é uma prestação de serviço público de qualidade, e é sob tal critério que toda criação de emprego público deve ser julgada.

A segunda ressalva é que seria preciso que essas contratações se fizessem preferencialmente sob forma contratual. Um governo local que contrata hoje bloqueia as escolhas dos futuros dirigentes dessa coletividade durante quarenta anos; ele aumenta os impostos não com base em um ano, mas em quarenta. Além disso, na aurora da revolução digital, que irá transformar as profissões e tornar obsoletas algumas delas, a contratação de funcionários é uma política temerária... Mas há soluções, como mostram os Correios na França. Face a um futuro incerto (incerteza em parte ligada à revolução digital, na realidade), essa empresa pública soube dar provas de prudência utilizando contratos de trabalho similares ao setor privado. O serviço público, a propósito, parece não ter sofrido com isso, muito pelo contrário.

Gastar menos, porém melhor

Ao lado do uso de contratos de trabalho mais flexíveis, há inúmeras pistas para se fazerem economias ligadas às superposições na França. Pensamos aqui no "mil-folhas territorial" com sua miríade de comunas (a França tem 40% das autoridades comunais mas somente 13% da população na Europa) e seus níveis de decisão múltiplos (as análises coincidem também ao dizerem que os chamados "departamentos" são divisão territorial excessiva), nos numerosos fundos sociais ou na multiplicidade dos regimes de aposentadorias (37!).

A representação parlamentar é igualmente copiosa. Observemos, por exemplo, que o Senado americano, superativo, tem cem senadores, ao passo que o da França, país com uma população quase cinco vezes menor, tem 348 (para 577 deputados); no total, são quase dez vezes menos parlamentares por habitante nos Estados Unidos do que na França.[14] Pessoalmente, eu preferiria que os parlamentares franceses fossem menos numerosos mas dotados de mais assessores peritos em questões técnicas. Muito mais do que uma economia do erário público, uma verdadeira reforma da representação parlamentar na França teria um real valor de exemplo, que contribuiria para a legitimidade dos esforços exigidos do resto da esfera pública.

Convém, por outro lado, sermos vigilantes: é preciso que as aproximações e consolidações diversas sejam fonte de economias e não causa de contratações e prédios suplementares para coordenar instâncias deixadas intocadas. Ora, diversas histórias relatam o aumento dos custos quando as comunas "se diluem" numa comunidade de aglomerações ou quando as universidades de uma mesma cidade se fundem. Seria bom que projetos de fusão detalhados fossem apresentados a uma instância independente, que teria o poder de exigir dos atores que revisassem seus pontos de vista em caso de ausência de economias reais e asseguraria um controle do respeito ao projeto *ex post*.

Mais amplamente, a busca por economias potenciais poderia adotar a metodologia seguida no Canadá. Para cada programa, os canadenses se colocaram questões pertinentes: o programa é de interesse público? Em caso afirmativo, poderia ser fornecido por outro braço do setor público ou pelo setor privado? O custo é acessível e há alternativas? Sem vacas sagradas, mas num diálogo e com uma pedagogia constante. Simples reflexões desse tipo podem levar a soluções originais. Por exemplo, governos locais, mais do que terceirizar serviços públicos, incentivaram e ajudaram seus agentes a criar sua própria empresa de fornecimento desses serviços.

Seria igualmente aconselhável basear-se em comparações da performance do serviço público francês com as melhores práticas internacionais e compreender as fontes dessas diferenças.[15] Nossos alunos têm bons resultados com relação ao estrangeiro (os 25º e 26º lugares mundiais da França em matemática e ciências mostram claramente que nossas medalhas Fields e nossos prêmios Nobel de física são um pouco como as árvores que escondem a floresta)? Nossos hospitais oferecem os melhores serviços possíveis, considerando o orçamento de que dispõem – ou, de maneira equivalente, controlam o melhor possível a despesa com a qualidade dos cuidados dispensados?

Esses princípios permitiriam melhorar a performance do serviço público e evitariam cortes drásticos uniformes – pouco desejáveis, pois afetam tanto o que é indispensável como o que é menos relevante, o que funciona e o que não funciona. No Canadá, quando o Estado reergueu suas finanças públicas encolhendo 19% entre 1993 e 1997, os programas sociais (saúde, justiça, habitação, imigração) foram, no conjunto, pouco afetados, mas as subvenções às empresas diminuíram em 60% e o orçamento do Ministério da Indústria e Transportes foi reduzido à metade.

As grandes reformas do Estado deveriam criar verdadeiros chefes do serviço público e dar a esses gestores uma ampla liberdade administrativa, acrescida de uma rigorosa avaliação *ex post*, com uma intervenção (uma tutela) em caso de descumprimento das metas. Pois elaborar orçamentos por metas, mais do que por despesa, é essencial; o Estado está a serviço do público, e o processo de reflexão sobre o que ele busca realizar é em si mesmo um fator de progresso. A França tomou essa direção em 2001 com a Lolf (lei orgânica relativa às leis de finanças), fruto do trabalho de um deputado de esquerda (Didier Migaud) e de um senador de direita (Alain Lambert) e votada – fato excepcional – de maneira bipartidária. A Lolf instaurava outros mecanismos de bom senso: uma visão plurianual das despesas, uma execução monitorada pelo Parlamento, menos exceções ao princípio de universalidade orçamentária (segundo o qual as receitas não são vinculadas a despesas específicas, mas ao orçamento global do Estado),[16] auditorias de modernização etc. Uma reforma importante e inédita, embora ainda muito tímida com relação ao que foi feito nos países de tradição social-democrata, e de aplicação prática já muito aquém de sua ambição.

Por fim, trata-se de reformar as ações do Estado. Vou me contentar aqui com poucos exemplos. Os processos de *licitação* devem ser digitalizados e simplificados (por exemplo, com a utilização de formulários únicos).[17] Sua redação deve ser profissionalizada, e a comparação dos custos, sistematizada. Em matéria de saúde, *a dualidade previdência social–seguro saúde* custa muito caro à França, único país a utilizar sistema tão complexo. Os seguros-saúde dobram o custo de gestão[18] e não dispõem de nenhuma margem de manobra quanto à contratação da oferta de médicos e hospitais, isto é, a definição de metas de gestão precisas e a adoção de incentivos para alcançá-las. Seria possível fazer economias sem perda de substância adotando seja o sistema público com cobertura total (como na Inglaterra), seja seguros-saúde privados, mas regulados (como na Alemanha, Suíça ou Holanda). O *sistema de ensino técnico* francês também é reconhecido como sendo longe de perfeito. Ele poderia ser, como na Alemanha, voltado prioritariamente para os mais frágeis e para as necessidades das empresas; e, sobretudo, poderia ser simplificado e mais bem-avaliado, de maneira que cumprisse realmente seu papel no seio de uma política de emprego.

"Mas não é um bom momento"

Várias lições gerais podem ser tiradas das diversas experiências estrangeiras:

1) As reformas amplas são possíveis.

2) Elas devem se inscrever na perenidade. Na maioria dos países, a oposição defendeu, mais ou menos publicamente, a ação da maioria vigente em favor de uma causa julgada nacional: a perenização do sistema social. A

oposição retomou as reformas por sua conta quando chegou ao poder, fornecendo um belo exemplo de bom funcionamento dessas democracias. Muitas dessas reformas do Estado foram feitas pela esquerda: Jean Chrétien no Canadá, Gerhard Schröder na Alemanha, os social-democratas (em especial Göran Persson) na Suécia, Bachelet no Chile etc., e respeitadas em seguida pela direita.

3) Se bem explicadas e realizadas em tempo hábil, essas reformas são em geral compensadas eleitoralmente. Jean Chrétien permaneceu no poder durante treze anos e Göran Persson, durante dez anos. Os dirigentes políticos franceses ficaram traumatizados com a derrota eleitoral de Gerhard Schröder, mais próximo geograficamente, em 2005.

4) É comum ouvirmos dizer na França que, numa conjuntura difícil, não é hora de fazer reformas. E, no entanto, a grande maioria dessas reformas foi realizada justamente em circunstâncias conturbadas. As reformas suecas foram votadas num contexto particularmente difícil: após o estouro da bolha financeira e o resgate dos bancos no início dos anos 1990, e a despeito de uma desvalorização, o PNB regrediu 5% entre 1991 e 1994, o desemprego passou de 1,5% para 8,2% e o déficit orçamentário atingiu 15% em 1994! As reformas finlandesas, quase contemporâneas às suecas, foram decididas num contexto econômico igualmente incerto, tendo como pano de fundo o colapso da União Soviética, parceira comercial importante da Finlândia. A Alemanha de Schröder, por sua vez, estava numa situação problemática: digeria mal a reunificação e enfrentava perspectivas demográficas catastróficas no que se refere às despesas sociais. O Canadá dos anos 1990 também andava mal das pernas: a dívida pública total (Estado, províncias, municipalidades) atingia os 100% do PIB, e o pagamento da dívida começava a pesar. Podemos multiplicar os exemplos. Uma conjuntura difícil deve encorajar, não desencorajar as reformas.

7. A empresa, sua governança e sua responsabilidade social

Após explorar a governança da esfera pública, voltamo-nos para a de nossas empresas. O foco nessas duas esferas é decerto redutor. Ignora inúmeras formas de organização, como as associações, as ONGs ou ainda a produção cooperativa tal como encontramos nos softwares abertos.[1] Negligencia a implicação dos parceiros sociais não só no âmbito da empresa como na gestão dos organismos paritários, que desempenham papel importante, por exemplo na gestão da formação profissional ou na justiça trabalhista francesa.* Mas um olhar voltado para a empresa já é rico de ensinamentos: por que esse modo de gestão bastante específico está tão presente na maioria dos países? Em que circunstâncias outros modos de organização que não a empresa capitalista – empresas cooperativas ou autogeridas, por exemplo – podem emergir e prosperar?

No cerne da gestão de uma empresa está sua governança, em outros termos, todos os que exercem o controle sobre a empresa e tomam assim decisões importantes: gestão dos recursos humanos, pesquisa e desenvolvimento e escolhas estratégicas, fusões e aquisições, precificação e marketing, gestão de riscos, assuntos regulamentares etc. A forma dominante, a governança capitalista, outorga o poder de decisão aos investidores ou, mais precisamente, aos acionistas (na ausência deles, aos credores se as dívidas não forem pagas). Esses investidores delegam o poder de decisão a uma equipe de direção sobre a qual podem, em princípio, exercer um direito de supervisionar e intervir, caso sua gestão vá de encontro a seus interesses, mas que é

---

* Na França, rescisões de contratos de trabalho (isto é, demissões) necessitam de uma opinião emitida por um conselho chamado *"prud'hommes"*, o que torna as demissões burocráticas e incertas. É a esse sistema que se refere o autor. (N.R.T.)

mais bem-informada do que eles. Vamos nos debruçar sobre as instituições que buscam resolver o problema da separação entre direitos de propriedade e tomada de decisão. Por fim, analisaremos as noções de responsabilidade social da empresa (RSE) e de investimento socialmente responsável (ISR): o que elas recobrem? São incompatíveis com uma economia de mercado ou, ao contrário, são uma emanação natural da economia de mercado?

I. DIVERSAS ORGANIZAÇÕES POSSÍVEIS... E POUCAS ESCOLHIDAS

É a priori surpreendente que o modo de gestão capitalista seja tão difundido. Com efeito, uma empresa conta com muitas partes interessadas, isto é, muitos atores afetados pelas decisões da empresa: os que aportam capitais, naturalmente, mas também os assalariados, os terceirizados, os clientes, as autoridades locais e os países onde a empresa opera, os vizinhos que poderiam sofrer com a poluição de sua parte. Podemos então conceber uma miríade de organizações, em que as partes integrantes dividiriam o poder entre si em configurações de geometria variável (outorgando-lhes mais ou menos direitos de voto no conselho de administração) e, com isso, gerando diversas formas de cogestão.

E, de fato, há outras formas de governança. A *governança cooperativa*, em que os usuários são donos de um serviço e decidem de maneira consensual como ele será administrado e partilhado, existe em diversos setores. As cooperativas agrícolas fornecem diferentes serviços (empréstimos de material, armazenagem, transformação, comercialização) a seus filiados. O leitor talvez fique surpreso em saber que os Estados Unidos, supercapitalistas, possuem inúmeras cooperativas: cooperativas de compra, companhias de mudanças, bancos de investimento,[2] seguros-saúde ou mesmo, até uma data recente, Visa e MasterCard, que eram entidades controladas pelos emissores de cartões bancários (seu banco, por exemplo) e pelos credenciadores (estabelecimentos financeiros que administram a atividade cartões de crédito/débito dos comerciantes) e, da mesma forma que os seguros-saúde na França, não distribuíam nenhum dividendo.

Além do mais, numerosas cooperativas povoam o mundo das profissões liberais através do planeta: consultórios médicos, escritórios de auditoria, de consultoria ou tributários. As empresas da economia social, seja sob a forma de uma SAS, SARL ou SA,* também repousam na busca de um consenso e em votações entre os acionistas ou filiados. O lucro é um meio para isso (ele permite sobreviver ou investir), e não uma finalidade. Uma fração mínima dos lucros é recebida pelos filiados e outra fração mínima é reinvestida. Ao contrário das empresas sem fins lucrativos, dividendos podem ser pagos aos associados, mas dentro de certos limites (por exemplo, um terço dos lucros); além disso, os investidores não exercem o controle (geralmente recebem um número limitado de direitos de voto).

Existem ainda muitas outras formas de governança possíveis, como as *empresas autogeridas*, moeda corrente na Iugoslávia de Tito. As universidades na França são em grande parte autogeridas; embora submetidas a um certo número de normas oriundas do Ministério do Ensino Superior e da Pesquisa (normas um pouco afrouxadas pela lei sobre a autonomia das universidades), seus conselhos de administração são efetivamente controlados pelos representantes dos professores, estudantes e funcionários, todos eleitos. De maneira muito mais limitada, empregados podem ser associados à decisão de uma empresa capitalista; na França, o Acordo Nacional Interprofissional de 2013 exige que os assalariados tenham voz deliberativa nos conselhos de administração das grandes empresas.

Diversos países (China, Noruega, Suécia...) preveem igualmente uma representação dos funcionários na governança da empresa. O caso emblemático é o da codeterminação na Alemanha, onde as empresas são governadas de maneira dual por uma diretoria (executiva) sob o controle de um conselho de fiscalização (não executivo). Por lei, os empregados devem constituir um terço do conselho de fiscalização, no caso de uma empresa com mais de quinhentos funcionários, e até mesmo metade, se a empresa tiver mais de 2 mil funcionários (neste caso, o voto do presidente, em geral eleito entre os representantes dos acionistas, é preponderante em caso de empate). A governança não é neutra; para as empresas sujeitas à exigência de equirrepresentação, os estudos empíricos atuais evidenciam uma perda do valor da empresa, maior estabilidade nos salários e no emprego, bem como uma tendência reativa a

---

* SAS, SARL e SA, respectivamente Société pas Actions Simplifiée, Société à Responsabilité Limité e Société Anonyme, são as formas jurídicas mais comuns de empresas na França, as duas primeiras servindo mais a pequenas e médias empresas. (N.R.T.)

criar incentivos dos dirigentes mais favoráveis aos acionistas (remunerações ligadas mais ao valor acionário, endividamento mais significativo).[3]

Na realidade, uma boa organização da vida econômica deve propor um leque de modos de governança a fim de que a estrutura de cada empresa se adapte aos desafios colocados por seu contexto. E como essa flexibilidade existe de fato, nada impede uma empresa de adotar a governança de sua escolha, seja a autogestão (sobretudo no momento de sua criação),[4] o modo cooperativo, a empresa capitalista ou qualquer outra solução. O modo de organização observado resulta então da concorrência entre diferentes formas de governança de empresa (isto, contudo, se essa concorrência não for falseada por uma discriminação fiscal ou regulamentar em favor de uma forma específica de organização). Logo, causa espanto que a atividade econômica seja majoritariamente organizada em torno de empresas que delegam os direitos de controle a apenas uma parte interessada – os investidores, em sua maioria, ainda por cima, externos à empresa –, à qual os dirigentes devem prestar contas.

Algumas disfunções do sistema relatadas na imprensa tornam essa observação ainda mais surpreendente: manutenção de laços entre remuneração dos dirigentes e desempenho da empresa, pagamento de dividendos pouco antes de uma falência, manipulações contábeis na Enron,[5] visões de curto prazo das empresas em detrimento da rentabilidade a longo prazo, delitos de *inside information*. Embora felizmente tais desvios não correspondam ao comportamento da maioria dos dirigentes e administradores de empresa, é impossível, contudo, construir, como no caso de qualquer outra instituição econômica ou política, a governança de uma empresa exclusivamente sobre a hipótese de uma indulgência generalizada. Tais disfunções são onerosas não só para os outros investidores, que veem sua poupança derreter, como também para as partes interessadas que não têm sequer a possibilidade de intervir diretamente na gestão da empresa: os funcionários que perdem seu emprego, as autoridades locais, cujos *pools* de trabalho se degradam, os poderes públicos e o seguro-desemprego, que serão levados a pagar a despoluição dos sítios industriais e os custos do desemprego.

Este capítulo, portanto, toca no âmago de nossa organização econômica: por que ela se organiza dessa maneira? Isso é desejável socialmente? Existe uma falha na competição entre as formas de governança? Em caso afirmativo, cabe ao Estado intervir ou, ao contrário, a própria empresa deveria adotar um comportamento socialmente responsável?

O imperativo do financiamento

Toda empresa, das maiores às pequenas e médias, precisa de fundos para financiar seu crescimento, ou, mais modestamente, para vencer um momento difícil. Na ausência de caixa abundante ou de ativos não estratégicos e facilmente realizáveis, a empresa deve levantar dinheiro junto a acionistas ou credores. Esses financiadores (ou investidores) – empregaremos indiferentemente os dois termos – só contribuirão, todavia, se o rendimento que podem esperar corresponder ao que podem obter em outros investimentos; daí a necessidade para a empresa de adotar uma governança e compromissos que tranquilizem seus provedores de fundos quanto ao retorno sobre o investimento.

Poder de decisão nas mãos dos financiadores. Para simplificar, concentremo-nos em duas partes interessadas da empresa: o trabalho e o capital, os empregados e os financiadores. Se os investidores detiverem o poder de decisão, os interesses dos empregados não serão necessariamente representados e levados em conta; a empresa é suscetível de tomar decisões que ameacem os empregos de seus funcionários, acarretando um ônus considerável para estes últimos (sobretudo num país como a França, com um mercado de trabalho pouco fluido). Claro, mesmo do ponto de vista tacanho do lucro, geralmente é bom para os financiadores adotar uma visão de longo prazo da empresa e tratar corretamente os empregados. Uma empresa que trata mal seus empregados para aumentar seus lucros a curto prazo ganha má reputação e terá dificuldade para atrair e motivar futuros contratados a mais longo prazo. Ela penaliza assim não só seus funcionários, como também, com o tempo, seus acionistas. Voltaremos ao assunto. Mas isso não quer dizer que os financiadores se esfalfarão pelos interesses dos empregados – de modo que se coloca a questão essencial da proteção destes últimos.

Poder de decisão nas mãos dos funcionários. Inversamente, se os funcionários detêm o poder, será preciso proteger a remuneração dos financiadores, que podem temer que o sistema de autogestão os prive de um rendimento suficiente com relação a seu investimento; e mesmo se esse rendimento estiver garantido contratualmente (digamos que se trate de uma dívida, especificando um ganho predeterminado outorgado aos credores da empresa), os empregados podem sacrificar o investimento e utilizar o ganho corrente para aumentar seus salários, reduzir seu tempo de trabalho ou privilegiar a contratação de parentes e amigos, colocando assim em perigo o pagamento futuro da dívida. Antecipando esses riscos, os financiadores se mostrarão reticentes em aportar capital; preferirão consumir, em vez de poupar, ou investirão seu dinheiro em outro lugar (imóveis, títulos do Estado, outras empresas, no estrangeiro). Essa reticência termina por prejudicar os funcionários, que não estão mais em condições de financiar o crescimento ou mesmo a sobrevivência da empresa.

E mesmo quando os financiadores certificam-se de que os lucros não distribuídos prestam-se bem aos investimentos, não é obrigatoriamente saudável que esses lucros sejam efetivamente reinvestidos na empresa. Tomemos o caso de uma grande marca de cigarros; esta pode dispor de ganhos bastante elevados, mas ter oportunidades de investimento pouco atrativas (em razão de uma regulamentação sanitária que desejamos cada vez mais coercitiva). É importante – e este é um ponto que se aplica a todas as formas de governança – que o capital seja aplicado da melhor forma possível, que pode não ter nada a ver com os desempenhos passados, e, logo, que seja reorientado na economia.

A ideia segundo a qual uma governança que privilegia os financiadores pode ser benéfica para os assalariados é contraintuitiva. À primeira vista, não vemos disso às vezes senão as consequências diretas: em especial, o aumento de rendimento obtido pelos investidores. A longo prazo, no entanto, é essencialmente o acesso da empresa ao financiamento e, logo, o crescimento e o emprego que estão em jogo. Decorre daí que um modo de gestão que favoreça os empregados ao lhes dar o poder de decisão quanto às escolhas da empresa arrisca voltar-se contra eles, numa empresa com grande necessidade de financiamento: a escassez de capital daí resultante diminuirá sua produtividade e levará a uma redução de suas rendas, até mesmo à perda de seus empregos.

Essas observações sugerem desde já uma pista para compreendermos por que razões uma empresa adota uma governança capitalista ou não. Um escritório de auditoria como a KPMG é composto essencialmente de capital humano e pode permitir-se constituir uma cooperativa. As empresas que mais carecem de capital, por sua vez, tenderão a dar o controle a seus investidores.

Como observava, no entanto, Henri Hansmann, em seu célebre livro *The Ownership of Enterprise* (1996), algumas cooperativas dispõem de um considerável capital físico. Por exemplo, Visa e MasterCard, antes de serem cotadas na bolsa de Nova York, em 2008 e 2006 respectivamente, eram cooperativas com importantes investimentos em redes físicas, aplicativos e marketing. Aberrações? Na verdade, não. Henri Hansmann faz uma observação crucial em seu livro, observação que se aplica a muitos outros domínios de nossa vida social: a decisão coletiva funciona bem quando há congruência suficiente entre os membros da comunidade, no caso a cooperativa. Enquanto os bancos membros da cooperativa têm os mesmos objetivos (a mesma demanda de serviços provenientes da cooperativa, horizontes temporais similares), essa cooperativa funciona de maneira bastante unificada e a reserva de provisões para investimento não é problema. A cooperativa pode então adaptar-se a uma forte demanda de investimento em capital.

Em contrapartida, quando os interesses começam a divergir, uma maioria adquire o controle, eventualmente após a formação de uma coalizão heteróclita, e suas decisões vão de encontro à minoria; esta última, a propósito, dá provas de pouca iniciativa, sabendo que tais sugestões têm poucas chances de serem aceitas. Além disso, os membros desconfiam uns dos outros e a informação para de circular. Por fim, os membros não cativos e descontentes com a política adotada se voltam para outros horizontes. O alinhamento dos objetivos é então um fator importante para o bom funcionamento de uma organização, seja ela qual for.

A separação entre direitos de propriedade e decisão: quem decide no fim?

Em toda empresa, a equipe de direção tem acesso à informação e toma as decisões no dia a dia. Essa informação lhe proporciona importantes margens de manobra, tornando o monitoramento externo da empresa algo delicado. Para sermos sucintos, vamos supor que os investidores detenham formalmente o poder de decisão. A separação entre os financiadores e a equipe de direção coloca desde já a questão de como esta última pode se comprometer em assegurar um retorno de mercado aos primeiros. (Os comentários a seguir se aplicam mais genericamente a toda situação em que a decisão está dissociada dos direitos de propriedade. Os membros de uma cooperativa ou de uma associação, por exemplo, se colocam a mesma questão quanto ao alinhamento dos objetivos da equipe de direção com aqueles dos membros. A mesma coisa para a Agência das Participações do Estado* em seu papel de fiscalização dos estabelecimentos públicos e das empresas detidas em parte ou na totalidade pelo Estado.)

Os investidores sempre se preocuparam com o comprometimento dos dirigentes da empresa em lhes assegurar um retorno. Com efeito, estes, trabalhando no dia a dia com seus colaboradores sobre as atividades da empresa, dispõem de muito mais informação do que os membros do conselho de administração ou a assembleia geral.[6] Ora, acontece que os dirigentes hesitam em fazer escolhas difíceis, não dão suficiente atenção à gestão interna do risco, envolvem-se em inúmeras atividades externas pouco rentáveis para a empresa, sobreinvestimento, não nomeiam os colaboradores mais competentes, a eles preferindo parentes ou amigos, ou até mesmo praticam atividades ilegais (delitos de *inside information*, manipulação de dados contábeis, roubo no fundo de pensão da empresa, transferência de ativos em situação de conflitos de interesses).

A teoria da informação e a teoria dos jogos permitem apreender a noção de poder ou de autoridade a partir de dois conceitos:[7]

- a autoridade formal sobre uma decisão ou uma classe de decisões, outorgada a seu portador através de um contrato;
- autoridade real, adquirida por um ator que não possui essa autoridade formal, graças 1) a uma informação privilegiada e pertinente para a tomada de decisão e 2) à confiança que o detentor da autoridade formal pode lhe conceder, confiança resultante de um alinhamento racional dos interesses das duas partes.

Como em Max Weber, a chave da distinção entre os dois conceitos é a assimetria de informação. A assembleia geral da empresa pode deter a autoridade formal e não conduzir a dança se o conselho de administração proteger a informação. Da mesma forma, este último pode servir de câmara de eco das decisões

---

* Agência que exerce o papel de gestão e representação do Estado francês nas companhias em que este possui participação acionária, majoritária ou não. Foi criada em 2004. (N.R.T.)

dos dirigentes, que destilam a informação à sua conveniência. Concretamente, o fato de que certas decisões, tais como uma fusão ou a escolha do próximo diretor-geral, derivam da autoridade formal do conselho de administração ou da assembleia geral dos acionistas pode não impedir o diretor-geral de exercer uma forte influência sobre essa decisão, e isso sobretudo se os administradores acreditarem que ele serve aos interesses dos acionistas. Com efeito, o laço entre autoridade real e congruência dos interesses é verificado empiricamente.

Na prática, como os financiadores certificam-se então de que o comportamento da equipe de direção não se afasta muito de seus interesses? A resposta é multiforme: a governança é uma série de instituições que, tomadas separadamente, não bastam para assegurar um alinhamento dos objetivos, mas que, combinadas, podem alcançá-lo (sem, no entanto, fazer isso sempre).

O papel da estrutura financeira. Num artigo célebre e provocador, publicado em 1958, Franco Modigliani e Merton Miller haviam sugerido que a estrutura financeira de uma empresa não tem impacto sobre sua gestão e, logo, sobre seu valor. Resumindo, as modalidades de partilha de um bolo fixo (os lucros futuros da empresa) entre os diferentes financiadores (acionistas, credores) não afetam o tamanho desse bolo e, por conseguinte, o preço total que esses investidores estão dispostos a pagar pelo conjunto das ações, obrigações, dívida bancária e outros títulos sobre a empresa.

Mas a hipótese de Modigliani e Miller é pouco satisfatória: o tamanho do bolo não é fixo, pois a criação de valor depende na realidade da estrutura financeira e da governança. Uma empresa superendividada verá o controle passar frequentemente para os credores, que tenderão a ser prudentes, até mesmo a revender seus ativos ou desmembrar a empresa a fim de se certificar do pagamento da dívida. Inversamente, os dirigentes de uma empresa com fundos próprios abundantes (pouco endividada) podem levar uma vida tranquila, pois não estão sob a pressão de ter de pagar dívidas em vias de vencer (podem ser pressionados a pagar dividendos, mas esta é uma obrigação mais branda).

Para simplificar, enquanto as coisas correm bem, os acionistas têm o controle da empresa. São, portanto, responsáveis por sua gestão e, logicamente, os primeiros a perder seu aporte de fundos em caso de problemas financeiros. Os credores, atores mais passivos na gestão, dispõem de duas proteções. A primeira é tomar o controle da empresa quando ela precisa de dinheiro novo e não consegue obtê-lo dos acionistas emitindo novas ações. A segunda proteção é, para alguns credores, conseguir salvaguardas. Um banco pedirá uma penhora, isto é, a empresa compromete certos ativos (imóveis, estoques, equipamentos) como garantias, dos quais o banco se apropriará em caso de não pagamento da dívida; da mesma forma, um crédito colateralizado é uma dívida da empresa acrescida de uma garantia no caso de a empresa não honrar seu compromisso.

Os incentivos dos dirigentes. A criação de valor acionário repousa também numa justaposição complexa de mecanismos de incentivo, todos muito imperfeitos, visando alinhar os interesses dos dirigentes aos da empesa. As remunerações variáveis outorgadas aos dirigentes, calculadas conforme o desempenho contábil (os bônus de fim de ano) ou cotado (ações e stock-options)[8] da empresa, são frequentemente atacadas. Não é só o nível de certas remunerações que está em jogo, como também o fato de que elas nem sempre recompensam uma boa gestão, por exemplo quando um executivo exerce lucrativamente stock-options antes que se constate, poucos meses depois, que a empresa está prestes a suspender seus pagamentos. As críticas que incidem sobre a má concepção de inúmeras remunerações variáveis são justificadas. Contudo, se bem-estruturadas (em especial quando inscritas num cronograma e indexadas pela progressão dos valores do setor ou da bolsa), as remunerações variáveis podem, ao contrário, incitar os dirigentes a adotar uma perspectiva de longo prazo. Vamos nos deter um pouco nesses pontos.

Por ocasião da crise financeira de 2008, algumas corretoras e instituições financeiras foram criticadas por terem adotado comportamentos "curto-prazistas", assumindo riscos consideráveis com o objetivo de melhorar sua rentabilidade a curto prazo. Essa atitude de assumir o risco foi atribuída em especial aos mecanismos de compensação dos dirigentes e aos famosos bônus (remunerações variáveis baseadas nos resultados do ano), que incitam à maximização da rentabilidade a curto prazo em detrimento do futuro. Basear a remuneração variável dos dirigentes numa distribuição de ações em vez de em bônus pela performance do ano já é uma melhoria: se um dirigente incha os ganhos de sua empresa a um custo de longo prazo superior ao ganho de curto prazo e o mercado da bolsa percebe isso, o valor da ação cairá, mesmo se no imediato a empresa aumentar seu lucro. Portanto, um dirigente não se aproveitará de um aumento do valor de suas ações. Mas a questão é a seguinte:

o mercado precisa estar consciente dessa substituição intertemporal, dessa busca da rentabilidade imediata; e este nem sempre é o caso.

É bom também que os ganhos realizados pelos dirigentes sejam submetidos a "direitos de retomada" (*clawbacks*): a empresa deve poder retomar a remuneração paga ao dirigente se os ganhos de curto prazo se verificarem um fogo de palha; em outros termos, colocar as remunerações dos dirigentes "na geladeira" durante certo tempo arrefece um pouco a busca da rentabilidade de curto prazo. Foi aliás nesse espírito que, após a crise financeira, os reguladores bancários do comitê da Basileia exigiram que a remuneração dos dirigentes e corretores nos bancos supervisionados se voltasse para o longo prazo.

Embora úteis, esses princípios podem revelar-se insuficientes. Veremos no capítulo 12 como, no caso das finanças, vários fatores se combinaram para engendrar formas de remuneração pouco desejáveis para a sociedade: o descuido de certos reguladores e o acesso das instituições financeiras ao dinheiro do contribuinte por ocasião de resgates, o que as incentiva a assumir riscos (elas poderão continuar a se refinanciar bastante tardiamente no processo quando as coisas vão mal) e, por conseguinte, estimula os acionistas a criarem incentivos correspondentes para seus dirigentes; a conivência entre certos comitês de remuneração do conselho de administração e os dirigentes;[9] ou ainda a concorrência pelos talentos e a cultura dos bônus.

O olhar externo. Uma série de contrapoderes também podem rastrear a insuficiência de criação de valor para os acionistas: administradores independentes, acionistas de referência, comprador/predador (*raider*), auditorias, assembleia geral, comitês de ética, mídia, reguladores. Num nível abstrato, esses contrapoderes coletam informação sobre a gestão e a estratégia da empresa e, no caso de alguns deles, intervêm na gestão da empresa com base nessa informação. Essas engrenagens complexas, suas interações e as determinações das estruturas financeiras das empresas são objeto de múltiplos debates; quem regula os reguladores? Eles buscam criar valor para a empresa ou apenas para eles próprios?[10]

Estrutura de balanço e governança. A teoria prediz, e os trabalhos econométricos confirmam, uma relação sistemática entre estrutura de balanço e "concessões" feitas aos financiadores. Uma empresa com "estrutura de balanço frágil", isto é, uma empresa com pouca liquidez, poucos ativos tangíveis, uma grande incerteza quanto aos ganhos futuros e uma reputação a construir, deverá logicamente oferecer mais concessões a seus financiadores. Para citar apenas alguns exemplos: moderar seu plano de investimento; aceitar uma maturidade mais curta da dívida (permitindo aos credores saírem a tempo em caso de problema), uma governança mais rigorosa e um nível proporcionalmente mais significativo de garantias. Essas concessões, embora onerosas, representam um ponto de passagem obrigatório para a empresa que deseje financiar seu crescimento.

A título de ilustração, enquanto uma grande empresa que dispõe de liquidez, garantias a serem oferecidas e uma reputação estabelecida poderá se abastecer nos mercados de títulos com um spread de crédito estreito, as pequenas e médias empresas, por sua vez, são dependentes do setor bancário, garantia de uma redução da assimetria de informação entre a empresa e o investidor final. Da mesma forma, a startup de biotecnologia ou de aplicativos (sem liquidez, sem garantias e sem cash-flow garantido) deverá submeter-se a um controle draconiano de seu refinanciamento, sua governança e suas escolhas de investimento; seus dirigentes se sentirão pressionados em sua gestão e constantemente num assento ejetável.[11]

As finanças corporativas na França

Deixando de lado as grandes empresas francesas com desempenho relativamente satisfatório, devemos nos preocupar com o fraco surgimento de novas empresas. As empresas francesas do CAC 40* são oriundas de empresas que já existiam em 1960. Ao contrário, em 2000 metade das quinhentas maiores empresas americanas não pertencia ao S&P 500 (lista estabelecida pela Standard & Poor's das quinhentas maiores empresas cotadas nas bolsas americanas). Onde estão nossos Google, Apple, Microsoft, Amazon, Facebook, Intel, Uber, Amgen e Genentech? Correlativamente, a França acusa um déficit grave de empresas com vinte a quinhentos empregados (algumas das quais se acrescentarão amanhã à lista das grandes empresas), privando-nos assim de crescimento e empregos.[12] Outra preocupação concerne à predominância das empresas familiares. Para ser claro, as empresas familiares, inclusive de grande porte, fazem parte

---

* As quarenta sociedades anônimas francesas com valor de bolsa mais elevado.

da paisagem normal de uma economia desenvolvida. Se elas adotam um estilo de gestão diferente (acesso mais limitado ao financiamento e ao crescimento, salários menores, contrapartida de uma proteção um pouco mais elevada em caso de recessão), isso não é necessariamente sinônimos de má gestão.[13] Em contrapartida, há algumas razões para crer que o excesso de empresas resulta na diluição de seu capital e do crescimento, resultando pouco atrativas no contexto francês. Deveriam ser empreendidas, por exemplo, reflexões sobre a fragilidade estrutural de um corpo de acionistas de massa em nosso país.

II. E A RESPONSABILIDADE SOCIAL DA EMPRESA EM TUDO ISSO?

Como vimos no capítulo 6, nossas instituições econômicas dominantes, que resultam de um processo de evolução longo e inacabado, repousam sobre dois grandes princípios: criação de valor e responsabilização, noções caras aos economistas Adam Smith e Arthur Pigou. Responsabilização, na medida em que a empresa deve ser incitada a levar em conta o custo de suas decisões para as diferentes partes interessadas. Por exemplo, a política tributária verde,[14] ou seu análogo em termos de mercado do trabalho (o *bonus-malus* sobre o seguro-desemprego que poderia ser substituído pelo controle judiciário das demissões),[15] visa responsabilizar a empresa em matéria de meio ambiente ou de gestão dos recursos humanos. De modo mais genérico, a ideia é logicamente proteger as partes interessadas que não controlam o processo de decisão, a fim de que os controladores desse processo (acionistas e dirigentes) não exerçam demasiadas externalidades sobre elas em suas escolhas para a empresa. Confrontada com bons sinais econômicos, a empresa pode então se concentrar numa missão simples: a criação de valor para os financiadores que confiam nela, criação de valor garantidor de investimento e, com isso, criação de emprego.

No entanto, a proteção das partes interessadas é frequentemente imperfeita; os contratos e a regulação não podem prever tudo, permanecendo incompletos. Nisso se enxerta o problema da precariedade do Estado evocado acima. Em todo caso, a elegante construção social representada pela proteção das partes interessadas e a maximização do lucro capitalista (a primeira autorizando a segunda) faz um pouco de água...

A responsabilidade social das empresas (RSE), de acordo com a Comissão Europeia, é um "conceito segundo o qual as empresas integram as preocupações sociais, ambientais e econômicas em suas atividades e suas interações com suas partes interessadas numa base voluntária".[16] Além da interação com as partes interessadas (empregados, clientes, coletividades territoriais, ONGs...), o adjetivo "voluntário" é central nessa definição: a empresa socialmente responsável emite menos CO_2 ou contrata um funcionário deficiente não porque é obrigada a isso por uma exigência ditada pelo Estado ou incitada por uma subvenção ou taxa, mas por considerar seu dever social comportar-se corretamente.

A RSE é um conceito antigo. Por exemplo, ao constatar o baixo grau de envolvimento do poder público nas questões sociais na época, o patronato cristão do fim do século XIX desenvolveu políticas sociais (habitação, subvenções às famílias etc.) na França, Alemanha e Inglaterra. A RSE conhece hoje uma notável revitalização. No entanto, esse conceito recobre acepções bastante diversas e às vezes é difícil para os cidadãos compreenderem direito do que se trata. A responsabilidade social das empresas pode ser concebida de três maneiras, embora não necessariamente excludentes: a adoção pelas empresas de uma visão de mais longo prazo, compatível com o desenvolvimento sustentável; um comportamento virtuoso desejado pelas partes interessadas na empresa (clientes, investidores, empregados); e uma filantropia empreendida a partir do interior. Examinemos sucessivamente essas diferentes noções.[17]

Uma visão sustentável da empresa

Numerosos fundos de investimento que reivindicam o investimento socialmente responsável enfatizam uma perspectiva de longo prazo. Como os economistas, eles insistem na ideia de que o lucro é uma noção intertemporal, isto é, de longo prazo. Os fundos de investimento socialmente responsáveis colocam então a sustentabilidade no âmago de sua reflexão, espontaneamente e/ou porque se situam na esfera do poder político-administrativo (os eleitores noruegueses, por exemplo, desejam que seu fundo soberano se comporte de maneira socialmente responsável).

O elo de tudo isso com a RSE? Não é uma simples questão de melhor governança da empresa? A resposta a essas perguntas reside numa frequente correlação entre um comportamento curto-prazista e um comportamento daninho à sociedade. Tomemos o caso de um banco que escolhe uma estratégia arriscada, mediante a qual realizará o mais das vezes um lucro elevado, mas sob o risco de uma catástrofe. A falência do banco em consequência desse excesso de risco prejudica não só seus acionistas como seus correntistas ou, mais geralmente, o fundo de garantia que protege os depósitos. No fim, são as finanças públicas que sofrem com isso, como mostram inúmeros exemplos na Espanha e na Irlanda na esteira do crash imobiliário. No caso dos bancos, o risco é ainda mais sério na medida em que os poderes adquiriram o hábito de voar em seu socorro quando estão em dificuldade, a fim de evitar o contágio e as consequências onerosas de uma falência para as pequenas e médias empresas: esse colchão de segurança implica que o banco pode continuar a assumir riscos refinanciando-se junto a credores pouco preocupados com o pagamento das contas, apesar da saúde incipiente do estabelecimento.

Podemos multiplicar os exemplos: uma empresa que sacrifica a manutenção ou introduz um produto cuja periculosidade ela conhece mal a fim de ganhar mais dinheiro, mas assume o risco de uma notícia ruim (desastre ecológico, escândalo sobre um remédio...) que não só arruinará a empresa como deixará as vítimas e o poder público pagarem a conta; além disso, sua falência acarretará a demissão de inúmeros empregados. Da mesma forma, uma empresa que não respeita seus funcionários acabará por gerar menos adesão ao projeto empresarial por parte destes últimos e terá mais dificuldades para contratar. Esse raciocínio explica por que a responsabilidade social passa frequentemente por uma visão de estratégia sustentável. Acrescentemos que, com essa finalidade, é desejável que os fundos de investimento socialmente responsáveis se comportem como investidores ativos, monitorando a gestão e intervindo no nível do conselho de administração ou por ocasião das assembleias gerais, para infletir a política da empresa visando o longo prazo.

Os fundos responsáveis também podem se posicionar não investindo em empresas que julguem não corresponder aos critérios da RSE. Essa realidade é objeto de inúmeras reflexões, que não cabe desenvolver aqui.[18] Por exemplo, suponhamos que o fundo não queira investir numa companhia especializada em energia que emita altas quantidades de gases de efeito estufa. O fundo deve excluir completamente essas empresas de seu portfólio? Deve, ao contrário, selecionar as empresas do setor que empenham mais esforços para reduzir sua poluição (abordagem *best-in-class*), com base na ideia de que, não obstante e pelo menos no curto prazo, é impossível prescindir desse setor, sendo então preferível incentivá-lo a um comportamento virtuoso?

Da "filantropia delegada"...

Como eu dizia no capítulo 5, os atores econômicos nem sempre buscam exclusivamente seu interesse material pessoal. Por um lado, estão sinceramente em empatia com o outro, dispostos a sacrificar um pouco de seu interesse material em prol do benefício alheio. Por outro lado, o fenômeno é acentuado pelo desejo das pessoas de mostrar aos outros ou a si mesmas que são "boas pessoas"; uma parte de nosso altruísmo não é um altruísmo puro, e sim motivado pela nossa vontade de sobressair e engendrar uma autoimagem social e pessoal.

Esse desejo de comportamento pró-social reflete-se no desejo das partes interessadas de que a própria empresa adote um comportamento virtuoso. Um investidor pode querer que suas economias não sejam investidas numa empresa que trate com países desrespeitosos aos direitos humanos, ou que terceirize para fornecedores que usem trabalho infantil ou produzam armas ou tabaco; para isso, estará eventualmente disposto a sacrificar parte de seus ganhos, sabendo que, se este não for o caso, o recado está dado: melhor agir corretamente e ganhar mais! Analogamente, um consumidor pode estar disposto a pagar um pouco mais por seu café se este proceder de um comércio justo. E um empregado pode decidir perder em renda para trabalhar para uma ONG que cuide ou eduque crianças na África subsaariana e, assim, sentir certo orgulho moral.

Nesse caso, podemos dizer que a empresa torna-se o vetor de uma demanda de comportamento pró-social. Ela adota um comportamento de responsabilidade social por conta da parte interessada (investidor, consumidor, empregado). Observemos mais uma vez que, nesse aspecto, não há nenhum conflito com as ideias de Adam Smith. Isso pode parecer surpreendente, mas uma cadeia de cafés não sacrifica seu lucro oferecendo café oriundo do comércio justo. Ela simplesmente corresponde a uma demanda de sua clientela, que está disposta a pagar o extra correspondente. Ela maximiza seu lucro.

A filantropia delegada é um conceito simples, mas enfrenta certos desafios para realizar seu pleno potencial. O primeiro desafio é o do "carona": todos nós estamos dispostos a fazer um pequeno esforço para emitir menos gases de efeito estufa, mas somos individualmente reticentes em fazer os grandes esforços necessários para recolocar nosso planeta numa trajetória de limitação do aquecimento a 1,5°C ou 2°C. Nossos compatriotas declaram-se dispostos a fazer sacrifícios para vencer o aquecimento climático, mas se opõem resolutamente a impostos sobre o carbono não obstante pouco ambiciosas. Esperam que o grosso do esforço seja feito por outros.

O segundo desafio é o da informação de que as partes interessadas dispõem. A fim de escolher uma empresa na qual investir, comprar ou trabalhar, os poupadores, consumidores e empregados precisam de informações para saber se ela se comporta de maneira efetivamente pró-social. O que nos confronta com três desafios.

Informação. Em primeiro lugar, é preciso uma boa coleta de dados para que as partes interessadas sejam bem-informadas acerca dos comportamentos reais da empresa: a empresa usa crianças no trabalho, por intermédio de subcontratantes? Em outros termos, recorre a empresas subcontratadas pouco sensíveis (o que é muito difícil de controlar eficazmente no nível das subcontratadas de nível 2* ou mais, sabendo que as obrigações declarativas geralmente não têm credibilidade)? Ela faz *greenwashing* – ações de proteção do meio ambiente insignificantes mas altamente midiatizadas – em vez de privilegiar outros esforços com muito mais impacto sobre o meio ambiente? Com efeito, nesta última década foram criadas agências de classificação social ou extrafinanceira para oferecer dados mensuráveis às partes interessadas.[19]

Ponderação dos objetivos. O segundo desafio é o da agregação das dimensões da performance não financeira. Uma empresa tem uma performance extrafinanceira com respeito ao meio ambiente, à sua própria sustentabilidade, a seus empregados, ao fisco etc. As empresas podem ser boas em determinadas dimensões e ruins em outras, de maneira que um dos desafios confrontados

---
* Um fornecedor de nível 1 é um fornecedor direto da empresa, um fornecedor de nível 2 é um subcontratado do subcontratado de nível 1 etc.

pelas agências de classificação extrafinanceiras é encontrar uma metodologia para agregá-las num índice sintético. Concretamente, como avaliar o fechamento de uma fábrica que emite muito CO_2 mas fornece empregos a uma comunidade local? Uma multinacional pode compensar alguns danos ao meio ambiente local financiando uma escola, uma clínica ou um dispositivo de tratamento de dejetos na comunidade? Esse debate é particularmente pertinente nos dias de hoje, quando numerosas multinacionais empreendem ações responsáveis, adotando uma política de otimização fiscal extrema.[20]

Pois a multiplicidade dos objetivos cria um conflito entre esses objetivos: quando se atribui um objetivo a uma organização, este é facilmente controlável; quando se atribuem vários, eventualmente concorrentes, confere-se na realidade um poder discricionário à administração, que terá de escolher o peso a dar a cada um dos objetivos. Para evitar essa situação, convém então que a agência de classificação social decida a maneira como os diversos objetivos devem ser agregados. Com todas as dificuldades que isso comporta.

Do que é socialmente (ir)responsável. Por fim, a RSE, se é feita de forma altamente descentralizada, quando vigora, herda as forças e fraquezas do processo democrático. Enfatizei no capítulo anterior que a adoção de uma boa política pública é frequentemente condicionada por uma boa compreensão, por parte dos eleitores, da questão pertinente, ou pelo menos por uma ausência de preconceito. Analogamente, consumidores, empregados e investidores não levarão a empresa a adotar um comportamento virtuoso a não ser que tenham uma percepção correta dos efeitos desse comportamento.[21] Essa análise, naturalmente, não diminui em nada os méritos da filantropia por delegação, mas mostra que devemos refletir coletivamente sobre a maneira de torná-la mais eficaz.

...à filantropia da empresa

Paralelamente, o comportamento pró-social pode refletir o próprio desejo da empresa de participar de causas que ela considera justas (ajudas aos bairros desfavorecidos, emprego dos jovens, arte, pesquisa médica etc.) mais do que simplesmente lucrativas. Manifestamente, é às vezes empiricamente difícil operar uma distinção clara entre filantropia da empresa (sacrificando o lucro) e filantropia delegada (não sacrificando), na medida em que as ações socialmente responsáveis projetam uma boa imagem da empresa e podem também gerar um benefício financeiro.

Essa forma de filantropia foi atacada tanto do lado direito como do lado esquerdo do espectro político. Num célebre artigo escrito em 1970, Milton Friedman afirmou, em substância, que as empresas não deveriam fazer caridade com o dinheiro dos acionistas e que dirigentes e administradores devem utilizar sua própria riqueza para esse fim. Do outro lado do espectro político, Robert Reich sugeriu que as empresas não devem substituir o Estado.

Evidentemente, a avaliação desses argumentos depende de outra avaliação: a da qualidade da gestão pública no domínio afetado pelo ato filantrópico; no caso, trata-se de uma questão empírica e não é possível esperar por uma resposta uniforme para todos os países. Nossos conhecimentos nesse domínio ainda são limitados e o objeto dessas observações é precisamente incentivar reflexões em profundidade sobre o tema. Na prática, o pragmatismo prevaleceu e todos os países deixam um espaço livre (através das deduções fiscais no caso de doações) para a filantropia.

POR FIM, a responsabilidade social da empresa, o investimento socialmente responsável ou o comércio justo não são nada incompatíveis com uma economia de mercado; muito pelo contrário, representam uma resposta ao mesmo tempo descentralizada e parcial (em razão do problema do carona) à questão da provisão dos bens públicos. Eles teriam menos espaço num mundo em que o Estado fosse eficaz e benevolente, representando assim a vontade do cidadão; no mundo real, há um espaço para iniciativas dos cidadãos e empresas, e espero ter conseguido explicar um pouco em que consiste esse espaço.

Os grandes desafios
macroeconômicos

8. O desafio climático

I. A QUESTÃO CLIMÁTICA

Elevação do nível do mar afetando ilhas e cidades litorâneas, desregulação climática, precipitações e secas extremas, colheitas incertas: todos temos em mente as consequências do aquecimento global. Os prejuízos daí decorrentes serão não só econômicos como geopolíticos, provocando uma migração e um forte ressentimento das populações mais afetadas. Na falta de uma iniciativa radical por parte da comunidade internacional, a mudança climática arrisca comprometer de maneira dramática e perene o bem-estar das futuras gerações. Se as consequências precisas de nossa apatia continuam difíceis de quantificar, está claro que o *status quo* seria catastrófico. Enquanto os especialistas concordam que um aquecimento de 1,5°C a 2°C é o limite máximo do que podemos razoavelmente aceitar, o quinto relatório de avaliação do Giec (Grupo Intergovernamental sobre a Evolução do Clima), publicado em 2014, estima que a temperatura média aumentará de 2,5°C a 7,8°C antes do final do século XXI. Nossas emissões de gases de efeito estufa (GEE), como o dióxido de carbono e o metano,[1] nunca foram tão elevadas. Portanto, limitar o aumento a 1,5°C a 2°C representa um desafio enorme, sobretudo num contexto mundial de crescimento demográfico forte e do desejo legítimo de um número significativo de países de alcançar o padrão de vida ocidental.

A figura 1 busca resumir esse desafio. Indica, em nível mundial, as evoluções do PIB e das emissões, primeiramente de 1960 a 2010, depois em prospectiva até 2050, com base num script em que nos mantemos virtuosamente numa trajetória nos levando a 1,5°C a 2°C de aquecimento. Como indica o gráfico da esquerda, o aprimoramento de nossas técnicas resulta naturalmente em emissões menores de GEE por unidade de PIB. Mas essa melhora é relativamente lenta, e o gráfico da direita, que indica que o teor de CO_2 por unidade de PIB precisa decrescer dramaticamente para que alcancemos nossos objetivos ambientais, mostra todo o caminho que nossos comportamentos e nossa tecnologia ainda têm de percorrer num lapso de tempo relativamente curto (35 anos). Para sermos bem-sucedidos, portanto, teríamos de transformar radicalmente nosso modo de consumo de energia, a maneira de nos aquecer, de conceber e implantar nossas moradias, de transportar as pessoas, produzir bens e serviços, gerir nossa agricultura e nossas florestas. A essas políticas de "atenuação" destinadas a reduzir as emissões de gases de efeito estufa, deverão, além disso, acrescentar-se medidas de "adaptação", isto é, ações para lutar contra os impactos do aquecimento, por exemplo a instalação de redes de alerta para enchentes, a elevação de algumas pontes em construção, a proteção das zonas úmidas, as mudanças de cultura e a migração.

FIGURA 1. Evolução relativa das emissões de carbono e da produção

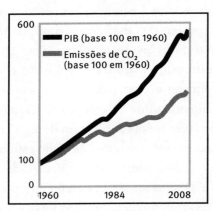
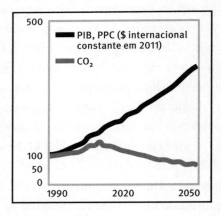

Fonte: Relatório da comissão Pascal Canfin-Alain Grandjean, junho de 2015.

Nada de muito novo aqui, evidentemente, mas convém lembrar que a comunidade internacional negocia a esse respeito pelo menos desde a Rio 92. Embora tenha constituído uma etapa simbólica importante, o protocolo de Kyoto, de 1997, devido às falhas de elaboração, às quais voltaremos, não permitiu uma ação significativa de redução dos GEE. A grande cúpula seguinte, realizada em Copenhague em 2009,[2] foi marcada pela falta de ambição.

As figuras 2 e 3 revelam outras facetas do desafio. As estimativas das emissões totais dos países,[3] fornecidas pela figura 2, mostram que, se a grande maioria das emissões de natureza antrópica (isto é, ligadas a atividades humanas) deve-se aos países agora desenvolvidos, os países emergentes desempenharão um papel central nas futuras emissões. O sinal precursor aqui é a evolução da China, de longe o maior emissor atualmente, embora lhe reste ainda muita margem para levar o conjunto de sua população ao padrão de vida ocidental; não obstante, a Índia e os demais países emergentes e subdesenvolvidos seguirão, é o que se espera, com um impacto forte sobre o aquecimento global.

FIGURA 2. Emissões por país

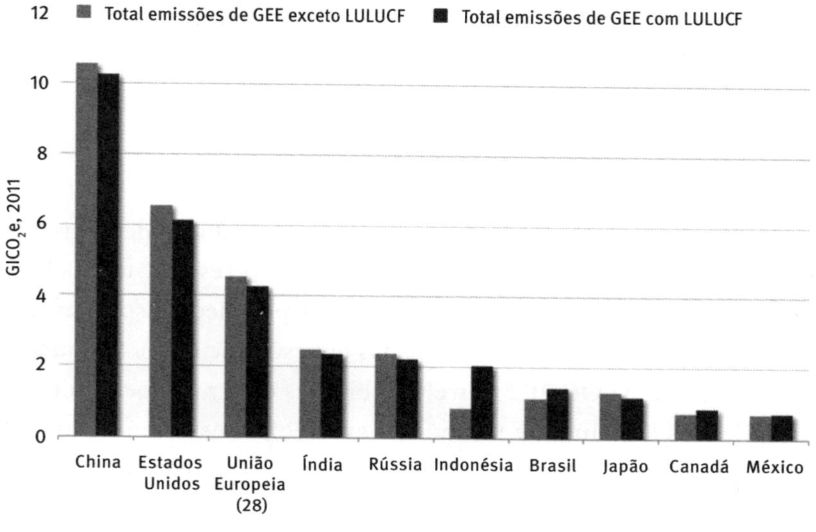

Fonte: World Resources Institute

A figura 3 indica as emissões por unidade de PIB. Ela revela as fortes desigualdades de performance ambiental. Também sugere que as possibilidades de economias de gases de efeito estufa não são uniformemente distribuídas no mundo. Por mais virtuosa que seja, a Europa, sem dúvida, tem nitidamente menos margem de manobra que outros países.

E o que reina é a apatia. Não só os Estados se empenham muito debilmente em descarbonizar indústrias, transportes ou moradias, como as

FIGURA 3. Emissões relacionadas à produção, por país

Fonte: World Resources Institute

usinas a carvão, energia fóssil mais poluente na produção de eletricidade, avançam de vento em popa em diversos países. Às vezes os Estados chegam a subvencionar as energias fósseis (gás, carvão, petróleo), responsáveis por 67% das emissões de GEE (e por 80% das emissões de CO_2). Segundo um relatório recente da OCDE,[4] entre €141 bilhões e €177 bilhões continuam a ser aplicados anualmente no mundo em apoio a essas energias, sob a forma de isenções e reduções de IVA, que beneficiam diversas populações e profissões (agricultores, pescadores, motoristas de caminhão, companhias aéreas, famílias de baixa renda, moradores do ultramar...), e créditos fiscais para investidores pesados (terminais de carga...). Claro, é difícil calcular as subvenções líquidas, na medida em que outros tributos sobre as energias fósseis já vigoram; além disso, tributos como a taxa interior de consumo sobre os produtos energéticos, na França, não são de toda forma bons impostos de carbono, na medida em que as isenções são numerosas. Mas, seja qual for seu montante exato, os subsídios vigentes no mundo inteiro corroboram a ideia segundo a qual os egoísmos nacionais prevalecem sobre o imperativo ecológico.

Como chegamos a esse ponto? Como explorar os parcos progressos realizados nos últimos 25 anos nas negociações internacionais? Podemos vencer o aquecimento global? Questões centrais, às quais este capítulo tenta fornecer elementos de resposta.[5]

II. AS RAZÕES DA APATIA

Podemos chamar ao diálogo, sonhar com outro mundo, onde os atores econômicos, famílias, empresas, administrações e países mudariam seus hábitos de consumo e decidiriam adotar um comportamento ecologicamente virtuoso. Convém dialogar, explicar os problemas, sensibilizar a população para as consequências de nosso comportamento coletivo. Mas tudo isso arrisca ser bastante insuficiente. A realidade é que o diálogo começou há mais de 25 anos, sendo midiatizado o bastante para que ninguém o ignorasse; que a maioria de nós está disposta a fazer pequenos gestos pelo meio ambiente, mas não nos privar do nosso carro, pagar muito mais caro pela nossa eletricidade, restringir nosso consumo de carne ou nossas viagens de avião para destinos remotos; que as iniciativas locais de desenvolvimento sustentável são bastante louváveis, mas em si mesmas um tanto insuficientes. Na verdade, desejaríamos que os outros agissem assim em nosso lugar e por nós – ou melhor, por nossos netos. Por mais irresponsável que seja, nossa política comum é facilmente explicável. Ela é fruto de dois fatores: o *egoísmo com respeito às gerações futuras* e o *problema do carona*. Em outros termos, os benefícios ligados à atenuação da mudança climática permanecem essencialmente *globais* e *distantes*, enquanto os custos dessa atenuação são *locais* e *imediatos*.

O problema do carona...

Todos os países agem primeiramente em seu próprio interesse, em nome de seus agentes econômicos, ao mesmo tempo esperando tirar proveito dos esforços dos outros. Em economia, a mudança climática é apresentada como um problema de bem público. A longo prazo, a maioria dos países deveria extrair um benefício importante de uma redução maciça das emissões globais de GEE, pois o aquecimento global terá efeitos econômicos, sociais e geopolíticos consideráveis. Entretanto, os incentivos individuais a essa redução são ínfimos. A maioria dos benefícios ligados às medidas de atenuação tomadas por um dado país favorece, na realidade, outros países.

Assim, um dado país banca 100% do custo de suas políticas verdes – por exemplo, os custos com a calefação dos habitantes ou a substituição de energias poluentes, como o carvão, por energias mais limpas, porém igualmente mais onerosas. Em contrapartida, muito esquematicamente, não receberá senão 1% dos benefícios dessa política se o país em questão representar 1% da população mundial (e situar-se na média dos países no que diz respeito aos riscos ligados à mudança climática). Em outros termos (a conta é rápida), suas políticas verdes beneficiarão em sua quase totalidade os outros países! É um pouco como se você tivesse que escolher entre consumir €100 hoje e poupar essa soma, sabendo que €99 dessa poupança lhe seriam retirados para serem distribuídos a desconhecidos. Além disso, a maior parte dos ganhos dessa política não beneficia os indivíduos hoje em idade de votar, e sim as gerações futuras.

Por conseguinte, os países não internalizam os benefícios de suas políticas para reduzir suas emissões; essas políticas continuam insuficientes, as taxas de emissão mantêm-se em níveis elevados e a mudança climática se acelera. O problema do carona (*free rider*) conduz à "tragédia dos comuns", como demonstra uma série de estudos de caso em outros domínios. Por exemplo, o compartilhamento de uma mesma área de pastos por diversos criadores de gado leva geralmente ao sobrepastoreio; com efeito, cada criador quer se beneficiar individualmente de mais uma vaca, sem levar em conta o fato de que esse benefício é compensado por uma perda colateral de outro criador cujo gado terá menos capim para pastar. Da mesma forma, caçadores e pescadores não internalizam o custo social de suas atividades. A sobrepesca e a caça desenfreada, hoje temas frequentes de desavenças internacionais, contribuíram no passado para a extinção de diversas espécies, desde o dodô, ave emblemática das ilhas Maurício, até o urso dos Pireneus e o bisão das grandes planícies da América do Norte. O biólogo evolucionista Jared Diamond demonstrou como o desmatamento da ilha de Páscoa provocou o colapso de uma civilização inteira.[6] Encontramos outros exemplos da tragédia dos comuns no âmbito da poluição da água e do ar, dos engarrafamentos ou da segurança internacional.

A cientista política Elinor Ostrom, prêmio Nobel de economia em 2009, mostrou por sua vez como pequenas comunidades estáveis, em determinadas condições, são capazes de gerir seus recursos locais comuns sem serem vítimas dessa tragédia, graças a mecanismos informais de incentivos e sanções.[7] Evidentemente, essas abordagens informais visando limitar o problema do carona não são aplicáveis à mudança climática, pois nesse caso as partes interessadas são os 7 bilhões de indivíduos que atualmente habitam o planeta, bem como sua futura descendência. Encontrar uma solução para o problema das externalidades mundiais é complexo, pois não existe nenhuma autoridade supranacional capaz de implementar e fazer respeitar uma abordagem clássica de internalização dos custos, como propõe a teoria econômica, para gerir esse bem comum, abordagem não raro privilegiada em nível nacional.

...é agravado pelo problema dos "vazamentos de carbono"...

Além do mais, a existência do que é conhecido como "vazamentos de carbono" pode desanimar qualquer país ou região que desejasse adotar uma estratégia de atenuação unilateral. Mais precisamente, tributar as emissões de carbono e assim impor despesas suplementares às indústrias nacionais do setor não protegido da economia (isso é submetido à concorrência internacional) e fortemente emissoras de GEE ameaça sua competitividade. Uma tributação do carbono suficientemente pesada, no sentido de contribuir na luta contra a mudança climática, num dado país conduzirá então as empresas a transferir sua produção para outras regiões do mundo, onde elas poderiam poluir de forma barata; caso contrário, perderiam seus mercados (doméstico ou de exportação) para empresas localizadas em países não muito escrupulosos em matéria de poluição. Por conseguinte, uma política unilateral desloca a produção para países menos responsáveis, o que leva efetivamente a uma simples redistribuição de produção e riqueza, sem benefício ecológico significativo.

De maneira análoga, quando os países "virtuosos" aumentam o preço doméstico da gasolina ou do diesel a fim de reduzir a demanda de energias fósseis, isso tende a baixar o fluxo mundial de energia fóssil, o que por sua vez gera um aumento da demanda de energias fósseis e das emissões de GEE por parte dos países não virtuosos. O fenômeno dos vazamentos de carbono tem então como efeito reduzir o benefício climático dos esforços consentidos nesse campo.

Outro exemplo do risco de vazamentos é fornecido pelo Mecanismo de Desenvolvimento Limpo (MDL) adotado em Kyoto. Esse mecanismo consiste em atribuir créditos às empresas dos países onde as emissões de carbono são supostamente penalizadas (por exemplo, os países europeus) quando elas realizam planos de redução das emissões em países, como a China, não submetidos a essas normas. O esforço da empresa é medido pelo critério do preço nos mercados de carbono existentes – *de facto* o mercado das licenças negociáveis na Europa (o que aliás explica por que o MDL foi interrompido pela queda dos preços nesse mercado,* assunto ao qual voltarei). Minha reação espontânea era positiva. Esse mecanismo especifica uma ajuda financeira ao desenvolvimento econômico num mundo carente dele, bem como uma avaliação dos projetos coerente com as outras políticas escolhidas: um preço do carbono igual ao valor que uma empresa ocidental deve pagar por suas emissões (o argumento para a coerência da precificação do carbono é que a emissão de uma tonelada de carbono tem o mesmo impacto ambiental sejam quais forem o emissor e o local de emissão).

Mas minha heurística me pregava uma peça, como pregou uma peça nos negociadores do acordo de Kyoto. Pensando bem, esse mecanismo não é tão virtuoso como parece. É complexo no plano administrativo (para se obter créditos de carbono, deve-se demonstrar que o projeto é "adicional", isto é, que não teria havido despoluição na ausência do MDL).[8] O MDL sem dúvida tem apenas um fraco impacto ambiental: por exemplo, um projeto de reflorestamento ou de preservação de uma floresta num lugar qualquer do mundo resulta num desmatamento em outro ponto, em razão do jogo da oferta e da demanda no mercado pelo produto do desmatamento (produção de madeira, soja etc.); a escolha virtuosa de conservação dessa floresta aumenta o preço da madeira ou da soja e estimula o desmatamento em outras regiões do mundo.

O problema dos vazamentos de carbono fortalece então a ideia segundo a qual apenas um acordo global pode resolver o problema do clima: os países que não penalizam as emissões de carbono poluem muito não só em função

---

* A União Europeia possui um sistema de licenças de carbono, o chamado EU ETS, que é explicado adiante. (N.R.T.)

da produção de seu próprio consumo, como também pelas exportações para os países mais virtuosos! Foi nesse espírito que certos observadores estimaram empiricamente que o protocolo de Kyoto não gerou economias de emissões, ainda que alguns países tenham precificado o carbono.[9]

...e pelos incentivos a protelar as reformas

Por fim, o fenômeno do carona é agravado pela ideia de que cada instância obterá mais numa negociação futura se fizer menos hoje. Baseando-se ao mesmo tempo na teoria e nas experiências do passado, os países se dão conta de que, quanto mais mantiverem uma forte intensidade de carbono hoje, mais estarão em posição de força para exigir compensações caso amanhã firmem um acordo global: com efeito, como o nível de intensidade de carbono de suas economias é de tal monta que eles se sentem pouco motivados a assinar um acordo, a comunidade internacional se verá na necessidade de lhes oferecer compensações mais significativas (sob uma forma monetária ou por meio de cotas de emissão negociáveis gratuitas) para convencê-los a se engajar. Assim, a negociação dos anos 1980 entre os estados do Meio-Oeste e o resto dos Estados Unidos sobre a redução das emissões de dióxido de enxofre foi áspera e só pôde ser concluída graças a concessões generosas de autorizações aos estados do Meio-Oeste – grandes emissores de poluentes geradores de chuvas ácidas e, justamente por essa razão, pouco desejosos de entrar no acordo. Uma triste realidade, mas uma realidade com que temos de contar...

Algumas modestas ações, de toda forma...

No entanto, não devemos julgar que nenhum progresso foi realizado.

Licenças de emissão negociáveis. Mercados de licenças de emissão negociáveis já existem na Europa (desde 2005), nos Estados Unidos, na China, no Japão, na Coreia do Sul e em muitos outros países (mais de quarenta no total), regiões ou mesmo cidades.[10] O desenvolvimento de um mercado de licenças de emissão negociáveis é um dos mecanismos que responsabilizam os atores econômicos no que se refere às suas emissões de GEE. O princípio é o seguinte: o poder público estabelece um teto para o volume de poluição que está disposto a tolerar; assim, no caso do aquecimento global, será estabelecido o número de toneladas de CO_2 que ainda podemos emitir sem aquecer o planeta além de 1,5°C a 2°C (essa quantidade é às vezes chamada de "orçamento de CO_2"). Ele cria então um número correspondente de cotas, também chamadas licenças de emissão negociáveis (ou às vezes, pejorativamente, "licenças para poluir"). Qualquer agente econômico, um produtor de eletricidade por exemplo, deve então estar em condições de apresentar no fim do ano um número de licenças que corresponde às suas emissões durante o ano. Se a quantidade de que ele dispõe não for suficiente, ele se verá na obrigação de comprar a diferença no mercado dos créditos, pagando o preço de mercado, ou então pagar uma penalidade (a princípio bem superior ao preço de mercado). Se a quantidade de que ele dispõe é superavitária, ele poderá revender o excedente ao preço de mercado. O carbono é assim precificado pelo mesmo valor para todos. A possibilidade de comprar e vender essas licenças explica que essa abordagem seja comumente designada nas negociações internacionais pela expressão *cap and trade* ("teto e revenda", "limitação e comércio").

Imposto carbono. Outros países optaram por um imposto sobre o carbono, isto é, um pagamento estipulado pelo poder público para qualquer emissão de uma tonelada de CO_2. Entre eles, foi a Suécia que adotou a política mais ambiciosa, impondo um imposto sobre o carbono de €100/tCO_2[11] desde 1991 para os domicílios (não obstante acrescida de diversas isenções para as empresas, de maneira a evitar o problema dos vazamentos evocado acima). A França, por sua vez, criou em 2015 um imposto de carbono sobre as energias fósseis[12] de €14,5/tCO_2; na realidade, a França justapõe um imposto de carbono e a sujeição à obtenção de licenças de emissão, em caso de emissões. Fora da Europa, encontramos alguns modestos impostos sobre o carbono, por exemplo no Japão e no México.

À exceção do imposto sueco, todas essas tentativas estabelecem um preço do carbono muito mais baixo do que aquele que permitiria permanecer abaixo dos 1,5°C a 2°C. A contraparte do estabelecimento de um número de licenças de emissão negociáveis com base no orçamento CO_2 é a escolha de um imposto sobre o carbono igual ao que chamamos de custo social do carbono, isto é, o preço que irá gerar, da parte dos agentes econômicos, esforços suficientes para nos recolocar numa trajetória de aquecimento que não ultrapasse os

1,5°C a 2°C. Impostos sobre o carbono estão praticamente sempre bem abaixo desse custo social. Limitando-se a um índice, o relatório Quinet,[13] cuja filosofia fora retomada pelo relatório Rocard a respeito do imposto sobre o carbono, estimara em €45/tCO_2 para 2010 (€100 em 2030 para chegar a um espectro entre €150 e €350 em 2050) o custo social do carbono, isto é, o nível de preço que, caso aplicado em escala mundial, permitiria colocar-se numa trajetória em conformidade com as recomendações do Giec.[14] Ora, atualmente, o preço do carbono no mercado europeu ou americano se situa entre €5 e €10, e em numerosos países ele é igual a 0...

Por que ações unilaterais? As ações em prol do clima podem parecer surpreendentes se pensarmos que, como em tudo que concerne à geopolítica, o interesse nacional prevalece: por que um país se sacrificaria em nome do bem-estar da humanidade? A resposta é dupla. Em primeiro lugar, se há "sacrifício", este é bastante irrisório: essas medidas permanecem modestas e não permitem corrigir uma trajetória de emissões que leva a uma catástrofe climática. Além disso, não se trata realmente de um sacrifício, na medida em que os países afetados podem extrair outros benefícios da implementação de uma política verde. Por exemplo, alternativas verdes podem contribuir para a redução de emissões de outros poluentes mais locais – isto é, afetando essencialmente o próprio país ; por exemplo, as centrais de carvão que emitem ao mesmo tempo CO_2, gás de efeito estufa, SO_2 (dióxido de enxofre) e NO_x (óxidos de nitrogênio), estes dois últimos sendo poluentes locais responsáveis por chuvas ácidas, bem como partículas finas. A melhora da eficácia energética dessas centrais beneficia portanto o país, mesmo desconsiderando-se aquecimento climático.

Na mesma ordem de ideias, a substituição no Ocidente do lignito, um carvão sujo, pelo gás e o petróleo após a Segunda Guerra Mundial constituiu um progresso sanitário e ambiental espetacular, que teve como principal efeito eliminar o *smog* londrino. Mas, também nesse caso, a escolha não tinha nada a ver com a luta contra o aquecimento global, que por sinal não estava em pauta na época, e foi ditada por imperativos nacionais, até mesmo locais. Numa perspectiva similar, alguns países poderiam incentivar seus habitantes a comer menos carne vermelha não para lutar contra as emissões de metano (que é um GEE), e logo contra o aquecimento global, mas a fim de reduzir a prevalência das doenças cardiovasculares. Esses "cobenefícios" criam um incentivo, bastante insuficiente mas de toda forma um incentivo, à redução das emissões.

Por fim, a internalização parcial das emissões de CO_2 por grandes países como a China (que compreende quase 20% da população mundial e é bastante exposta ao aquecimento climático) e o desejo de aplacar a opinião pública e evitar as pressões internacionais são outros fatores que podem resultar em ações, mesmo na ausência de acordo internacional vinculante. Determinadas medidas unilaterais são então suscetíveis de serem tomadas por países preocupados exclusivamente com seus interesses nacionais. Ações de redução do teor de carbono da produção não significam necessariamente uma tomada de consciência a respeito do impacto das emissões sobre o resto do mundo. Essas medidas são designadas "ambição zero",[15] significando o nível de engajamento que um país escolheria com o único fim de limitar danos colaterais locais e efeitos diretos das atividades poluentes sobre o próprio país; em outros termos, o nível pelo qual ele teria optado na ausência de qualquer negociação internacional, estando subentendido que tais medidas permanecerão amplamente insuficientes para gerar os efeitos que tornariam o aquecimento climático administrável.

...mas geralmente muito onerosas, considerando o resultado

Além das licenças de emissão negociáveis e dos impostos sobre o carbono, numerosas outras abordagens, ditas administrativas (*command and control*, decisão e fiscalização), às quais voltarei, são adotadas em diversos países. Mas essas medidas às vezes são muito caras, considerando sua eficácia em limitar o aquecimento climático. A implementação de normas ambientais não quantificadas ou escolhas de fonte energética pelo poder público resultam frequentemente numa falta de coerência, que aumenta substancialmente o custo de redução das emissões poluentes. Os Estados gastam às vezes até €1.000 por tonelada de carbono evitada (é o caso específico da Alemanha, país pouco ensolarado, com a adoção da energia fotovoltaica de primeira geração), ao passo que outras emissões poderiam ser reduzidas a um custo de €10 a tonelada. Trata-se, no caso, de uma política qualificada como ecologista por uma vasta maioria de observadores, mas que na verdade não é: por um custo idêntico, seria possível reduzir as emissões em cem toneladas em vez de apenas uma! Voltarei a essa questão da eficácia econômica como imperativo ecológico.

III. NEGOCIAÇÕES QUE NÃO ESTÃO À ALTURA DOS PROBLEMAS

Do protocolo de Kyoto...

No protocolo de Kyoto, de 1997, que entrou em vigor em 2005, os países signatários haviam concordado em reduzir suas emissões de GEE. As partes ditas do Anexo-B comprometiam-se a diminuir suas emissões em 2012 em 5% com relação aos níveis de 1990 e a adotar um sistema de licenças de emissão negociáveis. De uma ambição insuficiente, decerto, mas real, sua adoção foi manchada por graves defeitos de concepção. Por ocasião de sua assinatura, os participantes do protocolo de Kyoto representavam mais de 65% das emissões mundiais de GEE. Contudo, em 2012, o protocolo não cobria senão menos de 15% das emissões mundiais, levando-se em conta a não ratificação do protocolo pelos Estados Unidos e a saída do Canadá, da Rússia e do Japão. O Canadá, por exemplo, diante da perspectiva de abundância das areias betuminosas, logo se deu conta de que seria obrigado a comprar licenças de emissão para honrar seus compromissos:[16] preferiu retirar-se do protocolo antes de ser obrigado a pagar. O Senado dos Estados Unidos, por sua vez, impôs uma condição de ausência de carona (visando a China em especial) prévia à ratificação; embora a necessidade de um acordo global seja efetivamente indiscutível do ponto de vista da análise acima, a posição do Senado refletiu também uma inclinação à apatia face a uma opinião pública em parte cética quanto ao clima e igualmente pouco desejosa de mudar seu modo de consumo bastante voraz de carbono (ver a figura 5 adiante).

A isso se acrescentou o fracasso da principal tentativa concreta de implantação de um mecanismo de precificação do carbono no âmbito do protocolo de Kyoto. Esta última nasceu na Europa com o mercado de licenças de emissão negociáveis, o EU Emission Trading Scheme (EU ETS). A pior crise econômica que atingiu a Europa, a partir de 2008, e o rápido desenvolvimento das energias renováveis (em especial na Alemanha) tiveram como efeito reduzir a demanda de licenças de emissão, que resultou num excesso de oferta de licenças com relação à demanda.[17] Na falta de qualquer pressão compensatória sobre a oferta de licenças, o preço da tonelada de CO_2 caiu de seu máximo histórico de €30 para um preço flutuante entre €5 e €10, nível baixo demais para ter um impacto significativo. Esse preço, portanto, tem um efeito insuficiente sobre os esforços de redução de emissões. É tão baixo que chegou a permitir às companhias de eletricidade substituir o gás pelo carvão, que emite duas vezes mais carbono por kWh, sem falar das partículas finas poluentes; estima-se que um preço da tonelada de CO_2 a cerca de €30 tornaria as usinas de gás mais competitivas do que as de carvão. A Engie foi inclusive obrigada a fechar três centrais de gás em razão da concorrência das centrais de carvão, que hoje poluem praticamente sem penalidades.

Alguns viram na queda dos preços do carbono no mercado das licenças de emissão negociáveis o fracasso desse mercado. Mas na verdade trata-se de uma decisão política que traduz a vontade de não ser a única região do mundo a cumprir os compromissos assumidos em Kyoto. Em vez de ajustar para baixo o número de licenças para ficar em adequação com a situação econômica, a Europa preferiu deixar o preço cair e assim se alinhou com as políticas climáticas ainda menos ambiciosas adotadas em outras partes do mundo. A tragédia dos comuns em ação...

Assim, ao longo dos últimos vinte anos, os europeus às vezes acreditaram que seu compromisso (limitado) de reduzir as emissões de GEE incitaria outros países a tomar sua iniciativa como exemplo. Sem surpresa, esse efeito de transmissão nunca se concretizou. Infelizmente, o protocolo de Kyoto é um fracasso. E foi sua própria arquitetura que o destinou a esse fracasso. Trata-se, portanto, de tirarmos conclusões disso. Em razão do problema do carona, exacerbado pela questão dos vazamentos, a solução só pode ser global.

...à falta de ambição subsequente: os compromissos voluntários

O protocolo de Kyoto estava repleto de boas intenções e não impediu os países de adotar comportamentos de carona. Isso não foi diferente das promessas não vinculantes feitas em Copenhague, mas por outra razão. O objetivo da conferência de Copenhague de dezembro de 2009 era elaborar um novo protocolo de Kyoto com um número mais alto de signatários. Na prática, porém, a conferência resultou num projeto profundamente diferente, o do processo *pledge-and-review* (de promessa e exame dessas promessas). As Nações Unidas tornaram-se desde então uma simples câmara de eco dos compromissos informais, sem imposição real, dos países signatários: os famosos INDC (Intended Nationally Determined Contributions: contribuições concebidas e determinadas nacionalmente). O novo mecanismo de compromissos voluntários tem diversas falhas significativas e constitui uma resposta inadequada à mudança climática.

O greenwashing. Em primeiro lugar, é impossível mensurar a ambição dos INDC, considerando a heterogeneidade dos custos de redução das emissões entre os países signatários.[18] Na realidade, o sistema compreende um forte incentivo à "lavagem verde" (*greenwashing*) – prática que consiste em parecer muito mais verde do que se é efetivamente –,[19] o que torna complexas a mensuração e a avaliação econômica das contribuições.

De maneira totalmente previsível, os países escolhem pontos de referência vantajosos: 2005 para os Estados Unidos (na aurora da chegada do gás de xisto, que nitidamente reduziu as emissões ao substituir o carvão, mais emissor de GEE), 1990 para a Alemanha (momento em que ela herdava usinas extremamente poluentes da Alemanha Oriental e em que, portanto, reduzir as emissões era relativamente simples e trazia cobenefícios importantes) etc. Tomando anos de alta poluição como referência, os países inflam artificialmente a ambição dos objetivos que eles se atribuem. A ausência de critério de comparação é exacerbada pelo fato de que os compromissos têm horizontes e mensurações diferentes (pico das emissões, redução das emissões per capita ou relativa ao PNB...). Algumas promessas, além disso, são contingentes: o retorno da energia nuclear no Japão (grande consumidor de carvão), um plano de ajudas estrangeiras "suficiente" para numerosos países emergentes ou subdesenvolvidos... Em suma, uma seleção conforme a conveniência de cada um.

Sempre caronas. Em segundo lugar, os compromissos INDC, supondo que sejam dignos de credibilidade, permanecem submetidos ao voluntariado, e o problema do carona engendrado pelos egoísmos nacionais é então inevitável. Como observa Joe Stiglitz, "não conhecemos nenhum outro domínio em que a ação voluntária tenha conseguido resolver um problema de oferta fraca demais de um bem público".[20]

De certa maneira, o mecanismo de compromissos voluntários assemelha-se a um sistema de imposto de renda em que cada família determinaria livremente seu nível de contribuição fiscal. Numerosas pesquisas temem então que os INDC atuais não passem de compromissos de "ambição zero".

A (não) credibilidade das promessas. Em terceiro lugar, as promessas só seduzem os que as escutam. Não merecem credibilidade na ausência de compromissos formais. A experiência das promessas de doações para causas humanitárias (em especial em matéria de saúde) não é nada animadora. Esse não comprometimento aumentará a tentação dos países signatários de se afastar de seus compromissos, em especial se suspeitam que os outros farão o mesmo.

O balanço da COP 21

A COP 21, realizada em Paris em dezembro de 2015, deveria conduzir a um acordo eficaz, justo e com credibilidade. Missão cumprida? As negociações eram difíceis, pois os governos não estavam dispostos a se comprometer. O acordo é bastante ambicioso: a meta a ser atingida agora está "bem abaixo dos 2°C" (em vez dos 2°C anteriores) e o mundo não deveria mais produzir emissões de GEE após 2050; a propósito, as verbas destinadas aos países em desenvolvimento superarão, após 2020, os US$100 bilhões por ano que haviam sido decididos em Copenhague em 2009.

Mais genericamente, a constatação confirmada pelo acordo da COP 21 é a correta: o reconhecimento de que a trajetória atual das emissões é muito perigosa, de que por conseguinte temos a necessidade de ações fortes e tecnologias novas para o meio ambiente e de que as promessas feitas em Paris estarão portanto longe de ser suficientes; a ambição de um nível de emissões negativo após 2050 (absorção do carbono pelos "poços de carbono"* excederia então as emissões); a necessidade de ajudar os países pobres; a vontade de desenvolver sistemas de monitoramento da poluição (todavia com um regime de duas marchas, os países emergentes – como a China, que sozinha

---

* Isto é, os métodos naturais, como a absorção pelos oceanos, solos, florestas em formação e fotossínteses, ou ainda os métodos artificiais, como o sequestro de carbono.

emite mais que os Estados Unidos e a Europa juntos – tendo um regime à parte); a ideia, por fim, de um programa de reflexão comum sobre as ações a serem empreendidas e de uma transparência nos objetivos. Embora essa constatação já estivesse em parte elaborada na Convenção-modelo das Nações Unidas em 1992, seria bom que todos os países concordassem em confirmar sua pertinência. Em contrapartida, no que se refere às medidas concretas, poucos progressos foram realizados.

Em se tratando da eficiência na luta contra o aquecimento global, a precificação do carbono, recomendada pela imensa maioria dos economistas e diversos tomadores de decisão, mas tabu para a Venezuela e a Arábia Saudita (que chegaram inclusive a pedir compensações se os preços do petróleo baixassem em razão da luta contra o aquecimento global), foi enterrada pelos negociadores em meio à indiferença geral. Quanto à questão da justiça, os países desenvolvidos contentaram-se com uma quantia global e, consequentemente, não detalharam as contribuições para os países em desenvolvimento. No caso, o acordo sem dúvida é muito vago, pois sabemos que as promessas coletivas nunca são cumpridas, ninguém se sentindo responsável (quando constatamos outra manifestação do problema do carona). Seria bom que essas contribuições fossem especificadas e constituíssem transferências adicionais, e não a ajuda já existente reorientada para projetos verdes, empréstimos ou alocação de verbas incertas.

Além disso, o acordo adia para uma data posterior o compromisso concreto dos países de reduzirem suas emissões. A negociação sobre a transparência também foi um fracasso. É difícil compreender por que os países em desenvolvimento não seriam submetidos ao mesmo processo de acompanhamento, notificação e monitoramento que os outros: os países desenvolvidos decerto têm o dever de serem generosos, mas de forma alguma o de fechar os olhos. Essa assimetria de tratamento termina por fornecer aos países ricos uma desculpa esfarrapada para não respeitarem suas promessas no futuro. Por fim, a ideia – unanimemente aplaudida – de que será adotada uma trajetória mais virtuosa, revisando o protocolo a cada cinco anos, ignora o que os economistas chamam de efeito cascata: temos realmente tanta certeza de que um país se colocará no futuro em melhor posição de negociação se respeitar celeremente suas promessas em vez de "fazer cera"? Exige-se sempre mais do bom aluno.

O acordo é um sucesso diplomático incontestável – foi aprovado por unanimidade pelas 196 delegações –, mas esse consenso foi conquistado cedendo a diversas exigências (como vimos a respeito do preço do carbono) e logo em detrimento de uma falta de ambição (real, e não simplesmente afirmada). Podemos proceder a um teste simples para julgar acerca da validade do nivelamento por baixo: os diplomatas retornaram aos seus países celebrando o acordo, mas quais foram aqueles que disseram claramente à sua opinião pública que agora era preciso, e rapidamente, arregaçar as mangas, e que o período da poluição barata era coisa do passado?

Enquanto isso, diversos países, como África do Sul, Índia, Austrália ou China, cogitam aumentar sua utilização do carvão. Os Estados Unidos, que, quase acidentalmente, diminuíram suas emissões de GEE na esteira da exploração barata do gás de xisto, continuam a exportar seu carvão agora excedente. E a Europa não se priva de explorar o carvão alemão e polonês, em vez de passar para o gás na fase de transição para energias renováveis.

IV. RESPONSABILIZAR OS ATORES FACE AO AQUECIMENTO GLOBAL

O cerne da mudança climática reside no fato de que os agentes econômicos não internalizam os prejuízos que eles causam a outros agentes quando emitem GEE. Para resolver esse problema do carona, os economistas há muito tempo sugeriram obrigar os agentes econômicos a internalizar as externalidades negativas de suas emissões de CO_2; é o princípio do "poluidor-pagador".

Para fazer isso, seria preciso estabelecer o preço do carbono num nível compatível com a meta dos 1,5°C a 2°C e obrigar todos os emissores a pagarem-no: dado que todas as moléculas de CO_2 produzem um mesmo prejuízo marginal sejam quais forem a identidade do emissor e a natureza e localização da atividade geradora das emissões, o preço da tonelada de CO_2 deve ser único. Impor um preço do carbono uniforme aos agentes econômicos do mundo inteiro garantiria a implementação de todas as medidas de atenuação cujo custo é inferior ao preço do carbono.

Políticas não tão ecológicas quanto parecem...

O preço único do carbono garante então que a redução das emissões necessária para alcançarmos os objetivos globais de CO_2 atmosférico seja realizada minimizando o custo do conjunto dos esforços assim empenhados.

Ao contrário da abordagem econômica, as políticas de regulação dirigistas são fundadas na normatização administrativa (ditas *command and control*); normas diferenciadas por fonte de emissão, reduções de poluição uniformes, subsídios/impostos que não são função da taxa de poluição real, normas diferenciadas por idade dos equipamentos, política industrial, determinados padrões e normas tecnológicas[21] etc. Essas políticas dirigistas criam fortes disparidades do preço implícito do carbono para os diferentes tipos de emissão e aumentam o custo da política ecológica para a sociedade.

Isso é facilmente compreensível: tomemos duas empresas que emitem cada uma duas toneladas de carbono e suponhamos que desejemos diminuir sua poluição pela metade, de quatro para duas toneladas. Suponhamos ainda que a primeira empresa tenha um custo de despoluição igual a €1.000 a tonelada, ao passo que a segunda tem um custo de despoluição igual a €10 a tonelada. Uma política "justa" poderia consistir em exigir que cada uma reduzisse sua poluição à metade, distribuindo assim "equanimemente" os esforços e gerando um custo total de despoluição igual a €1.000 para a primeira e €10 para a segunda, ou seja, no total €1.010. Contudo, evidentemente, a eficácia requer que a segunda elimine suas 2 toneladas de emissão a um custo total de €20 e que a primeira não faça nada; poupando assim à empresa €1.010 – €20 = €990 com relação à política dirigista.

A abordagem econômica, que passa pela precificação do carbono, permite essa economia: se o preço da tonelada de CO_2 é estipulado em €50, a primeira empresa não gastará €1.000 para eliminar uma tonelada de carbono e pagará €100 no total; inversamente, a segunda eliminará inteiramente sua poluição, tendo como resultado uma economia de €990 para a empresa. E não há necessariamente oposição entre "justiça" e "eficiência": as economias realizadas com a passagem do sistema dirigista à precificação do carbono permitem compensar amplamente a empresa perdedora (a primeira, no exemplo) indenizando-a com um pagamento direto – isto é, independentemente de suas escolhas futuras de poluição.

O entusiasmo pelas abordagens dirigistas tem como origem o desejo dos governos de parecerem envolvidos na luta contra o aquecimento global. Ações esparsas de custo elevado, mas pouco visível (pois diluído em obrigações de compra ou no custo dos bens e serviços), são menos onerosas politicamente do que um imposto sobre o carbono, que, por sua vez, é muito visível para aqueles que a pagam; subsídios são sempre mais populares do que um tributo, mesmo que no fim alguém deva pagar esses subsídios ou receber os ganhos do tributo. Onde encontramos essas distorções de política econômica ligadas ao que é visível e ao que é menos...

Ora, verificamos empiricamente que as políticas dirigistas aumentam consideravelmente o custo das políticas do meio ambiente. Tendo em vista experiências anteriores, um sistema de preço único costuma diminuir o custo de despoluição em metade ou mais com relação a abordagens administradas criando regimes discriminatórios entre setores e agentes.[22]

Os países ocidentais fizeram algumas tentativas para reduzir as emissões de GEE, em especial subvencionando diretamente tecnologias verdes: tarifas elevadas de recompra pela rede elétrica (na França, a EDF ou a rede pública de distribuição, se a instalação de produção estiver ligada a ela) da eletricidade de origem solar e eólica, sistemas de *bonus-malus* em favor dos carros com baixas emissões, subvenções à indústria dos biocombustíveis etc. Para cada programa implementado, podemos estimar um preço implícito do carbono, isto é, o custo social do programa por tonelada de CO_2 economizada. No setor elétrico, as estimativas da OCDE vão de €0 (ou até menos)[23] a €800. No setor do transporte rodoviário, o preço implícito do carbono pode alcançar €1.000, em especial para os biocombustíveis. A imensa heterogeneidade dos preços implícitos do carbono utilizados nas políticas públicas oferece outra demonstração da ineficácia da abordagem dirigista. Da mesma forma, qualquer acordo global sobre o clima que não se aplicasse ao conjunto das regiões do mundo seria igualmente ineficaz, pois o preço do carbono seria nulo nos países não signatários do acordo e, finalmente, muito elevado nos países signatários.

A justificação dos subsídios às energias renováveis (EnR) é a "curva de aprendizagem", isto é, a ideia segundo a qual os custos baixam à medida que as empresas produzem. Em geral, o efeito de aprendizagem é sempre muito difícil de prever e frequentemente superestimado pelos lobbies produtores em busca de subsídios. Mas ele foi importante no caso das EnR. Dubai (um país ensolarado) acaba de assinar um contrato para um parque fotovoltaico a um preço bastante razoável ($58,50 por MWh), o que teria sido inconcebível mesmo ainda recentemente. Essa curva de aprendizagem, se for efetiva e puder servir de base a subsídios, implica também que os subsídios devem cair drasticamente com o passar do tempo, pois o efeito de aprendizagem é particularmente significativo no começo da tecnologia.[24]

A ausência de diferença de tratamento dos atores é, como vimos, crucial para atenuar o impacto que a luta contra o aquecimento global tem sobre o poder de compra e para dar credibilidade a essa luta, qualquer acordo oneroso demais estando a médio prazo fadado a ser abandonado sob a pressão do eleitorado ou dos lobbies. O imperativo ecológico só pode ser respeitado se o imperativo econômico o for. Ambos requerem uma abordagem global e um mecanismo de preços. Os mecanismos de preços (tributo ou mercado), portanto, não são inimigos de uma política ecológica, e sim, muito pelo contrário, a condição necessária para que uma política ecológica de grande envergadura possa se realizar.

A abordagem econômica

A imensa maioria dos economistas recomenda a precificação do carbono em nível mundial. Embora divididos quanto aos métodos técnicos para chegar a isso, trata-se de debates de segunda ordem com relação ao princípio dessa precificação. Da mesma forma, inúmeros atores da sociedade civil (como a fundação Nicolas-Hulot)[25] e tomadores de decisão acham-se em sintonia.[26] Por exemplo, Christine Lagarde, diretora-geral do FMI, e Jim Yong Kim, presidente do Banco Mundial, fizeram uma declaração conjunta em Lima, em 8 de outubro de 2015:

> A transição para um futuro mais limpo necessitará ao mesmo tempo de uma ação governamental e bons incentivos para o setor privado. Em seu cerne deveria estar uma política pública forte que estabelecesse um preço para as emissões de carbono. Estabelecer um preço mais alto para os combustíveis, a eletricidade e as atividades industriais emissoras de carbono criará incentivos à utilização de

combustíveis mais limpos, à economia de energia e a uma transição para investimentos verdes. Políticas tais como um imposto sobre o carbono, um mercado de licenças de emissão negociáveis e outros mecanismos de precificação e supressão de subsídios ineficientes podem dar às empresas e aos domicílios a previsibilidade de que eles precisam para fazer investimentos a longo prazo na luta inteligente contra o aquecimento global.

Impor um pagamento pelas emissões de carbono a preço igual para o conjunto dos países, setores econômicos e todos os atores: simples, simplista? Talvez. Até agora, visivelmente, preferiu-se complicar.

Dois instrumentos econômicos permitem uma precificação coerente do carbono: um imposto sobre o carbono e um mecanismo de licenças de emissão negociáveis. As duas estratégias autorizam a subsidiariedade das políticas climáticas no âmbito de cada país. Com efeito, pode-se querer conceder certa liberdade para as políticas nacionais, mesmo sabendo que essas políticas arriscam afastar-se dos mecanismos de atenuação a menor custo. Tomemos o exemplo de um país com uma capacidade limitada de coletar e redistribuir por meio do imposto. Imaginemos que alguns desses países sejam favoráveis a um preço do carbono lá embaixo a fim de estimular a construção de moradias para os mais pobres; um desses países poderia então afastar-se da regra do preço uniforme para esse setor. O argumento em favor da subsidiariedade é duplo. Em primeiro lugar, ele concede aos governos uma margem de manobra para convencer a opinião pública (ou para convencerem a si mesmos); em segundo, os outros países só se interessam pela quantidade de CO_2 emitida pelo país em questão e não pela maneira como esse país alcançou isso.

Para atingir suas metas, as duas estratégias dependem de um acordo internacional com uma cobertura suficiente das emissões globais, e logo de uma abordagem *"I will if you will"* ("Faço se você fizer"). As duas necessitam de políticas de implementação, controle e verificação (mais amplamente, a condição prévia a toda ação eficaz de atenuação é efetivamente a adoção de mecanismos confiáveis e transparentes de mensuração das emissões). Nem todos os economistas estão de acordo quanto à escolha que convém fazer entre imposto sobre o carbono e licenças de emissão negociáveis, mas, a meu ver, assim como para a grande maioria dos economistas, uma ou outra dessas duas abordagens é nitidamente mais eficiente do que o sistema atual de promessas voluntárias.

Opção 1: imposto sobre o carbono em escala mundial

Na primeira estratégia, a de uma tributação do carbono, todos os países se comprometeriam com um preço mínimo para suas emissões de GEE, por exemplo €50 por tonelada de carbono, e cada país coletaria as somas correspondentes em seu território. Todos os países teriam então um mesmo preço para as emissões de GEE.[27] Por exemplo, os países poderiam entrar num acordo quanto a um imposto mínimo universal sobre o carbono, não dando qualquer espaço para a subsidiariedade no campo de ações possíveis (salvo instituindo um imposto ainda mais elevado). Um mecanismo muito sofisticado,[28] em que os países se entenderiam sobre um preço de carbono médio, autorizaria, por sua vez, a subsidiariedade. O preço do carbono seria então o índice das receitas dessa coleta dividida pelo volume de emissões do país; o preço corresponderia ao imposto sobre o carbono no caso preciso de uma abordagem pelo fisco; porém, mais amplamente, o preço poderia emergir de um leque de políticas: imposto sobre o carbono, licenças de emissão negociáveis ou qualquer outro tipo de mecanismo baseado num preço (sistema *bonus-malus* sobre os carros, por exemplo).

Verificação dos compromissos dos países com um preço do carbono

A abordagem de imposto sobre o carbono e suas variantes colocam problemas de verificação do respeito ao acordo internacional, por diversas razões que eu gostaria de detalhar.

Coleta. Dado que a maioria das repercussões climáticas positivas da política de tributação do carbono beneficia países terceiros [fora da União Europeia], nada atualmente incentiva os países a cobrarem as emissões de seus cidadãos, empresas e administrações, ainda que tal tributação beneficie as finanças públicas; e, no conjunto, à exceção da Suécia, eles não fazem isso. Seja qual for o acordo internacional firmado, não poderia ser de outra forma. Portanto, ainda que as medidas de monitoramento das emissões não gerassem nenhum custo em si mesmas, as autoridades poderiam, mesmo assim, fechar os olhos para alguns poluidores ou subestimariam sua poluição, economizando para o país, dessa forma, o custo econômico e social das ações verdes. Difícil evitar tal comportamento oportunista por parte dos Estados. Para melhor visualizar as dificuldades inerentes a todo acompanhamento e controle de conformidade, podemos nos reportar ao debate sobre o recolhimento do imposto na Grécia.[29] Resumindo: a instituição de um preço uniforme do carbono faz face ao problema clássico do carona, com custos locais e benefícios globais. Para que ele funcione corretamente, será preciso atrelá-lo a um sistema de controle internacional bastante rigoroso.

Contramedidas. Outra forma de contornar um acordo internacional para um imposto sobre o carbono consiste em tornar caduca a imposição de tal imposto através de transferências compensatórias; por exemplo, ao introduzir um imposto sobre o carbono sobre as energias fósseis, um país pode reduzir na mesma proporção outros impostos (ou aumentar os subsídios) sobre essas energias, anulando assim o impacto do imposto sobre o carbono.[30] Com efeito, já existem outros impostos ou subsídios para essas energias que não eram motivados por considerações de aquecimento global, mas por diversos motivos: por exemplo, externalidades locais negativas, como a emissão de nanopartículas (responsáveis pelo desenvolvimento de doenças cardiovasculares, asma...) e, no caso da gasolina, o congestionamento e a deterioração da infraestrutura viária. Os países também tiram proveito da relativa falta de elasticidade da demanda no caso desses produtos para aumentarem suas receitas fiscais.

Ações sem preço explícito do carbono. A abordagem pela precificação do carbono exige encontrar taxas de conversão para valorizar as diversas políticas que têm um impacto sobre a mudança climática, mas que não têm preço explícito próprio, como a pesquisa e desenvolvimento (P&D) verde pública, as normas de construção residencial[31] ou viária, alguns métodos agrícolas ou os programas de implantação de florestas ou reflorestamento. Poderia assim ser necessário determinar taxas de conversão específicas para cada país: uma norma de construção terá um impacto diferente sobre as emissões de GEE segundo o clima do país; da mesma forma, a plantação de florestas pode aumentar, em vez de reduzir, emissões de GEE nas zonas de alta latitude, onde as árvores podem cobrir a neve (albedo* elevado).

---

* O albedo é a interação da energia solar refletida por uma superfície com a energia solar incidente; ele esfria o planeta ao refletir a radiação solar, reduzindo, portanto, as emissões de GEE. Árvores num solo nevado podem limitar esse efeito benéfico para o planeta.

Opção 2: licenças de emissão negociáveis

A maneira alternativa clássica para submeter os atores ao mesmo tratamento é instituir um mecanismo de licenças de emissão negociáveis. Um objetivo global de controle das emissões é definido e um volume correspondente de cotas é alocado, seja gratuitamente, seja através de um leilão. Os atores que poluem além das cotas a que têm direito devem comprar a diferença no mercado; aqueles, mais virtuosos, que fazem melhor do que a cota que lhes é destinada, revendem o excedente. Para todos, o custo da poluição é o preço de mercado, independentemente de a alocação inicial ter sido gratuita ou paga: uma emissão suplementar priva a empresa virtuosa da venda de uma cota e penaliza a empresa poluente com um montante igual ao preço de compra de uma cota.

No caso das emissões de GEE, o acordo internacional estabeleceria um teto para as emissões futuras de CO_2 e, por conseguinte, definiria um número predeterminado (o teto ou *cap*) de licenças de emissão negociáveis a nível mundial. A negociabilidade das licenças garantiria a todos os países um preço uniforme do carbono, gerado por trocas mutuamente vantajosas na bolsa de carbono; o preço de cessão das licenças de emissão entre Estados não seria determinado por um acordo sobre um preço do carbono, e sim pela lei da oferta e da procura nesse mercado. Para garantir a compensação, começar-se-ia por atribuir as licenças de carbono aos países, com o duplo objetivo de equidade e incentivo de todos os países a participar.

E as famílias em tudo isso? Eles são afetados indiretamente pelo impacto das medidas sobre o preço dos bens e serviços. No que se refere ao seu consumo energético, é possível escolher a opção de imposto sobre o carbono, com a condição de que seu nível seja estabelecido de maneira a permanecer coerente com o preço pago no mercado das cotas pelas fornecedoras de eletricidade, cimento e outras empresas submetidas ao sistema de licenças negociáveis; ou então seguir o presidente Barack Obama quando submeteu as refinarias ou produtores/importadores de gás ao sistema de licenças negociáveis, com essas empresas então transmitindo o "sinal preço-carbono" aos consumidores.

O exemplo mais bem-sucedido de luta contra a poluição, no caso os óxidos de enxofre (SO_2) e nitrogênio (NO_x), responsáveis por chuvas ácidas, tem como origem uma lei bipartidária votada nos Estados Unidos em 1990. Na época, decidiu-se reduzir as emissões de 20 milhões de toneladas para cerca de 10 milhões a partir de 1995 e, por conseguinte, emitir de maneira recorrente uma quantidade correspondente de créditos negociáveis num horizonte de trinta anos. Uma meta ecológica ambiciosa foi então alcançada graças a um mercado de licenças negociáveis[32] e um respeito estrito aos compromissos formulados pela lei.

Vários ensinamentos podem ser extraídos dessa experiência. Um determinado dispositivo de preço de carbono único pode funcionar mesmo quando não se consegue tratar de maneira idêntica todos os atores – como dissemos anteriormente, os estados do Meio-Oeste norte-americano, grandes poluidores com suas centrais de carvão, insurgiram-se contra a lei de 1990 e terminaram recebendo cotas gratuitas, ao mesmo tempo permanecendo estimulados pelo preço de mercado a reduzir fortemente sua poluição, o que efetivamente fizeram. Além disso, o horizonte cronológico é determinante. Os atores econômicos (empresas, famílias, governos, Estados) só escolherão equipamentos não emissores de GEE se anteciparem um preço de carbono suficientemente elevado no futuro. Da mesma forma, as empresas só farão os esforços necessários para promover novas gerações tecnológicas não poluentes se virem nelas um interesse econômico. Em suma, trata-se de reduzir a incerteza quanto ao preço do carbono amanhã.

Devemos nos preocupar com o desenvolvimento e as possíveis distorções das finanças do carbono? Elas resultarão em fenômenos especulativos e poderá prejudicar a sociedade? Ressaltemos em primeiro lugar que uma especulação não tem importância enquanto os agentes do mercado apostam na alta ou na queda do preço do carbono com seu próprio dinheiro. Em contrapartida, se um banco ou companhia do setor energético utiliza os mercados financeiros para assumir posições muito arriscadas nesses mercados, em vez de utilizá-los para cobrir seus riscos (isto é, precaver-se contra as mudanças de preço), há um problema na medida em que eventuais perdas gerariam prejuízo para os correntistas do banco ou os consumidores de energia, ou mais possivelmente para o contribuinte quando o Estado resgatasse o banco ou a companhia elétrica. Estamos aqui no âmbito da regulação clássica. O poder público deve fiscalizar as posições tomadas nesses mercados pelas empresas reguladas e certificar-se de que essas posições servem de fato para cobertura, e não para tomar riscos. Além disso, essas empresas devem ser obrigadas a trocar essas licenças negociáveis, bem como seus derivativos, em mercados organizados com câmara de compensação, para poderem ser mais bem fiscalizadas pelos reguladores. Muito mais do que arranjos de mercado de balcão, que se revelaram tão nocivos por ocasião da crise financeira de 2008, esses mercados transparentes permitem uma melhor legibilidade das posições.[33]

Gestão da incerteza

Seja qual for a solução escolhida para combater o aquecimento global, está claro que não evitaremos os erros na concepção da política: ainda há muita incerteza por parte da climatologia, da tecnologia (quanto à velocidade de desenvolvimento das energias descarbonadas baratas), da economia (quanto ao custo de descarbonação) e da ciência política (quanto à vontade dos países de conceber um verdadeiro acordo e respeitá-lo).

Face à incerteza ligada à evolução futura dos preços, várias políticas complementares são necessárias. A primeira consiste em ajustar o número de cotas ou o imposto sobre o carbono para dar conta dos novos desenvolvimentos (degradação climática mais rápida do que previsto, recessão mundial etc.). Tudo bem, essas revisões podem limitar o compromisso de longo prazo dos Estados em favor de uma redução dos GEE, mas soluções existem.[34] Na Europa será finalmente implementado, a partir de 2021, um mecanismo de estabilidade do preço no mercado dos créditos de emissão negociáveis. Por outro lado, a possibilidade de os participantes utilizarem os créditos em datas posteriores permite reduzir as flutuações de preço: se está previsto um aumento do preço nos anos seguintes, é do interesse dos participantes guardar licenças de reserva, o que faz subir o preço hoje e abaixar o preço amanhã.[35]

Responsabilizar os países

Aplicar um mecanismo de licenças de emissão é relativamente simples quando são países e não os agentes econômicos que são responsáveis por emissões nacionais de GEE. Com efeito, é possível calcular as emissões antrópicas de

CO_2 de uma nação pelo viés de uma contabilidade de carbono, tomando a produção e as importações e delas subtraindo as exportações e a variação nos estoques. Os poços de carbono ligados às florestas e à agricultura já podem ser observados por satélite. Programas experimentais da Nasa e da ESA para mensurar as emissões globais de CO_2 na escala de cada país são promissores a longo prazo.[36] É mais fácil para a comunidade internacional fiscalizar as emissões de CO_2 por país em vez de mensurá-las no nível das fontes pontuais; e, como é o caso para os mecanismos *cap and trade* atuais, os agentes econômicos (no caso, os países) que têm um déficit de cotas no fim do ano deverão adquirir cotas suplementares, enquanto os países com um superávit de cotas poderiam ou cedê-las, ou guardá-las para uma utilização futura.

V. A DESIGUALDADE E A TARIFAÇÃO DO CARBONO

A questão da desigualdade se coloca em dois níveis: no âmbito dos países e, de maneira muito mais intensa atualmente, no nível internacional.

No nível nacional, às vezes objeta-se que uma taxação do carbono pesará sobre os mais pobres. A precificação do carbono acarreta uma redução do poder de compra das famílias, inclusive o das mais modestas, o que pode ser visto como um obstáculo à sua implementação (ainda que essa consideração no passado não tenha impedido a implantação de outras tributações ecológicas). O que não é verdade, mas não deve impedir a realização do objetivo ecológico. Em matéria de intervenção pública, é importante associar a cada objetivo uma ferramenta adaptada, e se possível não procurar manipular uma ferramenta, tal como a precificação do carbono, para alcançar uma série de objetivos. No que concerne à desigualdade, o Estado deveria antes recorrer ao imposto de renda o máximo possível para redistribuir as rendas de maneira transparente, ao mesmo tempo adotando uma política ambiental adaptada. Esta não deveria ser desviada de seu objetivo primordial para responder às inquietudes legítimas quanto à desigualdade. Com efeito, tais argumentos poderiam levar mais geralmente à adoção de políticas que todos nós julgaríamos indesejáveis, como precificar a eletricidade em um décimo de seu custo (alô, janelas abertas com aquecedores no máximo ou, para os mais ricos, as piscinas externas aquecidas o ano inteiro! adeus, isolamento dos prédios e outros comportamentos ecológicos) ou incentivar o tabagismo livrando-se das elevadas taxas sobre o tabaco a pretexto de que os mais pobres fumam muito. Exemplos delirantes? No entanto, seja qual for a razão disso, é o que fazemos hoje com o carbono.

O mesmo princípio se aplica em escala internacional, em que é preferível promover transferências maciças em favor dos países mais pobres em vez de tentar adotar políticas ineficazes e, logo, de pouca credibilidade. Como diz o papa Francisco em sua encíclica *Laudato si*:

> Ao longo das próximas décadas, as piores consequências provavelmente recairão sobre os países em desenvolvimento. Muitos pobres moram em lugares particularmente afetados por fenômenos ligados ao aquecimento, e seus meios de subsistência dependem altamente das reservas naturais e dos produtos do ecossistema, como a agricultura, a pesca e os recursos florestais. Eles não têm outras atividades financeiras nem outros recursos que lhes permitam adaptar-se aos impactos climáticos, nem fazer face a situações catastróficas, e têm pouco acesso aos serviços sociais e de proteção.

Os países pobres e emergentes advertem, com toda a razão, que os países ricos financiaram sua industrialização poluindo o planeta e que eles também almejam alcançar um padrão de vida comparável. As figuras 4 e 5 mostram toda a amplitude do desafio. Para simplificar, podemos retomar o princípio de responsabilidade comum mas diferenciada:[37] a responsabilidade incumbe aos países desenvolvidos e, no futuro, os países emergentes irão representar uma parte importante das emissões, como sugere a figura 4. Essa evidência faz com que alguns sugiram promover uma abordagem "justa pois diferenciada": um preço do carbono elevado para os países desenvolvidos e um preço baixo para os países emergentes.

Só que... um preço elevado do carbono nos países desenvolvidos teria um efeito limitado, em virtude da transferência da produção para países com baixos preços de carbono (sem falar no risco de não ratificação pelos parlamentos, como foi o caso depois de Kyoto). Além disso, sejam quais forem os esforços empenhados pelos países desenvolvidos, o objetivo dos 1,5°C a 2°C nunca será alcançado se os países pobres e os países emergentes não controlarem suas emissões de GEE no futuro. Isentar os países emergentes é impossível.

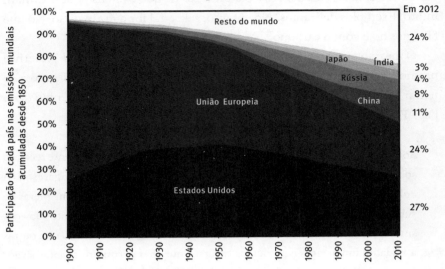

FIGURA 4. Acumulação das emissões de CO_2 desde 1850:
A distorção das responsabilidades históricas

Fonte: Chaire Economie du Climat, a partir da base de dados CAIT do WRI

FIGURA 5. Emissões nacionais por habitante

Países	tCO₂/hab
Uganda	0,11
República do Congo	0,53
Índia	1,70
Brasil	2,23
Mundo	4, 98
França	5,19
China	6,71
Alemanha	8,92
Japão	9,29
Federação da Rússia	12,65
Estados Unidos	17,02
Qatar	43,89

Fonte: Banco Mundial

A China, dentro de vinte anos, terá emitido tanto dióxido de carbono quanto os Estados Unidos desde a revolução industrial.

Então, o que fazer? A resposta é que é preciso que os países emergentes submetam seus cidadãos e empresas a uma precificação substancial do carbono (de maneira ideal, o mesmo preço das outras partes do mundo) e que a questão da igualdade seja gerida mediante transferências financeiras dos países ricos para os pobres. O protocolo de Copenhague, aliás, estipulou essa ajuda, princípio reafirmado pela COP 21 de Paris.

Resumindo, a realidade das desigualdades internacionais leva-nos a colocar a questão da divisão do ônus climático. O princípio da "responsabilidade comum mas diferenciada" reflete a ideia de que os países ricos são os que historicamente mais contribuíram para a acumulação dos GEE na atmosfera. Essa constatação, no entanto, por certo não deve nos levar a procurar a solução no abandono do princípio do preço único, como foi feito por ocasião do protocolo de Kyoto, em 1997: as partes do protocolo de Kyoto conhecidas como "Não Anexo 1" não tinham nenhuma obrigação para com os termos do protocolo e não deviam sofrer nenhuma precificação do carbono; o que fez o processo descarrilar quando chegou a hora de o Senado americano ratificar o protocolo. Não vamos repetir os erros de Kyoto.

Por fim, podemos nos perguntar se é justo que as poluições geradas, por exemplo, na China pela produção de bens exportados para os Estados Unidos e a Europa sejam contabilizadas como poluições chinesas e, por conseguinte, cobertas pelo sistema de cotas ao qual todos os países, entre eles a China, estariam submetidos. A resposta é que as empresas chinesas que emitem GEE ao produzirem bens exportados repercutirão o preço do carbono em seus preços, sendo então os consumidores americanos e europeus que pagarão pela poluição, e não a China. As trocas internacionais, por conseguinte, não colocam em xeque o princípio de arrecadação onde as emissões são produzidas.

O Fundo Verde e o objetivo dos 100 bilhões por ano

As negociações visando regular a questão das compensações a serem oferecidas aos países pobres por sua participação no esforço coletivo fracassaram até agora. A tentativa mais recente data da cúpula de Copenhague de 2009 e consiste na promessa de uma transferência anual de US$100 bilhões para os países mais pobres.[38]

Em outubro de 2015, a OCDE anunciava que haviam sido firmados compromissos no nível de US$62 bilhões, cifra que superava amplamente todas as expectativas. Examinando esse número mais detidamente, as ONGs e os países pobres emitiram sérias reservas. Alguns dos compromissos são empréstimos, não doações. Além disso, parte das verbas vem das agências de auxílio multilaterais (Banco Mundial, Banco Asiático de Desenvolvimento, Banco Europeu para a Reconstrução e o Desenvolvimento...) ou bilaterais (a Agência Francesa para o Desenvolvimento ou seus pares no estrangeiro); como o orçamento dessas agências não aumentou em função disso, a questão que se coloca é saber se essas ajudas são adicionais, isto é, se se trata realmente de novas ajudas beneficiando os países do Sul e não ajudas já existentes que passaram a se rotular como "verdes".[39]

Como é o caso em outros domínios (ajuda humanitária após um desastre natural ou ações de saúde nos países menos avançados), os parlamentos nacionais são conhecidos por sua reticência em aprovar créditos importantes para causas que beneficiam países terceiros.[40] Mesmo um programa funcional como a Aliança Mundial pelas Vacinas e a Vacinação (Gavi) – cujo orçamento é bem inferior – só decolou graças ao significativo aporte financeiro da Bill & Melinda Gates Foundation. Por ocasião das conferências internacionais, os políticos têm o hábito de prometer contribuições financeiras, mas, uma vez terminada a conferência, encolhem essas promessas ou voltam atrás. Infelizmente, é provável que comportamentos de "carona" predominem na questão do financiamento do Fundo Verde e coloquem em perigo seu desenvolvimento.

Decerto é difícil chegar a um entendimento quanto à identidade dos beneficiários e dos pagadores numa negociação entre 195 países. Todos os países têm um palpite a dar e protelam a negociação, exigindo pagar um pouco menos ou receber um pouco mais. A solução, sem dúvida, seria negociar fórmulas elementares, baseadas em alguns parâmetros (população, poluição atual e previsível, sensibilidade ao aquecimento global...), em vez de tentar determinar a contribuição país por país. Um exercício que permanece difícil, porém mais realista do que uma negociação sem rumo.[41]

VI. CREDIBILIDADE DE UM ACORDO INTERNACIONAL

Um acordo internacional eficaz deverá criar uma coalizão em cujo âmbito todos os países e regiões serão levados a aplicar o preço uniforme do carbono em seus respectivos territórios. Segundo o princípio de subsidiariedade, todo país ou região terá então liberdade para elaborar sua própria política do carbono, por exemplo criando um imposto sobre o carbono, um mecanismo de licenças de emissão negociáveis ou um sistema híbrido. O problema do carona coloca um desafio à estabilidade dessa grande coalizão: podemos contar com o respeito aos acordos? Trata-se, no caso, de um problema bastante complexo, embora não despropositado.

A esse título, a dívida soberana oferece uma analogia instrutiva. As sanções contra um país inadimplente são limitadas (felizmente, a "diplomacia das canhoneiras" não está mais na moda!), o que desperta preocupações quanto à intenção dos países de quitar essa dívida. Acontece o mesmo no que se refere à mudança climática. Mesmo que chegássemos a um bom acordo, sua aplicação deveria ser assegurada por meios limitados. O debate público em torno das negociações internacionais sobre o clima costuma ignorar essa realidade. Dito isso, convém ainda assim depositar as esperanças num acordo severo, um verdadeiro tratado, e não num acordo baseado em promessas. Por mais limitadas que sejam as possibilidades de sanção internacional em caso de não pagamento de uma dívida soberana, a maioria dos países paga pontualmente sua dívida externa. Mais amplamente, a tradição vestfaliana de tratados internacionais* dá uma chance não desprezível à sua realização.

O *naming and shaming* (a estigmatização) é uma boa tática à qual é possível recorrer; porém, como vimos no caso dos "compromissos" de Kyoto, ela permanece pouco eficaz. Os países sempre encontrarão uma série de boas desculpas para não respeitar seus compromisso: arbitragem em favor de outras ações como a P&D verde, uma recessão, esforços insuficientes de outros signatários, mudança de governo, defesa do emprego etc. Embora não haja

---

* A "tradição vestfaliana", a partir do Tratado de Vestfália, que encerrou a Guerra dos Trinta Anos, refere-se à tradição de se respeitar a soberania de cada Estado na condução de suas políticas internas. (N.R.T.)

solução a toda prova para o problema de aplicação de um acordo internacional, dispomos ao menos de duas ferramentas.

Primeiramente, os países prezam o livre comércio; a OMC poderia considerar que o desrespeito a um acordo internacional sobre o clima equivale a um dumping ambiental e, consequentemente, impor sanções. No mesmo espírito, seria possível impor taxas punitivas à importação a fim de penalizar os países não participantes do acordo. Tal política incitaria os países hesitantes a aderir ao acordo e favoreceria o desenvolvimento de uma coalizão global estável para o clima. Desnecessário dizer que a natureza das sanções não pode ser decidida individualmente pelos países, pois estes agarrariam alegremente essa oportunidade para adotar medidas protecionistas sem necessariamente grande relação com a realidade ambiental.

Em segundo lugar, o desrespeito a um acordo sobre o clima deveria pressupor a responsabilidade dos futuros governos de um país e ser comparável à dívida soberana. O FMI seria parte interessada nessa política. Por exemplo, no caso de um mecanismo de licenças de emissão negociáveis, um déficit de cotas no fim do ano aumentaria a dívida pública; a taxa de conversão seria o preço atual de mercado.

Naturalmente, estou consciente do risco de prejuízos colaterais que podem resultar da opção por vincular uma política climática a instituições internacionais que funcionam precariamente. Mas a verdadeira questão é: qual é a alternativa? Os adeptos de acordos não vinculantes esperam que a boa vontade dos signatários seja suficiente para limitar emissões de GEE. Se eles tiverem razão, então os incentivos à colaboração de outras instituições internacionais bastarão *a fortiori*, sem nenhum dano colateral para essas instituições.

VII. CONCLUINDO: RECOLOCAR AS NEGOCIAÇÕES NO CAMINHO CERTO

Apesar da acumulação de provas científicas do papel antrópico no aquecimento global, a mobilização internacional em torno do tema permanece, na prática, decepcionante. O protocolo de Kyoto não soube criar uma coalização internacional em favor de um preço do carbono relacionado ao seu custo social; ele é também a perfeita ilustração da instabilidade intrínseca de todo acordo internacional que não leva a sério o problema do "carona". Todo acordo internacional deve satisfazer três critérios: eficiência econômica, incentivos a se respeitar os compromissos e equidade. A eficiência só é possível se todos os países aplicarem o mesmo preço do carbono. Os incentivos devem sancionar os "caronas". A equidade, conceito cuja definição difere segundo as partes interessadas, pode ser realizada por um mecanismo de transferências preestabelecidas. No entanto, a estratégia dos compromissos voluntários de redução das emissões é um novo exemplo da apatia dos países-chave, isto é, uma estratégia para deixar para uma data posterior o compromisso concreto de reduzir suas emissões.

Este capítulo, todavia, não pretende ocultar os motivos para o otimismo. Em primeiro lugar, a tomada de consciência das opiniões públicas progrediu nos últimos anos, a despeito de a crise econômica ter relegado as considerações ecológicas ao segundo plano. No entanto, mais de quarenta atores, e não dos menores (Estados Unidos, China, Europa...), instituíram mercados de licenças de emissão negociáveis, decerto com tetos muito mais generosos e, logo, preços de carbono exageradamente baixos, porém manifestando sua vontade de utilizar uma política racional de luta contra o aquecimento global. Essas bolsas de carbono um dia poderão ser interligadas para formar um mercado global mais coerente e eficaz, mesmo sendo espinhosa a questão das "taxas de câmbio".[42] Por fim, a queda substancial do custo da energia solar aponta para soluções econômicas para o problema das emissões da África e de outros países em desenvolvimento e emergentes, mas tudo isso é, a priori, muito pouco para atingir as metas. Como então construir sobre essas dinâmicas?

Embora seja importante manter um diálogo em escala mundial, o processo da ONU mostrou seus previsíveis limites. A negociação entre 195 nações é incrivelmente complexa. Seria preciso conseguir criar uma "coalizão pelo clima", que reuniria em primeiro lugar os grandes poluidores atuais e futuros. Não sei se deve ser o G20 ou um círculo mais restrito: em 2012, os cinco maiores poluidores – Europa, Estados Unidos, China, Rússia e Índia – representavam 65% das emissões mundiais (dos quais 28% para a China e 15% para os Estados Unidos). Os membros dessa coalizão se comprometeriam a pagar por cada tonelada de carbono emitida. Num primeiro momento, não se tentaria necessariamente associar os 195 países envolvidos na negociação, mas eles seriam estimulados a isso. Os membros da coalizão, com efeito, influenciariam a OMC e imporiam um tributo nas fronteiras aos países que se recusassem a entrar na coalizão pelo clima. Para evitar protecionismos indevidos, a OMC seria parte interessada nesse sistema, fundamentando-se no dumping ambiental praticado pelos não participantes. À pergunta "O que fazer?", a resposta seria então pura e simplesmente: "Encontrar o caminho do bom senso".

1) A prioridade nº 1 das negociações deveria ser um acordo de princípio sobre o estabelecimento de um preço universal do carbono compatível com o objetivo dos 1,5°C a 2°C. As propostas visando preços diferenciados segundo os países não só abrem uma caixa de Pandora como, no fim das contas, não são ecológicas. O aumento das emissões virá dos países emergentes e pobres, e subprecificar o carbono nesses países não nos permitirá alcançar o objetivo dos 1,5°C a 2°C – ainda mais que os preços elevados do carbono nos países desenvolvidos incentivarão as produções emissoras de GEE a se instalarem nos países com preço baixo de carbono, anulando assim os esforços feitos nos países ricos.

2) Cumpre igualmente entrar num acordo sobre a necessidade de uma infraestrutura de controle independente para mensurar e monitorar a poluição nacional dos países signatários, bem como sobre um mecanismo de governança.

3) Por fim, e sempre no espírito de voltar às questões fundamentais, ataquemos de frente a espinhosa questão da equidade. É uma questão complicada, mas toda negociação deve enfrentá-la, aconteça o que acontecer, e afogá-la no meio de discussões dedicadas a uma profusão de assuntos não facilita a tarefa. Cumpre implantar um mecanismo de negociação que, livre dos debates anexos após a aceitação do preço único do carbono, focalize essa questão central. Atualmente, é inútil procurar obter dos países desenvolvidos promessas ambiciosas quanto ao fundo verde sem conduzir a criação de um mecanismo capaz de alcançar nossos objetivos climáticos. Esse fundo verde poderia assumir a forma seja de transferências financeiras, seja, na hipótese de um mercado mundial de licenças de emissão, de uma alocação de cotas generosa em favor dos países em desenvolvimento.

No atual contexto, não há saída alternativa.

9. Superar o desemprego

EM 2015, NO FESTIVAL de Cannes, Vincent Lindon ganhou o prêmio de melhor ator. Em *La Loi du Marché* [literalmente "a lei do mercado"; traduzido no Brasil como *O valor de um homem*], ele interpreta um homem de cinquenta anos, demitido por uma empresa e que passa a viver de benefícios assistenciais. Ele enfrenta sucessivos cursos de capacitação sem futuro e visitas à agência governamental de empregos. Estrangulado por dificuldades financeiras (prestações de financiamento imobiliário, filho com necessidades especiais), ele aceita um emprego de vigia em um supermercado. O filme retrata seu incômodo diante da falta de confiança em relação aos empregados, vigiados e demitidos de um dia para o outro por faltas menores, e sua luta para conservar a própria dignidade. O filme trata de um mal-estar presente na sociedade francesa: a ausência de emprego que fragiliza ou marginaliza uma parte de seus concidadãos e as relações às vezes conflituosas entre empregadores e empregados.

O título do filme sugere uma visão fatalista, segundo a qual essa triste realidade é consequência direta do mercado. Como se fosse normal que, em uma economia de mercado, um assalariado não possa mais arrumar um novo emprego caso perca o que tinha aos cinquenta anos de idade. Como se fosse normal que os cursos de capacitação, cujo custo astronômico é pago indiretamente pelos próprios assalariados, não resultem em coisa alguma. Como se fosse aceitável que uma parte dos franceses viva de subemprego em subemprego, do desemprego para o contrato de trabalho por tempo determinado (CDD) para os empregos subsidiados pelo governo e voltando ao desemprego. Como se homens e mulheres ainda jovens, em boa forma física e com vontade de trabalhar, devessem ser declarados inaptos ao trabalho e aposentados prematuramente, com uma aposentadoria financiada por encargos retidos na fonte dos salários de trabalhadores ativos. *Lei do mercado ou escolha da sociedade?*

Após recapitular os dados da oferta de trabalho na França, este capítulo mostra que o desemprego é em parte uma escolha da nossa sociedade e explica por que essa escolha foi feita. Ele desenvolve, por consequência, argumentos segundo os quais o desemprego em massa e a dualidade do mercado de trabalho* não são em absoluto inelutáveis, e propõe algumas reformas possíveis. Irei me concentrar na questão do contrato de trabalho. Por mais emblemática que ela seja, vale frisar que uma reforma dos contratos de trabalho não é mais que um dos pilares de uma reforma mais global de nossas instituições ligadas ao mercado de trabalho, e que outros aspectos igualmente disfuncionais devem também ser reformados, de modo a recuperar o pleno emprego que há mais de quarenta anos deixamos de ter. Eu discutirei alguns desses aspectos ao final do capítulo. Por fim, explicarei por que as reformas nessa área são urgentes, pois se o desemprego aumentou lentamente nos últimos anos, um rematado conjunto de circunstâncias está pronto a mergulhar nosso país numa crise do emprego ainda bem mais grave.

I. A CONSTATAÇÃO

Dizer que a França não se destaca por seu desempenho no campo do emprego e do bem-estar no trabalho é um eufemismo. Uma rápida comparação internacional mostra, com evidente clareza, as importantes especificidades do mercado de trabalho francês, cristalizadas em seus maus resultados, mais próximos dos países em dificuldade do sul da Europa que daqueles dos países da Europa setentrional. Esquematicamente, a constatação se coloca da seguinte forma:

1. o desemprego é muito mais elevado na França que nos países da Europa setentrional (Alemanha, Países Baixos, países escandinavos) ou nos anglo-saxões;
2. o desemprego atinge essencialmente as pessoas entre 15 e 24 anos e aquelas entre 55 e 64 anos;
3. o desemprego penaliza os trabalhadores pouco qualificados e as zonas urbanas mais vulneráveis;

---

* Ver nota de rodapé, p.29 (N.R.T.)

4. desemprego de longa duração, de longe o mais pernicioso, é substancial e desde 2007 vem aumentando regularmente;
5. os franceses experimentam um verdadeiro mal-estar no trabalho, que resulta da falta de mobilidade profissional, de relações conflituosas e de um sentimento de insegurança no trabalho;
6. esse resultado calamitoso leva a França a gastar muito com políticas voltadas ao emprego.

Desemprego elevado e de longa duração

Quantos desempregados existem na França? A estatística mais frequentemente utilizada para realizar comparações internacionais é a do Instituto Nacional de Estatística e Estudos Econômicos (Insee), que segue os padrões definidos pela Organização Internacional do Trabalho (OIT), e que não leva em conta quase 1,5 milhão de pessoas desejosas de trabalhar (o "halo do desemprego"), devido à sua definição de natureza restritiva.[1] Segundo o Insee e, portanto, pela definição da OIT, a França tinha 2,9 milhões de desempregados no terceiro trimestre de 2015, equivalente a um índice de desemprego por volta dos 10,6%, mais que o dobro do nível alemão, por exemplo, e muito superior ao dos países anglo-saxões ou da Europa setentrional.

Os dados da Direção de Incentivo à Pesquisa, aos Estudos e Estatísticas (Dares) distinguem, na França, cinco tipos de pessoas à procura de trabalho. A estatística mais frequentemente difundida pelos meios de comunicação é relativa àqueles que "procuram emprego por meio de atos positivos, e desempregados", a categoria A. Desse grupo, em novembro de 2015, contabilizaram-se 3.574.860 desempregados na França.* A cifra do desemprego da categoria A subestima igualmente o nível do desemprego, pois não compreende outras categorias de desempregados: em processo de capacitação, em estágios, afastados por doença ou licença-maternidade, em empregos subsidiados, em atividades de tempo parcial.[2] Incluídas tais categorias, chega-se, em novembro de 2015, a algo em torno de 6.142.000

---

* Esse número se restringe à chamada "França metropolitana" e exclui os chamados territórios ultramarinos da França, como as ilhas francesas do Caribe ou da Polinésia. (N.T.)

desempregados. Outra dificuldade para quantificar o desemprego decorre dos desempregados não contabilizados, aqueles e aquelas que desistiram de procurar trabalho diante da degradação do mercado, que abrangem desde jovens que vão estudar ou se empregam no exterior, uma vez que não conseguem empregos na França, até os trabalhadores sêniores que, embora quisessem dar continuidade à sua vida profissional, decidem fazer valer seus direitos à aposentadoria. Diante da complexidade na quantificação do desemprego, os economistas preferem, muitas vezes, atentar para o índice de emprego.[3] O emprego na França também evidencia a situação fortemente degradada que afeta dois grupos etários.

As pessoas entre 15 e 24 anos têm dificuldade de encontrar trabalho. O índice de desemprego entre elas é de 24%. Seu índice de emprego (28,6%) fica muito abaixo da média da OCDE (39,6%) e dos índices da Europa setentrional (46,8% na Alemanha e 62,3% nos Países Baixos).[4] O mercado de trabalho francês é, portanto, relativamente fechado aos novos ingressantes, notadamente aos jovens em busca do primeiro emprego. De fato, todos os países têm um índice de desemprego maior entre os jovens que no resto da população; as empresas hesitam em contratar assalariados sem experiência, e sobretudo a bancar o custo de formação das levas de jovens assalariados que, uma vez treinados, podem deixar a empresa. Entretanto, os jovens franceses apresentam um índice de desemprego muito superior àqueles de países da Europa setentrional e dos países anglo-saxões.

A consequência é uma forte desigualdade intergeracional. Os jovens têm um índice de desemprego muito mais alto que as demais faixas da população, como também mais dificuldades em encontrar boas moradias.[5] As zonas dinâmicas criadoras de empregos frequentemente são também aquelas que têm um mercado habitacional sobrecarregado. A bem da verdade, as políticas públicas que aumentam a escassez imobiliária geraram uma penúria habitacional. As políticas pouco favoráveis aos proprietários-locadores encareceram os aluguéis ao mesmo tempo que diminuíram a oferta de imóveis em locação, o que também permitiu aos proprietários-locadores impor uma seleção extremamente rigorosa aos candidatos e exigir garantias substanciais. Por fim, em razão da instabilidade do emprego, os jovens com frequência são excluídos do mercado de compra de imóveis.

As pessoas entre 55 e 64 anos se aposentam cedo, mais cedo do que em todos os países europeus, de forma voluntária ou não. Seu índice de emprego (45,6%) está também muito distante da média da OCDE, e em particular dos índices da Europa setentrional (o índice de emprego dessa faixa populacional na Suécia ultrapassa os 70%). Os ativos com mais de 50 anos são também as principais vítimas do desemprego de longa duração; 56% dos desempregados com mais de 50 anos integram essa categoria.

Em geral, em 2013, 4% dos ativos continuavam desempregados após um ano, quase duas vezes o nível dos países da Europa setentrional. Ora, é comumente aceito que o desemprego de longo prazo é muito mais pernicioso que o de curto. Ele implica uma perda de qualificação profissional – uma exclusão social, um estigma no mercado de trabalho. O fato de ele ser particularmente elevado na França é um motivo adicional de preocupação.

Recorrendo às "gambiarras"

Para reduzir o desemprego, sucessivos governos franceses (e em outros países do sul da Europa) encorajaram os contratos de duração determinada (CDD) e financiaram os empregos subsidiados.

Os empregos subsidiados. Os empregos subsidiados constituem, no conjunto, má utilização do dinheiro público, em particular quanto se trata de empregos subsidiados nos setores não comerciais.[6] Em vez de estimular empregadores a contratar mão de obra só porque é barata, poder-se-ia utilizar esses recursos para baixar os encargos que pesam sobre os assalariados e assim incentivar as empresas a criar empregos mais estáveis e verdadeiramente necessários. Nesse ponto, é claro, estou exagerando um pouco: a ajuda ao emprego dos jovens não qualificados pode se justificar com base numa "falha de mercado": a empresa fornece ao jovem assalariado, por sua conta, um capital humano do qual ela não se beneficiará se ele deixar a empresa para receber uma remuneração maior em outro lugar. No conjunto, porém, as estatísticas mostram que a probabilidade de se obter um contrato de duração indeterminada (CDI) ao término de um emprego subsidiado é pequena, e que os beneficiários de empregos subsidiados no setor sem fins lucrativos têm menos chance de estar empregados no espaço de dois anos que outros trabalhadores, e portanto a tese segundo a qual um emprego subsidiado serve de trampolim para um emprego estável ainda está por ser demonstrada.

Os contratos precários. A grande maioria das novas vagas de trabalho, da ordem de 85% em 2013 (90% se acrescentarmos os trabalhadores em *"intérim"*),* vem sendo regida por CDD, e esse coeficiente cresce continuamente (era de 75% em 1999). Observa-se também um forte aumento dos contratos ultracurtos e de contratos chamados de "permitência" (nesses casos, o assalariado é inscrito como desempregado no intervalo entre dois contratos junto ao mesmo empregador), pouco satisfatórios para o assalariado e muito custosos para o seguro-desemprego.[7] Hoje, mais de uma contratação a cada duas em CDD é uma recontratação pela mesma empresa.

Na realidade, um emprego em CDD não convém nem ao empregado, nem ao empregador. Para o empregado, o CDD quase não oferece proteções. Como em tese (na prática, os desvios são frequentes) o prolongamento de um CDD o transforma em um CDI, que consiste em seu exato oposto no que se refere às proteções trabalhistas, o empregador é fortemente estimulado pela legislação a nunca prolongá-lo,[8] mesmo se a pessoa empregada tiver um desempenho satisfatório. Na verdade, a França é o país com a menor taxa de transição de um contrato de duração determinada para um de duração indeterminada.[9] Isso significa que uma pessoa contratada com base num contrato temporário tem muito menos chance de vê-lo se transformar num contrato permanente que em todos os outros lugares da Europa. O fato de as empresas recorrerem amplamente ao CDD, que nem elas nem seus empregados apreciam, é muito revelador do custo implícito que a legislação atual relativa aos CDI impõe à sociedade francesa.

Sucessivos governos, conhecedores das objeções das empresas em criar contratos de duração indeterminada, não ousam, contudo, tocar nos contratos de duração determinada. Isso porque o CDD serve de válvula de segurança a um regime excessivamente rígido de CDI: ele permite preservar um mínimo de empregos e impede saltos muitos grandes nos índices de desemprego. A polarização das instituições do trabalho entre um CDD ultraflexível e um CDI ultrarrígido cria uma dualidade no mercado de trabalho, entre aqueles

---

* O contrato *"par intérim"* é similar ao CDD, mas designa contratos ligados a uma missão específica e temporária do empregado junto à empresa. (N.T.)

Superar o desemprego

que são contratados sem limite de duração e são protegidos e os outros que levam mais e mais tempo a encontrar um verdadeiro emprego. Trata-se, em outros termos, de um tiro pela culatra para os assalariados em seu conjunto, e sobretudo para os mais jovens dentre eles.[10]

Apesar dessa constatação, o debate público se concentra nas demissões, que se ligam apenas aos CDI, demissões essas que o poder público se dedica a extinguir, e que, além disso, representam somente uma fração bastante marginal do encerramento dos contratos de trabalho (4,4%). O debate ignora quase totalmente, por outro lado, as duas principais causas dos movimentos no mercado de trabalho: as demissões voluntárias, que partem do trabalhador, pouco numerosas (9% dos contratos encerrados) e em declínio, e sobretudo o encerramento dos CDD, que dominam (77%) e estão em constante progressão. O resto corresponde aos encerramentos consensuais, às demissões por motivos econômicos ou pessoais, ao fim dos períodos de experiência e aos pedidos de aposentadoria.

Uma política pública de emprego com alto custo e resultados decepcionantes

Todo Estado gasta dinheiro com uma política de emprego e não há nada de anormal nisso. Trata-se de formar os trabalhadores, acompanhar os mais frágeis e proteger aqueles que têm o azar de se encontrar em um setor em plena mutação tecnológica ou econômica. Até o momento, a França dedica à sua política de emprego somas muito acima do padrão internacional. Esse é um volume de recursos que, evidentemente, não pode ser direcionado às áreas de educação, saúde e de outras ações públicas, ou, dependendo do ponto de vista adotado, é ele que drena as finanças públicas francesas e aumenta o peso do financiamento da dívida. O desemprego custa caro não apenas aos assalariados, mas também à coletividade.

Pode-se debater o que a noção de política pública para o emprego abarca. Ela pode abarcar o salário-desemprego dos necessitados (€31 bilhões em 2014), o acompanhamento das mutações econômicas e os fundos alocados à formação profissional dos desempregados, o custo do serviço público dedicado ao emprego, os empregos subsidiados, os contratos de alternância e em zonas francas urbanas, e ainda aquilo que chamamos de medidas gerais: redução das cotizações patronais sobre os baixos salários, crédito de imposto para a competitividade e o emprego (Cice), fundos alocados no abrandamento dos efeitos da introdução das 35 horas.[11] O orçamento total vem aumentando continuamente desde 1993. Em 2012, a França gastava 1,41% de seu PIB com as políticas ditas "passivas" (seguro-desemprego) e 0,87% com as políticas "ativas" (capacitação de desempregados, gestão do desemprego, empregos subsidiados...).[12] Somando-se a isso as reduções Fillon,* o pacto de responsabilidade e o Cice, chega-se a algo em torno de 3,5% ou 4% do PIB.[13]

O mal-estar no trabalho

O desemprego e o trabalho precarizado compõem a face visível do iceberg para os assalariados. A face oculta, essa é multiforme...

Uma mobilidade insuficiente e um emparelhamento imperfeito dos assalariados nos empregos. É natural que os assalariados mudem de empresa. Eles podem querer enfrentar novos desafios profissionais e adquirir conhecimentos ao descobrir novos horizontes. Eles também são suscetíveis a romper com seus colegas ou com relações hierárquicas tensionadas. Inversamente, num mundo em transformação, as empresas podem querer reorientar suas atividades para se adaptarem ao contexto ou contratarem assalariados dotados de qualificações diferentes das que elas haviam buscado até então. A percepção de que um emprego do tipo CDI é um privilégio (bastante relativo), ao qual é imperioso pendurar-se sob pena de não mais encontrar um emprego equivalente, não facilita nem a mobilidade nem a adequação dos assalariados aos empregos, o que implica um custo aos assalariados e também às empresas.

As relações conflituosas. As relações entre empregadores e empregados não são harmônicas em nosso país. Assim, a França se coloca no 129º lugar entre 139 países em termos de percepção da qualidade das relações no trabalho.[14] Pode-se apenas conjecturar quanto às causas dessa perversa especificidade francesa, que contribui para o *burn-out* dos empregados. Talvez a já mencionada ausência de mobilidade desempenhe aqui um papel. Um empregado cuja relação com

---

* Desonerações da folha de pagamentos para empregados com baixos salários. Em referência a François Fillon, primeiro-ministro francês de 2007 a 2012. (N.T.)

os superiores é tensa mudará naturalmente de emprego em um mercado de trabalho fluido, mas, na França, ele não terá essa oportunidade e permanecerá, apesar do conflito que o opõe à empresa. Também não é impossível que certos empregadores pouco escrupulosos contaminem o ambiente de trabalho de um empregado para incitá-lo a romper consensualmente seu vínculo empregatício e deixar a empresa, evitando assim um processo na justiça trabalhista.

Os franceses encontram-se malcolocados em termos de estresse no trabalho. Estudos feitos a partir de dados internacionais[15] demonstram a existência de uma correlação positiva entre proteção do emprego e estresse no trabalho. Tal correlação não é de todo surpreendente: a rigidez no emprego e a escassez de outros empregos deterioram de várias maneiras as relações no trabalho, como já vimos – empregados insatisfeitos com seus empregos os conservam mesmo assim; patrões pouco escrupulosos podem facilmente explorar o medo do desemprego para intimidar seus assalariados.

Um sentimento profundo de insegurança profissional. A insegurança profissional é evidentemente percebida pelos detentores de um CDD, que são por definição empregos precários. De maneira mais espantosa, ela é também sentida pelos trabalhadores em regime de CDI, que no entanto se beneficiam da legislação mais protetora em todo o mundo.[16] Essa constatação não é tão paradoxal quanto parece, pois um trabalhador de regime CDI sabe que, se for demitido e ficar desempregado, suas chances de encontrar um novo emprego equivalente são muito limitadas. Disso decorre um sentimento de pessimismo que aflige o conjunto da sociedade francesa e a imobiliza, prejudicando sua capacidade de se adaptar e de inovar.

É necessária uma reforma?

Um argumento frequente na França contra a necessidade de uma reforma das instituições trabalhistas é que o desemprego é apenas uma questão de aumentar as contratações, e que um novo impulso macroeconômico faria o desemprego diminuir. Não há dúvida de que a França, como todos os países europeus, é vítima de incertezas quanto ao futuro da Europa e teme reflexos repentinos da crise financeira; e de que perspectivas favoráveis e um aumento das contratações teriam efeitos muito positivos no âmbito do mercado de trabalho. Mas o argumento macroeconômico não é pertinente por várias razões.

A mais evidente é que o desemprego na França é estrutural, e não apenas conjuntural: não desceu a índices inferiores a 7% nos últimos trinta anos, a despeito de uma política do trabalho extremamente cara para as finanças públicas, dos recursos destinados às aposentadorias antecipadas (hoje facilitadas pelos termos das rupturas consensuais de contrato) e do estímulo aos CDD. Não é um acidente, tampouco, que o desemprego nos outros países do sul da Europa, cujas instituições ligadas ao mercado de trabalho são na origem muito similares às instituições francesas, seja bem mais elevado do que na Europa setentrional ou do que nos países anglo-saxões. Em segundo lugar, se quisermos discutir o nível apropriado para o déficit fiscal em um período de recessão,[17] vivemos atualmente um novo impulso keynesiano resultante das baixas do euro, das taxas de juros e do preço do petróleo; o desemprego, portanto, deveria diminuir, e não aumentar. Em terceiro lugar, é preciso se perguntar por que o nível das contratações está baixo, o que nos leva (somente em parte) à questão da competitividade das empresas, que abarca outras dimensões além do simples custo da hora de trabalho (como por exemplo o emparelhamento adequado dos assalariados em seus empregos, assunto ao qual voltaremos). Por fim, uma recuperação econômica através de déficits fiscais traz menos risco quando as finanças públicas estão equilibradas do que quando elas já se encontram degradadas (culpa de quarenta anos de laxismo fiscal).

II. UMA ANÁLISE ECONÔMICA DO CONTRATO DE TRABALHO

As reflexões a seguir inspiraram-se em trabalhos realizados em colaboração com Olivier Blanchard (professor do MIT e economista-chefe do FMI de 2007 a 2015).[18] A atual situação pouco reluzente é resultado de múltiplas causas. A curto prazo, o nível da demanda e outros fatores conjunturais desempenham um papel importante na variação do índice de desemprego. Mas o desemprego francês é um fenômeno durável. Detenhamo-nos, assim, sobre as causas estruturais, começando pelo debate atual a respeito da proteção do emprego, tema emblemático sobre o qual as instituições começam a evoluir no sul da Europa (por exemplo na Itália e na Espanha). Para melhor compreender o efeito das políticas francesas na matéria, é preciso, de início, se perguntar sobre os incentivos dos diferentes atores. Poderemos, em seguida, analisar as instituições da França e conceber as reformas possíveis.

A proteção ao assalariado, a flexibilidade e o princípio demitir-pagar

O contrato de trabalho e os procedimentos para se demitir devem conciliar dois objetivos. O assalariado não é o responsável pela evolução tecnológica ou pelos choques de demanda que afetam a empresa em que trabalha; ele deve, portanto, ser protegido contra o risco de seu emprego se tornar obsoleto ou simplesmente não rentável. A empresa, por sua vez, procurará beneficiar-se da flexibilidade na gestão dos recursos humanos diante da eventualidade desses mesmos choques; na ausência dessa flexibilidade, ela será reticente na criação de empregos, pois terá perdas pesadas no caso de uma baixa produtividade dos mesmos. Duas visões inconciliáveis? Na verdade não. Mas, para satisfazê-las, *é preciso proteger o assalariado e não o emprego.*

O empregador sabe se um emprego lhe traz lucro; lucratividade num sentido mais amplo, decerto, pois o empregador pode aceitar perder dinheiro momentaneamente em um posto de trabalho, ou em uma unidade de produção, devido a uma queda circunstancial da demanda, e no entanto lucrar no longo prazo com a manutenção desse emprego. O empregador detém, assim, os elementos necessários para uma gestão do emprego. Mas é preciso também se perguntar quanto ao impacto de sua escolha (entre a manutenção do emprego ou a demissão) sobre as partes interessadas. Elas são ao menos duas em tais circunstâncias.

A primeira parte interessada é o assalariado, preocupado com a manutenção do emprego ou a demissão. Esse assalariado pode sofrer um custo financeiro, ligado à perda do salário, bem como um custo psicológico (por exemplo a perda do tecido social proporcionado por seu trabalho na empresa ou tensões familiares). Essa externalidade criada pela demissão, do ponto de vista do assalariado, faz jus a duas formas de compensação: a empresa paga suas indenizações trabalhistas; e o seguro-desemprego assegura a ele uma renda alternativa, bem como uma eventual capacitação complementar. A segunda parte interessada, muitas vezes esquecida no debate, é o sistema social, e em particular o seguro-desemprego. Uma demissão cria a necessidade dos benefícios de salário-desemprego, de custos de capacitação, de custos de gestão da agência governamental de empregos e, eventualmente, ainda os custos associados a um emprego subsidiado...

O princípio da responsabilização, que em outros domínios é a pedra angular do nosso sistema econômico, prega que a empresa deve "internalizar" o custo total para a sociedade quando ela demite um assalariado: o custo enfrentado pelo próprio assalariado e o custo enfrentado pelo sistema social. Senão, ela tenderá a demitir demais (ignoro aqui, intencionalmente, os constrangimentos administrativos para a demissão, dos quais falaremos em detalhe logo adiante). Para que ela internalize o custo do sistema social, é preciso que pague uma penalidade por demitir, cujo produto irá para o sistema público, e não ao assalariado.

Deve-se notar que não se tratará de uma taxa suplementar pesando sobre as empresas, mas de um *bonus-malus*. Na verdade, o produto dessa penalidade se destinará à redução dos encargos sociais: a penalidade será portanto neutra, do ponto de vista fiscal, para o conjunto das empresas. Contudo, se ao tratar do meio ambiente o mundo inteiro hoje considera normal que o poluidor seja o pagador,[19] a ideia de que as empresas que demitem devam pagar uma penalidade por demitir não faz parte de nossa lógica econômica. Discutamos em mais detalhe o princípio demitir-pagar, tão distante das concepções moldadas por nossas instituições.

Uma primeira questão a esse respeito é o cálculo do custo da demissão para o seguro-desemprego. Demitir um técnico em informática de trinta anos em Paris, que encontrará um emprego no dia seguinte, não custa nada ao sistema; demitir um assalariado pouco qualificado de cinquenta anos, num cenário empregatício deprimido, é muito diferente. Como fazer então para calcular o custo de cada demissão?

Uma maneira astuciosa de calcular a penalidade pela demissão consistiria em olhar quanto o assalariado demitido custa aos organismos que destinam os benefícios de desemprego e oferecem capacitação ao desempregado após sua demissão. Tal abordagem remonta aos Estados Unidos de Roosevelt, que instituiu um sistema de *bonus-malus* ainda em vigor, o *experience rating*.[20] A abordagem apresenta uma dupla vantagem: a de aplicar uma penalidade mais elevada pelos assalariados que terão mais dificuldade de arrumar um emprego, e a de estimular a empresa a investir na capacitação e portanto em enriquecer o capital humano de seus empregados, limitando assim a duração de seu desemprego em caso de demissão. Ao mesmo tempo, ela estimulará os parceiros sociais no mesmo ramo a melhorarem a qualidade dos treinamentos, pois eles serão afetados pela duração do desemprego (hoje, ao contrário, a mutualização generalizada tira deles qualquer responsabilidade).

Veremos mais tarde que o sistema de *bonus-malus* tem outras vantagens, como a de eliminar os conluios entre empregadores e empregados contra a seguridade social, ou ainda uma melhor definição da atividade entre os setores.

Discussão

O princípio demitir-pagar dá as linhas gerais de uma responsabilização desejável. Ele é, no entanto, muito simplista, e alguns ajustes ao princípio de base podem se mostrar necessários.[21]

Direitos progressivos. Se os CDD são contratos ruins – devido à sua duração determinada – e mereceriam ser suprimidos, as empresas, no entanto, teriam necessidade de contratos curtos para tarefas pontuais ou atividades sazonais. Um sistema de contrato único com direitos progressivos para o assalariado é na verdade compatível com essa necessidade de contratos curtos.

Mecanismos de evasão. Como no caso dos danos ambientais, o risco de driblar a regulamentação existe, mediante o recurso à subcontratação para as atividades mais incertas e portanto mais sujeitas a demissão, isto é, mediante a criação de pessoas jurídicas especializadas "de fachada" sem um capital real e que serão incapazes de pagar na hora de demitir. Mas, como no caso da fiscalização ambiental, podem-se imaginar soluções para corrigir esses desvios: exigir garantias bancárias ou promover uma responsabilização jurídica – o *malus* – capaz de alcançar as empresas-mãe ou o emissor da ordem, por exemplo.

Efeitos de seleção. Um *bonus-malus* pode levar as empresas à prudência na contratação de empregados instáveis, que apresentam um forte risco de não satisfazer a empresa. Esse já é, evidentemente, o caso para aqueles em regime de CDI e, mais generalizadamente, será sempre o caso em todo sistema no qual a empresa percebe um custo na demissão. Pode-se, no entanto, pensar na utilização de subvenções para a contratação de pessoas particularmente fragilizadas no mercado de trabalho, ou ainda reduzir, em alguma medida, a intensidade do *bonus-malus* para tais empregos.

III. A INCOERÊNCIA DE NOSSAS INSTITUIÇÕES

Um duplo incentivo ao crime...

Na França, a empresa que demite paga ao assalariado indenizações pela demissão, mas não paga o custo dessa demissão ao seguro-desemprego, que pode ser muito superior.[22] Em contrapartida, a empresa que conserva o assalariado paga as cotizações sociais. As empresas que protegem seus assalariados, portanto, pagam por aquelas que demitem. Andamos de cabeça para baixo. Ao obrigar as empresas que não demitem a suportar os custos da demissão para o seguro-desemprego, o sistema atual encoraja de duas maneiras as demissões. Cria-se, desta forma, uma dupla distorção, que exige um reequilíbrio.

...regido por um juiz com uma missão impossível

Compreendendo talvez o incentivo à demissão mediante a transferência dos encargos identificados acima, o legislador pretendeu compensar tais estímulos regulando as demissões. O reequilíbrio deu ao juiz (ou à justiça trabalhista)* o poder de avaliar as demissões. Contudo, o juiz, quaisquer que sejam sua competência e sua integridade, não possui a formação necessária que lhe permitiria se colocar no lugar do dirigente da empresa a fim de julgar a legitimidade das demissões de motivação econômica. Por consequência, o resultado dos processos de demissão em casos de motivação econômica tornou-se totalmente aleatório e imprevisível diante dos desafios estratégicos enfrentados pelos empresários. Nossas instituições confiaram uma missão impossível aos juízes do trabalho e aos tribunais.

---

* Ver nota de rodapé, p.187. (N.R.T.)

Os custos ocultos dos processos de demissão

Em caso de litígio, as regras para demissão[23] trazem para as empresas custos importantes, que ultrapassam em muito as indenizações concedidas aos assalariados demitidos. Mesmo se a tendência geral é de um encurtamento dos processos, eles continuam muito longos. O prazo de prescrição para os litígios relativos à demissão é de dois anos (depois da lei sobre a segurança do emprego de 2013).[24] Decorrido esse tempo de referência, é preciso contar 13,6 meses, em média, na primeira instância,[25] e 35 meses em caso de recurso (o que acontece em 67,7% dos casos). Sem contar que paira ainda, sobre alguns casos, o risco de reintegração com pagamentos de salários intermediários.

O empregador deve provar a existência de "uma causa real e substancial". Contrariamente ao que ocorre em inúmeros países, as demissões motivadas não individualmente, mas sobretudo pelo desaparecimento de uma atividade ou pela simples vontade de fazer economias importantes, não são consideradas legítimas; uma demissão de motivação econômica deve ser justificada por graves dificuldades financeiras vividas pela empresa, que ponham sua sobrevivência em risco, o que concretamente significa dizer que uma empresa saudável não tem motivo legítimo para encerrar uma atividade que não tem mais demanda, e sem prazo de melhora (a não ser que realoque os funcionários ligados a ela, o que requer lugares vagos em outra atividade, para a qual os empregados a serem realocados precisam, além disso, ser competentes).

A obrigação da realocação *urbi et orbi* dentro de um plano de salvaguarda, por exemplo, pode se revelar em todo caso muito complexa, sobretudo para um grupo internacional (como provar ao juiz que se tentou de tudo?), e de uma eficácia sofrível, ainda mais que, em casos de demissão por motivação econômica, o empregador deve respeitar critérios (tempo de serviço, encargos de família etc.) que não estão ligados nem à capacidade profissional dos assalariados envolvidos, nem aos choques de demanda enfrentados pela empresa.[26] E a Direção Regional das Empresas, da Concorrência, do Consumo, do Trabalho e do Emprego (Direccte) deve homologar a conformidade dos planos de realocação. O custo para a empresa compreende também o tempo dedicado pelos dirigentes no encaminhamento do processo (o que os desvia de tarefas relativas ao futuro da empresa).

O processo também onera o assalariado e o submete a injustiças: as populações vulneráveis e/ou pouco familiarizadas com a complexidade do sistema trabalhista francês podem desanimar e obter resultados piores ao final do que os *insiders*,[27] que conhecem bem as instituições. Por fim, aos custos jurídicos soma-se uma grande incerteza quanto à decisão final e às disparidades significativas entre as jurisdições.[28]

As ineficiências desaparecem, em grande parte, com a introdução de um *bonus-malus*, que levaria as empresas a pagar uma penalidade sobre cada demissão em troca da redução das cotizações de desemprego e de maior agilidade nos procedimentos legislativos e jurídicos da demissão. A empresa poderia, com efeito, se ver autorizada a agir com mais agilidade tendo como contrapartida essa responsabilização. O princípio da demissão por motivação econômica seria aceito como o é no norte da Europa e em vários outros países. Essa reorganização diferente da proteção ao assalariado reflete um equilíbrio entre os interesses dos assalariados, para os quais o trabalho é um meio de subsistência e de integração social, e aqueles dos empregadores, que desejam poder adaptar seu corpo de funcionários em função dos imperativos econômicos e tecnológicos. Com ela, os assalariados não perdem, em média, a proteção ao emprego; os CDD dispõem, por conseguinte, de um emprego mais estável; e os CDI que perderem seu emprego têm mais chance de conseguir outro. Notemos, igualmente, que a penalidade paga pela empresa por cada pessoa demitida a estimulará também a investir no capital humano de seus assalariados, para que se tornem mais facilmente reempregáveis em caso de demissão. Ela obrigará a empresa, portanto, a capacitar seus assalariados de tal modo que eles fiquem o mínimo de tempo possível desempregados quando uma demissão for necessária.

Por fim, não se trata evidentemente de eliminar por completo o juiz do cenário. Um exemplo: qualquer que seja o sistema, deve-se poder apelar ao juiz em caso de demissão de uma mulher que esteja grávida ou de um sindicalista pouco disposto à negociação. Num sentido mais geral, o juiz deve ter a possibilidade de intervir caso a demissão ocorra após um comportamento prejudicial à coesão social (assédio, abuso de poder) por parte do empregador. Disso decorre que o juiz continuará apto a controlar que o motivo econômico alegado pelo empregador não mascare um motivo pessoal e socialmente inaceitável. Mas se a manutenção de tal proteção é necessária, é preciso também compreender que a securitização flexível limitará os impulsos dos empresários pouco escrupulosos a se comportarem mal para se livrar de um empregado.

Redistribuição entre setores

A não responsabilização total dos atores econômicos em relação aos custos do seguro-desemprego tem outros efeitos mais sutis, porém não menos importantes. Segundo Pierre Cahuc, as cotizações para o subsídio do desemprego apenas para os assalariados em regime de CDD e terceirizados são €11 bilhões inferiores às verbas que eles recebem (a título indicativo, o déficit anual do seguro-desemprego é de €4 bilhões).

A não responsabilização distorce, portanto, a alocação do emprego entre os setores, na medida em que alguns deles são confrontados, mais do que outros, com as fortes flutuações de sua atividade econômica. Esses setores que recorrem estruturalmente às demissões dão conta apenas parcialmente do custo, que é transferido a outros setores. Essa transferência dos custos penaliza os setores que demonstram certa estabilidade e demitem pouco. *A contrario*, o regime de trabalhadores temporários com contrato de tipo *"intérim"*, intermitentes, apresenta um déficit significativo.

O regime intermitente dos artistas satisfaz os empregadores desse setor, que é fortemente subsidiado pelos assalariados de outros setores: o déficit desse regime alcança algo em torno de €1 bilhão por ano nos últimos quinze anos. Em nome da cultura, as empresas de produção audiovisual utilizam contratos intermitentes para ocupar postos regulares, subsidiados pelos assalariados de outros setores. Esse fenômeno da "permitência" é muito difundido, segundo o Tribunal de Contas. Ele permite ao empregado a obtenção de receitas muito superiores ao que receberia no regime geral, e ao empregador, por sua vez, pagar salários líquidos menores. O número de intermitentes cresceu bastante, mas não chega a ser uma surpresa que os verdadeiros artistas não tenham visto suas receitas aumentarem, muito pelo contrário. Tal regime só poderia ser considerado sob condição de se poder direcioná-lo às categorias dos ofícios culturais que não podem se desenvolver de maneira perene sem um seguro-desemprego adaptado, evitando o máximo qualquer tipo de vantagem indevida ou de fraude, e responsabilizando os empregadores pelos custos que impõem à sociedade. Além disso, a política cultural deveria antes de tudo beneficiar as obras culturais que se pretende encorajar – sob a forma de subvenções transparentes e não dissimuladas por uma mutualização sem fundamento.

Como para qualquer outro sistema de securitização, a solidariedade interprofissional se justifica caso cuide de assegurar uma profissão contra choques setoriais. Ela se justifica bem menos quando o destino das verbas é sistemático, pois nesse caso distorce a paridade entre os setores. Notemos, por fim, que esse problema desaparece com a introdução do *bonus-malus*. Cada empresa pagando o que custa ao seguro-desemprego, ele ficará restrito a cada setor, e o subsídio da atividade entre setores não mais estará guiado por subvenções cruzadas.

Conluio de parceiros sociais se aproveitando da coletividade

As relações entre empregadores e empregados são medíocres na França... salvo quando eles tratam de negociar pelas costas do seguro-desemprego. Como sempre, no entanto, os agentes econômicos reagem aos incentivos com que são confrontados. Os verdadeiros culpados nesse campo são, portanto, as instituições, que induzem a manipulações concertadas entre o patronato e os assalariados dentro da empresa.

Em primeiro lugar, o empregador e o empregado aprenderam a transformar sistematicamente uma demissão voluntária em uma demissão compulsória. A voluntária não dá direito a subsídios de desemprego, ao contrário da compulsória. As empresas e seus assalariados têm, portanto, o interesse de combinar entre si pelas costas do seguro-desemprego a fim de maquiar as rupturas voluntárias de contrato, fazendo-as passar por demissões. Essa requalificação não custa nada à empresa, que não é obrigada a nenhuma contribuição aos subsídios de desemprego que o assalariado receberá após sua demissão, desde que o assalariado aceite renunciar a seus direitos e deixe a empresa "em bons termos".

Nesse contexto, a "ruptura convencional", procedimento criado em 2008 e que permite ao empregador e ao assalariado em regime de CDI pactuar de comum acordo as condições da ruptura do contrato de trabalho que os liga, não faz outra coisa que legalizar uma antiga prática de conivência entre empregador e empregado em detrimento do seguro-desemprego, facilitando a dissimulação de uma demissão voluntária em demissão compulsória. Seu sucesso (mais de 385 mil rupturas convencionais em 2015!) não é, portanto, uma surpresa. Pierre Cahuc e André Zylberberg registravam, ainda quando da implantação dessa medida em 2009:

> A ruptura convencional do contrato de trabalho, que está sendo instituída, permite a um empregador e a seu empregado separarem-se amigavelmente. O diabo está nos detalhes: na medida em que o empregado conservará, ao fim, seus subsídios de desemprego durante três anos, o governo está na realidade criando a possibilidade da aposentadoria aos 57 anos! Um sênior poderá, na prática quase sem perda monetária, deixar seu emprego e fazer com que a Associação para o Emprego na Indústria e no Comércio (Assedic) financie essa aposentadoria antecipada que não se assume como tal.

Notemos que esse conluio contra o sistema de seguro-desemprego não aconteceria se a empresa fosse responsabilizada por um *bonus-malus*. Ao contrário do que se passa hoje, colocar o funcionário no desemprego ou na aposentadoria antecipada terá um alto custo para ela, e a coletividade estaria assim melhor protegida contra semelhantes manipulações do sistema.

Outro exemplo de artimanha legal por parte dos parceiros sociais, engendrada pelo sistema atual, é a transformação ocasional de uma demissão por motivação econômica, às vezes até mesmo coletiva, em uma demissão por motivo pessoal.[29] Nesse tipo, a separação é desejada pelo empregador. Pierre Cahuc e Francis Kramarz constatavam, em 2004, que:

> todos os depoimentos obtidos junto aos presidentes de empresa, sindicalistas e diretores de recursos humanos sugerem que as demissões por motivos pessoais são frequentemente demissões econômicas disfarçadas. Para o empregador, o álibi do motivo pessoal permite ultrapassar os procedimentos da demissão econômica, em certos casos até coletiva; o empregador sente-se, portanto, estimulado a invocar um motivo pessoal para demitir, e termina por fechar uma negociação com o assalariado, de modo a que este último abandone seu direito de recorrer em troca de uma indenização. O assalariado aceita então condições de partida particularmente vantajosas.[30]

Tais comportamentos revelam nitidamente falhas na responsabilização da empresa quanto ao custo de suas ações para o sistema do seguro-desemprego. Havia, em 2013, 38 mil demissões ao mês por motivo pessoal, contra 16 mil por motivação econômica. Em torno de três quartos das demissões por motivo pessoal não foram objeto de contencioso.

A insuficiente internalização dos custos de demissão para o seguro-desemprego, combinada à rigidez de nossas instituições do mercado de trabalho, induz portanto a efeitos perversos múltiplos e de alto custo, sem benefício real nem para as empresas nem para os assalariados.

O parasitismo de outras instituições

Num contexto de emprego escasso, a salvaguarda do emprego torna-se uma preocupação importante. A ponto de se infiltrar, com maior ou menor pertinência, em todos os domínios econômicos. A título de exemplo, consideremos a anomalia francesa em matéria de direito de falências. Em comparação aos seus homólogos estrangeiros, o direito francês protege pouco os credores e é muito favorável aos dirigentes/sócios/acionistas. E, o que reforça minha visão sobre o tema, essa legislação tem por motivação, em geral, a salvaguarda do emprego. A ideia que sustenta tal legislação é que os empregos têm mais chances de ser salvos em caso de dificuldades na empresa se o controle for deixado mais na mão dos sócios que na dos credores.

Além do fato de ser estranho preferir legislar sobre um problema de maneira indireta, em vez de atacar diretamente as suas causas, essa motivação não tem qualquer lastro. De saída, não há qualquer argumento teórico, e ainda menos evidências empíricas, que ampare a tese segundo a qual as instituições francesas protegem o emprego.[31] Os sócios podem de fato ter uma parte de responsabilidade na situação da empresa e estímulos alterados por essa mesma situação. Aqueles que não souberam gerir as oportunidades da empresa não estão necessariamente mais aptos a gerir o destino dos assalariados envolvidos. E mais: os sócios podem assumir riscos (pondo assim em perigo os empregos) a fim de tentar superar as dificuldades. Não há, portanto, razão clara pela qual o sistema atual preservaria o emprego.

Sobretudo, ele novamente negligencia a criação de emprego. Se a frágil proteção aos credores tem um impacto negativo no financiamento e no crescimento da empresa, o que é provável, o resultado final dessa legislação sobre o emprego é sem dúvida negativo.

IV. QUAL A VANTAGEM DE UMA REFORMA E COMO FAZÊ-LA?

A passagem de uma proteção do emprego para uma proteção ao assalariado, a responsabilização da empresa combinada à flexibilidade e a diminuição do papel do juiz não se coadunam com a tradição planificadora francesa. Além disso, é preciso desconfiar dos efeitos de transição. Quais são os ganhos que se deve esperar de uma reforma? Quais são, portanto, os fatores suscetíveis de contribuir para sua realização? Por mais intelectualmente coerente que ela seja, a proposta de maior responsabilização das empresas precisa de ajustes para se tornar operacional. A análise requer, por exemplo, que se reflita sobre a perenidade da reforma, sua transição e aceitabilidade social.

Que impacto pode-se esperar de uma reforma no mercado de trabalho?

A ideia segundo a qual flexibilizar as demissões facilitaria a reabsorção do desemprego é contraintuitiva. De fato, em primeira análise, o impacto final de tal reforma sobre o emprego é ambíguo: de um lado ela faz crescerem as demissões no regime CDI; de outro os empregadores, respaldados pela flexibilidade, contratam mais no regime CDI.[32] Que benefícios então se pode esperar de semelhante reforma?

O primeiro benefício está ligado a um emprego melhor. Como já observamos, as ineficiências do sistema atual são numerosas: um desemprego de longa duração, muito mais pernicioso que períodos de desemprego curto; uma proporcionalidade precária entre assalariados e emprego quando os assalariados buscam novos desafios, ou se desentendem com seus colegas, ou simplesmente permanecem no emprego mesmo tendo se tornado redundantes; o fato de os CDD nunca se transformarem em CDI favorece totalmente o empregador; e, por fim, a demora dos procedimentos e a incerteza que paira sobre empregador e empregado perante a loteria das indenizações. Um emprego melhor contribui seja para maior competitividade entre as empresas (e portanto mais emprego), seja para um maior bem-estar no trabalho, ou os dois.

O segundo benefício é um custo menor para as finanças públicas e o seguro-desemprego. Hoje, as alternâncias entre regime CDD e desemprego, as rupturas consensuais e o desemprego de longa duração se traduzem tanto em altas de imposto quanto em um aumento dos encargos sociais, pouco propícios à reabsorção do desemprego.

Compromisso com a permanência

Como todas as grandes reformas, a reforma dos contratos de trabalho deve ser feita para durar. Para ser eficiente, uma tal reforma requer que os empregadores acreditam nela – ou as empresas poderão, legitimamente, ficar inseguras quanto à capacidade de engajamento do Estado numa verdadeira reforma dos contratos de trabalho. Atraídas por uma promessa de flexibilização das salvaguardas trabalhistas, desejarão elas, no entanto, criar novos empregos cuja proteção será em seguida reforçada por um Estado que não mantém as suas promessas? Em outras palavras, elas não devem temer que as contratações sob o novo regime sejam transformadas, no futuro próximo, em contratos de CDI ao velho estilo, em caso de mudança na maioria parlamentar.

Como sempre, a capacidade do Estado de manter suas promessas contribui para o sucesso de suas políticas. Será necessário, portanto, um mínimo de consenso quanto à necessidade de mudar o contrato de trabalho. O emprego é uma causa nacional, e espera-se que um acordo bipartidário possa ser encontrado para enfim remediar o desemprego e a exclusão.

Uma transição necessariamente gradual

Nessa perspectiva, é preciso cuidar para que os CDI atuais não saiam perdendo. Pode-se imaginar, sem dificuldade, uma onda de demissões ligada a um estoque de empregos em demissão latente, isto é, empregos que as empresas gostariam de extinguir, mas não podem. Tirando novamente lições das experiências feitas no campo fiscal-ambiental,[33] pode-se considerar a atribuição de "direitos de senioridade" aos CDI atuais, que permanecerão por conseguinte sob o antigo código de demissões, resguardando-se que todos os novos contratos seriam regidos pelo novo código. É exatamente o que Matteo Renzi fez na Itália em 2014.[34]

Claro que, mesmo protegidos pelos direitos de senioridade, os empregados em regime de CDI poderiam, apesar de tudo, ter reticências. Poderiam temer promoções que privilegiassem os assalariados sob novo contrato, se eles mesmos não se convertessem à nova modalidade; e, como seus empregadores, eles poderiam duvidar da capacidade de o Estado se empenhar no longo prazo, na medida em que uma maioria de assalariados sob o novo contrato poderia obter no futuro uma abolição completa do CDI, atingindo assim aqueles que tivessem conservado tal estatuto.

Dito isso, a possibilidade ampliada de encontrar um novo trabalho sob o novo regime, bem como as perspectivas desanuviadas quanto à possibilidade de os filhos dos assalariados encontrarem trabalho na França, deverão apagar tais inquietações. Afinal de contas, os países da Europa setentrional, que souberam inteligentemente preferir a proteção do assalariado à proteção do emprego, fizeram reformas que protegem menos o emprego do que o proposto aqui (a securitização flexível não está acompanhada de um *bonus-malus*). Como lembrei no início deste capítulo, a França se caracteriza por uma taxa de emprego baixa, uma taxa de desemprego alta, empregos ruins, mobilidade profissional limitada, relações conflituosas e um sentimento de insegurança profissional. Esperemos que um debate sereno permita a elaboração de reformas que possam atenuar esses problemas.

Outra questão quanto à transição provém da situação atual do mercado de trabalho, que levará necessariamente algum tempo até melhorar. Isso significa que o *malus* para a demissão, no que se refere aos novos contratos, poderá ser elevado, com os assalariados permanecendo em média ainda um longo tempo no desemprego. Será sem dúvida desejável a introdução gradual do sistema *bonus-malus* até que o desemprego seja reabsorvido.

Pedagogia e aceitabilidade social

Mesmo que minha proposta seja menos drástica do que a securitização flexível existente nos países escandinavos, um de seus potenciais atrativos, a flexibilidade dada aos dirigentes de empresas, será também percebido por alguns como seu principal defeito. A exceção francesa em matéria de atitude do público para com os mecanismos de responsabilização constitui um obstáculo à reforma. De fato, para muitos franceses, a ideia de que uma empresa poderia pagar para demitir mais representa um tabu, pois equivaleria a avaliar um comportamento (demitir) julgado imoral.

Tal reticência, porém, invoca duas respostas: de início, hoje a empresa que demite não paga mais que uma pequena fração do custo social da demissão (as indenizações trabalhistas) e são aquelas que não demitem que pagam o essencial desse custo. Colocar o problema em termos morais, por consequência, leva a um terreno muito escorregadio no que tange à própria moral... Em segundo lugar, o mesmo tabu existia, lá se vão vinte ou trinta anos, em se tratando do fiscalismo ambiental, hoje banalizado. Na França (como em outros países), os economistas – que fizeram prevalecer a cobrança de impostos ambientais (ou a introdução de mercados de licenças de emissão negociáveis) benéficos à ecologia e que diminuíam os custos de implementação – escutavam como resposta a mesma ladainha: "Pagar para poluir seria imoral!" Mas por acaso poluir sem pagar é mais moral? *In fine*, o tabu tornou-se minoritário na opinião pública e todos se habituaram ao fisco ecológico. Uma evolução análoga, evidentemente, é desejável no direito de demissão.[35]

O mau funcionamento do mercado de trabalho "salta aos olhos" e é antigo (mesmo que esteja piorando por força da crise). É dever do economista interrogar-se sobre as causas desse imobilismo. Ora, nossas instituições voltadas ao mercado de trabalho são ainda apoiadas pela maioria dos franceses; não é portanto uma surpresa que os governos não tenham pressa em se aventurar a reformá-las. Sucessivos governos, além disso, utilizaram receitas idênticas para combater o desemprego. É fácil para os cidadãos compreenderem que a empresa onde trabalham terá mais facilidade em extinguir seu emprego de prazo indeterminado em um contexto de securitização flexível do que no contexto atual. Bem mais difícil para esses empregados, e também para os desempregados e os assalariados em empregos precários, é identificar e analisar o mecanismo econômico que faz com que um sistema mais flexível possa criar empregos melhores e em maior quantidade.

A complexidade dos mecanismos econômicos não é o único fator a ser considerado. A proeminência das demissões por motivação econômica e seus impactos midiático e político são também responsáveis pela atitude morna da opinião pública em relação à securitização flexível. O assalariado demitido no contexto de um plano de salvaguarda do emprego (PSE) tem um ponto de vista e vive um drama (bastante real, pois o mercado de trabalho francês não permitirá, talvez, sua recontratação num emprego equivalente). Em contrapartida, o grande número de empregos que deixam de ser criados todos os dias em razão da reticência das empresas afeta os anônimos de maneira oposta, isto é, nenhum desempregado ou contratado sob regime de CDD poderá se identificar com um emprego que jamais existiu. As destruições fazem as manchetes dos jornais, as criações têm bem menos destaque (a não ser quando excepcionalmente midiáticas ou reivindicadas pela classe política), e aquilo que deixa de ser criado é invisível.

O fenômeno da vítima identificável, analisado com frequência pelos psicólogos,[36] refere-se à constatação segundo a qual os indivíduos sentem muito mais empatia pelas vítimas nitidamente identificadas (a ponto de se prontificarem a ajudá-las) do que pelas vítimas definidas de maneira mais vaga (as "vítimas estatísticas"). Por exemplo, os cidadãos estão prontos a doar somas consideráveis para aliviar as aflições de uma pessoa cuja imagem e história puderam ver na televisão, mas estão menos dispostos a fazer doações para vítimas anônimas com uma carência de recursos muito maior. No campo do mercado de trabalho, as vítimas identificadas são os assalariados sob a ameaça de uma demissão em massa; as vítimas anônimas são os desempregados para quem o emprego deixa de ser criado.

V. OS OUTROS GRANDES DEBATES RELATIVOS AO EMPREGO

As múltiplas causas do desemprego

Se por um lado ele é emblemático, o contrato de trabalho não é o único responsável pela situação atual. Entre outras críticas normalmente feitas às nossas instituições, devemos mencionar:

- a mediocridade e o custo da capacitação profissional gerada pelos parceiros sociais, uma capacitação que não visa as categorias adequadas de assalaria-

dos, compreende apenas uma fração pequena das capacitações com diplomas ou certificados e que, com o aprendizado, absorve ainda assim €32 milhões por ano, ou seja, 1,6% do PIB;
- a insuficiência do aprendizado[37] e de alternância emprego/estudos;
- a inadequação do ensino em relação à demanda de pessoal das empresas e uma insuficiência de qualificação (o alto índice de desemprego coincide com escassez real de mão de obra para certos tipos de trabalho);
- a escolha francesa de promover a redistribuição em favor dos baixos salários sobretudo por meio do salário mínimo (o salário mínimo francês é o mais elevado da União Europeia), e não tanto pela via fiscal, isto é, através de um crédito de imposto sobre as rendas do trabalho (um bônus para o emprego compensando a redução do salário mínimo, bem como um salário mínimo menos elevado para os que se beneficiarem desse bônus);
- a gestão do seguro-desemprego e do serviço público do emprego (é sintomático que os empregadores se dirijam ao site de anúncios *Le Bon Coin* para recrutar, uma vez que ele oferece um serviço público muito abrangente). O pagamento do seguro-desemprego, medido pelo índice de substituição – relação entre o pagamento de seguro-desemprego e a remuneração recebida anteriormente em atividade –, situa-se na média europeia, mas é muito mais generoso para os altos salários (três vezes mais elevada que na Alemanha, por exemplo). De outro lado, a gestão dos desempregados, aquilo que chamamos genericamente de políticas ativas do mercado de trabalho, é muito diferente do que se observa, por exemplo, nos países escandinavos, onde os desempregados são mais estimulados a encontrar um novo emprego;
- a falta de flexibilidade na contratualização;
- a extinção de certas profissões (por exemplo a de taxista), impedindo a criação de empregos para os quais existe uma demanda.

Não há realmente exceção cultural francesa na matéria, a não ser em comparação com os países do norte da Europa e os países anglo-saxões. As mesmas causas produzem os mesmos efeitos, com os outros países do sul da Europa (Espanha, Itália, Portugal e Grécia), dotados de instituições similares, apresentando eles também, como se viu, estatísticas calamitosas (talvez piores) em termos de desemprego e em particular de desemprego entre os jovens.

Muitos livros serão necessários para tratar desses assuntos. Contentar-me-ei aqui em fazer algumas observações.

Reduzir a jornada de trabalho, uma falsa solução

Os economistas condenam quase unanimemente[38] o sofisma do emprego em quantidade fixa, um conceito segundo o qual o número total de empregos em uma economia é fixo e deve, portanto, ser dividido equitativamente. A introdução das 35 horas semanais na França, que não havia recebido nenhum apoio importante entre os profissionais do ramo e visava criar emprego ao distribuí-lo, pegou todo mundo de surpresa. E no entanto a ideia de que o emprego é escasso é a coisa mais velha do mundo e ressurge regularmente, ainda mais nos períodos de recessão.

Paradoxalmente, a hipótese subjacente à quantidade fixa do emprego – e portanto à da política de redução do tempo de trabalho, de modo a permitir uma distribuição do emprego – é igual àquela que sustenta o discurso dos partidos de extrema-direita quando eles afirmam que os imigrantes "tiram" o emprego dos residentes nacionais, uma vez que a quantidade de empregos será sempre fixa. Outros utilizam-na para preconizar a antecipação da idade de aposentadoria (os sêniores não tomam o trabalho dos jovens?). Outros ainda o fazem com fins protecionistas (as empresas estrangeiras não tiram nossos empregos?). Outros, por fim, inquietaram-se quando foi decidido o fim do serviço militar obrigatório.

De onde vem a ideia de que o trabalho é escasso e o poder público deve intervir para distribuí-lo entre os assalariados? De Malthus, com certeza. No início do século XIX, o recurso escasso era ainda em grande medida a terra. Essa última existia em quantidade mais ou menos fixa, e portanto o próprio trabalho na terra também o era. Hoje o emprego agrícola é uma parte ínfima do emprego total. Naturalmente, o trabalho tem sempre a necessidade de fatores de produção complementares, por exemplo de maquinário, instalações, computadores ou usinas. Mas, contrariamente ao fator de produção "terra", levado em conta por Malthus, esses fatores de produção não se encontram em absoluto numa quantidade limitada, pelo menos a médio e longo prazos. E mesmo no curto prazo os fatores de produção podem, em certas circunstâncias, se ajustar. Em um estudo célebre,[39] David Card (hoje na Universidade de Berkeley) estudou o impacto de 125 mil imigrantes cubanos que chegaram a Miami no espaço de alguns meses em 1980. Essa migração de considerável envergadura, em relação ao tamanho de Miami, não teve praticamente nenhum impacto nem sobre o desemprego, nem sobre os salários das populações que concorriam com os imigrantes cubanos no mercado de trabalho (essencialmente afro-americanos). O trabalho não existia em quantidade fixa; investimentos na indústria têxtil criaram rapidamente os empregos necessários.

No caso da repartição do tempo de trabalho, o arrazoado é ligeiramente diferente. Coloquemo-nos a hipótese de uma redução legal obrigatória do tempo de trabalho favorável aos assalariados e desfavorável à empresa – digamos, sem modificações salariais (na prática, essa redução do tempo de trabalho pode vir acompanhada de mudanças nos acordos salariais ou de subvenções estatais – voltaremos a essa hipótese). No curto prazo, é possível que o emprego aumente para compensar a redução das horas de trabalho, a fim de satisfazer a demanda por contratações e colocar em uso os meios de produção. Mas há duas objeções a esse argumento: de saída, essa criação não passa de fogo de palha; no médio prazo, as contratações, os fatores de produção e o emprego se ajustam. Ora, uma política para o emprego deve criar empregos a médio e longo prazos. Além disso, o custo das políticas públicas, necessariamente, deve ser levado em conta, pois ele fará os impostos aumentarem ou as despesas públicas em outros setores baixarem.

Isso me leva à metodologia usada para medir os efeitos de uma política de redução do tempo de trabalho ou do fluxo migratório, que ilustra a necessidade de proceder a análises econométricas rigorosas. De fato, um choque sobre a oferta ou a demanda de trabalho, como já fizemos notar, jamais vem sozinho. Simultaneamente, a economia pode estar crescendo ou em recessão, e portanto o desemprego naturalmente recua ou se expande independentemente do choque; e mais, em geral se tomam outras medidas relacionadas. Mesmo contentando-se em medir o efeito de curto prazo, é preciso nesse caso separar o efeito da redução do tempo de trabalho, ou do crescimento da população ativa pelo movimento migratório, de outros elementos condicionantes do emprego. Assim, David Card teve de conduzir seu estudo levando em conta que o índice de desemprego estava crescendo no momento do êxodo cubano, além de outros fatores; da mesma forma, para medir o efeito das 35 horas, é preciso corrigir o efeito do ciclo econômico (favorável entre 1998 e 2002), as medidas relacionadas propícias à criação do emprego (as medidas fiscais, os acordos de moderação salarial, o cálculo baseado em dias de trabalho e não mais em horas...). São portanto necessários estudos identificando cuidadosamente o impacto causal[40] das migrações e das políticas de redução do tempo de trabalho (Quebec, Alemanha, França em 1981 e em 2000-02). Aqueles disponíveis não parecem mostrar, mesmo no curto prazo, danos ao emprego no que concerne às migrações, tampouco uma criação de empregos decorrente da redução do tempo de trabalho,[41] o que não aconteceria se o trabalho existisse em quantidade fixa.

Essa ideia falaciosa segundo a qual o trabalho existiria em quantidade fixa é encontrada também em nossas atitudes perante o progresso tecnológico. O emprego muda constantemente. Nos últimos dois séculos, pelo menos, sentimos o temor de que a automação – dos ofícios têxteis (a revolta dos luddistas na Inglaterra no início do século XIX) às linhas de montagem nos anos 1950 e, mais recentemente, à robótica – faça desaparecer o emprego. Todas essas transformações tecnológicas implicam efetivamente o desaparecimento de certos postos de trabalho, mas felizmente não o do emprego (ou estaríamos todos desempregados). Da mesma forma, os estudos mostram que os imigrantes são antes uma oportunidade para o país que os recebe, inclusive para os assalariados.[42] Em resumo, o emprego não existe em quantidade fixa.

Um acompanhamento deve ajudar os assalariados afetados pelas transformações tecnológicas e econômicas. Se elas são inevitáveis, essas mutações têm, não obstante, importantes custos humanos no curto prazo. Os novos empregos não são encontrados necessariamente no mesmo setor da economia onde outros foram extintos. Por exemplo, se a China, país outrora muito pobre, beneficiou-se enormemente da abertura comercial, o que é notável, os Estados Unidos experimentaram um balanço mais modesto, devido a dificuldades encontradas em certas regiões como o Meio-Oeste.[43] A entrada de importações chinesas prejudicou diretamente as empresas americanas concorrentes, bem como as economias locais que as cercavam, bem mais do que a economia norte-americana como um todo.[44]

Entendamo-nos bem: os economistas não tomam jamais partido sobre a questão de saber se se deve trabalhar 35, 18 ou 45 horas por semana. Trata-se, aqui, de uma escolha da sociedade... e das pessoas envolvidas. Sobre esse último ponto, não há nenhuma razão para que, deixadas livres para determinar seu tempo de trabalho (como é o caso dos trabalhadores autônomos), pessoas diferentes façam a mesma escolha; alguns preferirão mais tempo livre a uma renda mais alta, outras farão a escolha inversa. Por outro lado, não tem qualquer fundamento, nem teórico nem empírico, a tese segundo a qual reduzir a jornada de trabalho, antecipar a idade da aposentadoria, impedir a imigração, adotar medidas protecionistas ou reintroduzir o serviço militar obrigatório criará empregos para os outros.

A legislação trabalhista

A legislação trabalhista é, ao mesmo tempo, complexa e dirigista. Complexa: todos o reconhecem. Ela possui 3.200 páginas e continua a crescer com o passar dos anos. Mesmo os professores de direito do trabalho mais afiados não a dominam inteiramente. Por conseguinte, o adágio "Ninguém se escusa de cumprir a lei alegando que não a conhece", em outras circunstâncias muito compreensível, torna-se quase risível nessa circunstância. Espera-se realmente que o dirigente de uma média ou pequena empresa, que não dispõe de um serviço jurídico e que é sugado por outras tarefas, possa se especializar nessa legislação? Mesmo uma grande empresa, com um sólido serviço jurídico, é passível de violar a legislação do trabalho sem o saber.

O aspecto dirigista do direito do trabalho é mais sujeito à controvérsia. A França permanece um dos países onde o Estado e seus órgãos mais intervêm nas relações contratuais entre empregadores e empregados. Em outros lugares, mais liberdade é dada às negociações entre empregadores e assalariados (Grã-Bretanha) ou entre setores de atividade e assalariados (países escandinavos). Certos países (Dinamarca) quase não possuem uma legislação do trabalho e dão livre curso à contratualização e, portanto, ampliam suas chances de adaptação ao ambiente específico de cada empresa ou setor.

Claro, o legislador francês previu a margem para a negociação no âmbito dos setores ou das empresas. Em particular, a lei de 2004 previa que o acordo de uma empresa pode se sobrepor ao acordo setorial se este último o permitir. Contudo, na prática ocorrem muito poucas derrogações à norma superior (obedecendo à seguinte hierarquia: 1) a legislação do trabalho, 2) o acordo setorial e 3) o acordo da empresa). Os acordos setoriais são sistematicamente estendidos, de tal modo que a possibilidade de derrogação se torna obsoleta. Não há nada de surpreendente nisso: os acordos setoriais permitem às empresas de um setor acertarem e transferirem o aumento de custos para o consumidor final (sobretudo nos setores não expostos à concorrência internacional); eles são, pela mesma razão, ruins para a demanda e, portanto, para o emprego.[45] Em razão da extensão quase sistemática dos acordos setoriais, mais de 90% dos assalariados franceses estão cobertos por convenções coletivas, enquanto na Alemanha somente 1% dos acordos são estendidos,[46] o que dá maior liberdade para um acordo da empresa (e muda a natureza dos acordos setoriais, que devem obter a adesão dos parceiros sociais no seio da empresa e cobrir mais que a metade dos empregados).

Isso, evidentemente, não quer dizer que os setores econômicos não devem desempenhar nenhum papel no contrato de trabalho. Direções e sindicatos nem sempre têm a expertise necessária para a redação de tais contratos, ou uma visão clara de suas consequências, sobretudo nas médias e pequenas empresas. Os setores têm, assim, um importante serviço a oferecer como prestadores de serviço, ajudando os parceiros sociais a enquadrar juridicamente suas relações ou concebendo acordos setoriais que sejam uma opção e não uma imposição para as negociações no interior da empresa.

Por fim, notemos que, mesmo no caso em que o acordo da empresa contém dispositivos derrogatórios ao acordo setorial, a legislação do trabalho pode ainda desempenhar um papel importante.[47] Como a teoria dos jogos previu, a legislação define o ponto de referência da negociação e portanto cada parte não pode obter menos do que obteria aplicando a legislação.

A capacitação profissional

Notemos, por fim, que os economistas lançam um olhar severo sobre os mecanismos paritários de capacitação profissional e de aprendizagem, muito custosos e de eficácia discutível.[48] Verdadeira fábrica de desperdícios ligados à complexidade dos mecanismos de arrecadação e financiamento, seu rendimento suscita perguntas. Eles não respondem às necessidades das empresas e, portanto, às dos assalariados; eles não visam inteiramente os mais vulneráveis (mais de ¼ dos alunos cursam o terceiro grau), aqueles para quem o retorno da capacitação profissional é mais elevado; sua avaliação e seu sistema de certificação, destinados a fornecer aos assalariados as habilidades que lhes serão úteis, deixam a desejar.

VI. A URGÊNCIA

Nossas instituições do mercado de trabalho, e mais genericamente aquelas que têm historicamente prevalecido no sul da Europa, não seguem o padrão internacional. Em tese protetoras do assalariado, elas o fragilizam, fazendo-o correr um risco de exclusão e de marginalização. Compreender esse efeito não pretendido exige que se olhe para além das aparências: eis aí a mensagem fundamental deste capítulo.

Outrora a faceta disfuncional de nossas instituições do mercado de trabalho não se fazia tão presente. O crescimento dos trinta gloriosos anos após a Segunda Guerra Mundial permitiu a criação de novos empregos, frequentemente em regime de CDI, e a saúde das finanças públicas autorizava os ajustes. A partir da quarta década pós-Segunda Guerra Mundial, a situação se degradou lenta porém consistentemente. Hoje a França é confrontada com um triplo desafio, e cada um desses desafios exacerba o problema do emprego:

1) *as finanças públicas*. Com uma dívida pública de 100% do PIB, as finanças públicas continuam a se degradar. Conforme constatamos, a política pública para o emprego custa muito caro. Como para o resto do sistema social francês, ela pode correr perigo se não controlarmos as finanças nacionais. Reduzir o índice de desemprego e, assim, o custo da política pública do emprego é parte essencial do controle fiscal.

2) *os imigrantes*. A crise europeia dos imigrantes renova as inquietudes sobre a escassez de empregos; e, por considerável que seja, essa crise não passará de um prelúdio do que acontecerá se não conseguirmos controlar o aquecimento climático.[49] Os imigrantes, no entanto, representam uma oportuni-

dade não apenas cultural mas também econômica para qualquer país. Continua sendo necessário acolhê-los dignamente, e não excluí-los do mercado de trabalho através das nossas políticas de emprego. Mais uma razão para reformarmos as instituições francesas.

3) *o digital*. A revolução digital[50] terá dois efeitos, exacerbando o custo social da rigidez. De início, ela aumentará a rapidez da transformação dos empregos, tornando os muito rígidos CDI ainda menos atrativos para empregadores do que hoje e reforçando a necessidade de termos uma capacitação profissional de melhor nível na França. Em seguida, o mundo do trabalho está ele mesmo em processo de mudança, com um número crescente de empreendedores autônomos, de profissionais ativos trabalhando para vários empregadores, às vezes assalariados, às vezes independentes. Os observadores clamam pela criação de um direito do profissional ativo, que fosse além de um direito restrito ao assalariado. Ora, nossa legislação trabalhista, maciça como é, trata quase exclusivamente do assalariado, e se apoia sobre uma concepção do trabalho que data do emprego nas fábricas. Há, consequentemente, um longo caminho a percorrer a fim de se preparar para a mutação que iremos viver.

Será que realmente já tentamos de tudo para conter a escalada do desemprego? Duvido muito. Tentei neste capítulo explicar por quê, e indicar algumas pistas da reforma. O momento de agir é agora.

10. A Europa na encruzilhada

I. A CONSTRUÇÃO EUROPEIA: DA ESPERANÇA À DÚVIDA

Num continente atormentado pelas guerras fratricidas, a construção europeia havia despertado uma imensa esperança. Garantia de liberdades, de circulação de cidadãos, bens e serviços, capitais, estava destinada a impedir os protecionismos. Garantia de solidariedade, deveria neutralizar os egoísmos nacionais e ajudar as regiões pobres a se desenvolverem graças a fundos estruturais. Mais tarde, ela correspondeu a uma vontade muito menos explícita de alguns países de delegar a uma terceira parte, a Comissão Europeia, a tarefa de modernizar a economia por meio de reformas, tais como a abertura à concorrência, que a classe política julgava necessárias mas não ousava reivindicar em âmbito nacional.

No contexto atual de euroceticismo, é útil lembrar que a ação europeia reduziu as defasagens de renda e que, no conjunto, mesmo levando em conta os calamitosos últimos anos, as instituições europeias contribuíram para o crescimento. A "conquista comunitária", esse conjunto de obrigações às vezes desacreditadas, forçou economias anteriormente disfuncionais a uma gestão mais rigorosa, para benefício das populações.

O próprio euro era uma esperança. Tudo bem, desde o início todos concordavam que as condições ideais para uma união monetária estavam longe de estar reunidas. Não havia união fiscal que oferecesse uma estabilização das economias por meio das transferências automáticas dos Estados-membros saudáveis para aqueles que o são menos (voltarei em detalhe a esse ponto). No entanto, a mobilidade dos trabalhadores é bastante limitada por razões culturais e linguísticas: a oferta de trabalho, por conseguinte, reage insuficientemente a impactos regionais – na época, a mobilidade dos trabalhadores entre Estados europeus era três vezes menor do que entre os estados americanos.[1] Esses dois estabilizadores clássicos dos impactos regionais nos Estados federais estavam ausentes, bem como a possibilidade de desvalorização da moeda para devolver sua competitividade a uma economia em déficit comercial.

Mesmo assim, o euro representava um extraordinário símbolo de integração europeia. Ele devia incentivar o comércio. Muito além do simples conforto para o viajante que pretende ir a Barcelona e depois a Toulouse, sempre pagando em euros, a moeda única elimina a incerteza sobre a taxa de câmbio e consequentemente reduz, para as empresas envolvidas, os custos ocasionados pela volatilidade das receitas dos negócios. Ora, o comércio interno europeu é considerável: mais de 60% das importações dos países membros provêm dos outros países europeus. E era conhecida toda a dificuldade de manter as moedas em faixas de flutuação para limitar a volatilidade das taxas de câmbio, como demonstrara a saída espetacular, em 1992, da libra esterlina do Sistema Monetário Europeu, após os ataques de George Soros, administrador de um fundo especulativo. O euro iria igualmente promover a diversificação da poupança no seio da Europa, contribuindo assim para a estabilidade das economias nacionais. Por fim, o euro facilitaria a circulação dos capitais para os países da Europa meridional, fortalecendo sua credibilidade financeira, e assim lhes permitiria financiar seu desenvolvimento.

Diversos defensores do euro viam nisso uma etapa no caminho de uma integração europeia mais coesa. Pensavam na União Europeia e depois no euro como os primeiros passos para uma verdadeira Europa federativa, seja pela construção progressiva de um consenso para uma integração mais coesa, seja porque seria difícil voltar atrás e, "se é para fazer, melhor ir até o fim".[2] Essa integração não se concretizou até agora e, infelizmente, tudo indica que não venha a se concretizar num futuro próximo. Pois tal integração deve amparar-se num abandono de soberania muito mais amplo que o de hoje, ele próprio construído sobre uma confiança recíproca, uma vontade de partilhar os riscos e um sentimento de solidariedade, coisas que não se decretam e que só estão debilmente presentes no espaço europeu. Reina atualmente, cumpre reconhecer, um desencanto com respeito à construção europeia em geral e do euro em particular (às vezes com sentimentos contrastados, como nos países da Europa meridional, cujas populações preferem majoritariamente permanecer na zona do euro).

Como chegamos a esse ponto? Há um futuro para a construção europeia? Para tentar responder a essas perguntas, irei me deter primeiramente no que precedeu a crise do euro, depois analisarei o caso grego. Como a questão da dívida soberana está presente em todos os espíritos e acha-se na origem dos conflitos que vivemos há cinco anos, colocarei a questão mais genérica da sustentabilidade: quanto um país pode emprestar, permanecendo ao mesmo tempo em sua zona de conforto? Por fim, não evitarei a questão central: quais são nossas opções? Minha proposta então está centrada na crise da zona do euro, e não nas problemáticas de forças centrífugas fora da zona do euro (a questão da saída do Reino Unido da União Europeia, por exemplo) ou, inversamente, da sua ampliação, ou ainda sobre os aspectos não econômicos (como o desrespeito aos valores europeus por alguns dos membros da União).

II. AS ORIGENS DA CRISE DO EURO

Uma dupla crise e uma nova cultura da dívida

Na década que seguiu a criação do euro, o sul da zona do euro enfrentou um duplo problema: de competitividade (preços e salários tendo aumentado muito mais rápido que a produtividade a partir da entrada na zona do euro) e o endividamento público e privado excessivo.

A competitividade

A figura 1 retraça a evolução salarial desde 1998 nos países da zona do euro, com um contraste curioso entre a Alemanha e o sul da Europa – para as necessidades desta análise,[3] incluirei a França entre estes últimos, pois suas peculiaridades, nesse âmbito, são muito mais próximas de seus vizinhos do sul que da Alemanha. Esta praticou sistematicamente a moderação salarial (aliás de maneira relativamente consensual, com os sindicatos dos setores expostos à concorrência internacional sendo favoráveis), ao passo que os salários nos países do sul explodiram. No grupo formado pelos países do sul da Europa (Espanha, França, Grécia, Itália e Portugal) e a Irlanda, os salários aumentaram 40%, enquanto a produtividade aumentou menos 7%.[4] Essa divergência dos salários com relação à produtividade gerou diferenças de preços: preços baixos para os produtos alemães e elevados para os provenientes do sul da Europa. Sem surpresa, o comércio intraeuropeu, que representa, como vimos, 60% do comércio dos países europeus, conheceu fortes desequilíbrios, com a Alemanha exportando e os países do sul importando.

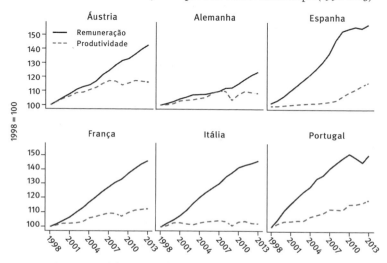

FIGURA 1. Salários e evolução da produtividade na Europa (1998-2013)

Fonte: Comissão Europeia, banco de dados Ameco e Christian Thimann.
Nota: a Grécia não figura no gráfico, pois, embora o aumento da produtividade seja amplamente comparável ao de Portugal, o aumento dos salários foi ainda mais forte, passando em 2008 a 180% do valor de 1998, superando, portanto, a escala dos países selecionados; os salários diminuíram em cerca de 20% depois da crise, passando a 160%.

O que acontece quando um país importa mais do que exporta? Para financiar suas importações brutas, o país (isto é, no fim das contas, suas famílias) deve sacrificar parte de seu patrimônio. Ou seus ativos são adquiridos por particulares, fundos de investimento ou Estados estrangeiros – é assim que 50% das ações das empresas francesas do CAC 40, bem como parte dos imóveis parisienses ou da Côte d'Azur, são hoje propriedade de estrangeiros –, ou o Estado, bancos ou empresas tomam emprestado do estrangeiro. Em ambos os casos, o país vive a crédito, preferindo consumir mais hoje e menos amanhã.

Esses desequilíbrios agravam o problema do empobrecimento dos países do sul da Europa. Embora o caráter acelerado do aumento dos salários com relação à produtividade no sul não suscite controvérsia, diversos observadores também atribuem parte da responsabilidade à política mercantilista da Alemanha. A política alemã tem efeitos díspares sobre o bem-estar dos cidadãos dos outros países. Por um lado, os consumidores desses países comemoram poderem adquirir os bens alemães baratos. Por outro lado, como funcionários de empresas concorrentes das empresas alemãs, eles veem que suas empresas sofrem, não contratam e até mesmo demitem, ao passo que sua probabilidade de encontrar um emprego é fraca; decerto o aspecto disfuncional de seu mercado de emprego deve-se às escolhas políticas dos países concernidos,[5] mas nem por isso os assalariados dos setores expostos à concorrência dos produtos alemães deixam de ser particularmente afetados pela moderação salarial na Alemanha.

E é aí que a moeda única cria problema. Se os países tivessem cada qual sua própria moeda, o Deutsche Mark seria valorizado, ao passo que o franco, a lira, a peseta ou a dracma teriam perdido valor. Os consumidores no sul da Europa teriam visto seu poder de compra seriamente amputado por essa desvalorização, mas, como assalariados dos setores expostos, o retorno de sua competitividade os teria protegido de um desemprego igualmente maciço. Na falta de possibilidade de desvalorização da moeda dos países do sul, as opções restantes eram simplesmente pouco atrativas.[6] Uma consistia em tentar reproduzir uma desvalorização por meio do que os economistas chamam de uma "desvalorização fiscal", da qual uma variante foi a proposta de IVA social na França; esta consiste em aumentar o IVA para elevar, em particular, o preço das importações, e em utilizar o dinheiro assim arrecadado para reduzir os encargos sociais que pesam sobre o trabalho, criando assim, em parte, uma subvenção à exportação e, mais amplamente, uma queda nos preços dos produtos. Essa desvalorização fiscal foi praticada em diversos países do sul, embora em graus muito restritos. Para compensar perdas de competitividade de 10% a 30%, teria sido preciso um aumento considerável das alíquotas de IVA, o que coloca problemas de equidade e fraude fiscal.

A outra alternativa à desvalorização, a queda dos salários ou dos preços (chamada pelos economistas de "desvalorização interna"), também foi utilizada em países como Espanha, Portugal ou Grécia. Alternativa bastante onerosa: se os salários não fizeram senão voltar ao seu nível de antes da entrada no euro,[7] sua forte alta depois disso criara aspirações e compromissos (por exemplo, endividamentos) de famílias que não puderam antecipar esse retrocesso. Alternativa, além disso, muito difícil de implementar, na medida em que os Estados não controlam diretamente senão os salários públicos, de modo que a sincronização das quedas de salários e dos preços não está assegurada.

O endividamento

Não teria sido possível antecipar essa evolução? No caso de Portugal, Olivier Blanchard e Francesco Giavazzi[8] mostravam em 2002 que o agravamento do déficit corrente durante os anos 1990 (ligado ao boom econômico) e até 2000-01 se explica basicamente por uma diminuição da poupança privada das famílias e não por uma alta do investimento. Em suma, o boom econômico português dos anos 1990 ligado à perspectiva de juntar-se à zona do euro devia-se mais à formação de uma bolha do que ao desenvolvimento de uma economia produtiva.

A união monetária resultou em taxas de juros reais negativas nos países em recuperação, que se transformaram em bolhas quando a regulação bancária falhou. Essa progressão dos salários e do poder de compra após 1999 só se tornou possível, como vimos, pelo endividamento e a cessão de patrimônio dos países do sul. A venda das "joias da coroa", aliás, tem seus limites, ainda mais que, a partir de certa proporção de propriedade estrangeira, essas joias perdem seu valor: se as empresas francesas pertencem em grande parte ao estrangeiro, o fisco ou as regulamentações referentes a elas têm poucas chances de lhes serem favoráveis[9] e, logo, os investidores estrangeiros não estarão mais dispostos a desembolsar muito pelos ativos restantes.

O endividamento, por sua vez, também tem seus limites. Chega um momento em que os investidores estrangeiros começam a ter dúvidas sobre a capacidade dos Estados ou de seus bancos de pagar seus empréstimos e começam então a exigir taxas de juros elevadas (eles impõem *spreads*, isto é, uma taxa de juros maior com relação àquelas pagas por emprestadores seguros) ou mesmo simplesmente recusar-se a emprestar.

A menos que... Como mostra a figura 2, até 2009 a Grécia pôde tomar emprestado a uma taxa similar à da Alemanha, quando grande parte da comunidade dos investidores internacionais tinha consciência das dificuldades das finanças públicas do país. Em outros termos, os investidores antecipavam que as regras europeias não seriam respeitadas e apostavam num resgate da Grécia pelos outros países da zona do euro, protegendo-os assim contra o risco de moratória da dívida grega. Mais genericamente, os investidores não duvidavam que a solidariedade funcionaria se um país da Europa meridional viesse a topar com dificuldades. Até certo ponto... O elemento deflagrador da crise foi a revelação pelo novo governo grego, em novembro de 2009, da mentira do governo anterior, a saber, que o déficit era na verdade duas vezes superior ao que fora anunciado (e a dívida superior a 120% do PIB).

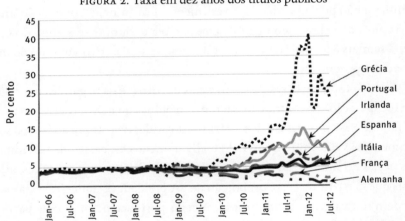

FIGURA 2. Taxa em dez anos dos títulos públicos

Fonte: Niccòlo Battistini, Marco Pagano, Saverio Simonelly, "Systemic Risk and Home Bias in the Euro Area", European Economy, abril de 2013, Economic Papers 494. Os dados são do Datastream.

As baixas taxas de juros nos países da Europa meridional resultaram num endividamento maciço tanto público quanto privado. Ele está na origem da crise que ameaça atualmente a própria existência da Europa. O empréstimo excessivo foi tanto obra de um setor público que era perdulário ou/e se recusava a recolher o imposto (no caso da Grécia), como do setor financeiro (no caso da Espanha e da Irlanda). Por exemplo, se o déficit irlandês passou brutalmente de 12% para 32% do PIB em 2010, isso se deveu efetivamente à necessidade de resgatar os bancos.

A passividade, ou o incentivo à bolha imobiliária e à tomada de risco

Os economistas Carmen Reinhart e Kenneth Rogoff, em seu livro clássico *Oito séculos de delírios financeiros*,[10] mostram que os erros se repetem e que diversas crises soberanas provêm de bolhas – geralmente imobiliárias – que os Estados negligenciaram, ou mesmo incentivaram. A queda substancial do custo do empréstimo na Espanha após 1999 engendrou uma bolha imobiliária espanhola financiada por capitais europeus, e não, infelizmente, uma inflexão desses capitais para a indústria, tornada pouco lucrativa pelos problemas de competitividade. O empréstimo, portanto, não serviu para preparar o futuro e, além disso, onerou os bancos (em particular, as caixas econômicas regionais, as Cajas), que foram resgatados pelo Estado espanhol. O caso da Espanha é rico em ensinamentos.[11] Os grandes bancos permaneceram razoavelmente saudáveis, exceto o Bankia, que foi obrigado a receber uma injeção de capital de 2% do PIB por parte do Estado (que então se tornou majoritário). Em contrapartida, as Cajas estimularam a bolha imobiliária e concederam ilimitadamente empréstimos imobiliários; em grande dificuldade, foram resgatadas ou recapitalizadas pelo Estado.[12]

Como expliquei no capítulo 6, a instância política, no nível federal e regional, decidiu ignorar a advertência do banco central espanhol e incentivar a bolha imobiliária, politicamente promissora, não freando a tomada de risco por parte das Cajas. A catástrofe espanhola sem dúvida teria sido evitada se a União Bancária existisse na época. Com efeito, o Banco Central Europeu (BCE), hoje encarregado da supervisão dos bancos europeus, teria forçado os bancos espanhóis a desacelerar seus investimentos no setor imobiliário. Uma lógica comparável se aplica aos Landesbanken alemães, que têm vínculos políticos e territoriais fortes e criaram grandes dificuldades financeiras para seu país.

O relaxamento da supervisão na Europa afetou efetivamente tanto os bancos privados quanto os públicos: mencionemos em especial os problemas encontrados por Fortis, KBC, ING, Commerzbank e alguns bancos britânicos e irlandeses. Se a crise europeia teve uma virtude, foi de fato esta: apesar das reticências de muitos políticos (e não somente no sul da Europa, a Alemanha querendo conservar sua liberdade de supervisão dos Landesbanken, instrumento político), tornara-se necessário estabelecer uma regulação bancária no nível europeu. As autoridades nacionais de supervisão bancária tinham um

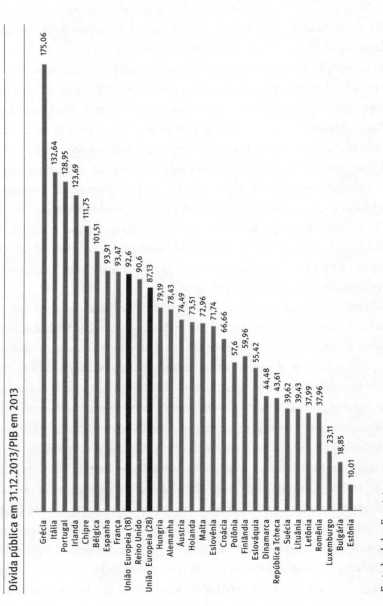

FIGURA 3. O endividamento público na zona do euro

Fonte dos dados: Eurostat
DebtClocks.eu

orçamento limitado e equipes de supervisão sem condições de rivalizar com as dos grandes bancos. Elas também podiam fechar os olhos diante de uma bolha imobiliária ou outra qualquer. Tudo isso depunha a favor da constituição de uma única autoridade bancária na Europa, que se materializou em 2014.

Tenham as despesas públicas ou a supervisão bancária se revelado permissivas, em ambos os casos a dívida pública atingiu níveis elevados nos países do sul, como mostra a figura 3.

Um dique bem frágil

Embora a arquitetura da zona do euro deixe a desejar, não devemos criticar os redatores do tratado de Maastricht por não terem antecipado os perigos. Eles estavam conscientes de que os países da zona do euro poderiam gastar demais ou sub-regular seus bancos, ao mesmo tempo conservando um bom acesso aos mercados financeiros se estes últimos antecipassem uma solidariedade entre países europeus. Por conseguinte, o tratado de Maastricht introduziu simultaneamente um limite ao déficit orçamentário (em sua forma inicial, 3% do PIB), um limite de endividamento (60% do PIB) e uma "cláusula de não resgate". O que se impôs celeremente foi ajustar essa exigência ao ciclo, conforme à ideia razoável de que os déficits em recessão são autorizados, ao passo que, em tempo normal, impõe-se pelo menos o equilíbrio orçamentário.

O Pacto de Estabilidade e Crescimento também previra um monitoramento multilateral, a fim de que os ministros da Economia e das Finanças da União dirigissem uma recomendação a um Estado no caso de derrapagem orçamentária; a etapa seguinte do procedimento dos déficits excessivos devia ser engatada assim que um país superasse o critério de déficit público estabelecido em 3% do PIB, salvo em circunstâncias excepcionais. Na falta de reação significativa do país implicado, o Conselho Europeu podia a princípio impor uma multa, indo de 0,2% a 0,5% do PIB do país em questão (uma política em si mesma pouco confiável, pois impor uma multa a um Estado soberano em dificuldade financeira não é necessariamente oportuno). Essa abordagem foi aprimorada no pacto orçamentário de março de 2012.[13]

Até o presente momento, a abordagem maastrichtiana fracassou. A combinação de regras severas com uma aplicação deficiente constitui uma mistura explosiva.[14] As dificuldades intrínsecas ao exercício são de várias ordens: a falta de adaptação ao contexto nacional, a complexidade da mensuração da dívida e a implantação do monitoramento.

O problema do "tamanho único"

Embora compreensível no plano político, considerando os temores de tratamento discriminatório, a escolha de uma regra uniforme para todos os países não facilita as coisas. Não existe número mágico em matéria de sustentabilidade da dívida nacional. O que é tolerável para um país pode não ser para outro. A Argentina viu-se em grande dificuldade com uma dívida de 60% do PIB, ao passo que o Japão ultrapassou 240% e mesmo assim (ainda) não gerou crise de confiança. Quando podemos dizer que uma dívida pública é sustentável?

A sustentabilidade depende de múltiplos fatores. Por exemplo, uma dívida tem mais chance de ser sustentável se 1) a taxa de crescimento for alta (a receita de impostos aumentará facilitando o serviço da dívida); 2) a dívida for doméstica (os países não gostam de deixar de pagar aos seus cidadãos, seus bancos ou seu banco central – que, em consequência do afrouxamento da política monetária, o *quantitative easing*, vê-se com muitos títulos do Estado; eis por que a dívida japonesa, estimada em 240% do PIB e detida em 90,6% (em 2014) no próprio Japão, até agora não suscitou muitas preocupações);[15] 3) a taxa de juros for baixa (o serviço da dívida é então mais leve); e 4) a capacidade de percepção e de aumento do imposto for grande (países com fraca infraestrutura de recolhimento do imposto, como a Argentina e a Grécia, são, para um dado nível de endividamento, mais facilmente expostos a crises; analogamente, os Estados Unidos dispõem de mais margem de manobra para aumentar os impostos do que a França).

Outros fatores também são determinantes. A possível solidariedade por parte de outros países facilita o endividamento, como se observou no caso da Grécia até 2009; inversamente, a percepção pelos mercados financeiros de que o governo federal nos Estados Unidos não resgatará um estado ou uma municipalidade reduz o recurso destes últimos ao empréstimo. A jurisdição sob a qual a dívida soberana é emitida também desempenha um papel; frequentemente os credores privados são mais bem-protegidos, e logo mais inclinados a emprestar se a dívida for emitida em Londres ou Nova York do que no país que toma o empréstimo.

Além disso, como a intenção de um país de pagar suas dívidas depende do custo que ocasionará uma moratória, esse custo da moratória é igualmente um determinante da capacidade de empréstimo. Esses custos da moratória são múltiplos. Por exemplo, o país pode ter dificuldades para continuar a tomar emprestado devido à perda de reputação[16] (os mercados não confiam mais nele) e ao risco legal para os novos emprestadores (os credores lesados podendo exigir o pagamento dos empréstimos feitos pelos novos emprestadores). Outros custos da moratória para o país em questão incluem o confisco de ativos no estrangeiro (por exemplo os aviões de uma companhia pública) e, mais amplamente, a dificuldade de fazer negócios.

Por fim, quanto mais elevada a dívida, mais problemática fica a situação e maior é a probabilidade de que aconteça o que os economistas chamam de pânicos autorrealizáveis. Se os mercados passam a ter medo quanto à solvência de um país, exigem taxas de juros mais elevadas. Isso aumenta o fardo do pagamento da dívida e torna efetivamente seu pagamento menos provável, "justificando" as antecipações do mercado.[17]

Em suma, embora todos concordem quanto às características que determinam se uma dívida é sustentável e com o fato de que um superendividamento é perigoso para o país, é difícil identificar de maneira precisa o nível máximo de endividamento permitido.

A difícil mensuração da dívida pública

A dívida pública de um país compreende apenas o que é devido com certeza. O leitor talvez fique surpreso ao saber que sua aposentadoria não faz parte das obrigações do Estado. Ela deriva dos compromissos "extrabalanço", na medida em que o Estado não obrigatoriamente fará o pagamento correspondente (em outros termos, o Estado não tem ciência exata do montante e pode modificar as aposentadorias, mesmo que, naturalmente, pense duas vezes antes de fazê-lo). Esse compromisso do Estado não contabilizado na dívida pública representa mais de 90% das aposentadorias na França (contra cerca de 60% no Reino Unido e um pouco menos na Holanda). Mais genericamente, um estudo recente[18] estima que vinte países da OCDE têm um compromisso não financiado com as aposentadorias igual a US$78 bilhões a ser acrescentado à sua dívida oficial de US$44 bilhões. Trata-se, portanto, de somas consideráveis.

Mais genericamente, os governos de todos os países dispendem energia em esconder a dívida pública dentro dos compromissos contingentes, e os controladores em descobrir esses tesouros de engenhosidade: garantias dadas a diversas dívidas de empresas e sistemas públicos ou semipúblicos (como a previdência social ou o seguro-saúde), fundos de garantia dos depósitos ou fundos de pensão subcapitalizados, empréstimos a países de risco por intermédio das instituições europeias (BCE, mecanismo europeu de estabilidade – o dispositivo europeu de gestão das crises financeiras da zona do euro –, resseguro etc.). Outro problema que complica o cálculo da dívida é que ele se concentra nos passivos e não leva em conta as receitas; daí um incentivo a vender ativos e às vezes a malbaratar fontes de receita em troca de *cash* ou de uma redução da dívida.

Uma massa importante de obrigações contingentes do Estado passa pelo risco bancário, como mostram claramente os recentes exemplos americano, espanhol ou irlandês. É um risco que só se materializa com certa probabilidade e que, portanto, pertence ao extrabalanço. Além disso, seu montante formal costuma ser muito mais baixo do que o montante real. Se o Estado precisa socorrer correntistas, na hipótese de o seguro-depósito não possuir recursos suficientes, na prática ele tende a resgatar também outros itens do passivo bancário, como os depósitos das empresas ou os títulos emitidos pelo banco. Na realidade, parte do debate sobre a reforma bancária incide atualmente sobre o perímetro do que pode ser resgatado e do que não pode.[19]

A dívida soberana, contraída pelos Estados, e a dívida privada, contraída pelos bancos, às vezes devem ser consideradas como um todo. A dívida privada bancária é em parte dívida pública: se os bancos estão fragilizados, os Estados também estão, e vice-versa. Ora, durante anos, para determinar o nível de endividamento dos países da zona do euro, nós só raciocinamos sobre a dívida soberana, isto é, dos Estados.

A credibilidade do monitoramento recíproco

Lembremos que o tratado de Maastricht concebera como primeira muralha um monitoramento dos déficits públicos e, como segunda muralha, uma proibição de socorrer os Estados-membros. Nenhuma das duas condições foi respeitada.

No que se refere ao monitoramento, os ministros das Finanças europeus, reunidos no âmbito do Conselho Ecofin, fracassaram em punir diversas violações do Pacto de Estabilidade e Crescimento (68 antes mesmo do início da crise). Nenhuma dessas violações gerou qualquer intervenção. Em 2003, até mesmo França e Alemanha esquivaram-se dessa regra. Além disso, a Europa fechou os olhos para certas práticas de países em vias de entrar na zona do euro ou mostrou-se menos vigilante depois que o país ingressou no bloco. A Itália é um excelente exemplo disso: embora tenha feito esforços consideráveis para reduzir seu endividamento por ocasião da entrada na zona do euro, graças a um superávit primário importante, assim que ingressou diminuiu esse esforço; a queda das taxas de juros limitou os estragos... até a explosão do *spread* italiano no verão de 2011 e a saída do primeiro-ministro (Silvio Berlusconi).

Não surpreende que o monitoramento mútuo e recíproco dos Estados-membros seja bastante relativo: um ministro das Finanças hesita em expor-se à cólera de um país infrator procedendo a uma reclamação, que, de toda forma, tem poucas chances de modificar a decisão coletiva. As agendas políticas também desempenham um papel; o objetivo, aliás bastante legítimo, da construção europeia foi frequentemente invocado para justificar que se fechassem os olhos para práticas contábeis duvidosas ou uma preparação insuficiente para entrar na zona do euro. Por fim, cada país espera por retribuições quando sua vez chegar.

Em se tratando do *não resgate*, a União Europeia viu-se obrigada a violar suas próprias regras indo ao socorro da Grécia; da mesma forma o BCE, que perdoou em segunda mão a dívida pública dos países em dificuldade e aceitou salvaguardas de baixa qualidade. A regra do não resgate ainda não goza de credibilidade na Europa. Assim, colocados diante do fato consumado da iminência de uma falência de um Estado-membro, os países europeus podem dar provas (e deram no passado) de solidariedade por simples temor das "repercussões" que poderiam decorrer disso: repercussões econômicas (redução dos negócios, dos bens e das exposições para as filiais e os bancos no país em bancarrota, propagação para outros países) ou de outra natureza (empatia, ameaça à construção europeia, potencial de dano do país em dificuldade).

A comparação com os Estados Unidos

A título de comparação, nos Estados Unidos, outra união monetária,[20] o presidente Obama recusou-se a socorrer a Califórnia em 2009; mais recentemente, a cidade de Detroit foi obrigada a estruturar suas dívidas perante uma corte de justiça: cabe ao estado ou à cidade se virar e restaurar seu equilíbrio orçamentário sem contar com um resgate por parte do Estado. Na realidade, o resgate de estados ou cidades não existe mais nos Estados Unidos desde 1840. Ou, para ser mais preciso, os raros exemplos de falência de uma coletividade territorial – por exemplo, o resgate da cidade de Nova York em 1975 – foram solucionados mediante uma severa tutelagem por parte do governo federal.

Isso não era o caso até os anos 1840; vários estados haviam se endividado fortemente por ocasião da guerra contra a Inglaterra e estiveram prestes a declarar falência; assim, durante quase cinquenta anos, os resgates pelo governo federal se sucederam. Mas um consenso político se formou, contra os resgates e por mais disciplina fiscal. Os observadores hoje têm os olhos voltados para Porto Rico, que coloca problemas consideráveis, pois está prestes a suspender os pagamentos e muito pobre (daí o risco de cortes orçamentários afetando cidadãos pobres).

O custo para as populações

Os custos para os países superendividados começam antes mesmo que estes declarem moratória sobre sua dívida soberana. O serviço da dívida capta recursos que poderiam ter sido utilizados de outras formas. E o Estado tem cada vez mais dificuldade em adotar uma política anticíclica, isto é, que lhe permita afrouxar o torno orçamentário em caso de recessão ou crise bancária, pois ele deve dar garantias de rigor orçamentário a mercados apreensivos a fim de se refinanciar junto a eles.

Porém, no fim das contas, todo custo do empréstimo está ligado ao ato de dar o calote. E, nesse aspecto, acontece o mesmo com as famílias, empresas e países: o calote acarreta uma perda de autonomia muito onerosa para os atores envolvidos. A possibilidade de represar o endividamento futuro ou, mais genericamente, intervir na gestão das finanças em caso de problema de pagamento é uma exigência fundamental dos credores para emprestar.

No caso de um calote soberano iminente, o mais difícil é tornar os esforços exigidos suportáveis para as populações, ao mesmo tempo certificando-se da realidade desses esforços. Para isso, é preciso que os sacrifícios exigidos sejam justos, poupando apenas os mais pobres. E que a redução das despesas militares, as reformas do mercado de trabalho e das aposentadorias, o fortalecimento e a aplicação das regras fiscais sejam acompanhados de um esforço de investimento nos setores exportadores, na educação e na economia do conhecimento para preparar o futuro.

Por fim, sendo as instituições europeias muito fracas para criar as condições de um retorno da confiança nos países que deverão fazer esses esforços, o recurso ao FMI no processo era inevitável. Talvez seja útil lembrar aqui para que serve o FMI, pois as percepções de seu papel são muitas vezes equivocadas. Para simplificar, o FMI é um prestador de serviços para países em dificuldade financeira. Estes últimos não têm mais acesso aos mercados de capitais, ou somente mediante taxas de juros proibitivas, gerando o temor de uma espiral de pagamentos elevados aumentando a dívida, aumentando as taxas e, logo, os pagamentos etc. O FMI proporciona então liquidez ao país, mas este não é seu papel principal, ainda mais que seus investimentos nos países são geralmente reembolsados e, assim, não constituem em si mesmos uma efetiva ajuda aos países.[21] O FMI impõe condições de retorno a uma gestão mais rigorosa e, com isso, ajuda esses países a reconquistar a credibilidade para poderem voltar a se financiar junto aos investidores internacionais. Pode-se criticar essa ou aquela condição imposta pelo FMI, mas sua razão de ser é ajudar o país em dificuldade, que, a propósito, apela ao FMI de maneira voluntária.

Retorno sobre risco moral

Já mencionei neste livro o risco moral. De maneira geral, o risco moral remete a uma situação na qual o comportamento de uma parte afeta o bem-estar de outra parte (ou exerce uma externalidade sobre essa outra parte), esse comportamento não podendo ser especificado, previamente e de maneira confiável, por um consenso. No contexto particular do empréstimo no estrangeiro, o risco moral remete às escolhas que um país efetua e que reduzem a probabilidade de um pagamento do empréstimo aos credores internacionais. A acumulação de déficits orçamentários e o aumento da dívida logo vêm à mente. A opção por consumir em vez de investir é outro exemplo disso. E, entre as opções de investimento, nem todas têm o mesmo efeito sobre a sustentabilidade da dívida. Os investimentos no setor dos bens comercializáveis (ou não comercializáveis) aumentam (ou diminuem) a capacidade do país de pagar sua dívida; pois para pagar sua dívida, é preciso vender bens no estrangeiro e não importar exageradamente. Um exemplo típico de bem (em grande parte) não comercializável no qual certos países europeus investiram é o parque imobiliário, destinado por definição a ser "consumido" pelos moradores.

Federações como os Estados Unidos ou o Canadá decidiram que a maneira mais segura de prevenir o risco moral é instaurar uma regra de não resgate e ater-se rigorosamente a ela. Foi este o caso, como vimos, nos Estados Unidos desde que o governo federal recusou ajuda nos anos 1840, levando oito estados federados a declarar moratória. No século XX, o Canadá também se recusou a socorrer suas províncias, sem que isso acarretasse falências. Ao contrário, a Argentina socorreu suas províncias endividadas no fim dos anos 1980. Dez anos mais tarde, essas mesmas províncias eram novamente em grande parte responsáveis pelo endividamento colossal do país, levando à famosa crise de 1998 e à moratória soberana de 2001. Um fenômeno similar se aplica ao Brasil e, não muito pertinente aqui, à Alemanha, cujo governo federal ajudou continuamente alguns de seus Länder a partir dos anos 1980. Bremen e Sarre foram resgatados; o que não impediu a derrapagem orçamentária na sequência, muito pelo contrário. Os Länder estavam então entre os principais responsáveis pelo excessivo endividamento do outro lado do Reno.[22] Em parte um excesso de tolerância na origem da perda de credibilidade do Pacto de Estabilidade Europeu, cuja reforma foi obtida pela Alemanha e pela França para evitar sofrer suas penalidades.

III. O CASO DA GRÉCIA: MUITA AMARGURA DE AMBOS OS LADOS...

No dia seguinte ao "Não" ao referendo de 5 de julho de 2015 na Grécia e às tensas negociações que se sucederam, os responsáveis políticos ficaram um pouco aliviados. Os gregos conseguiram manter-se na zona do euro. Aceitaram condições intrusivas (ou uma condicionalidade mais rigorosa, dependendo do ponto de vista que se adote sobre a questão), mas não conseguiram obter uma reestruturação da dívida. O turismo, principal fonte de receitas de exportação, oferece um verdadeiro alívio à Grécia, com os turistas fugindo do Magreb e do Oriente Médio em razão dos problemas de segurança. O resto da zona do euro se regozija com a não implosão e constata que a reviravolta de Alexis Tsipras após o referendo, aceitando condições mais duras, que ele denunciara ao convocar o referendo, foi apoiada pelos eleitores por ocasião das eleições antecipadas de setembro de 2015. Após cinco anos de crise e quando os dois lados tentam ganhar tempo, ao mesmo tempo que acalmam suas opiniões púbicas nacionais, os responsáveis políticos europeus continuam a se concentrar principalmente no curto prazo e têm uma visão limitada do futuro da zona do euro.

Mesmo limitando-se ao problema grego, isto é, sem levar em conta a situação global da zona do euro, as opiniões divergem amplamente. Como sublinha Thomas Philippon, economista e professor na Universidade de Nova York:

> Todo mundo parece ter uma opinião sobre as medidas a serem tomadas para a economia grega e sua montanha de dívidas soberanas. Mas essas opiniões são, no essencial, arbitrárias e não raro repousam num raciocínio incompleto e incoerente.[23]

Alguns no lado pró-Troica[24] minimizam o fato de que a Grécia empreendeu reformas, decerto hesitantes e incompletas, que o país, pela primeira vez em muitos anos, exibia uma taxa de crescimento positiva em 2014, que os assalariados sofreram uma redução não negligenciável de seus salários e que houve um esforço orçamentário e de enxugamento do setor público,[25] por mais hipertrofiado que este fosse. Sobretudo, eles continuam não admitindo que a recuperação da Grécia é freada não só por más políticas, como também pela extraordinária recessão com que o país se vê confrontado. Os investimentos na Grécia foram interrompidos de maneira espetacular em razão da incerteza em torno da demanda no país e das inquietudes suscitadas por uma possível "expropriação" futura; em outros termos, os investidores temem que seus investimentos sejam submetidos mais tarde a uma tributação ou a condições expropriadoras por um Estado grego preocupado seja em pagar uma pesadíssima dívida soberana, seja em continuar a financiar os déficits públicos. Em consequência disso, o desemprego continua extremamente elevado, a despeito de um questionamento de instituições do mercado de trabalho pouco favoráveis à criação de empregos (seguramente, a incerteza quanto à perenidade das reformas do mercado de trabalho não lhes permite produzir seu efeito pleno). Alguns, fora do FMI, continuam a descartar a ideia de um alívio da dívida, ao passo que a Grécia luta para honrar até os magros pagamentos atuais (graças às reestruturações anteriores da dívida, os prazos são muito longos e os pagamentos efetivos só começarão em 2022).

No lado anti-Troica, outros continuam a não reconhecer que a Grécia já se beneficiou de uma ajuda substancial.[26] Quase sempre, eles omitem recomendar verdadeiras reformas quando apelam por um alívio da dívida. Não obstante, diversas reformas já aprovadas só existem no papel e não foram implementadas. Do lado fiscal, os privilégios de que gozam os mais ricos e a injustiça entre assalariados (que não podem escapar ao imposto) e não assalariados (que pagam muito pouco imposto) foram denunciados, mas bem pouco combatidos. Pouca coisa foi empreendida para abrir os mercados de produtos (afora algumas ações simbólicas como a liberalização das horas de abertura das farmácias), e ações em favor do crescimento ainda são possíveis nesse domínio. Analogamente, a administração, mesmo exibindo progressos, continua a ser um freio à gestão privada; as comparações internacionais sempre classificam a Grécia muito baixo em termos de eficiência dos tribunais para fazer respeitar os contratos ou facilitar negócios. A suspensão das convenções coletivas em determinados setores (tais como os transportes públicos) e a evolução da legislação em matéria de negociações coletivas a fim de incentivar convenções coletivas no nível da empresa e não da corporação são significativas, mas a ameaça de uma anulação dessa decisão não cessa de pairar (mais genericamente, o hábito dos partidos no poder de questionar sistematicamente o que os antecessores fizeram não ajuda o país). A reforma das aposentadorias acaba de ser adotada pelo Parlamento, faltando implementá-la.

O lado anti-Troica também se recusa a reconhecer que certa reestruturação das finanças públicas (ou "austeridade", como preferirem) era inevitável; como afirma Olivier Blanchard, economista-chefe do FMI de 2007 a 2015:

> Mesmo antes do programa de 2010, a dívida grega se elevava a €300 bilhões, ou seja, 130% do PIB. O déficit representava €36 bilhões, ou seja 15 ½ do PIB. A dívida acusava uma progressão anual de 12%, o que evidentemente era insustentável.

Se a Grécia fosse abandonada, ficaria simplesmente impossibilitada de tomar empréstimos. Com necessidade de financiamentos brutos de 20%-25% do PIB, ela seria obrigada a reduzir seu déficit orçamentário na mesma proporção. Mesmo com um calote total, considerando um déficit primário de mais de 10% do PIB, ela seria obrigada a comprimir seu déficit orçamentário em 10% do PIB de um dia para o outro. Isso teria acarretado ajustes muito mais dolorosos e um custo social muito mais elevado do que no âmbito dos programas, que concederam à Grécia mais de cinco anos para conseguir um superávit primário equilibrado.[27]

Ao pedir a anulação da dívida e a criação do equivalente de bônus Brady,[28] o lado anti-Troica em suma não leva em conta o fato de que os países da zona do euro, ao contrário dos bancos comerciais que eram os credores dos países da América Latina, não têm a possibilidade de manter suas distâncias após a reestruturação da dívida; seu bem-estar está ligado ao da Grécia e a reestruturação da dívida grega não acarretará necessariamente o fim de sua participação financeira no país. Se o endividamento da Grécia, a meu ver, é excessivo e corrói o futuro do país, a situação é mais complexa do que sugere a proposta de uma anulação pura e simples da dívida.

Um confronto no qual ninguém sai ganhando

Há fortes razões para nos preocuparmos. Em primeiro lugar, quanto aos resultados econômicos. É pouco provável que o investimento na Grécia seja retomado a curto prazo. Os balanços dos bancos sendo onerados por empréstimos às empresas e empréstimos hipotecários improdutivos e travados pela detenção da dívida nacional, aportes de fundos específicos para os bancos serão necessários; essa recapitalização aconteceu no outono de 2015.

Tampouco nada indica que uma abordagem intrusiva obrigatoriamente compense. Se examinarmos as privatizações exigidas dos gregos, decerto não resta dúvida de que a gestão dos ativos públicos não deverá ser delegada à Nomenklatura; porém, independentemente do princípio, sacrificar os preços não ajudará o governo grego nem, de maneira indireta, seus credores. Os compradores nacionais são raros e os compradores estrangeiros reivindicam preços baixos, pois temem logicamente que diversas políticas do governo, destinadas a satisfazer os grupos de interesse locais ou a levantar fundos, os expropriem, no futuro, de parte de seus investimentos. Aqui também, a falta de visibilidade a longo prazo é prenhe de consequências.

A segunda preocupação diz respeito às relações europeias. As relações entre os povos da União Europeia, que os pais fundadores conceberam para promover a paz no continente, se envenenam cada vez mais. Embora a sigla insultante Pigs[29] ("porcos") tenha desaparecido, em razão da melhora da situação em Portugal, Irlanda, Itália e Espanha, assistimos a uma ressurreição de velhos e tristíssimos clichês sobre os povos, em especial os alemães e gregos; os populistas antieuropeus de esquerda e, principalmente, de direita ganham eleitores a cada dia que passa.

Além disso, os acordos são cada vez mais obtidos sob ameaça. O último em data, por exemplo, opôs, em julho de 2015, dois adversários empenhados numa queda de braço. De um lado, a saída da Grécia da zona do euro (o Grexit) ameaçava a Europa com uma vasta reviravolta política nos Bálcãs, com um repúdio da dívida (que, de toda forma, se produzirá numa certa medida, mas que os governos preferem adiar por razões eleitorais) e com a responsabilidade do que, nessa hipótese, aconteceria na Grécia. Do outro lado, a solução europeia, aquela que terminou por obter uma "vitória" a curto prazo, era movida pelo desejo de enviar aos movimentos populistas da Europa a mensagem de que nada nunca é de graça e apontar o dedo para as consequências humanitária e econômica que o Grexit teria infligido aos cidadãos gregos. Os gregos compreenderam que deveriam fazer face a problemas jurídicos de extrema complexidade para voltar à dracma (desvalorizada) – o que, em si, não seria o fim do mundo – e equilibrar seu orçamento, sofrer sanções, aceitar uma nova queda de produção a curto prazo, enfrentar uma desigualdade maior e inclusive, talvez, perder parte do seu *acquis communautaire** sob a pressão dos todo-poderosos partidos populistas.

---

* O *acquis communautaire*, ou acervo comunitário, corresponde ao conjunto das leis que se aplicam mais genericamente aos países da União Europeia. É geralmente aceito que ele permitiu proteger governos contra os poderosos lobbies nacionais e que, portanto, beneficiou os países que se juntaram à União (por oposição aos outros países: ver, à guisa de comparação, as trajetórias bem distintas da Polônia e da Ucrânia, mesmo antes do drama que recentemente sacudiu esta última).

Dois roteiros extremos: Grexit e a instalação da Troica em Atenas

A imprensa comentou muito a possibilidade de a Grécia sair da zona do euro, até mesmo da União Europeia (Grexit); o próprio ministro das Finanças grego concebera um plano de saída do euro às vésperas do referendo de julho de 2015, enquanto seu colega alemão falava de um Grexit temporário.

O benefício para a Grécia de uma saída do euro seria restabelecer rapidamente sua competitividade; a depreciação da moeda (a dracma) que se seguiria tornaria os bens e serviços gregos baratos e, inversamente, os bens importados muito caros. Isso relançaria a atividade e, consequentemente, o emprego. Entretanto, como eu disse, uma saída assim do euro poderia revelar-se bastante onerosa para os cidadãos gregos, independentemente da perda do poder de compra. Em primeiro lugar, provocaria uma moratória do Estado e dos bancos gregos, que teriam dificuldades para voltar a pagar suas dívidas denominadas em euros com uma moeda desvalorizada, a nova dracma. O Estado teria de proceder, como a Argentina em 2001, a uma redenominação em moeda local do passivo (e ativo) bancário e, mais genericamente, dos contratos ("pesificação" na Argentina); mas isso não passa de uma forma de moratória e não evitaria nem as sanções internacionais, nem uma perda suplementar da reputação do país. O país não poderia mais tomar emprestado no estrangeiro e teria de equilibrar instantaneamente seu orçamento, o que provocaria um ajuste brutal. A Grécia perderia também os €5 bilhões anuais que recebe da Europa. Embora pague, como os demais países europeus, 1% de seu PNB em contribuições, a Grécia recebe 4% dos fundos estruturais; a União Europeia, que nos últimos anos tornou-se o seu principal credor, estaria no direito de não mais proceder ao pagamento dos fundos estruturais em caso de não reembolso. Por fim, a Grécia veria suas desigualdades, já extremamente drásticas, dispararem; os gregos que colocassem seu dinheiro no estrangeiro ficariam muito mais ricos graças à queda da dracma, enquanto os cidadãos comuns veriam seu poder de compra recuar ainda mais.

As opiniões divergem quanto à possibilidade de contágio para outros países europeus. Os bancos europeus dispõem agora de pouquíssimos ativos na Grécia, ao contrário de 2001, quando, por ocasião do primeiro resgate da Grécia, uma moratória grega teria feito os bancos alemães e (mais ainda) franceses sofrerem perdas significativas. Quanto ao impacto de um Grexit sobre os outros países, duas opiniões prevalecem: uma afirma que os mercados financeiros entrariam em pânico, pois sair do euro deixaria de ser um tabu; uma versão mais interessante do mesmo argumento é que os mercados aprenderiam que a União Europeia não está mais presente para garantir as dívidas de um de seus membros, o que ela já começara a sugerir, impondo perdas aos credores privados do Estado grego em 2011[30] e aos correntistas que não se beneficiavam de um seguro-depósito no Chipre em 2013. Inversamente, outros argumentam que uma saída do euro, onerosa para a Grécia, enfraqueceria os populismos nos outros países do sul, que surfam num sentimento antieuro. Eles também acrescentam que o rigor na negociação com a Grécia beneficiaria os países que fizeram esforços ou não se beneficiaram das transferências concedidas à Grécia (Espanha, Portugal, Irlanda, Leste Europeu); aliás, devemos notar que esses países eram os aliados da Alemanha na defesa do rigor.

O Grexit é uma opção arriscada, assim como a continuação da tendência atual. É aceitável querer ganhar tempo, mas, a fim de não correr para a ruína, os responsáveis políticos deverão refletir sobre a questão mais geral do futuro da zona do euro. Seja qual for a opinião que se tenha sobre a situação, deveria existir um consenso pelo menos sobre alguns pontos.

1) A Troica não pode continuar a codirigir o país durante trinta anos. Se a dívida grega de 180% do PIB, aliás caracterizada por uma forte taxa de propriedade estrangeira, é gigantesca para um país de capacidade fiscal limitada, ela ainda assim tem uma maturidade média longa (cerca de duas vezes a das outras dívidas soberanas) e uma taxa de juros bastante baixa, na esteira das reestruturações de 2010 e 2012. Os pagamentos se tornarão substanciais após 2022 e daí em diante por muitos anos. Podemos conceber uma presença tão prolongada da Troica? O referendo e o descontentamento geral manifestados na Grécia mostraram os limites previsíveis do exercício. Por sinal, o FMI é geralmente solicitado por um país em dificuldade para ajudar a restabelecer sua credibilidade e superar um problema de liquidez a curto prazo; a democracia exige que a intervenção do FMI seja temporária.

2) O investimento na Grécia, e por conseguinte no emprego, tem poucas chances de se recuperar enquanto não houver visibilidade a longo prazo.

3) As reformas são preferíveis à austeridade, mesmo se tivermos que admitir que sua natureza exata é difícil de especificar num acordo.
4) O alívio da dívida é provavelmente necessário, mas em si permite apenas ganhar tempo e corre o risco de, na sequência, levantar a questão de um novo alívio da dívida.
5) A solidariedade e a responsabilidade caminham juntas; e a Europa precisaria de um pouco mais desses dois elementos.
6) A solidariedade é uma decisão política; o BCE desempenha seu papel aportando liquidez de maneira anticíclica (isto é, em casos de recessão ou risco de recessão) e impedindo propagações de maneira pontual, mas não deveria ser obrigado a dar um apoio permanente aos países em dificuldade sob pretexto de que essa solidariedade é mais difícil de obter dos parlamentos do que de um organismo não eleito; sua (indispensável) independência pode ser comprometida ao fazer isso.
7) Mergulhando a zona do euro em liquidez, o BCE lhe dá tempo e possibilidade de sair do buraco. Mas o BCE não pode resolver os problemas; convém imperativamente que os países, individual e coletivamente, tirem proveito da trégua concedida pelo BCE para ajustar suas instituições.

IV. QUAIS SÃO AS OPÇÕES PARA A EUROPA DAQUI EM DIANTE?

Os pais fundadores da União Europeia tinham uma visão de longo prazo para administrar um período pós-guerra potencialmente perigoso e souberam mobilizar apoio político para construir a Europa; hoje, voltamos a precisar desse tipo de visão de longo prazo. Simplificando ao máximo, existem duas estratégias de gestão da zona do euro: a estratégia atual repousa numa melhoria do tratado de Maastricht e não prevê mecanismos automáticos, tais como um orçamento ou seguro-depósito ou seguro-desemprego comuns, capazes de estabilizar uma economia em dificuldade; nesse aspecto, implica uma partilha limitada dos riscos.

A segunda solução, mais ambiciosa, é a do federalismo e implica uma divisão maior dos riscos. A União Bancária é um embrião de federalismo. Se ela for acompanhada de um seguro europeu dos depósitos dos pequenos correntistas nos bancos europeus, por sua vez supervisionados de maneira centralizada, será um passo importante na direção da divisão dos riscos com um risco moral limitado para os Estados-membros (que não supervisionam mais seus bancos nacionais). Ainda que as opiniões a esse respeito se dividam, podemos dizer que uma União Bancária corretamente executada mudará a configuração do tabuleiro. Evidentemente, o monitoramento bancário europeu está ainda engatinhando e deve provar sua independência com relação aos Estados-membros e ao setor bancário. Além disso, determinadas características da supervisão bancária, em especial sua fraca cobertura política e midiática, que facilitaram o abandono da soberania através da criação da União Bancária, talvez façam falta em outras ações em favor de um Estado federalista. Logo, não é seguro que as populações aceitem tão facilmente as próximas etapas rumo a um federalismo europeu.

Pergunto-me se os europeus e seus dirigentes têm plena consciência das condições necessárias para que uma ou outra abordagem funcione; não se pode ao mesmo tempo insistir na soberania e exigir uma divisão maior dos riscos. E é este o fundo do problema.

A opção Maastricht melhorada

A abordagem maastrichtiana infringe o princípio de soberania dos Estados-membros unicamente pelo monitoramento das dívidas e dos déficits públicos. Teoricamente, ela exclui os resgates. Na prática, confrontada com uma situação difícil por um de seus Estados-membros, a União Europeia dá provas de solidariedade. No entanto, essa solidariedade não prevista ou *ex post* é necessariamente limitada (na realidade, todos os debates para determinar quem seriam os ganhadores e perdedores de um estímulo fiscal alemão mostram os limites da solidariedade *ex post*). Como apontei num artigo recente,[31] os países mais estáveis têm pouco interesse em proporcionar mais seguro (por exemplo, sob a forma de empréstimos pelos quais seriam solidariamente responsáveis) aos países de maior risco, na medida em que estes últimos não podem indenizá-los pelo custo dessa iniciativa sem pedir mais emprestado. Esse "pouco interesse" não remete apenas a um puro interesse financeiro: ainda que os países seguros sintam empatia, ainda que temam repercussões geopolíticas ou sejam movidos por uma consideração completamente diferente que os faz recear uma moratória de um Estado-membro, eles podem sempre exprimir essas considerações *ex post* por ocasião de uma operação de socorro sem com isso quererem atar-se as mãos *ex ante*.

O calcanhar de aquiles da construção maastrichtiana é o controle dos déficits, decerto complexo, como vimos acima, mas igualmente enfraquecido pela falta de vontade política de intervir a montante, no momento em que o rigor custasse menos caro. Seguramente, alguns progressos foram realizados graças à introdução de um pacote de reformas, conhecido como "Two-Pack", que prevê uma auditoria externa das políticas orçamentárias. Mas sua eficácia ainda deve ser testada, na medida em que, no caso de descumprimento por parte de um país, a Europa não tem o poder de fazer cumprir o dispositivo.

Dado que o processo político tem poucas chances de produzir os resultados esperados, a abordagem maastrichtiana parece exigir a implantação de um conselho orçamentário altamente profissional e independente, intervindo no déficit e não na maneira de reduzir (baixar as despesas vs aumentar os débitos) ou na composição das despesas e receitas. Uma inovação recente é a introdução, nos Estados-membros, de conselhos orçamentários independentes (como já existiam em determinados países, como a Alemanha e a Suécia). Ter uma avaliação independente feita por técnicos[32] é útil para apontar anomalias; por exemplo, a maioria dos governos utiliza sistematicamente previsões da taxa de crescimento otimistas com fins orçamentários, para inflar sua previsão de receitas fiscais e não parecer (muito) em déficit. Às vezes, os conselhos orçamentários independentes têm um mandato mais amplo, como o conselho orçamentário sueco, compreendendo a avaliação das consequências das políticas governamentais e a de sua viabilidade.[33]

Ao contrário dos conselhos nacionais que foram impostos em 2011 aos Estados-membros, esse conselho orçamentário deveria ser europeu (o fundo do problema sendo, no fim das contas, a relação de "agência" existente entre a União Europeia e os Estados-membros) e ter condições de impor uma ação imediata e corretiva. Além disso, considerando que as sanções financeiras revelam-se pouco desejáveis quando um país já tem dificuldades financeiras, outras medidas deviam ser adotadas, acentuando, justamente por isso, as inquietudes relativas à legitimidade e à soberania. No entanto, as tendências soberanistas atuais, sem dúvida alguma, depõem a favor da melhoria da abordagem maastrichtiana.

Para resumir, por mais interessante que seja a introdução de conselhos orçamentários independentes, não convém esperar milagres de tal iniciativa. Podemos lamentar o fato de que seus membros em geral sejam nativos dos países em questão, quando a essência de sua missão é de natureza europeia. E, acima de tudo, eles não resolvem a questão de saber o que fazer quando um país não responde às advertências, um caso nada teórico...

A opção do federalismo

Uma divisão de riscos mais rigorosa

Historicamente, inúmeros países, a começar pelos Estados Unidos no fim do século XVIII, reagiram às dificuldades de seus componentes subnacionais aumentando a capacidade de endividamento do governo federal e concebendo um sistema de transferências sistemáticas entre esses componentes. A abordagem federalista implica inevitavelmente uma divisão de riscos consideravelmente mais elevada do que prevê a União Europeia atual. Uma integração radical tornaria os países europeus corresponsáveis pelas dívidas de uns e outros mediante a emissão de eurotítulos, isto é, títulos emitidos conjuntamente pelos Estados da zona do euro e para cujo pagamento os Estados se apresentariam como conjuntamente solidários: se um Estado se mostrasse inadimplente, sua dívida seria assumida pelos outros Estados. Um orçamento, um seguro-depósito e um seguro-desemprego comuns seriam "estabilizadores automáticos", oferecendo maior proteção aos países em dificuldade temporária. Por exemplo, o imposto de renda, em especial em virtude de sua progressividade, opera transferências importantes das regiões ricas para as regiões pobres, que, por sua vez, têm despesas (aposentadorias básicas, saúde) tão elevadas quanto as outras regiões.

Discute-se a importância dessa divisão de riscos com orçamentos e salvaguardas comuns. Parece que nas federações, como os Estados Unidos, essa estabilização é limitada e menos relevante do que a que opera através do mercado financeiro, isto é, pela diversificação dos portfólios das pessoas físicas e das empresas muito além das fronteiras do Estado.[34] Mas talvez essa divisão de riscos, seja qual for sua fonte, tenha contribuído para dar maior credibilidade à política preconizada de não resgate. Lembremos que o governo federal americano não socorre seus estados desde os anos 1840: a existência de estabilizadores reduz as desculpas para um desempenho fraco.

As condições prévias ao federalismo

A visão federalista exige duas condições prévias. Em primeiro lugar, todo contrato de seguro deve normalmente ser assinado sob o véu de ignorância. Você não aceitaria mostrar-se solidário comigo num plano de seguro de imóvel se minha casa já estivesse pegando fogo. Eis por que uma divisão de riscos elevada é provavelmente inaceitável para os países da Europa setentrional. A atual assimetria entre os países do norte e os países do sul poderia eventualmente ser corrigida, identificando e isolando os problemas herdados do passado e tratando-os de maneira adequada. Esse problema é real e complexo, mas pode ser resolvido. Por exemplo, concebendo um sistema de seguro dos depósitos europeus, as perdas pregressas dos bancos em dificuldade podendo ser tratadas graças à criação de estruturas de alienação colocadas sob a responsabilidade de cada Estado-membro.

Segundo ponto, muito mais fundamental ainda, os países vivendo sob um mesmo teto devem dispor de leis comuns para limitar o risco moral. As regras comuns deveriam concernir aos domínios que, em caso de má gestão, podem levar um país a pedir auxílio. Assinalemos que a regulação dos bancos não deve ser feita no nível dos Estados, pois o setor bancário e as políticas podem então exercer excessiva ingerência na supervisão. Mais complexo é o caso de um sistema de seguro-desemprego comum. A taxa de desemprego nos países da zona do euro é apenas em parte determinada pelo ciclo econômico, que, por sua vez, poderia justificar um mecanismo de salvaguarda; depende igualmente das escolhas relativas à proteção do emprego, às políticas ativas do mercado de trabalho, aos encargos da previdência social, aos organismos de formação profissional, às negociações coletivas e à proteção das profissões, entre outras coisas. É evidente que os países que escolhem instituições dando taxas de desemprego de 5% não quererão partilhar um seguro com os que produzem 20%. É lícito pensar que o mesmo acontece com as aposentadorias e, principalmente, o sistema judiciário. No entanto, os europeus, incluindo alguns dos que se dizem federalistas, ainda são muitos a se oporem à ideia de se desfazer ainda mais de sua soberania.

A abordagem federalista não será mais favorecida com a simples criação de uma Europa política. É preciso primeiro um acordo sobre uma base de leis comuns, como fora o caso antigamente, decerto de maneira mais modesta, primeiramente na fase inicial da construção europeia, depois na constituição progressiva do que chamamos de conquista comunitária. Os países que empreenderam reformas dolorosas no plano político poderiam temer ver suas conquistas irem pelo ralo. De uma maneira mais geral, cada Estado-membro temerá que o profundo inacabamento contratual da Europa política dê um resultado ainda mais distante de sua aspiração do que o resultado que temos hoje. As consequências do federalismo devem ser compreendidas por todos antes de tomarmos esse caminho.

Os limites da solidariedade

O federalismo é às vezes mais que um contrato de seguro entre regiões de uma mesma federação. Em outros termos, as transferências entre regiões podem ser mais estruturais do que conjunturais.

Nos Estados Unidos, estados ricos como a Califórnia e Nova York subvencionam considerável e sistematicamente os estados pobres, como o Alabama ou a Louisiana; Novo México, Mississippi e Virgínia Ocidental receberam em média mais de 10% de seus PIBs nos últimos vinte anos;[35] sem falar em Porto Rico, que atualmente recebe do restante dos Estados Unidos 30% do seu PIB. A Alemanha opera transferências importantes e previsíveis entre Länder, que recebem, sem exceção, praticamente os mesmos recursos por habitante. Da mesma forma, o norte da Itália transfere para o sul do país, o sul da Inglaterra para o norte, a Catalunha para o restante da Espanha e, hoje em dia, Flandres para a Valônia (antigamente os fluxos financeiros iam da Valônia para Flandres).

Em suma, tudo depende da vontade das regiões ricas de financiar as regiões pobres. Não conhecemos ainda senão imperfeitamente o que determina essa vontade. Está claro que uma língua e um sentimento nacional comuns ajudam a gerar essas transferências unidirecionais: é o caso da Alemanha ou da Itália. Pode-se argumentar que as correntes separatistas fortes na Catalunha ou em Flandres estão, precisamente, ligadas à distância cultural e linguística. Mais genericamente, uma observação clássica é que o Estado-providência é na maior parte do tempo mais desenvolvido nas comunidades homogêneas.[36] O que é verdade para as coletividades territoriais é sem dúvida verdade nos níveis nacional e internacional: seja para o bem ou não, as populações são mais receptivas à redistribuição quando os beneficiários lhes são próximos cultural, linguística, religiosa ou racialmente.

E agora

Difícil dizer antecipadamente que caminho a Europa tomará para resolver seus problemas; talvez uma nova melhoria de Maastricht, acompanhada de formas de integração específicas, porém obrigatoriamente limitadas, do tipo da união bancária. Mas se nós, europeus, desejamos viver sob o mesmo teto, devemos aceitar a ideia de perder um pouco mais de nossa soberania. E, para alcançar isso numa época soberanista, devemos reabilitar o ideal europeu e permanecer unidos em torno dele, o que não é pouco.

11. Para que servem as finanças?

Poucos temas econômicos despertam tanta emoção como as finanças. Depois da crise de 2008, as fileiras de seus detratores engrossaram consideravelmente e seus defensores buscam a discrição. Todos hão de concordar que o mundo financeiro continua a ser uma força econômica importante em todos os países desenvolvidos. Mas isso é uma coisa boa ou ruim? Para abordar a questão, precisamos compreender as razões das finanças, sua utilidade, suas disfunções, sua regulação. O papel do economista é ajudar a atenuar as deficiências do mercado. Eis por que, após apontar a necessidade das finanças para a organização da sociedade, dedicarei o essencial deste capítulo a compreender em que medida elas podem representar um problema e como o Estado pode abordar a questão. Depois disso, apresentarei no capítulo seguinte um diagnóstico da crise financeira e do novo estado do mundo após a crise.

I. PARA QUE SERVEM AS FINANÇAS?

Comecemos com uma evidência: as finanças são indispensáveis à economia. Se não fossem, bastaria proscrevê-las, poupando-nos crises e resgates do sistema financeiro. Nenhum país, naturalmente, escolheu essa opção. Esquematicamente, as finanças cumprem duas funções do lado dos tomadores de empréstimo: financiar ou ajudar a financiar as empresas (da empresa modesta à do CAC 40), as famílias e os Estados; e fornecer soluções que lhes permitam abrigar-se dos riscos suscetíveis de desestabilizá-los. Ao fazer isso, o sistema financeiro fornece também opções de poupança às famílias.

As finanças fazem especialmente a intermediação entre poupadores pouco informados (você e eu) e os tomadores de empréstimo. Até uma data recente, o cerne da atividade do banqueiro era receber a poupança das famílias e dirigi-la para empréstimos, consentidos a outras famílias que investem em imóveis e bens de consumo duráveis e às pequenas e médias empresas para lhes permitir financiar seu crescimento ou simplesmente atravessar um momento difícil. As famílias e as pequenas e médias empresas tradicionalmente só podem tomar emprestado dos bancos, ao passo que as grandes empresas têm frequentemente a possibilidade de se financiar por autofinanciamento e emissões de títulos no mercado. Drenando o dinheiro das famílias para as empresas mais promissoras, isto é, selecionando as empresas que devem beneficiar-se dos empréstimos, o setor financeiro participa então de uma alocação e realocação dos fundos disponíveis para as empresas que farão o melhor uso desses fundos. As finanças, por conseguinte, são um fator essencial do crescimento econômico.

Ao fazer isso, os bancos exercem atividades de transformação de maturidade e de criação de liquidez. Eles emprestam preferencialmente a longo prazo e tomam emprestado preferencialmente a curto prazo. Assim, nosso banco nos dá acesso imediato a nossos depósitos, mas nos empresta com prazo de vinte anos quando queremos comprar uma casa. Isso cria uma fragilidade potencial para o banco, à qual voltarei: se todos os correntistas requererem o pagamento de seus depósitos ao mesmo tempo, quando o banco ainda não dispõe das entradas correspondentes aos empréstimos concedidos, este será obrigado a arranjar dinheiro fresco para honrar sua promessa de liquidez dos depósitos, seja encontrando outros depositantes, seja revendendo os créditos (empréstimos imobiliários e às empresas) de que ele é proprietário.

As finanças também criam opções de seguro para as empresas, famílias e administrações. Da mesma forma que uma companhia de seguros nos permite fazer um seguro contra um acidente automobilístico, um incêndio no nosso apartamento, invalidez profissional ou óbito, os bancos, companhias de seguros e resseguros permitem às empresas se protegerem contra circunstâncias que poderiam ameaçar seu crescimento ou mesmo sua sobrevivência. Por exemplo, as receitas da Airbus são denominadas essencialmente em dólares e suas despesas parcialmente em euros, de modo que uma queda do dólar pode comprometer suas atividades. A Airbus pode fazer um seguro contra as flutuações da taxa de câmbio dólar-euro por intermédio de *swaps** de taxas de câmbio.

---

* Um *swap* é um contrato de troca de fluxos financeiros entre duas partes. Por exemplo, a Airbus e sua contraparte financeira (digamos um banco) podem entrar num acordo sobre

Um banco volta e meia é afetado pelas flutuações de taxas de juros. Como vimos, em média ele toma emprestado a curto prazo e empresta a longo prazo; se as taxas de juros na economia sobem, os custos do banco aumentam imediatamente, ao passo que suas receitas permanecem em parte congeladas (os empréstimos concedidos às empresas e às famílias especificando em geral taxas de juro nominais não indexadas à evolução das taxas no mercado); o banco pode fazer um seguro contra esse risco, através de um instrumento chamado *"swap de taxas de juros"*. Um último exemplo: uma empresa pode ficar fragilizada se um cliente ou fornecedor importante enfrentar dificuldades financeiras; ela tem a possibilidade de fazer um seguro contra esse risco por intermédio de um CDS (*credit default swap*), que lhe proporcionará receitas em tal eventualidade. Mais genericamente, numerosos derivativos – produtos cujo valor depende da evolução de outras variáveis como as taxas de câmbio e de juros ou a falência de uma empresa – oferecem aos agentes econômicos múltiplas oportunidades de cobertura contra incidentes capazes de afetá-las. A esse título, são úteis à sociedade.

Hoje em dia, as atividades dos bancos e dos outros intermediários financeiros são muito mais numerosas e complexas do que no passado. As falências de intermediários financeiros decerto continuam a ser onerosas para a sociedade, mas as finanças em seu conjunto estão particularmente na berlinda desde a crise de 2008. O que aconteceu?

II. COMO TRANSFORMAR PRODUTOS ÚTEIS EM PRODUTOS TÓXICOS?

A fim de ilustrar possíveis distorções das finanças, tomemos dois exemplos que desempenharam um papel importante na crise de 2008, os derivativos e os produtos titularizados. Por que esses produtos cuja utilidade acabamos de descrever se viram no cerne da tormenta por ocasião da crise? Por questões de assimetria de informação, como em inúmeros exemplos que pontuam este livro. E por questões de externalidades, pois esses produtos podem fazer terceiros, contribuintes e investidores, por exemplo, sofrerem perdas.

---

uma transferência futura de US$1 pela Airbus contra €x pela contraparte da Airbus. Assim, a Airbus será menos afetada por uma queda do dólar (como todo contrato de seguro, claro, o contrato será desvantajoso para a Airbus caso o dólar suba, mas nesse caso suas receitas aumentarão igualmente).

As distorções dos derivativos

Como veremos em detalhe no próximo capítulo, os derivativos fizeram estragos no setor financeiro. Tomemos aqui um exemplo em que os compradores de produtos tóxicos pertenciam à esfera pública. A imprensa francesa repercutiu os empréstimos tóxicos contraídos por 1.500 entidades públicas (comunas, departamentos, hospitais) junto a intermediários financeiros tais como a Dexia (especialista nesses empréstimos, que aliás teve de ser socorrida pelos Estados belga e francês).[1] Primeiro problema, bastante comum: esses empréstimos frequentemente[2] especificavam taxas de juros muito baixas no início do empréstimo e subindo fortemente em seguida. Trata-se de empréstimos tóxicos? Não necessariamente, com a condição de que a entidade poupe durante o abençoado período inicial a fim de, em seguida, poder pagar serenamente as prestações elevadas; o que um governo local costuma não fazer (senão a poupança compensaria a economia feita no início do empréstimo graças às taxas promocionais [*teaser rates*], e este último não teria nenhum efeito, logo nenhuma racionalidade). A utilização de *teaser rates* permite precisamente à entidade manter um equilíbrio orçamentário artificial durante um período de despesas ou contratações públicas importantes.

Essa prática é evidentemente favorável ao político no posto, pois, por ocasião da eleição seguinte, ele pode impor um baixo encargo da dívida e um equilíbrio das finanças da comuna ou do departamento. Para conquistar o mercado, as instituições financeiras entram em conluio com as entidades em questão e vão ao encontro dos responsáveis políticos locais propondo-lhes arranjos com pagamentos postergados para o futuro. Os políticos, inclinados a condenar as *teaser rates* dos empréstimos *subprime*, infelizmente costumam fazer a mesma coisa na estruturação dos empréstimos às suas entidades públicas. De fato, na França há uma fiscalização exercida pelo Tribunal Regional de Contas, mas essa fiscalização intervém *ex post*, geralmente quando é tarde demais. Algumas autoridades regionais também advertiram os governos locais contra esses empréstimos tóxicos, mas nem sempre foram escutadas. Poderia ser útil acrescentar outros instrumentos na parafernália de monitoramento do empréstimo, por exemplo exigindo que toda nova despesa dispusesse de um financiamento nos anos seguintes (exceto talvez os investimentos de muito longo prazo, que precisam de um horizonte mais largo). Não há método simples em contabilidade pública,[3] e diversos países experimentaram soluções diversas. Mas me parece que o quadro francês ganharia com maior transparência.

Segundo problema, talvez mais anedótico, porém mesmo assim revelador: a toxicidade desses empréstimos provinha igualmente de serem indexados por diferentes variáveis, tais como a cotação do iene ou do franco suíço; por exemplo, os empréstimos de quinhentas entidades e hospitais eram indexados pelo franco suíço.[4] Em outros termos, o montante do pagamento dependia da evolução de uma taxa de câmbio sem nenhuma relação com as finanças das entidades. De maneira que os governos locais foram obrigados a pagar empréstimos a taxas de juros que chegavam a 40% ou 50%, enquanto as taxas diretrizes do BCE eram praticamente nulas!

"Os governos locais vítimas dos especuladores financeiros", como não se cansavam de dizer as manchetes? Sim e não. Houve sem dúvida uma comprovada falta de escrúpulo por parte de alguns intermediários financeiros, Dexia à frente, que estruturavam esses empréstimos tóxicos com todo o conhecimento de causa. Esses profissionais ("homens do ofício") deviam supostamente propor soluções conformes aos interesses das entidades (e não aos de seus eleitos, com os quais eles negociam), obrigação que eles descumpriram.

Mas as responsabilidades são divididas. Se não é difícil imaginar que alguns responsáveis políticos sem grande formação ou experiência foram enganados, podemos presumir nos outros casos uma cumplicidade entre determinados serviços financeiros dos governos locais, sobretudo dos maiores.[5] Por um lado, o mecanismo de *teaser rate* muito baixa e pagamentos muito elevados é fácil de compreender. Por outro, inclusive em se tratando de responsáveis que não são especialistas nos novos produtos financeiros (o que em si já deveria incitá-los à prudência), quem poderia imaginar que a indexação pelo iene ou o franco suíço pudesse encobrir um risco considerável da municipalidade ou do departamento? Conscientemente ou não, governos locais utilizavam um derivativo a fim de melhorar a apresentação das contas de curto prazo ou para forjar artificialmente um risco em vez de eliminar um: roleta em estado puro. Os governos são sempre muito veementes quando perdem dinheiro em operações financeiras; com medo de serem acusadas de especulação, nunca comentam o assunto quando ganham nessas operações, gabando-se então de uma boa gestão. A ironia do episódio é que o Estado francês criou um fundo de compensações dos governos, validando assim *ex post* a falta de escrúpulos de alguns emprestadores e a conivência ou incompetência dos serviços financeiros.

O caso dos empréstimos tóxicos dos governos subnacionais é ao mesmo tempo episódico – em escala mundial ele representa apenas uma pequena parte das somas perdidas em virtude de arranjos financeiros pouco recomendáveis, em especial devido à utilização de derivativos como instrumentos de tomada de risco e não como cobertura dos riscos – e emblemático. Pois os riscos provenientes dos mecanismos financeiros são assumidos muito frequentemente nas costas de terceiros desprovidos de informação e que não têm nenhum controle sobre a tomada de risco: os munícipes de um município, os correntistas de um banco, os contribuintes. E, nesse caso, as finanças podem tornar-se rapidamente disfuncionais.

Os derivativos criam igualmente assimetrias de informação entre os supervisores prudenciais e os bancos, companhias de seguros e fundos de pensão que eles controlam. Se os produtos negociados nos mercados de balcão* são muito complexos, às vezes isso é de propósito. Com efeito, trata-se de distinguir entre as finanças utilizadas por atores sofisticados, isto é, compreendendo bem os riscos inerentes a uma transação financeira e não oferecendo perigos para os pequenos poupadores e o dinheiro do Estado, e aquela que precisamente requer uma regulação atenta. É preocupante que Warren Buffett[6] deseje fazer uma aposta sobre um produto derivado complexo ou uma empresa de risco; ele compromete seu próprio dinheiro ou o de atores sofisticados. O fundamento da relação prudencial dos bancos, companhias de seguros, fundos de pensão e, mais amplamente, intermediários financeiros, é a proteção dos atores que não compreendem a complexidade ou o risco dos produtos financeiros ou que são incapazes de vigiar o balanço e o "fora do balanço" de seus intermediários financeiros. O fundamento dessa regulação também é proteger as finanças públicas, na medida em que a ameaça de falência de uma instituição costuma engendrar um resgate por parte do erário público.

---

* Um mercado de balcão é um mercado no qual uma transação é concluída bilateralmente entre o comprador e o vendedor mediante um contrato em geral pouco padronizado. Em contrapartida, um mercado organizado faz intervir uma bolsa, onde numerosos compradores e vendedores negociam entre si títulos bastante padronizados.

Outro exemplo: a securitização

Quando nosso banco nos concede um empréstimo imobiliário a ser pago em quinze anos, ele pode optar por manter esse empréstimo em seu balanço. Ele continuará assim a receber a integralidade dos juros devidos e o pagamento do principal durante os quinze anos desse empréstimo. Mas ele também pode tirar esse empréstimo de seu balanço. Ele então vende (as receitas associadas a esse empréstimo) a outros atores, por exemplo outro banco ou um fundo de investimentos; ou, na prática, ele agrupa um certo número desses empréstimos e os revende sob a forma de um título financeiro, cujos dividendos ou cupons provirão dos pagamentos que faremos sobre nossos empréstimos imobiliários.

Entre os dois extremos, o banco pode securitizar uma parte de seu portfólio de empréstimos imobiliários e conservar outra parte (essa parte mantida no balanço do banco é chamada *"skin in the game"* em linguagem financeira); a parte conservada serve para responsabilizar o banco, que será mais atento na concessão de seus empréstimos imobiliários se souber que não pode transferir todo o seu risco a outros. Pois a securitização desresponsabiliza: o emissor perde seus incentivos a fiscalizar a qualidade de seus empréstimos se souber que não sofrerá suas consequências.[7] O perigo, portanto, é que o emissor tome emprestado e depois se livre, através da securitização, dos empréstimos arriscados demais, sem que os compradores possam detectar a falta de diligência (em contrapartida, a ausência de retenção pelo emissor deveria deixá-los com uma pulga atrás da orelha). Na realidade, a taxa de não pagamento sobre empréstimos imobiliários de características quase idênticas, mas diferindo pela possibilidade de serem facilmente securitizados ou não, pode aumentar em 20% com a opção pela securitização.[8] O risco moral em ação...

Prática antiga, a securitização afeta quase tudo: os empréstimos às pequenas e médias empresas, os empréstimos ligados à compra de um automóvel, os saldos da dívida dos consumidores com seus cartões de crédito, os contratos de seguro ou resseguro etc. Qual a sua serventia? Em primeiro lugar, ela oferece aos emissores de empréstimos a possibilidade de se refinanciar; tendo obtido liquidez, eles podem então financiar outras atividades na economia. A securitização permite assim transformar "capital morto" em "capital vivo". Além disso, em certos casos de forte concentração de riscos face a um tomador de empréstimo especial, ela também permite aos emissores diversificarem-se, isto é, ficarem menos expostos ao risco de não pagamento desse empréstimo específico. A securitização então é uma prática muito útil se empregada com discernimento. Pois, como no caso dos derivativos, essa prática foi distorcida nos anos anteriores à crise...

Com efeito, os emissores de empréstimos, que antigamente conservavam boa parte de seus empréstimos em seu balanço, puseram-se então a transferir uma parcela considerável do risco associado.[9] A taxa de securitização dos empréstimos imobiliários cresceu de 30% em 1995 para 80% em 2006. E sobretudo, no caso dos famosos empréstimos *subprime* (isto é, com forte risco de não pagamento pelo tomador), a fração titularizada passou de 46% em 2001 para 81% em 2006. Ora, como vimos, o emissor não deve se desengajar totalmente: deve conservar uma parte do risco, como fazem aliás as companhias de seguros quando transferem parte de seus riscos para resseguros. Além disso, a securitização aumentou muito num momento em que os empréstimos tornavam-se mais arriscados, ao passo que a teoria e a prática querem que os bancos conservem uma parte mais considerável quando seus empréstimos são mais arriscados e, logo, mais sujeitos às assimetrias de informação.

Por outro lado, a securitização deve ser acompanhada de uma "certificação"; esse rito de passagem da intermediação ao mercado, que encontramos em muitas outras instituições (por exemplo, os ingressos na bolsa), assume normalmente a forma de um exame escrupuloso por parte dos compradores e agências de classificação. Como veremos no próximo capítulo, os compradores, no caso, às vezes compraram sem se preocuparem muito com a qualidade (em razão de driblarem as exigências prudenciais em capital), e as agências de classificação nitidamente subestimaram os riscos, como mostra a derrocada de diversos títulos AAA, que eram supostamente os mais seguros do mercado.[10]

O desafio: não jogar fora o bebê junto com a água do banho

Nenhum instrumento financeiro é censurável em si mesmo, contanto que o risco seja bem compreendido pelas partes que o utilizem e que ele não seja empregado para impor um risco a um terceiro (investidor, fundo de garantia, tesouro público...) não tendo consciência daquilo a que a transação financeira correspondente o expõe. Bem utilizados, os instrumentos financeiros, tão distorcidos nos últimos tempos, contribuem para o dinamismo da economia mundial. É mais construtivo desenvolver um debate necessariamente técnico sobre as falhas de mercado e da regulação do que rejeitar em bloco as conquistas das finanças modernas. Mas é inegável que esses instrumentos tornam mais complexa a supervisão do sistema financeiro, que o que é qualificado de "inovação financeira" geralmente não passa de um meio de contornar as regras e impor riscos consideráveis a atores (pequenos investidores, contribuintes) que não demandavam tanto, e cujos numerosos abusos devem ser combatidos. Não está em questão voltar atrás nem sobre o princípio de securitização nem sobre os derivativos, mas convém retornar aos fundamentos da economia e impedir as distorções que essas práticas podem ocasionar.

Especulação: fantasia ou realidade?

Sem dúvida não existe pior insulto em matéria econômica do que ser tratado de "especulador". Na prática, um especulador é alguém que faz apostas nos mercados financeiros. Deixemos claro desde logo: somos todos, cada qual à sua maneira, especuladores. Tente a seguinte experiência: se um amigo seu lhe faz um discurso sobre o efeito nefasto da grande especulação internacional, que vende seus ativos gregos e se recusa a emprestar ao Estado grego, privando assim de oxigênio a economia grega (o que é o caso), pergunte-lhe se ele investiu ou se pretende converter sua caderneta de poupança ou seu seguro de vida em títulos do Estado grego. Ou ainda, quando compramos nossa casa com a ideia de que os preços dos imóveis no bairro permanecerão estáveis (ou terão aumentando quando a revendermos), fazemos então uma aposta sobre o preço de um ativo, e especulamos. A verdade é que, se dispomos de qualquer poupança, todos nós, pessoas físicas, empresas, instituições financeiras ou Estados, investimos nosso dinheiro tendo como objetivo ao menos protegê-lo, até mesmo otimizar seu rendimento (mediante um compromisso entre risco e rendimento, conforme nossa inclinação ao risco).

O papel dos mercados de ações

Deixemos por um instante o mundo dos títulos de dívida para examinar o das ações. Qual é o interesse de uma empresa em emitir títulos negociáveis que não pressupõem nenhum pagamento e prometem apenas dividendos não especificados previamente e entregues à decisão da assembleia geral por proposta do conselho de administração? Há vários benefícios possíveis. Em primeiro lugar, o fato de os pagamentos aos detentores do título (os acionistas) não serem pré-especificados, ao contrário dos juros sobre a dívida, deixa mais margem à empresa quando ela carece de liquidez; esta última não fica com "a faca na garganta". Naturalmente, há o outro lado da moeda, isto é, uma pressão menor exercida sobre os dirigentes a fim de que eles gerem resultados. Em suma, o nível de endividamento (ou, mais precisamente, de alavanca) deve depender das receitas da empresa. Por exemplo, uma start-up gera frequentemente bem poucas receitas durante anos e submetê-la ao reembolso de dívidas ameaça asfixiá-la; ao contrário, o pagamento de cupons regulares se justifica mais para uma empresa que tem receitas regulares e com pouca perspectiva de investimentos lucrativos (por exemplo, uma grande marca de cigarros).[11]

O segundo benefício está ligado paradoxalmente ao fato de que as ações são muito mais arriscadas para seu detentor do que a dívida.[12] Isso incita os analistas do mercado de ações a olhar mais detidamente o valor real dessas ações: a estratégia da equipe de direção irá gerar lucros e, logo, dividendos e mais-valias? Nesse sentido, o valor acionário de uma empresa exprime uma opinião do mercado quanto à qualidade da gestão da equipe dirigente. Uma opinião "com ruídos" decerto: os valores acionários podem ser objeto de bolha (como veremos adiante) e geralmente são muito mais voláteis. Pode acontecer também de uma equipe dirigente tentar manipular esse valor para inflá-lo, sobretudo a curto prazo, destilando as informações sobre a empresa de maneira estratégica. Contudo, apesar de seus inegáveis defeitos, o valor acionário de uma empresa é uma medida de performance de longo prazo melhor do que os dados contábeis anuais; além disso, as remunerações dos dirigentes baseadas em bônus geram comportamentos precipitados quando eles arbitram entre o curto e o longo prazo.

Em suma, esses investimentos ou desinvestimentos, movidos inteiramente por um interesse privado, não são desprovidos de interesse para os poupadores. Assim, quando os agentes financeiros informados vendem títulos sobrevalorizados, isso provoca a queda do preço desses títulos. Nós, pequenos poupadores sem qualquer informação, compraremos sem dúvida esse título – por exemplo, através de nosso seguro de vida em unidade de conta* ou nossos fundos de poupança investidos em ações – por um preço próximo de seu verdadeiro valor, e teremos então uma chance de não "sermos engambelados". Essa arbitragem financeira é uma forma de especulação e se revela útil.

A especulação daninha

Em contrapartida, há também a má especulação, ligada à pura busca de ganhos injustificáveis ou a comportamentos abertamente fraudulentos. Por exemplo, a que é movida unicamente por informações privilegiadas, como a iminência de uma fusão-aquisição ou uma mudança de regulação. É o famoso delito de *inside information*. Tomar conhecimento de acontecimentos vindouros por intermédio de fontes internas não traz nenhuma informação – afinal, o fato é revelado ao público alguns dias mais tarde –, e aproveitar-se dela para embolsar uma mais-valia (se os desdobramentos forem positivos) ou para vender (se forem más notícias) não traduz senão uma vontade de enriquecer, que se realiza em detrimento dos pequenos poupadores. O delito de *inside information* não cria então valor econômico; na verdade, destrói, na medida em que desestimula a alocação da poupança dos pequenos poupadores na direção do financiamento das empresas.

Uma variante do delito de *inside information* é a manipulação de uma cotação acionária por um corretor que recebe uma ordem de compra (por exemplo) importante da parte de um de seus clientes. Antecipando que essa ordem fará subir o preço do título, ele poderá ser levado a comprá-lo previamente por sua própria conta (*front running*) e a revendê-lo uma vez executada a ordem do cliente, aproveitando para embolsar uma mais-valia quase instantânea. Desnecessário dizer que tais práticas são ilegais (o que não as impede de existir) e monitoradas pelos policiais dos mercados, na França a Autoridade

---

* Nessa modalidade de investimento, o seguro não é denominado em valores monetários diretamente, mas em termos de "pontos" cujo valor depende do valor do fundo investido. (N.R.T.)

dos Mercados Financeiros (AMF) ou nos Estados Unidos a Securities and Exchange Commission. Mas as variantes que utilizam apenas informação pública são legais: foi o que fez George Soros quando vendeu em 1992 a libra esterlina a descoberto a fim de convencer os outros investidores da queda iminente dessa divisa, o que se realizou efetivamente.

Independentemente das diversas fraudes, das quais as autoridades que monitoram os mercados financeiros devem supostamente proteger os poupadores, coloca-se a questão de saber se as tomadas de posição financeiras bastam para torná-los mercados eficientes, questão na qual me concentrarei agora.

III. OS MERCADOS SÃO EFICIENTES?

As crises financeiras, não só a de 2008, levantam sempre a questão de uma possível irracionalidade dos mercados financeiros e de seus participantes. Numerosos estudos, alguns antigos, outros mais recentes, não são alheios a esse questionamento: flutuações rápidas dos preços das ações, das commodities e dos produtos de renda fixa, congelamento súbito de mercados financeiros até então muito ativos, as bolhas imobiliárias e da bolsa, volatilidade das taxas de câmbio ou dos *spreads* soberanos, ou falências de grandes instituições financeiras. À luz desses estudos, é possível fundamentar uma análise econômica das finanças sobre uma presunção de racionalidade dos atores dos mercados financeiros?

Antes de lançar um olhar de economista para essa questão, eu gostaria de começar com uma observação: a visão segundo a qual os economistas têm uma confiança ilimitada na eficiência dos mercados financeiros está trinta anos atrasada (pelo menos, pois há trinta anos diversos economistas já tinham uma confiança limitada na eficácia dos mercados financeiros). Admite-se agora que a hipótese de racionalidade não passa de um ponto de partida para a análise dos mercados financeiros e que o quadro conceitual deve ser enriquecido para propiciar uma boa compreensão dos fenômenos observados. A fronteira foi abolida em prol de uma visão mais sofisticada do funcionamento dos mercados financeiros fundada nas bolhas financeiras, a teoria da agência, os pânicos financeiros, a economia comportamental e os atritos nos mercados financeiros – cinco vias que foram objeto de diversas pesquisas nestas últimas décadas e que suscitam alguns comentários.

Bolhas financeiras

A hipótese de eficiência dos mercados financeiros remete à visão segundo a qual o preço de um ativo financeiro reflete seu "verdadeiro valor", também chamado seu "fundamento", isto é, o valor de seus rendimentos futuros (tecnicamente: atualizados pela taxa de juros). Tomemos um exemplo simples para ilustrar a noção de valor fundamental: suponhamos que um título financeiro nos proporcione €1 no próximo ano, €1 no ano seguinte... *ad vitam aeternam*, e que a taxa de juros anual na economia seja de 10%. Nesse caso, o valor fundamental desse ativo é de €10: se você possui uma soma de €10 e você a investe a 10%, você receberá efetivamente €1 por ano, *ad vitam aeternam*.[13] Logo, possuir o ativo e possuir €10 dão origem aos mesmos fluxos financeiros.

A hipótese de eficiência dos mercados financeiros tem necessariamente uma parte de verdade: uma má notícia referente a uma empresa (uma condenação judiciária, a descoberta de uma falha técnica, a perda de um mercado ou de um dirigente essencial) leva a uma perda de seu valor na bolsa, a menos que essa notícia tenha sido totalmente antecipada e, logo, já incorporada no preço do ativo. Más notícias a respeito de um país com problemas para pagar sua dívida soberana aumentam o *spread* de juros e diminuem o preço dos títulos soberanos já emitidos. O valor da nossa casa aumenta quando é anunciada a construção de uma linha de metrô passando nas proximidades e diminui quando um plano de ocupação do solo prevê um adensamento do hábitat.

Por outro lado, pode acontecer de o preço de um ativo financeiro não ser igual ao seu verdadeiro valor. Uma primeira causa dessa defasagem é a existência de uma bolha. Uma bolha existe quando o valor de um ativo financeiro excede o "fundamento" do ativo, isto é, o valor atualizado dos dividendos, juros ou aluguéis que ele proporcionará hoje e no futuro. Em outros termos, o ativo é superestimado com relação a seu valor intrínseco – o valor atualizado dos dividendos, cupons, aluguéis ou benefícios associados à detenção do ativo. No exemplo acima, um preço do ativo superior a €10 indica a presença de uma bolha no ativo.

Encontramos inúmeros exemplos de bolhas. Tomemos o ouro. Seu valor independe do valor dos usos industriais em medicina eletrônica ou odontologia que se possa fazer dele (para ser mais preciso: se o ouro fosse considerado uma matéria-prima como outra qualquer e os lingotes detidos pelos bancos centrais e particulares utilizados na indústria, seu preço seria muito mais baixo). O franco Vermillion 1849, selo raro que alcançava preços que chegavam a €100 mil, não proporciona em si mesmo nenhum valor, nem financeiro, nem tampouco estético (sem falar que, em razão do seu valor, ele costuma apodrecer num cofre de banco). Até um Picasso ou um Chagall pode ser visto como uma bolha: se o valor estético é inegável e, nesse sentido, proporciona um "rendimento" ao seu proprietário, esse valor estético pode ser replicado por alguns milhares de euros com a tecnologia moderna, o que permite a fabricação de cópias indiscerníveis a olho nu.[14] Apenas sua raridade permite ao Vermillion ou a um Picasso incorporar uma bolha e, logo, atingir preços muito elevados. Outro exemplo de bolha é a moeda. A atualidade nos oferece um caso exemplar com as moedas virtuais. Se um dia o mercado decidir que o Bitcoin não tem nenhum valor – se os investidores perderem a confiança no Bitcoin –, o Bitcoin não terá efetivamente nenhum valor, pois não existe valor fundamental por trás do Bitcoin, ao contrário de uma ação ou uma propriedade imobiliária.

Estas últimas, no entanto, podem ser sujeitas a bolhas, isto é, prêmios acima de seu valor fundamental. O *crash* da bolha da Internet em 2001 é uma ilustração disso, felizmente com consequências limitadas, pois os detentores das ações correspondentes, ao contrário dos bancos em 2008, não eram instituições, a propósito pesadamente endividadas. As bolhas imobiliárias são muito comuns. Como mostraram Carmen Reinhart e Kenneth Rogoff em seu livro *Oito séculos de delírios finaceiros*,[15] as crises bancárias e soberanas resultam frequentemente das bolhas de crédito, em especial no setor imobiliário.

A possibilidade de bolhas foi identificada na literatura econômica há muito tempo. Olivier Blanchard (professor no MIT, depois durante oito anos economista-chefe do FMI) e eu mesmo tínhamos publicado separadamente vários trabalhos sobre o assunto no início dos anos 1980. Estudávamos a possibilidade de bolhas sobre os ativos financeiros num mundo em que os agentes econômicos são racionais, mostrando assim que a irracionalidade não é uma pré-condição ao surgimento de bolhas. Mais tarde, um artigo publicado em 1985[16] resumiu minhas reflexões sobre as circunstâncias macroeconômicas nas quais uma bolha financeira pode surgir e analisou seus efeitos sobre a economia real. Em suma, cumpre que a taxa de juros na economia não exceda a taxa de crescimento da economia;[17] pois é possível demonstrar que as bolhas devem crescer em média pela taxa de juros (sua posse deve ter em média o mesmo rendimento que os outros ativos);[18] uma taxa de juros superior à taxa de crescimento implicaria um crescimento exponencial dos ativos financeiros com relação ao tamanho da economia real e, logo, a impossibilidade para os compradores dos produtos financeiros de financiar sua aquisição.

No nível microeconômico, isto é, o dos ativos tomados individualmente, as bolhas não podem incidir senão sobre ativos com características específicas. O ativo deve existir em quantidade limitada; caso contrário, o mercado tiraria proveito da superavaliação para produzir mais, *ad infinitum*, fazendo assim cair o preço. Portanto, um Picasso pode ser objeto de uma bolha, mas uma cópia de Picasso, não, e seu preço deve aproximar-se do custo de produção de uma cópia (que depende da concorrência no mercado das cópias de determinada qualidade).

Além disso, o ativo deve ter um horizonte vasto. Um título com uma maturidade de um ano não pode incluir uma bolha racional. Pois um investidor nunca irá querer comprar um ativo superavaliado simplesmente para conservá-lo: perderia dinheiro, com relação à estratégia de investimento em outros ativos com taxa de juros do mercado! Terá então de passar adiante a batata quente. Suponhamos, para simplificar, que um título não comporte senão um pagamento final de €100 em 1º de dezembro (esses títulos são chamados "zero cupom"), que os títulos não possam ser trocados senão no dia primeiro de cada mês e que a taxa de juros no mercado seja igual a 0. Em 1º de dezembro, o pagamento é efetuado e o título não vale mais nada. Em 1º de novembro, os investidores estão dispostos a pagar pelo direito de receber €100 em 1º de dezembro, e nada além. O preço do título em 1º de novembro é então de €100. Em 1º de outubro, os investidores estão dispostos a pagar €100 pelo título, que eles poderão seja revender por €100 em 1º de novembro, seja guardar até o vencimento e receber €100 em 1º de dezembro. E assim por diante: o preço do título a cada data antecedendo o vencimento é igual ao fundamento (aqui €100).

Depois disso, multiplicaram-se as pesquisas sobre as condições de surgimento das bolhas ou seu impacto.[19] Para dar apenas um exemplo, num artigo publicado em 2012, Emmanuel Farhi (professor em Harvard) e eu mostramos que as bolhas aumentam não só o valor dos ativos concernidos, mas também a liquidez global no sistema financeiro e as taxas de juros. Em contrapartida, as bolhas aumentam a capacidade de endividamento das instituições que detêm esses ativos superavaliados, e, justamente por isso, dopam a economia.[20] Quando estouram, contudo, as bolhas produzem um "efeito riqueza" inverso, mediante uma redução do valor dos ativos; e os fundos próprios das instituições detentoras das bolhas se rarefazem, criando uma recessão econômica se os ativos submetidos à bolha forem detidos por instituições muito endividadas como em 2008, ao contrário do que acontecera por ocasião do estouro da bolha da Internet em 2001. Uma boa razão para prestar atenção se os bancos não estão investindo exageradamente numa bolha, o que pode ser feito de diversas maneiras. O supervisor bancário pode requerer mais fundos próprios do banco para refletir o risco de que a bolha estoure sobre um ativo sobreavaliado. O poder público também pode limitar a demanda pelo ativo em questão (no caso dos imóveis, o poder público pode exigir um mínimo de aporte pessoal ou estabelecer um teto para a proporção pagamento contra receita mensal do tomador do empréstimo).

De um ponto de vista empírico, trabalhos importantes sugerem a existência de bolhas nos mercados financeiros; em especial, Robert Shiller, prêmio Nobel em 2013, faz reiteradas advertências (nem sempre escutadas) contra as bolhas existentes.[21] Detectar uma bolha, no entanto, não é fácil. Um método comumente utilizado (em especial nos trabalhos pioneiros de Shiller) inspira-se na distinção entre fundamento e bolha: ele compara o preço com os dividendos ou outros benefícios extraídos do ativo. Por exemplo, é possível comparar o rendimento de aluguéis de um bem imobiliário com o preço de compra desse mesmo bem, ainda que, evidentemente, de um lado os proprietários possam vincular um valor à liberdade de suas decisões e ter quase certeza de que irão mudar-se (inversamente, algumas pessoas preferem não enfrentar as pressões dos proprietários) e de outro lado a tributação também desempenhe um papel. Se o preço exceder o valor atualizado dos aluguéis, pode ser que haja uma bolha.

A pertinência de outro índice, a proporção do peso do pagamento do empréstimo contra a receita do tomador de empréstimo, provém das restrições de endividamento das famílias; sua capacidade de empréstimo é condicionada pela de pagamento e, logo, pela renda do tomador de empréstimo. A capacidade de empréstimo, por sua vez, determina se os novos compradores ou aqueles que se mudam para melhorar a qualidade de sua moradia podem pagar o preço pedido pelos compradores. Se os bancos anteciparem uma alta dos preços dos imóveis, o tomador do empréstimo poderá pegar mais emprestado apresentando determinada renda, pois o banco, que herda a propriedade imobiliária se o tomador não puder mais pagar seu empréstimo, assume então um risco menor.

A evolução das relações entre preço e aluguel ou renda pode ser instrutiva. Por exemplo, a relação preço e aluguel quase dobrou na França entre 1998 e 2006 (ver a figura 1) e ainda hoje está muito mais próxima do nível de 2006 do que do nível de 1998. Na realidade, os imóveis são muito mais caros na França do que na Alemanha, ao passo que era o contrário até 2003. A relação preço-receita é hoje 25% a 30% mais alta na França do que na Alemanha. O que significa que convém monitorar a solvência dos intermediários financeiros fortemente expostos ao risco imobiliário francês.

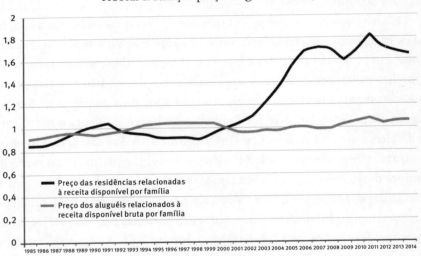

FIGURA 1. Relação preço-aluguel na França

Fonte: Guillaume Chapelle, a partir de dados do Conselho Geral do Meio Ambiente e do Desenvolvimento Sustentável.

No caso de uma ação, pode-se de maneira similar observar o índice preço/lucro (*price earnings ratio*), índice muito elevado, sugerindo uma bolha. As complicações são numerosas: cumpre fazer hipóteses sobre a progressão dos dividendos (o análogo da evolução do valor locativo no caso dos imóveis) e sobre a taxa de juros que serve de base para a atualização. Robert Shiller em

1981, aliás, observara que as cotações das ações flutuavam exageradamente com relação aos riscos sobre os dividendos, isto é, o fundamento, sugerindo assim a existência de uma bolha variando no tempo.

A teoria da agência: a divergência entre interesse privado e interesse coletivo

O segundo ângulo de análise consiste simplesmente em distinguir racionalidade individual e racionalidade coletiva. Os atores de um sistema econômico podem comportar-se racionalmente de seu próprio ponto de vista, mas o resultado pode ser daninho do ponto de vista da coletividade em seu conjunto. Esse tema clássico na economia da regulação surge de maneira recorrente ao longo de todo este livro.

Tomemos um ativo arriscado ao qual um banco se expõe fortemente. Se as coisas correrem bem, o ativo terá um forte rendimento e os acionistas receberão muito dinheiro; se as coisas forem mal, o ativo perderá uma parte de seu valor, os acionistas não receberão nada e os credores, e talvez os assalariados, também venham a sofrer. Há então uma externalidade negativa sobre as partes interessadas. Além disso, é possível que o banco possa continuar a emprestar apesar do risco em que incorre se os emprestadores julgarem que o Estado virá salvar o banco em caso de dificuldades. Nesse caso, a divergência entre interesse individual e coletivo é clara; segundo a fórmula consagrada, os ganhos são privatizados e as perdas socializadas.

A perspectiva de apelo ao contribuinte também explica outros comportamentos que não são irracionais senão na aparência. Antes da crise do euro, inúmeros compradores dos títulos emitidos pelo Estado grego sabiam perfeitamente que a Grécia não era tão segura quanto a Alemanha, mas estavam convencidos de que a Alemanha e os demais Estados da zona do euro viriam em socorro da Grécia em caso de problema e aceitavam logicamente, sobre esses títulos, taxas de juros muito baixas, próximas daquelas que prevaleciam nas emissões de Bunds (títulos do Tesouro alemão).

Da mesma forma, talvez não pareça evidente ao leitor que Richard Fuld, CEO do Lehman Brothers, tenha se comportado de maneira racional quando, na época em que seu banco estava em vias de desaparecer, comprou ainda mais produtos *subprime*, cuja toxicidade era então bem conhecida. Nem, tampouco, que tenha podido continuar a tomar emprestado nos mercados financeiros para fazê-lo. Mas inúmeros banqueiros que continuaram a emprestar ao Lehman Brothers apostavam numa intervenção federal para evitar a falência desse banco de investimento.[22] A manutenção desse acesso ao mercado financeiro permitiu ao Lehman aumentar seus riscos na esperança de tirar a cabeça da água: perdido por perdido... Assim como uma seleção de futebol que está perdendo de 2 a 0 a quinze minutos do final de uma partida de Copa do Mundo tem todo o interesse em arriscar tudo, disposta a tolerar um 4 a 0, o Lehman, como toda instituição em dificuldade, tinha um incentivo a aumentar seu risco para aumentar também, ainda que ligeiramente, a probabilidade de sair dele. O que não é do interesse dos credores e funcionários.

Outra causa de disfunção ligada ao problema de agência provém dos sistemas de remuneração. Os bônus, sejam resultantes de um arranjo entre o comitê de remuneração do conselho administrativo e os dirigentes ou da vontade de conservar ou atrair os melhores talentos, incentivaram fortemente os comportamentos curto-prazistas observados antes da crise financeira de 2008. (Voltarei no capítulo seguinte à questão das remunerações e sua regulação.)

Um último exemplo de divergência entre interesse individual e interesse coletivo: o *trading* de alta frequência é racional no nível da instituição que o pratica, mas seu valor agregado para a sociedade não é – é o mínimo que se pode dizer – evidente. Hoje as instituições financeiras gastam somas consideráveis em infraestrutura informática a fim de poderem executar suas ordens um pouco mais rápido que as concorrentes; computadores reagem instantaneamente às notícias do mercado financeiro (os preços, por exemplo) e executam ordens no espaço de milésimos de segundos antes que seus concorrentes possam tirar proveito das mesmas possibilidades de arbitragem entre as precificações de diferentes ativos. Não se vê muito bem que ganho social proporciona tal velocidade de execução. Hoje inúmeras vozes se erguem para exigir um prazo de carência a fim de que as ordens de compra e venda só se realizem após um ligeiro intervalo, colocando fim nessa corrida de velocidade, um jogo de soma negativa.[23]

A regulação financeira visa reduzir a divergência entre interesse individual e interesse coletivo. Por outro lado, ela esbarra em problemas de informação. Vertentes inteiras da literatura econômica foram consagradas ao que é conhecido em jargão como "problemas de agência", isto é, a utilização das assimetrias de informação por agentes econômicos para alcançar seus fins. Essas assimetrias de informação complicam o controle dos gestores de fundos pelos poupadores, dos *traders* por seu banco, ou das instituições financeiras ou agências de classificação por seus supervisores prudenciais.

As finanças hipertrofiadas

O francês Thomas Philippon estudou a evolução do emprego nas finanças.[24] Ele mostra em especial que a desregulação financeira mudou a composição dos empregos, que se tornaram mais qualificados. Mas ao lado de educação e qualificação, ela também estimulou um aumento salarial de 50% entre 1990 e 2006. A parte da intermediação financeira na economia cresceu rapidamente entre 1980 e 2006.[25] E esse fenômeno entranhou-se particularmente nos países anglo-saxões. Impõe-se, contudo, compreender de onde vem essa hipertrofia, alimentada por lucros "fáceis demais" e atraindo as elites para tais atividades. Como veremos no capítulo 12, as autoridades fecharam os olhos para a tomada de risco e para a evasão (legal) das exigências regulamentares, como no caso dos "conduits" que permitiam aos bancos investir praticamente sem fundos próprios. E, naturalmente, a rede de segurança fornecida pelos contribuintes incentivava bastante a tomada de risco, geradora de lucros efetivamente consideráveis enquanto tudo vai bem. Os problemas de agência estariam então na origem da hipertrofia das finanças, que se desenvolveu especialmente nos anos 1990 e 2000.

Pânicos financeiros

Outro limite potencial dos mercados financeiros é a possibilidade de uma coordenação "perversa" dos investidores.[26] Já abordei esse assunto ao tratar das crises de dívida soberanas no capítulo sobre a Europa. Ela também está presente no caso dos pânicos bancários (o leitor há de se lembrar da descrição humorística, embora assaz pertinente, de um pânico bancário no filme *Mary Poppins*, de Walt Disney).[27]

Uma característica essencial da intermediação bancária é a atividade de transformação de maturidade. Embora haja numerosos exemplos de poupança longa dos consumidores junto aos bancos e tomadas de empréstimos bancários de curto prazo por parte das empresas, o sistema bancário em seu conjunto transforma tomadas de empréstimos de curto prazo contraídos junto aos correntistas (os depósitos) em empréstimos de longo prazo às empresas. Se os correntistas resolverem todos retirar seu dinheiro ao mesmo tempo, o banco se verá compelido a liquidar seus ativos para honrar seus débitos. Se esses ativos não forem muito líquidos, isto é, não puderem ser revendidos rapidamente pelo seu justo valor,[28] seus preços serão aviltados e, consequentemente, é possível que o banco não disponha de dinheiro suficiente para honrar os correntistas. Daí uma corrida destes últimos para retirar seu dinheiro do banco antes dos outros. Tal fenômeno é conhecido como "profecia autorrealizável": o banco pode estar saudável e, mesmo assim, abrir falência. Racionalidade individual e irracionalidade coletiva.

As filas diante dos bancos reputados frágeis praticamente desapareceram, pois os bancos de varejo hoje têm acesso, de um lado, a um seguro dos depósitos e, de outro, à liquidez do banco central, que lhes dá tempo para realizar seus ativos a preços corretos. Todos hão de lembrar, aliás, o espanto do mundo inteiro diante das filas de correntistas na porta das sucursais do banco britânico Northern Rock em setembro de 2007 (pela primeira vez desde 1866, os correntistas corriam para um banco britânico). A razão disso era que o seguro-depósito no Reino Unido era muito malconcebido: 100% das primeiras £2 mil e 90% para as £33 mil seguintes. Ora, todo seguro-depósito de menos de 100% pode levar os correntistas a retirar seu dinheiro ao menor rumor (por comparação, o seguro-depósito hoje é de €100 mil na Europa e de US$250 mil nos Estados Unidos, de 100% em ambos os casos).

Hoje, os pânicos bancários não envolvem mais, portanto, os pequenos correntistas, e sim os grandes sem seguro: mercados interbancário e de títulos (mercado dos empréstimos de curto prazo entre intermediários financeiros, administrações e grandes empresas), depósitos bancários das empresas e famílias ricas... Na realidade, afora o aspecto midiático da corrida dos pequenos correntistas, o problema do Northern Rock era que três quartos de seus depósitos eram obtidos no mercado de atacado, não sendo portanto segurados, e, frequentemente, de curtíssimo prazo.

Enquanto o seguro-depósito estabiliza os depósitos dos pequenos correntistas, a estabilização face à fuga dos grandes depósitos se faz – e de maneira menos automática – pelo acesso à liquidez do banco central. Tradicionalmente, um banco sem liquidez pode pedir emprestado a curto prazo e contra garantia junto ao seu banco central. Com a crise de 2008, numerosos outros dispositivos vieram completar essa geração de liquidez. Por exemplo, os bancos europeus puderam se refinanciar num prazo maior (três anos) junto ao BCE graças às operações de refinanciamento de longo prazo (LTRO, *Long Term Refinancing Operations*); o BCE também resgatou no mercado secundário títulos públicos que se tornaram arriscados (OMT, *Outright Monetary Transactions*). Em todo caso, a ideia é que o banco central permita aos bancos ganharem tempo; se for um problema de liquidez pura no sentido de um pânico bancário, o banco terá mais tempo para vender seus ativos por um preço correto (se o pânico persistir); se o problema for mais sério e incidir sobre a qualidade do balanço do banco, então medidas mais drásticas deverão ser tomadas para melhorar sua gestão e reduzir o risco.

Uma má coordenação também pode chegar ao nível dos empréstimos soberanos, com um mecanismo um pouco diferente. Suponhamos que um Estado esteja em condições de pagar um empréstimo se este último for contraído pelas taxas de juros do mercado (isto é, sem ou com muito pouco *spread* acima da taxa do mercado). Ora, se os investidores julgarem que esse país pode dar um calote nos seus empréstimos, irão racionalmente exigir uma taxa de juros mais elevada para compensar a probabilidade de inadimplência. Donde um serviço da dívida mais caro, implicando sucessivamente um déficit orçamentário, um endividamento maior e um risco de calote mais elevado; este último ameaçando por sua vez aumentar as preocupações dos investidores, que então tenderão a pedir taxas de juros ainda mais elevadas etc. Ou seja, pode haver então um segundo equilíbrio, de desconfiança com relação ao país mais do que confiança. Sempre a racionalidade individual e a irracionalidade coletiva...

No caso de um país, o fornecimento de liquidez é mais complexo de implementar do que para um banco, e, na prática, observa-se uma diversidade de abordagens. Na Europa, o BCE desempenha o papel de fornecedor de liquidez em escala europeia depois do célebre "Em nosso mandato, o BCE está disposto a fazer tudo o que for necessário para preservar o euro",[29] de seu diretor Mario Draghi, em 26 de julho de 2012. Mais genericamente, um país pode recorrer ao FMI, que proporcionará liquidez e atrairá outros investidores em troca de condições sobre a reorganização das finanças do país. Por fim, em vez de proceder *ex post*, uma vez constatadas as dificuldades, um país pode antecipar essas dificuldades e garantir linhas de crédito, seja junto a consórcios de bancos internacionais, seja junto ao FMI.

Finanças comportamentais

Por fim, assistimos ao desenvolvimento das "finanças comportamentais", que têm como objetivo incorporar na análise dos mercados financeiros os artifícios cognitivos e outras distorções com relação ao modelo do agente racional (mais amplamente, a contribuição da psicologia à análise econômica cresceu nos últimos vinte anos).[30] Aqui, não se trata mais (necessariamente) de contraste entre racionalidade individual e irracionalidade coletiva, mas de irracionalidade individual. Os temas são muito numerosos para serem mencionados: excesso de otimismo (por exemplo, a tendência de gestores de fundos a se julgarem melhores que os colegas), atenção limitada ou, ao contrário, excesso de atenção a determinados riscos,[31] crenças equivocadas (devidas a uma má compreensão da lei de Bayes ou a um certo número de outros desvios), aversão às perdas, moralidade endógena (devida à existência de uma margem de manobra sobre o que é socialmente aceitável) etc.

As pesquisas nesse domínio comportam vertentes empírica e teórica. Do lado empírico, os pesquisadores documentaram um grande número de pequenas anomalias de precificação dos ativos, que nem sempre são "arbitradas": os atores não têm consciência de determinadas correlações ou causalidades ou, inversamente, categorizam os ativos em grupos grosseiros demais. Vemos aqui a fronteira sutil entre racionalidade (os atores são racionais, mas efetuam uma arbitragem entre modelagem mais sofisticada e custo dessa modelagem) e irracionalidade (ligada a uma compreensão incorreta do ambiente financeiro).

Para dar apenas um exemplo da vertente teórica, mencionarei os trabalhos de Roland Bénabou (professor em Princeton) sobre as negações de realidade, que, a seu ver, desempenharam um papel na ilusão coletiva do mundo das finanças face aos *subprimes*.³² Para compreender melhor o caráter contagioso da cegueira coletiva, Roland Bénabou incorpora as emoções (tais como a ansiedade) que perspectivas incertas suscitam para as questões importantes. Impelido por suas emoções, um agente pode preferir ignorar as contingências reais que enfrenta, mesmo ao preço de decisões incorretas. O fato de a memória e a atenção humana serem limitadas e maleáveis torna possíveis processos de revisão distorcida das crenças: codificação e esquecimento seletivo dos sinais recebidos, racionalização a posteriori etc. Essas hipóteses baseiam-se em inúmeros estudos empíricos que evidenciam um tratamento assimétrico das boas e más notícias, até mesmo uma aversão a priori à informação.³³

Roland Bénabou examina então sistematicamente a maneira como a natureza das interações econômicas ou sociais entre os agentes determina os modos de pensamento que surgirão do equilíbrio geral. Essa análise do "pensamento de grupo" (*groupthink*) evidencia a possibilidade, para uma comunidade em seu conjunto, de um negacionismo contagioso da realidade.³⁴ Os resultados contribuem para explicar os casos recorrentes de empresas, instituições ou regimes políticos que se autodestroem por cegueira coletiva. Essa cegueira coletiva de parte do mercado financeiro está no âmago do livro (e do filme) *A grande aposta*, ao qual voltarei adiante.

Os atritos nos mercados financeiros

As diferenças de análise. Em suma, um caminho de pesquisa particularmente dinâmico nesses últimos trinta anos diz respeito às dificuldades de chegar ao "preço certo" num mercado financeiro no qual a informação não é uniformemente disseminada. Essa pesquisa tem sua origem nos trabalhos, publicados em 1970, de George Akerlof, prêmio Nobel em 2001 com Michael Spence e Joe Stiglitz, premiados justamente por suas contribuições à teoria da informação. Resumindo, não queremos – ou pelo menos não deveríamos querer em nosso próprio interesse – negociar com alguém mais bem-informado, a menos que os ganhos do negócio sejam, não obstante, consideráveis. Suponhamos, por exemplo, que eu lhe proponha comprar um título financeiro cujo verdadeiro valor sou o único a conhecer (e que não tenhamos uma relação de convívio frequente, de maneira que uma relação de confiança não pode se estabelecer entre nós). O título pode render, digamos, 50 ou 100, com probabilidades iguais. Você deveria se dispor a pagar 75? Cumpre raciocinar da seguinte maneira: se o verdadeiro valor desse título é 100, então eu deveria conservá-lo para mim mesmo em vez de cedê-lo por 75. Então você não deveria se dispor a pagar 75 por ele: se estou disposto a vendê-lo por menos de 100, o ativo é necessariamente de má qualidade e vale 50. Nesse exemplo, o preço se estabelece em 50, pois você sabe que eu só venderei o título se se tratar de um "rejeito". Esse raciocínio é naturalmente um pouco complicado quando não estamos habituados a ele. Mas os profissionais, seja por indução ou experiência às próprias custas, conhecem bem esse fenômeno.[35]

Em presença de assimetrias de informação entre os participantes, os mercados financeiros não são tão líquidos quanto deveriam ser. Às vezes eles chegam a se congelar completamente: diz-se então que "não existe mais preço no mercado". Para ser mais preciso, não existe mais transação no mercado, pois os preços que gerariam transações não são aceitáveis para os vendedores. Foi assim que numerosos mercados desapareceram de um dia para o outro, por ocasião da crise em 2008.[36] Mais amplamente, os trabalhos sobre a "microestrutura dos mercados financeiros" apontam os atritos informacionais que impedem esses mercados de operar de maneira tão neutra quanto o previsto pela teoria da troca concorrencial.

Os limites da arbitragem. Os preços nos mercados podem não refletir corretamente a informação disponível sobre o verdadeiro valor desses ativos se aqueles que dispuserem dessa informação não detiverem os recursos financeiros necessários para intervir em grande escala sobre esses mercados. Atores podem estar conscientes de que certos ativos acham-se sub- ou superavaliados e, no entanto, não serem capazes de intervir em seus mercados (o que tenderia a corrigir o erro de precificação dos ativos), pois lhes falta liquidez para fazer isso. Hoje compreende-se um pouco melhor os "limites da arbitragem" (em geral fruto dos problemas de agência já mencionados), mesmo que nossos conhecimentos na matéria ainda mereçam ser aprimorados.

Encontramos uma boa ilustração desse fenômeno no livro (e no filme) *A grande aposta*, no qual um grupo de atores financeiros, denominados "vendedores" ou "arbitradores", vende a descoberto (*sell short* em inglês) a bolha imobiliária. Estão convencidos de que os títulos financeiros dependentes do pagamento dos empréstimos imobiliários estão superavaliados e que as agências de classificação não fizeram seu trabalho ao lhes atribuir boas notas. Vender a descoberto um título significa que não detemos o título, mas nos comprometemos a entregar à contraparte uma determinada quantidade do título em questão num determinado prazo (dentro de um mês, seis meses...). Se nesse ínterim o valor do título abaixar, o vendedor tem a possibilidade de resgatar em dinheiro e obter uma mais-valia; a contraparte, que se encontra com títulos que perderam seu valor, perde então dinheiro com relação à situação em que não haveria contrato. Se, em contrapartida, o valor do título aumentar, o vendedor perderá dinheiro. E se o vendedor não tiver dinheiro suficiente e abrir falência, a contraparte não recebe o ganho que deveria ter recebido. Num contrato desse tipo, como em numerosos contratos de empréstimos, a contraparte exige que o vendedor deposite um colateral, chamado "cobertura adicional" (*margin call*). O problema para os arbitradores é que, mesmo eles tendo razão e o título estando, por conseguinte, superavaliado, eles não sabem quando a superavaliação será corrigida. Enquanto não for, suas contrapartes exigem deles sempre mais colateral para se cobrir, podendo acontecer de eles se verem sem dinheiro antes de conseguirem demonstrar que tinham razão. É o que acontece no filme *A grande aposta*, no qual os arbitradores têm seu diagnóstico sobre as *subprimes* confirmado, mas quase perdem toda a sua aposta inicial, pois a correção do preço demora a chegar.

Por fim, os limites à arbitragem podem ter consequências maiores ainda; em particular, alguns investidores institucionais têm normas que criam choques de liquidez previsíveis.[37] E a antecipação desses choques leva os *hedge funds* a venderem a descoberto os títulos que serão cedidos por esses investidores institucionais, desestabilizando ainda mais o mercado.[38]

IV. MAS, NO FUNDO, POR QUE REGULAMOS?

A regulação financeira comporta duas vertentes: a regulação das bolsas de negócios e, mais amplamente, dos mercados financeiros; e o monitoramento da solvência das instituições financeiras. Essas duas atribuições correspondem a dois reguladores diferentes (na França, a Autoridade dos Mercados Financeiros – AMF – e a Autoridade de Controle Prudencial e de Resolução[39] – ACPR –, agências administrativas independentes). A regulação dos mercados tem como objetivo evitar os comportamentos nocivos aos mercados financeiros. Trata-se de proteger os investidores detentores de títulos nesses mercados contra as manipulações e os golpes.

A regulação prudencial, por sua vez, diz respeito à intermediação financeira e tem como objetivo proteger os débitos dos clientes desinformados (correntistas, segurados, poupadores etc.) junto a certos intermediários financeiros (bancos, companhias de seguros, fundos de pensão etc.). Na medida em que o Estado ameaça resgatar intermediários financeiros em dificuldade (em especial grandes estabelecimentos como o Crédit Lyonnais ou AIG), é também o dinheiro dos contribuintes que está em pauta proteger. A primeira responsabilidade para a Autoridade de Controle Prudencial e de Revolução, portanto, é representar os interesses dos pequenos detentores de créditos no estabelecimento financeiro.[40]

A segunda função da regulamentação prudencial é conter os efeitos dominó, ou ainda o que se chama de "risco sistêmico". Em outros termos, o regulador teme que a falência de uma instituição financeira provoque, por contágio, a quebra de outras instituições que venham a perder dinheiro em seus créditos para com a primeira, ou revendendo a preços vis ativos num mercado saturado de ativos à venda. Essa motivação pode coincidir com a primeira na medida em que os fiscais querem evitar os efeitos dominó que afetam os bancos comerciais, mas ela recebe frequentemente uma acepção mais ampla em termos de manutenção da integridade do sistema financeiro em seu conjunto. Seja como for, essa segunda justificação é igualmente invocada quando salvamos um estabelecimento sem pequenos correntistas ou segurados, por exemplo, um banco de negócios. Assim, em 2008, a holding AIG Financial e o banco de investimento Bear Stearns foram assim salvos pelo Estado americano, mesmo não tendo pequenos correntistas, porque podiam ter um impacto sistêmico.

Para compreender a filosofia da regulação bancária, é útil mergulhar no primeiro quadro internacional, ainda que este quadro seja obsoleto hoje em dia. Nos anos 1980, a comunidade internacional quis limitar as regulações mínimas, de forma que um país podia facilitar o desenvolvimento internacional de seus bancos requerendo poucos fundos próprios ou, de maneira equivalente, deixando-os superendividarem-se para o dado volume de fundos próprios. No caso dos bancos de varejo (também chamados comerciais), a regulamentação oriunda dos acordos da Basileia de 1988, Basileia I, exigia do intermediário financeiro que tivesse capital suficiente (fundos próprios) para cobrir com uma forte probabilidade os riscos de perda, esse nível mínimo de fundos próprios sendo uniformizado entre países.

As regras de capitalização dos bancos devem realizar um compromisso. De um lado, os bancos devem ser suficientemente capitalizados para que o poupador ou o contribuinte não sofra perdas eventuais. De outro, regras de capitalização severas demais podem escassear o crédito e impedir os intermediários financeiros de cumprir sua missão econômica: por exemplo, para os bancos, financiar o investimento das empresas, em especial das pequenas e médias, e fornecer liquidez às empresas e aos mercados.

Um rigor maior na regulação requer também monitorar o desenvolvimento do setor financeiro menos ou não regulado (que teoricamente não tem direito nem ao seguro-depósito, nem ao acesso à liquidez do banco central). Essa migração das atividades (que observamos atualmente no *shadow banking* na China) pode vir a criar problemas, como foi o caso, veremos, com os cinco grandes bancos de negócios (Lehman, Bear Stearns, Merrill Lynch, Goldman Sachs e Morgan Stanley) em 2008, fiscalizados por apenas seis pessoas.

A figura 2 descreve um balanço extremamente simplificado de um banco de varejo, isto é, um banco centrado essencialmente, do lado ativo, nas atividades tradicionais de empréstimos às pequenas e médias empresas e às pessoas físicas, e, do lado passivo, nos depósitos.

Ativo	Passivo
• Empréstimos às pequenas e médias empresas	• Fundos próprios (ações, lucros não distribuídos)
• Empréstimos imobiliários às famílias	• Dívidas híbridas suscetíveis de serem assimiladas ao capital pelas autoridades prudenciais (dívidas subordinadas, títulos conversíveis, ações preferenciais...)
• Outros títulos (empréstimos sobre mercado de títulos...)	• Depósitos não segurados (pessoas físicas além de €100 mil, pequenas e médias empresas, grandes empresas, empréstimos sobre mercado de títulos...)
• Ativos seguros (títulos do Tesouro, empréstimos de Estados...)	• Depósitos segurados (pessoas físicas até €100 mil)

O primeiro acordo internacional sobre as normas prudenciais, "Basileia I" (1988), concentrou-se no risco de falência, exigindo do banco um endosso em fundos próprios (capital) conforme o risco do empréstimo, um empréstimo seguro (a detenção de um bônus do Tesouro, por exemplo) não necessitando de nenhum capital, um empréstimo arriscado impondo-lhe um requisito em capital de €0,08 de fundos próprios por cada euro emprestado. Mais amplamente, a cada elemento do ativo do banco é atribuído um peso compreendido entre 0 e 1: 0,2 para um empréstimo a um governo local ou a outro banco, 0,5 para um empréstimo hipotecário[41] e 1 para os empréstimos às empresas e os títulos diversos. Por exemplo, €0,04 de fundos próprios eram necessários para um empréstimo imobiliário de €1.

Para cálculo de fundos próprios no alto do balanço, distingue-se entre fundos próprios ditos de base ou de *tier* 1 (capital mais lucros não distribuídos) e os ditos complementares ou de *tier* 2 (créditos sobre o banco que são relativamente estáveis: dívidas subordinadas de longo prazo, títulos híbridos...), o *tier* 1 devendo constituir pelo menos metade dos fundos próprios (logo, pelo menos 4% do valor dos ativos ponderados).

Os reguladores, contudo, sabiam que a desconsideração pelos riscos de mercado e as correlações entre os diferentes riscos, o caráter mecânico das exigências em capital (sem consideração de *rating* para os empréstimos às empresas, por exemplo), e a ausência de mensuração da liquidez disponível constituíam limites importantes para uma boa aceitação dos riscos. Por exemplo, a fórmula que resulta nas exigências em capital é aditiva: acrescentam-se simplesmente as exigências em capital para cada um dos empréstimos. Não se procura mensurar as correlações entre todos os riscos que interagem entre si (os riscos de taxas de juros, taxas de câmbio, de contrapartida, de preços dos imóveis etc.) e, portanto, saber se eles se correlacionam positiva ou negativamente, se eles se compensam ou, ao contrário, se fortalecem para gerar ainda mais risco. Isso cria incentivos para os bancos correlacionarem suas posições, sobretudo se já se acharem em dificuldades.[42]

A geração seguinte de regulação em escala internacional (Basileia II), concebida nos anos 1990 e adotada antes de 2007, pretendeu-se mais precisa em sua mensuração do risco. Em primeiro lugar, permitiu utilizar as notações das agências certificadas para modular as exigências em capital conforme a qualidade dos ativos.[43] No mesmo espírito, facilitou a utilização da contabilidade como valor de mercado, isto é, a utilização de valores de ativos similares sobre mercados com suficiente liquidez para mensurar o valor corrente de certos ativos do banco (o método tradicional de contabilização – em "custos históricos" – consistindo em registrá-los em seu valor inicial, e não revisar esse número salvo em caso de incidente grave, em geral a inadimplência de quem toma emprestado).

Por fim, Basileia II autorizou os (grandes) bancos a utilizar modelos internos aprovados para mensurar os riscos e assim os requisitos em capital, permitindo ao poder público intervir mediante exigências de recapitalização ou normas sobre as atividades quando os sinais ficam vermelhos. Um diálogo estruturado entre os fiscais e os bancos colocados sob seu controle foi organizado no âmbito do que ficou conhecido como "pilar 2" (o pilar 1 sendo os requisitos em capital modificados como vimos). Para concluir, o pilar 3 aumentava a transparência da instituição financeira com relação ao mercado, a fim de estimular este último a restringir seus créditos para com um banco frágil (naturalmente, esse monitoramento pelo mercado não opera se o mercado financeiro antecipa que o banco será resgatado pelo Estado em caso de dificuldade, de maneira que os créditos para com o banco estão implicitamente garantidos).

A passagem de Basileia I a Basileia II ilustra o dilema clássico entre uma escolha de regras mecânicas e a concessão de uma liberdade maior aos atores. Basileia I adotava um sistema de requisitos de fundos próprios mecânicos, com exigências não raro muito distantes do que a realidade econômica justificaria. Embora severo, Basileia I limitava as manipulações. Basileia II delega muito mais flexibilidade aos bancos, o que permite uma melhor avaliação dos riscos se o processo for íntegro, mas exige consequentemente uma supervisão mais rigorosa. Os modelos internos, ainda que aprovados pelos supervisores, criam graus de liberdade para bancos que se mostrariam pouco escrupulosos e que utilizariam a assimetria de informação de que eles se beneficiam com relação ao regulador para enganar este último quanto à realidade de seus riscos. Da mesma forma, a utilização extensiva do *rating* requer que as agências de classificação não façam conluio com a indústria, que as pressionaria por uma inflação das notas.

A teoria econômica sugere algumas regras de bom senso. Todo aumento de flexibilidade na avaliação deve ter como contrapartida uma grande distância entre avaliadores (as agências de classificação, os supervisores) e avaliados (os bancos); uma flexibilidade maior amplifica os problemas para aqueles que são supervisionados, agravando assim o perigo de pressão e conluio. Inversamente, caso se tema pela integridade da supervisão e da avaliação, a solução é voltar aos desafios menores, até mesmo a regras mecânicas.[44]

12. A crise financeira de 2008

> *It's awful. Why did nobody see it coming?*
> ELIZABETH II, rainha da Inglaterra*

A CRISE FINANCEIRA DE 2008 teve um impacto significativo sobre as populações. O crescimento caiu e o desemprego aumentou. Embora o crescimento americano tenha voltado ao normal, com um desemprego reduzido a 5% e uma recuperação da confiança econômica, a perda de crescimento do início da crise não foi igualada. A Europa – é verdade que às voltas com outras dificuldades que não apenas a crise financeira – permaneceu engessada numa situação econômica complexa, em especial com um desemprego de massa nos países da Europa meridional. A crise também fez com que as finanças públicas pagassem um pesado tributo, enfraquecendo assim a capacidade dos Estados de intervir em crises futuras.

Ninguém, inclusive entre os economistas, imaginara naquele 9 de agosto de 2007, data da primeira intervenção do Federal Reserve, o banco central americano, e do Banco Central Europeu (BCE), que setores inteiros do sistema bancário seriam resgatados pelos Estados; que os cinco maiores bancos de investimento desapareceriam enquanto tais (Lehman e Bear Stearns desapareceram pura e simplesmente, Merill Lynch foi comprado pelo Bank of America, Goldman Sachs e Morgan Stanley sobreviveram, mas pediram para se tornarem bancos de varejo regulados a fim de receberem auxílio); que extraordinárias franquias comerciais como Citigroup, Royal Bank of Scotland e L'Union des Banques Suisses fossem capotar após tomarem riscos insensatos;

---

* "É terrível. Por que ninguém a viu chegar?" Por ocasião de uma visita à London School of Economics, em 5 de novembro de 2008.

que uma companhia de seguros e dois estabelecimentos fiadores de empréstimos imobiliários fossem mobilizar cerca de US$350 bilhões da parte do Estado americano; que este último viesse a comprometer 50% do PIB dos Estados Unidos pouco mais de um ano mais tarde; que os governos americanos e europeus fossem emprestar diretamente somas importantes à indústria; e que os bancos centrais fossem utilizar políticas monetárias não convencionais e ir muito além de seu mandato, nos fazendo entrar num período de taxas de juros extremamente baixas e sustentando os Estados e o sistema financeiro.

Na Europa, o Reino Unido, a Bélgica, a Espanha, a Islândia e a Irlanda conheceram graves problemas bancários.[1] Nesse contexto, é possível notar o bom desempenho relativo de determinados países como a França, não obstante alguns de seus bancos haverem se beneficiado dos resgates pelo contribuinte americano de instituições como AIG, às quais estavam expostos. Isso se deveu à repercussão dos desatinos anteriores (como a falência do Crédit Lyonnais)? Como talvez também tenha sido o caso da Escandinávia e do Japão, igualmente submetidos a graves crises bancárias nos anos 1990.

A que se deveu a crise financeira? Aprendemos suas lições? Estamos protegidos de uma nova crise? Para abordar essas questões, começarei com um diagnóstico, antes de tratar da situação do pós-crise. Por fim, questionarei as responsabilidades e o papel dos economistas na prevenção das crises. Este capítulo, um pouco mais técnico do que os outros, é, além disso, o único a não ser totalmente autônomo (a leitura prévia do capítulo anterior, sem ser necessária, é aconselhável).

I. A CRISE FINANCEIRA

Existem inúmeros estudos sobre a crise econômica[2] e não farei aqui senão resvalar no tema. Uma única certeza: a crise de 2008 é um caso exemplar para os cursos de teoria da informação e de incentivos ensinados nas faculdades de economia. Pois, a cada etapa da cadeia de transferências de risco, o fato de que uma das partes tenha mais informação do que a outra (o que traduz o conceito de "assimetria de informação") terá perturbado o bom funcionamento dos mercados.

As deficiências do mercado ligadas às assimetrias de informação têm, no entanto, um caráter permanente, embora, sem dúvida, exacerbadas pelas "inovações financeiras" (a introdução de novos instrumentos financeiros frequentemente muito complexos) e a falta de familiaridade dos atores com os novos instrumentos. Impossível então explicar a crise pelo critério de um único fator. A crise só pode ser compreendida levando-se em conta outros dois fatores que se juntaram às falhas de mercado. Em primeiro lugar, regulações inadaptadas e certa complacência em sua implantação forneceram aos atores, sobretudo nos Estados Unidos, mas igualmente na Europa, incentivos a assumir riscos consideráveis *in fine* à custa da coletividade e mais particularmente do contribuinte. Por outro lado, as falhas de mercado e da regulação jamais teriam tido esse impacto se o contexto não houvesse estimulado a tomada de risco.

Uma liquidez abundante e uma bolha imobiliária

As crises costumam encontrar sua origem na permissividade dos períodos de vacas gordas. Os Estados Unidos, que estiveram na origem da crise, conheceram nos anos 2000 uma afluência de dinheiro em busca de investimento. Por um lado, a manutenção pelo Banco Central americano (o Federal Reserve) de taxas de juros anormalmente baixas (1% em certos períodos para a taxa curta) durante vários anos no início dos anos 2000 forneceu uma liquidez muito barata. Combinada com o desejo dos investidores de encontrar rendimentos superiores às baixas taxas de juros do mercado, essa política monetária alimentou a bolha imobiliária.[3]

Por outro lado, os Estados Unidos possuem mercados financeiros desenvolvidos; criam muitos títulos negociáveis nos mercados, o que os torna atraentes para investidores. O excedente de poupança proveniente dos fundos soberanos árabes e asiáticos e as reservas cambiais acumuladas pelos países exportadores como a China foram então participar do jogo nos Estados Unidos, impossibilitados de se reciclarem nos mercados financeiros domésticos. Esses excedentes de poupança internacional (*savings glut*) também permitiram aos intermediários financeiros investirem no setor imobiliário. Em contrapartida, o aumento da demanda de títulos, bem como um tratamento regulatório (corrigido apenas depois da crise) muito favorável ao processo de securitização, incentivou uma securitização mais intensa das dívidas. Por conseguinte, esses dados macroeconômicos constituíram um fator permissivo e incentivaram os atores a enveredar pelas brechas criadas pelas falhas de mercado e da regulação.

Assistiu-se então a um forte aumento dos empréstimos imobiliários de risco concedidos às famílias americanas:[4] fraco aporte pessoal e fraca capacidade de pagamento,[5] taxa fixa muito baixa por dois anos seguida de uma taxa variável com margem altíssima, não verificação dos dados fornecidos pelos tomadores de empréstimo.[6] A estagnação dos preços dos imóveis e a alta das taxas de juros são a causa das falhas desses empréstimos a taxa variável e crescente com o tempo. Numerosas famílias simplesmente não conseguem mais pagar no vencimento, enquanto outras, protegidas pelas leis americanas sobre inadimplência de pessoa física, decidem não pagar seus empréstimos quando o valor de sua casa é inferior ao valor do saldo de seu empréstimo. O perigo era então que uma indesejável evolução macroeconômica acarretasse confiscos, despejos dos proprietários e perdas importantes para os emprestadores por ocasião da recolocação do bem no mercado imobiliário. As perdas sofridas pelos emissores de empréstimos são ainda mais significativas na medida em que outros emissores fazem a mesma coisa, provocando assim uma queda dos preços dos imóveis.[7]

Qual foi a reação do Estado americano face a esses desdobramentos? Adotando uma linha política que encontramos em outras crises bancárias (por exemplo na Espanha no mesmo momento), a administração americana, democrata depois republicana, tinha como objetivo incentivar a aquisição de imóveis por parte das famílias. Nos anos 2000, ela permitiu que a bolha imobiliária inflasse e, mais grave, que seus bancos ficassem expostos a ela. Os Estados Unidos teriam feito melhor reduzindo os incentivos fiscais para a aquisição imobiliária (a dedutibilidade ampliada dos juros sobre os empréstimos imobiliários) e a concessão de garantias pelas agências semipúblicas Freddie Mac e Fannie Mae, e regulando as condições de empréstimo ao impor regras estritas quanto à soma emprestada; em outros termos, deveriam ter estabelecido um teto para as proporções empréstimo/valor do bem imobiliário e pagamento anual/receita anual do tomador do empréstimo. Mas o objetivo político prevaleceu sobre tal decisão.

Decerto os empréstimos de risco permitem o acesso de pessoas não abastadas à propriedade. No entanto, a falta de informação de inúmeras famílias sobre os riscos em que incorriam em caso de escalada da taxa de juros, ou de uma estagnação dos preços dos imóveis impedindo-os de contrair outro crédito para fazer face aos novos vencimentos, é patente. Os emissores de empréstimos imobiliários, como sempre, jogaram com o desejo das famílias de ter acesso à propriedade para vender-lhes contratos de risco. O governo federal americano sem dúvida deveria ter, no mínimo, contribuído para restabelecer a simetria de informação entre emissores e tomadores de empréstimos, já que poucos estados adotaram medidas de regulação das condições de concessão dos empréstimos imobiliários que desestimulam as práticas abusivas.

Independentemente da assimetria de informação entre emprestadores e tomadores de empréstimos, à qual o Estado pode responder com uma informação apropriada destes últimos, cujo livre-arbítrio é então respeitado, a proteção das famílias que têm acesso à propriedade tomando emprestado pode ser motivada de uma maneira mais "paternalista", a despeito dos perigos que tal abordagem comporta. A ideia que lhe subjaz é que os consumidores cedem a impulsos e tendem a consumir em excesso, em contraste com o que escolheriam "a frio". Esse paternalismo é subjacente a um certo número de intervenções públicas (ver o capítulo 5). Nessa segunda perspectiva de regulação, seria preciso sobretudo proibir os empréstimos de curto prazo muito vantajosos (como as taxas de juros promocionais baixíssimas durante os dois primeiros anos do empréstimo) estabelecendo tetos para as relações tomador de empréstimos/valor do bem imobiliário e pagamento anual/receita anual.

Uma securitização excessiva

Lembremos aqui que uma boa securitização requer duas condições: 1) que o banco emissor dos empréstimos conserve dela uma parte suficiente para incitá-lo a fazer bem seu trabalho de seleção dos empréstimos, e 2) que as agências de classificação que avaliam a qualidade dos portfólios de empréstimos colocados no mercado sejam igualmente incitadas a ser diligentes. Já observamos no capítulo anterior que os bancos conservavam uma fração muito pequena dos riscos para serem suficientemente incentivados a conceder bons empréstimos.

As agências de classificação são atores essenciais do processo de securitização nos Estados Unidos.[8] Lembremos que esses requisitos de fundos próprios dos bancos dependem do risco de seus ativos. Desde 2004, data da entrada em vigor do acordo Basileia II naquele país, esse risco pode ser medido com a ajuda da classificação do ativo por agências de *rating*. Se um banco compra um produto oriundo da securitização, ela terá muito menos necessidade de fundos próprios se a nota for AAA do que se for BB. Logo, é importante para o regulador poder confiar nas agências, verdadeiras auxiliares da regulação.

O principal problema na época era que as agências concediam AAA para produtos securitizados muito mais arriscados do que os títulos classificados AAA emitidos por empresas ou governos locais. Falta de experiência ou conflito de interesses? Difícil saber, mas os incentivos das agências não estavam completamente alinhadas com os objetivos do regulador. As agências de classificação recebiam comissões proporcionais ao montante emitido, criando assim um incentivo a sobrenotar (suponha que a remuneração de nossos professores aumentasse na proporção das notas que eles dão às provas...). No fim das contas, sem dúvida, a vontade de agradar a bancos de investimento que representam uma parte importante de sua cifra de negócios também desempenhou um papel nefasto.

Uma atividade de transformação excessiva

Simplificando, um banco toma emprestado a curto prazo para emprestar a longo prazo. Isso pode expô-lo a um pânico bancário, se os credores do banco, temendo que ele se transforme numa concha vazia, pedirem a todos que retirem seu dinheiro ao mesmo tempo. Nos anos antes da crise, inúmeros intermediários financeiros, e não só os bancos de varejo, assumiram riscos substanciais tomando emprestado a curtíssimo prazo em mercados de atacado (mercados interbancários e de títulos). Tal estratégia é bastante lucrativa enquanto as taxas de juros permanecem lá embaixo, mas expõe o banco a uma escalada das taxas de juros (se ele não comprou uma cobertura contra esse risco): se a taxa de juros é de 1% e subiu para 4%, o custo do financiamento de uma instituição que se financie quase exclusivamente a curto prazo (como era o caso dos "conduits" criados para securitizar empréstimos imobiliários) no atacado é multiplicado por 4.

Os bancos que não detêm depósitos ficam particularmente expostos a esses pânicos (desde a introdução do seguro-depósito, os depósitos das pessoas físicas se estabilizaram). Como vimos, os cinco grandes bancos de investimento ou abriram falência, ou se ampararam em bancos comerciais, eventualmente com uma ajuda do Estado americano. Mas os bancos de varejo, a priori mais estáveis, tinham por sua vez expandido sua atividade de transformação.

Essa tomada de risco generalizada através de uma transformação substancial coloca as autoridades monetárias numa situação delicada: ou elas não atuam sobre as taxas de juros para que estas permaneçam baixas, e é então toda uma vertente do sistema financeiro que desmorona; ou elas cedem e mantêm as taxas de juros artificialmente baixas e resgatam indiretamente as instituições que assumiram riscos. Elas então avalizam o comportamento de risco das instituições financeiras, gerando custos sobre os quais voltarei em seguida. As autoridades monetárias veem-se assim dribladas por uma transformação demasiado generalizada. Isso ficou particularmente patente logo após a crise. As problemáticas hoje em dia são diferentes tanto para os bancos centrais, que se confrontaram com o problema de não conseguir reduzir as taxas de juros muito abaixo de zero (caso contrário os atores prefeririam manter a liquidez, que, praticamente pelos custos da transação, assegura uma taxa de juros nula), quanto para os bancos, que se queixam mais das taxas baixas, enquanto seus clientes preferem a liquidez aos investimentos.

Contornando requisitos regulamentares de fundos próprios

As instituições financeiras reguladas (bancos comerciais, companhias de seguros, fundos de pensão, *brokers*) são submetidas a requisitos de um nível mínimo de fundos próprios. No caso dos bancos, os acordos da Basileia definem um certo número de princípios gerais em escala internacional. A ideia agora é manter um colchão, o "capital" ou fundos próprios do banco, que permite absorver com uma probabilidade elevada os riscos aos quais o banco faz face e, consequentemente, proteger os correntistas ou sua seguradora, a caixa de seguro a depósitos (e, no fim das contas, o contribuinte). O banco, ao contrário, tem interesse em reduzir (ou mesmo, em casos extremos, minimizar), com relação ao requisito regulamentar, seus fundos próprios ao tamanho do balanço apresentado: com efeito, menos fundos próprios quer dizer uma taxa de rendimento superior para os acionistas que aportam esses fundos próprios.

Os supervisores encarregados da regulamentação financeira têm uma tarefa complexa ligada, de um lado, à evolução perpétua dos balanços e das técnicas financeiras, e de outro, aos meios limitados de que elas dispõem para operar uma vigilância assídua e atrair os melhores talentos em concorrência com os estabelecimentos regulados, os analistas ou agências de classificação. A tarefa dos supervisores tampouco é facilitada pela concorrência entre eles. Na época, nos Estados Unidos, os bancos podiam às vezes escolher seu supervisor definindo sua atividade principal de maneira adequada a fim de obter o supervisor mais clemente (por exemplo, escolher o setor imobiliário dava acesso a um supervisor pouco exigente). O temor do nivelamento por baixo dos requisitos de fundos próprios então observado no nível nacional é, aliás, uma motivação essencial dos acordos da Basileia sobre a harmonização das regras prudenciais no nível internacional.

Numerosas instituições financeiras exploraram as falhas da análise de risco nas regras prudenciais para subestimar suas necessidades em capital e assim aumentar o rendimento de seus fundos próprios. Dessa forma, elas concederam aos "conduits" que continham em ativos os portfólios que elas securitizaram linhas de crédito pouco exigentes em capital[9] e isso mesmo se elas assumissem um risco grosso modo equivalente ao que teriam assumido se houvessem deixado esses empréstimos em seu balanço. Por fim, os supervisores não puderam ou não souberam refrear comportamentos nefastos. Um exemplo emblemático é o da AIG, maior seguradora mundial, que, além ter *de facto* se tornado um banco de investimento, distribuiu aos seus acionistas um vultoso dividendo apenas duas semanas antes de seu resgate pelo Estado americano.

Contornos da esfera regulada excessivamente vagos e uma mistura às vezes deletéria entre público e privado

Simplificando, a regulação prudencial dos bancos inclui uma troca de contrapartidas: o banco de varejo é supervisionado e deve fazer face a requisitos de fundos próprios e outras normas; em troca, tem acesso à liquidez do banco central e ao seguro dos depósitos, dois fatores de estabilização de seu risco: o seguro dos depósitos dissuadirá seus pequenos correntistas de fugirem quando suas dificuldades financeiras se tornarem públicas; e, graças à liquidez do banco central, o banco poderá tranquilamente escolher entre vender ativos a preços não vis ou reconstituir seus fundos próprios por uma nova emissão do capital. Os bancos não regulados (*shadow banking*: bancos de investimento, *hedge funds*, private equity etc.) não têm esse privilégio.

A crise de 2008 mostrou que uma regulação permissiva com respeito às exposições mútuas entre setor regulado e setor não regulado pode levar as autoridades a salvar entidades fora da esfera regulada – mediante injeções de capital, resgates de ativos ou simplesmente a manutenção de taxas de juros baixas. Isso levanta problemas de informação, bem como ausência de contrapartida, na medida em que o setor não regulado tem acesso ao dinheiro do contribuinte e à liquidez do banco central sem precisar submeter-se à disciplina da supervisão prudencial.

Essa indefinição é ilustrada pelo debate suscitado pela recusa das autoridades americanas em salvar o Lehman em 2008. A título de comparação, o dinheiro do contribuinte americano tinha sido comprometido no resgate de outro banco comercial, o Bear Stearns.[10] Alguns dias após a falência do Lehman, o governo americano salvou outra grande entidade não regulada, a AIG. Seguiu-se toda uma série de aportes públicos aos bancos de varejo e de investimento. Difícil estimar o custo desses aportes no momento em que são concedidos. Nos Estados Unidos, ele se revelará *ex post* modesto: os bancos terminaram por reembolsar a grande maioria. Mas, evidentemente, as coisas poderiam ter sido piores e perdas mais significativas poderiam ser registradas.

Voltemos ao caso AIG. A priori, não há nada de anormal no resgate de uma grande companhia de seguros. No entanto, a atividade de seguros da AIG era viável e capitalizada em separado, precisamente a fim de protegê-la de um naufrágio da holding, que também continha as atividades especulativas. Quer dizer, a holding poderia ter aberto falência sem maiores consequências para a atividade de seguros. Se parece anormal que a AIG holding tenha podido escapar de toda vigilância e ao mesmo tempo gozar de um acesso ao dinheiro do contribuinte no caso de má gestão, a imbricação desse estabelecimento com os bancos regulados, através por exemplo dos mercados de balcão de derivativos, criava um risco sistêmico, "justificando" seu resgate.

À indefinição entre setor regulado e setor não regulado se acrescentava a indefinição entre esfera pública e esfera privada. Em setembro de 2008, duas agências semipúblicas do crédito imobiliário americano, Fannie Mae e Freddie Mac, que seguravam ou garantiam entre 40% e 50% (cerca de 80% em 2007) das dívidas imobiliárias nos Estados Unidos,[11] foram salvas. Sempre o setor imobiliário... Essas duas empresas, de certa forma, eram anomalias. Privadas, não podiam beneficiar o poder público com seus lucros.[12] Em contrapartida, dispunham da garantia do Estado americano (sob forma de linhas de crédito junto ao Tesouro) e apostavam no sentimento geral de que elas seriam resgatadas pelo Estado americano em caso de dificuldades, o que foi efetivamente o caso. Segundo a fórmula consagrada, os ganhos eram privatizados, as perdas, nacionalizadas. Por fim, elas não eram reguladas muito rigorosamente.[13] À guisa de comparação, na Europa, a Comissão Europeia felizmente utilizou a lei sobre as ajudas estatais para impedir os governos europeus[14] de estender as garantias de Estado implícitas e limitar essa mistura dos gêneros. A França, por sua vez, aprendeu com a experiência americana em 2007 e abandonou um projeto de lei prevendo uma obrigação para os bancos de garantir o acesso universal ao crédito.

II. O NOVO AMBIENTE PÓS-CRISE

Podemos listar ao menos duas heranças da crise: as taxas de juros baixas e a busca de novas regulações.

Taxas de juros historicamente baixas

A primeira herança era supostamente temporária. Muito rápido, quando a crise se declarou, os bancos centrais americano, europeu e britânico abaixaram suas taxas a níveis próximos de zero, em outras palavras, a níveis negativos se levarmos em conta a inflação (isto é, em termos reais e não nominais); o Japão, por sua vez, tem uma taxa de juros abaixo de 1% desde meados dos anos 1990, e hoje igual a 0. Em 2016, foi previsto que elas ficarão próximas de 0 por muito tempo ainda no Japão e na Europa, ao passo que os Estados Unidos começam a elevá-las com bastante prudência.

Essas taxas baixas têm uma motivação clara: permitem às instituições financeiras refinanciarem-se a baixo custo. É, na realidade, a lógica keynesiana de fornecimento da liquidez em caso de dificuldades do setor financeiro.[15] Em última instância, o Estado é o único ator a poder fornecer liquidez à economia. Com efeito, ele está em condições de fazer duas coisas que os mercados jamais poderão fazer: em primeiro lugar, garantir as receitas futuras dos lares e empresas (existentes e vindouros), ou melhor, os impostos que o poder público suspenderá sobre essas receitas, o que ele faz emitindo dívida nacional ou fornecendo liquidez aos bancos.[16] É esse poder régio da tributação que justifica o papel do Estado na regulação macroeconômica: o Estado pode dar uma mãozinha aos bancos e às empresas hoje em troca de um aumento do imposto amanhã. Em segundo lugar, o banco central pode criar inflação e com isso mudar o valor real de contratos denominados nominalmente: os contratos da dívida e, na medida em que não são indexados, os contratos de trabalho. (Atualmente, os bancos centrais têm dificuldades em criar antecipações de inflação mesmo muito moderada, de maneira que essa segunda abordagem não tem realmente efeito.)

Esse fornecimento de liquidez não tem como objetivo em si mesmo salvar bancos que teriam imprudentemente se visto em dificuldade ao criar necessidades de refinanciamentos que não estão em condições de obter em caso de golpe duro. Seu objetivo principal é manter vivos os intermediários financeiros essenciais ao funcionamento da economia. As pequenas e médias empresas, em especial, não têm acesso aos mercados financeiros (às emissões de títulos e notas promissórias para se financiar e refinanciar), pois nem sempre têm a reputação consolidada junto ao mercado financeiro, não possuem senão poucos ativos tangíveis e intangíveis a dar como garantia e são pouco diversificadas. Elas dependem dos bancos, que as monitoram e asseguram a boa qualidade da garantia que elas oferecem como cauções. Em caso de dificuldades dos bancos, as pequenas e médias empresas são as primeiras a serem afetadas, como constatamos em todos os episódios de aperto do crédito (*credit crunch*).

As taxas de juros baixas, por mais necessárias que sejam em caso de crise, implicam custos.

- Em primeiro, lugar, elas induzem uma transferência financeira maciça dos poupadores para os tomadores de empréstimos. Na realidade, é exatamente este o efeito buscado quando se aspira a resgatar um sistema bancário que vai mal das pernas. No entanto, elas vão além do efeito pretendido. A queda das taxas de juros aumenta o preço dos ativos tais como imóveis ou ações (os rendimentos futuros sobre esses ativos são revalorizados com relação aos rendimentos oferecidos pelo mercado de títulos), implicando então uma redistribuição da riqueza: os detentores desses ativos recebem mais quando os vendem.[17] As taxas de juros baixas têm então efeitos redistributivos gigantescos, alguns desejáveis, outros não.

- As taxas de juros baixas são um terreno propício ao surgimento de bolhas financeiras. Como vimos no capítulo anterior, estas últimas tendem a se desenvolver nesses ambientes com taxas de juros baixas.
- As taxas de juros baixas incitam à tomada de risco por parte das instituições financeiras que prometeram rendimentos garantidos aos seus clientes. Isso é, por exemplo, uma preocupação importante na Alemanha, onde as companhias de seguros prometeram aos detentores de seguros de vida rendimentos mínimos que podem chegar a 4%. O rendimento dos títulos do Estado alemão para dez anos, que é de 0,5% a 1%, torna a realização dessa garantia muito difícil, a menos que se invista nos títulos de alto rendimento (*high yield*), até mesmo "podres" (*junk bonds*), isto é, títulos que oferecem rendimentos muito elevados, com substancial probabilidade de não reembolso.

Teoricamente, as seguradoras de vida devem colocar ativos de duração idêntica em face de seus passivos de vida. De maneira que, se as taxas caírem, essa queda aumenta o preço dos ativos "dedicados" aos reembolsos prometidos aos clientes. Na prática, contudo, os segurados têm a opção de prolongar seus antigos contratos, o que eles logicamente fazem quando as taxas caem e os suportes de poupança alternativos tornam-se menos atraentes, tendo como consequência um desequilíbrio das maturações entre ativo e passivo.

Sem dúvida é preferível tratar o incentivo à tomada de risco diretamente pela supervisão prudencial em vez de abandonar as taxas de juros baixas se elas forem úteis para a economia, mas convém assim mesmo estar bem consciente do risco criado por esse nível de taxas.

- As taxas de juros baixas a curto prazo são suscetíveis de fomentar a próxima crise ao incentivar os bancos a emprestar ainda mais a curto prazo.

Hoje, porém, esse argumento é pouco pertinente, por duas razões: de um lado, o *quantitative easing* pesa tanto sobre as taxas longas, muito baixas hoje, quando sobre as taxas curtas; de outro lado, os reguladores bancários estão em vias de adotar instrumentos visando limitar o endividamento de curto prazo das instituições bancárias.

- A esses quatro custos potenciais das taxas de juros baixas se acrescenta um quinto: quando se chega a taxas nominais nulas, não é mais possível abaixá-las, pois consequentemente os agentes econômicos prefeririam deter papel-moeda, que, por sua vez, conserva seu valor nominal (ou seja, oferece uma taxa nominal igual a 0).[18] É o que chamamos de fenômeno da Zero Lower Bound (ZLB). Se taxas de juros negativas se revelam necessárias, o banco central não está em condições de reaquecer a economia abaixando as taxas de juros, o que pode levar a recessão e desemprego. Para reaquecer a economia, o banco central deve então utilizar uma série de instrumentos complexos e ainda imperfeitamente dominados[19] que não mencionarei aqui.

Taxas de juros duradouramente baixas?

O consenso em macroeconomia até a crise baseava-se na noção de "grande moderação" (*great moderation*). A política monetária, às vezes acompanhada de uma política orçamentária (no que é conhecido como *policy mix*), parecia fazer um trabalho notável durante os vinte anos que antecederam a crise. Ela visava a estabilidade dos preços (com base numa meta de inflação de 2%, por exemplo) com um ajuste para refletir a situação econômica e o desemprego. Esse consenso sobre a primazia da política monetária acha-se hoje parcialmente abalado, porque essa política monetária não pode ser mais empregada na ZLB.

E se as taxas de juros não fossem apenas um fenômeno conjuntural associado à crise financeira e à crise europeia? E se estivéssemos condenados a viver duradouramente numa economia com baixas taxas de juros, na qual a política monetária fosse incapaz de reaquecer os mercados e impedir a recessão e o desemprego, fenômeno às vezes chamado "estagnação secular"?[20] Hoje os economistas estão divididos sobre essa questão. O que está comprovado é a tendência à queda das taxas de juros sobre os ativos seguros (títulos do Estado isentos de riscos) desde os anos 1980-90. Essas taxas de juros em termos reais (isto é, uma vez deduzida a inflação) eram de 5% nos anos 1980, 2% nos anos 1990, 1% até a falência do Lehman Brothers em 2008 e de cerca de −1% desde então. Quais são as causas dessa queda?

A primeira razão estrutural das taxas fracas deve ser buscada na oferta e na demanda de ativos seguros; se há pouca oferta e muita demanda, o preço desses ativos é necessariamente alto; para um ativo financeiro, um preço alto corresponde a um rendimento fraco (intuitivamente, o detentor do ativo paga caro se não adquirir um direito de receber um rendimento fraco no futuro). Esse desequilíbrio entre oferta e demanda de ativos seguros se traduz por diversos sintomas, independentemente das taxas fracas. Antes da crise de 2008, ele se manifestara por uma securitização frenética; esta última tinha como objetivo criar ativos negociáveis nos mercados financeiros e seguros (embora no fim essa securitização, pelas razões mencionadas acima, tenha criado ativos de risco, o objeto anunciado era outro). Outro sintoma é o surgimento de bolhas.

A *demanda* pelos ativos seguros, por sua vez, aumentou. Os países emergentes (por exemplo, a China) e os países ricos em commodities (por exemplo, produtores de petróleo no momento em que o preço do petróleo ainda era alto), não dispondo de mercados financeiros desenvolvidos, procuraram investir seu dinheiro nos países desenvolvidos. É o *savings glut* que mencionei anteriormente. Além disso, depois da crise, o fortalecimento da regulamentação prudencial levou à penalização da tomada de risco, tendo como consequência que os bancos, companhias de seguros e fundos de pensão mostram hoje mais apetência pelos ativos seguros, pouco exigentes no que se refere a fundos próprios. As próprias pessoas físicas, nesse período de incerteza, refugiam-se nos ativos mais seguros; ilustra isso o fato de os franceses investirem cerca de 85% de seu seguro de vida em fundos de euro (isso significa investidos essencialmente em títulos do Estado e de empresas, em sua maioria muito bem-classificados e garantidos em termos nominais, isto é, excluindo a perspectiva de uma perda em capital) e não em unidades de conta (mais arriscadas, compreendendo ações e não garantidas).

A *oferta* de ativos seguros, por sua vez, parece ter diminuído: os portfólios imobiliários diversificados e a dívida soberana dos países da OCDE, antigamente considerados totalmente seguros, tornaram-se arriscados. Isso conduziu a uma significativa queda global da liquidez. Segundo Ricardo Caballero e Emmanuel Farhi, a oferta de ativos seguros teria caído de 37% do PIB mundial em 2007 para 18% em 2011.[21]

Outra causa das taxas de juros baixas está ligada à poupança. O aumento das desigualdades também se traduz por um aumento da poupança, pois as famílias ricas poupam muito mais que as famílias pobres. Uma poupança mais elevada reduz o rendimento pago aos poupadores pelo jogo da oferta e da demanda. Por fim, o declínio da demografia é frequentemente invocado para explicar taxas baixas.[22] A desaceleração do crescimento demográfico (particularmente acentuado em países como o Japão) tem efeitos complexos, mas muitos concordam em ver nisso um fator de taxas de juros baixas. Por exemplo, ela diminui a oferta de trabalho e, com isso, os rendimentos do capital, promovendo a queda das taxas de juros; e, num sistema de aposentadorias construído em parte no regime de repartição (quer dizer, um financiamento mediante contribuições descontadas dos trabalhadores ativos mais do que pela poupança), a desaceleração demográfica se traduz numa diminuição relativa do número de ativos, reduz o montante das aposentadorias e induz a um aumento compensatório da poupança pessoal, fator de taxas de juros baixas.

Logo, é possível que as taxas de juros baixas perdurem, eventualidade que exigirá uma séria revisão de nossas políticas macroeconômicas.

O novo ambiente regulamentar

O risco zero não existe. Se precisamos responder energicamente à falência da regulação e reduzir a frequência e a amplitude das crises, devemos igualmente estar conscientes de que não conseguiremos eliminar completamente todo risco de crise. Assim como uma pessoa que nunca perde o início de uma sessão de cinema, um encontro ou um trem sem dúvida toma um excesso de precauções, uma economia que atuasse de maneira a jamais passar por uma crise seria provavelmente uma economia funcionando muito aquém de suas possibilidades. Pois, a fim de evitar totalmente as crises, cumpriria refrear tomada de risco e inovação e viver no curto prazo em vez de investir no longo prazo, mais arriscado, pois mais incerto. A questão, portanto, não é a eliminação completa das crises, e sim uma caçada aos incentivos que estimulam os agentes econômicos a adotar comportamentos nocivos para o resto da economia. Isso exige em especial limitar as "externalidades" exercidas pelo sistema financeiro sobre os poupadores ou contribuintes.

A regulamentação e a supervisão prudenciais são mais uma arte do que uma ciência, pois é difícil dispor de dados exploráveis para mensurar com precisão os efeitos previstos pela teoria. No entanto, certo número de princípios gerais está disponível, embora persistam debates sobre a pertinência de cada um dentre eles. Em minha monografia de 2008,[23] eu recomendava proteger as instituições reguladas do risco de um contágio partindo do setor não regulado, reforçar os índices de solvência e colocar mais ênfase na liquidez, tornar a regulação menos cíclica, monitorar a estrutura de remuneração dos dirigentes de banco, manter a titularização ao mesmo tempo monitorando as modalidades, monitorar as agências de *rating* e refletir sobre as "infraestruturas de regulação" e, no caso europeu, criar um supervisor em escala europeia alojado no seio do BCE (isso agora é uma realidade – a esse respeito, remeto ao capítulo sobre a Europa). Diversos outros economistas fizeram sugestões análogas na mesma época. Em que pé estamos hoje?

Não se pode comer o bolo e guardar o bolo...

Os supervisores, os bancos centrais e os Estados foram condenados a intervir, sob a forma de resgates, compras de produtos tóxicos ou políticas monetárias covardes, para salvar da falência instituições financeiras que eles não regulavam. Uma ilustração desse fenômeno é, como vimos, fornecida pelos grandes bancos de negócios americanos, e particularmente Bear Stearns e AIG. A única recusa de resgate, o Lehman Brothers, criou o pânico que sabemos...

O medo do risco sistêmico tem uma participação importante na concepção das políticas públicas. A culpa disso é a falta de transparência das exposições mútuas. Os reguladores dispõem de muito poucas informações sobre a natureza exata das exposições mútuas e a qualidade das contrapartes nas operações realizadas nos mercados de balcão. Mais genericamente, é quase impossível para um supervisor compreender e inverter a matriz das exposições mútuas no sistema financeiro mundial, ainda mais que um certo número de atores dessa matriz ou não são regulados, ou são regulados por outros supervisores.

Trata-se, portanto, de manter o máximo possível os produtos nocivos fora do espaço público. O espaço público, no caso, corresponde à esfera regulada, que teoricamente é a única capaz de ser objeto de um resgate por parte do Estado. Reformas que vão nesse sentido foram implementadas.

A primeira é a *padronização dos produtos e sua negociação nos mercados organizados*. Embora a concepção de produtos adaptados às necessidades específicas dos clientes seja uma atividade importante das finanças, mesmo assim ela cria, para os supervisores, dificuldades consideráveis para avaliar os títulos e valorizações correspondentes. Não se trata evidentemente de banir a inovação financeira, a concepção de ferramentas adaptadas às necessidades específicas dos clientes, mas cumpre incentivar (por meio de uma escolha criteriosa de requisitos de fundos próprios) a migração dos intermediários regulados para produtos padronizados negociados nas bolsas, os intermediários não regulados permanecendo, naturalmente, livres para acentuar a ênfase no balcão. Como vimos no capítulo anterior, as empresas e bancos têm necessidade sobretudo de contratos de seguro contra riscos simples – as taxas de câmbio, as taxas de juros, a incúria de contrapartes às quais estão muito expostos.[24]

Esses produtos padronizados podem ser negociados em plataformas de derivativos com controle das exposições mútuas: os supervisores precisam ter uma imagem clara da exposição das instituições reguladas à incúria de outra instituição. A utilização de câmaras de compensação bem-capitalizadas, e exigindo depósitos de garantia dos participantes, e a centralização da oferta e da demanda criam perspectivas interessantes.[25] As novas regulações pós-crise de Basileia III foram nessa direção, penalizando os contratos de balcão com exigências maiores em capital. Seria desejável perseverar nessa via. Ao mesmo tempo, lateralmente, é preciso zelar para que as câmaras de compensação sejam submetidas a regras prudenciais rigorosas, caso contrário o regulador não faria senão diminuir o risco de falência dos bancos para aumentar o das câmaras de compensação. Uma versão mais drástica da ideia de blindagem do banco de varejo é a separação estrutural entre banco de varejo e banco de investimento, proposta sob diversas formas pelo ex-chefão do Fed, Paul Volcker, aos Estados Unidos e pelo comissário Erkki Liikanen à União Europeia, e definida sob sua forma mais radical no Reino Unido, após ter sido concebida pelo economista John Vickers.[26]

Caráter anticíclico dos requisitos de fundos próprios

Existem boas razões teóricas a favor de um índice de solvência anticíclico, isto é, requisitos de fundos próprios mais elevados durante os *booms* e reduzidos em caso de crise bancária. De um lado, os períodos de escassez de fundos próprios bancários vão de par com uma contração do crédito (*credit crunch*), que se traduz em dificuldades econômicas sérias para empresas dependentes do sistema bancário, principalmente as pequenas e médias empresas obrigadas a pagar taxas de juros elevadas ou tendo seus pedidos de empréstimo simplesmente negados. De outro lado, a política pública deve ajudar o sistema financeiro em período de escassez de liquidez, e isso tanto mais na medida em que os choques de liquidez têm uma probabilidade fraca (sai então muito caro para o setor privado entesourar liquidez em função dessas circunstâncias). O afrouxamento das normas de solvência em tais períodos é uma maneira de fazer isso, ao lado da política monetária, por exemplo.[27]

Em conformidade com a teoria, Basileia III efetivamente previu fundos próprios anticíclicos (*counter cyclical capital buffer*) para refletir sobre as condições macroeconômicas do ambiente ao qual o banco é exposto.

Regulação da liquidez e da solvência

Antes da crise, não existia tratamento unificado da regulamentação da liquidez, seja no nível dos acordos da Basileia, seja no nível europeu. E os requisitos de liquidez eram demasiado fracos. Embora a teoria efetivamente recomende acrescentar um índice de liquidez além do de solvência, a prática é mais complexa. Com efeito, é notoriamente mais difícil construir um bom equilíbrio da liquidez de um intermediário financeiro. A liquidez de um banco depende, do lado dos ativos do balanço (*market liquidity*), da possibilidade de revender títulos (bônus do Tesouro, certificados de depósito-notas do Tesouro, produtos titularizados, ações, obrigações) sem muita depreciação quando se precisa deles. Do lado do passivo (*funding liquidity*), da possibilidade de levantar rapidamente, e em boas condições, fundos (depósitos à vista, certificados de depósitos etc.). A liquidez de um banco também depende de sua reputação, que afeta a possibilidade de se separar de ativos ou de levantar novos fundos.

Em todo caso, dois novos indicadores estão em vias de ser aprimorados pelo comitê da Basileia: o Liquidity Coverage Ratio, para o horizonte de um mês – os bancos sendo obrigados a deter um montante de ativos de alta liquidez, tais como bônus do Tesouro, em volume igual ou superior à perda de caixa líquido num período de trinta dias que resultaria do esgotamento das possibilidades de refinanciamento no mercado, da fuga dos depósitos (essencialmente os depósitos não segurados) e de uma série de outros fatores –, e o Net Stabble Funding Ratio, para o horizonte de um ano.

O cálculo dos requisitos de fundos próprios será sempre um processo em evolução. O bom nível de fundos próprios depende do risco que o poder público está disposto a tolerar, da volatilidade do ambiente econômico, da qualidade da supervisão (as regras estão sendo seguidas corretamente?), dos componentes do ativo e do passivo do banco, do perigo da migração das atividades para o setor não regulado (*shadow banking*) etc. Os dados para estimar os fundos próprios adequados são raros e, portanto, o econometrista tem dificuldade para mensurar com precisão o nível recomendável de fundos próprios. Haverá sempre uma certa hesitação nesse campo. Uma única certeza: os fundos próprios antes da crise eram nitidamente muito fracos.

Desde então Basileia III aumentou os requisitos a esse respeito: os requisitos em *tier* 1[28] subiram de 4% para 7%, a que podemos acrescentar um colchão anticíclico entre 0 e 2,5% de *tier* 1, enquanto os requisitos totais (*tier* 1 + *tier* 2) passaram de 8% para 13% no total. A isso se acrescenta um novo requisito, introduzindo um índice de alavancagem e baseado numa confiança extremamente limitada com respeito à capacidade dos supervisores de avaliar o risco. Segundo os projetos atuais (ainda não foram aprovados), os bancos deverão ter pelo menos 3% do tamanho de seu balanço não ponderado pelo risco em fundos próprios *tier* 1, com uma sobrecarga possível para os grandes bancos julgados sistêmicos.

Isso será suficiente?[29] Difícil dizer, mas o aumento dos requisitos de fundos próprios é uma sugestão importante.

Uma abordagem macroprudencial

As reformas atuais também tendem a ser macroprudenciais; em outros termos, elas se ancoram na ideia de que a solidez de um banco depende não só de seus fundos próprios e de sua liquidez, mas também da solidez dos outros bancos. Há inúmeras razões para isso.

Os bancos podem ser interdependentes por suas exposições mútuas, que fazem temer efeitos de contágio se um deles abre falência; também são dependentes de uma maneira mais indireta, pois, se toparem com dificuldades no mesmo momento, tenderão a se livrar de seus ativos conjuntamente; os mercados de balcão regurgitarão ordens de venda, o que fará os preços caírem (fenômeno das vendas a preços depreciados ou *fire sales*), reduzindo assim a liquidez disponível para cada um.

A derrocada de um banco não tem as mesmas consequências em períodos de crise e em períodos tranquilos. Em primeiro lugar, essa falência tem mais chances de ter um impacto sistêmico se os outros bancos forem afetados por um choque macroeconômico e dispuserem então de um capital menor. Em seguida, o eventual resgate pelo Estado é mais oneroso quando este já se viu obrigado a ir em socorro de outros bancos. O que parece implicar que os requisitos de capital deveriam ser mais significativos quando a estratégia do banco torna o risco de falência fortemente correlacionado aos choques macroeconômicos. Por fim, já observamos que, em caso de atividade de transformação forte por diversos intermediários financeiros, o banco central não terá outra escolha a não ser baixar suas taxas de juros.

Remuneração

As remunerações no meio bancário são objeto de dois debates distintos. Um refere-se aos seus níveis; a amplitude das remunerações nas finanças, em especial as anglo-saxãs, levanta um problema. Esses altos níveis em si mesmos não justificam um tratamento *ad hoc* para o mundo financeiro: sejam quais forem suas preferências pela redistribuição, o papel do Estado é redistribuir as rendas pelo imposto, e não decidir se um banqueiro merece menos do que um comunicador de televisão, um empresário que fez sucesso ou um jogador de futebol. O outro incide sobre o fato de que as remunerações elevadas nem sempre recompensam um bom desempenho e podem estar ligadas a maus incentivos. Os bônus consequentes recebidos pelos dirigentes[30] tendo em seguida falido, as *stock-options* realizadas antes da degringolada da cotação e os "paraquedas dourados",* que recompensam o subdesempenho e não o superdesempenho, são chocantes não só do ponto de vista ético, como também do ponto de vista da eficiência. Em suma, tais remunerações não são muito incitativas.

A "cultura dos bônus" é pertinente ao mesmo tempo para as distorções das finanças e para a questão das desigualdades. Os sistemas de remuneração dos dirigentes são de fato quase sempre voltados para o curso prazo e o superdesempenho; ao fazer isso, eles estimulam a tomada de risco. Isso é particularmente verdade no caso do risco de perda extrema (*tail risk*). Se uma estratégia de risco é lucrativa com uma probabilidade de 95% ou 99% e produz uma catástrofe com a probabilidade restante, os dirigentes geralmente garantem para si uma remuneração confortável e deixam perdas elevadas, mas pouco prováveis, para os acionistas, os credores e o Estado.

Por que os acionistas são suscetíveis de se tornar cúmplices de tal estratégia? A primeira resposta é que eles também ganham enquanto o risco não se realizou, mesmo se vierem a "queimar a língua" se o risco se concretizar. Uma segunda resposta é que os bancos tenderam a privilegiar a remuneração de curto prazo para atrair os talentos. Essa mania é particularmente flagrante nesse setor nos anos que precederam a crise de 2008. A teoria nos ensina que uma concorrência frenética por talentos leva a privilegiar o curto prazo através das bonificações, o que acarreta não só remunerações mais elevadas na média como também uma forte dispersão dessas remunerações entre dirigentes ou entre *traders* (em outras palavras, o aumento de remuneração devido à concorrência para atrair e conservar os talentos não supõe salários fixos mais elevados, mas remuneração variável).[31]

Resta a questão de saber por que os credores aceitam emprestar nessas condições. A primeira resposta é que eles nem sempre são informados da tomada de risco. Mas, sobretudo, o setor bancário pôde assumir os riscos que assumiu em parte graças à rede de proteção explícita ou implícita do Estado, que permitiu aos bancos (e não somente aos bancos de varejo) continuar a se refinanciar junto a credores bem tarde na cronologia de suas tomadas de risco. E talvez aí esteja a especificidade das finanças: o comunicador de televisão, o

---

* Um "paraquedas dourado" [*parachute doré*] é uma indenização paga pela empresa a um dirigente logo após sua demissão.

empresário ou o jogador de futebol não recorrem a priori ao dinheiro público em caso de dificuldade.

Logo, parece legítimo que o Estado zele para que o setor privado regulado, ou mais geralmente suscetível de ser resgatado com dinheiro público, adote sistemas de remuneração diferida, mais voltados para a gestão de longo prazo, com a aquisição de direitos (*vesting*) e períodos mínimos de conservação de ações mais longos,[32] e, invocando o pilar 2 de Basileia II, exija o aumento dos fundos próprios se os esquemas de remuneração induzirem ao curto-prazismo e a uma tomada de risco exagerada. Naturalmente, definir períodos de conservação de alguns anos pode não bastar: alguns riscos só se materializam bem mais tarde, pois o risco tomado o é por um período longo (é o caso do risco de longevidade no setor de seguros). E para durações mais longas (digamos dez anos), torna-se de toda forma difícil separar a contribuição do dirigente daquela de seus sucessores.[33] É preciso encontrar um compromisso satisfatório.

Por fim, é perfeitamente possível que os comitês de remuneração dos conselhos de administração dos bancos se mostrem demasiado complacentes com os dirigentes. Não se enxerga, no caso, o que é da alçada das finanças. Os problemas de governança empresarial existem em todos os setores, e pretender uma regulação específica das finanças não faz – com base apenas nesse argumento – realmente nenhum sentido

Os adversários da regulação das remunerações, por sua vez, apresentam dois argumentos.

O primeiro diz respeito à importância, tanto para um banco como para uma empresa, de poder atrair os melhores talentos para sua chefia. Suponhamos, seguindo este argumento, que um banco possa aumentar seu valor em 0,1% atraindo um CEO um pouco mais talentoso que os outros. Se esse banco possui um valor em bolsa de US$100 bilhões, esse minúsculo 0,1% representa de todo modo uma soma igual a US$100 milhões; o banco estará então disposto a pagar muito para integrar os serviços do *manager* mais talentoso.[34] Uma variante desse argumento é aquela segundo a qual "não se tem escolha": a concorrência dos intermediários não regulados como os *hedge funds* e as empresas de *private equity*, que oferecem remunerações mirabolantes àqueles considerados seus melhores dirigentes, privaria os bancos de varejo dos melhores talentos.

O segundo argumento sugere a ideia de que os excessos das finanças não serão regulados de um dia para o outro regulando-se a compensação dos dirigentes de banco. A *húbris* pode influenciar tanto quanto os ganhos financeiros na gênese dos comportamentos disfuncionais (podemos lembrar a pretensão desmesurada dos atores implicados nos casos Kerviel e do Crédit Lyonnais, ou ainda o de Richard Fuld, que queria que seu banco, o Lehman Brothers, assumisse a liderança e superasse o Goldman Sachs). Se este for o caso, uma regulação das remunerações terá efeitos irrisórios e só a supervisão prudencial clássica estará em condições de limitar a tomada de risco.

Para concluir, a questão do nível das remunerações parece ir além do âmbito das finanças e coloca a questão geral do grau de progressividade que o poder público quer realizar, seja no banco ou em qualquer outro setor. A questão da estrutura das remunerações e dos incentivos que ela cria parece, por sua vez, mais especificamente bancária, na medida em que a falência de um banco pode ocasionar a utilização de fundos públicos. O monitoramento das remunerações que incentivem a tomada de risco e induzam ao curto prazo deve então fazer parte do pacote de supervisão.

Basileia III emitiu linhas diretrizes que vão nesse sentido (as regulações exatas, por sua vez, dependem da transposição nos diferentes países, por exemplo pela União Europeia): reduzir a parte da remuneração variável para diminuir o incentivo à tomada de risco (por exemplo, parte da remuneração variável não ultrapassando a da remuneração fixa), bem como a introdução de um carência (de três ou cinco anos) na obtenção da remuneração, isso a fim de penalizar estratégias lucrativas no curto prazo, mas onerosas no longo. Como no caso do aumento dos requisitos de fundos próprios, essas reformas, embora difíceis de calibrar, parecem ao menos apontar para o bom senso.

Agências de classificação

A crise também colocou na berlinda as agências de classificação – que, embora desempenhem um papel central nas finanças modernas ao informar os investidores, pessoas físicas ou não, e os reguladores de riscos ligados a diversos instrumentos financeiros, não fizeram isso no caso dos *subprimes*. O principal argumento a favor de pelo menos um mínimo de regulação das agências de classificação é que, com o passar do tempo, estas últimas tornaram-se "auxiliares da regulação" e extraem desse status receitas consideráveis. As instituições reguladas (bancos, seguradoras, *brokers*, fundos de pensão) veem suas exigências em capital diminuírem significativamente quando elas detêm títulos com boas notas. Esse privilégio das agências de classificação deve ser contrabalançado pelo monitoramento de sua metodologia e de seus conflitos de interesses. Em contrapartida, não há motivos para regular as atividades das agências de classificação não ligadas à regulamentação prudencial (exceto se gerarem um conflito de interesses).

Basileia III e as novas regras prudenciais para as companhias de seguros ("Solvência II") conservam o princípio de utilização das notações para estimar os riscos ligados aos ativos bancários, enquanto os Estados Unidos hoje são muito circunspectos com respeito ao *rating*.

Infraestruturas de supervisão

A crise coloca em xeque não somente as regras, como o funcionamento das instituições que implementam a execução dessas regras. Daí um questionamento sobre a possibilidade de os reguladores adotarem ações corretoras drásticas antes de chegar ao fechamento do banco, sobre a coordenação entre diferentes autoridades de supervisão no seio de um país e, por fim, sobre a coordenação entre as autoridades de diferentes países. Em se tratando da coordenação entre as autoridades de diferentes países, o problema dos grupos transnacionais é particularmente marcante. Os regimes de garantia dos depósitos e de transferibilidade dos ativos, bem como as leis sobre as falências, diferem de um país para outro. A supervisão (monitoramento e implementação dos requisitos de capital) e a gestão de crises (resgate ou aceitação da falência de uma instituição, compra de ativos tóxicos etc.) são casos exemplares de "jogos com externalidades", gerando inúmeros comportamentos de "cada um por si". Por uma questão de concisão, não abordarei essa importante questão.

O sistema financeiro está seguro agora?

Como já declarei, o estado de nossos conhecimentos atuais, em especial o caráter limitado dos dados que nos permitiram calibrar finamente os requisitos de capital e de liquidez, deve nos incitar à humildade. Contudo, se as reformas forem aplicadas e não distorcidas, o sistema financeiro se revelará menos arriscado do que antes: as reformas feitas por Basileia III me parecem ir globalmente na direção do bom senso. Uma exigência maior de fundos próprios, a introdução de um indicador mínimo de liquidez, uma vontade de integrar as considerações macroeconômicas (num processo macroprudencial, com, por exemplo, colchões de fundos próprios anticíclicos), uma utilização mais intensa dos mercados centralizados em detrimento dos mercados de balcão, reformas institucionais (por exemplo, a criação da União Bancária na Europa) constituem melhoras.

Continuam, porém, a existir zonas de risco relevantes. Algumas estão ligadas ao ambiente macroeconômico, com a redução das antecipações de crescimento mundial, a volatilidade dos mercados financeiros e interrogações sobre a maneira de sair das políticas de juros baixos sem comprometer o crescimento. Outras inquietações provêm dos riscos aferentes a cada zona: por exemplo, na Europa, a incerteza política quanto à construção europeia, a fragilidade estrutural de determinadas economias, a fração ainda significativa de empréstimos não produtivos nos balanços de bancos europeus e a associação entre bancos e Estados soberanos;[35] na China, as incertezas face à passagem de uma economia de recuperação para uma economia na fronteira da tecnologia e para uma mutação institucional (Estado-providência, regulação dos mercados, inclusive dos mercados financeiros...); nos países emergentes, a exagerada exposição às commodities, associada a uma gestão de riscos inadequada[36] e/ou tomadas de empréstimo em moeda estrangeira (em geral o dólar) que podem colocar as empresas e bancos em dificuldade em caso de depreciação da moeda local (que aumenta então mecanicamente os encargos da dívida). No nível mais microeconômico da regulação prudencial, o saber dos economistas ainda deixa a desejar quanto a um certo número de questões, entre elas o perímetro desejável da responsabilização dos investidores[37] e, naturalmente, uma boa calibragem dos requisitos de capital e liquidez.

Concluirei abordando uma zona singular: o *shadow banking*. Com efeito, à medida que a regulação se torna mais severa, as atividades bancárias tendem a migrar para os "bancos paralelos", não ou pouco regulados. Não há objeção a essa prática enquanto essa migração não se faz às expensas dos atores frágeis (os pequenos correntistas e as pequenas e médias empresas) e das finanças públicas. Ora, na prática, como vimos em 2008, o setor não regulado pode se beneficiar da liquidez pública e de resgates. As exposições mútuas e o perigo de leilões de ativos a preços depreciados eram a causa disso, mas é possível imaginar outros fatores de implicação das finanças públicas: pessoas físicas investindo seu dinheiro no *shadow banking*, pequenas e médias empresas tomando emprestado e se tornando dependentes dos financiamentos do *shadow banking* (hoje, os dois fenômenos acontecem, por exemplo, na China).

III. DE QUEM É A CULPA? OS ECONOMISTAS E A PREVENÇÃO DAS CRISES

Em suma, a crise financeira de 2008 também refletiu uma crise do Estado, pouco inclinado a executar seu trabalho de regulador. Como a crise do euro abordada no capítulo 10, ela tem como origem agências de regulação ineficientes: da supervisão prudencial, no caso da crise financeira, e da supervisão dos Estados, no caso da crise do euro. Em ambos os casos, o descaso prevaleceu enquanto "tudo corria bem". A tomada de risco por parte das instituições financeiras e dos países foi tolerada até o perigo tornar-se demasiado evidente. Ao contrário do que se costuma pensar, essas crises não são tecnicamente crises do mercado – os atores econômicos reagem aos incentivos aos quais se veem confrontados e, no caso dos menos escrupulosos, inserem-se nas brechas da regulação para driblar os investidores e se beneficiar da rede pública de segurança –, mas antes sintomas de uma falha das instituições estatais nacionais e supranacionais.

Os economistas foram muito criticados[38] por não terem previsto a crise, até mesmo – e esta é uma acusação diferente – de serem os responsáveis pela crise. Na realidade, as causas da crise financeira estão em sua maioria ligadas a problemas de informação e tinham sido estudadas muito antes que a crise chegasse: o impacto de uma titularização excessiva sobre os incentivos dos emissores, a expansão do endividamento a curto prazo e a não liquidez das instituições financeiras, a avaliação ineficiente do risco bancário, o risco moral das agências de classificação, a não transparência dos mercados de balcão, o esgotamento dos mercados e o desaparecimento de preços de mercado, os comportamentos gregários (de "carneiros de Panúrgio") ou o impacto procíclico da regulação.

Por outro lado, embora a teoria tenha fornecido as chaves de compreensão de inúmeros fatores que levaram à crise, ela teve menos sucesso em preveni-la. De fato, convém reconhecer que os economistas tiveram pouquíssima influência durante o período anterior à crise. Quatro fatores contribuíram para essa situação.

Em primeiro lugar, a difusão desses novos conhecimentos foi muito parcial. A culpa disso é tanto dos pesquisadores, que geralmente não fizeram o necessário, como dos tomadores de decisão, quase sempre indiferentes aos ensinamentos da economia quando tudo vai bem. Os pesquisadores não podem pretender que artigos muito técnicos sejam lidos pelos tomadores de decisão (ainda que a transmissão de conhecimentos passe frequentemente pelos economistas que trabalham nas agências reguladoras). Trata-se então de dissecar a essência dos textos, torná-la compreensível e mostrar como usá-la. Inúmeros exercícios que geralmente repugnam aos economistas de alto nível, pois estes geralmente preferem dedicar-se à criação em vez de à difusão de conhecimentos, sem falar que sua reputação acadêmica se constrói no nível de seus pares e não no nível dos tomadores de decisão.

Em segundo lugar a quase totalidade dos pesquisadores não tinha consciência da extensão dos riscos que eram assumidos, por exemplo do montante dos compromissos extrabalanço ou do tamanho e das correlações dos contratos no paralelo. Os reguladores tinham um conhecimento parcial disso. Os economistas universitários deveriam ter sido mais bem-informados? Não tenho uma resposta satisfatória a essa pergunta: isso teria sido útil se os economistas fossem efetivamente escutados pelos tomadores de decisão; há uma especialização necessária das atividades entre pesquisa e ensino, de um lado, e a economia aplicada, de outro, ainda que os dois devam alimentar-se mutuamente.

Em terceiro lugar, alguns economistas expostos a conflitos de interesses às vezes superestimaram as virtudes dos mercados de balcão ou outras combinações fatores de opacidade, ou subestimaram a importância da regulação financeira, argumentos logo reiterados por alguns interesses econômicos. O filme de Charles Ferguson *Trabalho interno* [*Inside Job*], lançado em 2010, mostra claramente os perigos das fortes conivências entre cientistas e meios profissionais; esse filme, decerto exagerado, é bem documentado e não podemos senão recomendar sua projeção para estudantes de economia.

Embora esses comportamentos devam ser combatidos, eles não são muito diferentes dos problemas que surgem em outras ciências quando interesses privados ou públicos interferem com o mundo da pesquisa. E a dificuldade salta imediatamente aos olhos: aqueles que detêm a informação e, consequentemente, a capacidade de causar maior impacto sobre a decisão pública costumam ser igualmente contratados pelos círculos interessados, vendo-se então em situação de conflito de interesses.

Não existe solução milagrosa, mas podemos considerar medidas úteis para atenuar o problema. No que se refere à difusão dos conhecimentos científicos vigentes, a formação de economistas de excelente nível que não abraçaram a carreira universitária, bem como trabalhos de pesquisa e conferências organizadas com os atores do setor, reguladores, bancos centrais, instituições financeiras, não podem ser senão benéficos. No que se refere aos conflitos de interesses, a maioria dos organismos de pesquisa, universidades e organismos públicos passou a adotar uma carta ética, entre outras coisas, que prevê uma declaração dos conflitos de interesses potenciais dos pesquisadores; o que é útil sem por isso constituir uma panaceia. Em suma, a ética pessoal do pesquisador é indispensável.

Por fim, e aqui se trata de um ponto essencial no debate, convém compreender que os economistas estarão sempre mais à vontade na identificação dos fatores propícios a uma crise do que na previsão de sua ocorrência ou da data dessa ocorrência, assim como um médico sente-se mais à vontade na identificação dos sintomas de uma doença ou infarto do que na estimativa do momento de sua irrupção.[39] Assim como as epidemias e os terremotos, as crises financeiras são difíceis de prever, mas é possível identificar um terreno propício a elas. Como os dados financeiros deixam muito a desejar e o mundo se encontra em perpétua mudança, haverá sempre fortes incertezas sobre a dimensão dos efeitos em questão; isso sem mencionar os fenômenos autorrealizáveis de pânico bancário,[40] que, por definição, são imprevisíveis, pois repousam no "sentimento dos investidores", para repetir a expressão de Keynes.

A questão industrial

L'assetto industriale

13. Política da concorrência e política industrial

PARA ALÉM DO DUALISMO estéril entre o liberalismo e o planejamento, hoje está claro que a regulação inteligente dos mercados pelo Estado permite reduzir o máximo suas ineficiências, ao mesmo tempo limitando o impacto negativo desse intervencionismo com inovação e criatividade. A complexidade das interações entre os agentes econômicos, as assimetrias da informação, a incerteza e a diversidade dos contextos estudados exigem esforços importantes de reflexão para determinar os melhores mecanismos de gestão da concorrência e de regulação. As incursões teóricas comprovadas pelos testes empíricos levaram os economistas a recomendar diversas reformas na maneira de regular os mercados e administrar as organizações.

Mesmo numa economia de mercado, o Estado e suas emanações estão no âmago da vida econômica de pelo menos seis maneiras. Através dos mercados públicos, ele é comprador e organiza então a concorrência entre fornecedores: construção de prédios públicos, concessões de transporte (rodovias, ferrovias, transporte urbano), equipamentos para hospitais e outras coletividades etc. Legislador e poder executivo, ele concede autorizações para a abertura de supermercados ou dá licenças para o transporte de turistas, atribui direitos de aterrissagem às companhias aéreas e frequências às operadoras de telecomunicações, rádio e televisão, e, portanto, influi indiretamente nos preços que os consumidores irão pagar por suas compras, trajetos, telefonemas e programas preferidos. Árbitro dos mercados, ele zela pela concorrência, garantia de inovação e de produtos acessíveis ao consumidor. Ele define as regras do jogo mediante a lei da concorrência e opera por intermédio das agências reguladoras contra os abusos de posição dominante, proibindo os conluios e fusões que fariam os preços subir.[1] Regulador das telecomunicações, da eletricidade, dos serviços postais e ferroviários, ele assegura que mercados em monopólio ou muito concentrados não se traduzam pela exploração dos usuários por parte da operadora histórica. Supervisor financeiro, ele assegura que bancos ou companhias de seguros não corram muitos riscos para aumentar seu lucro, em detrimento dos poupadores, dos detentores de apólices de seguros, ou, mais frequentemente, do Tesouro público em caso de resgate da instituição financeira. Signatário de tratados internacionais (em especial o referente à organização do comércio mundial), determina a exposição dos setores à concorrência estrangeira.

O Estado pode não cumprir corretamente essas funções (como mostrou a crise financeira), seja por negligência, seja, mais comumente, por estar submetido a uma forte influência dos grupos de pressão organizados: em vez de proteger o usuário ou o contribuinte, que são partes interessadas muito mais numerosas, embora não raro apáticas, pois bem pouco informadas e mobilizadas, prefere então atrair as boas graças desses lobbies ou, ao menos, evitar um confronto demasiado brutal.

Um domínio no qual os lobbies são particularmente influentes diz respeito às restrições, ou mesmo interdições, da concorrência. É natural que as empresas estabelecidas – dos acionistas aos funcionários – desejem frear recém-chegados ou obter compensações financeiras do Estado em caso de perda de sua reserva de mercado. Sem dúvida, é menos natural que o Estado aceda a seus pedidos. Ainda assim, nem sempre os políticos são favoráveis à concorrência, seja porque desejam dar garantias aos lobbies que procuram uma proteção contra essa concorrência, seja porque sentem a concorrência como um freio à sua ação e a seu poder político. As vítimas da falta de concorrência, isto é, os consumidores, cujo poder de compra é amputado, são muito pouco organizadas e continuam ignorando os impactos de decisões públicas que elas não acompanham ou compreendem. Especialmente na França, onde, fato surpreendente, consumidores e associações de consumidores são igualmente desconfiados a respeito da concorrência. Ou seja, dão um tiro no próprio pé...

Essa fragilidade diante dos lobbies não é especificamente francesa; ela existe em todos os países em graus variados. Foi ao tomar consciência disso que os legisladores europeus reforçaram o cabedal comunitário, isto é, o corpus jurídico da União Europeia, regras pan-europeias de gestão da concorrência e outras regras acerca da organização da atividade econômica. Foram essas regras que permitiram a diversos países modernizar sua economia, protegendo um pouco melhor a classe política do poder dos lobbies. As trajetórias da Polônia (na União Europeia) e da Ucrânia (fora da União), países que estavam num nível quase idêntico por ocasião da entrada da Polônia no bloco europeu e cujos PIBs divergiram completamente antes mesmo da emergência dos trágicos eventos ucranianos, são um exemplo chocante disso. Na Polônia, as leis sobre a concorrência permitiram evitar que se constituíssem monopólios no momento da liberalização, ao passo que, na Ucrânia, deu-se o contrário por ocasião das privatizações e em virtude da corrupção política. A Estônia sem dúvida ainda é o melhor exemplo, uma vez que foi mais longe na liberalização dos mercados.

I. PARA QUE SERVE A CONCORRÊNCIA?

Economistas de todas as épocas enalteceram os métodos da concorrência nos mercados onde ela pode ser exercida. No entanto, raramente a concorrência é perfeita, os mercados têm falhas e o poder de mercado – isto é, a capacidade de as empresas fixarem seus preços além de seus custos ou oferecer serviços de má qualidade – deve ser contido. Tanto seus adeptos como seus detratores às vezes esquecem que a concorrência não é um fim em si. Ela não passa de um instrumento a serviço da sociedade e, se ela conduzir a ineficiências, deve ser descartada ou corrigida. Por que a concorrência está a serviço da sociedade? Há três razões principais.

Acessibilidade

O benefício mais evidente da concorrência é a queda de preços para o consumidor. Um monopólio ou um cartel de empresas pode aumentar seu preço e, até certo ponto, perder apenas um pequeno percentual de seus clientes. A empresa hegemônica – seja privada e em busca de lucro, ou pública e então quase sempre em busca de receitas para cobrir uma gestão onerosa – não se privará de praticar preços elevados ou oferecer bens e serviços de baixa qualidade. Resultam daí um subconsumo e um poder de compra reduzido para os cidadãos. A entrada de concorrentes torna estes últimos menos cativos e coloca a pressão sobre os preços.

Foi o que se observou no exemplo dos táxis na França: preços elevados, um serviço de baixa qualidade e uma falta de disponibilidade de veículos. Exceto quando são muito ricos, franceses hoje quase nunca usam táxis, ao passo que muitos deles poderiam fazê-lo se vivessem em Barcelona ou Dublin, onde a abertura à concorrência permitiu baixar as tarifas e aumentar a oferta. Observações similares poderiam ser feitas em se tratando dos transportes rodoviários de passageiros, cuja liberalização parcial é objeto da lei Macron, que carrega o nome do então ministro da Economia, da Indústria e do Digital que apresentou o projeto.

A telefonia móvel ou a Internet nos países africanos é outra ilustração das virtudes da concorrência. Antigamente os serviços telefônicos eram um maná para a elite e sua utilização era reservada a um público abastado. A telefonia fixa nos países africanos decerto sofria com determinadas desvantagens geográficas ligadas à dificuldade de cobertura das regiões isoladas, mas também das receitas de monopólio; ela sempre esteve nas mãos de monopólios que praticavam preços exorbitantes; não só os africanos não telefonavam, como a imensa maioria nem sequer possuía telefone. A situação mudou totalmente graças à concorrência entre operadoras de celulares. Milhões de pessoas muito pobres podem hoje ter acesso a serviços médicos ou financeiros (e a serviços fornecidos gratuitamente como educação on-line, com agentes voluntários atuando de maneira complementar às empresas privadas) graças à concorrência entre operadoras que criam serviços de telecomunicação baratos.

Na maior parte dos países desenvolvidos, um número muito maior de cidadãos tinha acesso a um telefone, mas poucos o utilizavam. Os telefonemas de longa distância e internacional eram pouquíssimo utilizados pelos particulares em razão de preços proibitivos; a abertura à concorrência resultou numa queda substancial dos preços e numa utilização muito mais ampla do telefone.

Um exemplo "divertido" – exceto para as famílias, em especial as menos favorecidas – dos malefícios da falta de concorrência é fornecido pelas leis Raffarin e Galland de 1996. A lei Raffarin reforçava a lei Royer de 1973, diminuindo para trezentos metros quadrados o limiar de superfície acima do qual é necessária uma autorização administrativa para abrir um supermercado. Essa lei que supostamente freava o poder dos supermercados provocou imediatamente uma alta do valor de cotação das grandes redes, pois compreendeu-se claramente que a concorrência entre estas últimas seria agora limitado e que os supermercados já instalados se beneficiariam de uma receita circunstancial. Com efeito, a lei bloqueou a abertura de supermercados durante dez anos.[2] Também em 1973, a lei Galland proibiu que as reduções de preços obtidas junto aos fornecedores[3] repercutissem no preço de venda aos consumidores, conduzindo assim, na prática, a uma alta dos preços de venda no varejo nos supermercados. Pessoalmente, morando no centro da cidade, gosto de me beneficiar de lojas da vizinhança e de um centro vivo, disposto a pagar um preço mais alto; mas a lição que guardo desse episódio é que o legislador privilegiou consumidores como eu em detrimento do poder de compra de inúmeros concidadãos (sem falar que talvez houvesse outras maneiras de preservar o pequeno comércio no centro).

Um último exemplo: a proteção com relação à concorrência internacional. No começo dos anos 1990, a indústria automobilística francesa estava muito atrasada face aos seus concorrentes, em especial japoneses. Os custos eram altos e a qualidade inferior. Mas a pressão da concorrência era limitada. A abertura à concorrência das importações na Europa mudou drasticamente a organização e a produtividade. Renault e Peugeot-Citroën aumentaram então nitidamente sua eficiência com relação às melhores práticas internacionais.[4] Outro exemplo do impacto do comércio internacional sobre a eficiência e a inovação é fornecido pela entrada da China na OMC, em 2001: os economistas apontaram um fortíssimo aumento da inovação e da produtividade nas empresas do setor têxtil ameaçadas por essa abertura à concorrência.[5] Além disso, os efeitos da concorrência não são negligenciáveis para os consumidores. Um quarto das importações de bens de consumo na França provém de países com baixos salários. O ganho mensal por família no país estaria compreendido entre €100 e €300.[6] Naturalmente, uma parte importante desses ganhos provém do diferencial de salário, e não só de um efeito de exposição dos monopólios ou oligopólios franceses à concorrência.

Inovação e eficiência

A concorrência não se traduz apenas por preços mais baixos. Ela impele as empresas a produzir de maneira mais eficiente e a inovar. Promove a diversidade de abordagens e experiências, engendrando escolhas tecnológicas e modelos econômicos de maior desempenho, como vemos hoje na Internet. Os ganhos de produtividade podem decompor-se em ganhos no seio das empresas existentes que se aprimoram sob o estímulo da concorrência e em ganhos pela renovação do tecido industrial, com as empresas ineficazes desaparecendo e sendo substituídas por startups mais produtivas. Ao menos um quarto do crescimento da produtividade, e às vezes muito mais, seria imputável a essa renovação tanto nos Estados Unidos como na França.[7]

A falta de concorrência permite às empresas e a seus dirigentes e funcionários, que vivem num mercado protegido, gozar uma vida tranquila. Os monopólios não só tendem a produzir a custos elevados, como pouco inovam no conjunto, pois inovando eles "canibalizam" suas atividades existentes (o que eles ganham em cima dos novos produtos, perdem parcialmente com os produtos existentes, que então vendem menos); e eles não têm efetivamente necessidade de inovar, uma vez que seus dirigentes não correm o risco de ser criticados por serem menos dinâmicos que um concorrente.

Esses fenômenos são conhecidos. A inovação nos produtos e o serviço ao consumidor nem sempre vão se aninhar em espaços tecnicamente extraordinários. Para retomar o exemplo dos táxis, Uber, Chauffeur Privé, SnapCar, Lyft e as outras companhias que exploram um aplicativo móvel, colocando em contato motoristas e passageiros, introduziram ideias simples aprovadas pelos usuários. A geolocalização permite acompanhar o itinerário e o tempo de chegada do motorista, bem como o trajeto escolhido até a destinação. Essa rastreabilidade protege o consumidor. O pagamento por cartão pré-registrado e a nota fiscal eletrônica enviada diretamente ao usuário simplificam os procedimentos de pagamento e, eventualmente, de reembolso. Outra "inovação" é o feedback, que fornece informação e permite aos motoristas e usuários construírem uma reputação de cortesia e pontualidade. Quanto à garrafa d'água e à possibilidade de recarregar seu celular... decididamente, nada revolucionário, e, no entanto, os táxis ou nunca tinham pensado nisso, ou então decidiram não fazer o esforço de adotar esses pequenos detalhes.

Integridade

Outro benefício importante da livre concorrência está ligado ao adjetivo "livre". Os atores não podem obter rendas injustificadas dos tomadores de decisão públicos. Por conseguinte, não gastarão somas significativas e não imporão custos à coletividade para obter essas rendas. O caso extremo de procura de rendas injustificadas é a corrupção. Um dos flagelos do controle das importações em determinados países em desenvolvimento é a concessão de licenças de importação por funcionários públicos, geralmente próximos do poder, que enriquecem nas costas da coletividade. Supondo que a intenção fosse limitar as importações, seria preferível subir uma taxa ou promover, para alocação das cotas de importação, um leilão oficial "a quem der mais", cujas receitas iriam para as caixas do Estado.

A par desses casos extremos, a ausência de entrada livre pode levar os tomadores de decisão públicos encarregados da concessão a privilegiar fornecedores locais por amizade ou em razão de preocupações eleitoreiras. Pensamos instintivamente que comprar de fornecedores locais é uma boa coisa, e às vezes é. Mas com a condição de que não exista uma armação em favor deles. Pois o fornecedor não local em desvantagem é o produtor local de outras coletividades, regiões ou países. Esse egoísmo territorial é denunciado com razão pelas regras dos mercados públicos no nível nacional e pela OMC em nível internacional. Além disso, o favoritismo não é em absoluto um "jogo de soma zero", em que finalmente os efeitos se equilibrariam, com empresas locais substituindo em toda parte as empresas que não o são. A concorrência arranca o cidadão do seu canto e lhe dá acesso ao melhor do que o mundo pode lhe oferecer. Os tomadores de decisão que privilegiam os fornecedores locais o fazem à custa do usuário ou do contribuinte, que pagarão mais caro ou terão serviços de pior qualidade.

Por fim, numa democracia, as ações que visam influenciar as decisões públicas aumentam na proporção do poder do Estado; essas ações podem ser discretas – o lobbying em Paris ou Bruxelas – ou, ao contrário, bem visíveis – os bloqueios de rodovias ou a desordem dos serviços públicos na França. Naturalmente tudo isso tem um custo para a coletividade.

A economia industrial

A economia industrial estuda o exercício e o controle do poder de mercado. Para isso, concebe modelos que extraem o essencial de cada situação. As previsões desses modelos podem em seguida ser testadas econometricamente ou, em última instância, em laboratório, até mesmo em campo. No fim das contas, o caráter racional das hipóteses dos modelos e a robustez das previsões face a mudanças nessas hipóteses, bem com a qualidade de sua verificação empírica, determinam a confiança que os economistas depositam nas recomendações que eles formulam a respeito dos tomadores de decisão públicos que pretendem intervir, ou empresas que elaboram suas estratégias.

A economia industrial é fruto de uma longa tradição. Nasceu na França, com o trabalho dos economistas Antoine Augustin (1838) e Jules Dupuit (1844), que se debruçaram sobre problemas concretos e procuraram construir uma grade de análise a fim de compreendê-los melhor. Jules Dupuit, por exemplo, engenheiro da École National des Ponts et Chaussées,* concebeu um método para calcular quanto a coletividade dos usuários de uma rodovia, uma ponte ou uma ferrovia estava disposta a pagar pelos serviços correspondentes. Esse conceito, chamado em jargão econômico o "superávit do consumidor", é fundamental, pois, colocado diante dos custos implicados pela provisão desse serviço, permite saber se sua existência tem razão de ser. De maneira mais explicativa do que normativa, Jules Dupuit também levantou questões relativas à tarifação. Observando a existência de três classes de passageiros ferroviários, ele se perguntou por que a terceira classe oferecia uma qualidade tão limitada (os vagões de terceira classe nem sequer tinham teto!), ao passo que o operador poderia oferecer um serviço de qualidade mais elevada mediante um módico suplemento. Sua resposta era evidente: os passageiros de segunda classe então iriam de terceira; teria sido preciso então melhorar a qualidade do serviço de segunda ou reduzir seu preço, o que teria resultado numa transferência dos passageiros de primeira para a segunda... Bem mais tarde, essa análise rudimentar, porém pioneira, deu

---

* A Escola Nacional de Pontes e Estradas (em tradução livre), a mais antiga escola de engenharia do mundo, foi uma tradicional e prestigiosa *grand école* de formação de engenheiros na França, fundada em 1775. (N.R.T.)

origem a uma teoria sofisticada da segmentação e a um vasto campo de aplicação, que vai dos transportes aos softwares.

Em seguida, a economia industrial voltou-se para as políticas públicas, com a entrada em vigor do Sherman Act (1890) nos Estados Unidos, que visava limitar os comportamentos anticoncorrenciais, e, de maneira mais geral, com o surgimento da lei da concorrência e da regulação; na sequência, essa abordagem intervencionista foi corroborada pelos estudos descritivos da escola de Harvard (ou Structure-Conduct-Performance), amparando e afinando a intervenção pública na organização dos mercados. A contrarrevolução aconteceu nos anos 1960 e 1970. A escola de Chicago criticou com razão a falta de fundamento teórico subjacente a numerosas vertentes da lei da concorrência e questionou o conjunto do edifício. No entanto, ela não desenvolveu outra doutrina na matéria, talvez porque desconfiasse da regulação em geral. No fim dos anos 1970 e início dos anos 1980, a doutrina em matéria de direito da concorrência e da regulação devia ser repensada. O corpus intelectual que surgiu daí permitiu reconstruir a intervenção pública sobre uma base mais sólida.

A concorrência é sempre boa?

A resposta a esta pergunta é, inequivocamente, "não". A concorrência pode, por exemplo, resultar na duplicação dos custos. Imagine a existência de três ou quatro redes elétricas de transmissão de alta tensão ou de distribuição de baixa tensão, várias linhas de estradas de ferro paralelas entre Paris e Toulouse, ou várias Gares de l'Est! Na prática, existem fortes "custos fixos", isto é, custos de infraestrutura, como as ferrovias ou as estações ferroviárias, que não dependem, ou dependem pouco, do volume do tráfego. Pode também haver "efeitos de rede": quando um concorrente da SNCF pudesse construir uma segunda linha TGV Paris-Lyon, ele não estaria em condições de garantir a baldeação de Lyon para Saint-Étienne ou a continuação do trajeto para Marselha, tornando assim quiméricas as ofertas concorrentes sobre Paris-Saint-Étienne ou Paris-Marselha.

Esses custos fixos e esses efeitos de rede tornam difícil, até mesmo indesejável, a instauração de uma verdadeira concorrência. A infraestrutura representa um "gargalo de estrangulamento". Uma solução consiste então em admitir a existência de um monopólio (ERDF, RTE, SNCF rede) e regular esse monopólio a fim de limitar seus preços e obrigá-lo a dar acesso aos operadores concorrentes. Em todo caso, convém evitar utilizar a existência de um monopólio natural num ponto da cadeia de valor para transformar o setor inteiro num monopólio. Quando possível, é desejável separar bem o serviço da infraestrutura a fim de permitir uma concorrência equânime, um preceito com o qual a França sempre teve dificuldade, em se tratando do transporte ferroviário. Lembremos que a reforma de 1997, ao criar uma infraestrutura independente (Reseau Ferré de France, RFF), havia legado ao operador histórico, a SNCF, a gestão das estações, do *dispatching* e da sinalização, bem como o monopólio de exploração da *manutenção* (implicando um custo excessivamente alto para esta última). Mesmo assim, não havia nenhuma razão econômica para não atribuir essas funções de infraestrutura à RFF. Pois, a par do custo elevado da manutenção, essa confusão dos gêneros teria constituído problema se a abertura à concorrência, decidida pela diretriz europeia de 1991 e à qual a reforma de 1997 destinava-se a responder, tivesse sido adotada. Mais recentemente, esses artifícios foram corrigidos, mas a RFF voltou para o portfólio da SNCF...

Podemos também citar exemplos de introdução ideológica da concorrência. Um caso célebre foi a introdução da concorrência entre ônibus urbanos na Inglaterra em 1986. O espetáculo aflitivo de ônibus pisando no acelerador para pegar passageiros antes dos outros e estacionando nos pontos para esperar os passageiros e bloquear os ônibus rivais (como em Manila hoje) e a não realização dos efeitos de rede logo puseram fim à experiência. Em Santiago do Chile, os ônibus dirigidos por motoristas que não recebiam nenhum salário fixo e, portanto, eram remunerados unicamente no variável foram inclusive apelidados de *"yellow monsters"*.

Mas a falta de concorrência no mercado não implica necessariamente uma falta de concorrência pura e simples. A concorrência para o mercado substitui então a concorrência comum: é o caso das terceirizações de serviço público em matéria de água ou saneamento, da colocação em concorrência para a exploração de uma linha de ônibus, linhas de ferro regionais ou TGV.

Por fim, a concorrência, quando possível, deve estar a serviço dos usuários. Ela não deve ser distorcida pelos "golpes baixos" de empresas que procuram descartar suas rivais por outras vias que não ofertas atrativas, investimento e inovação. Essa vigilância dos comportamentos sobre os mercados constitui uma janela essencial da lei da concorrência.

Concorrência e emprego

Nossos concidadãos costumam associar "concorrência" e "destruição de empregos". Evidentemente, essa vinculação da concorrência com um aumento do desemprego não pode ter valor geral: mais concorrência a priori implica preços mais baixos e/ou uma qualidade melhor, e logo, mais clientela e um mercado potencial mais significativo, com consequente criação de empregos. Logicamente, portanto, a concorrência incrementa o emprego. Podemos mencionar aqui, a título de exemplo, o caso das profissões protegidas: um aumento do número de licenças de táxis aumentaria sua disponibilidade e reduziria o preço das corridas (da mesma forma que o surgimento do Uber deu acesso ao táxi para consumidores com rendas menos significativas do que a clientela habitual), aumentaria a demanda e criaria emprego.

A legítima inquietude de nossos concidadãos é diferente. Pois a introdução da concorrência é acompanhada de reestruturações e ajustes que podem verificar-se onerosos para os empregados concernidos. A concorrência suscita então reações similares àquelas que acompanharam o progresso tecnológico no passado. Num célebre episódio, os ludditas, operários ingleses do setor têxtil do início do século XIX, reagiram à introdução dos teares, que poupavam mão de obra, destruindo-os. Mesmo nem sempre sendo teatro de reações tão extremas, a história quase sempre hesita e cada nova evolução tecnológica suscita inquietudes nos empregados dos setores em pauta.

A liberalização das indústrias de rede é suscetível de gerar uma redução de efetivos no operador histórico, que não pode mais se permitir redundâncias de funcionários ou serviços. Se esses empregos não forem compensados por criações de emprego em igual número entre os concorrentes recém-chegados, cria-se um problema humano. E quando, mesmo assim, a reestruturação melhora a curto prazo não só o bem-estar dos usuários, como as chances de perenidade da atividade e, logo, do próprio emprego, o problema a curto prazo permanece e é preciso responder a ele de diversas maneiras: evitar novas contratações para as vagas de funcionários que partiram, de modo a evitar demissões; cursos de reciclagem profissional etc. Como sempre, é particularmente importante proteger o empregado e não o emprego.[8]

Podemos igualmente considerar uma abertura progressiva à concorrência a fim de dar às empresas históricas a possibilidade de se adaptarem paulatinamente, com a condição, claro, de que não se trate de um pretexto para postergar indefinidamente essa abertura: a diretriz europeia de 1991 sobre as ferrovias previa a introdução da concorrência entre operadores de serviços ferroviários. Enquanto alemães, suecos e ingleses abriram seus serviços ferroviários à concorrência e viram suas circulações de frete e passageiros crescerem, a França evoca uma possível abertura, embora, apesar dos esforços de alguns agentes, sua indústria ferroviária seja pouco dinâmica.

II. E A POLÍTICA INDUSTRIAL NISSO TUDO?

A política industrial remete quase sempre à obtenção de ajudas públicas (ou de redução de impostos) favorecendo certos setores, certas tecnologias, até mesmo certas empresas. No debate público, por exemplo, a noção de política industrial é empregada de diversas maneiras: favorecer as pequenas empresas e visar setores específicos.

Uma boa política industrial deve começar por enfrentar a questão: "Que problema procuramos resolver?"[9] Quem se interroga sobre a "política industrial" deve em primeiro lugar refletir sobre a natureza da "falha de mercado"; caso contrário, não se sabe por que o Estado intervém. Mas a simples análise de uma falha de mercado não basta.

Tomemos o caso do meio ambiente.[10] Constatamos aí uma falha de mercado, na medida em que os agentes econômicos não internalizam o efeito negativo de suas poluições sobre os outros. No entanto, a abordagem econômica da redução das emissões de CO_2 consiste em taxar estas últimas e não em decidir sob que forma devemos reduzir a poluição: desenvolver o carro elétrico, as energias renováveis, a captura e o sequestro do carbono, as economias de energia ou as numerosas outras formas de alcançar um dado objetivo. E se decidirem que desenvolver o carro elétrico é uma excelente ideia, com que abordagem tecnológica? Da mesma forma no caso das energias renováveis, indispensáveis, mas quais? Devemos incentivar a energia eólica ou a solar, e assim colocar todos os nossos ovos no mesmo cesto? Ou diversificar? Ou privilegiar outras energias alternativas? Não esquecemos os erros cometidos com os biocombustíveis.

Inúmeras interrogações, que levam a outra: não seria mais criterioso gerar as condições propícias ao surgimento de tais energias em vez de decretar antecipadamente quais são as que darão certo? "Que cem flores desabrochem, que cem escolas rivalizem!"[11] A taxação do carbono é uma política que não distorce a concorrência entre as diversas soluções que podemos propor para o aquecimento global. Constatamos igualmente nos fatos que as políticas industriais concorrencialmente neutras parecem ser mais favoráveis ao crescimento do que as outras políticas industriais.[12]

As razões que podem talvez motivar a elaboração de uma política industrial compreendem:

- a dificuldade de financiamento das pequenas e médias empresas;
- a insuficiência de Pesquisa e Desenvolvimento (P&D) no setor privado, em especial da pesquisa a montante, em razão da apropriabilidade imperfeita de seus rendimentos por aquele que assume as despesas de P&D – as outras empresas lucram em parte com o saber assim adquirido sem ter de gastar dinheiro. Uma variante do mesmo argumento está ligada à distribuição entre os concorrentes da queda dos custos engendrada pelo aprendizado no local de trabalho (o saber adquirido produzido por uma empresa é distribuído às outras empresas sem que a empresa que criou o saber tenha se apropriado dele);
- a falta de coordenação entre atores complementares a fim de criar um ambiente geográfico (de tipo cluster) ou uma zona industrial (para retomar um exemplo tirado da "velha economia", uma fábrica utilizando determinado tipo de carvão ou aço e a produção do carbono e aço correspondente).

As duas primeiras dificuldades podem justificar o que chamamos de políticas transversais, como as subvenções à P&D ou às pequenas e médias empresas, que não estimulam uma empresa, tecnologia ou localização. Comecemos pelas políticas industriais que buscam, ao contrário, prover ajudas setoriais.[13]

As políticas industriais seletivas

A questão da ação do Estado na organização de nossas indústrias volta regularmente à tona no mundo político. Alguns são sensíveis aos apelos de industriais desejosos de botar a mão no dinheiro público, outros pensam, muito mais sinceramente, que devem agir no interesse geral, a fim de desenvolver ou salvar indústrias que julgam, certo ou errado, ser geradoras de riqueza e emprego. A indiferença dos economistas com relação à política industrial (com poucas exceções, em especial Dani Rodrik em Harvard e Joe Stiglitz em Columbia) assusta-os e requer explicações.

Uma abordagem às cegas...

Picking winners. A razão dessa desconfiança deve-se à falta de informação dos políticos e seus eleitores quanto às tecnologias, setores e empresas que proporcionarão a riqueza econômica de amanhã. Os tomadores de decisão, sejam quais forem suas qualidades profissionais e sua integridade, não podem prever onde se situarão as inovações de ruptura (a fortiori, as decisões serão desastrosas se esses tomadores de decisão forem muito ligados aos lobbies). Exagerando um pouco, as comissões encarregadas de conceber essas políticas produzem listas disparatadas de ações desejáveis, geralmente sem nenhum cálculo sério, ou apresentam argumentos apontando que seria bom que seu país estivesse presente no domínio das tecnologias em questão.

O Estado não tem uma aptidão especial a detectar os setores e atividades do futuro: os anglo-saxões afirmam que os Estados não estão predispostos a "escolher os ganhadores" (*picking winners*). No melhor dos casos, escolhem um pouco aleatoriamente; no pior, fraudam as escolhas para favorecer determinados grupos de pressão.

Com base nessa constatação, é possível referir-se aos projetos faraônicos do tipo Concorde, Bull (uma empresa de informática francesa que pretendia competir com os supercomputadores IBM e que nunca conseguiu ocupar seu espaço no concerto das grandes empresas informáticas e foi mantida respirando ao custo de consideráveis gastos públicos) ou Thomson (que tentou competir com os computadores Apple na primeira metade dos anos 1980). Menos conhecido, mas igualmente instrutivo, é o exemplo da Agence d'Innovation Industriel criada em 2005 para financiar diversos projetos nem sempre muito produtivos, como a Quaero, que recebeu €99 milhões em ajuda do governo francês para que um consórcio reunido em torno da Thomson desenvolvesse ferramentas de busca, indexação e transcrição automática de conteúdos multimídia (a Quaero cogitava realmente superar o Google e outros gigantes da Internet, considerando o atraso acumulado desde a largada?). Era mais fácil fazer política industrial no pós-guerra, quando se tratava de reconstruir a França e recuperar o atraso. Na época, infraestruturas com tecnologia controlada, em que a demanda social era naturalmente incluída (transportes, eletricidade, siderurgia), eram claramente para construir ou reconstruir. Em contrapartida, as indústrias estruturantes de hoje, tais como o digital, as biotecnologias ou as nanotecnologias, não satisfazem mais os mesmos critérios.

Os clusters. Num nível mais descentralizado, podemos citar a profusão de clusters que se formaram na França e em outros países com a louvável intenção de promover um complexo de pesquisa e indústria em torno de um tema (biotecnologias/medicina, softwares, nanotecnologias etc.) num perímetro geográfico exíguo. Há argumentos econômicos a favor da criação de clusters: 1) um cluster pode criar uma massa crítica e, logo, uma parceria melhor no mercado de trabalho, benefício não desprezível em setores em evolução rápida e logo, com forte mobilidade interempresas; 2) um compartilhamento das infraestruturas; 3) efeitos de treinamento (spillovers) tecnológicos devidos a uma proximidade propícia com as interações informais.[14] No entanto, é comum essas intervenções do poder público fracassarem em seus objetivos. Estes costumam ser muito numerosos,[15] cedendo a uma lógica de pulverização talvez mais para responder às demandas das coletividades locais do que em virtude de uma estratégia clara.[16]

Com efeito, devemos render-nos à evidência: os clusters que dominam a alta tecnologia formaram-se o mais frequentemente de maneira espontânea. Um exemplo notável é o bairro Kendall Square, adjacente ao MIT, e agora templo da biotecnologia. O MIT não possui escola de medicina, mas contava com alguns biólogos reputados em sua equipe, como Phillip A. Sharp, David Baltimore e Salvador Luria. Phillip Sharp (que, em 1993, recebeu o prêmio Nobel por seus trabalhos sobre o ácido ribonucleico) foi um dos fundadores da Biogen em 1982. A qualidade da pesquisa que era realizada no MIT atraiu cérebros do mundo inteiro. Estudantes, geralmente com a ajuda dos professores, fundaram startups que hoje estão na vanguarda não só da pesquisa, como da atividade econômica nesse domínio: Amgen, Biogen, Genzyme (que hoje pertence à Sanofi) etc. As grandes companhias farmacêuticas (Astra-Zeneca, Novartis, Pfizer, Sanofi...) também estabeleceram lá laboratórios de pesquisa, na esperança, como as startups, de se beneficiar dos grandes centros de pesquisas universitários que se implantaram na região (Broad, Koch, Whitehead) e externalidades positivas criadas por esse ambiente.

Se olharmos para o futuro, parece certo que uma inovação tecnológica substancial será necessária se quisermos conter o aquecimento global num nível tolerável. Está igualmente claro que ninguém sabe de fato quais são as tecnologias que estimularão essa evolução. De minha parte, vejo muitos governos escolhendo a tecnologia vencedora nessas condições. Mais amplamente, o mesmo se dá no caso das nanotecnologias, biotecnologias e tecnologias do futuro.

Por fim, terminarei com uma crítica da política industrial de outra natureza. Sejam públicas ou privadas, as apostas tecnológicas são arriscadas. Logo, é normal que escolhas públicas eventualmente saiam dos trilhos. O risco zero não existe e não é desejável (neste caso, não faríamos mais nada). Em contrapartida, é importante reconhecer seus erros e não continuar a apoiar projetos que se revelaram pouco promissores, pois esse dinheiro seria muito melhor utilizado para financiar outros projetos.

Ora, os governantes cedem frequentemente à tentação de resolver problemas com grandes volumes de financiamento, seja para demonstrar que tinham razão apesar de tudo, seja para satisfazer os grupos de pressão que eles contribuíram para criar mediante o maná financeiro do apoio público. E, com efeito, é muito difícil parar iniciativas públicas. Isso é igualmente verdade quando o projeto inicial se verifica justificado. Aliás, esta é uma das críticas clássicas dos mecanismos de subvenção públicos. Por exemplo, de um ponto de vista econômico, pode ser razoável subvencionar uma tecnologia nascente a fim de "ligar a ignição" e tirar proveito dos efeitos de aprendizagem. Mas o problema é que os beneficiários dessas políticas de subvenções terminam por se organizar para impedir o esgotamento da mina, inclusive no momento em que ela não se justifica mais. Nesse domínio, o financiamento privado apresenta uma vantagem: em especial, ele sabe interromper os financiamentos que se verificam infrutíferos, ou não são mais necessários, e redirigi-los para usos mais promissores.

...Ou uma abordagem visionária?

Os exemplos de fracassos da política industrial que mencionei são de ordem episódica, o que cria um problema. Eles não são amparados por uma análise estatística rigorosa, pois há infelizmente poucas avaliações *ex post* dessas políticas. E, aliás, os poucos defensores da política industrial relatam *success stories* igualmente episódicas. Eles citarão, por exemplo, o sucesso da Airbus, fruto da política industrial europeia. Ainda que a lógica por trás da Airbus pudesse ser diferente, a saber, a manutenção de uma concorrência num mercado que de outra forma poderia ser completamente monopolizado pela Boeing: sem a entrada da Airbus no mercado, a Boeing sem dúvida teria sido capaz de impor preços muito elevados às companhias aéreas e, logo, indiretamente, aos passageiros. Observemos, a propósito, que os esforços europeus contribuíram para um bem público mundial: eles beneficiaram não só os países europeus que bancaram seu custo, como também o resto do mundo. Damien Neven e Paul Seabright mostraram, há vinte anos, que a concorrência das subvenções aeronáuticas nos Estados Unidos e na Europa, a favor, respectivamente, da Boeing e da Airbus, beneficiaram, na realidade, o mundo inteiro.[17] Nem por isso a Airbus deixou de alimentar a concorrência, permitindo às companhias aéreas comprarem aviões de melhor qualidade por preços mais baixos e aos consumidores, que somos nós, lucrar com isso.

Os defensores da política industrial decerto citarão igualmente a Darpa, agência dependente do Departamento de Defesa americano, para projetos de pesquisa avançada de defesa, que esteve na origem do desenvolvimento da rede Arpanet, precursora da Internet, e do primeiro sistema de hipertexto. Mencionarão ainda o desenvolvimento da Coreia e de Taiwan.[18] Não deixarão de evocar, por fim, outro exemplo proveniente dos Estados Unidos e que concerne ao domínio do ensino superior e da pesquisa. Embora inúmeras grandes universidades americanas (MIT, Caltech, Harvard, Stanford, Yale, Princeton, Chicago etc.) sejam particulares, o Estado desempenha um papel fundamental na promoção da pesquisa americana no mundo através da concessão (concorrencial) de financiamentos; voltarei a este exemplo. Nesse estágio, limito-me a enfatizar que, tanto na Europa como nos Estados Unidos, as intervenções bem-sucedidas do poder público raramente são motivadas por considerações de política industrial e, sim, muito mais frequentemente, por considerações nacionais (como a independência militar).

Qual política industrial?

Nessas condições, que posição adotar? Dani Rodrik, convidado pela Escola de Economia de Toulouse na companhia de Joe Stiglitz em junho de 2014, fez a seguinte e sensata observação: gostemos ou não da política industrial, os governos continuarão a praticá-la e o assunto não vai morrer de uma hora para outra. Sejam quais forem as opiniões que defendemos, cumpre então criar uma filosofia a fim de tornar essas iniciativas o mais frutíferas possível, mesmo sabendo claramente que nossos conhecimentos na matéria ainda evoluirão no futuro. Minha experiência me leva a pensar que poderíamos adotar proficuamente sete linhas diretrizes:[19]

1) identificar a razão da "disfunção" do mercado para melhor reagir;
2) utilizar uma expertise independente e qualificada para escolher os projetos e beneficiários de verbas públicas;
3) estar atento à oferta e não só à demanda;
4) adotar uma política industrial neutra em termos de concorrência, isto é, que não interfira na concorrência entre empresas;
5) avaliar *ex post* e divulgar os resultados dessa avaliação; guarnecer o programa com uma "cláusula de caducidade" (*sunset clause*) prevendo seu fechamento em caso de avaliação negativa;
6) associar fortemente o setor privado à tomada de risco;
7) compreender a evolução de nossas economias.

A primeira recomendação, a necessidade de identificar a falha de mercado, já foi mencionada e não requer comentários suplementares: cumpre saber por que o Estado intervém, ao mesmo tempo para legitimar a intervenção e para refletir sobre os remédios contra a falha de mercado.

A segunda recomendação incide sobre a necessidade de proceder a uma avaliação *ex ante*. O Estado deve proceder às suas escolhas através de agências estritamente profissionais e protegidas da intervenção política. Com efeito, os exemplos de política industrial bem-sucedida nos Estados Unidos citados anteriormente (Darpa, a pesquisa universitária) recorreram a uma avaliação pelos pares. Decerto nem sempre é fácil encontrar avaliadores ao mesmo tempo competentes, livres e independentes, pois os mais competentes estão frequentemente muito ocupados e são suscetíveis de terem sido cooptados pela indústria concernida. Mas esse procedimento é o mais confiável.

No domínio da pesquisa universitária, os melhores cientistas são mobilizados para priorizar os projetos e estabelecer uma classificação que não possa ser questionada por motivos políticos; é o princípio da revisão por pares, ou *peer review*. Por exemplo, a National Science Foundation e o National Institute of Health funcionam como agências autônomas, respeitando as opiniões dos experts. A mesma coisa no caso do Conselho Europeu para Pesquisa, criado em 2007 e que alcançou uma excelente reputação de competência e imparcialidade. Sempre no domínio da pesquisa, do ensino ou da inovação, em 2011, os grandes financiamentos e outras iniciativas de excelência recorreram a painéis de especialistas residentes, em sua maioria, no estrangeiro, e isso a fim de reduzir os conflitos de interesses; uma inovação no reduto francês... Naturalmente, é importante identificar os melhores experts, depois certificar-se de que os conflitos de interesses residuais (por exemplo, o exame de dossiês de colaboradores próximos) sejam eliminados ou reduzidos. A concorrência entre pesquisadores, equipes e universidades tem efeitos bastante benéficos sobre a inovação.[20]

Na mesma perspectiva, Rodrik observa que o desenvolvimento do cultivo do salmão no Chile foi implementado por profissionais, quase independentes. E alguns responsáveis públicos franceses compreendem agora que não podem antecipar sozinhos as evoluções e devem incorporar a competência dos especialistas, por exemplo contratando peritos em capital de risco ou procurando um cofinanciamento privado.

A terceira recomendação, que sugere olhar o lado da oferta, resulta da constatação de que a reflexão é quase sempre demasiado centrada numa demanda do Estado ou do governo regional, que identifica um domínio de pesquisa que ela julga (às vezes de maneira absolutamente legítima) próspero, por exemplo o meio ambiente ou as biotecnologias. No entanto, de nada adianta gastar dinheiro num domínio que julgamos prioritário se a oferta não acompanha, isto é, se os pesquisadores do domínio não adquiriram um nível internacional. Essa problemática da oferta vale tanto para a pesquisa científica como para os outros financiamentos (por exemplo, a criação de clusters). É grande o risco de que o poder público construa prédios e financie pesquisas sem grande futuro, torcendo para que o resto ande sozinho.

É isso que chamo de "mentalidade Field of Dreams", em referência ao filme *Campo dos sonhos*. Nele, um fazendeiro de Iowa, interpretado por Kevin Costner, imagina que a construção de um campo de beisebol em sua plantação de milho, no meio do nada, resultará na realização da profecia *"you build it, they will come"* ["construa, eles virão"]. Decerto o pai do protagonista e famosos jogadores de beisebol do passado, bem como os espectadores, afluem no fim do filme, mas os atores-chave de um desenvolvimento econômico nem sempre se precipitam quando um novo projeto ou um novo cluster aparece. Por exemplo, identificar os cientistas-chave que poderão atrair seus pares e os melhores estudantes parece determinante para o sucesso de um projeto que pretende fazer as fronteiras tecnológicas evoluírem.

A quarta recomendação, a neutralidade concorrencial, já foi mencionada. Ela é desejável não só em termos econômicos, mas também porque constitui uma barreira contra os tomadores de decisão públicos que eventualmente desejem favorecer essa ou aquela empresa ou, de modo mais genérico, esse ou aquele beneficiário de verbas públicas.

A avaliação *ex post*, a quinta recomendação, é delicada de realizar, pois fazer um balanço *post mortem* não entusiasma muita gente; dito isso, ela é muito útil para tirar lições dos erros passados e apontar os responsáveis por "elefantes brancos", isto é, projetos dispendiosos e não cumpridores de promessas. Naturalmente, a necessidade de proceder a avaliações *ex post* aplica-se a todas as políticas públicas, e não só à política industrial.[21]

A sexta recomendação consiste em estruturar o cofinanciamento privado de tal maneira que ele também assuma um risco. Se o privado não estiver disposto a tomar riscos, é sem dúvida porque o projeto é duvidoso. O bom senso então dita utilizar a vontade do privado de se engajar efetivamente como um revelador do interesse da política pretendida.

Por fim, última recomendação, convém antecipar a evolução da economia. Reina, na França, certa nostalgia da indústria. Não se deve evidentemente excluir os bons projetos industriais: afinal de contas, a Alemanha se beneficiou do dinamismo de seu setor industrial. Mas voltar-se para o passado poderia levar a amanhãs difíceis. Nessa óptica, sugerir que a redução constatada por parte da produção manufatureira (que passou de 18% para 12% do PIB francês em poucos anos) legitima uma estratégia nacional de reconquista é, parece-me, não identificar direito o problema: julgo mais oportuno perguntar pelas razões dessa redução do que se atribuir a renovação como objetivo. E para voltar ao país vedete dos adeptos da política industrial, a Coreia do Sul, observemos que a experiência coreana[22] aplicou certo número desses princípios: estímulo à concorrência entre empresas, utilização de *peer reviews*, horizonte limitado dos programas, identificação das empresas bem-sucedidas em exportação, tomada de risco do setor privado.

A "renovação industrial" é mais um slogan do que uma estratégia clara. Pelo menos no nível das economias desenvolvidas, a economia do século XXI será a do conhecimento e dos serviços, e um enfoque na renovação industrial arrisca não apenas consumir dinheiro público, como impelir o país para atividades com fraco valor agregado e, logo, para uma pauperização da população (em contrapartida, estratégias com nicho de alto valor agregado, no estilo alemão, impulsionadas pelas próprias empresas, fazem sentido). O que não significa que se deva abandonar a indústria. O instrumento mais seguro de ver os bons projetos industriais com forte valor agregado emergirem é fornecer às empresas um ambiente propício a seu financiamento e desenvolvimento, e agir de maneira a que elas se integrem num contexto globalmente inovador.

As pequenas e médias empresas e o tecido industrial na França e na Europa

As fraquezas do tecido industrial na França são bem conhecidas: escassez das pequenas e médias empresas de porte e (o que está associado) não renovação do clube das grandes empresas. Há cerca de quinze anos, um relatório[23] do Conselho de Análise Econômica já observava que num painel incluindo as mil maiores empresas mundiais, 296 empresas americanas compreendiam 64 empresas criadas *ex nihilo* depois de 1980, enquanto as 175 empresas europeias só incluíam nove. A idade média das empresas do CAC 40 é de 101 anos; a das empresas do Fortune 500* é de quinze anos. Há, portanto, uma forte inércia e pouca criação em nosso continente. A Europa só comporta dois "campeões" nascidos na segunda metade do século XX (Vodafone e SAP).

O segundo problema, o do desenvolvimento das pequenas e médias empresas, é particularmente presente na França, onde elas têm dificuldade para progredir: apenas 1% das empresas na França têm mais de cinquenta empregados, para 3% na Alemanha. Há 12.500 empresas de porte intermediário (as ETI) na Alemanha, para apenas 4.800 na França.

Como apoiar as pequenas e médias empresas?

É necessário favorecer as pequenas e médias empresas? A justificativa para se fazer isso é o menor acesso que elas têm ao crédito. As grandes empresas dispõem de maior capacidade de se autofinanciarem, de uma reputação estabelecida e de ativos que podem oferecer como garantia quando tomam empréstimos; e, o que faz parte do pacote, elas têm acesso ao mercado de obrigações, o que em geral não é o caso das pequenas e médias empresas, que na França são muito dependentes do financiamento bancário. Isso explica por que o tratado de Roma não considera como ajudas do Estado, normalmente proibidas, os dispositivos transversos (por exemplo o crédito no imposto para pesquisa e desenvolvimento, ou as garantias de empréstimos bancários) e autoriza as subvenções em favor das pequenas e médias empresas ou de pesquisa e desenvolvimento (um regime de exceção cuja tolerância aumenta se a pesquisa é feita a montante ou por uma pequena empresa).

É questionável que as pequenas e médias empresas tenham necessidade de fontes suplementares de financiamento, dados os dispositivos já existentes. Com efeito, elas dispõem hoje de numerosos instrumentos públicos de auxílio e de vantagens fiscais em seus empréstimos e outros tipos de financiamento: fundos de investimento regionais, fundos mútuos de investimento em inovação, sem falar de outros auxílios ao financiamento de todas as empresas, como o crédito no imposto para pesquisa e desenvolvimento (CIR).

---

* As quinhentas maiores empresas americanas, classificadas segundo seu volume de negócios. Números extraídos da nota 26 do Conselho de Análise Econômica.

Em contrapartida, a complexidade do sistema e os múltiplos nichos transformam as empresas em caçadoras de esmolas. Assim, os dispositivos de auxílio à inovação são, na França, de uma complexidade desconcertante.[24] As empresas gastam muitos recursos em procurar o enquadramento administrativo que lhes permitirá obter o dinheiro público para projetos existentes. Não apenas tal situação é socialmente insustentável, uma vez que pode destruir valor, ao invés de criá-lo, como também as pequenas e médias empresas não estão bem preparadas para esse jogo, pois nem sempre dispõem dos recursos que lhes permitem tirar partido do ambiente administrativo.

Permito-me aqui uma digressão: a sobreposição dos programas de financiamento e das instituições que os gerem revela uma deficiência específica da política industrial francesa: como em outras áreas (estruturas universitárias, legislação trabalhista, legislação tributária...), o Estado propõe muitas iniciativas, porém jamais suprime alguma das anteriores. O mercado, de sua parte, tem a vantagem de nunca desperdiçar dinheiro com estratégias prévias que não deram os resultados esperados.

Ao que parece, no geral, as pequenas e médias empresas teriam a ganhar com as reformas que eliminassem os entraves que o poder público coloca, aqui e ali, em seu caminho, como por exemplo:

- Os efeitos de limiar,[25] denunciados em inúmeros relatórios de especialistas como responsáveis por frear o crescimento das empresas. As empresas francesas que atingem os patamares de dez, vinte e cinquenta empregados enfrentam custosos inconvenientes adicionais: obrigações contábeis, alta das taxas de cotização social, auxílio-transporte, criação de diferentes comitês a partir de cinquenta funcionários assalariados, plano social em caso de demissão por motivação econômica etc. Passar de 49 para cinquenta empregados implica 34 obrigações adicionais para a empresa. Uma empresa que esteja certa de seu crescimento futuro ultrapassará esses limiares por não ter, na verdade, outra escolha. Já uma empresa insegura em relação ao seu crescimento futuro pensará duas vezes (ela irá recorrer, na maioria das vezes, às horas-extras, à terceirização ou à criação de outras empresas). Os efeitos de limiar desencorajam as empresas a atingir uma velocidade superior e criam a "armadilha das pequenas e médias empresas". A figura 1 mostra distorções importantes criadas na França pelo limiar dos cinquenta empregados. Tais efeitos existem um pouco em todos os lugares, inclusive nos Estados Unidos (por exemplo sob a forma de subvenções reservadas às empresas com menos de cinquenta empregados). Mas eles são particularmente fortes em países como a França, a Itália ou Portugal, países onde, aliás, o efeito se traduz em um desemprego suplementar em razão das especificidades das instituições do mundo do trabalho; segundo alguns estudos,[26] o custo dos efeitos de limiar para um país podem representar alguns pontos percentuais no PIB.

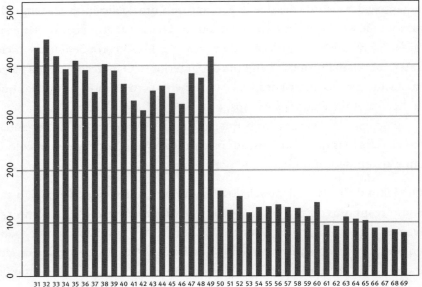

FIGURA 1. Número de empresas francesas em relação ao número de empregados (de 31 a 69 empregados)

Fonte: Ficus (arquivo fiscal), 2002

- A extrema complexidade da legislação trabalhista, do sistema fiscal e do acesso aos mercados públicos – que, como no caso das políticas de amparo à inovação, penaliza especialmente as pequenas e médias empresas, que não têm os meios para contar com equipes especializadas.
- O tratamento dado às falências,[27] matéria na qual a França tem uma especificidade jurídica. Ela dá muito poder aos acionistas e dirigentes em circunstâncias em que eles podem ter falido. Contrariamente ao que ocorre em outros lugares do mundo, os credores não estão bem protegidos no caso de haver

esse tipo de problema na empresa; não é de surpreender que as empresas tenham dificuldade de conseguir empréstimos nesses termos.
- O atraso de pagamento dos compradores públicos ou das grandes empresas.
- Os entraves sobre a gestão salarial, impostos pelo Estado e pelas convenções coletivas do setor.[28]
- O fisco favorecendo a transmissão da empresa dentro da família ou aos não residentes etc.[29]

14. Quando o digital modifica a cadeia de valor

CADA VEZ MAIS compramos e realizamos nossas operações bancárias on-line, lemos as notícias nos sites da web, utilizamos Uber, compartilhamos nossas viagens no BlaBlaCar e reservamos nossa hospedagem pelo Airbnb. A digitalização da sociedade está no cerne das mudanças econômicas e sociais do século XXI. Ela impactará todas as atividades humanas, como já modificou o comércio, as finanças, a mídia, os transportes ou a hotelaria.

Todos os atores devem adaptar-se a ela, inclusive o setor púbico. Face ao declínio da imprensa e das mídias tradicionais, a rádio pública americana (National Public Radio, rádio sem publicidade) transformou-se, desde julho de 2014, no Spotify[1] do rádio: ela pede ao ouvinte que dê notas sobre os diferentes programas, pesquisa o tempo que você dedicou a cada um deles, analisa seus downloads de podcast e, finalmente, fornece-lhe programas sob medida, adaptados a seus interesses. Isso é só o começo. Amanhã, a digitalização revolucionará os setores do seguro, da saúde, da energia, da educação... Os serviços profissionais médicos, jurídicos ou fiscais serão sacudidos por algoritmos inteligentes baseados no *machine learning*,* como um certo número de outros serviços o serão por robôs.

As relações de troca econômica não passam de uma dimensão dessa mutação. A digitalização afeta as relações interpessoais, o mundo associativo e a política. As empresas estão preocupadas com a evolução industrial, a nova organização do trabalho e a segurança da informática. A digitalização afeta o direito da propriedade industrial, o direito da concorrência, o direito do trabalho, o regime fiscal e, mais amplamente, a regulação pública.

---

* O *machine learning* corresponde a uma aprendizagem estatística por um algoritmo que permite a um robô ou um computador aprender progressivamente a reconhecer um rosto, caminhar ou realizar qualquer outro aprendizado complexo.

Ao lado do extraordinário progresso técnico que ela induz, sinônimo de ganho de tempo e poder de compra, a economia digital comporta perigos, que devemos examinar. O objetivo deste capítulo e do seguinte é analisar alguns grandes desafios a fim de melhor compreender essa profunda transformação de nosso setor produtivo, do mundo do emprego, de nosso sistema de regulação, em suma, de nossa sociedade em geral, e nos preparar para isso.

O presente capítulo concentra-se nas estratégias das empresas nos mercados digitais e nos desafios para a regulação desses mercados. No centro da análise, estão as plataformas bifaces, essas entidades que permitem aos diferentes lados (digamos a oferta e a procura), as faces, do mercado se encontrar e interagir. Sua importância econômica é substancial e crescente. Atualmente, três das cinco maiores empresas mundiais são plataformas bifaces: Apple, Google, Microsoft. Assim como sete das dez maiores startups (em valorização). Analiso seu modelo econômico e me debruço sobre a maneira como ele afeta nosso bem-estar.

I. AS PLATAFORMAS, GUARDIÃS DA ECONOMIA DIGITAL

Seu cartão Visa, o Playstation da família, o Google Chrome, o aplicativo de mensagens instantâneas WhatsApp e a agência imobiliária na esquina da sua rua têm certamente mais em comum do que você imagina. Todos remetem ao modelo do "mercado biface",[2] isto é, um mercado em que um intermediário (e seu proprietário, Visa, Sony, Google, Facebook, agência imobiliária) permite a vendedores e compradores interagirem. Essas "plataformas" reúnem diversas comunidades de usuários que buscam interagir uns com os outros: por exemplo, os jogadores e desenvolvedores de jogos no caso da indústria dos videogames; os usuários de sistemas operacionais (Windows, Android, Linux, o OS X do seu Mac ou o iOS do seu iPhone) e os desenvolvedores de aplicativos no domínio dos sistemas operacionais; os usuários e anunciantes no caso das ferramentas de busca ou das mídias; os detentores de cartão bancário e os comerciantes no caso das transações por cartão de pagamento.

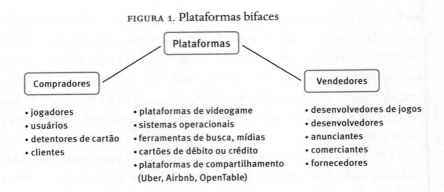

FIGURA 1. Plataformas bifaces

Essas plataformas resolvem um duplo problema, pondo usuários em contato e fornecendo uma interface tecnológica que permite a interação entre eles. O que merece algumas explicações.

A economia da atenção

Durante muito tempo, a ciência econômica procedeu como se o progresso econômico equivalesse a inventar novos produtos, produzi-los a menor custo e negociá-los melhor. Para melhor negociá-los, bastava fazer os custos da transação caírem, sobretudo os custos de transporte e os direitos alfandegários que travam o comércio internacional (os trabalhos empíricos testando a "teoria gravitacional do comércio internacional" mostram efetivamente que o nível de comércio aumenta à medida que os custos de transporte diminuem).

Há cinquenta anos, um leitor era tolhido pelo número de referências às quais tinha acesso. Comprava um jornal para se informar. Para ler um livro, ou escutar um disco, tinha apenas o catálogo da biblioteca municipal; uma família mais rica podia formar uma pequena biblioteca, mas esta continuava limitada. Para fazer suas compras, os consumidores estavam mais ou menos restritos ao comércio da vizinhança. Uma pessoa com vontade de fazer amigos ou procurar a alma gêmea dependia dos círculos de relações em sua aldeia ou comunidade. Com a tecnologia digital, o custo do transporte de um bem digital à outra ponta do planeta aproximou-se de zero. Os catálogos agora são infinitos. Dispomos de ofertas demais, e não de menos. Nosso problema é utilizar o melhor possível o tempo e a atenção que decidimos reservar para essas atividades. Essa economia da atenção modifica fundamentalmente os comportamentos e interações nas indústrias de conteúdo.[3] O esclarecimento cruzado de economistas, psicólogos e sociólogos faz-se então necessário para compreendermos tudo que está envolvido.

Os custos de transação mais pertinentes são agora os custos ligados à leitura das ofertas e à seleção dos parceiros, e os custos de sinalização (visando convencer potenciais parceiros de sua confiabilidade), e não mais os custos de transporte. Se ao longo de milênios nossos ancestrais tinham dificuldade para encontrar parceiros para negociar, agora nosso problema é identificar, entre os milhões de parceiros com quem podemos negociar, aquele que melhor corresponde às nossas expectativas. A quase infinidade das fontes de informação e o tempo limitado de que dispomos para tratá-las e compreendê-las introduzem intermediários no centro do jogo econômico, as plataformas, que nos ajudam a encontrar esses parceiros; quanto mais caem os outros custos (transporte, alfândega, *listing*), mais significativos se tornam os custos de sinalização, leitura e seleção, e mais precisamos de plataformas sofisticadas.

Essas plataformas fornecem informação preciosa ao mesmo tempo sobre a qualidade e a compatibilidade de possíveis parcerias, passando-nos a reputação dos vendedores (as notas dos hotéis e restaurantes no Booking, revendedores no eBay e motoristas no Uber) e aconselhando-nos produtos adaptados aos nossos gostos (as recomendações da Amazon, da National Public Radio e muitos outros sites). Colocam-nos assim em contato com parceiros, sejam intrinsecamente mais confiáveis, sejam simplesmente mais bem-adaptados à nossa demanda. Permitem-nos então navegar a baixo custo no dédalo das ofertas.

A economia do compartilhamento entra nessa categoria. Sua lógica é tirar o melhor partido de recursos subutilizados: os apartamentos (Airbnb), os carros particulares (Drivy), os aviões privados (Wingly), os lugares disponíveis em trajetos de carro (BlaBlaCar) ou as encomendas (Amazon on my way, You2You) etc. Mas a identificação dos ganhos de troca (entre, por exemplo, o turista que procura um apartamento com certas características e disponibilidade e particulares desejosos de complementar suas receitas) requer uma intermediação. Essa orientação do internauta perdido numa gigantesca massa de informações exige, todavia, confiança por parte deste último: confiança na imparcialidade e qualidade das recomendações, confiança na supressão dos dados pessoais quando ela for exigida e, por fim, confiança na não transmissão desses dados a terceiros. Voltarei a estes pontos no próximo capítulo.

A facilidade para encontrar fornecedores de bens não só cria negócios que de outra forma seriam inimagináveis como, de maneira concomitante, em geral também faz os preços caírem, colocando os fornecedores em concorrência. Nem sempre, contudo... Glenn e Sara Ellison, do MIT, mostraram que os livros de ocasião pouco pedidos são na realidade frequentemente mais caros na Internet.[4] Aqueles que procuram "produtos de nicho" na Rede estão dispostos a pagar muito para adquiri-los, enquanto os que topam por acaso com o livro num sebo ou num leiloeiro têm uma propensão a pagar menos. Essa alta de preços não é necessariamente sinal de uma ineficiência gerada pelo comércio eletrônico; sem as ferramentas de busca e as plataformas, o comprador sem dúvida jamais teria encontrado o livro.

As plataformas tecnológicas

Os cartões de pagamento, PayPal ou Bitcoin não colocam em contato o vendedor e o comprador, ao contrário do Google, eBay ou Booking. Numa ou noutra dessas plataformas, já estamos em relação com o comerciante e, uma vez em sua loja (real ou virtual), procuramos simplesmente uma forma de efetuar nosso pagamento de maneira ágil, segura e sem precisar ir a um caixa eletrônico ou proceder uma transferência bancária.

Da mesma forma, o desenvolvedor de videogames dispõe de diferentes canais independentemente do PlayStation ou do Xbox para expor seus produtos: publicidade, resenhas nos jornais, exposições das lojas e palavras-chave na ferramenta de busca do Google. Em contrapartida, o software operacional e o console fabricados pela Sony ou Microsoft nos permitem igualmente utilizar aplicativos, comerciais ou não, compatíveis com o programa que está em nosso computador. Skype ou Facebook, por sua vez, nos permitem antes permanecer em contato do que fazer contato. Vemos então que outra função das plataformas é permitir fisicamente uma interação tão fluida quanto possível entre os usuários.

II. OS MERCADOS BIFACES

A economia dos mercados bifaces resultou na concepção de uma teoria que esclarece os comportamentos das empresas nesses mercados aparentemente díspares. Essa teoria é comumente utilizada tanto pelas empresas de conselho em gestão como pelas agências reguladoras da concorrência.

O modelo econômico

O desafio das plataformas é encontrar um modelo econômico viável que assegure a participação de cada uma das comunidades de usuários. Com efeito, todo mercado biface é confrontado com o problema "do ovo e da galinha". Um fabricante de consoles de videogames precisa atrair ao mesmo tempo os jogadores e os desenvolvedores de videogames. Os primeiros querem ter um grande leque de escolha de jogos, os segundos desejam acesso à clientela mais ampla possível. O objetivo do fabricante de consoles é suscitar entusiasmo dos dois lados. A problemática é idêntica para as mídias (jornais, redes de tevê, portais da Internet) que procuram captar a atenção de um vasto público e despertar o interesse dos anunciantes, os quais contribuirão para seu equilíbrio econômico. No caso dos sistemas de pagamento como American Express, PayPal ou Visa, trata-se de atrair um grande número de consumidores e, em paralelo, garantir que o modo de pagamento seja aceito pelos comerciantes. Todas essas atividades necessitam seduzir duas categorias de clientes a fim de lucrar com seus respectivos interesses.

Após certas hesitações, um novo modelo econômico surgiu. Para apresentá-lo, utilizemos por um instante o vocabulário dos economistas antes de voltar a exemplos corriqueiros. O modelo econômico depende das elasticidades das demandas, bem como das externalidades entre as diferentes faces do mercado. Para cada face do mercado, a elasticidade da demanda é uma cifra que reflete o quanto de usuários (em percentagem) o comerciante perde quando aumenta seu preço em 1%; esta é uma noção essencial de tomada de decisão e precificação. Por exemplo, uma forte elasticidade da demanda obriga à moderação dos preços, enquanto uma elasticidade fraca incentiva a aumentá-los. Por mais teórica que seja tal noção, ela corresponde ao cotidiano de toda empresa; e explica por que a concorrência em geral faz baixar os preços: aumentando seu preço, a empresa perde então mais clientes, pois estes podem voltar-se para os concorrentes em vez de pararem de consumir. Uma vez estabelecida essa premissa, a existência de externalidades entre as diferentes faces do mercado remete ao fato de que os usuários se beneficiam da presença de outros usuários do outro lado do mercado.

Uma pergunta que devemos fazer então é saber quem é o mais interessado pelo serviço oferecido, e quem é então suscetível de pagar a maior parte sem parar de consumir. Em determinados casos, um dos lados pode inclusive não desembolsar nada, até mesmo ser subvencionado, com a outra parte pagando por dois. Muitos jornais, rádios e portais da Internet não cobram do público a informação e a distração que fornecem. São exclusivamente os anunciantes que lhes permitem subsistir. O programa PDF, que nos permite consultar documentos em nosso computador independentemente do software utilizado pelo seu autor, tem acesso gratuito, mas aquele que deseja criar um arquivo nesse formato deve pagar. Por quê? Porque aquele que escreve e envia seu texto pela Internet tem em geral mais vontade de ser lido do que seu interlocutor potencial tem vontade de lê-lo; inversamente, os leitores de livros pagam de bom grado por um best-seller.

Mais amplamente, as plataformas desenvolveram-se graças a preços muito baixos de um lado do mercado, que lhes permitem atrair usuários desse lado e proporcionam indiretamente receitas do outro lado. A estrutura dos preços entre os dois lados do mercado tira plenamente partido das externalidades entre estes. A ideia básica é simples: o verdadeiro custo gerado por um usuário não é o simples custo físico do serviço. Devemos descontar o ganho que a presença desse usuário na plataforma gerará do outro lado do mercado. Por exemplo, um pagamento efetuado no cartão por um comprador gera para o banco do detentor do cartão um lucro proveniente da "taxa do lojista", isto é, a percentagem, situada digamos entre 0,5% e 3%, que é descontada do preço especificado pela transação (diretamente no caso do American Express, indiretamente através da "taxa de intercâmbio"[5] para um banco membro do Visa ou MasterCard). Isso explica por que os cartões costumam ser gratuitos, quando não são objeto de um "preço negativo" (em virtude da concessão de milhas ou de reembolsos em dinheiro ao usuário do cartão).

Da mesma forma, os usuários do Google beneficiam-se gratuitamente de inúmeros serviços extremamente úteis (ferramenta de busca, e-mail, mapas de cidades etc.). Sua presença, bem com as informações sobre os interesses obtidas por ocasião de suas buscas, do envio de e-mails e de outras atividades na plataforma Google, atrai os anunciantes, que podem apresentar suas ofertas na plataforma e direcioná-las aos consumidores certos. Os anunciantes pagam somas bastante significativas por esse privilégio. A televisão não paga e os jornais – especialmente a imprensa gratuita como *Metro* ou *20 Minutes* – têm um modelo econômico similar.[6] Frequentemente, portanto, a estrutura dos preços é muito favorável a um lado do mercado e muito desfavorável ao outro. Preços predatórios, isto é, anormalmente baixos, e preços abusivos, isto é, anormalmente altos? Nada é menos certo; aliás, tais estruturas de preços são praticadas por empresas longe de serem dominantes em seus mercados.

O segmento dos cartões de pagamento é, a esse título, singularmente interessante. Seu modelo econômico consiste em fornecer aos consumidores cartões de débito ou crédito baratos (os detentores dos cartões podendo inclusive ganhar dinheiro quando os utilizam graças ao sistema de reembolsos ou milhas) e obrigar os lojistas a pagarem uma percentagem sobre cada transação. Mesmo sendo elevadas as taxas, 0,5% ou 2% no caso dos cartões Visa e MasterCard,[7] cerca de 3% no do PayPal, os lojistas têm interesse em aceitar o cartão, pois de outra forma arriscam-se a perder clientes. Isso é particularmente verdade no caso dos cartões emitidos pela American Express, que se beneficia de uma imagem elitista e dispõe de uma vasta clientela de negócios, podendo, portanto, impor tarifas especialmente altas. Esse modelo é frequentemente replicado por plataformas fora do setor de pagamentos. Por exemplo, a Open Table, uma empresa de reservas on-line para restaurantes caros administrando 12 milhões de reservas por mês, não cobra dos consumidores e pede ao restaurante US$1 por comensal.

FIGURA 2. Uma divisão desigual, mas eficaz

Face preço baixo	Face preço alto
consumidores (ferramenta de busca, portal, jornal)	anunciantes
detentores de cartão	comerciantes

Quando o ovo vem antes da galinha...

As plataformas bifaces veem-se confrontadas com uma segunda dificuldade quando uma das partes usuárias deve investir antes que a outra esteja presente no mercado. Tudo então é questão de expectativas. Por ocasião do lançamento de um novo console de videogames, por exemplo, os desenvolvedores de jogos independentes põem-se ao trabalho muito antes de terem certeza do sucesso do console; correm então o risco de desenvolver a alto custo videogames escritos no formato de uma plataforma que é suscetível de não atrair clientes o bastante para rentabilizar seu investimento. Para tranquilizá-los quanto aos seus mercados, o fabricante de consoles anuncia em geral que descontará entre €5 e €7 de cada jogo vendido. Esses royalties estimularão mais tarde a plataforma a colocar no mercado os consoles a preços baixos para seduzir um público amplo; na realidade, as plataformas de vídeo costumam vender seus consoles com prejuízo (até €100 de prejuízo por console).[8] Os criadores de games, assim tranquilizados, desenvolvem os softwares muito antes que o console seja posto no mercado. A plataforma de videogames pode igualmente desenvolver jogos ela mesma, antes da introdução do console no mercado, como fez a Microsoft com o Halo, quando lançou a Xbox em 2001.

O caso dos videogames é extremo, em razão da distância temporal entre as adesões dos dois lados do mercado à plataforma. Mas sua problemática é comum. A estratégia Halo da Microsoft, consistindo em produzir ela mesma os aplicativos quando ainda não existe uma clientela importante de consumidores, é frequentemente utilizada. Por exemplo, no lançamento do iPhone em 2007, a Apple ainda não tinha AppStore e produzia seus próprios aplicativos. A Netflix continua a produzir suas próprias séries e as oferece junto com filmes comprados dos produtores externos de conteúdo. Podemos nos reportar ao recente livro de David Evans e Richard Schmalensee,[9] que descreve com clareza a importância do timing das estratégias nos mercados bifaces.

A compatibilidade entre plataformas

A terceira questão diz respeito à eventual cooperação entre os atores desses mercados bifaces. Na maioria dos casos, os consumidores têm a possibilidade de recorrer a várias plataformas. Estas devem trabalhar em parceria, assegurando dessa forma uma interoperabilidade entre suas operações? No domínio das telecomunicações, essa cooperação é regulamentada. É impensável um assinante da SFR não poder ligar para um amigo que fez uma assinatura da Orange.* No setor imobiliário, cada vez mais agências formam redes para oferecer mais oportunidades a seus clientes.

Mas outras plataformas optam por não ser compatíveis. Por exemplo, não é possível pagar com um cartão American Express numa loja que só aceita Visa e MasterCard. Impossível utilizar um aplicativo escrito exclusivamente para Windows num programa operacional Linux. A incompatibilidade pode levar os clientes a ampliar seu círculo de usuários no outro lado do mercado, estando presentes em diversas plataformas, o que se chama multi-homing, termo que designa a presença de um usuário em várias plataformas incompatíveis. Isso acontece, por exemplo, quando consumidores possuem vários cartões de pagamento ou quando os comerciantes também aceitam vários. Os desenvolvedores de videogames podem produzir versões adaptadas aos formatos de diferentes consoles. Os candidatos à compra ou à venda de apartamentos podem recorrer simultaneamente a várias agências quando estas não se colocaram em rede.

Outro exemplo é fornecido pelos aplicativos para celulares, num mercado caracterizado por um duopólio Apple-Android bastante estável.[10] Como podemos imaginar, o multi-homing dos aplicativos é mais difundido entre os mais populares; com efeito, não só um aplicativo deve ser reescrito para cada sistema, como o custo de marketing deve igualmente ser duplicado, pois é importante para um aplicativo estar na "top list" do ecossistema se quiser ser notado pelos consumidores. Os quatro aplicativos mais populares são os mesmos nos dois sistemas (Facebook, Pandora, Twitter, Instagram); mais amplamente, 65% dos aplicativos que fazem multi-homing encontram-se entre os mais aprovados.[11]

---

* Operadoras de telefonia móvel na França. (N.R.T.)

Esse tipo de comportamento influencia na escolha do modelo econômico. A concorrência entre operadoras atua na maneira como elas determinam suas tarifas. Nos Estados Unidos, por exemplo, a American Express foi obrigada a baixar as taxas (muito elevadas) pagas pelos lojistas, em reação à aquisição por seus clientes de um segundo cartão, por sua vez ligado ao surgimento, nos anos 1990, dos cartões Visa e MasterCard, sem despesas anuais. A razão disso é a seguinte: os clientes da American Express julgaram ser preferível possuírem um segundo cartão de pagamento, na medida em que este não custava nada e poderiam usá-lo se o cartão American Express viesse a se desmagnetizar ou ser recusado pelo lojista. Os lojistas então fizeram o seguinte raciocínio: "Uma vez que meus clientes que possuem um cartão American Express agora também têm em sua carteira um cartão Visa ou MasterCard – menos caro para mim –, posso me permitir recusar pagamentos com American Express sem perder clientes ou parecer antipático." Foi nesse momento que a American Express foi obrigada a reduzir suas taxas para conservar os lojistas em sua plataforma.

A abertura

Às vezes uma plataforma pode decidir ser ela mesma um dos lados do mercado e conformar-se então ao modelo clássico de empresa, que só precisa atrair o consumidor final. Um caso bem conhecido é o da Apple, que, dominando o mercado dos microcomputadores na década de 1980, decidiu limitar fortemente os aplicativos e o hardware, voltando-se para seu sistema operacional. A Apple fabricava independentemente os computadores e cobrava um preço elevado pelo acesso ao kit que permitia desenvolver aplicativos (*software development kit*), o que fazia dele um sistema quase fechado. Ao contrário, a Microsoft, com seu sistema operacional DOS (mais tarde batizado como Windows), que só veio a se tornar dominante nos anos 1990, optou por ser aberta,[12] não fabricando os computadores e distribuindo quase gratuitamente seus pacotes. Desde então, a Apple tirou a lição do episódio da concorrência entre ecossistemas e se abriu (há hoje 1,5 milhão de aplicativos baixados na App Store),[13] mas ainda assim mantém o controle não só de seu sistema operacional (iOS), como também da fabricação dos computadores e hardwares (iPhone). O Google, se é acusado, como foi a Microsoft anteriormente, de dar acesso limitado aos produtos exteriores, é mais aberto que a Apple graças a seu sistema operacional Android, que é um sistema livre.

Além da questão de possíveis barreiras à entrada, à qual voltaremos, a escolha do grau de abertura do sistema pode ser analisada da seguinte maneira: o fechamento praticado pela Apple permitia-lhe controlar melhor a oferta de hardware, mas limitava as escolhas dos consumidores exclusivamente aos produtos da marca, tornando assim a marca Apple menos atrativa; em contrapartida, como vimos, uma nova plataforma nem sempre tem escolha: mesmo com uma arquitetura aberta, ela poderá ser levada a produzir hardwares e aplicativos ela própria ou a assinar acordos como o que, no início dos anos 1980, Bill Gates assinou com a IBM (a fim de que os computadores IBM rodassem DOS). É só com o tempo que as plataformas se beneficiam plenamente de sua abertura.

III. UM MODELO ECONÔMICO DIFERENTE: QUANDO AS PLATAFORMAS REGULAM

Organização tradicional e organização biface

Para compreender por que as plataformas diferem dos mercados tradicionais, tomemos o exemplo do modelo econômico dito "vertical" da indústria farmacêutica. Cada vez mais, as inovações em medicamentos são realizadas por pequenas estruturas empreendedoras de biotecnologia. Tais empreendimentos, contudo, não têm vantagem comparativa no desenvolvimento, nos testes clínicos, na aprovação pelas autoridades de homologação (por exemplo, a Food and Drug Administration, nos Estados Unidos, e a Agence Nationale de Sécurité du Médicament et des Produits de Santé, na França), e, por fim, na comercialização. Consequentemente, os empreendimentos biotecnológicos revendem suas patentes, concedem uma licença exclusiva ou são comprados por uma grande empresa farmacêutica (Aventis, Novartis, Pfizer, GlaxoSmithKline...).

Em todos os casos, uma única empresa farmacêutica comercializará o medicamento. Por quê? Pura e simplesmente porque a concorrência entre empresas farmacêuticas criada por licenças múltiplas faria os preços do medicamento caírem e desvalorizaria a patente, reduzindo assim a receita extraída das licenças. A empresa de biotecnologia zela então para criar um monopólio a jusante, que extrairá o máximo de lucro da comercialização.

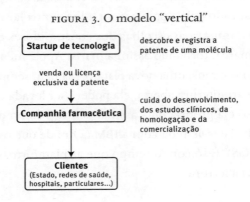

FIGURA 3. O modelo "vertical"

A comparação das plataformas (figura 1) e do modelo vertical (figura 3) é instrutiva. No modelo vertical, a startup de biotecnologia não tem contato com o cliente final e só interage com o vendedor, a companhia farmacêutica. A consequência é que a startup não tem interesse direto em que a companhia farmacêutica pratique preços baixos que contribuam para aumentar o consumo do medicamento. Essa observação tem consequências significativas, como veremos daqui a pouco. Isso quer dizer que a companhia farmacêutica, que interage com a startup e os clientes, desempenharia então o papel da plataforma? Não é esse o caso, e mais uma vez porque a startup e os clientes não têm interação direta.

Outra ilustração da diferença entre organização vertical e organização de tipo plataforma é fornecida pela comparação entre um mercado de frutas e legumes (que é uma verdadeira plataforma, pois os vendedores interagem diretamente com os clientes mas precisam de lugar no mercado para fazer isso) e um supermercado, onde os fornecedores de alimentos não têm interação com o cliente, vendendo seus produtos diretamente ao supermercado, que os revende então aos clientes. No mercado de frutas e legumes, os vendedores não estão implicados apenas pelas condições que lhes dão para dispor de uma bancada ou pela parte da cifra de negócios que deve refluir para o mercado; esperam que o mercado saiba atrair os compradores, ao contrário de um fornecedor de supermercado, que tem um contrato de fornecimento de tantas unidades por tal preço e que, portanto, não se preocupa com a presença de clientes no estabelecimento. Esse exemplo mostra que as plataformas não são um fenômeno específico da era digital, ainda que a tecnologia digital contribua para aumentar consideravelmente seu número. A Amazon, em seus primórdios em 1994, não era uma plataforma biface: ela comprava os livros das editoras e os revendia na web.

A plataforma reguladora

Uma plataforma biface, por sua vez, interage ao mesmo tempo com o vendedor e o cliente. Isso significa que ela se preocupará com os interesses do cliente final. Não por filantropia, mas porque, se o cliente final ficar satisfeito, pagará mais à plataforma ou irá querer aderir a essa plataforma. Essa observação subentende inúmeras singularidades do modelo econômico das plataformas bifaces.

Concorrência entre vendedores. A primeira implicação é que, ao contrário do detentor de uma patente farmacêutica, a plataforma geralmente não é hostil a certa concorrência entre vendedores. Na mesma perspectiva, inúmeros sistemas operacionais, como o Windows, construíram seu sucesso sobre uma abertura de suas plataformas a aplicativos externos, não raro em concorrência entre si e com aplicativos fornecidos internamente pela plataforma.[14] Essa concorrência faz os preços caírem e melhora a qualidade, tornando a plataforma mais atrativa para o consumidor. Tudo se passa como se a plataforma concedesse licenças a diversos vendedores; considerando suas relações com o comprador, ela é mais protetora dos interesses dos compradores e menos protetora dos interesses dos vendedores. Na França, o minitel, precursor do microcomputador, desenvolveu um modelo fechado para seus aplicativos e não demorou a perder a batalha.

Regulações de preços. Da mesma forma, as plataformas às vezes regulam os preços que os vendedores podem praticar. Por exemplo, o serviço de venda de música e outros conteúdos on-line da Apple, o iTunes Store, estipula um preço máximo para faixas de música baixadas, digamos 0,99 e 9,99 pelo álbum. Outro exemplo é a proibição, imposta pelas plataformas de cartão de pagamento em vários países, de cobrança extra por pagamentos em cartão.

Controle da qualidade. A fim de proteger seus clientes, as plataformas empenham-se igualmente em proibir o acesso à plataforma de contrapartes indesejáveis. As boates e agências de namoro podem selecionar na entrada. As bolsas editam exigências de solvência (mais precisamente, pedem garantias) a fim de que a falência de um membro não tenha repercussões desfavoráveis sobre outros membros; proíbem também determinados comportamentos pouco éticos (como o *front running*, uma prática próxima da *inside information* na qual um corretor compra ou vende para sua própria conta antes de executar uma ordem de compra ou venda importante para a conta de um cliente). A Apple controla a qualidade dos aplicativos na AppStore, e o Facebook destaca diversos funcionários para o monitoramento dos conteúdos e comportamentos ofensivos. Diversas plataformas mantêm congelado o pagamento do comprador e só o transferem ao vendedor depois que o comprador recebeu seu bem e demonstrou satisfação.

Fornecimento de informação. Por fim, as plataformas protegem os usuários fornecendo-lhes informação sobre a confiabilidade dos vendedores via o sistema de notas. Às vezes elas exercem também uma função quase judiciária, oferecendo um processo de arbitragem dos conflitos, como fazem por exemplo os sites de leilões de carros usados.

A economia do compartilhamento, de que tanto se fala nos dias de hoje, adotou todas essas estratégias. Uma plataforma como Uber verifica os antecedentes dos motoristas, impõe exigências de qualidade de serviço, faz os usuários darem notas e suspende a filiação à plataforma daqueles cuja reputação deixa a desejar. As plataformas da economia do compartilhamento também oferecem às vezes uma possibilidade de mediação e garantias de reembolso em caso de insatisfação.

IV. OS DESAFIOS DOS MERCADOS BIFACES PARA A LEI DA CONCORRÊNCIA

Revisar o software da política de concorrência

O que devemos pensar das práticas comerciais das plataformas bifaces? As agências reguladoras da concorrência, em todos os países, veem-se confrontadas com esses mercados bastante específicos. Nesse contexto, os raciocínios tradicionais do direito da concorrência não valem mais. Lembremos que é comum uma plataforma praticar preços muito baixos de um lado do mercado e preços muito altos do outro. Um preço fraco ou nulo praticado de um lado do mercado naturalmente desperta suspeitas entre a concorrência, pois poderia constituir um ato predatório sobre concorrentes frágeis, em outros termos, uma estratégia para expulsá-los do mercado enfraquecendo-os financeiramente ou apenas comunicando intenções beligerantes. Inversamente, um preço muito elevado do outro lado do mercado pode sugerir um forte poder de monopólio. Ora, tais preços são praticados inclusive por pequenas empresas recém-ingressadas num mercado, por exemplo, um novo portal da Internet ou os jornais gratuitos que vivem da publicidade.

Um regulador que não tem em mente as especificidades dos mercados bifaces poderá então ser levado a denunciar erradamente uma predação sobre o lado barato, ou mesmo uma prática de preços abusivos sobre o lado mais caro,[15] justamente quando essas estruturas de preços são igualmente adotadas por pequenas plataformas recém-chegadas ao mercado. Os reguladores deveriam então abster-se de aplicar mecanicamente princípios clássicos de direito da concorrência ali onde eles simplesmente não se aplicam. A elaboração de novas linhas diretrizes do direito da concorrência adaptadas às especificidades dos mercados bifaces requer antes considerar os dois lados do mercado em conjunto, e não analisar cada lado independentemente do outro, como às vezes ainda fazem as agências reguladoras da concorrência.

Adeus ao direito da concorrência nesses setores?

Se a transposição das regras da concorrência para os mercados bifaces requer reflexão, não devemos daí concluir que os setores correspondentes deveriam ser abandonados numa espécie de *no man's land* jurídico onde o direito da concorrência não se aventuraria.

Fazer os clientes dos concorrentes pagarem...

Debrucemo-nos sobre uma prática que nos afeta a todos indiretamente: a exigência, que algumas plataformas fazem aos comerciantes, de que clientes que comprem via a plataforma não paguem mais do que se comprassem por outro canal. Com efeito, muitas vezes acontece de o comprador não ter passado pela plataforma. Por exemplo, o American Express oferece um serviço de pagamentos aos usuários de seus cartões bancários, mas o consumidor pode acertar com o lojista por outros meios de pagamento, tais como dinheiro vivo, cheque ou outros cartões. Uma noite no hotel ou uma passagem de avião podem ser reservadas seja por uma plataforma de reservas on-line, como Booking, seja diretamente junto ao hotel ou à companhia aérea (ver figura 4).

Tais plataformas cobram geralmente despesas do comerciante – que chamaremos genericamente taxa do lojista – e exigem cada vez mais que os preços cobrados pelo comerciante ao cliente final sejam os mesmos independentemente da origem da transação (diz-se então que o preço é único ou uniforme ou ainda que há coerência de preços): o comerciante não é autorizado a cobrar mais caro por uma operação efetuada através da plataforma do que por uma operação que teria prescindido dela. O preço num pagamento por cartão American Express deve ser o mesmo que o preço à vista (ou inferior a esse preço); o preço do quarto de hotel Ibis, Novotel ou Mercure (hotéis do grupo Accor) deve ser o mesmo seja este reservado diretamente na Accor ou por intermédio do Booking ou Expedia.[16] A Amazon frequentemente pratica essa política com seus fornecedores (editoras de livros ou discos etc.), mesmo não estando mais autorizada, no Reino Unido e na Alemanha, a exigir uma coerência dos preços.

No caso dos cartões de pagamento, a reação das agências da concorrência consistiu, num certo número de países, em restituir aos comerciantes a liberdade quanto a seus preços e, logo, autorizá-los a cobrar sobretaxas pelos pagamentos com cartão. Haviam esquecido que a uniformidade dos preços também tinha virtudes: evita despesas suplementares cobradas no último momento a clientes que se tornaram cativos.[17] Todos nós já visi-

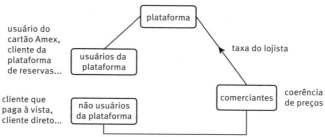

FIGURA 4. Preço único

tamos sites em que encontramos a passagem de avião que nos convinha, depois fornecemos um monte de informações para finalmente descobrir na última janela que uma sobretaxa de €10 nos era cobrada a título de pagamentos por cartão... Nossa experiência na web tem equivalentes nas lojas físicas, como constatamos em todos os locais que isentaram os comerciantes de sua obrigação de preço uniforme (Reino Unido, Holanda, Estados Unidos, Austrália...), às vezes com sobretaxas amplamente superiores à taxa do lojista. No caso das reservas feitas por intermédio de uma agência de reservas tipo Booking e outras OTA (*online travel agencies*), a uniformidade dos preços também tem a vantagem de evitar que um consumidor possa descobrir o produto no site da agência de reservas on-line e se dirigir em seguida diretamente para o site do hotel ou outro comerciante para pagar menos caro, não deixando nenhuma receita para a entidade que o fez descobrir o hotel.

No entanto, é preciso um meio-termo. A uniformidade dos preços não é obrigatoriamente boa para o consumidor. A razão disso é simples: taxas do lojista elevadas repercutem para terceiros, a saber, os consumidores que não utilizam a plataforma. Por exemplo, os 15% a 20% de taxa do lojista que a Booking cobra dos hotéis por uma reserva efetuada em seu site são pagos em parte pelos clientes que não utilizaram a Booking; se, por exemplo, 20% das reservas do hotel passam pela Booking, os clientes da Booking pagam apenas uma pequena parte (20%) do que é cobrado do hotel, enquanto 80% são pagos por clientes que não têm nada a ver com a central de reservas. Uma tributação privada de certa forma...[18] Não surpreende que, então, taxas do lojista excessivas possam ser praticadas.[19] A falha de mercado, nesse caso, não é a estrutura assimétrica dos preços (típica dos mercados bifaces), mas a externalidade negativa imposta àqueles que não utilizam a plataforma.

Poderíamos multiplicar os exemplos. As plataformas devem criar valor e não ser parasitas. Ora, os serviços que colocam em relação os dois lados do mercado procuram ganhar seja sob a forma de uma taxa cobrada no meio do caminho, seja pela imposição de publicidade e de um serviço de qualidade menor para o consumidor. Todos já passamos por isto: procuramos um pequeno restaurante na web e não encontramos seu site – em todo caso, não na primeira página do buscador –, pois inúmeras plataformas interpõem-se entre nós e o restaurante. A questão no futuro será saber se devemos regular as comissões e, em caso afirmativo, como. A Uber claramente gerou valor, mas este último vale os 20% descontados do motorista? Haveria concorrência suficiente entre plataformas para reduzir margens?

Nesse aspecto, a análise econômica está apenas engatinhando. Mas ela permite determinar os princípios da regulação desse tipo de setor. No caso dos cartões de crédito, ela revela, por exemplo, que a taxa do lojista deveria seguir o princípio de internalização das externalidades descrito em vários capítulos deste livro;[20] ela deveria ser igual ao benefício que o lojista extrai de um pagamento mediante cartão com relação a um método alternativo de pagamento.[21] O consumidor, que decide sobre o modo de pagamento, não exerce então nenhuma externalidade sobre o comerciante. Esse princípio é doravante o adotado pela Comissão Europeia a fim de regular os sistemas abertos Visa e MasterCard.

Nesse domínio, como em outros, nem o laissez-faire nem uma abordagem regulatória intempestiva seriam justificáveis. Só uma análise econômica aprofundada é apropriada.

Quando os vendedores resistem...

Nem sempre as plataformas estão no comando. Às vezes, encontram entidades mais fortes do que elas, como revela a experiência dos comparadores de preços de viagens aéreas nos Estados Unidos.[22] O modelo econômico desses comparadores repousa no acesso aos dados das companhias aéreas em matéria de preço e disponibilidade em seus voos (a fim de só oferecer um preço se o assento estiver disponível). O setor do transporte aéreo é muito concentrado nos Estados Unidos, e as grandes companhias aéreas tomaram medidas a fim de vedar aos sites de comparação de preços (em especial os menores) o acesso a esses dados. Por que recusar a indexação por esses sites?

Oficialmente, as companhias aéreas querem manter o controle dos dados individuais dos clientes para poder selecionar os anúncios publicitários e as ofertas segundo as características desses clientes (seja diretamente, seja indiretamente por sites que têm acordos com a companhia aérea); às vezes também, elas não querem pagar (o equivalente da) taxa do lojista cobrada pelo site à companhia aérea (nem sempre há). Um motivo menos confessável é que as companhias não querem que os passageiros possam comparar os preços com facilidade. Em outros setores, observou-se efetivamente que a possibilidade de os consumidores compararem facilmente os preços cria uma pressão para baixa nestes últimos. E se uma companhia aérea tiver inúmeros voos para uma destinação, é provável que o passageiro visite seu site se ela não estiver indexada pela plataforma de comparação de preços. Uma recusa, em suma não concorrencial, a deixar-se indexar!

A contestabilidade

O observador dos mercados das tecnologias da informação logo percebe que esses mercados são muito concentrados. Frequentemente uma empresa (Google, Microsoft, Facebook etc.) domina o mercado. Nada de anormal nisso, pois dois fatores impelem à concentração dos usuários em uma, até duas plataformas; mas ainda sim reina uma certa inquietude quanto ao bom funcionamento da concorrência nestes mercados.

O primeiro fator de concentração provém das "externalidades de rede": nós devemos estar na mesma rede que as pessoas com as quais queremos interagir. É o modelo do Facebook; se nossos amigos estão no Facebook, devemos estar também, mesmo que nossa preferência recaia em outra rede social. Queremos estar no Instagram para compartilhar nossas fotos com aqueles que estão no Instagram. O mesmo fenômeno já existia no começo do telefone: a concorrência entre redes telefônicas termina num monopólio, pois no fim os usuários querem poder se telefonar. Quando a concorrência foi reintroduzida nos anos 1980 e 1990, foi preciso zelar para que as redes aceitassem a compatibilidade e, por conseguinte, dessem acesso umas às outras, acesso que, de outra forma, na falta de regulação, os operadores históricos não estariam com pressa de conceder aos recém-chegados (e, logo de início, pequenos).

As externalidades de rede podem ser diretas, como no caso do Facebook, ou indiretas, como quando preferimos uma plataforma para a qual são criados diversos aplicativos ou jogos: quanto mais usuários tem a plataforma, mais numerosos os aplicativos. Um usuário beneficia-se então da presença de outros usuários na própria plataforma mesmo não interagindo diretamente com estes; da mesma maneira que um cidadão pode se beneficiar da presença de outros cidadãos que ele jamais conhecerá, simplesmente porque mais equipamentos públicos, bares ou cinemas serão então colocados à sua disposição.

O segundo fator está ligado ao que é designado como "rendimentos de escala". Alguns serviços requerem investimentos tecnológicos consideráveis. Conceber uma ferramenta de busca eficiente exige a mesma despesa, quer ele vá receber 2 mil pedidos de busca por ano ou 2 trilhões, como é o caso do Google. Contudo, evidentemente, as receitas publicitárias, o valor dos dados recolhidos dos usuários não são absolutamente os mesmos.[23] Outro tipo de rendimento de escala favorece uma empresa como o Google; embora as ferramentas de busca concorrentes possam rivalizar com o Google pelos acessos mais frequentes, podem não dispor de dados suficientes para orientar bem as pesquisas mais raras. As forças em jogo conduzem então a um "monopólio natural".

Por causa dos efeitos de rede e dos rendimentos de escala, é muito comum na economia da Internet que o vencedor abocanhe tudo; é o princípio do *winner takes all*. O mercado dos navegadores foi dominado pelo Netscape, depois pelo Internet Explorer (Microsoft) agora pelo Chrome (Google). Há certamente exceções: os rendimentos de escala e de rede nem sempre são poderosos, de modo que o mercado não é necessariamente coberto por uma ou duas empresas. Tanto é que contamos inúmeras plataformas de música on-line (diferenciadas, é verdade, por exemplo segundo seu grau de interatividade com o ouvinte): Apple, Deezer, Spotify, Pandora, Canalplay...

A concentração dos mercados digitais coloca a questão da concorrência. A posição dominante de uma empresa corre o grande risco de se traduzir por preços muito altos e uma falta de inovação posterior. É preciso então que novas empresas possam entrar no mercado, se forem mais eficientes e inovadoras do que o monopólio vigente; no vocabulário econômico, diz-se que o mercado deve ser "contestável". Na falta de uma concorrência acirrada entre diversas empresas num dado momento, devemos nos contentar com uma concorrência dinâmica, de destruição criadora à la Schumpeter, em que a empresa hoje dominante será substituída por uma empresa que tiver dado o salto tecnológico ou comercial seguinte.

Essa questão da contestabilidade volta à tona regularmente: com a IBM em 1969 (processo antitruste nos Estados Unidos obrigando-a a separar suas atividades de software e serviços de sua atividade hardware, em que era hegemônica), com a Microsoft e a hegemonia de seu sistema operacional Windows (processo de 1995 nos Estados Unidos e de 2004 na Europa visando a separação entre o sistema operacional e serviços como o navegador Internet Explorer e o reprodutor de CDs e DVDs Media Player), com o Google hoje. Essas ações antitruste incidem frequentemente sobre "compras casadas" impostas pela empresa dominante, isto é, a prática que consiste em juntar – pelo mesmo preço – um serviço complementar (os softwares no exemplo da IBM) ao serviço básico (o hardware IBM), ou seja, mais amplamente, a cobrar por esse serviço complementar um preço irrisório, de modo que os usuários do serviço básico comprem os dois de toda forma.

Por que essas compras casadas seriam um problema? A questão é mais complexa do que parece. Suponhamos que os softwares da IBM sejam inferiores em qualidade aos de seus concorrentes. A IBM a priori teria interesse em deixar seus clientes utilizarem os softwares de seus concorrentes, reforçando assim a atratividade de seu hardware, pelo qual poderia cobrar um preço mais alto. Levando mais longe o raciocínio, a prática de compra casada nos convida a concluir que o software da IBM era superior ao de seus concorrentes – senão a IBM não teria interesse em casar as compras – e que então não há razão para preocupação; ao contrário, impedir a IBM de lançar seus softwares no mercado só fará degradar a experiência do usuário...

Nos processos antitruste, a empresa invoca outras razões – às vezes legítimas – para casar as compras: ter a quem responsabilizar (em caso de mau funcionamento do produto, o usuário não sabe a quem se voltar: a busca na rede funciona mal por causa do navegador ou por causa do sistema operacional? A responsabilidade então é difusa); proteção da propriedade intelectual (no caso de a compatibilidade com os produtos das empresas concorrentes requerer lhes passar segredos de fabricação); segmentação do mercado (a IBM usou esse argumento ao afirmar que a venda dos cartões perfurados – um serviço complementar potencialmente concorrencial – permitia-lhe distinguir entre usuários leves e usuários intensivos e, por conseguinte, cobrar mais destes últimos); não duplicação dos custos de distribuição (devido a vendedor único – argumento sem dúvida menos convincente na era do digital, em que inúmeros produtos são distribuídos pela Internet).

A noção econômica de contestabilidade permite compreender por que a prática das vendas casadas pode constituir um problema. Com efeito, é indispensável que os mercados sejam contestáveis. Os que ingressam nos mercados da Internet começam frequentemente com um produto específico, numa estratégia de nicho – mais do que com o leque completo de produtos; é só mais tarde, após ter sucesso em sua aposta nesse produto, que eles completam seu leque. O Google, por exemplo, começou pelo desenvolvimento de sua ferramenta de busca antes de se tornar a empresa que conhecemos hoje. Mas para poderem entrar no mercado, os pretendentes devem estar em condições de vender seu produto original (se este é efetivamente melhor do que o da empresa consolidada); a empresa consolidada pode então desejar opor-se a essa entrada parcial, não porque melhore seu lucro no curto prazo, mas porque, mais tarde, isso pode impedir o pretendente a desenvolver-se no segmento no qual, no imediato, ela dispõe de uma posição de monopólio.[24] A prática das compras casadas é então anticoncorrencial.

Essa análise mostra claramente a impossibilidade de formular uma resposta "tamanho único" (*one size fits all*). Não há resposta predeterminada à questão de saber se as agências reguladoras devem proibir a uma empresa dominante impor a seus clientes compras casadas ou qualquer coisa semelhante a isso (descontos no caso de compras múltiplas). Tais práticas comerciais tanto podem ser justificadas como servir apenas para consolidar a posição dominante. A única maneira legítima de nos certificarmos de que a concorrência no setor digital permite que ele cumpra suas promessas é abordar essas questões caso a caso, sujeitando-se ao filtro da análise econômica.

15. Economia digital: os desafios sociais

A REVOLUÇÃO DIGITAL é rica em oportunidades. E queiramos ou não, aconteça o que acontecer, ela ocorrerá. Todos os setores serão afetados. Eis por que devemos antecipar os numerosos desafios que a revolução digital nos lança, de maneira a nos adaptarmos a eles e não permanecermos inertes: a confiança nas plataformas da web, a confidencialidade dos dados, a manutenção da solidariedade em nossos sistemas de saúde, os temores ante a pulverização do trabalho e o desemprego, ou ainda uma política fiscal cada vez mais complexa de ser implementada. Essas questões subjazem a questões econômicas consideráveis, as quais urge circunscrever num campo de reflexão.

Mencionarei em primeiro lugar a necessidade da confiança dos internautas no ecossistema digital. Essa confiança situa-se em dois níveis. Como mostrei no capítulo anterior, atualmente dispomos de um excesso de ofertas, informações, pessoas com quem interagir; as plataformas estão aí para nos guiar e suprir nossa atenção limitada. Coloca-se então a questão da confiabilidade de suas recomendações. Nossa segunda preocupação incide sobre a utilização de nossos dados pessoais. Pois atualmente esses dados pessoais constituem um formidável trunfo econômico e político para quem os possui. Sua utilização nem sempre irá no sentido que desejaríamos. Isso levará à questão complexa dos direitos de propriedade sobre os dados. Em seguida explicarei por que a informação pode matar nosso sistema de seguro-saúde baseado na solidariedade, e esboçarei a resposta regulatória a esse perigo.

A revolução digital suscita igualmente inúmeros temores quanto ao emprego e à sua organização: quais são os empregos que estão desaparecendo ou irão desaparecer? Restarão empregos, uma vez que os softwares inteligentes e os robôs substituirão tanto os empregos qualificados como os não qualificados? O emprego remanescente será "uberizado"? Evoluímos para o fim do regime assalariado e a generalização do emprego autônomo? Ninguém pode se arriscar a previsões claras sobre esse assunto; eis por que me limitarei a sugerir alguns elementos de reflexão.

I. A CONFIANÇA

Se agora estamos conectados à Internet por meio do nosso computador, smartphone ou tablet, amanhã estaremos mais ainda com a "Internet das coisas". A domótica, os sensores (nosso relógio conectado, nossas roupas inteligentes, nossos óculos Google...) e outros objetos ligados à Internet farão com que estejamos conectados permanentemente, querendo ou não. Essa evolução traz muitas esperanças e temores. Enquanto hoje nos preocupamos com cookies* instalados em nosso computador, amanhã sites públicos e privados poderão traçar nossos perfis e elaborar dossiês[1] muito mais completos sobre nós, graças, por exemplo, aos vertiginosos progressos do reconhecimento facial. Angústias face a *big brothers watching us*, aqueles evocados pela ficção de George Orwell, surgem muito naturalmente. A aceitabilidade social do digital repousa na garantia que nós, usuários que somos, tivermos de que os dados que fornecemos não se voltarão contra nós, que as plataformas da web às quais nos conectamos respeitarão os termos do contrato que nos liga a elas e que suas recomendações serão confiáveis. Em suma, ela repousa na confiança.

Confiança nas recomendações

Em diversos domínios, somos dependentes da opinião de especialistas muito mais bem-informados do que nós: o médico para nossa saúde, o banqueiro para nossos investimentos e empréstimos, o arquiteto ou o empreiteiro para

---

* Os cookies são pequenos arquivos armazenados em nosso computador. Graças a eles, os sites coletam informações pessoais que podem ser exploradas posteriormente, por exemplo para poder nos fazer ofertas comerciais selecionadas ou, no caso das ferramentas de busca, nos ajudar a encontrar mais facilmente o que procuramos ou a voltar a um site que consultamos no passado.

a construção de nossa casa, o advogado para diversas operações patrimoniais, o vendedor para as escolhas que somos levados a fazer entre produtos com características técnicas complexas. Essa confiança pode ser construída sobre uma reputação, como no caso de um restaurante. Confiamos nas avaliações dos usuários do estabelecimento, nos conselhos de nossos amigos ou nos guias gastronômicos; e decidimos simplesmente não voltar lá se não ficarmos satisfeitos. No entanto, a reputação só serve de base para a confiança no caso de escolhas para as quais a qualidade da recomendação pode ser avaliada a posteriori.[2] Se não for assim, uma regulação pode vir a ser necessária a fim de melhorar o funcionamento do mercado correspondente.

A confiança está ligada não somente à competência, como também à inexistência de conflitos de interesse, que poderiam, por exemplo, resultar de comissões diferenciadas segundo o produto ou de laços de amizade ou financeiros com determinados fornecedores; esses conflitos de interesse, com efeito, são suscetíveis de levar o especialista a nos recomendar o que não é particularmente interessante para nós. Da mesma forma que sempre que nos colocamos a questão de saber se o vendedor das grandes lojas nos recomenda uma câmera fotográfica ou uma máquina de lavar porque recebe uma comissão maior sobre esses modelos, estamos no direito de nos perguntar se tal site de venda on-line recomenda produtos com base em nossos gostos e no custo-benefício do produto ou porque se beneficia de uma participação maior sobre esse produto.

Hoje os médicos são cada vez mais solicitados a revelar seus conflitos de interesse, nos Estados Unidos ou na França, por exemplo. Presentes ou comissões pagas por um laboratório farmacêutico podem efetivamente orientar sua recomendação a favor de um remédio menos eficiente ou mais caro com virtudes terapêuticas iguais, ou ainda de uma clínica menos competente. Amanhã, o mesmo problema se colocará para os aplicativos médicos disponíveis na rede, que nos aconselharão esse ou aquele remédio: não serão eles juiz e parte? E o problema não é evidentemente da alçada dos serviços médicos. Cada vez mais profissões (inclusive a de pesquisador) são submetidas a exigências legais ou autoimpostas de divulgação dos conflitos de interesses potenciais.

Confiança na confidencialidade dos dados pessoais

Temos confiança no nosso médico, submetido a um sigilo profissional geralmente respeitado. Mas o mesmo acontece com as informações confidenciais que revelamos nos sites que visitamos e nas redes sociais? A questão da confidencialidade é tão delicada para as nossas interações digitais como para os nossos dados médicos, mas nossas garantias nesse campo são bem menores.

Para responder às nossas preocupações quanto à utilização dos dados que fornecemos quando consultamos sites, compramos ou negociamos na web, os sites propõem políticas de confidencialidade (que nem sempre lemos), nos informam que instalarão cookies em nosso computador e, mais amplamente, tentam ser transparentes. Nem por isso o contrato que nos liga às empresas da web deixa de ser, segundo a terminologia dos economistas, um contrato incompleto. Não estamos em condições de conhecer exatamente o risco que corremos.

Em primeiro lugar, não temos noção do investimento da plataforma em matéria de segurança cibernética. Inúmeros exemplos recentes, amplamente noticiados na imprensa, mostram claramente que esta não é uma questão puramente teórica: do desvio de informações nos cartões de crédito (40 milhões de clientes do Target em 2013 ou 56 milhões de clientes do Home Depot em 2014) aos roubos de dados detidos pelas administrações (nos Estados Unidos, o Office of Personnel Management em 2015 e a National Security Agency em 2013), passando pelo supermidiático roubo dos dados de e-mails, nomes, endereços, cartões de créditos e fantasias sexuais dos 37 milhões de clientes do site de encontros adúlteros Ashley Madison.[3] Com sua reputação em jogo, as empresas da web investem somas consideráveis na segurança, mas investiriam muito mais se internalizassem plenamente o custo das brechas de segurança para seus clientes.

Com a Internet das coisas e a conexão de nosso carro, nossos aparelhos domésticos, nossos aparelhos médicos e outros objetos da vida cotidiana administrados em parte ou totalmente à distância, as possibilidades de pirataria perversa irão acumular-se. Embora, a par disso, todas essas evoluções tecnológicas sejam bastante desejáveis, convém zelar para não repetir a experiência dos microcomputadores, para os quais a segurança cibernética foi construída em resposta à pirataria, e não incorporada em sua concepção inicial.

Além disso, as cláusulas de não repasse dos dados sobre os clientes a terceiros podem ser vagas. Se, por exemplo, uma empresa transfere gratuitamente esses dados a filiais que nos fornecem serviços com base nesses dados, estamos diante de uma quebra de contrato por parte da empresa? A questão do compartilhamento dos dados entre empresas é sumamente delicado. Em tese, uma empresa que coleta dados deve ser imputada, pelo menos em parte, responsável pelo uso inapropriado feito por aqueles a quem ela fornece direta ou indiretamente esses dados (um pouco como um terceirizado de uma empresa que polua ou explore seres humanos: a empresa que tem a palavra final pode ser considerada responsável penalmente através do mecanismo da responsabilidade ampliada?).

E o que acontece em caso de falência? Quando uma empresa, da web ou qualquer outro setor, abre falência, os credores podem recuperar parte de seu capital adquirindo ou revendendo os ativos da empresa: essa garantia facilita o acesso das empresas ao crédito. Sendo os dados um ativo importante em nossa economia do imaterial, é natural que os credores se voltem para os dados pessoais coletados pela empresa. Só que... essa transferência é desejável se os clientes da empresa contam com o respeito à política de confidencialidade? Mais uma vez, isso não é uma possibilidade puramente teórica: a cadeia de vendas de produtos eletrônicos RadioShack tinha prometido não repassar os dados sobre seus clientes, mas estes foram vendidos em 2015 quando a RadioShack faliu.[4]

Uma dificuldade suplementar é que nós, usuários, nem sempre temos tempo e expertise para compreender as consequências de uma política de confidencialidade, cujas ramificações são complexas e às vezes distantes (a grande maioria dos jovens que postam fotos e outras informações na web não prevê o uso que poderia ser feito dessas informações por ocasião de uma contratação ou um empréstimo).

Podemos desde já nos perguntar se o "consentimento esclarecido" que damos aos sites da Internet é sempre bem "esclarecido". A proteção do consumidor pela regulação é importante aqui também, como é no comércio tradicional: quando paramos nosso carro num estacionamento público, o tíquete que pegamos na entrada especifica legitimamente que a entrada no estacionamento implica a aceitação de certas regras; tíquete que nunca lemos, pois seria uma perda de tempo... e criaria engarrafamentos na entrada do estacionamento. Mas o direito deve então nos proteger das cláusulas leoninas, isto é, cláusulas que atribuiriam direitos desproporcionais ao vendedor. Acontece a mesma coisa na web. Não se pode pedir aos usuários que dissequem documentos complexos todas as vezes que se conectarem a um site.

II. A PROPRIEDADE DOS DADOS

No futuro, o valor agregado residirá essencialmente no tratamento dos dados. Poderemos controlar o acesso aos nossos próprios dados, bem como sua confidencialidade, ou seremos prisioneiros de uma empresa, uma profissão ou um Estado guardando ciosamente o controle do acesso a esses dados?

Atualmente é grande a preocupação, na França e em diversos outros países, face à entrada dos Gafam (Google, Amazon, Facebook, Apple, Microsoft) e muitas outras empresas (IBM e seu computador analítico Watson...) em inúmeros setores, como o dos serviços de saúde. Essa reação deve-se em parte à inveja sem sentido que cultivamos com respeito à hegemonia de um país, os Estados Unidos, que soube criar as condições de uma pesquisa empresarial e universitária de ponta em domínios como as tecnologias da informação e as biotecnologias. A hegemonia desse país e de alguns outros não é um fenômeno aleatório. Uma inquietude mais legítima refere-se às barreiras à entrada engendradas pela propriedade dos dados.[5]

Seja qual for o setor, as empresas da web podem utilizar inúmeros dados que elas possuem sobre seus clientes para lhes dirigir ofertas mais refinadas, mais apropriadas. A princípio, nada de errado nisso (não esqueçamos todavia a questão da utilização desses dados para fins contrários à solidariedade mencionada acima): é preferível receber publicidades que fazem sentido para nós a publicidades que não nos interessam. Com o detalhe de que, se as empresas concorrentes não estão em condições de propor ofertas similares, pois não dispõem da informação, a empresa que, por sua vez, dispõe vê-se em posição hegemônica e pode absorver margens importantes, em detrimento do consumidor.

Isso nos leva à seguinte interrogação fundamental: a empresa que dispõe dos dados dos clientes merece uma remuneração ligada à posse dessa informação? A resposta de bom senso, que abordamos igualmente nos capítulos 16 e 17, é que, se essa coleta de dados é fruto de uma inovação ou de um investimento maciço, então a empresa deveria tirar proveito dela, conservando-a para si própria. Se, em contrapartida, essa coleta é evidente e o custo de coleta mínimo para a empresa, os dados deveriam pertencer ao indivíduo em questão.

Para ilustrar essa perspectiva, tomemos o singelo exemplo de dados pessoais fornecidos pelo cliente de uma plataforma ou pelas contrapartes (consumidor, vendedor) que interagem com ele nessa plataforma: recebemos notas no eBay quando vendemos bens usados por seu intermédio; da mesma forma, o motorista do Uber ou o restaurante listado no TripAdvisor recebem notas de seus clientes (e dão notas a estes últimos no caso do Uber). Não há inovação nesse caso, pois a avaliação descentralizada é natural e cada vez mais comum na web. A princípio, esses dados deveriam pertencer ao usuário: queremos ter a possibilidade de utilizar outra plataforma sem ser o eBay se o eBay aumentar seus preços ou fornecer um serviço de qualidade medíocre, mas não queremos recomeçar do zero, sem a reputação que construímos laboriosamente no eBay. O motorista do Uber pode do mesmo modo querer levar sua nota com ele quando sai para trabalhar na Lyft etc. Mas a realidade é bem diferente: das redes sociais aos sites de venda on-line, os atores da web apropriam-se de nossos dados pessoais (com o nosso consentimento). Mesmo nossos dados de saúde coletados por dispositivos médicos implantados e relógios inteligentes são geralmente transferidos para o site do fabricante, que se outorga seus direitos de propriedade.

Se existisse uma separação nítida entre dados fornecidos pelo cliente e o tratamento desses dados, a política a seguir seria mais simples: os dados deveriam pertencer ao cliente e serem ao portador, isto é, transferíveis a terceiros se o cliente assim desejasse.[6] Desde 2014, por exemplo, nos Estados Unidos os pacientes têm acesso a seus dados médicos, que são armazenados de maneira normalizada e segurada. Graças a um Blue Button, o paciente pode acessar seu dossiê médico e compartilhá-lo com o prestador de serviços médicos de sua escolha. O tratamento desses dados, em contrapartida, representa um investimento por parte da empresa e, por conseguinte, deveria a priori ser sua propriedade intelectual. Logo, parece natural estabelecer uma distinção entre os dados, que pertencem aos usuários da plataforma, e o tratamento desses dados, propriedade desta última. Na prática, contudo, a fronteira entre dados e tratamento pode ser tênue.

Em primeiro lugar, a qualidade dos dados pode depender dos esforços dispendidos pela empresa; um dos maiores desafios de sites como Booking ou TripAdvisor é garantir a confiabilidade dos dados face aos manipuladores (com notas fictícias, favoráveis ao hotel em questão e negativas para o concorrente), da mesma forma que o Google deve tomar cuidado para que seu algoritmo Page Rank, que decide quanto à ordem de aparição dos sites em seu computador em função de sua popularidade, não seja fraudado por falsas buscas na web visando um site particular e aumentando assim artificialmente sua "popularidade". Se não houvesse tentativas de manipulação das notas na Booking, a agência de reservas on-line não teria realmente argumento para reivindicar a propriedade das notas dos hotéis; é só porque a Booking investe pesado para melhorar a confiabilidade das recomendações que ela participa do processo de cocriação de valor econômico de reputação individual dos hotéis e pode de certa forma reivindicar sua propriedade.

Em segundo lugar, a coleta e o tratamento dos dados podem estar ligados. O tipo de dados coletados pode depender da utilização que será feita deles. Nesse caso, é mais difícil estabelecer uma distinção clara entre dados – propriedade do usuário – e tratamento de dados – propriedade intelectual da empresa.

É comum ouvir dizer que as plataformas deveriam pagar pelos dados que lhes fornecemos. Na prática, contudo, algumas fazem isso efetivamente, não sob a forma de uma transferência financeira, mas sob a forma de serviços não cobrados. Trocamos de fato nossos dados pela gratuidade de serviços acessórios (ferramentas de busca, redes sociais, mensagens instantâneas, vídeos on-line), ou durante transações comerciais (como no caso do Uber ou do Airbnb). As empresas da web podem frequentemente argumentar que gastaram dinheiro para adquirir os dados.

Mencionemos uma última dimensão do problema. A transferência dos dados da empresa ao usuário (à eventual destinação de outra empresa, como no caso do Blue Button) deve utilizar interfaces padronizadas. Quem escolherá o tipo de dados que serão reunidos e a maneira como serão organizados? A padronização pode sufocar a inovação? Como vemos, os dados estando hoje no âmago da criação de valor, parece urgente definir uma doutrina que ordene o seu uso. A resposta será necessariamente complexa, devendo basear-se numa análise econômica minuciosa do assunto.

III. A SAÚDE E A SOLIDARIEDADE

O setor da saúde ilustra bem a maneira como a digitalização revolucionará a vida das empresas e a ação pública no futuro.

Nossos dados de saúde sempre foram criados por ocasião de nossos contatos com profissionais do setor médico: nos consultórios, hospitais ou laboratórios de análises. Amanhã, eles serão coletados também por nós mesmos em tempo contínuo através de sensores eventualmente ligados a smartphones ou a relógios conectados (como já é o caso hoje dos marcapassos cardíacos, dos aparelhos de pressão ou dos adesivos nos braços de diabéticos dependentes de insulina). Cruzados com o conhecimento de nosso patrimônio genético, esses dados de saúde formam um prodigioso instrumento de diagnóstico e tratamento.

O Big Data, isto é, a coleta e a análise de grandes conjuntos de dados, é ao mesmo tempo uma oportunidade e um desafio para a saúde. Uma formidável oportunidade na medida em que ele nos fornecerá diagnósticos muito mais precisos e ao mesmo tempo mais baratos, uma vez que limitará as intervenções das profissões médicas, intermediários necessariamente onerosos em razão do tempo dedicado ao paciente e do nível de qualificação requerido. Os exames e diagnósticos logo serão realizados por um computador, liberando o médico e o farmacêutico de tarefas rotineiras. Como nos outros domínios, a questão é saber se a máquina substituirá o homem. Desnecessário dizer que, com relação ao homem, o computador é capaz de tratar um número bem maior de dados do paciente e cruzá-los com inúmeras experiências de outros pacientes apresentando sintomas e uma genética similares às do paciente. E suas desvantagens em relação à intuição humana serão pouco a pouco superados com a contribuição do *machine learning*, processos de aprendizagem que fazem com que a máquina revise sua abordagem considerando experiências anteriores. A inteligência artificial, imitando o homem mas também testando e descobrindo novas estratégias, permitiu a computadores dominarem o jogo de xadrez nos últimos vinte anos e em 2016 baterem o campeão do mundo no jogo de go. Os profissionais da área de informática e pesquisadores em biotecnologia e neurociências estarão no cerne da cadeia de valor no setor médico e se apropriarão de uma fração importante de seu valor agregado.[7] Uma única certeza nesse exercício de medicina-*fiction*: a profissão de médico amanhã não lembrará em nada a de hoje. A saúde digital finalmente reforçará a prevenção, hoje ainda uma prima pobre da medicina curativa. Poderá assim nos fornecer uma solução para a questão do acesso igualitário aos cuidados médicos, hoje em perigo pela conjunção da inflação dos custos e da fragilidade de nossas finanças públicas.

Magníficas oportunidades para a nossa sociedade, então. Mas um enorme desafio para a solidariedade, isto é, o compartilhamento dos riscos, que caracteriza nosso sistema de saúde.[8]

Os grandes princípios da economia do seguro

A distinção entre o que denominamos no vocabulário econômico *risco moral* e *seleção adversa* é aqui crucial. O risco moral é a propensão que todos temos a relaxar nossa atenção e a fazer menos esforço quando temos certeza de que não sofreremos mais inteiramente as consequências de nossas ações. O risco moral refere-se mais geralmente aos comportamentos nocivos a outras pessoas que adotamos quando não somos responsabilizados por eles; é deixar a luz acesa ou desperdiçar água quando não somos nós que pagamos a conta. É a tomada de risco por parte de um banco que sabe que poderá sempre se refinanciar junto a credores, antecipando o reembolso de seu empréstimo graças ao aporte de dinheiro público para resgatar o banco em caso de dificuldade. É o acordo firmado entre a empresa e o funcionário para dissimular uma justa causa numa demissão voluntária que gera seguros-desemprego bancados por um terceiro, a previdência social.[9] Eu poderia multiplicar os exemplos ao infinito. A seleção adversa, por sua vez, remete ao que "não é culpa nossa": o raio que cai sobre nossa casa, a seca destruidora das safras, a doença de longa duração ou congênita, o acidente de carro pelo qual não somos responsáveis.

Teoricamente, tudo é simples: deve-se compartilhar inteiramente o risco quando este não é culpa dos atores envolvidos. Convém, em contrapartida, responsabilizar esses atores quando suas ações afetam o risco a fim de incitá-los a comportar-se no interesse da sociedade em seu conjunto e não só em seu próprio interesse. Não convém cobrir os riscos dos particulares[10] que se aproveitam dos preços baixos para construir, com conhecimento de causa, numa zona inundável, contando com uma ajuda do Estado "para o caso de..."; em contrapartida, o risco de perda pode sem problema ser plenamente segurado se o prejuízo advier de um acontecimento não previsível. Da mesma forma, no domínio da saúde, convém fazer o seguro integral dos custos implicados por uma patologia pesada, mas responsabilizar os pacientes pelo uso de remédios ou tratamentos com efeitos terapêuticos menores, de transportes hospitalares evitáveis a curas termais ou visitas médicas excessivas.

Na prática, as coisas são um pouco mais complicadas, na medida em que nem sempre é fácil distinguir a parte do risco moral e a da seleção adversa, tornando então incerto se a responsabilização é desejavel ou não: a colheita é magra porque o agricultor não fez o que devia ou porque o terreno ou o clima são inadequados? Estacionamos num local proibido porque fomos descuidados ou porque levávamos um conhecido ao médico com urgência? Vamos consultar um segundo médico, impondo assim um custo suplementar à previdência social, porque achamos mesmo que o primeiro não fez tudo que podia ou talvez não fosse competente, ou porque procuramos nos tranquilizar a todo custo ou, ao contrário, temos um comportamento hipocondríaco?[11]

Essa inquietude quanto à responsabilidade explica que frequentemente o segurado e o segurador dividam o risco. Franquias são imediatamente introduzidas. Na área da saúde, as chamadas coparticipações, instauradas desde a criação do seguro-saúde na França, foram fixadas a níveis muito altos: 30% para uma consulta médica, 20% dos custos de internação etc. Como essas coparticipações originais são hoje muitas vezes custeadas pelos seguros complementares, novas coparticipações foram introduzidas para tentar responsabilizar novamente os pacientes: eles devem doravante arcar com tarifas prefixadas para cada tipo de serviço médico.[12]

Hoje...

Às vezes o mercado de seguros não tem ou não precisa de regulação. O seguro-residencial nos permite dividir os riscos (se a minha casa pegar fogo, os seus prêmios de seguro pagarão por uma parte da reconstrução, e vice-versa), sem que nos vejamos confrontados com grandes problemas de seleção de riscos que se baseariam no azar dos indivíduos: em outros termos, tenho acesso a uma apólice estipulando um prêmio razoável para segurar minha casa, pois a probabilidade de ela pegar fogo é a priori bastante similar à probabilidade de a sua casa pegar fogo.

Este não é o caso da saúde, onde existem profundas desigualdades entre indivíduos, de maneira que, sem regulação, a solidariedade só se exerceria num grau mínimo. A tentação para as seguradoras de selecionar "bons" clientes (de baixo risco) é grande; na França, metade das despesas com saúde[13] é causada por cuidados dispensados a apenas 5% dos segurados. Por exemplo, um indivíduo propenso a uma doença de longa duração não encontraria seguradora disposta a lhe vender um seguro-saúde a um preço razoável. A seleção dos riscos – a possibilidade para as seguradoras de mirar nos riscos mínimos e lhes propor condições vantajosas não disponíveis para os riscos elevados – geraria uma desigualdade muito grande entre os indivíduos, fundada unicamente nos elementos que eles não controlam (a sorte/azar de estar com boa/má saúde). A informação mata o seguro.[14]

Eis por que a maioria dos sistemas de saúde no mundo, sejam públicos ou privados, proíbe a seleção dos riscos, ao menos para o seguro básico. Na França, a previdência social é universal, não se colocando, portanto, o problema da seleção dos riscos quanto ao seguro básico. Na Alemanha, Suíça e Holanda, o seguro básico é fornecido por empresas privadas em concorrência, para as quais a seleção de riscos é proibida: elas não são autorizadas a selecionar com base em questionários e são obrigadas a aceitar qualquer pretendente; os preços devem ser os mesmos para todos (à exceção da escolha de franquia e às vezes tarifas por faixa etária). Decerto existem meios indiretos para selecionar os riscos baixos (os que possivelmente necessitarão de cuidados) fazendo menos publicidade junto às populações com risco alto; mas cabe ao regulador agir em caso de abuso (na Suíça, está prevista uma compensação dos riscos entre seguradoras, o que diminui ainda mais o incentivo a selecionar os riscos baixos).[15]

Não acontece o mesmo no que se refere aos seguros complementares. Inclusive na França – que é o único país a utilizar um sistema híbrido, de maneira que os segurados têm duas seguradoras, multiplicando assim por dois os custos administrativos e complicando o controle dos custos médicos (os demais países optaram por uma coerência do conjunto – seja ela pública, como na Inglaterra, ou privada como na Alemanha, Suíça e Holanda) –, o seguro suplementar pode frequentemente selecionar os riscos.

O auxílio-doença francês nem sempre respeita os princípios fundadores de nosso sistema, conhecidos pelo nome de pacto de 1945 e resumidos na máxima: "De cada um segundo seus meios, a cada um segundo suas necessidades." O Estado chega a incentivar essa seleção dos riscos, subvencionando os contratos coletivos.[16] Como os empregados geralmente gozam de mais saúde que o resto da população, essa discriminação da ajuda pública entre contratos individuais e contratos coletivos se dá então em detrimento principalmente dos desempregados e das pessoas idosas, que se veem obrigados a pagar um prêmio mais elevado para terem acesso a um seguro complementar.[17]

...e amanhã

A maior disponibilidade da informação afeta a solidariedade, isto é, a divisão do risco. Um dos aspectos positivos desse novo tabuleiro é que poderemos controlar melhor o risco moral. O monitoramento a baixo custo de nossos comportamentos de conduta, do número de quilômetros que percorremos ao volante de nosso carro ou de nossos esforços para nos manter em forma permitirá às seguradoras diminuir os prêmios e as franquias de seguro daqueles que se comportam de maneira responsável. Poderá também lhes permitir nos recomendar rotinas de vida mais saudáveis.

Em contrapartida, a digitalização da economia e os progressos da genética, por mais entusiasmantes que sejam, criam novos perigos para a solidariedade.

Comecemos pela genética. Nosso patrimônio genético é o exemplo típico de uma característica não subordinada ao risco moral: não somos nós que o escolhemos, ao passo que, mediante nossos comportamentos, podemos influir na probabilidade de acidente (dirigindo com prudência) ou de roubo de nosso carro (estacionando-o numa garagem ou trancando as portas). Amanhã, os indivíduos que os testes genéticos tiverem diagnosticado como saudáveis pelo resto da vida poderão, na falta de regulamentação, contatar uma companhia de seguros na França ou no estrangeiro e lhe fornecer esses testes, a fim de obter assim condições bastante vantajosas. Nada de errado nisso, você me dirá... exceto que temos nada por nada. As pessoas cujos testes genéticos, ao contrário, prognosticarem uma doença de longa duração ou simplesmente uma saúde frágil verão seus prêmios de seguro aumentados a níveis extremamente elevados: fim da solidariedade, da divisão de risco. A informação destrói o seguro, que, não obstante, é imperativo na falta de risco moral.

Proibir a discriminação entre clientes através de prêmios de seguro baseados na genética, e, mais amplamente, nos dados de saúde, não bastará, no entanto, para restabelecer a solidariedade. E é aí que intervém a digitalização da economia. Nossos hábitos de consumo, nossas buscas na web, nossos e-mails, nossas interações nas redes sociais revelam às empresas da web muito sobre nosso ritmo de vida e, eventualmente, nossas doenças. Twitter, Facebook ou Google, sem nenhum acesso aos nossos dados médicos, podem prever, de maneira aproximativa, claro, se temos antecedentes médicos, adotamos comportamentos de risco, tomamos drogas ou fumamos. As empresas da web poderão selecionar os bons riscos de maneira precisa, oferecendo contratos individualizados ou coletivos fundados na informação recolhida na rede. Não nos enganemos quanto a isso: no futuro, os concorrentes da seguradora Axa não se chamarão mais talvez Allianz, Generali ou Nippon Life, e sim Google, Facebook ou Amazon.

Uma reflexão sobre o futuro da solidariedade se impõe. Convém antecipar as evoluções e não ser surpreendido por elas. Um desafio para os Estados, mas também para os economistas.

IV. AS NOVAS FORMAS DE EMPREGO NO SÉCULO XXI

Novas formas de emprego?

Uma forte preocupação de nossos concidadãos incide sobre a evolução do emprego e compreende duas vertentes distintas: o desenvolvimento do trabalho independente e o desemprego. Difícil fazer um prognóstico sobre a evolução das organizações e do trabalho, mas o economista pode sugerir alguns elementos de reflexão. Comecemos pela nova organização do trabalho.

O trabalho independente é antigo: agricultores, comerciantes e profissionais liberais são empregados de si mesmos e quase sempre proprietários de seus meios de produção. Os terceirizados, os jornalistas autônomos, os artistas, os consultores freelance sempre trabalharam para vários patrões. As segundas fontes de receitas são igualmente disseminadas: as aulas de matemática particulares dadas por professores, os biscates dos estudantes etc.

Não é da alçada da economia fazer um juízo de valor sobre a organização do trabalho; muito pelo contrário, é importante podermos escolher o emprego que nos convém. Alguns preferem a segurança relativa do salário e o conforto de fazer parte de uma organização que funcione de maneira independente. Eles também podem temer o isolamento associado a determinadas atividades autônomas; esse temor, aliás, explica por que autônomos se agrupam em escritórios compartilhados (ditos de *coworking*) ou comunidades físicas de usuários – como os FabLabs e outros *makerspaces* para os técnicos em informática e empreendedores de alta tecnologia – não só para partilhar ideias, como também para preservar o contato humano. Outros privilegiam a grande liberdade associada ao empreendedorismo. Cada qual com seu gosto.

O trabalho autônomo vem se desenvolvendo, bem como a pulverização do trabalho em microempregos. O UberPop, atualmente proibido na França, permitia a um empregado ou um aposentado trabalhar algumas horas por dia para complementar sua renda. O On my Way da Amazon propõe às pessoas entregar encomendas por ocasião de um trajeto que farão de qualquer forma; a ideia é que os particulares substituíssem as empresas de entrega no caso de trajetos curtos. No site Mechanical Turk, lançado em 2005 igualmente pela Amazon, podemos escolher e executar microtarefas mediante microssalários. Alguns fazem disso um verdadeiro emprego, outros são trabalhadores eventuais. Hoje em dia, esses "Turkers" seriam 500 mil no mundo. No TaskRabbit, a versão web do faz-tudo de plantão, podemos contratar alguém de maneira pontual para cortar nossa grama, construir nosso site, fazer consertos domésticos ou abrir caixotes por ocasião de uma mudança.

Nada de novo conceitualmente, mas uma facilidade maior proporcionada pelo digital para recortar a produção em tarefas elementares. Como observou Robert Reich, secretário de trabalho dos Estados Unidos durante o governo do presidente Clinton e crítico dessa evolução, que ele batizou de "economia de compartilhamento dos restos":[18]

> Novas tecnologias permitem que praticamente qualquer emprego possa ser dividido em tarefas discretas passíveis de serem picotadas entre trabalhadores no momento desejado, com uma remuneração determinada pela demanda por esse *job* específico num momento específico.

Os adeptos dessa evolução retorquem que ela melhora a eficiência dos mercados ao permitir às demandas serem confrontadas com as ofertas, uma troca em que todos saímos ganhando. Em primeiro lugar, as famílias ricas, que podem se oferecer inúmeros serviços que não existiam ou eram muito caros antes; mas também a classe média, como mostra a experiência do UberPop. Os táxis na França sendo muito caros, seu serviço está reservado a um público restrito, de um lado as classes muito ricas e, de outro, aqueles que repassam a conta ou parte dela a um terceiro: executivos de empresas ou funcionários públicos (que fazem seu empregador ou o contribuinte pagar a conta),[19] trabalhadores independentes (que fazem o Estado pagar a conta, via deduções no imposto de renda ou de faturamento da empresa), doentes (que fazem a a previdência social pagar). Particulares que nunca ou raramente utilizam esse modo de transporte (pessoas com rendas mais modestas, jovens que saem à noite) começaram a fazê-lo com o surgimento do Uber.

O que pensar do Uber?

É só alguém falar em Uber que provoca discussões acaloradas. Que olhar o economista pode lançar sobre esse fenômeno? Limito-me a algumas reflexões:

1) Em primeiro lugar, sejamos pró ou contra o Uber (e voltarei aos argumentos de uns e outros), é evidente que há um progresso tecnológico associado a ele. E esse progresso não caiu do céu, o que mostra a que ponto a falta de concorrência pode ser nociva à inovação. Quais são as inovações adotadas pelo Uber? O pagamento automático mediante cartão pré-registrado, que permite sair rapidamente do táxi; a atribuição de notas ao motorista e aos clientes; a não necessidade de ter de telefonar e aguardar a resposta de um *dispatcher*; a geolocalização, que permite seguir o itinerário do táxi antes e durante a corrida e ter uma estimativa confiável do tempo de espera; e, por fim, e de maneira inesperada, o preço na hora de pico, que reflete a escassez dos veículos. "Inovações" quase triviais, e, não obstante, nenhuma cooperativa de táxis tinha pensado nisso ou desejado implementá-las.

A mais controversa dessas inovações é o preço na hora de pico; e, embora seja possível conceder abusos (imaginemos que antes de um furacão devastador os motoristas comecem a cobrar €5 mil a seus clientes para sair da região...), esse preço é, no conjunto, uma boa coisa. Na realidade, a pioneira mundial da tarifação em horas de pico/horas ociosas não foi outra... senão a EDF,* com sua tarifação *bleu-blanc-rouge* (hoje Tempo), teorizada em 1949 por um jovem engenheiro e futuro presidente da empresa, Marcel Boiteux. Essa ideia é atualmente aplicada às passagens de avião e trem, quartos de hotel ou estâncias de esqui. Ela permite ocupar os quartos ou assentos desocupados por preços baratos na baixa temporada sem com isso comprometer o equilíbrio financeiro da empresa. Para voltar ao transporte com motorista, em caso de escassez, em vez de deixar os usuários esperarem um veículo infindavelmente, os que podem voltar a pé ou de metrô ou pegar carona com amigos são orientados para essa solução, enquanto os que não têm alternativa podem dispor de um carro.

2) Toda evolução tecnológica esbarra nas empresas já consolidadas, que não veem com bons olhos a novidade. A defesa dos interesses conquistados não é um bom guia da política pública. No caso específico que nos ocupa, o *status quo* é bastante insatisfatório. Os táxis são caros e escassos. E muitos empregos são sacrificados; inclusive entre as populações menos favorecidas. É interessante notar que na França o Uber permite a inúmeros jovens oriundos da imigração terem um emprego num país em que as instituições do mercado de trabalho não lhes são nada favoráveis.

3) Dois argumentos foram apresentados em favor dos táxis. O primeiro é a igualdade no que se refere à concorrência; é um argumento crucial. Cumpre examinar se, com a mesma atividade, um táxi tradicional e um táxi Uber pagam na prática a mesma soma em encargos sociais e imposto de renda. A primeira coisa a ser feita por ocasião do conflito de junho de 2015 na França seria examinar os números (quanto, em média, um táxi e um Uber pagam efetivamente em encargos e imposto de renda?) e certificar-se de que não haveria distorção de concorrência. Esse debate é puramente factual e poderia ter sido feito de modo completamente desapaixonado.

O segundo argumento resulta de um grave equívoco do poder público no passado: outorgar, a particulares e gratuitamente, licenças de táxi de

---

* Acrônimo para Électricité de France, a empresa provedora de energia elétrica mais tradicional na França, por muito tempo um monopólio estatal. (N.R.T.)

grande valor, em razão de seu número limitado; e, depois, fechar os olhos para a revenda desses direitos (que na realidade não passam de autorizações administrativas, sendo, portanto, teoricamente não cedíveis). O Estado tem então grande parte de responsabilidade na situação atual. Dito isso, alguns táxis autônomos compraram a peso de ouro suas licenças e veem parte de sua futura aposentadoria evaporar-se com a introdução da concorrência. Isso coloca o problema da compensação (se não tivesse havido revenda, o problema não teria se colocado, pois pareceria normal recuperar um direito adquirido gratuitamente e, além disso, já tendo gerado muito lucro). Em Dublin, o número de táxis dobrou e, como compensação parcial, as novas licenças foram concedidas aos que já as possuíam. Era uma boa política... até o surgimento do progresso tecnológico representado pelas plataformas Uber ou Lyft.

O desafio da inovação

O emprego requer empresas. Um dado preocupante na França é a escassez de novas empresas de dimensão nacional. Todas as empresas do CAC 40 – a propósito bastante prósperas em nível internacional – são antigas. Este não é em absoluto o caso nos Estados Unidos, onde apenas uma pequena fração das cem maiores capitalizações do mercado de ações existia há cinquenta anos. Para criar empregos, precisaremos de uma cultura e um ambiente empresarial. Também precisaremos de universidades de nível mundial para não perdermos esse momento decisivo da história econômica em que conhecimento, análise dos dados e criatividade estarão no centro da cadeia de valor. Com efeito, o campus universitário é de certa forma um condensado de todas essas transformações da empresa: cooperações mais horizontais, valorização da criatividade, multiatividade, necessidade de exprimir-se em seu trabalho. O modo de trabalho das empresas do Vale do Silício ou de Cambridge (Massachusetts), por sua vez, é muito inspirado no das universidades americanas, principal universo que seus jovens criadores conhecem.

O fim do empregado assalariado?

Rumamos para uma generalização do status do trabalhador autônomo e o desaparecimento do regime salarial, como preveem inúmeros observadores? Não sei; eu apostaria antes num deslizamento progressivo para mais trabalho autônomo, mas de forma alguma no desaparecimento do regime salarial.

Crescimento da participação do trabalho autônomo, pois as novas tecnologias facilitam a interação entre trabalhadores autônomos e clientes. Mais importante ainda é o fato de que, a baixo custo, elas geram e disponibilizam reputações *individuais*. Ontem, confiávamos na reputação da cooperativa de táxis e em seus incentivos para monitorar o comportamento de seus motoristas, da mesma forma como tínhamos um a priori favorável sobre uma máquina de lavar com base na marca e não na reputação do funcionário da empresa que fabricou a máquina específica que compramos. Hoje, a reputação de cada motorista Uber é fornecida no momento da chamada do cliente, que pode recusar a transação. A reputação coletiva da empresa por meio do controle simultâneo do comportamento de seus funcionários dá lugar à reputação individual.[20] Essa reputação individual, bem como a rastreabilidade digital da chamada e da prestação do serviço, é uma resposta à questão da confiança evocada no início deste capítulo.

Mas a tecnologia pode às vezes ter o efeito inverso e estimular o regime salarial. George Baker e Thomas Hubbard[21] dão o seguinte exemplo. Muitos caminhoneiros nos Estados Unidos trabalham por conta própria, o que acarreta certo número de inconvenientes: o motorista é dono do seu próprio caminhão, o que representa um investimento substancial. Sua poupança é então investida no mesmo setor que sua força de trabalho, o que expõe o caminhoneiro a um risco considerável: em caso de recessão temporária ou duradoura, a receita do trabalho e o valor de revenda do veículo caem juntos. O bom senso, segundo o qual a poupança de um indivíduo não deve ser investida no setor no qual ele trabalha, é desprezado. Por fim, um motorista autônomo deve ocupar-se pessoalmente dos consertos e, eventualmente, bancar a indisponibilidade momentânea de seu veículo.

Por que, em vez disso, os caminhoneiros não são assalariados de uma empresa, que se encarregaria da compra e manutenção da frota de caminhões? A resposta é que às vezes eles são assalariados, mas o salário é limitado pelo risco moral: o empregador fica preocupado se o seu motorista vai maltratar seu veículo, ao passo que o caminhoneiro autônomo terá todos os motivos para cuidar bem dele. A digitalização aqui pode estimular o salário: a empresa de transportes rodoviários agora pode possuir os caminhões e monitorar o modo de dirigir do motorista com mais facilidade graças ao surgimento da informática *on board*.

Mais amplamente, vários fatores explicam a instituição do regime salarial. Pode acontecer de os investimentos serem muito elevados para que um trabalhador ou mesmo um agrupamento de trabalhadores possam fazê-los. Ou ainda que os investimentos sejam acessíveis, mas a pessoa prefira não bancar o risco e o estresse correspondentes, como mostra o caso dos médicos ou dentistas que preferem ser assalariados de um consultório médico a se instalar por contar própria.

A pulverização das tarefas entre vários empregadores pode ser indesejável por diversos motivos. O segredo de fabricação ou outros aspectos confidenciais ligados ao trabalho é suscetível de conduzir um empregador a exigir uma exclusividade daquele que ele emprega. E quando o trabalho é feito em equipe e a produtividade exata do trabalhador não é objeto de uma mensuração objetiva individual (contrariamente ao caso de um artesão), o trabalhador nem sempre é livre para organizar seu trabalho como pretende; nesse caso, ter diversos empregadores pode gerar conflitos graves na alocação e no ritmo das tarefas.

Em suma, a relação salarial não desaparecerá, mas há fortes chances de que sua importância venha a diminuir num futuro próximo.

Um direito do trabalho incompatível com o novo contexto

Nosso direito do trabalho foi concebido tendo como referência o operário de fábrica.[22] O código trabalhista, por conseguinte, só se interessa muito marginalmente pelos CDD,* e menos ainda pelo teletrabalhador, o autoempreendedor, o trabalhador autônomo, o freelance. O estudante ou o aposentado que trabalha em tempo parcial, o jornalista frila, o motorista de Uber não eram o

---

* CDD e CDI: ver nota de rodapé, p.29. (N.R.T.)

modelo visado. Decerto os CDI ainda representam na França cerca de 58% do emprego fora do setor público, mas esse percentual está em queda constante. Em numerosos países, por exemplo os países anglo-saxões, o regime salarial está em queda em prol do assalariado multiempregadores, do nomadismo, do emprego em locais diversos. Convém então passar de uma cultura de controle pela presença a uma cultura de resultado – como já é o caso de inúmeros assalariados, em especial os executivos, cuja presença torna-se um elemento secundário e, além do mais, difícil de controlar.

Face a essa evolução, o legislador tende frequentemente a inserir as novas formas de emprego numa forma já existente e a fazer a pergunta nos seguintes termos: um motorista de Uber é ou não um funcionário assalariado?

Alguns pensam que sim, argumentando que não há liberdade para negociar os preços que ele pratica, ou que ele obedece a normas de formação, tipo de veículo ou higiene. Para alguns motoristas, a integralidade de sua renda provém da atividade Uber (outros exercem atividades independentes como motoristas ou ainda outras atividades comerciais, por exemplo em restaurantes). Por outro lado, um médico liberal tampouco pode estipular a tarifa (convencionada) que ele pratica e deve seguir as regras promulgadas pelo conselho da ordem sob pena de expulsão; da mesma forma um vinicultor autônomo respeita as regras de *appelation d'origine controlée* etc. Isso significa que muitos autônomos também veem sua liberdade de ação tolhida pela necessidade de proteger uma reputação coletiva (profissão, marca, *appelation* etc.).

Outros observadores, ao contrário, defendem a presunção de não regime salarial, argumentando que os motoristas de Uber decidem livremente sobre a carga e a localização de seu trabalho, seu calendário e itinerários. Além disso, assumem os riscos econômicos. Estamos então necessariamente numa zona cinzenta: os motoristas Uber apresentam características próximas ao mesmo tempo dos trabalhadores autônomos e dos assalariados.

A meu ver, esse debate não levará a parte alguma. Toda classificação se revelará arbitrária e será sem dúvida elaborada seja com desconfiança, seja com benevolência diante dessas novas formas de trabalho. Além disso, esse debate perde de vista a finalidade de tal classificação. Não podemos responder à pergunta sem voltar aos fundamentos do direito do trabalho. Estamos tão habituados ao código trabalhista que esquecemos a motivação original, o bem-estar do trabalhador. O importante parece ser assegurar uma neutralidade concorrencial entre as diferentes formas organizacionais: os dados não devem ser viciados a favor do regime salarial ou do autoempreendedorismo. Uma única certeza: é necessário repensar nosso direito e o ambiente institucional do trabalho (formação, aposentadoria, seguro-desemprego) num mundo em mutação tecnológica acelerada.

A desigualdade

A sociedade digital também nos confronta com uma potencial acentuação da desigualdade.

Desigualdade entre indivíduos, em primeiro lugar. A parte das receitas que afluem para os 1% mais bem-pagos nos Estados Unidos passou de 9% em 1978 para 22% em 2012.[23] Como mostram no detalhe Erik Brynjolfsson e Andrew McAfee, os grandes vencedores da era digital são "os astros e os superastros".[24] Diversos economistas do trabalho analisaram, em especial nos Estados Unidos, a evolução dos salários durante os últimos quarenta anos. Quem tem diploma de pós-graduação viu seu salário explodir; quem concluiu somente a graduação (isto é, quatro anos de universidade após os estudos secundários) viu seu salário aumentar nitidamente, mas muito menos que os pós-graduados; os demais viram seus salários estagnarem e até, às vezes, diminuírem.

Essa polarização corre o risco de se acentuar no futuro. Os empregos altamente qualificados e inovadores continuarão a abocanhar a maior parte na economia moderna. O problema da redistribuição se acentuará, assim como, em filigrana, o da escolha, a fim de assegurar um certo nível de renda aos indivíduos, entre ajuda mediante remunerações do trabalho reguladas num nível superior ao salário do mercado e, logo, criadoras de desemprego, e ajudas fixas. Caminhamos então para uma sociedade em que uma fração não desprezível dos indivíduos será inativa e receberá uma alocação financiada pelo recurso digital (por analogia com a alocação proveniente do recurso petroleiro recebido anualmente por todo residente do Alasca)?[25] Ou ainda para uma sociedade em que essa fração da população ocupará empregos com baixa produtividade no funcionalismo público (como hoje na Arábia Saudita)?

Desigualdade entre países, em segundo lugar. Esbocemos um roteiro extremo para ilustrar o perigo. No futuro, os países que souberem atrair os melhores atores da economia digital irão imiscuir-se na cadeia de valor de todos os setores e apropriar-se de imensas riquezas, ao passo que os demais terão apenas as migalhas. Como eu disse, essa desigualdade poderá resultar de diferenças de política pública com respeito ao ensino superior e à pesquisa e, mais amplamente, com respeito à inovação. Mas também resultará da concorrência fiscal. A mobilidade dos talentos, hoje totalmente globalizados, ao contrário de ontem, fará com que muitos daqueles e daquelas que criarem essas riquezas optem por países oferecendo as melhores condições, inclusive fiscais – reencontramos aqui a questão da desigualdade das rendas individuais. Os países que não jogarem o jogo da concorrência não estarão sequer em condições de redistribuir dos ricos para os pobres, pois só restarão pobres. Essa visão, felizmente, é demasiado simplista, e carregada nas tintas, mas ilustra bem a problemática com que nos veremos confrontados.

V. ECONOMIA DIGITAL E EMPREGO

Os empregos mais ameaçados

Não passa um dia sem que uma matéria da imprensa explore a perspectiva de um desemprego em massa criado pela digitalização da economia. Um exemplo entre tantos outros é a comoção gerada pela declaração, em 2014, do CEO da empresa tailandesa de fabricação de produtos eletrônicos Foxconn (implantada principalmente em Shenzhen e no resto da República Popular da China, onde conta com 1,2 milhão de empregados). Sua empresa não demoraria, dizia ele, a utilizar robôs para combinar os aparelhos, em especial para fabricar os novos iPhones. E, naturalmente, a empresa na era digital vai muito além da robotização. Numerosos empregos dedicados a tarefas rotineiras (logo codificáveis), como a classificação de informação, foram suprimidos: as transações bancárias estão informatizadas, os cheques são tratados por leitura óptica e as centrais de atendimento telefônico utilizam softwares para abreviar o tempo de conversa entre cliente e empregado. Livrarias e lojas de CDs desapareceram em inúmeras cidades.

Tais evoluções são preocupantes. Os países emergentes e subdesenvolvidos, no conjunto, contaram com seus baixos salários para atrair atividade e emprego e sair da pobreza. Os robôs, a inteligência artificial que permitirá a softwares responderem quase como humanos e substituírem paulatinamente os call centers, e ainda outras inovações digitais que substituem do capital ao trabalho, ameaçam seu crescimento. E o que dizer dos países desenvolvidos? Se a mão de obra chinesa ficar excessivamente cara, o que será do futuro de seus assalariados?

David Autor, professor de economia no MIT, estudou a polarização que resulta dessas inovações nos últimos trinta anos nos Estados Unidos, e hoje na Europa e em outros países.[26] A informática tende a beneficiar os empregados, em geral muito qualificados, cujas competências são complementares da informática; ela diminui evidentemente o número de empregos daqueles que podem ser substituídos por computadores e robôs e cria um vazio na distribuição entre os empregos qualificados muito bem-remunerados e os empregos de serviços básicos. Entre os empregos que se tornaram mais comuns estão, no pé da escala dos salários, auxiliares de enfermagem, empregados de serviços de limpeza, restaurantes, portaria, segurança, serviços sociais; e, no topo da escala dos salários, os vendedores, técnicos, executivos e profissionais. Os empregos que oferecem salários intermediários – pessoal administrativo, operários qualificados, artesãos, mecânicos etc. – veem sua importância relativa diminuir. Outro fato marcante já mencionado é que nos Estados Unidos a diferença salarial entre quem tem diploma universitário ou quem parou no ensino médio aumentou imensamente nestes últimos trinta anos.

O computador substitui facilmente o homem para determinadas tarefas. O tratamento dedutivo de um problema consiste em aplicar uma lei a fatos; partindo do geral, ele deduz o particular de maneira lógica, tautológica até. Um caixa eletrônico verifica o número do cartão, a senha e o saldo da conta bancária antes de fornecer as cédulas e dá a instrução de debitar na conta o total; basta programar essas operações para substituir o caixa do banco.

O tratamento indutivo, que parte dos fatos para chegar a uma lei, no geral, é, por sua vez, mais complexo. São necessários dados suficientes para que o computador identifique uma estrutura recorrente. Mas muitos progressos foram feitos recentemente. Por exemplo, algoritmos permitem prever uma decisão da Corte Suprema dos Estados Unidos em matéria de patentes tão bem quanto fariam juristas especialistas no assunto.

FIGURA 1. Extinção dos empregos

Dificuldade crescente de programação →

Categoria	Lógica fundada em regras	Reconhecimento das estruturas	Domínio do humano
	Tratamento informático dedutivo	Tratamento informático indutivo	Princípios não codificáveis; falta de dados
Exemplos	Cálculo elementar de tributação Emissão de um cartão de embarque	Reconhecimento vocal Previsão da probabilidade de negação de um empréstimo imobiliário	Escrita de uma opinião jurídica convincente Mudar móveis num apartamento do 3º andar

Fonte: Frank Levy Richard Murnane, Dancing with Robots, Next report 2013, Third Way.

As questões mais difíceis para um computador surgem quando o problema é imprevisto; não entra em nenhuma rotina programada, tampouco corresponde a uma massa de situações existentes que poderiam ser analisadas para gerar uma lei empírica de maneira indutiva. Frank Levy (MIT) e Richard Murnane (Harvard), de quem reproduzo um dos diagramas na figura 1, dão o seguinte exemplo. Suponhamos que um veículo autônomo veja passar uma bolinha à sua frente. Essa bola não representa nenhum perigo para o carro, que, portanto, não tem qualquer razão para frear abruptamente. Um ser humano, em contrapartida, antecipará sem dúvida que, atrás da bola, pode estar uma criança e terá então uma reação diferente. Um carro sem motorista não terá a experiência suficiente para uma reação apropriada. Evidentemente isso não quer dizer que não seja possível resolver o problema; podemos instruir a máquina sobre essa correlação. Mas esse exemplo ilustra as dificuldades ainda encontradas pelos computadores.

As dificuldades, portanto, não são as mesmas para um computador e um humano. O computador é muito mais rápido e confiável nas tarefas lógicas e previsíveis. Agora ele consegue, graças ao *machine learning*, administrar situações imprevistas, contanto que haja dados suficientes que lhe permitam reconhecer a estrutura do problema. Em contrapartida, menos flexível que o cérebro humano, ele nem sempre consegue resolver problemas para os quais uma criança de cinco anos teria a resposta. Levy e Murnane concluem daí que as pessoas que irão melhor se adaptar ao mundo novo são aquelas que terão adquirido um saber abstrato, facilitando a adaptação da pessoa ao ambiente profissional; as que tiverem apenas conhecimentos simples, preparando-as para tarefas rotineiras, correm o grande risco de serem substituídas pelos computadores. O que não deixa de ter consequências para o nosso sistema educacional. A desigualdade ligada ao ambiente familiar e à qualidade da educação ameaça então aumentar mais ainda.

Rumo à extinção do emprego?

Mais rápida que as mutações anteriores, nem por isso a do emprego deixa de partilhar suas características. Já mencionei o episódio bem conhecido do início do século XIX, durante o qual os ludditas ingleses (operários do ramo têxtil) se revoltaram contra a introdução de novos teares suscetíveis de ser operados por trabalhadores menos qualificados. A destruição dessas ferramentas provocou uma forte repressão por parte do exército. Outro exemplo é fornecido pela evolução do emprego agrícola nos Estados Unidos, que em menos de um século passou de 41% para 2% dos trabalhadores; apesar dessa perda de empregos agrícolas maciça, o desemprego nos Estados Unidos é de apenas 5%, confirmando a tese segundo a qual a destruição de empregos é compensada por novos empregos.

Devemos compreender, em primeiro lugar, que o progresso tecnológico não prejudica o emprego no nível agregado. Ele destrói empregos e cria outros (no caso do digital, os empregos criados mais visíveis são os ligados à informática e à administração de sites da Internet). Após mais de dois séculos de revoluções tecnológicas diversas, continua a haver bem pouco desemprego.[27] As previsões alarmistas sobre a extinção do emprego nunca se realizaram. Como observam Erik Brynjolfsson e Andrew McAfee:

> Em 1930, depois que a eletrificação e o motor de combustão interna se desenvolveram, John Maynard Keynes previa que tais inovações resultariam num aumento da propriedade material, mas também num "desemprego tecnológico generalizado".[28] Na aurora da era do computador, em 1964, um grupo de cientistas e teóricos sociais

enviou uma carta aberta ao presidente americano Lyndon Johnson advertindo que a cibernética "desembocará num sistema produtivo de capacidade quase ilimitada e que necessitará cada vez menos de trabalho humano".[29]

Para voltar à questão da desigualdade, a maneira correta de colocar o problema não é perguntar se os empregos sobreviverão. O dilema está em saber se existirão suficientes empregos remunerados por salários que a sociedade considere decentes. Difícil prever. Por um lado, as desigualdades salariais poderiam trazer uma resposta negativa a essa pergunta. Por outro lado, a maioria dos indivíduos quer ser útil à sociedade, e o emprego, remunerado ou não (como o trabalho em meio associativo), é uma maneira de alcançar esse objetivo. Além disso, como observam Erik Brynjolfsson e Andrew McAfee, procuramos o laço social. E o emprego é uma das maneiras de construir um tecido social. Talvez estejamos dispostos a aceitar uma remuneração modesta em troca desse laço.

Num prazo mais curto, a destruição de empregos implica custos significativos para aqueles que os perdem. A aceleração da destruição criadora coloca uma tripla questão: como proteger os trabalhadores, assalariados ou não? Como nos preparar pela educação para esse novo mundo? Como nossas sociedades vão se adaptar? Está claro que a política de avestruz não pode ser uma estratégia.

IV. O REGIME FISCAL

Por fim, a digitalização do mundo nos confronta com novos desafios fiscais ou exacerba os antigos, ao mesmo tempo no âmbito de cada país e a nível internacional. Limito-me a citá-los aqui.

Aspectos nacionais

No nível nacional, coloca-se a velha questão da distinção entre troca comercial e troca de compartilhamento. A linha demarcatória entre as duas chegou ao fim. Não obstante, o tratamento é radicalmente diferente. Se recorro a uma firma de construção para pintar um cômodo na minha casa, meu pagamento está sujeito a um imposto sobre valor agregado, o empregado e o empregador estão sujeitos a diversos descontos dependendo de seu status (encargos sociais, imposto de renda, imposto sobre as empresas etc.). Se peço a um amigo para fazer esse trabalho e em troca lhe ofereço uma caixa de um bom vinho, nenhum desconto será feito pela receita ou pela previdência social; não só porque o fiscal terá dificuldade para detectar essa transação, como também por tratar-se de uma troca não comercial, logo não tributável. Certo, mas onde termina o não comercial e onde começa o setor comercial? O comércio com a família e os amigos, as trocas no âmbito de clubes ou de associações que sustentam a pequena agricultura, porém cumprindo todos os outros critérios de uma relação produtor-consumidor, pertencem ao setor não comercial? E por que tal classificação implica diferenças tão pesadas de tratamento? Essas questões são particularmente candentes na França, onde o trabalho é fortemente taxado.

São questões fundamentais para a nova economia do compartilhamento: compartilhamento ou simples relação comercial? Como no caso do código trabalhista, não devemos procurar simplesmente inserir as atividades da nova economia em formas existentes, porém arbitrárias, e sim repensar nosso sistema fiscal.

Aspectos internacionais

O sistema fiscal internacional coloca igualmente inúmeros desafios; eles resultam de formas exacerbadas de práticas já existentes, como a utilização de preços de transferência (*transfer pricing*) entre divisões de uma empresa multinacional a fim de localizar os lucros num país com fraca taxação do capital. A empresa cobra caríssimo por serviços ou produtos que uma unidade localizada num país com fraca taxação do capital fornece a uma filial, por sua vez, localizada no país com forte taxação do capital, e isso com o objetivo de esvaziar esta última de todo lucro tributável. Essas arbitragens fiscais para escapar ao imposto sobre as empresas sempre existiram e são inevitáveis na falta de acordos internacionais de convergência fiscal. Empresas como a Starbucks também são regularmente apontadas por sua otimização fiscal muito radical na Europa.

Mas o aspecto imaterial da Internet e de seus conteúdos torna essa arbitragem ainda mais fácil. Não sabemos mais claramente onde a atividade está estabelecida. É ainda mais fácil do que antes alocar as entidades lucrativas nos países com fraca taxação do capital e aquelas que não o são nos países com forte taxação; e alocar a lucratividade graças a preços de transferência adequados. A propriedade intelectual sobre um livro ou um disco digital pode ser alocada em qualquer país, independentemente de seu local de consumo. Os direitos publicitários podem ser recolhidos na Irlanda mesmo se o público visado por essa publicidade se encontrar na França. As grandes empresas americanas utilizam uma montagem complicada, fundada numa técnica conhecida como "arranjo duplo irlandês", transferindo os direitos de propriedade intelectual para a filial de uma empresa irlandesa situada nas Bermudas (na Irlanda, não existe tributação sobre os lucros das filiais situadas fora do território e, logo, sobre os lucros de filiais localizadas nas Bermudas) utilizando como "laranja" uma sociedade holandesa, a fim de se aproveitar de certas isenções fiscais no seio da Europa. Os Estados Unidos tiram proveito disso? Nem mesmo isso: os lucros das empresas americanas só são tributáveis quando repatriados. O dinheiro é deixado nas Bermudas antes de ser repatriado no caso de uma anistia fiscal nos Estados Unidos, que oferecerá uma alíquota de tributação muito reduzida para a reapropriação dos capitais provenientes do estrangeiro. Estima-se assim que as quinhentas maiores firmas americanas possuem US$2 trilhões parqueados no estrangeiro.

A Internet não tem fronteiras e é bom que seja assim. Mas é importante que os países cooperem fiscalmente[30] para evitar que a otimização fiscal permita a um país atrair empresas não pelo dinamismo de seu ambiente de negócios, e sim por sua suposta condescendência fiscal (o nível correto do imposto sobre as empresas é outra questão, que não abordarei aqui).

Um exemplo de acordo que vai nesse sentido é o firmado recentemente sobre a TVA* para as compras on-line na União Europeia. Esse acordo autoriza o país do comprador a recolher a TVA sobre a compra on-line, permitindo assim eliminar a concorrência fiscal sobre as alíquotas de TVA: até 1º de janeiro de 2015, a TVA era descontada junto ao fornecedor, incentivando as empresas a se localizar nos países com baixa alíquota de TVA, para servir em parte a

---

* Acrônimo para Taxe sur la Valeur Ajoutée, ou Imposto sobre Valor Agregado em tradução livre. Consiste num tributo praticado em vários países da Europa sobre o valor agregado em cada etapa da cadeia produtiva. (N.R.T.)

consumidores localizados, por sua vez, em países com alta alíquota de TVA. Esse novo regime é uma resposta regulatória satisfatória no caso de comércios como a Amazon, que cobra do particular por suas compras. Mas não resolve a questão das plataformas bifaces,[31] como o Google, que tecnicamente podem não vender nada ao consumidor francês, mas cobram dos anunciantes, que em seguida vendem ao consumidor francês. Discussões estão em curso para resolver esse problema, pois a base de cálculo do imposto é muito menos clara do que por ocasião da venda de um livro ou de uma faixa de música.

O DIGITAL REPRESENTA uma oportunidade formidável para nossa sociedade, mas introduz novos perigos e amplifica outros. Confiança, propriedade dos dados, solidariedade, difusão do progresso tecnológico, emprego, tributação: inúmeros desafios para a economia do bem comum.

16. A inovação e a propriedade intelectual

I. O IMPERATIVO DA INOVAÇÃO

A teoria clássica do crescimento parte do postulado de que ele resulta da acumulação de capital (pela acumulação de meios de produção, abastecimento energético...) e de força de trabalho (através da demografia, das melhoras na saúde e na educação). Em 1956, contudo, um célebre artigo de Robert Solow mostrou que a acumulação desses dois fatores de produção não explicava senão parte dela, deixando um espaço significativo para o progresso tecnológico na explicação do crescimento das nações. Hoje, mais do que em 1956, a inovação tecnológica está no âmago do mecanismo de crescimento. A economia do século XXI, dizem, é a do conhecimento; certamente a de uma mutação tecnológica de grande amplitude.

Decerto a visão antiga continua pertinente para as economias ditas de "recuperação".[1] O Japão viveu assim três décadas notáveis após a Segunda Guerra Mundial – do mesmo modo que a França, em seus "trinta anos gloriosos". A China faz o mesmo desde 1980. Mas chega um momento em que a imitação das práticas e técnicas estrangeiras e a acumulação de capital são confrontadas com rendimentos decrescentes e não bastam mais; o país deve então adotar uma nova orientação e fazer progredir a "fronteira tecnológica".

A inovação necessária às economias na fronteira tecnológica exige uma cultura e instituições diferentes daquelas das economias de recuperação. As universidades devem não só oferecer formações de qualidade, como realizar a pesquisa de ponta e incentivar seus estudantes ao empreendedorismo. O financiamento da economia não pode mais limitar-se às grandes empresas e às pequenas e médias empresas tradicionais, devendo igualmente compreender uma vertente dedicada à criação de empresas inovadoras. E para que se opere a "destruição criadora" cara a Schumpeter (as novas inovações tornando as inovações anteriores obsoletas), as autoridades da concorrência devem suprimir as barreiras artificiais à entrada. O desafio é considerável. O valor agregado situa-se cada vez mais na inovação. A riqueza das nações depende então cada vez mais de sua capacidade de captar a criação de valor nesse nível na cadeia de valor.

Essa constatação nos leva a abordar em primeiro lugar o tema bastante controverso da propriedade intelectual: o que entendemos por isso? Quais são os benefícios e perigos da propriedade intelectual? Quais são os desafios principais com que o poder público se confronta atualmente na matéria? Estudarei em seguida um desafio particular, porém essencial, o da pulverização das patentes, que cria uma multiplicidade de "guardiões" (*gatekeepers*) para toda tecnologia. Veremos como a análise econômica sugere soluções concretas para esse problema, permitindo uma difusão maior das tecnologias sem com isso diminuir os incentivos à inovação.

Para além da crise vivida pela zona do euro de alguns anos para cá, uma fonte de inquietude para a Europa ocidental é a taxa de inovação hoje mais fraca que a dos Estados Unidos,[2] e talvez amanhã mais do que a dos países asiáticos, que investem pesadamente na economia do conhecimento. A inovação requer uma cultura e instituições propícias. Examinarei então as características do ambiente institucional que cerca a inovação.

Por fim, irei deter-me num modelo colaborativo, alternativo à propriedade intelectual: o software livre. Esse modelo é um modo de organização original; tentaremos compreender suas especificidades e estudaremos as estratégias dos diferentes agentes econômicos a seu respeito.

II. A PROPRIEDADE INTELECTUAL

As instituições

Você completa seus estudos em biotecnologia e se orienta para a pesquisa aplicada tendo como objetivo descobrir uma nova vacina, utilizar os microorganismos para produzir biocombustíveis ou desenvolver novas colheitas mais resistentes e menos carentes de água. Você precisará de financiamentos, que por sua vez só se concretizarão se o seu projeto oferecer uma perspectiva de lucro financeiro que permita reembolsar os investidores. O que nos leva ao cerne do assunto. O conhecimento que você vai gerar é o que se chama um "bem público". Uma vez criado, ele pode ser utilizado por todos de maneira não exclusiva a um custo praticamente zero. Uma vez conhecidas a fórmula química de uma molécula e sua utilização, toda empresa pode utilizar essa fórmula e comercializar o produto correspondente (vacina, biocombustível, sementes), deixando margens de lucro ínfimas a quem teve as despesas de pesquisa e desenvolvimento. Voltamos a encontrar aí o problema do carona (*free riding*), já apresentado no capítulo dedicado ao meio ambiente: se toda descoberta caísse imediatamente no domínio público, e fosse então explorável gratuitamente por todos, todos esperariam que os outros fizessem as despesas de P&D, mergulhando a atividade criadora num processo de espera generalizado. A propriedade intelectual é um mal necessário que visa estimular a P&D ou a criação artística proporcionando uma renda a seu detentor. Foi por essa razão que ela apareceu muito cedo, as primeiras patentes datando da Antiguidade grega, desenvolvendo-se mais tarde no século XV em Florença e Veneza.

A propriedade intelectual assume várias formas:

- A patente, que garante a seu detentor um direito exclusivo, um monopólio sobre a utilização do conhecimento assim gerado. A concessão de uma patente inclui um período determinado (em geral vinte anos a partir da data do registro), após o qual a patente cai no domínio público. Segundo a lei, ela só pode incidir sobre uma descoberta não evidente e não coberta pela arte anterior, devendo ser útil. A patente é um processo público e permite a um detentor comercializar licenças se ele não deseja explorar a própria inovação de maneira exclusiva.
- O direito de autor (copyright), que protege uma forma de expressão (um livro, um filme...), igualmente durante certo tempo (nos Estados Unidos, a duração de vida do autor mais setenta anos após sua morte).
- O segredo de fabricação, que, como o nome indica, protege unicamente o inventor contra o roubo de sua propriedade intelectual, e que geralmente concerne apenas a uma inovação de processo (um produto novo é geralmente uma informação pública e não pode ser mantido em segredo).

Observemos, a propósito, que a abolição das patentes levaria os inovadores a optar sistematicamente pelo segredo de fabricação, livres para se integrarem verticalmente com unidades de produção, isso se eles mesmos não viessem a tornar-se fabricantes.

Mas, ao contrário da patente, o segredo de fabricação torna muito difícil a concessão de licenças; pois o comprador de tal licença irá querer, legitimamente, ter ciência da natureza do conhecimento pelo qual deverá pagar; e, uma vez isso desvelado, o comprador pode utilizá-lo sem pagar... Na realidade, na prática, as licenças concernem às invenções patenteadas.

- A marca registrada, que oferece à empresa um sinal que lhe permite distinguir seu produto de produtos similares de seus concorrentes.

O que há de comum entre essas diferentes instituições? Todas elas, ao protegerem a propriedade intelectual, outorgam ao inventor um poder de mercado, isto é, a possibilidade de lucrar financeiramente com sua invenção, seja vendendo licenças de suas patentes, seja praticando margens lucrativas acima do custo de fabricação do produto final se ele gera e comercializa esse bem final, ao passo que os usuários da invenção não pagarão nada se esta cair em domínio público. Vemos imediatamente o custo da propriedade intelectual: para criar um incentivo à inovação permitindo ao inventor tirar proveito de sua invenção, o poder público aumenta o custo da utilização dessa invenção, limitando, portanto, sua difusão: simplesmente há menos usuários. É o compromisso fundamental subjacente a nossas instituições.

Eis a razão pela qual alternativas à propriedade intelectual foram buscadas ao longo dos séculos. Nos séculos XVII e XVIII, a Inglaterra e a França criaram prêmios, com consequentes recompensas concedidas pela coroa; uma vez obtida a recompensa, o inventor não dispunha da propriedade intelectual e o conhecimento assim adquirido caía em domínio público. Por exemplo, no século XVII a França criou um prêmio para uma turbina a água. Em 1714, e na esteira de prêmios similares (e jamais entregues) na Espanha e na Holanda no fim do século XVI, o Parlamento britânico prometeu uma recompensa importante a quem descobrisse um método para medir com suficiente precisão a longitude marítima. A maior parte do prêmio, calculado em função da precisão obtida na medida da longitude, foi finalmente atribuída, após inúmeras controvérsias, a John Harrison. Este último pusera-se ao trabalho em 1714; só recebeu o pagamento completo 59 anos mais tarde!

Conceder prêmios é um processo complexo, pois é preciso especificar previamente o que se deseja exatamente. Ora, muito frequentemente a característica do trabalho criativo é não sabermos o que vamos descobrir. Se pudéssemos descrever previamente um artigo científico ou uma sinfonia inovadores, o trabalho criativo se veria por assim dizer reduzido a pó. Em certos casos, porém, é possível definir um resultado desejável sem com isso saber como chegar a tal resultado (coloca-se então a questão da amplitude da recompensa: o prêmio fica aquém do esforço de pesquisa, caso em que corre o risco de não atrair os talentos? Ou muito acima desse esforço, mediante um comprometimento irracional da verba pública?). Recentemente, o mecanismo de recompensa por meio de prêmios recebeu um novo impulso[3] no domínio de vacinas e medicamentos específicos nos países em desenvolvimento, os quais nem sempre atraem a pesquisa privada da qual precisariam em razão de sua pobreza. Especifica-se assim um objetivo para a vacina buscada, ao mesmo tempo submetendo-a a cláusulas ligadas à percentagem de efeitos colaterais.

A proteção intelectual engendrou diversos debates na sociedade nos últimos anos.[4] Não podendo ser exaustivo, limito-me a abordar alguns pontos relevantes, concentrando-me no caso das patentes, ainda que determinadas controvérsias incidiram igualmente sobre outras formas de propriedade intelectual. Por exemplo, a extensão retroativa da proteção do direito autoral é particularmente espantosa. Com efeito, se, como quer a lógica, a propriedade intelectual é apenas um mal necessário, visando dar incentivos à P&D ou à criação artística, convém que ela permaneça fiel a esse objetivo. Ora, em se tratando de investimentos já efetuados, um reforço da propriedade intelectual não tem nenhum efeito incitativo: é tarde demais! O reforço reduz a difusão sem contribuir para a criação. E, não obstante, o legislativo americano prolongou por duas vezes a duração de proteção dos direitos autorais, primeiro em 1976, estendendo-o para cinquenta anos após a morte do autor, depois em 1988, quando essa duração foi estendida para setenta anos. Este último Copyright Term Extension Act é às vezes chamado de Mickey Mouse Protection Act, em referência à companhia

Disney, que, correndo o risco de perder os direitos autorais sobre filmes e produtos derivados bastante rentáveis, fez um lobby desenfreado para que a vigência do direito autoral fosse prolongada.

O número de patentes aumentou consideravelmente durante os últimos trinta anos devido a alguns fatores: incentivos inadequados dos escritórios de patentes, em especial nos Estados Unidos, onde, antes da reforma America Invent Act de 2011, o Escritório de Patentes (Patent and Trademark Office) era indiretamente mais estimulado a conceder patentes do que a recusá-las; alargamento do campo das patentes para novos domínios: os softwares, a biotecnologia e as ciências do vivo, os métodos comerciais. Essa proliferação das patentes não seria muito grave se as patentes supérfluas fossem inócuas, como a patente discernida àquele relógio para cães que gira sete vezes mais rápido do que um relógio comum a fim de refletir a expectativa de vida da espécie canina... A Internet transborda de sites que listam patentes ridículas. No entanto, as consequências econômicas da proliferação de patentes podem ser consideráveis. Algumas têm o potencial de captar o valor econômico sem com isso constituir um avanço importante para a sociedade. Por exemplo, a patente One Click da Amazon, assenhoreando-se da ideia de que um comerciante da Internet pode conservar as informações (endereços de expedição e cobrança, número do cartão de crédito...) do cliente a fim de não ter de as pedir novamente numa próxima compra era uma simples réplica de práticas já bem conhecidas de inúmeras lojas físicas, isto é, de empresas de venda tradicional.[5] E se, ainda assim, tal prática não tivesse existido, ela era suficientemente óbvia para não merecer uma patente. De modo que, dos três critérios de patenteamento, a patente só satisfaz um deles. A patente, felizmente, foi cancelada rapidamente por um tribunal de justiça, mas imagine quanto a Amazon poderia ter recebido no caso contrário, tornando-se assim o guardião de todo o comércio eletrônico!

O segundo perigo – que merece uma análise mais detida – é a multiplicação dos "guardiões" para uma dada tecnologia e a concomitante acumulação dos royalties às quais estão sujeitos os usuários de patentes.

III. ADMINISTRAR A ACUMULAÇÃO DE ROYALTIES

Os setores das biotecnologias e dos softwares caracterizam-se por uma série de patentes mais ou menos importantes, detidas por diferentes proprietários, que se transformam em "guardiões" (*gatekeepers*) da tecnologia. Essa selva de patentes (*patent thicket*) leva a uma acumulação de royalties (ou "marginalização múltipla", em termos econômicos).

Coopetição e pool de patentes

Para compreender o problema da acumulação de royalties, que foi brilhantemente formalizado em 1838 pelo francês Antoine Augustin Cournout e mais recentemente pelo economista de Berkeley Carl Shapiro,[6] pode ser útil recorrer a uma analogia (representada na figura 1) e voltar a mergulhar na Europa medieval, onde a circulação pelos rios era bloqueada por uma sucessão de pedágios. Na figura 1, quatro cobradores de pedágio, um atrás do outro, recebem um pedágio cada um. Como o usuário precisa do acordo desses quatro proprietários para navegar ao longo do rio, diz-se que os direitos de navegação obtidos pagando os pedágios são complementares: se um só desses quatro direitos falhar, então o usuário não pode navegar entre a nascente e a foz do rio. Havia, por exemplo, 74 pedágios ao longo do Reno no século XIV.[7] Cada cobrador de pedágio estipulava sua tarifa com vistas a maximizar suas receitas, sem se preocupar com as consequências não só sobre os usuários, como também sobre as receitas dos outros pedágios (um pedágio mais alto reduz o tráfego no rio e penaliza os outros cobradores). É a "tragédia dos comuns" em ação,[8] a mesma que conduz a uma superexploração da pesca e das pastagens ou a um excesso de emissão de gases efeito estufa! A Europa teve que esperar o congresso de Viena em 1925 e as leis que se seguiram para finalmente ver desaparecer essa prática de acumulação de pedágios.[9]

Atualmente as indústrias de alta tecnologia procuram eliminar essas marginalizações múltiplas. Novas linhas diretrizes foram recentemente adotadas pelas agências reguladoras da concorrência através do mundo, de maneira a incentivar a comercialização conjunta de direitos de exploração de licenças

FIGURA 1. Complementos

por pools de patentes. Um pool de patentes é um acordo entre diferentes empresas com vistas a comercializar em comum as licenças para um grupo de patentes pertencentes aos membros do pool e derivando da tecnologia em questão. Esse sistema permite aos usuários da tecnologia adquirir uma licença global quando normalmente eles precisariam obter licenças de exploração sobre cinco, dez ou quinze patentes... com o risco de que cada proprietário de uma patente, com suas exigências excessivas, bloqueasse seu acesso a essa tecnologia. A formação de um pool é um exemplo do que os economistas chamam de "coopetição", amálgama de "cooperação" e "competição". Nesse caso, empresas potencialmente concorrentes num mercado cooperam para comercializar conjuntamente suas patentes. Como um acordo entre cobradores de pedágio (figura 1), um pool reduz o custo total das licenças de patentes quando as patentes são complementares, isto é, quando o usuário precisa do conjunto das licenças para poder criar valor a partir da tecnologia. Os proprietários de patentes se entendem a fim de que cada um modere seus royalties para deixar a demanda se desenvolver. Essa aliança beneficia tanto os proprietários de patentes como os consumidores, graças à queda dos royalties.

Infelizmente, o pool de patentes e, mais amplamente, a comercialização conjunta podem dar às empresas também a possibilidade de aumentar os preços. Consideremos o caso de duas patentes substitutas uma da outra; em outros termos, uma segunda licença não proporciona nada ao usuário em termos de funcionalidade além do que lhe proporciona a primeira. Para retomar a analogia fluvial, convém imaginar dois cobradores de pedágio em cada um dos braços de rio (figura 2), o usuário podendo indiferentemente pegar a rota norte ou a rota sul e não ganhando nada tendo acesso às duas. Tudo que desejam os dois cobradores é se entenderem a fim de evitar uma concorrência frontal e assim fazer subir o nível de pedágio para o acesso à jusante do rio no esquema. No caso de patentes substitutas, os proprietários podem aumentar o preço de suas licenças formando um pool, comportando-se então como um cartel ou monopólio oriundo de uma fusão de duas entidades. Há então bons pools (aqueles que fazem o preço da tecnologia cair) e maus pools (aqueles que fazem esse preço subir).

FIGURA 2. Substitutos

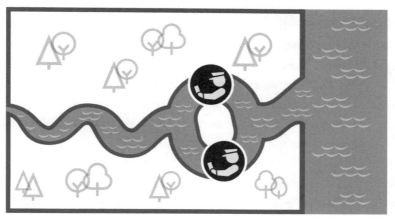

Outro recuo revela-se útil. Nem todos sabem que, antes de 1945, a maior parte dos grandes setores – aeronáutico, ferroviário, automobilístico, televisivo, radiofônico, químico etc. – era organizada em torno de pools de patentes. Mas o temor de que a comercialização conjunta escondesse uma cartelização produziu em 1945 uma reação hostil por parte da Corte Suprema dos Estados Unidos e o consequente fim dos pools, até a renovação do interesse constatado a partir do fim dos anos 1990. As agências reguladoras da concorrência estimularam assim os pools de patentes, que eram, é verdade, às vezes utilizados para eliminar a concorrência entre detentores de patentes funcionalmente similares. Durante cinquenta anos os pools de patentes praticamente desapareceram.[10] Isso era ainda mais lastimável na medida em que os desenvolvimentos tecnológicos, por sua vez, tornavam-se mais complexos.

As agências reguladoras não poderiam simplesmente proibir os maus pools (os que aumentam os preços) e autorizar os bons (os que diminuem os preços)? Infelizmente elas não estão de posse dos dados apropriados que lhes permitiriam fazer essa triagem: em geral só dispõem de poucos dados históricos sobre os quais construir uma estimativa da demanda para as licenças; além disso, as características de substitutibilidade ou complementaridade evoluem e variam segundo o uso que é feito da tecnologia.[11]

Regulamentações simples não requerendo nenhuma informação por parte das autoridades da concorrência podem, todavia, efetuar essa triagem. Consideremos em primeiro lugar a autorização por parte do pool de licenças individuais, isto é, a possibilidade que têm os proprietários de cada patente de continuar a vender licenças para sua patente independentemente do pool (ver a figura 3, que apresenta o exemplo de dois detentores possuindo uma patente cada um). Mostrei em artigo em coautoria com Josh Lerner, da Harvard Business School, que as licenças individuais recriam uma situação de concorrência quando um pool de patentes teria, ao contrário, aumentado os preços. Elas neutralizam então os maus pools, ao mesmo tempo deixando os bons pools reduzirem os preços.

Esse raciocínio é facilmente ilustrado nesse caso simples de duas patentes perfeitamente substituíveis. O preço concorrencial para as licenças é então aproximativamente igual a 0 (o custo para um detentor de propriedade intelectual autorizar um usuário a ter acesso à sua tecnologia): cada empresa deve estar disposta a abaixar seu preço para levar o mercado enquanto há lucros a realizar. Um pool tem o potencial de destruir essa concorrência e aumentar o preço até o preço do monopólio, definido como aquele que maximiza o lucro conjunto dos dois proprietários de propriedade intelectual, isto é, o preço de cartel.[12]

Mas introduzamos agora a possibilidade de licenças individuais e suponhamos que o pool tente fixar um preço P (por exemplo, igual ao preço de monopólio) e distribua os dividendos de maneira igual.[13] Em vez de receber a metade do lucro do pool em dividendos, cada detentor de patente pode tarifar sua licença individual ligeiramente abaixo de P, o preço do pool, abocanhar

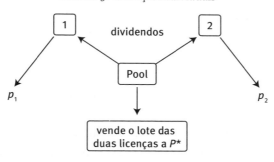

FIGURA 3. Licenças individuais

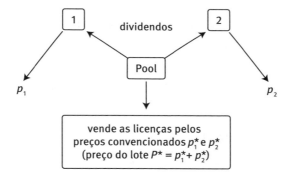

FIGURA 4. Licenças individuais mais desagregação

assim todo o mercado e receber (aproximativamente) a integralidade do lucro para si próprio.[14]

O leitor talvez objete que é ingênuo supor que os detentores de patente se comportarão de maneira concorrencial e reduzirão seus preços abaixo daquele do pool se o pool cobrar um preço alto; embora uma queda de preço aumente no curto prazo o lucro da empresa que a pratica, pode gerar uma reação agressiva de outra empresa, que, por sua vez, abaixará seus preços; a guerra de preços daí resultante pode não valer a pena. Daí a preocupação dos economistas e autoridades da concorrência com o que é designado como conluio tácito[15] ou, em direito da concorrência, os efeitos coordenados. No caso, as empresas podem não querer fazer seu pool concorrer individualmente com medo de desencadear uma guerra de preços.

Para precaver-se contra a ameaça de conluio tácito, cumpre acrescentar uma segunda exigência que não necessita de informação específica, chamada desagregação (*unbundling*). Se o pool é forçado a desagregar sua oferta, os usuários podem comprar cada licença individualmente junto a ele, e o preço estipulado pelo pool para um conjunto de licenças é a soma dos preços das licenças individuais (ver a figura 4). As licenças individuais mais a desagregação impedem um pool de aumentar os preços;[16] na realidade, essas exigências equivalem a limitar o papel do pool a uma simples fixação de um teto para o preço de cada licença.[17] Assim, a formação de um pool não terá efeito nocivo para a sociedade (não irá gerar aumento dos preços), e, se as patentes forem complementares, permitirá aos usuários adquirirem suas licenças a um preço mais baixo do que na ausência de pool, e aos detentores de patentes extraírem daí mais lucro, o que cria um incentivo suplementar à inovação. É interessante constatar que cada um dos preceitos, oriundos da teoria econômica e não requerendo das agências reguladoras da concorrência nenhuma informação específica, foi incorporado nas linhas diretrizes europeias (em 2004 no caso das licenças individuais e em 2014 no caso da desagregação).

A normalização das tecnologias

Eu gostaria de concluir esta discussão sobre as consequências da proliferação das patentes pela padronização (*standard-setting*). Nas tecnologias da informação em especial, os diferentes usuários da tecnologia devem coordenar-se para poder interagir. Eu não poderia telefonar para você com meu celular 4G se o seu não tivesse adotado o mesmo padrão 4G ou então os padrões anteriores da mesma série. A interoperabilidade necessita de uma convergência das abordagens. Como se opera essa convergência? Às vezes uma empresa é tão hegemônica que consegue impor sua tecnologia como padrão para o resto do setor. Mais geralmente, contudo, o padrão é ditado por uma organização profissional, um organismo de padronização[18] (*standard setting organization*) que estuda as diferentes combinações possíveis e estabelece então um padrão, composto de um conjunto de funcionalidades que os usuários (fabricantes de computadores ou smartphones, fornecedores de infraestrutura – companhias de telecomunicações de cabo ou de comunicações por satélite –, desenvolvedores de aplicativos) devem incorporar em suas escolhas tecnológicas.

FIGURA 5. Criação de monopólio

Quando um padrão é criado, a resolução de um dado problema tecnológico costuma tomar diversos caminhos. Cada um desses caminhos pode ser igualmente viável, mas o organismo de padronização quase sempre escolherá apenas um. O problema é que o processo de padronização pode então criar lucros de monopólio; em outros termos, uma patente que é pouco importante na medida em que existem alternativas tecnológicas para realizar funcionalidades relativamente equivalentes pode vir a ser incontornável pela escolha do padrão tecnológico. Diz-se então que tais patentes tornam-se patentes essenciais para o padrão (*standard essential patents*): elas só são essenciais porque foram escolhidas, justamente quando outras escolhas poderiam ter sido feitas. O proprietário de tal patente está por conseguinte no direito de reivindicar royalties significativos, mesmo se outras patentes houvessem proporcionado um valor comparável caso a tecnologia tivesse sido padronizada de outra maneira.

Para prosseguir na analogia fluvial (ver figura 5), o poder público pode ter tornado possível o tráfego no braço norte do rio ao construir uma eclusa; ou então a presença de uma feira importante nesse braço pode transformá-lo numa alternativa mais atraente. Porém, com isso, o cobrador de pedágios desse mesmo braço norte do rio pode cobrar um preço de monopólio, ao passo que antes dessa escolha a rota norte não oferecia nenhum benefício além dos que a rota sul oferecia.

A fim de evitar que os detentores de patentes tirem partido de uma padronização tornando-os fortuitamente essenciais em virtude do simples fato de que eles foram incluídos no padrão, os organismos de padronização costumam exigir desses detentores que eles se comprometam *ex ante* a fornecer licenças para suas patentes em bases equânimes, razoáveis e não discriminatórias (frequentemente abreviadas como Frand em inglês, para *fair, reasonable and non-discriminatory*). O problema dessa abordagem é que os compromissos Frand são muito ambíguos: como definir uma taxa equânime e razoável? Na realidade, ações judiciais de envergadura questionando a significação desses compromissos proliferam mundo afora, envolvendo Apple, Google, Microsoft, Samsung e muitas outras companhias. As empresas se queixam de que suas concorrentes cobram direitos muito elevados para o acesso a suas patentes, rompendo assim com seus compromissos implícitos contidos na promessa Frand feita por ocasião do processo de padronização. As demandas e as somas exigidas por ocasião desses processos são gigantescas, e é muito difícil para um tribunal de justiça julgar se uma demanda de royalty é "razoável". Ele simplesmente não possui informação para isso.

Outro preceito oriundo de trabalhos teóricos sobre o tratamento da propriedade intelectual, e que prescinde de dados, consiste em obter o compromisso dos proprietários de patentes a não ultrapassar um preço teto (de sua escolha) para suas licenças e isso antes que o padrão seja finalizado. O organismo de padronização pode então definir seu padrão com todo o conhecimento de causa.

Ninguém construiria uma casa num terreno seu saber previamente quanto ele custa. Acontece o mesmo com as tecnologias. Propomos então aos detentores de propriedade intelectual que se comprometam com as condições de atribuição de licenças antes que o padrão seja finalmente escolhido, e tentamos explicar aqui por que é pouco provável que essa obrigação de compromisso surja em presença da livre concorrência entre os organismos de padronização.[19]

IV. AS INSTITUIÇÕES DA INOVAÇÃO

Para inovar, são necessários inventores e financiamento. Debrucemo-nos nesses dois componentes.

P&D de empresa vs. P&D independente

A inovação vem cada vez mais de pequenas estruturas empreendedoras do tipo startup e não das grandes empresas. As razões disso são múltiplas. Os pesquisadores nas grandes empresas privadas costumam enfrentar resistência de seus superiores, que não querem canibalizar os produtos existentes com novos produtos e não podem se comprometer com os pesquisadores a não abandonar o projeto caso se verifique que uma canibalização é provável. Os pesquisadores às vezes também têm dificuldades em convencê-lo da pertinência de suas ideias, caso estas últimas estejam apenas num estágio preliminar. Por fim, eles geralmente não têm os incentivos financeiros fortes que caracterizam um empreendedor.[20] Se as empresas recompensam *ex post* os funcionários que fizeram uma inovação importante, essas recompensas não estão à altura da importância da contribuição. Por exemplo, Shuji Nakamura, prêmio Nobel de física em 2014 por sua invenção das LED azuis (de que nos beneficiamos todos os dias, pois elas eram o elo perdido para produzir a luz branca), recebeu inicialmente de seu patrão Nichia, ao qual proporcionara centenas de milhões de dólares, a soma de US$180 como recompensa para sua contribuição.[21]

Naturalmente, as empresas buscam reproduzir as vantagens da abordagem empreendedorística através dos fundos de empresa externos. Segundo Sam Kortum e Josh Lerner,[22] esses fundos nem sempre foram coroados de sucesso, por motivos análogos aos da P&D de empresa. A direção da empresa ficando preocupada em prevenir toda eventual canibalização, os pesquisadores e as parcerias externas temem que o projeto não possa ser levado a cabo. Por fim, os tetos salariais no seio da empresa limitam a capacidade desses fundos de atrair talentos.

Uma empresa de tipo empreendedor leva uma vantagem concorrencial com relação à pesquisa interna de uma grande empresa quando o aporte intelectual é mais importante do que o fator capital, isto é, quando a injeção inicial de fundos é modesta; a concorrência entre os clientes potenciais também protege as inovações independentes contra a arbitrariedade de um usuário único da inovação e, logo, favorece o empreendedor. Essas estruturas empreendedorísticas podem ter diferentes origens. No caso da alta tecnologia, por exemplo a biotecnologia, a qualidade da ciência é primordial e, logo, o empreendedor tem como fonte o ambiente universitário. Mas a inovação nem sempre requer ciência de alto nível; como observa Edmund Phelps,[23] a inovação não é reservada às elites instruídas. Para mencionar apenas alguns inovadores emblemáticos do século XIX, Thomas Edison (inventor da eletricidade) era de origem modesta, George Stephenson (as ferrovias) era analfabeto, John Deere (maquinário de agricultura), ferreiro, e Isaac Merritt Singer (as máquinas de costura), mecânico. Na França, na mesma época, Lafarge, Michelin, Schneider e diversas empresas prefigurando as do CAC 40 foram fundadas por empreendedores que não estavam na vanguarda da tecnologia da época.[24]

Hoje, Uber, Facebook, Netflix ou Airbnb são construídos sobre uma abordagem inteligente de identificação de nichos e serviços inexplorados, mas que não requerem estar na vanguarda dos conhecimentos científicos. As estruturas empreendedoras podem então surgir num campus universitário, mas este não é necessariamente o caso. O importante é a existência de uma cultura do empreendedorismo. Aliás, diversas empresas inovadoras no domínio dos semicondutores saíram de empresas por sua vez empreendedorísticas através do fenômeno de *spawning* (contribuição ao processo de largada), muito comum nesse tipo de empresas.

O financiamento

Os inventores no seio de uma empresa não devem inquirir-se sobre o financiamento externo, devendo simplesmente convencer seus superiores da pertinência de suas ideias. A estrutura empreendedora de startup apoia-se, por sua vez, no começo, em alguns fundos pessoais (as economias do empreendedor e às vezes algumas contribuições da família e dos amigos). Rapidamente, se for promissora, a estrutura precisará de outros financiamentos: em primeiro lugar junto aos *business angels*, esses ricos investidores individuais que frequentemente tiveram eles mesmos êxito no empreendedorismo e têm uma experiência na detecção de projetos com futuro; depois, do capital-risco, essas estruturas nas quais os investidores de capital de risco (*lead partner* ou *venture capitalist*) investem o dinheiro de seu fundo, que compreende outros investidores, por sua vez, passivos (*limited partners*) como fundos de pensão, fundos mútuos, companhias de seguros, empresas ou o setor parapúblico, que exigem rendimentos um pouco mais fracos que o investidor de capital de risco.

Com efeito, o investidor de capital de risco não faz senão investir seu dinheiro na startup. Sua primeira contribuição gerencial é reduzir a seleção adversa: ele seleciona os projetos. Depois, uma vez identificados os projetos mais promissores, redige sua governança e os acompanha de maneira assídua. Desempenha assim um papel importante de consultoria (por exemplo, um empreendedor na vanguarda de sua ciência pode carecer de expertise em gestão e posicionamento de produtos). Além disso, o dinheiro pago ao jovem rebento só o é muito progressivamente, sendo condicionado acima de tudo na realização de objetivos pré-especificados (financiamento por etapas ou *stage financing*). Por fim, o investidor de capital de risco conserva direitos de controle, ao menos durante certo tempo; pode, por exemplo, substituir o empreendedor ou alguns de seus colaboradores se os objetivos não se cumprirem. *A contrario*, a equipe dirigente (os empreendedores) se beneficiará de mais autonomia se os objetivos forem cumpridos.

Alguns esclarecimentos suplementares nesse panorama rápido. Essas estruturas frequentemente não dão nenhum lucro durante anos; logo, não é aconselhável endividá-las, pois seriam rapidamente confrontadas com pagamentos que seriam incapazes de honrar. Os investidores, portanto, adquirem ações preferenciais (*preferred stocks*), que na realidade são formas de dívida, e o pagamento de cupons dessa dívida pode ser adiado enquanto nenhum dividendo for pago aos acionistas, dívida conversível (*convertible debt*), que pode ser transformada em ações, seja a pedido de seus detentores, ou da empresa conforme o caso, ou finalmente, às vezes, ações ordinárias.

Em seguida, um dos elementos importantes do contrato inicial é prever a fase de desvinculação dos financistas. Se o projeto der certo, ele pode ser introduzido na bolsa, o que, de um lado, permite à empresa desenvolver-se financeiramente ao ter acesso a outros capitais, e, de outro, aos investidores desvincular-se ao menos parcialmente. Essa desvinculação libera dinheiro novo para os investidores iniciais, que podem assim investir em novas start-ups. A introdução em bolsa não se dá numa data prefixada e joga de maneira sutil com o timing (esses ingressos na bolsa se dão quando há muitos fundos disponíveis para investir no mercado).

O capital de risco também apresenta limites. Ele requer profissionais dispondo de um aporte pessoal importante. Esse aporte pessoal, o fato de eles investirem seu próprio dinheiro na startup, é o que credibiliza sua ação e conduz os investidores passivos, que representam o grosso do financiamento, a acompanhá-los no financiamento dessa startup. A esse título, os fundos disponíveis flutuam muito com a conjuntura. Por ocasião da bolha da Internet, os ingressos na bolsa se faziam a preços elevados e o capital de risco dispunha então de inúmeros fundos próprios; inversamente, novas regulações que limitam o risco a que fundos de pensão podem ser expostos poderão desestimulá-los a subscrever por ocasião da entrada na bolsa. Mais amplamente, esse financiamento tem o defeito de ser bastante cíclico.

O capital de risco tem também um componente público em numerosos países. Tendo em vista os defeitos mencionados acima, o financiamento público pode ser um complemento útil, mas somente sob certas condições; pois, na linha das análises da política industrial,[25] convém que o processo faça intervir especialistas[26] e limite a influência do político; por exemplo, o US Small Business Investment Research Fund é reputado financiador de projetos pouco promissores em razão da intervenção dos políticos. O ideal seria também que o investimento público complementasse o capital de risco privado em vez de rivalizar com ele e utilizar uma política anticíclica; mais palavras do que atos, contudo.

V. O DESENVOLVIMENTO COOPERATIVO E O SOFTWARE LIVRE

O processo de produção e inovação no software livre, ou de código aberto (*open source software*), parece bem diferente do que os economistas poderiam esperar. Tradicionalmente, uma empresa privada paga seus funcionários, define suas tarefas e se apropria da propriedade intelectual assim criada. Num projeto livre (*open source*), em contrapartida, os colaboradores nem sempre são remunerados.

Os colaboradores são voluntários e os programadores livres para trabalhar nos subprojetos que lhes pareçam mais interessantes ou mais adequados às suas competências, ainda que o modo de organização do software livre não seja nada anárquico (o *leadership* sobre um projeto decompõe o trabalho em módulos bem definidos e aceita as colaborações numa versão "oficial" a fim, de um lado, de que colaborações sejam realmente soluções operatórias e coerentes e, de outro, que o projeto não se disperse). Por fim, a propriedade intelectual é limitada: por exemplo a licença do software livre pode especificar que qualquer um que faça uso dele deve disponibilizar nessas mesmas condições todas as melhorias que fizer no software de origem.

Os softwares livres passaram a desempenhar um papel importante em numerosos segmentos. Os mais conhecidos do grande público são o Linux[27] (sistema operacional para celulares, cujo principal concorrente é o iOS, que equipa os iPhones). Mas o software livre está igualmente muito presente nos softwares que administram os servidores (o mercado dos softwares de servidores, utilizados pelos computadores que publicam páginas da web, foi dominado pelo projeto open source Apache desde meados dos anos 1990), nas linguagens de script (Python, PERI, PHP...), nos navegadores (Firefox, Chromium, que é a parte "livre" do Chrome), nos bancos de dados (MySQL), no e-mail (Thunderbird), no burocrático (LibreOffice), na nuvem (OpenStack) ou no Big Data (Hadoop).

Quais são os incentivos e os papéis dos diferentes atores no processo open source?

As motivações dos programadores. Trabalhar num projeto de desenvolvimento de software livre é oneroso em tempo para um programador. Um programador que trabalha como autônomo renuncia à compensação monetária que teria trabalhando para uma empresa comercial ou uma universidade. Para um programador filiado a uma empresa comercial, uma universidade ou um laboratório de pesquisa, o custo de oportunidade do trabalho sobre softwares livres advém da impossibilidade de ele se concentrar em outras tarefas. Por exemplo, a produção de pesquisa universitária pode cair e os progressos de um estudante em sua tese desacelerarem.

No começo dos anos 2000,[28] Josh Lerner e eu estávamos fascinados pelo sucesso crescente dos softwares open source, e desconfiados diante dos argumentos sugeridos para explicar as razões de tal sucesso e a análise das estratégias futuras do software comercial face a esse fenômeno. Na época, havia duas explicações dominantes para as motivações dos programadores para participar do software livre. A primeira baseava-se na ideia de que esses colaboradores seriam intrinsecamente mais generosos ou menos ávidos pelo ganho do que seus colegas do mundo comercial. Os comportamentos pró-sociais efetivamente desempenham papel não desprezível em numerosos domínios da vida econômica. Essa hipótese, portanto, tinha o mérito de ser coerente. Mas colocava a questão de saber se, na prática, os programadores de softwares comerciais preocupam-se efetivamente menos com o bem público do que os programadores que trabalham num software livre, questão sobre a qual temos pouca informação (não podemos confiar em pesquisas que se atêm às motivações, pois é sabido que tais pesquisas geram respostas autocomplacentes).

A segunda tentativa de explicação era bem mais alheia à lógica econômica. Ela sustentava que os colaboradores de um projeto de software livre esperam que sua colaboração desencadeie um processo virtuoso baseado numa reciprocidade generalizada, em que o afluxo de diversos outros colaboradores permitiria o desenvolvimento de um produto livre utilizável pelo colaborador, tornando assim racional a decisão individual de dar sua colaboração. Essa explicação baseada no interesse pessoal vai ao encontro da teoria dos bens públicos e das observações empíricas sobre os comportamentos de carona observados em outros contextos; por exemplo os países, empresas ou famílias geralmente não restringem suas emissões de gás de efeito estufa na esperança de que seu comportamento individual vá desencadear uma série de reações que permitirão resolver o problema do aquecimento global (a Europa bem que tentou dar o exemplo e criar um círculo virtuoso após Kyoto, mas sem o menor sucesso, embora ela represente 20% das emissões mundiais de gás de efeito estufa).

Nós sustentamos que diversas outras motivações à colaboração open source eram possíveis. Em primeiro lugar, os programadores open source empregados de uma empresa ou uma universidade estão em condições de melhorar, em vez de reduzir, sua performance no trabalho, contribuindo para o software livre. Isso é particularmente pertinente no caso dos administradores de sistema que procuram soluções específicas para sua empresa. Os estudos mostraram na sequência que diversos colaboradores open source são movidos pela necessidade de resolver suas próprias necessidades em matéria de programação para sua organização. Em segundo lugar, o programador pode encontrar um prazer intrínseco em escolher um open source "legal" e mais divertido do que uma tarefa de rotina imposta por um patrão. Em terceiro lugar, as contribuições open source lhe oferecem a oportunidade de demonstrar seu talento.

Quanto a esse terceiro ponto, a teoria econômica da sinalização sugere efetivamente que os programadores têm mais incentivo a participar de um projeto open source quando sua contribuição é mais visível pelo público que eles procuram impressionar. O público em questão pode ser, como no mundo universitário, os pares: os programadores, a mesmo título que os membros de qualquer profissão, querem ser reconhecidos por sua comunidade. Mas é interessante constatar que não é o único público visado, pelo menos em diversos programadores do software livre. O público visado é igualmente o mercado de trabalho (as empesas do software comercial recrutam entre os colaboradores do software livre que se distinguiram por suas contribuições) e a comunidade do capital de risco, que, em certos casos – sobretudo os líderes de projetos open source –, financiará aplicativos comerciais construídos em torno do software livre.

Convém observar que o software livre presta-se efetivamente a tal sinalização. A decomposição em módulos permite identificar a dificuldade da tarefa, a qualidade da solução sugerida e a pessoa responsável pela solução do problema colocado. A informação assim coletada é ainda mais útil na medida em que o programador open source assume inteira responsabilidade pelo êxito de um subprojeto, com pouca interferência de um superior hierárquico. Os projetos também definem níveis de reconhecimento (por exemplo, diversos níveis de programador, gerente de projeto, membro do conselho da fundação correspondente), reforçando assim a diferenciação para estimular a sinalização. Uma confirmação indireta da hipótese de sinalização é que as empresas de software comercial, conscientes desse desejo de sinalização, tentaram emular o software livre, reconhecendo as contribuições individuais de seus programadores a subprogramas de seus softwares.

As estratégias das empresas comerciais. O que nos leva a discutir a questão das estratégias das empresas do software comercial face ao software livre. No começo hostis, elas se adaptaram ao fenômeno, chegando a ver nele uma oportunidade.

- Elas podem querer que seus empregados trabalhem em projetos open source, a fim, como vimos, de detectar talentos nesse segmento da indústria para eventualmente convidá-los a juntar-se à empresa.
- Elas podem desejar compartilhar, com usuários selecionados em virtude de um acordo de confidencialidade, seu código-fonte[29] a fim de se beneficiar do trabalho externo de correções de bugs.
- Além disso, o código-fonte comercial aberto pela via de licenças universitárias (como faz há muito tempo a Microsoft) pode tornar-se familiar aos programadores: pode ser utilizado nas escolas e universidades com fins pedagógicos, criando assim um efeito de aprendizagem (*alumini effect*) e emulando assim os benefícios de softwares livres, como o Linux, com os quais os estudantes se familiarizam muito cedo.
- E, sobretudo, uma empresa comercial pode decidir ganhar dinheiro não com o código em si, mas com segmentos complementares, desenvolvendo e explorando uma expertise em bens ou serviços baseados no programa open source. É assim que o Google distribui gratuitamente o Android em open source e tira seu lucro dos dados que recolhe dos usuários (completando assim a coleta de informação pela sua ferramenta de busca, Google Maps, YouTube etc.). A IBM coloca softwares open source no centro de sua estratégia, apostando em sua atividade de consultor. Empresas comerciais, como a Red Hat no caso do Linux ou o Scientific Workplace no do LaTeX,[30] oferecem versões personalizadas e/ou mais fáceis de manipulação dos programas open source.

Voltemos aqui à ideia segundo a qual, num projeto open source, os colaboradores nem sempre são remunerados. Mesmo sendo de fato o caso típico dos novos projetos (lançados a partir de uma motivação pessoal, *scratch your own itch*), os projetos importantes para a indústria são hoje quase sempre amplamente financiados pelas empresas, que empregam os colaboradores mais importantes. O Linux é bastante emblemático desse ponto de vista. O Android, como vimos, está essencialmente nas mãos do Google, MySQL nas da Oracle etc. A história do Java talvez ilustre outra estratégia, impulsionada pelo Sun e sobretudo pela Oracle: federar os grandes atores (IBM, SAP, Apple, em breve o Google para Android etc.) em torno de uma implementação única (no caso o Open JDK) para lutar contra a fragmentação do ecossistema Java, que representava uma ameaça à sua atividade primordial.

Numerosos desafios se apresentam, contudo, quando uma empresa com fins lucrativos procura estar no centro de um projeto de desenvolvimento open source. Pode acontecer de a entidade comercial não internalizar suficientemente os objetivos da comunidade open source. Em especial, ela pode não estar em condições de se comprometer de maneira confiável a manter todo o código-fonte em domínio público e a destacar de maneira adequada colaborações importantes. A cada versão, o Android torna-se cada vez mais dependente dos serviços Google, de modo que um construtor que deseje produzir um celular Android mas sem acordo com o Google (principalmente para acessar a loja de aplicativos Google Play) encontra-se com um produto muito pouco funcional. Não é certo que esses temores se materializem (pois não é impossível que o Google queira formar uma reputação de neutralidade), mas eles existem.

Essas dificuldades explicam por que a Hewlett-Packard publicou seu código através da Collab.Net, empresa fundada por programadores open source, que organiza projetos open source para as empresas que desejem abrir uma parte de seu programa. Na realidade, a Collab.Net oferece uma espécie de certificação de que a empresa se compromete realmente com o caráter open source do projeto.

A escolha de regime de propriedade intelectual. Esta última observação me faz voltar às motivações dos programadores open source. Sua motivação depende também da licença que rege o projeto open source. Com efeito, o projeto deve ser protegido se quiser permanecer open source. Algumas licenças como a BSD (Berkeley Software Distribution) são permissivas, na medida em que o usuário conserva a possibilidade de utilizar o código como bem entende. Elas permitem aos programadores desenvolver softwares proprietários comercializáveis, mas cria um risco de bifurcação, em que o projeto se esgarça em variantes múltiplas e eventualmente pouco compatíveis. É interessante notar aqui a estratégia do Google para o Android. Para tornar atrativo esse software livre, autorizando os usuários a modificar de maneira proprietária e ao seu bel-prazer, o Google escolheu uma licença bastante permissiva.[31] Mas uma incompatibilidade criada pelas escolhas individuais dos fabricantes de smartphones e operadoras de telecomunicações seria catastrófica. No lançamento do Android,[32] o Google formou uma coalizão de fabricantes, operadoras e desenvolvedores de softwares que se comprometeram a manter uma base comum conforme o Android evoluía.

Inversamente, uma licença como a GPL (General Public License)[33] é coercitiva quanto à sua interação com o software comercial. Ela impõe a obrigação de beneficiar a comunidade com toda versão modificada, a menos que esta última esteja reservada a um uso estritamente pessoal. A licença GPL é emblemática em razão da personalidade de seu criador, Richard Stallman, e porque o Linux adotou-a muito cedo. Mas hoje as licenças "virais" (tipo GPL) não podem mais ser consideradas completamente "típicas" dos projetos open source. As licenças permissivas (BDS, MIT, Apache...) são bastante difundidas.

Como se opera a escolha de uma licença open source? Um projeto deve ser atrativo para seduzir os programadores. Estes últimos ficarão mais desconfiados se é uma empresa comercial que está na origem do projeto ou se encontra muito implicada no código-fonte do software livre. Os participantes ficam mais tranquilos quanto à fragmentação e à carona (*free riding*) se a licença for uma licença GPL. Lembremos também que os programadores dão importância à visibilidade de suas contribuições. Ora, estas são mais visíveis se o projeto atrair inúmeros outros programadores e se o software for utilizado por outros programadores, e não por usuários finais que não leem o código-fonte. A escolha da licença não é em nada irracional e corresponde às previsões da teoria econômica. Uma análise de 40 mil projetos open source no banco de dados SourceForge mostra que as licenças restritivas são significativamente mais frequentes quando a atração pelos programadores do software livre é presumivelmente fraca, isto é: para os aplicativos – jogos, desktop do computador – destinados ao grande público; para os projetos que operam em ambientes comerciais ou executados em sistemas operacionais proprietários; e para os projetos cuja língua natural não é o inglês.

Há muitos outros assuntos apaixonantes relativos aos softwares livres, de que não posso tratar aqui no espaço de que disponho: quais políticas públicas devemos adotar com respeito a esse fenômeno? Qual é a importância das patentes e do seguro contra o risco de litígio no que se refere à falsificação de patente para o software livre? O modelo open source pode ser transposto para outras indústrias sem ser do software? Após essa rápida apresentação do open source, eu gostaria de terminar com duas observações. Em primeiro lugar, tanto nesse domínio como nos outros, é importante que as formas de organização alternativas possam emergir num contexto de igualdade de tratamento entre formas organizacionais, e isso a fim de que a mais apropriada a cada situação possa ser adotada: impossível impor um modelo de organização único. Em seguida, como tentei mostrar, não há nada de misterioso economicamente nesse fenômeno, que, no entanto, à primeira vista, poderia parecer desnorteante para um economista. A economia está em toda parte.

VI. E MUITOS OUTROS DEBATES...

Muitos outros temas apaixonantes relativos à propriedade intelectual são discutidos atualmente, os quais, por uma questão de concisão, não abordarei.

Por exemplo, os trolls de patentes, essas entidades que não fazem P&D e compram portfólios de patentes para cobrar direitos, representavam 61% dos processos relativos às patentes nos Estados Unidos em 2011. Eles criam um mercado secundário eficaz para as patentes (os pequenos inovadores não tendo a capacidade legal e os rendimentos de envergadura para obrigar os usuários a pagar os royalties)? Ou constituem um mecanismo generalizado de extorsão de fundos construído em cima da permissividade dos escritórios de patentes que as concedem em excesso?

Além disso, como devemos conceber a regulação da concorrência num mundo em que a propriedade intelectual está no centro da cadeia de valor? Devemos limitar as injunções, que impedem uma empresa a jusante de comercializar seus produtos se não pagou seus royalties? Injunções são uma arma muito eficaz contra as grandes empresas como a Apple ou a Microsoft (por exemplo, sob a ameaça de uma intimação, a RIM – agora Blackberry – teve de pagar US$612,5 milhões a um troll de patentes)? Devemos impor licenças obrigatórias em detrimento do detentor de propriedade intelectual? Estas são apenas algumas das inúmeras questões sobre a propriedade intelectual que se colocam hoje pelo mundo.

17. A regulação setorial

O desafio

Em 1982, quando eu era um jovem pesquisador na École des Ponts, tive a grande sorte de iniciar uma longa colaboração sobre a regulação setorial com Jean-Jacques Laffont, fundador da Escola de Economia de Toulouse. Começamos assim nossos trabalhos sobre a regulamentação das indústrias de rede e os mercados públicos. No mundo inteiro, crescia um certo descontentamento quanto à baixa qualidade e ao custo dos serviços públicos geridos pelos monopólios históricos regulados pelo poder público. Nos Estados Unidos, o presidente Carter acabava de desregular os transportes aéreos, e outros setores achavam-se então na berlinda: telecomunicações, eletricidade, gás, ferrovias, serviços postais. Estava claro que privatizar os grandes monopólios públicos na Europa nem de longe resolveria todos os problemas, como mostrava claramente a ineficiência patente das empresas privadas reguladas, as *public utilities* americanas, estabelecidas desde o começo do século XX. Era preciso mudar ao mesmo tempo os incentivos das operadoras históricas e introduzir a concorrência.

A desregulamentação e a abertura à concorrência não eram, contudo, evidentes, exceto talvez para os ideólogos do laissez-faire. Havia boas razões para a falta de concorrência nesses setores. Em especial, a duplicação pelos potenciais novos participantes de alguns "gargalos de estrangulamento", também chamados "infraestruturas ou facilidades essenciais", para empregar a terminologia do direito da concorrência, ou ainda "monopólios naturais", era muito onerosa; essas infraestruturas essenciais compreendiam as redes de transporte elétrico, as redes de distribuição postal para as cartas com menos de 50g, os gasodutos, os trilhos e as estações ferroviárias e a rede local de comunicação (a linha telefônica que vai do seu domicílio ou seu escritório até o primeiro nível de equipamento da rede da qual você é assinante; na época, um fio de cobre, hoje talvez uma fibra óptica ou uma rede local de rádio). Para repetir um exemplo já mencionado, difícil imaginar um novo operador ferroviário construir uma nova linha TGV Paris-Lyon, novas estações em Paris e Lyon! Essas infraestruturas essenciais eram na época controladas por um "operador histórico" (na França a EDF, France Télecom, SNCF, La Poste...).

Os desafios que nós e os outros pesquisadores que trabalham sobre o tema tínhamos diante de nós eram muitos.[1] Era preciso construir um quadro conceitual coerente para definir contratos de incentivo entre o Estado e as empresas reguladas, conceber a introdução da concorrência nas indústrias de rede estabelecendo os princípios de determinação dos preços de acesso às infraestruturas essenciais que até então eram posse das operadoras históricas; e, mais amplamente, organizar a regulamentação nesses setores cruciais para a economia e definir uma nova visão do Estado "regulador".

I. UMA REFORMA QUÁDRUPLA E SUA RACIONALIDADE

As reformas nos setores das telecomunicações, da energia, das ferrovias ou dos correios realizadas a partir do fim do século XX constituem, portanto, uma reação à ineficiência da gestão constatada até então nesses setores. Com efeito, as empresas que se beneficiavam de uma posição de monopólio *de jure* ou *de facto*, ligada à existência de segmentos com rendimentos de escala bastante significativos, estão em condições de exigir preços altos ou impor serviços de qualidade insuficiente aos consumidores cativos. Até os anos 1980, no mundo inteiro, esses setores eram monopólios com incentivos fracos (na Europa, empresas públicas; nos Estados Unidos, empresas privadas deixando os usuários arcar com a quase totalidade do risco e, portanto, também tornando seu custo alto demais), e praticando "subvenções cruzadas" entre serviços, frequentemente motivadas mais por considerações políticas do que por uma lógica econômica (em termos simples, dizemos que há subvenção cruzada quando o preço baixo de um serviço é financiado pelo preço alto de outro serviço).

As situações de monopólio natural explicam por que, na maioria dos países, o poder público regula há tanto tempo os monopólios que alimentam as indústrias de rede. Todavia, as modalidades dessa regulação não são óbvias.

Fortes assimetrias de informação quanto aos custos e escolhas tecnológicas, bem como à demanda, impedem o regulador de garantir os melhores serviços aos menores preços para os cidadãos. Em outros termos, a empresa regulada pode utilizar estrategicamente a informação de que dispõe: ela a revela quando isso lhe é benéfico e a conserva para si mesma quando a transparência coloca suas receitas em perigo.

Na linguagem da economia, os reguladores enfrentam dois tipos de assimetrias de informação, designadas respectivamente "seleção adversa" e "risco moral". Em primeiro lugar, a empresa (o mandatário)* tem um melhor conhecimento de seu ambiente econômico: sua tecnologia, seu custo de armazenagem, a demanda por seus produtos e serviços. Em segundo lugar, suas ações afetam o custo e a demanda: gestão de recursos humanos, escolhas estratégicas de capacidades de produção, pesquisa e desenvolvimento, imagem de marca, controle, qualidade, gestão de riscos etc. Não surpreende que as autoridades que negligenciam essas assimetrias de informação não consigam regular eficazmente e reduzir o custo para o usuário ou o contribuinte a um nível justo. Para citar dois exemplos independentes da noção de poder de mercado e discutidos nos capítulos 8 e 9, uma abordagem administrativa da regulação (*command and control*) em matéria ambiental e o controle judiciário das demissões revelaram-se contraproducentes, uma vez que impuseram custos altos demais à indústria para um dado objetivo, o que no fim se volta contra os supostos beneficiários dessas regulações (o meio ambiente, os empregados). O mesmo princípio vigora em economia da regulação setorial.

Naturalmente, as autoridades devem tentar, e de fato tentam, diminuir a assimetria de informação. Isso pode ser feito coletando dados, mas também medindo as performances da empresa pelas de empresas similares, embora operando em mercados diferentes; isso também pode passar pelo leilão dos direitos de monopólio, as empresas sendo levadas a fornecer informação sobre os custos de seu setor durante esses leilões. Mas a experiência mostra que essas práticas, decerto úteis, não permitem eliminar o handicap informacional do

---

* Um mandatário é um agente que efetua, contra retribuição, uma tarefa para um mandante que define a tarefa e paga o mandatário. O par mandante-mandatário é assim denominado em referência à terminologia inglesa *principal-agent*.

regulador. Uma segunda dificuldade para a implementação de uma reforma reside evidentemente em sua política. Os acionistas, dirigentes e assalariados das empresas estabelecidas estão vigilantes quanto às modalidades da reforma; quase sempre sua forte mobilização impede ou limita esta última. Inversamente, alguns lobbies de usuários dos serviços produzidos pela indústria podem impelir a uma liberalização dos mercados, não por razões de bem-estar social, mas em seu interesse pessoal.

Uma reforma quádrupla

Inspirada em parte pela teoria econômica, uma reforma quádrupla foi criada nos últimos trinta anos, caracterizando-se por:

- o aumento dos incentivos à eficiência dos monopólios naturais, com a introdução de mecanismos de divisão dos ganhos de eficiência com a operadora (e, na Europa, privatizações). Por exemplo, o uso de tetos para os preços, que impõem à empresa regulada um limite superior para o "preço médio" de seus serviços e deixa a empresa conservar seu lucro, contanto que a restrição seja respeitada, se generalizou. Esse teto é geralmente indexado pela inflação, pelo preço dos inputs (por exemplo, pelo preço do gás para as centrais a gás), e, menos frequentemente, por indicadores comparativos (em outros termos, a comparação com a performance de empresas em situação similar, o benchmarking). Ele é ajustado dinamicamente em função do progresso tecnológico antecipado;
- o reequilíbrio das tarifas (entre pessoas físicas e jurídicas, entre assinaturas, comunicações locais e de longa distância etc.). Esse reequilíbrio era desejável, pois a cobertura dos custos fixos com sobretaxas significativas sobre os serviços com a demanda muito elástica levava a subconsumos muito ineficazes e freava a introdução de serviços inovadores;
- a abertura à concorrência de determinados segmentos de atividades que não apresentam as características de monopólio natural, através da concessão de licenças aos novos participantes, de um lado, e da regulação das condições de seu acesso aos gargalos de estrangulamento do operador histórico, de outro. O mercado sendo um incentivo importante, nunca é demais insistir

acerca da importância da concorrência sobre o dinamismo da empresa, seja esta pública ou privada;
- e, por fim, a transferência da regulação para autoridades independentes. Como explico no capítulo 6, a concepção do papel do Estado evoluiu. O Estado produtor tornou-se Estado regulador. Sob a pressão das partes interessadas e fazendo face a uma restrição orçamentária frouxa (os déficits de uma empresa inchando o orçamento global ou a dívida pública ou ainda sendo cobertos por uma alta das tarifas pagas pelos usuários), as empresas controladas pelo poder público geralmente não produzem serviços de qualidade a baixo custo. Antigamente juiz e parte, o Estado voltou a se concentrar em seu papel de juiz, em especial sob a forma de agências setoriais e agências da concorrência, ambas independentes.

Uma ilustração interessante do papel dos incentivos e de uma boa precificação é fornecida pela reforma associada ao Staggers Act de 1980 nos Estados Unidos. Nos anos 1970 as estradas de ferro americanas (essencialmente de frete, ao contrário da França) estavam moribundas. Numerosas companhias, não obstante protegidas por posições de monopólio, encontravam-se em grandes dificuldades financeiras. A parte do frete ferroviário caíra a 35% (de 75% nos anos 1920). A infraestrutura (as ferrovias) era precária, e as velocidades, por conseguinte, bastante reduzidas. A reforma deu às empresas de frete muito mais liberdade de precificação e de assinatura de contratos com as empresas clientes (ao mesmo tempo mantendo uma vigilância do regulador a fim de prevenir os preços "abusivos"). Custos e preços diminuíram (a produtividade – definida como o número de toneladas-quilômetros por empregado – foi multiplicada por 4,5 depois disso), a qualidade aumentou e o frete ferroviário recuperou fatias de mercado, quando estava fadado à extinção.

A concorrência no mercado e para o mercado

A introdução da concorrência pode ser feita de duas maneiras: para o mercado (*ex ante*) e no mercado (*ex post*).

A concorrência para o mercado é uma concorrência pelo direito de alimentar um dado mercado em situação de monopólio. Por exemplo, um governo local escolhe um operador único para a gestão do serviço ferroviário desse mercado por um prazo determinado com base num leilão "quem dá mais leva", no qual aquele que paga mais reflete as condições financeiras (o preço vislumbrado para o usuário, o nível de subvenção exigida do governo), bem como outras variáveis que medem a qualidade do serviço: tudo depende do caderno de encargos. Essa concorrência para o mercado faz parte dos mecanismos de licitação pública (termo genérico agrupando os mercados públicos, as terceirizações de serviço público e os contratos de parceria), nos quais, por uma questão de concisão, não nos deteremos aqui, embora constituam desafios cruciais para a economia.[2] Inversamente, a autoridade pública pode decidir deixar a concorrência fazer seu jogo entre diversos operadores no mercado em questão. Para isso, cumpre que os diferentes operadores tenham acesso à infraestrutura básica, daí a terminologia anglo-saxã *open access*.

Em geral, as autoridades têm de escolher entre os dois modos de concorrência. Por exemplo, se a Autorité de Régulation Férroviaire (Araf, agência pública independente que regula o setor ferroviário na França) quisesse fomentar a concorrência nos serviços TGV Paris-Lyon, teria duas opções: criar e leiloar entre operadores ferroviários (SNCF, Deutsche Bahn, Transdev...) uma concessão ou deixar vários operadores concorrerem na linha e dividirem as janelas de horários e percursos. Nesse mesmo setor ferroviário, algumas atividades como o frete são agora submetidas a uma forma de concorrência tradicional no mercado; e outras permanecem em situação de monopólio, como os transportes regionais de passageiros, para as quais a forma de concorrência considerada pelo regulamento europeu sobre as obrigações de serviço público (OSP) é antes uma concorrência "para o mercado", por zonas geográficas.

II. A REGULAÇÃO INCITATIVA

Responsabilizar a empresa

Os economistas são em geral favoráveis à utilização de incentivos fortes (isto é, à responsabilização da empresa) e desempenharam um papel significativo nas reformas que introduziram novos contratos de regulação nas indústrias de redes. Com efeito, o bom senso sugere que, a fim de prover incentivos à redução dos custos (para ficarmos nesse exemplo), a parte que controla o nível dos custos deve assumir, ao menos em parte, sua responsabilidade. Isso leva, especialmente no caso das concessões, a preconizar a utilização de contratos com incentivos fortes, em que o concessionário não é considerado responsável pelas evoluções sobre as quais não tem nenhum controle, mas, em contrapartida, assume integralmente ou em boa parte os riscos de custo que ele pode controlar.

No âmbito de projetos públicos não comerciais (a construção de uma ponte não submetida a pedágio, por exemplo), fala-se muito em "contratos de preço fixo" (*fixed price contract*), em que a agência responsável pela concessão paga uma soma predeterminada e a empresa arca com a totalidade de seus custos (que então não precisam ser auditados pelo regulador). No contexto de serviços comerciais, os contratos com incentivos fortes tomam a forma de preços máximos (*price caps*) não indexados pelo custo efetivo da produção. Em outros termos, e para simplificar um pouco, o regulador autoriza um preço médio máximo e a empresa pode escolher seus preços contanto que respeite essa restrição; ela então arca com a integralidade de seu custo.

A esses contratos com incentivos fortes devem ser opostos aqueles com incentivos fracos, em que o produtor tem a garantia prévia de que seus custos, ou mais geralmente a maior parte de seus custos, serão cobertos seja por um aumento da subvenção, seja por um aumento dos preços pagos pelo usuário; trata-se aqui de contratos com custos reembolsados (*cost-plus contracts*) para serviços não comerciais, e contratos de regulação indexando os preços pelo nível dos custos realizados (*cost of service regulation*) pagos pelos usuários do serviço. É esse tipo de contrato que prevalecia, por exemplo, nos Estados Unidos para a regulação das empresas privadas de serviço público (as *public utilities*) até os anos 1980.

Mais geralmente, a ideia que preside a introdução de contratos com incentivos fortes é, como vimos, responsabilizar a empresa por seu desempenho, a fim de incitá-la a servir melhor à coletividade. Tomemos como exemplo o caso do transporte de eletricidade. O gestor de rede (na França a RTE – o Réseau de Transport d'Électricité, filial da EDF) desempenha um papel importante por seus investimentos, pela manutenção e pelo *dispatching* (a escolha das unidades de produção destinadas a servir à demanda final). Esse papel obscuro impacta diretamente as empresas e as famílias

A *regulação setorial*

consumidoras de eletricidade. Por exemplo, uma central próxima dos locais de consumo e produzindo eletricidade a um custo de €100/MWh pode ser escolhida em detrimento de uma central disponível mas distante custando apenas €25/MWh, por falta de capacidade de transporte para conduzir a eletricidade do local de produção ao local de consumo ou em razão da incerteza relativa à estabilidade da rede de alta tensão. Mais genericamente, o "custo de *redispatching*", que aqui é de €75, é bem-equilibrado inclusive nos sistemas elétricos complexos (a EDF, pioneira do cálculo econômico no setor elétrico, faz isso há muito tempo). Esse custo cria uma perda econômica e gera a jusante um preço mais elevado para o consumidor de eletricidade. Logo, é útil que o gestor da rede de transporte faça os investimentos, cujo custo é razoável e que amenizam o congestionamento, permitindo assim uma produção globalmente menos onerosa. O gestor de rede inglesa de transporte de energia elétrica (que é independente dos fornecedores de eletricidade) foi submetido pela primeira vez nos anos 1990 a um esquema incitativo que o recompensava se o congestionamento (sobretudo do norte da Inglaterra, onde a produção é barata, para o sul, onde se encontra boa parte do consumo), e com isso o custo de *redispatching* de centrais baratas para centrais caras, caísse. Esse incentivo incitou o gestor de rede a inovar e, a baixo custo, reduzir o congestionamento para benefício da comunidade.

Os limites da responsabilização

A tensão entre a ausência de lucro e os incentivos. A introdução de contratos mais incitativos, contudo, não deve ser feita de maneira muito ingênua. A tensão entre a ausência de lucro e os incentivos é uma primeira preocupação bastante generalizada: quanto mais fortes os incentivos, maiores os lucros potenciais, a menos que a agência concessora tenha uma informação muito precisa sobre a função de custo (o que é pouco provável) ou consiga fomentar uma concorrência efetiva entre produtores muito similares.

Pode o regulador estimar o nível dos custos da empresa? Não, pois, como apontamos, a empresa possui uma informação muito melhor sobre seus custos e seu potencial de melhora. Então, o que fazer nessa situação de informação assimétrica? Na verdade, não existe regulação "chave-mestra": deve-se deixar a empresa utilizar sua informação. Em outros termos, o regulador deve explicitamente levar em conta a existência de uma assimetria de informação e oferecer um "menu" de contratos à empresa regulada no qual diferentes possibilidades de divisão do custo são propostas; por exemplo, um contrato de custo reembolsado e um contrato de preço fixo. O contrato de custo reembolsado especifica uma remuneração fixa bastante fraca, e paga à parte o custo total da operadora. O contrato de preço fixo outorga uma remuneração elevada, mas a remuneração é bruta: o operador deve arcar com a totalidade do custo, gerando um lucro líquido igual à remuneração bruta menos o custo realizado. Se esse menu for bem-concebido, uma empresa ciente de que seu custo será baixo quererá então escolher um esquema bastante incitativo (ser responsabilizada por seu custo), ao passo que irá preferir um reembolso significativo de seu custo se antecipar que ele será elevado. Evidentemente, fará um maior esforço de redução de custo no primeiro caso. A empresa conservará uma "receita de informação", mas o menu de opções, se bem-concebido e coerente, permitirá alcançar a melhor combinação entre limitação do lucro da empresa e incentivos.

Esse conflito entre receitas e incentivos é frequentemente negligenciado. Com muita frequência, recomenda-se a introdução de contratos de tipo preço-máximo argumentando, a justo título, que eles incitarão a uma eficácia maior; mas é comum esquecer seu corolário, a saber, a possibilidade de lucros elevados. Após um período de entusiasmo ligado à redução dos custos, assistimos a um contragolpe que se traduz por uma pressão política forte em favor da quebra do "contrato regulatório" e do confisco das receitas criadas... pelas escolhas contratuais do poder público. Porém, para empregar uma expressão popular, não se pode "comer o bolo e guardar o bolo" ao mesmo tempo. Os ganhos de eficácia ligados a contratos incitativos poderosos não serão tangíveis a não ser que a empresa possa confiar na capacidade do Estado de respeitar seus compromissos. Em meados dos anos 1990, o regulador inglês do setor elétrico, Steve Littlechild, economista e um dos pais da abordagem pelos preços máximos, foi obrigado a ceder às pressões políticas e alterar o contrato das companhias regionais de eletricidade. Numerosas parcerias público-privadas no mundo toparam com esse tipo de problema e foram levadas a concluir, erradamente, pela ineficácia da responsabilização, quando a verdadeira causa derivava mais de uma gestão pouco coerente, em especial sem coerência intertemporal, dos incentivos do poder público.

O necessário controle da qualidade/segurança. Além disso, os incentivos fortes implicam que fica mais caro para a empresa fornecer serviços de qualidade elevada, uma vez que ela arca com uma fração mais significativa de seus custos. A empresa tem então um incentivo não desprezível a reduzir a qualidade de serviço (ou a selecionar seus pacientes, se considerarmos o caso de um hospital que recebeu incentivos a reduzir a mortalidade ou a aumentar a taxa de cura). A simplicidade do argumento é estarrecedora, mas os reguladores costumam se esquecer disso. A privatização do monopólio público British Telecom (BT) em 1984 foi acompanhada de um aumento dos incentivos aos quais a empresa fazia face: *so far, so good*, diriam os britânicos. Entretanto, o regulador não antecipara que a BT teria interesse em piorar a qualidade do serviço; rapidamente, o regulador foi obrigado a introduzir medidas de qualidade no sistema incitativo. Outro exemplo, ainda na Inglaterra mas em outro setor, é o dos problemas de segurança engendrados por um subinvestimento na manutenção das ferrovias em consequência da introdução de incentivos fortes para o gestor da rede ferroviária. Duas respostas a esse problema de qualidade são possíveis. A primeira, ideal, se pudermos medir a qualidade, é controlar diretamente a qualidade do serviço. A segunda se impõe a partir do momento em que é realmente difícil controlar a qualidade: incentivos fracos reduzem o lucro que a empresa tem ao piorar sua qualidade.

A captura. Por fim, o corolário da relação entre o poder dos incentivos e as receitas atribuídas à empresa é que a captura da agência de regulação torna-se um desafio ainda mais forte para a empresa concernida, na medida em que os incentivos são fortes e, portanto, associam ganhos importantes a um lobbying coroado de sucesso. Com efeito, seja qual for o motivo da captura (amizade pessoal ou política, emprego futuro na indústria, conflito de interesses ligado a uma participação financeira, transferência de dinheiro etc.), a probabilidade desta última cresce conforme a importância que a captura do regulador tem para o agente. Se não é possível garantir a independência da agência reguladora, o risco de captura impele então a contratos com incentivos mais fracos (não sem consequência nefasta em termos de eficiência).

Comportamentos oportunistas do regulador e da empresa regulada

Uma das dificuldades ligadas à gestão das infraestruturas provém de que os contratos são frequentemente incompletos, na medida em que não especificam claramente o que deve ser decidido, ou pelo menos a maneira como a tomada de decisão e a competição devem ser organizadas em determinadas circunstâncias. Costumam ser mais incompletos quanto mais longo é seu horizonte (quase sempre é mais fácil prever a evolução tecnológica ou a demanda a curto prazo do que a longo prazo) e forte a incerteza. A incompletude dos contratos, ou mais amplamente qualquer motivo que permita a um dos dois agentes comportar-se de maneira oportunista *ex post* (o que inclui, por exemplo, a dificuldade para o Estado de respeitar seus compromissos), coloca em perigo os incentivos dos agentes a investir em sua relação mútua. Fala-se então em "perigo de expropriação recíproca": seja do investimento do mandatário, seja do mandante pelo mandatário.

As formas de expropriação do investimento do mandatário em curso de contrato são múltiplas: confisco puro e simples (nacionalização insuficientemente compensada); preços baixos cobrados dos usuários (no caso de um bem comercializável) ou não pagamento pelo mandante (por um bem não comercializável); novas exigências técnicas ou normas de proteção do meio ambiente não compensadas; insuficiência de produção de serviços complementares pelo mandante (por exemplo, rodovias de acesso a uma autoestrada; ligações com um porto autônomo); proibição de reduzir um efetivo gigante; introdução não planejada e não compensada da concorrência etc. Essa ameaça de expropriação gera problemas quando a capacidade de comprometimento do Estado é fraca.

Inversamente, o mandatário pode aumentar suas exigências face a um mandante que tem um forte interesse na concretização do projeto ou no bom andamento de um serviço julgado essencial para a coletividade. Ele pode assim valer-se de inevitáveis ajustes do plano inicial para reivindicar aumentos substanciais de preço ou subvenções públicas; ou ainda ameaçar abrir falência, socializando as perdas, enquanto teria acumulado os ganhos privados numa situação mais favorável.

A primeira resposta a esse risco de comportamentos oportunistas é, naturalmente, tornar os contratos menos incompletos. Mas há limites à complexidade dos contratos, impostos pelos custos de concepção do contrato (tempo dispendido pelos dirigentes, juristas etc.) e os prazos na conclusão de um acordo. Para organizar uma inevitável renegociação, é apropriado então estabelecer desde o início procedimentos claros de revisão dos contratos e de recursos à arbitragem. Outro elemento capaz de reduzir o risco de comportamentos oportunistas é a existência de reputações que os atores (empresa, autoridades) procuram defender.

A concorrência *ex post* pode igualmente limitar o risco de oportunismo. Por exemplo, uma autoridade concessora pode resistir melhor a uma demanda indevida de renegociação do preço pela concessionária se é capaz (e tem o direito) de substituir a baixo custo a concessionária por uma empresa concorrente. E é aí que intervém a propriedade dos ativos. Uma região que escolhe um operador ferroviário para suas linhas regionais poderá mudar mais facilmente de concessionária se possuir o material rodante, sobretudo se os trens não forem padronizados e não existir mercado fluido para eles;[3] portanto, é lógico a propriedade do material rodante voltar à região, mesmo se isso gerar problemas ao mesmo tempo de seleção (a região sem dúvida não tem tanta expertise quanto a concessionária) e manutenção (convém estabelecer um rigoroso caderno de encargos a fim de evitar que a concessionária faça discretamente economias de manutenção no fim da concessão). Por fim, podemos considerar a utilização de garantias[4] para dissuadir tais comportamentos. Essas garantias são suscetíveis de substituir vantajosamente um sistema legal lento demais para evitar o desrespeito às cláusulas explícitas do contrato. Mas são menos úteis quando se trata de implementar o "espírito" do contrato, pois podem servir de instrumento de "chantagem" para a outra parte.

III. AS TARIFAS DAS EMPRESAS REGULADAS

Custo marginal ou custo médio?

Ao assistir às suas primeiras aulas, o estudante de economia aprende que a eficiência econômica requer que o preço de um bem ou serviço seja igual ao custo marginal de produção desse bem ou serviço. O custo marginal é o custo de produção de uma unidade suplementar do produto e, logo, não reflete em nada a existência de custos fixos (equipamentos, imóveis, administração, P&D…), os quais, por definição, não dependem do nível de produção. Esses custos fixos não são atribuíveis a um dado consumo e devem ser repartidos entre os diferentes produtos e consumidores, que coletivamente os justificam, ou seja, cobertos por um financiamento à parte (por exemplo uma subvenção do Estado). O raciocínio por trás desse princípio de tarifação pelo custo marginal é simples: se um bem custa €10 para ser produzido, eu, como consumidor, internalizarei o custo para a sociedade da produção desse bem somente se ele custar €10. A um preço de €6, consumirei, mesmo disposto a pagar apenas €8, que é menos que o custo de €10. Inversamente, um preço de €14 irá me dissuadir de comprar, inclusive se estiver disposto a pagar €12, o que é superior ao custo de produção. Um preço igual ao custo marginal permite realizar as transações que oferecem ganhos de troca e dissuade as transações para as quais não os há.

Mas imagine que uma empresa com forte custo fixo precifica por seu custo marginal. Ela não fará nenhum lucro sobre suas vendas, registrando, portanto, um déficit igual ao custo fixo. Precisará então cobrir esse custo fixo, seja por uma subvenção do Estado, seja afastando-se da precificação pelo custo marginal. A primeira solução – o apelo ao contribuinte – é utilizada em inúmeros países (por exemplo, a França e a Alemanha) no caso do setor ferroviário. Fazer o usuário pagar, em contrapartida, é a solução adotada na França no caso das telecomunicações e da eletricidade; dizemos então que a empresa está "comprometida com o equilíbrio orçamentário". Quando o recurso ao contribuinte é excluído, a empresa deve liberar lucros para cobrir seus custos fixos.

Quem deve cobrir os custos fixos? O usuário ou o contribuinte?

Os usuários devem pagar o custo do serviço que utilizam? Ou, ao contrário, esse custo deve ser compartilhado e pago ao menos em parte por terceiros, que contribuem então para um serviço que não utilizam? Essa questão pode de desdobrar em diversos níveis, no nível da empresa em seu conjunto ou no nível de um serviço oferecido pela empresa.

Tomemos por exemplo o caso do transporte ferroviário francês. Por um lado, os usuários não pagam o custo completo dos serviços que utilizam. Todos os anos o sistema ferroviário registra um déficit significativo. A rede SNCF, na qual o legislador alojou a dívida, acumulou uma dívida de aproximadamente €40 bilhões. De outro lado, os usuários de uma linha não pagam necessariamente o custo ocasionado por essa linha; o custo fixo de uma linha TER pode ser coberto pelos usuários de outras linhas mais rentáveis ou ainda pelo contribuinte.

A mutualização pode ter a vantagem de manter os preços de certos serviços em níveis razoáveis, mantendo um preço próximo do custo marginal, isto é, o custo de um passageiro ou de uma unidade suplementar. Mas a mutualização apresenta o inconveniente de impedir toda visibilidade quanto à oportunidade de conservar esses serviços. No nível de um serviço específico, por exemplo uma linha ferroviária pouco requisitada, a questão efetivamente não é apenas a de sua tarifação, mas também a de saber se se quer conservar ou manter a linha ou o serviço. Desde pelo menos Adam Smith em seu livro *A riqueza das nações* (1776), os economistas refletiram sobre o problema da tarifação quando o interesse social da produção do serviço não é evidente: se o serviço é vendido ao custo marginal, o superávit dos consumidores[5] justifica o custo fixo que acarreta a manutenção da linha em operação?

Um problema é que a demanda em geral só é conhecida localmente, em torno da demanda pelo preço cobrado (o custo marginal no caso). Se o serviço for pelo menos em parte financiado pelo contribuinte ou então por subvenções cruzadas a partir dos lucros tirados de outros segmentos, a informação disponível não permite saber se convém continuar a oferecer o serviço em questão, isto é, se a soma do superávit dos consumidores e do lucro da empresa excede o custo fixo. Uma tarifação testando as propensões a pagar na zona de preços mais elevados faz-se então necessária.[6] Em contrapartida, a utilidade social do serviço é inegável se sua tarifação cobre seu custo total (o que é designado por tarifação pelo custo médio), uma vez que o superávit dos consumidores é necessariamente positivo (os consumidores não podem perder com a existência do serviço, pois são livres para não consumir) e a empresa não impõe ônus ao contribuinte ou aos usuários de outros serviços.

Da abstração à prática: os preços máximos

Orange, EDF, La Poste, SNCF não oferecem um, mas inúmeros serviços. Supondo que o usuário, e não o contribuinte, deva ser cobrado, a questão é saber sobre quais produtos a empresa deveria subir os preços muito além do custo marginal de produção, isto é, impor margens. Sobre essa questão, uma abordagem econômica fundamental é a "regra de Ramsey-Boiteux". Essa regra foi desenvolvida em 1956 na EDF por Marcel Boiteux (um dos engenheiros-economistas mais célebres; mais tarde ele se tornaria o chefão da EDF e foi o pai de seu programa nuclear) e apresenta inúmeras analogias com propostas sobre a tributação apresentadas em 1927 por Frank Ramsey, aluno de Keynes, matemático, filósofo e economista falecido aos 26 anos de idade.

O que nos ensina essa teoria? Simplesmente o bom senso. As margens acima dos custos marginais diminuem as demandas dos diferentes bens e serviços produzidos pela empresa; mais vale então aplicá-las ali onde será mais indolor, isto é, ali onde a demanda não diminui muito com o preço. Assim, a ideia é cobrir os custos fixos com margens sobre os serviços cuja demanda é menos elástica e, logo, menor a perda econômica. Em termos técnicos, a margem relativa (isto é, a margem acima do custo marginal, expressa relativamente ao preço de venda do produto) deve ser inversamente proporcional à elasticidade da demanda, onde a elasticidade da demanda é igual à percentagem de demanda perdida para um aumento de 1% do preço.

Tudo isso parece muito teórico: a taxa de margem associada à tarifação de Ramsey-Boiteux é uma função decrescente da elasticidade-preço da demanda. Mas a teoria de Ramsey-Boiteux é na realidade uma teoria de tarifação muito intuitiva; pois a estrutura de preços relativos daí resultante não é muito diferente da de uma empresa privada. No setor privado, as unidades que comercializam os produtos da empresa colocam-se sempre a questão do que o mercado pode suportar; seu conceito básico implícito é a elasticidade da demanda. A diferença maior entre o sistema de preços de uma empresa privada e o de um monopólio regulado segundo os preceitos de Ramsey e Boiteux é a do nível dos preços: os preços são mais altos na falta de regulação, pois o objeto da regulação é justamente limitar o poder de mercado.

E a prática em tudo isso? Assemelha-se às proposições sugeridas pela economia? Até uma data recente, não era este o caso. Era antes o princípio inverso que prevalecia: preços baixos ali onde as margens beneficiárias teriam sido indolores, isto é, sobre os segmentos com fraca elasticidade da demanda, e preços altos sobre os segmentos onde isso constituía problema... A razão disso era em parte política: tratava-se de utilizar as tarifas públicas para redistribuir de maneira indolor, sabendo que a demanda de bens e serviços, para, por exemplo, a assinatura da eletricidade ou do telefone é bastante inelástica mas representa parte significativa do consumo das famílias menos abastadas. O poder público tentava redistribuir para os mais pobres não lhes dando receita, mas criando graves distorções econômicas; pois, tarifando por baixo os serviços de demanda inelástica, ele devia aumentar o preço dos serviços de demanda elástica para poder cobrir seus custos fixos. Sem falar no fato de que a redistribuição nem sempre ia na direção certa. Os baixos preços de assinatura nas zonas rurais beneficiavam tanto o rico nova-iorquino proprietário de uma segunda residência em Nova Jersey ou no estado de Nova York quanto o fazendeiro desvalido de Oklahoma.

Os preços das assinaturas da rede telefônica, portanto, permaneciam muito baixos, apesar de uma elasticidade da demanda muito fraca: em caso de aumento do preço da assinatura, os assinantes teriam quase todos conservado sua assinatura (e os mais pobres poderiam ter sido subvencionados diretamente como é o caso de hoje em dia para as tarifas sociais da eletricidade, aliviando a conta dos mais pobres), ter-se-ia parado de subvencionar as assinaturas das famílias ricas e a empresa não teria tido que sobretarifar tanto os serviços elásticos (chamadas de longa distância e internacionais) que os assinantes no fim consumiam muito pouco – um caos econômico: as pessoas tinham um telefone e uma linha de acesso em cobre muito cara, mas não o utilizavam muito. Da mesma forma, as empresas reguladas cobravam preços altos para as empresas e preços baixos para as famílias, a fim de redistribuir a riqueza das empresas para as famílias, ao passo que as primeiras tinham mais possibilidades de recorrer a serviços alternativos menos caros e contornar esse aperto. A paisagem era a mesma na maioria dos países e em diferentes indústrias de rede.

Apesar de seu caráter inovador, o artigo fundador de Marcel Boiteux permaneceu letra morta durante cerca de quarenta anos. Claro, a política, como vimos, desempenhava um papel no cálculo dos preços. Mas a adoção de uma tarifação inspirada naquela pregada por Marcel Boiteux foi igualmente freada pela falta de informação do regulador sobre as elasticidades de demandas. Os críticos de uma tarifação econômica e os adeptos do status quo apontavam, com toda a razão, essa assimetria de informação.

Para enxergar mais claro, voltemos à base: a regulação visa assegurar que o poder de mercado de que se beneficia um monopólio natural não se traduza por um nível geral de preços excessivamente altos. Contudo, tradicionalmente, os reguladores iam bem além da regulação do nível dos preços; como acabamos de ver, eles também controlavam os preços relativos, isto é, a estrutura dos preços. Ora, embora confrontados em ambos os casos com um handicap considerável com respeito à informação de que dispõem, a necessidade de uma intervenção do regulador sobre a estrutura dos preços é bem menos evidente que sobre seu nível geral: se está claro que um monopólio tem interesse em praticar preços elevados, é a priori menos claro que ele seja influenciado em sua escolha de visar uma categoria de usuários em vez de outra.

Os preços regulamentados devem então corresponder a uma lógica comercial e ser similares em sua estrutura, mas globalmente inferiores aos de um monopólio não regulamentado. Além disso, Jean-Jacques Laffont e eu mesmo mostramos que, sob determinadas condições, o problema de regulação pode se decompor assim: 1) a escolha entre limitar o lucro da empresa e incitá-la a reduzir seus custos deve ser guiada pela regra de divisão dos custos ou do lucro, isto é, por uma divisão dos riscos responsabilizando a empresa; e 2) a estrutura dos preços, por sua vez, deveria obedecer ao princípio de tarifação de Ramsey-Boiteux. O resultado dessa "dicotomia" gera implicações práticas importantes. Em especial, torna possível utilizar plenamente toda a informação de que a empresa dispõe. Uma política de preços máximos, na qual uma empresa é unicamente obrigada a cobrar um preço médio inferior a um teto fixado pelo poder público, cria não só incentivos poderosos, sensibilizando a empresa quanto a seus custos, como a deixa livre para escolher uma estrutura de preços segundo os princípios de precificação das empresas privadas, com base na informação fina de que ela dispõe referente aos custos de produção, bem como à demanda e à sua elasticidade.

Para resumir, a introdução de preços máximos no fim do século XX foi uma resposta ao mesmo tempo teórica e operacional a estruturas de preços ineficazes. Ao mesmo tempo, ela permite a introdução de incentivos mais fortes, como apontamos anteriormente. Os esquemas de preços máximos estimulam as empresas reguladas a praticar uma estrutura de preços mais eficaz que as existentes antes das reformas, quando os preços eram determinados de maneira administrativa, sem grande vínculo com os princípios econômicos de tarifação. A flexibilidade de que dispõe a empresa em sua "estrutura de preços" permite-lhe levar em conta toda a informação que ela possui sobre o que cada segmento do mercado pode suportar.

IV. A REGULAÇÃO DO ACESSO À REDE

Os obstáculos à introdução da concorrência

Os incentivos encorajam a empresa a melhorar sua performance; o aguilhão da concorrência também. A concorrência, entretanto, não se desenvolve facilmente, em razão da própria natureza das indústrias de rede, em que, por definição, determinados segmentos são gargalos de estrangulamento ou infraestruturas essenciais. Mais precisamente, as indústrias de rede repousam em infraestruturas que conferem a seus operadores uma situação de monopólio natural; seu custo elevado torna efetivamente indesejável sua duplicação, impedindo, portanto, uma efetiva concorrência, ao menos nesse segmento da atividade. Em contrapartida, pode haver concorrência no que é chamado de segmentos complementares. A rede de transmissão de energia elétrica de alta e baixa tensão (o gestor de infraestrutura no setor elétrico) deve ser única, mas diversos produtores de eletricidade podem entrar em concorrência para servir os consumidores industriais e as famílias, contanto que tenham um acesso igual à rede.

A abertura à concorrência das indústrias de rede coloca questões delicadas. Por exemplo, num setor não regulado, uma empresa hegemônica num mercado intermediário, como costuma ser um gestor de infraestrutura, quererá em geral limitar a concorrência a jusante para evitar a erosão de seu lucro, seja privilegiando sua própria filial a jusante, seja firmando um contrato de exclusividade com uma das empresas a jusante (ou dando-lhe condições de acesso privilegiadas). Cumpre então deduzir princípios a fim de decidir se tal exclusão é justificada ou não. É normal, por exemplo, que a empresa goze, ao menos temporariamente, dos frutos de uma inovação ou de um investimento com um valor social relevante; se, em contrapartida, a posição de monopólio for fortuita ou resultar de um privilégio outorgado pelo Estado (a gestão de um aeroporto ou de um porto, por exemplo), não há razão para que a empresa obtenha receitas de monopólio excluindo concorrentes. Esses princípios inspiraram especialmente a evolução do direito da concorrência em matéria de infraestruturas portuárias e aeroportuárias, mas também sistemas de reservas por computador (nos anos 1980) ou softwares operacionais. Era preciso então desenvolver um paradigma que guiasse a abertura à concorrência nas indústrias de rede.

Os preços de acesso

A regulação do acesso, isto é, preços estipulados pelo operador histórico para conceder o acesso à sua infraestrutura, impõe-se por duas razões, ligadas ao fato de que a empresa possui uma infraestrutura essencial. Em primeiro lugar, a empresa que detém um monopólio irá querer praticar preços de acesso altos demais ou mesmo excluir completamente determinados concorrentes, a fim de aumentar seus lucros no mercado de varejo em questão. Daí a fixação pelo regulador dos preços de acesso (e mais geralmente das condições de acesso, em termos de qualidade, capacidade, prioridade etc.) a essas "infraestruturas essenciais". Essa regulação deve conciliar especialmente abertura à concorrência e preservação do incentivo pela operadora histórica a manter ou desenvolver sua rede.

Por exemplo, o setor das telecomunicações foi rapidamente confrontado com novos problemas para definir as tarifas de interconexão; por ocasião da abertura à concorrência na Inglaterra em 1984, não havia doutrina para determinar as cotas que a Mercury (uma fornecedora de comunicação de longa distância) deveria pagar ao operador histórico British Telecom, que possuía a rede local (a infraestrutura essencial das telecomunicações) e também fornecia serviços de longa distância. A mesma questão foi colocada mais tarde a respeito dos preços de acesso dos concorrentes da France Telecom/ Orange à rede local, e mais amplamente em todos os países que se abriram à concorrência. Com meus colegas de Toulouse Jean-Jacques Laffont e Patrick

Rey, examinei como conciliar a introdução da concorrência nos segmentos complementares (telefonia de longa distância e internacional, Internet, por exemplo) às estruturas (a rede local) com incentivos suficientes para o operador histórico investir nessas infraestruturas. O acesso à rede local da France Telecom é um acesso unilateral (*one-way access*). Em seguida estudamos o novo problema proveniente da existência de redes locais múltiplas (ligado em especial ao desenvolvimento dos celulares) e do acesso mútuo (*two-way access*), indicando princípios para o cálculo dos encargos de interconexão mútuos.

De maneira geral, a concepção dos sinais tarifários que são os encargos de acesso visa diversos objetivos, que podemos ilustrar com o exemplo da infraestrutura ferroviária:

Promover a eficácia de alocação. Trata-se de orientar a alocação de janelas horárias, que são raras nas linhas saturadas, especialmente em torno das grandes aglomerações, com vistas a uma utilização e uma distribuição ótimas entre as diferentes atividades, tais como o transporte de passageiros de longa distância, os trens de subúrbio, o frete, mas igualmente as necessidades de manutenção de infraestrutura; e entre os diferentes operadores ferroviários utilizando essas janelas. Numa perspectiva mais dinâmica, a eficácia de alocação consiste igualmente em orientar os investimentos.

Assegurar um nível de receitas suficiente para a empresa que fornece o acesso. A empresa que possui o gargalo de estrangulamento deve ser incitada a continuar a investir na rede correspondente e a assegurar sua manutenção.

Uma segunda adaptação dos trabalhos de Marcel Boiteux foi necessária a fim de permitir sua implementação. A ideia foi estendê-los ao caso em que alguns dos bens são bens intermediários na cadeia de criação de valor (o artigo de Marcel Boiteux abordava os preços dos bens e serviços finais fornecidos aos usuários). O debate tarifário deslocou-se então para o do cálculo das tarifas que o operador histórico deveria praticar para fornecer o acesso às suas infraestruturas. Jean-Jacques Laffont e eu mostramos a similitude entre o problema da precificação do acesso e o do monopólio multiprodutos. O acesso deve contribuir, assim como os outros serviços, para o financiamento dos custos fixos de infraestrutura segundo os preceitos de Ramsey-Boiteux. Essa similitude com os problemas de tarifação da empresa multiprodutos leva a propor a utilização, no caso da regulação incitativa, de um preço máximo global, numa cesta compreendendo os bens vendidos a varejo, mas também nos serviços de acesso a atacado. Em todo caso, a fórmula de Ramsey-Boiteux reflete o que o mercado pode absorver (em termos de preços), considerando os custos arcados pela operadora. Quais são as implicações para a precificação do acesso à rede pelo proprietário de infraestrutura? Isso depende da estrutura do setor.

Para criar as condições de uma concorrência equânime a jusante, convém aplicar um preço de acesso linear (isto é, exatamente proporcional à utilização); com efeito, uma tarifação em que a empresa paga pelo acesso à rede um encargo fixo (digamos, anual), depois eventualmente um preço para cada utilização, impede novos participantes menores que o operador histórico de fazer concorrência enquanto seu tamanho não atingir o nível crítico que justifica o pagamento do encargo fixo. A escolha da tarifação do acesso e a da organização industrial do setor estão, portanto, ligadas. Para uma estrutura concorrencial a jusante, convém que o preço de acesso seja linear e que seu preço unitário exceda o custo marginal da atividade a montante a fim de poder cobrir os custos fixos da infraestrutura. No caso de uma situação monopolística a jusante, convém, em contrapartida, aplicar uma precificação em duas partes com um montante prefixado pago pela operadora ao gestor de rede (cobrindo assim os custos fixos) e um preço de acesso refletindo o custo marginal para o gestor de infraestruturas. Aplicando a fórmula proposta por Ramsey-Boiteux, nesse caso o preço de acesso poderia ser inclusive inferior aos custos, pois convém compensar em parte a distorção de monopólio.

Assim, o pior cenário é aquele de uma situação de monopólio e de uma precificação linear. Nesse caso, o preço estipulado será relativamente elevado e impactará negativamente a utilização da rede! É preciso comprometer-se seja com uma precificação em duas partes (encargo fixo mais precificação pelo uso), seja com uma estrutura concorrencial. Mas não se pode ao mesmo tempo ter uma situação de monopólio e regular o setor como se fosse concorrencial.

Podemos fornecer uma ilustração disso voltando ao setor ferroviário, no qual agora certas atividades são submetidas a uma forma de concorrência tradicional, no mercado, o que é o caso do frete. Outros continuam em situação de monopólio, como os transportes regionais de passageiros, para os quais a forma de concorrência considerada pelo regulamento europeu OSP é antes concorrência "para" o mercado, por zonas geográficas. No que se refere ao frete, convém privilegiar uma precificação linear, principalmente a fim de

A regulação setorial

incentivar a entrada e o bom funcionamento de uma concorrência efetiva. No caso dos trens regionais, concedidos a uma empesa única, convém, ao contrário, privilegiar uma precificação em duas partes, com um preço de uso das infraestruturas mais fraco. Devemos refletir bem sobre essas diferentes soluções de precificação. Queremos que haja segmentos em situação monopolística e outros que estejam em concorrência? Queremos concorrência no ou para o mercado no caso dos trens de grande velocidade? Uma vez resolvidas essas questões, convém aplicar os diferentes esquemas tarifários acima esboçados.

O acesso à rede de transporte de eletricidade

A questão do acesso dado a empresas concorrentes a jusante é objeto de uma copiosa literatura, pois as problemáticas diferem segundo os setores. Por ocasião da reestruturação do setor elétrico que começou nos anos 1990, a rede de transporte de eletricidade chamou a atenção dos poderes públicos e dos pesquisadores acadêmicos. Esquematicamente, o setor elétrico é organizado em três níveis: a geração por centrais elétricas tradicionais ou energias renováveis, a de alta tensão para a transmissão de longa distância e as redes de baixa tensão de distribuição local da eletricidade. Sendo a rede de alta tensão o local físico do mercado atacadista, todos entraram num acordo sobre a necessidade de o acesso a essa rede ser aberto e não discriminatório. Os países concernidos pela liberalização adotaram diferentes modelos para garantir esse acesso: a maioria dos países europeus e os Estados Unidos criaram gestores de rede de transporte independentes dos operadores históricos integrados. (A França e a Alemanha conservaram sua estrutura integrada verticalmente, mas evidentemente com uma obrigação de neutralidade com respeito à concorrência entre produção de eletricidade interna e externamente.)

Mas sob quais condições econômicas vender o acesso à rede de transporte? Tratava-se, no caso, de um problema novo: estando as usinas elétricas até então verticalmente integradas e sem real concorrência, a questão nunca se colocara. A primeira solução que vem à mente, dita dos direitos físicos sobre o transporte, é considerar trocas bilaterais de fluxos físicos de eletricidade e definir e negociar direitos de transporte físicos: uma venda de eletricidade de um produtor situado em A a um consumidor (uma empresa ou distribuidor) situado em B necessita então da aquisição, pelas partes contratantes, de um direito de transporte de A a B. Por exemplo, para um negócio dentro da comunidade europeia, um produtor francês que deseje exportar para a Grã-Bretanha deve adquirir a permissão de passagem pela interconexão França-Grã-Bretanha. Mais amplamente, o conjunto agregado dos direitos de transporte deve respeitar as capacidades das linhas e as leis físicas das redes (em especial as leis de Kirchhoff). Voltemos a um exemplo já mencionado. Suponhamos que o preço da eletricidade em B seja de €100/MWh, enquanto produtores em A podem fornecer essa eletricidade a €25/MWh. A linha entre A e B deve ser saturada, senão os preços se igualizariam entre essas duas localizações. O preço de um direito físico de transporte de B a A, que emerge num mercado de direitos físicos, deve então ser igual a €75/MWh.

Outra solução, dita dos direitos financeiros, parte do sistema de leilões existente hoje na maioria dos mercados de eletricidade. Nessa organização do mercado, os negócios não são mais bilaterais; ao contrário, cada agente (produtor, consumidor) indica sua propensão a pagar através de uma curva de oferta ou demanda em cada nó da rede; por exemplo, um produtor de eletricidade indica quanto estará pronto a fornecer aos diferentes nós da rede à qual seus geradores estão conectados em função do preço prevalecente no nó considerado: "Estou disposto a fornecer x para B ao preço de €25/MWh, y (maior do que x) ao preço de €30/MWh etc."

O gestor da rede de transporte, levando em conta pressões da rede, realiza então a alocação que gera mais superávit total; por exemplo, dadas as demandas referentes aos diferentes nós, o sistema minimiza os custos de produção (*least-cost dispatch*) sob as normas de confiabilidade da rede. O que significa que, se não há problemas de capacidade na rede de transporte de eletricidade, ele pega os fornecedores que fizeram os lances mais baixos; em caso de saturamento, ele é levado a escolher unidades de produção caras e deixar de lado unidades menos ávidas, a fim de respeitar as leis físicas da rede. É o que uma empresa pública integrada como a EDF, pioneira no cálculo econômico nesse setor, fazia internamente há muito tempo.

A novidade com relação ao que se praticava antes é dupla. De um lado, as licitações das instalações de produção de eletricidade se fazem externamente e a revelação dos custos de produção se faz por lances e não por via hierárquica. De outro lado, direitos financeiros permitem aos produtores e consumidores fazerem um seguro contra o risco; por exemplo, se uma empresa de alumínio, grande consumidora de eletricidade, numa região importadora, se preocupa com o fato de que o congestionamento da rede poderia fazer os preços subirem, ela pode adquirir direitos financeiros de transporte em quantidade igual à sua demanda. O que ela perderá comprando mais caro em caso de congestionamento, recuperará sob forma de lucro sobre seus direitos financeiros, e vice-versa na ausência de congestionamento.

Para voltar ao nosso exemplo, mesmo se o custo de produção em B é, de conhecimento comum, igual a €25/MWh, um consumidor em A faz face ao "risco de congestionamento": se a demanda em A é fraca, talvez não haja congestionamento na linha entre B e A e então o preço de compra em A será igual a €25/MWh; se, em contrapartida, a demanda em A é elevada ou se a capacidade da linha de alta tensão vê-se reduzida por um problema climático, o congestionamento na linha fará o preço em A subir para €175/MWh. Um direito financeiro corresponde à diferença de preço (0 ou 150 dependendo do caso, ou 75 em média se a probabilidade de haver um congestionamento for a mesma de não haver) entre A e B. Esse montante, afetado em primeiro lugar pela rede, pode ser objeto de um direito financeiro (ao pagamento pela rede do dividendo de congestionamento), com o qual o consumidor em A pode cobrir-se contra seu risco de preço. Nesse caso, o consumidor compra um direito financeiro, e não um direito físico de transporte. O direito financeiro protege-o contra toda variação de preço, causada, por exemplo, pelo congestionamento numa linha. Os direitos financeiros, portanto, não passam de um instrumento de cobertura de riscos.

Num artigo fundador, William Hogan, professor em Harvard, mostrara que, em concorrência perfeita, os direitos financeiros de transporte, que pagam a seu detentor a diferença de preço nos picos de escoamento e injeção, são equivalentes aos direitos físicos. Com Paul Joskow, do Massachusetts Institute of Technology (agora presidente da Sloan Foundation), examinamos a situação quando os mercados são imperfeitos (sabendo que num nó da rede encontram-se frequentemente um ou vários fornecedores ou compradores), e mostramos por exemplo que um produtor em monopólio local (num nó da rede) ou um comprador em monopólio local podem aumentar seu poder de mercado utilizando astuciosamente os direitos de transporte, físicos ou financeiros, e enunciamos os princípios que devem guiar as autoridades da concorrência na matéria.

V. CONCORRÊNCIA E SERVIÇO PÚBLICO

Nos setores de redes, o objetivo de equidade refletiu-se tradicionalmente nas missões de serviço público: os consumidores ricos subvencionam os consumidores com poucos recursos (via tarifas sociais); aquele morando em zonas pouco caras de serem servidas sustentam os que moram em zonas caras de serem servidas (via tarifas uniformes, ditas de perequação). Pagando um preço superior a seu custo, as partes que utilizam os serviços compensam a diferença entre o custo e o preço (inferior ao custo) pago pelos consumidores de poucos recursos ou morando em zonas caras de serem servidas. Fala-se então de subvenções cruzadas entre serviços ou grupos de consumidores.

Em ambiente concorrencial, o mecanismo de financiamento por subvenções cruzadas incentiva a "desnatação" (*cream skimming*) e, logo, não é mais economicamente viável: tarifando seus serviços acima dos custos em certas zonas para compensar as perdas realizadas nas zonas deficitárias, o operador deixa margens de manobra a concorrentes igualmente eficientes (ou até menos), mas que não têm a obrigação de servir clientes ou zonas não rentáveis. Para contra-atacar as estratégias de desnatação de seus concorrentes, o operador encarregado do serviço universal deve reduzir suas tarifas nas zonas mais expostas à concorrência (isto é, as menos caras de serem servidas), o que destrói então as subvenções cruzadas. Nos setores desregulados (telecomunicações, energia, correios...) confrontados com essa problemática, um fundo de compensação das missões de serviço público, concorrencialmente neutro, foi adotado na maioria dos países que reestruturaram esses setores. Uma dedução sobre todos os serviços permite então subvencionar os serviços visados pela política de redistribuição ou organização do território, e é recebida independentemente da identidade do fornecedor do serviço.

Ao contrário de uma ideia corrente, não há então nenhum conflito entre serviço público e concorrência. Assim, o reequilíbrio dos preços que sucedeu a introdução da concorrência foi acompanhado de obrigações de serviço universal, protegendo os mais pobres e zelando pela organização do território, mais transparentes e tornadas compatíveis com a concorrência entre operadores.

No entanto, outras formas de redistribuição seriam viáveis: mediante imposto e transferência de receitas diretas. Sob condições restritivas, os economistas Anthony Atkinson e Joseph Stiglitz demonstraram, em 1976, que todo objetivo de redistribuição entre indivíduos deveria ser realizado via imposto de renda (e não via missões de serviço público) a fim de não distorcer as escolhas de consumo dos agentes econômicos.

Com efeito, a implantação de missões de serviço público equivale a impor escolhas de consumo a certas categorias de cidadãos. Segundo Atkinson e Stiglitz, é preferível evitar o paternalismo e redistribuir a renda através da tributação direta do que utilizar a tributação indireta, ou o que quer que seja parecido com isso, como as subvenções cruzadas no seio da empresa regulada. A redistribuição pela tributação direta permite efetivamente aumentar as receitas das famílias menos ricas sem com isso alterar suas preferências, como fazem a tributação indireta e as subvenções cruzadas. Em termos concretos, Atkinson e Stiglitz sugerem que uma família de baixa renda ou uma família rural do Ariège deveria dispor de mais renda, mas pagar mais caro pelo seu telefone, sua eletricidade e seu correio, e isso a fim de escolher livremente sua cesta de consumo; face à verdade dos preços, essa família talvez preferisse reorientar seu consumo, o que aumentaria seu bem-estar e seu superávit.

Se descartarmos algumas hipóteses do teorema de Atkinson-Stiglitz (especialmente se os consumidores têm gostos diferentes – segundo sua renda, ou se as rendas são imperfeitamente observáveis – o que costuma ser o caso nos países em desenvolvimento), o instrumento de redistribuição que constitui o serviço universal pode todavia verificar-se oportuno. Em particular, quando não se dispõe de toda a informação necessária para selecionar os beneficiários de uma ajuda financeira direta, subvencionar alguns produtos ou serviços especificamente comprados pela população visada pode permitir atenuar esse problema de informação. Por exemplo, a perequação tarifária nacional que permite o serviço universal ajuda indiretamente as famílias rurais subvencionando seu consumo de serviços postais. Ao contrário, supondo que não exista serviço universal, uma ajuda financeira direta concedida às pessoas que declaram morar na zona rural poderia incitar famílias urbanas a declarar um endereço rural a fim de beneficiar-se igualmente da ajuda, e o objetivo pretendido não seria alcançado.

Logo, não existe conclusão simples em matéria de serviço público. Duas pessoas razoáveis podem concordar quanto aos objetivos, mas divergir na maneira de realizá-los. Elas convergirão, em contrapartida, quanto à necessidade de avaliar as políticas. As missões de serviço público devem ser claramente definidas a fim de satisfazer o melhor possível o objetivo visado, e sua eficácia deve ser comparada à de outros instrumentos, levando-se em conta as características dos mercados concernidos e sua evolução. As somas em jogo certamente justificam tal análise. Por exemplo, os encargos de serviço público do setor elétrico na França, motivados pelas subvenções de compra às energias renováveis, a perequação geográfica e, por fim, as tarifas sociais (em ordem de níveis de despesa) constituem 16% da conta média das famílias. Elas aumentaram de €1,4 bilhão em 2003 para €7 bilhões em 2016.

Assim, dois entraves devem ser evitados. O primeiro é que, como em toda decisão pública, considerações políticas não superam a análise econômica. A minoria que se beneficia da subvenção está perfeitamente informada disso e poderá recompensar com seu voto as políticas que a defendem. Já a maioria, que não se beneficia delas mas que financia a subvenção, pode não ter consciência disso se a falta de transparência cercar o dispositivo e ela não for então incitada a sancionar as políticas consequentes.

O segundo entrave é a montanha de medidas, o que já foi abordado neste livro. Medidas que podem até justificar-se se tomadas isoladamente, mas cujas consequências finais ignoramos. Como no caso das ajudas aos menos favorecidos, as medidas a favor das energias renováveis e das regiões economicamente menos favorecidas se acumulam, de modo que não há mais nenhuma visibilidade sobre o conjunto de dispositivos a ser reformado.

Seja como for, em vez de estipular preços arbitrários para as obrigações de compra de energias renováveis pela EDF,[7] é preferível colocá-las em concorrência por um sistema de licitação, como propõem os projetos regulamentares na Europa e na França. Mas antes disso é preciso colocar também a questão da finalidade: queremos financiar as renováveis para combater o aquecimento global? (Em caso afirmativo, uma tarifação direta do carbono seria uma maneira muito mais eficaz de incentivar o renovável,[8] pois ela não prejulga a escolha entre energias renováveis e estabelece uma coerência global na política energética; ver o capítulo 8.) Essa política vai ao encontro de outros objetivos de serviço público (nos Estados Unidos, as subvenções concedidas ao setor fotovoltaico beneficiaram sobretudo as famílias mais ricas, que puderam investir em instalações de envergadura em suas casas)?[9] A base de cálculo dos descontos é correta ou, como observou o Tribunal de Contas, seria necessária uma contribuição sobre a energia mais genericamente?[10] As subvenções são justificadas por outros objetivos (como ajudar na criação de uma vertente industrial e se beneficiar de uma curva de aprendizagem e de redução de custos – remeto ao capítulo 13 para a maneira de pensar a política industrial)? Essas observações também se aplicam aos dois outros componentes do serviço público, a perequação e as tarifas sociais: são maneiras apropriadas de ajudar os grupos em questão? Não tenho resposta para essas perguntas, apenas a certeza de que só os objetivos contam, os instrumentos estando aí justamente para permitir sua realização da melhor maneira possível.

EMBORA A ECONOMIA TENHA guiado as reformas que incitaram os monopólios naturais a reduzir seus custos e a adotar preços promovendo o bem-estar da sociedade, permitido compreender como introduzir concorrência nesses setores sem dogmatismo e mostrado que serviço público e concorrência são perfeitamente compatíveis, ainda há muito trabalho a ser realizado e nos resta muito a aprender. Pelo bem comum.

Notas

Prefácio (p.9-20)

1. Para nos limitarmos ao exemplo dos franceses, teríamos de nos imaginar encarnados em cada um de nossos concidadãos com uma probabilidade de um em 66 milhões... A crítica dirigida a nós por outras pessoas, que têm determinações diferentes, pode nos ajudar a nos colocar sob o véu de ignorância. E, idealmente, não deveríamos nem sequer partir da hipótese de sermos franceses, em vez de cidadãos de algum outro país. O exercício se torna mais complexo quando incluímos diversas gerações, o que, todavia, é indispensável para refletirmos sobre questões práticas como a dívida pública ou nossas políticas contra o aquecimento global.
2. O que remete à crítica dirigida por Aristóteles à noção de bem comum desenvolvida por Platão. Aristóteles enfatiza que a propriedade compartilhada dos bens na sociedade ideal imaginada por Platão pode colocar tantos problemas quantos os que ela resolve.
3. Contanto que eu não polua esse ar, obviamente. Esses bens para os quais meu uso não é rival do seu são chamados "bens públicos" em economia (na definição de "bem público", acrescenta-se às vezes a impossibilidade de excluir determinados usuários: um evento esportivo na televisão, um logradouro público, um curso online ou uma invenção patenteada são bens não rivais, mas – ao contrário do ar – seu acesso pode ser restrito).

1. Você gosta de economia? (p.23-42)

1. Em seu artigo "Ideology, Motivated Reasoning, and Cognitive Reflection", *Judgment and Decision Making*, 2013, nº8, p.407-24. Mais precisamente, Kahan mostra que a capacidade de cálculo e análise reflexiva não aumenta a qualidade da revisão das crenças sobre o fator antrópico. Lembremos que em 2010 apenas 38% dos republicanos aceitavam a ideia de um aquecimento global depois da era pré-industrial e somente 18% atribuíam-lhe um fator antrópico (isto é, uma causa humana).
2. Em seu livro *Belief in a Just World. A Fundamental Delusion*, Nova York, Plenum Press, 1982.
3. Daniel Kahneman, *Système 1/Système 2. Les deux vitesses de la pensée*, Paris, Flammarion, "Essais", 2012. Ver também seus trabalhos com Amon Tversky, em especial seu livro com Paul Slovic, *Judgment Under Uncertainty. Heuristics and Biases*, Nova York, Cambridge University Press, 1982. Consultar igualmente, para um ponto de

vista diferente sobre as heurísticas, Gerd Gigenrenzer, *Simple Heuristics That Make Us Smart*, Oxford, Oxford University Press, 1999.
4. Números colhidos pelo sociólogo Charles Kurzman, da Universidade da Carolina do Norte, e citados por Simon Kuper no *Financial Times* de 21 de novembro de 2015. Naturalmente, esse número exclui as vítimas do 11 de Setembro, mas dá uma ideia do problema de percepção. Kurzman declarava também ao *Huffington Post* em 17 de dezembro de 2015: "Esse ano, um em cada milhão de americanos muçulmanos morreu por causa do ódio contra a sua fé, enquanto um em cada 17 milhões de outros americanos morreu pelas mãos de um muçulmano."
5. Em seu exemplo, metade dos estudantes atribuía uma probabilidade de 95% a uma doença, quando a probabilidade real não passava de 2%. Ver o capítulo 5 para uma descrição desse experimento.
6. Nos Estados Unidos, entra-se na escola de medicina não diretamente após o ensino médio, mas depois de quatro anos de estudos universitários em outras disciplinas.
7. Estudado por Michael Kremer e Charles Morcom em "Elephants", *American Economic Review*, 2000, vol.90, nº1, p.212-34.
8. O que conta para o raciocínio é saber se a ação de revender vai no bom sentido, seja em que nível for, e, logo, a dimensão de seu impacto.
9. Historicamente, nossa sobrevivência sempre dependeu de uma forte norma de reciprocidade no seio de um grupo restrito. Uma das novidades da história recente (no sentido da evolução) é o aprendizado de interações pacíficas com populações estrangeiras. Ver o livro de Paul Seabright, *La Société des inconnus. Histoire naturelle da la collectivité humaine*, trad. franc. Julien Randon-Furlang, Genebra, Markus Haller, 2011.
10. O psicólogo americano Paul Slovic mostrou como a imagem de uma única criança faminta no Mali pode gerar um sentimento de generosidade bem superior ao suscitado por estatísticas sobre a fome, por exemplo, dos milhões de crianças que sofrem de má nutrição. Essa diferença de reação não faz muito sentido, mas mostra claramente como nossas percepções e nossas emoções afetam nossos comportamentos.
11. Poderíamos crer evitar em parte esses custos oferecendo assentos e uma sala de espera aquecida. Mas isso seria ilusório: os interessados viriam ainda mais cedo (na véspera, por exemplo), de maneira que de toda forma as rendas associadas a um preço mais baixo que o preço de mercado seriam dissipadas.
12. Isto, evidentemente, se as empresas não enfrentam limitações de financiamento, situação que foi analisada pelos pesquisadores para estudar a maneira como os leilões devem ser modificados nesse caso.
13. Após sucessivas negociações, o Reino Unido já contribuía muito pouco com o orçamento europeu. Da mesma forma, o argumento segundo o qual as regras de Bruxelas são demasiado rígidas faz sorrir, pois a maioria dessas regulações é desejável e necessária ao comércio internacional. Em contrapartida, uma saída da União Europeia corre o risco de resultar numa estagnação do investimento em virtude da incerteza sobre o futuro do país, numa redução do investimento estrangeiro direto e num acesso reduzido ao mercado europeu. Ora, o comércio com a Europa representa 45% das exportações do Reino Unido e 53% de suas importações. O acordo

padrão em matéria de comércio internacional é o regime da OMC (Organização Mundial do Comércio). Se este último fez cair substancialmente as barreiras tarifárias, os principais entraves ao comércio atualmente são de natureza não tarifária: normas, regulamentações, regras de origem [regras que permitem determinar o país de origem de um produto], passaporte bancário (que a Suíça não possui, por exemplo) etc.; essas barreiras serão sem dúvida importantes na esteira do Brexit, a Europa não parecendo nem um pouco inclinada a negociar um novo acordo comercial a fim de não criar um precedente que estimule outras saídas, que alguns partidos gostariam de promover em outros países. As estimativas econométricas do custo de um Brexit para o Reino Unido são muito variadas, mas vão todas no mesmo sentido.
14. Em 2008, Roger Guesnerie, professor no Collège de France, presidiu uma comissão que avaliou o ensino das ciências econômicas e sociais no liceu. Essa comissão apontou um ensino aprofundado da história do saber, a pouca importância concedida aos dados empíricos e às comparações internacionais, e a preferência pela utilização de fotos, desenhos e depoimentos em vez de uma abordagem analítica. Ela criticava a preponderância da macroeconomia, um domínio complexo da economia, menos consensual e sobretudo menos útil ao cidadão para compreender a vida cotidiana. Inversamente, os programas continham pouco de sociologia das organizações e a questão das empresas era na época relegada à *classe de seconde* [primeiro dos três anos de liceu], com muito poucas informações sobre a contabilidade, as estratégias de mercado ou as questões de financiamento da empresa. Além do mais, a aprendizagem dos dados empíricos e das comparações internacionais, por exemplo, vem progredindo.
15. Na rádio RTL, em 29 de março de 2014.
16. Como resume Paul Krugman em *Pop Internationalism* (Cambridge, MIT Press, 1996): "A preguiça intelectual, mesmo entre os considerados sábios e profundos, será sempre uma força poderosa."
17. No prefácio de *L'Âge des rendements décroissants*, Paris, Economica, 2000.

2. Os limites morais do mercado (p.43-71)

1. *Fundamentos da metafísica dos costumes* (1785), II.
2. Professor de filosofia em Harvard, *The Guardian*, 27 de abril de 2013.
3. Em junho de 1998, quando era primeiro-ministro.
4. World Value Survey.
5. No que se refere a argumentações particularmente acessíveis em favor da economia de mercado por parte de alguns de nossos pesquisadores mais conhecidos, recomendo os livros de Bernard Salanié (*L'Économie sans tabou*, Paris, Le Pommier, 2004) e de Augustin Landier e David Thesmar (*Le Grand Méchant Marché*, Paris, Flammarion, 2007).
6. Michael Sandel, *O que o dinheiro não compra*, Rio de Janeiro, Civilização Brasileira, 2012.

7. Para uma tese bastante próxima, ver a obra do filósofo Michael Walzer, professor emérito em Princeton, *Sphères de justice. Une défense du pluralisme et de l'égalité*, trad. franc. Pascal Engel, Paris, Seuil, 2013. Para uma abordagem diversa dessas mesmas questões, ver o livro de outra filósofa, Debra Satz, professora em Stanford, *Why Some Things Should Not Be for Sale. The Moral Limits of Markets*, Oxford, Oxford University Press, 2010.
8. Ver os capítulos 8 e 9.
9. Para uma discussão em profundidade das questões relacionadas ao voto, ver por exemplo o livro de Alessandra Casella, *Storable Votes. Protecting the Minority Voice*, Oxford, Oxford University Press, 2012.
10. Para uma discussão mais detalhada dessas questões, ver James Hammitt, "Positive vs Normative Justifications for Benefit-Cost Analysis. Implications for Interpretation and Policy", *Review of Environmental Economics and Policy*, 2013, vol.7, nº2, p.199-218. Numerosos artigos mostram a incoerência de nossas escolhas em matéria de proteção da vida; por exemplo, certas políticas que custam algumas centenas de euros por ano de vida preservada são desprezadas, ao passo que outras custando até bilhões de dólares por ano de vida preservada são adotadas (Tammy Tengs et al. "Five-Hundred Life-Saving Interventions and Their Cost-Effectiveness", *Risky Analysis*, 1955, vol.15, nº3, p.369-90).
11. Um ponto de vista utilitarista clássico em filosofia moral é o de Peter Singer, *Practical Ethics*, Cambridge, Cambridge University Press, 1993.
12. Ver o artigo de Jean-François Bonnefon, Iyad Rahwan, Azim Shariff, "Experimental Ethics for Autonomous Vehicles", mimeo, reproduzido em *MIT Technology Review*, 2015.
13. Judith Chevalier e Fiona Scott Morton, "State Casket Sales and Restriction. A Pointless Undertaking?", *Journal of Law and Economics*, 2008, vol.51, nº1, p.1-23.
14. Roland Bénabou, Jean Tirole, "Over My Dead Body. Bargaining and the Price of Dignity", *American Economic Review, Papers and Proceedings*, 2009, vol.99, nº2, p.459-65.
15. Ver o capítulo 5 para uma discussão sobre a fragilidade de nossa moralidade.
16. O comércio de órgãos só é legal no Irã, mas existem quadrilhas em vários países emergentes ou em desenvolvimento.
17. Para um estudo teórico do caráter expressivo do direito, ver meu artigo sobre Roland Bénabou, "Laws and Norms", mimeo.
18. Outra pista, do lado do usuário dessa vez, é que justamente não desejamos viver numa sociedade em que alguns membros se deleitam com esse espetáculo.
19. Junto com Lloyd Shapley, que, como ele, trabalhara sobre os mecanismos de alocação entre duas faces de um mercado.
20. Para essa descrição, ver por exemplo a aula Nobel de Alvin Roth, "The Theory and Practice of Market Design", on-line no site da Fundação Nobel.
21. O anonimato só se aplica então quando o doador está morto. Além disso, a legislação europeia não considera necessário um parentesco. Por fim, observemos que essa discussão é específica das doações de órgãos (coração, pulmão, rim, fígado,

pâncreas); as regras são diferentes para os tecidos (pele, ossos, córnea, válvulas cardíacas, medula óssea).
22. Jonathan Haidt, *The Righteous Mind. Why Good People are Divided by Politics and Religion*, Londres, Penguin Books, 2012.
23. Alguns acrescentarão a precarização. Desnecessário dizer que o desemprego contribui amplamente para a perda de laço social. Mas como assinalo no capítulo 9, penso que o desemprego em massa resulta de uma escolha feita pela nossa sociedade e que ele está relacionado às instituições e não ao mercado em si.
24. Remeto aqui à conferência de Jean-Pierre Hansen na Academia de Ciências Morais e Políticas, em 5 de outubro de 2015, intitulada "Uma ética da economia liberal? Por quê?".
25. Dando continuidade aos trabalhos de Marcel Mauss, *Ensaio sobre o dom* (1923), Bourdieu fez essa observação numa resenha das atas de um colóquio sobre os trabalhos de Mauss, publicada por Nicolas Olivier em 2008.
26. Samuel Bowles, *Macroeconomics. Behavior, Institutions, and Evolution*, Princeton, Princeton University Press, 2006. A coluna foi publicada em 2002, no *Wall Street Journal*.
27. Em "The Crisis of 2008. Structural Lessons for and from Economics", 2009, Centre for Economic Policy Research, *Policy Insight*, nº28.
28. Paul Seabright, *La Société des inconnus*, op.cit. Para uma análise da mercantilização da sexualidade, ver também seu livro *Sexonomics*, Paris, Alma, 2012.
29. Monopsonista quer dizer que ele é o único comprador (no caso, do trabalho do assalariado) e, logo, é capaz de ditar os termos da troca.
30. Se o mercado, não corrigido pela tributação, gera fortes desigualdades, convém igualmente observar que outras formas relevantes de desigualdades se desenvolvem em países menos submetidos à economia de mercado.
31. A desigualdade global é mensurada por índices (aqui, o "coeficiente de Gini") que levam em conta toda a curva de rendas e não somente a comparação, por exemplo, entre os 1% e os outros.
32. Thomas Piketty, *O capital no século XXI*, Rio de Janeiro, Intrínseca, 2015.
33. Facundo Alvaredo, Tony Atkinson, Thomas Piketty, Emmanuel Saez e Gabriel Zucman, *The World Wealth and Income Database*.
34. Por exemplo, o Reino Unido no governo Tony Blair tornou-se muito mais desigualitário, se examinarmos a proporção auferida pelo top 1%, porém mais igualitário se considerarmos a relação entre o top 10% e o "bottom" 10%. Em suma, sem obrigatoriamente concluir que o Reino Unido se tornou mais igualitário no governo Tony Blair, convém notar que é o conjunto da distribuição que conta e não apenas uma estatística agregada. Ver John Van Reenen (London School of Economics), *Corbyn and the Political Economy of Nostalgia*, com base nos trabalhos de Gabriel Zucman e do Department of Work & Pension britânico.
35. Ver os trabalhos de David Autor, professor no MIT. Observamos um fenômeno similar na França: ver Sylvain Catherine, Augustin Landier e David Thesmar, *Marché du travail. La grande fracture*. Paris, Institut Montaigne, 2015. O capítulo 15 volta a essa polarização.

36. Lembremos que o mundo conheceu uma segunda onda de globalização nesses últimos cinquenta anos, após a primeira, de grande intensidade, que terminou na Primeira Guerra Mundial. As trocas internacionais representam hoje cerca de um terço do PIB mundial.
37. Elhanan Helpman, "Globalization and Inequality. Jean-Jacques Laffont Lecture", outubro de 2015. Ver também François Bourguignon, *La Mondialisation de l'inégalité*, Paris, Seuil, 2012; e *Pauvreté et développement dans un monde globalisé*, Paris, Fayard, 2015, para uma visão global das desigualdades. Entre as obras recentes, ver também Anthony Atkinson, *Inequality. What Can Be Done?*, Cambridge, Harvard University Press, 2015; e Joseph Stiglitz, *The Great Divide. Unequal Societies and What We Can Do about Them*, Nova York, Norton, 2013.
38. "Bonus culture", *Journal of Political Economy*, 2016, vol.124, nº2, p.305-70.
39. Observemos, contudo, no caso da França, o trabalho muito útil de Cecilia Garcia-Peñalosa e Étienne Wasmer sobre a fuga dos cérebros ("Préparer la France à la mobilité internationale croissante des talents", Conseil d'Analyse Économique, 2016, nota 31). Eles mostram que o fenômeno é limitado, embora bastante concentrado nos "talentos". Eles apontam que o percurso ideal de exploração do sistema social é formar-se na França (gratuidade dos estudos), partir para o estrangeiro e voltar à França quando é preciso pagar os estudos dos filhos ou cuidar da saúde. Preconizam uma série de medidas de política pública.
40. Linda van Bouwel e Reinhilde Veugelers mostram que os melhores estudantes europeus (como constatado pela carreira posterior) retornam menos à Europa e que poucos retornam mais tarde se escolhem seu primeiro emprego nos Estados Unidos. Outros estudos corroboram essa observação em outros domínios científicos ("Are Foreign PhD Students More Likely to Stay in the US? Some Evidence from European Economists" in Marcel Gérard e Silke Uebelmesser (orgs.), *The Mobility of Students and the Highly Skilled*, CESifo, 2015). Uma questão importante é saber se a criação recente do European Research Council (que tem como objetivo contribuir para manter os melhores pesquisadores na Europa) conseguirá estancar o fenômeno ou se, como é mais provável, essa criação é complementar a reformas do sistema universitário e, em vez disso, beneficiará os países que farão tais reformas.
41. Por fim, os dados podem comportar omissões (como quando um francês cria uma empresa em Palo Alto ou em Boston após seus estudos) ou serem de difícil acesso.
42. Alguns mencionam o declínio da sindicalização. Mas não parece haver evidência empírica em favor dessa hipótese.
43. Odran Bonnet, Pierre Henri Bono, Guillaume Chapelle e Étienne Wasmer, "Does Housing Capital Contribute to Inequality? A Comment on Thomas Piketty's Capital in the 21st Century", mimeo, 2015.
44. Philippe Aghion, Ufuk Akcigit, Antonin Bergeaud, Richard Blundell, David Hemous, em "Innovation and Top Income Inequality", mimeo, 2015, argumentam que a inovação, embora aumente a parte do 1% mais rico, não aumenta a desigualdade global e promove a mobilidade social.
45. O que segue reproduz uma coluna escrita em coautoria com Étienne Wasmer, publicada no *Libération* de 8 de junho de 2015.

46. World Value Survey. Ver também o artigo de Alberto Alesina, Ed Glaeser e Bruce Sacerdote, "Why Doesn't the United States Have a European-Style Welfare State?", *Brookings Papers on Economic Activity*, 2001, nº2, p.187-278.
47. Mark Granovetter, *Getting a Job. A Study of Contacts and Careers*, Cambridge, Harvard University Press, 1974. Por exemplo, Granovetter mostra que mais de 50% dos empregos numa cidade do Massachusetts são obtidos graças a contatos pessoais. Granovetter é conhecido por sua teoria da "força dos laços fracos", título do seu artigo publicado em 1973 no *American Journal of Sociology*.
48. Roland Bénabou e Jean Tirole, "Belief in a Just World and Redistributive Politics", *Quarterly Journal of Economics*, 2006, vol.121. nº2, p.699-746.
49. Alberto Alesina, Reza Baqir e William Easterly, "Public Goods and Ethnic Divisions", *Quarterly Journal of Economics*, 1999, vol.114, nº4, p.1243-84.
50. Barry Bosworth, Gary Burtless e Kan Zhang, "Later Retirement, Inequality in Old Age, and the Growing Gap in Longevity between Rich and Poor", The Brookings Institution, 2016.
51. Considerada com a condição de estar em vida aos cinquenta anos de idade nesse estudo.

3. O economista na esfera pública (p.75-90)

1. Burke escreveu essas linhas em 1793, em reação à decapitação de Maria Antonieta.
2. Na acepção usual do termo: manipulador, o sofista tenta persuadir seus ouvintes com a ajuda de argumentos aparentemente coerentes, mas na realidade questionáveis.
3. A citação de Burke é ambígua: por "calculistas", ele entendia um grupo de manipuladores agindo por cálculo e interesse, na esteira de sua acusação ao sofismo? Ou atacava os matemáticos, que ele não devia ter em mais alta conta do que os economistas?
4. As remunerações não são a única causa do déficit de atividade na França para os cientistas, longe disso. Esse déficit concerne a outros aspectos cruciais para um pesquisador: estruturas de governança inapropriadas, uma avaliação ainda embrionária, a miríade de instituições e fontes de financiamento etc. A autonomia das universidades e a vinculação de grandes financiamentos a uma lógica de excelência melhoraram as coisas, mas progressos significativos restam por fazer.
5. Ver o capítulo 6 para uma análise do Estado.
6. A discussão a seguir se inspira em parte no feedback da experiência da comunidade dos economistas de Toulouse desde 1990, data da fundação, por Jean-Jacques Laffont, do Idei (Instituto de Economia Industrial). A fim de obter meios financeiros para criar um departamento de nível internacional, Jean-Jacques Laffont, depois seus sucessores à frente do Idei, firmou parcerias de pesquisa de longo prazo com atores econômicos tanto privados quanto públicos (administrações federais, organismos internacionais, empresas públicas e privadas atuando em diferentes setores econômicos). Essas parcerias contribuem não só com recursos financeiros; permitem igualmente aos pesquisadores desenvolver trabalhos de pesquisa originais e perti-

nentes para a estratégia empresarial e a política pública de regulação dos mercados, trabalhos, além disso, validados pela comunidade científica (ver abaixo). As parcerias têm também como finalidade a organização de conferências dedicadas a um setor da economia e reunindo professores universitários, tomadores de decisão públicos e profissionais. O imperativo de independência representava um verdadeiro desafio. A experiência nos mostrou que os financiadores em sua grande maioria respeitaram a independência dos pesquisadores (claro, possibilidades de parcerias foram exploradas, mas não se concretizaram em falta de garantias nesse aspecto; em alguns raros casos, por exemplo, na esteira de mudanças de pessoas ou de estratégia na parceria, tentativas de pressão levaram à extinção de uma parceria existente).

7. Ver o capítulo 4.
8. *American Economic Review, Econometrica, Journal of Political Economy, Quarterly Journal of Economics, Review of Economic Studies.*
9. Em sua *Teoria geral do emprego, do juro e da moeda* (1936).

4. A pesquisa no cotidiano (p.91-130)

1. Para me limitar a Allais, prêmio Nobel, e aos ex-presidentes da Sociedade de Econometria, a sociedade internacional mais prestigiosa em economia, cujos primeiros presidentes foram Irving Fischer, Joseph Schumpeter, John Maynard Keynes e muitos outros economistas célebres. Num período mais remoto, outros dois franceses, Divisia em 1935 e Roy em 1953, presidiram essa sociedade.
2. Partha Dasgupta, "Modern Economics and Its Critics", in Uskali Maki (org.), *Fact and Division in Economics. Models, Realism and Social Construction*, Cambridge, Cambridge University Press, 2002. Dasgupta analisa os 281 artigos publicados entre 1991 e 1995; entre eles, 25 são de teoria pura, cem de teoria aplicada a um problema particular de política econômica e 156 (logo, mais da metade), empíricos ou experimentais.
3. Darcon Acemoglu (instituições econômicas, economia do trabalho), Susan Athey e Jon Levin (economia industrial), Raj Chetty e Emmanuel Saez (avaliação das políticas públicas), Esther Duflo (economia do desenvolvimento), Roland Fryer (economia da discriminação), Matthew Gentzkow (mídia e economia política), Steven Levitt (fatos sociais e microeconomia, autor do best-seller *Freakonomics*), se nos limitarmos, por exemplo, aos dez últimos pesquisadores que receberam a medalha Clark (prêmio do melhor economista com menos de quarenta anos trabalhando nos Estados Unidos).
4. Por exemplo, no caso da primeira, o espaço homogêneo e isotrópico de dimensão três e, no caso da segunda, a ausência de interações eletrostáticas.
5. Ver o capítulo 8 para mais detalhes.
6. Ver o capítulo 7.
7. A atualização consiste em resumir num único número fluxos financeiros a priori não diretamente comparáveis, uma vez que produzidos em datas diferentes. Para fazer isso, utilizamos a taxa de juro i, pois esta reflete o preço no mercado de títulos que equilibra a escolha entre €1 hoje e €(1 + i) dentro de um ano (para simpli-

ficar, pois podem entrar em jogo outros fatores como o risco ou a atualização dos lucros futuros; ver especialmente o livro de Christian Gollier, *Pricing the Planet's Future? The Economics of Discounting in an Uncertain World*, Princeton, Princeton University Press, 2012).
8. Não posso citar aqui as centenas ou milhares de artigos dedicados a esse tema na literatura econômica. Para um conjunto muito limitado de referências, o leitor poderá consultar os trabalhos citados em meus artigos, em parceria com Roland Bénabou, sobre a identidade e as normas sociais.
9. É preciso, claro, que a amostragem seja realmente aleatória: pode haver uma autosseleção daqueles que, por exemplo, aceitam fazer parte de um exame clínico aleatório.
10. Outra loteria é (ou era) o sexo dos filhos de um casal. Por exemplo, é difícil estudar o impacto do número de filhos sobre a carreira da mãe; uma mãe que se beneficie de uma promoção pode decidir ter menos filhos ou tê-los mais tarde. A relação de causalidade é então incerta: uma mãe compromete sua carreira porque tem filhos, ou, ao contrário, uma mulher que é bem-sucedida em sua carreira tem menos filhos? No entanto, o fato de uma família com dois filhos ou duas filhas ter uma probabilidade maior de querer um terceiro filho permite avançar na análise da causalidade (ver Josh Angrist e William Evans, "Children and Their Parents's Labor Supply. Evidence from Exogenous Variation in Family Size", *American Economic Review*, 1998, vol.88, nº3, p.450-77).
11. Ver, em especial, o livro de Abhijit Banerjee e Esther Duflo, *Repenser la pauvreté*, Paris, Seuil, "Les Livres du Nouveau Monde", 2012.
12. Para uma panorâmica, ver o artigo de Steven Levitt e John List, "Field Experiments in Economics. The Past, the Presente, and the Future", *European Economic Review*, 2009, vol.53, p.1-18.
13. Isso deixa de ser obrigatoriamente verdade se o contrato entre vendedores e compradores for incompleto: uma condição importante é que os termos da negociação sejam bem-especificados. Foram realizadas experiências em laboratório nas quais há um excesso de "trabalhadores" com relação ao número de "empregos". Se o esforço na tarefa é especificado no contrato, então o resultado de Smith é comprovado. Se, em contrapartida, o esforço fica a critério do empregado, os empregadores tentam recorrer à reciprocidade do empregado (ver capítulo 5) e oferecem salários mais elevados do que o necessário para atrair o assalariado. Ver, por exemplo, Ernst Fehr e Armin Falk, "Wage Rigidity in a Competitive Incomplete Contract Market", *Journal of Political Economy*, 1999, nº107, p.106-34.
14. Para reflexões recentes sobre o status científico da economia, aconselho o livro de Dani Rodrik, *Economic Rules. The Rights and Wrongs of the Dismal Science*, Nova York, Norton, 2015.
15. A começar na seção V deste capítulo. Ver também os capítulos 10 e 11.
16. Naturalmente, eu também poderia citar exemplos incidindo sobre a microeconomia.
17. Ver o capítulo 11.
18. Ver, em especial, o site Retraction Watch. Para discussões sobre a reprodutibilidade dos resultados, consultar, por exemplo, em psicologia, o artigo da *Science*

(Sciencemag) de 28 de agosto de 2015: "Estimating the Reproductibility of Psychological Science"; em medicina, o de PLOS One, "Does Publication Bias Inflate the Apparent Efficacy of Psychological Treatment for Major Depressive Disorder? A Systematic Review and Meta-Analysis of US National Institutes of Health-Funded Trials", 30 de setembro de 2015; em economia, o artigo de Andrew Chang e Philip Li, "Is Economics Research Replicable? Sixty Published Papers from Thirteen Journals Say 'Usually Not'", Federal Reserve Board, 2015.
19. Entrevista ao *Le Monde*, 3 de janeiro de 2001.
20. A grande maioria desses estudantes não se tornarão economistas, mas farão administração, direito ou outra disciplina e ingressarão na vida profissional.
21. Bruno Fey e Stephan Meier, "Selfish and Indoctrinated Economists?", *European Journal of Law and Economics*, 2005, vol.19, p.165-71.
22. Raymond Fishman, Shachar Kariv e Daniel Markovits, "Exposure to Ideology and Distributional Preferences", 2009, mimeo.
23. Para um estudo do impacto das narrativas sobre o comportamento, ver meu artigo com Armin Falk, "Narratives, Imperatives, and Moral Reasoning", mimeo.
24. Lembremos a célebre fórmula de Adam Smith: "Não é da benevolência do açougueiro, do cervejeiro ou do padeiro que esperamos nosso jantar, mas de sua preocupação com seu interesse próprio." Claro, Adam Smith também escreveu muito sobre a necessidade de comportamentos pró-sociais e sobre a necessidade da regulação (recomendando a intervenção do Estado para vencer a pobreza, impedir o empréstimo usurário ou subvencionar a educação), ao contrário da imagem simplista que se costuma fazer dele.
25. Isaiah Berlin, *The Hedgehog and the Fox. An Essay on Tolstoy's View of History*, Londres, Weidenfeld & Nicolson, 1953.
26. Como, aliás, os escritores, que eram objeto do ensaio de Isaiah Berlin. Esta é uma simples impressão, que teria necessidade de ser confirmada mais rigorosamente por um estudo empírico similar ao de Tetlock, descrito adiante.
27. Ver seus livros *Expert Political Judgement. How Good Is It? How Can We Know?* Princeton, Princeton University Press, 2005, e, com Dan Gardner, *Superforcasting*, Nova York, Crown, 2015.
28. Tetlock utiliza a análise fatorial. Exemplos de perguntas são: "O senhor pensa que o erro mais comum no julgamento das situações é exagerar a complexidade do mundo?" ou "O senhor acha que um erro comum na decisão é abandonar uma boa ideia depressa demais?". Respostas positivas a essas perguntas assinalam um estilo cognitivo de ouriço.
29. Defensores da não intervenção do Estado, exceto para fornecer tribunais que permitam aos atores econômicos contratar ao seu bel-prazer, e para assegurar a ordem e a defesa, protegendo assim o direito de propriedade.
30. Nicolas Bourbaki era um matemático imaginário: um grupo de matemáticos franceses de talento (entre os quais, cinco medalhas Fields) se reuniu entre 1934 e 1968 para elaborar tratados (publicados sob o nome de Bourbaki) reconstruindo a matemática de maneira mais rigorosa, abstrata e unificada.

31. Robert Solow, "A Contribution to the Theory of Economic Growth", *Quarterly Journal of Economics*, 1956, vol.70, nº1, p.65-94.
32. Dani Rodrik, "Why We Use Math in Economics", Dani Rodrik's Weblog, 4 de setembro de 2007.
33. Nash, prêmio Nobel em 1994, faleceu com sua esposa num acidente de carro em maio de 2015 ao voltar de Oslo, onde acabava de receber o prêmio Abel, o mais prestigioso prêmio de matemática – ao lado da medalha Fields; sua vida inspirou o filme de Ron Howard *Uma mente brilhante* (2002), no qual seu papel foi interpretado por Russell Crowe.
34. Ignacio Palacios Huerta, "Professionals Play Minimax", *Review of Economic Studies*, 2003, nº70, p.395-415.
35. Um esclarecimento importante: as experiências em laboratório são quase sempre elaboradas de maneira a respeitar o anonimato; as escolhas individuais são feitas em computador; por exemplo, se escolho o comportamento desviante no dilema do prisioneiro, a pessoa contra quem eu jogo registrará sua perda, mas não saberá sua procedência (a princípio tampouco o experimentador). No mundo real, os agentes econômicos dão mostras de generosidade, embora menos do que em laboratório.
36. Definida pelos pesquisadores de Stanford David Kreps e Bob Wilson e pelo prêmio Nobel Reinhardt Selten.

5. A economia em movimento (p.131-61)

1. Mas também defendido por diversos sociólogos, tais como Max Weber ou James Coleman e, na França, Raymond Boudon e Michel Crozier, sem esquecer outros especialistas em ciências sociais não economistas, como o filósofo Karl Popper.
2. Mais genericamente a interdisciplinaridade, isto é, o trabalho cruzado de várias disciplinas num diálogo construtivo, é necessária, ainda que, infelizmente, fale-se muito nela e pouco se a pratique, exceto em alguns centros de pesquisa. O Instituto de Estudos Avançados de Toulouse (Iast, Institute for Advanced Study in Toulouse) foi fundado em 2011 tendo precisamente como objetivo reunir num mesmo local, e em torno de seminários compartilhados, antropólogos, biólogos, economistas, juristas, historiadores, cientistas políticos, psicólogos e sociólogos.
3. Ver, por exemplo, a literatura sobre a "desatenção racional", iniciada por Christopher Sims (por exemplo em "Implications of Rational Innatention", *Journal of Monetary Economics*, 2003, vol.50, nº3, p.665-90); e aquela sobre os custos de aquisição de informação e os contratos incompletos (por exemplo, meu artigo "Cognition and Incomplete Contracts", *American Economic Review*, 2009, vol.99, nº1, p.265-94).
4. Samuel McClure, David Laibson, George Loewenstein, Jonathan Cohen, "Separate Neural Systems Value Immediate and Delayed Monetary Rewards", *Science*, 2004, nº306, p.503-7.
5. Essa propriedade é expressa aqui de maneira informal. A probabilidade de que a frequência de cara seja compreendida entre 49% e 51%, por exemplo, tende para 1; e podemos tornar esse conceito ainda mais preciso.

6. Essa distorção foi observada, por exemplo, no jogo da roleta, em que os jogadores tendem a apostar em números que foram pouco sorteados anteriormente; eis a razão pela qual essa distorção é chamada de *"gambler's fallacy"*.
7. Daniel Chen, Tobias Koskovwitz e Kelly Shue, "Decision-Making under the Gambler's Fallacy. Evidence from Asylum Judges, Loan Officers and Baseball Umpires", a ser publicado no *Quarterly Journal of Economics*. Ver esse artigo para uma defesa da explicação em termos de *"gambler's fallacy"* com relação a explicações alternativas.
8. A pergunta era a seguinte: "Uma doença afeta uma pessoa em cada mil. Um exame diagnosticando essa doença tem uma taxa de 5% de resultado positivo errado mas identifica corretamente aqueles que são afetados pela doença. Uma pessoa tem um exame positivo: qual é a probabilidade de que essa pessoa tenha a doença?" A resposta correta é 2%; muitos respondem 95%.
9. Amos Tversky e Daniel Kahneman, "Belief in the Law of Small Numbers", *Psychological Bulletin*, 1971, nº76, p.105-10.
10. A questão da identidade também desempenha um papel na maneira de votar dos indivíduos. O voto é em parte expressivo, e não somente induzido pela busca do interesse pessoal.
11. Na maior parte das experiências em laboratório, os indivíduos fazem suas escolhas num computador. Além disso, um procedimento complexo chamado *"double bind"* faz com que nem mesmo o experimentador conheça as escolhas individuais efetuadas. Ele/ela só conhece a distribuição estatística dos comportamentos.
12. Essa percentagem é muito variável e depende de diferentes fatores conforme a categoria socioprofissional do outro (tal como declarada pelo experimentador), sua comunidade étnica, religiosa ou geográfica, ou ainda o estado físico ou psicológico em que se encontra o "ditador". O fato relevante é que, em média, os indivíduos estão dispostos a sacrificar um pouco de seu interesse material em prol do outro.
13. Patricia Funk, "Social Incentives and Voter Turnout. Evidence from the Swiss Mail Ballot System", *Journal of the European Economic Association*, 2010, vol.8, nº5, p.1077-103.
14. Muitos artigos foram escritos sobre o altruísmo recíproco. Ver, por exemplo, a síntese de Ernst Fehr e Urs Fischbacher, "The Nature of Human Altruism", *Nature*, 2003, nº425, p.785-91.
15. Joseph Heinrich, Robert Boyd, Colin Camerer, Ernst Fehr, Herbert Gintis, Richard McElreath, "In Search of Homo œconomicus. Behavioral Experiments in 15 Small-Scale Economies", *American Economics Review Papers and Proceedings*, 2001, vol.91, nº2, p.73-8.
16. Essa experiência foi proposta por Jason Dana, Roberto Weber e Jason Kuang ("Exploiting Moral Wiggle Room. Experiments Demonstrating an Illusory Preference for Fairness", *Economic Theory*, 2007, nº33, p.67-80).
17. Essa estratégia foi igualmente observada em experiências de campo visando estudar o comportamento dos indivíduos com relação a atos de caridade.
18. "Morals and Markets", *Science*, 2013, vol.340, p.707-11.

19. Preferir B a A equivale a atribuir um peso de pelo menos ¼ ao bem-estar do outro com relação ao seu próprio bem-estar (o sacrifício é de 1 e o ganho para o outro é de 4). Analogamente, quando comparamos B e C, o sacrifício para a escolha B é de 5 e o ganho para o outro é de 20, ou seja, quatro vezes mais.
20. John List, "On the Interpretation of Giving in Dictator Games", *Journal of Political Economy*, 2007, nº115, p.482-93.
21. Ver o livro de Cass Sunstein e Richard Thaler, *Nudge, la méthode douce pour inspirer la bonne décision*, Paris, Vuibert, 2010. O governo inglês criou uma Nudge Unit em 2010. Para um panorama das experiências feitas sobre as opções "pegar ou largar" – isto é, aquelas que prevalecem na ausência de escolha diferente pelo indivíduo –, ver o artigo de Cass Sunstein, "Deciding by Defaut", *University of Pennsylvania Law Review*, 2013, nº162, p.1-57. Um artigo clássico nesse domínio mostra que a inscrição num plano de aposentadoria (uma poupança subvencionada pelo Estado americano) pelos empregados de uma empresa americana aumentou nitidamente quando a opção única foi alterada de "fase de inscrição" para "inscrição", as escolhas oferecidas aos empregados permanecendo as mesmas em ambos os casos (Brigitte Mandrian, Dennis Shea, "The Power of Suggestion. Inertia in 401(k) Participation and Savings Behavior", *Quarterly Journal of Economics*, 2001, vol.116, nº4, p.1149-87).
22. O leitor que conhece estatística identificará aqui a lei dos grandes números.
23. Nina Mazar, On Amir, Dan Ariely, "The Dishonesty of Honest People. A Theory of Self-Concept Maintenance", *Journal of Marketing Research*, 2008, 633, vol.XLV, p.633-44.
24. Benoît Monin et al., "Holier than me? Threatening Social Comparison in the Moral Domain", *International Review of Social Psychology*, 2007, vol.20, nº1, p.53-68, e em colaboração com P.J. Sawyer e M.J. Marquez, "The Rejection of Moral Rebels. Resenting Those Who Do the Right Thing", *Journal of Personality and Social Psychology*, 2008, vol.95, nº1, p.76-93. Ver também o livro de Larissa Mac Farquhar, *Strangers Drowning*, Nova York, Penguin, 2015.
25. Em geral o *benchmarking*, ou calibragem por comparação, faz referência às técnicas que consistem em dar às empresas ou aos empregados modelos a serem seguidos, e eventualmente em calcular sua remuneração com base na distância que separa sua performance da do modelo.
26. Juan Carrillo, Thomas Mariotti, "Strategic Ignorance as a Self-Disciplining Device", *Review of Economic Studies*, 2000, vol.67, nº3, p.529-44.
27. Roland Bénabou, Jean Tirole, "Self-Confidence and Personal Motivation", *Quarterly Journal of Economics*, 2002, vol.117, nº3, p.871-915.
28. Roland Bénabou e Jean Tirole, "Willpower and Personal Rules", *Journal of Political Economy*, 2004, nº112, p.848-87; "Belief in Just World and Redistributive Politics", *Quarterly Journal of Economics*, 2006, vol.121, nº2, p.699-746; "Identity, Morals and Taboos. Beliefs and Assets", *Quarterly Journal of Economics*, 2011, vol.126, nº2, p.805-55.
29. Como *Golden Balls*, transmitido na TV inglesa.
30. Michael Kosfeld, Markus Heinrichs, Paul J. Zak, Urs Fischbacher, Ernst Fehr, "Oxytocin Increases Trust in Humans", *Nature*, 2005, nº435, p.673-6.

31. Neuropeptídeo. Esse hormônio parece influenciar determinados comportamentos e afetar o orgasmo, o reconhecimento social, a empatia, a ansiedade ou os comportamentos maternos.
32. George Akerlof, "Labor Contracts as Partial Gift Exchange", *Quarterly Journal of Economics*, 1982, vol.97, nº4, p.543-69. Para um teste de laboratório evidenciando essa reciprocidade, ver Ernst Fehr, Simon Gaechter, Georg Kirschsteiger, "Reciprocity as a Contract Enforcement Device. Experimental Evidence", *Econometrica*, nº65, p.833-60.
33. Rajshri Jayaraman, Debraj Ray, Francis de Vericourt, "Anatomy of a Contract Change", *American Economic Review*, 2016, vol.106, nº2, p.316-58.
34. Uma parte do aumento teve decerto uma origem legal, mas outra parte vinha do empregador.
35. "A Theory of Collective Reputations, with Applications to the Persistence of Corruption and to Firm Quality", *Review of Economic Studies*, 1996, vol.63, nº1, p.1-22.
36. Esther Duflo, Rema Hanna, Stephen Ryan, "Incentives Work. Getting Teachers to Come to School", *American Economic Review*, 2012, vol.102, nº4, p.1241-78.
37. O problema do multitarefas foi, por exemplo, analisado no artigo clássico de Bengt Holmström e Paul Milgrom, "Multitask Principal-Agent Analyses. Incentive Contracts, Asset Ownership, and Job Design", *Journal of Law, Economics and Organization*, 1991, nº7, p.24-52.
38. Richard Titmuss, *The Gift Relationship. From Human Blood to Social Policy*, Nova York, The New Press, 1970.
39. Autor, entre outros, do livro *C'est (vraiment?) moi qui decide*, Paris, Flammarion, 2008.
40. Dan Ariely, Anat Bracha e Stefan Meier, "Doing Good or Doing Well? Image Motivation and Monetary Incentives in Behaving Prosocially", *American Economic Review*, 2009, vol.99, nº1, p.544-55. A escolha dos assuntos era ou mantida confidencial, como nas experiências clássicas, ou revelada aos pares.
41. Tim Besley, Anders Jensen e Torsten Persson, "Norms, Enforcement, and Tax evasion", mimeo. A passagem em 1990 de um imposto predial baseado no valor da propriedade a um imposto de capitação, muito regressivo, aumentou sobremaneira a evasão fiscal, em especial nos distritos trabalhistas, bastante antagônicos ao governo de Margaret Thatcher. A evasão fiscal levou muito tempo para recuperar seu nível mais baixo após a supressão do imposto por capitação e o retorno a uma alíquota mais justa em 1993. O artigo estende o modelo a um contexto dinâmico para compreender essa histerese e mostra como os incentivos e previsões sobre a norma social explicam as reações diferentes no tempo e entre distritos.
42. Ruixue Jia e Torsten Persson, "Individual vs. Social Motives in Identity Choice. Theory and Evidence from China", mimeo. Na China, uma criança oriunda de um casamento entre um/uma Han e um membro de uma minoria étnica pode ser declarada seja como Han, seja como minoria étnica. A motivação extrínseca provém das vantagens de que se beneficiam as minorias em virtude dos programas de ação afirmativa; a norma social está ligada à reação da comunidade étnica face à escolha da declaração étnica.

43. Daniel Chen, "The Deterrent Effect of the Death Penalty? Evidence from British Commutations during World War I", mimeo. A motivação extrínseca, no caso, era a entrada em vigor das punições (inclusive a pena de morte). Daniel Chen identifica também o impacto da norma social segundo o período e a origem dos soldados (por exemplo, soldados ingleses ou irlandeses).
44. Roland Bénabou, Jean Tirole, "Intrinsic and Extrinsic Motivation", *Review of Economic Studies*, 2003, nº70, p.489-520.
45. Armin Falk e Michael Kosfeld, "The Hidden Costs of Control", *American Economic Review*, 2006, vol.96, nº5, p.1611-30. Por exemplo, reelaborando o jogo em que o jogador 1 entrega ao jogador 2 uma soma entre 0 e 10, que é triplicada no recebimento (o jogador 2 podendo então devolver o que ele quiser), o jogo modificado especifica que o jogador 1 pode, além disso, exigir um retorno mínimo igual a 0 ou 4, por exemplo. Exigir um mínimo de 4 mata a reciprocidade (e, a propósito, a maioria dos jogadores não faz isso).
46. Robert Cialdini, *Influence et manipulation*, Paris, First Éditions, 2004.
47. Roland Bénabou, Jean Tirole, "Laws and Norms", art.cit.
48. Ver, por exemplo, os trabalhos de meus colegas de Toulouse Ingela Alger e Jörgen Weibull, "Homo Moralis. Preference Evolution under Incomplete Information and Assortative Matching", *Econometrica*, 2013, vol.81, p.2269-302, e Paul Seabright, *La Société des inconnus*, op.cit. Sobre as origens biológicas da cooperação, ver o livro de Sam Bowles e Herb Gintis, *A Cooperative Species. Human Reciprocity and its Evolution*, Princeton, Princeton University Press, 2013.
49. Michael Spence, "Job Market Signaling", *Quarterly Journal of Economics*, 1973, vol.87, nº3, p.355-74.
50. Amotz Zahavi, "Mate Selection. A Selection for a Handicap", *Journal of Theoretical Biology*, 1975, vol.53, p.205-14.
51. Para um histórico, ver Laurence Iannaccone, "Introduction to the Economics of Religion", *Journal of Economic Literature*, 1998, vol.36, nº3, p.1465-6.
52. "Os [membros do clero] podem depender inteiramente, para sua subsistência, das contribuições voluntárias de seus fiéis, ou então extraí-la de algum outro fundo ao qual a lei de seus países lhes dá direito, tais como uma propriedade fundiária, um dízimo ou imposto territorial, hipotecas ou remunerações fixas. Sua aplicação, seu zelo e operosidade serão possivelmente maiores no primeiro caso do que no outro. Sob esse aspecto, os professores de religiões novas sempre levam uma vantagem considerável quando atacam os sistemas religiosos antigos e legalmente estabelecidos, porque nestes o clero, escorado nas subvenções, havia imperceptivelmente negligenciado manter, na massa do povo, a devoção e o fervor de sua fé, e, entregando-se à indolência e à ociosidade, tornara-se absolutamente incapaz de agir com energia, mesmo para defender sua própria instituição. O clero de uma religião bem-estabelecida e bem-dotada termina por se compor de homens instruídos e agradáveis, que possuem todas as qualidades das pessoas cosmopolitas, as quais podem aspirar à estima das pessoas bem-nascidas; mas estes homens tendem a perder imperceptivelmente as qualidades tanto boas quanto más que lhes conferiam

autoridade e influência sobre as classes inferiores do povo, e que talvez tenham sido a causa originária de seu sucesso e da consolidação de sua religião", *A riqueza das nações*, livro V, 1776.
53. Maristella Botticcini e Zvi Eckstein, *The Chosen Few. How Education Shaped Jewish History, 70-1492*, Princeton, Princeton University Press, 2012.
54. Mohamed Saleh, "On the Road to Heaven. Self-Selection, Religion, and Socio-Economic Status", mimeo, 2015.
55. Eli Berman e Laurence Iannaccone, "Religious Extremism. The Good, the Bad, and the Deadly", *Public Choice*, 2006, vol.128, nº1, p.109-29; Daniel Chen e Jo Lind, "The Political Economy of Beliefs. Why Fiscal and Social Conservatives and Fiscal and Social Liberals Come Hand-In-Hand", mimeo, 2016. Daniel Chen, "Club Goods and Group Identity. Evidence from Islamic Resurgence during the Indonesian Financial Crisis", *Journal of Political Economy*, 2010, vol.118, nº2, p.300-54.
56. Ver o capítulo 14.
57. Emmanuelle Auriol, Julie Lassébie, Eva Raiber, Paul Seabright e Amma Serwaah-Pauni, "Good Insures the Ones who Pay? Formal Insurance and Religious Offerings in a Pentecostal Church in Accra, Ghana", mimeo.
58. Ver, por exemplo, Roland Bénabou, Davide Ticchi e Andrea Vindigni, "Religion and Innovation", *American Economic Review, Papers and Proceedings*, 2015, vol.105, nº5, p.346-51, que mostra a correlação negativa (mas não obrigatoriamente uma causalidade) entre religiosidade e inovação ou abertura à ciência.

6. Por um Estado moderno (p.165-86)

1. Jean-Jacques Laffont, *Étapes vers un État moderne. Une analyse économique*.
2. Ver capítulo 5.
3. Outro entrave à eficiência gerado pela desigualdade está ligado à perda de autonomia. Um indivíduo que não tem recursos para comer, se deslocar e morar pode não estar apto a encontrar um emprego.
4. Todos os compradores dispostos a pagar mais do que o preço são servidos, todos os vendedores dispostos a vender pelo preço também. Logo, as únicas trocas potenciais restantes são entre compradores dispostos a pagar menos que o preço e vendedores exigindo mais que o preço, e elas não comportam, por conseguinte, nenhum ganho de troca. O que, em termos empíricos, é aproximativamente comprovado, ver o capítulo 4.
5. Como os subsídios às exportações, cuja lista de beneficiários não é divulgada pelo motivo de que perderia sua eficácia ao incitar os concorrentes estrangeiros ao sobrepreço; ou as subvenções cruzadas entre setores no seguro-desemprego (os setores altamente consumidores de seguro-desemprego "taxando" os outros setores).
6. Uma proibição das importações provenientes desse país pode se revelar impossível em razão dos acordos comerciais internacionais (OMC) ou outras limitações políticas.

7. http://www.vie-publique.fr/decouverte-institutions/institutions/administration/organisation/etat/aai/quel-est-role-aai.html.
8. Convém, entretanto, permanecer vigilante quanto a essa questão. Por exemplo, na crise europeia, os Estados jogam a responsabilidade em parte no BCE, que, além de seu papel normal de provedor de liquidez, é levado, à sua revelia, para um terreno político (apoio de um Estado). Sua queda de braço com o governo grego em junho-julho de 2015 era sem dúvida inevitável, mas a saída da Grécia da zona do euro poderia ter levado a um questionamento de sua independência. No Senado americano, os republicanos (bem como, à esquerda, Bernie Sanders) questionaram a independência do FED por ocasião de uma votação em janeiro de 2015; felizmente, as democracias impediram essa tutelagem.
9. Em contrapartida, ele pode administrar de maneira temporária uma empresa ou um banco em falência se porventura, num primeiro momento, não conseguir encontrar um comprador para eles; seu dever é então revender a empresa ou o banco assim que as condições forem propícias, como fizeram os Estados Unidos com a General Motors em 2013 (salva da falência em 2009 e que custou US$11 bilhões no final – contra um plano de US$50 bilhões – ao Estado americano) e a Suécia, que nacionalizou os bancos à beira da falência em 1992 e os revendeu mais tarde ao longo da década.
10. Como observa Gaspard Koenig em *Le Révolutionnaire, l'Expert et le Geek*, Paris, Plon, 2015.
11. Como observaram, por exemplo, Marc Bloch e, mais recentemente, Gaspard Koenig. O regime de Vichy reformulou a herança revolucionária de banimento das corporações/ordens profissionais e começou a regular a cultura, a fortalecer a função pública, a subvencionar a natalidade e, mais genericamente, a dirigir a economia. Sobre a evolução do papel do Estado na França desde a revolução liberal de 1789, ver também Pierre Rosanvallon, *Le Modèle politique français*, Paris, Seuil, 2004.
12. Sobre esse tema, ver o livro de Philippe Aghion e Alexandra Roulet, *Repenser l'État. Pour une nouvelle social-démocratie*, Paris, Seuil, 2001, ou o relatório do Conselho de Análise Econômica, "Économie politique de la LOLF", 2007, n°65 (Edward Arkwhright, Christian de Boissieu, Jean-Hervé Lorenzi e Julien Samson).
13. Os encargos obrigatórios, que incluem especialmente os impostos (de renda, sobre as empresas, impostos locais, CSG...), as contribuições sociais e o IVA não representavam senão 45,2% do PIB em 2015. A diferença entre os dois números reflete os encargos não obrigatórios (receitas das empresas e propriedades públicas, jogos, multas e sanções, doações e legados ao Estado...) de um lado e o déficit público do outro (entre 4% e 5% nos últimos anos), tendo como corolário um aumento da dívida pública.
14. As reformas são possíveis, como demonstra a Itália, que está em vias de reformar seu Senado, com duas medidas-chave: a divisão por três do número de senadores (com um terço exercendo outras funções territoriais); e sobretudo o fim do bicameralismo que travou a Itália por tanto tempo (o Senado não votando mais sobre o orçamento e sobre a confiança no governo).

15. A título de exemplo, comparar o número de professores por aluno com as práticas estrangeiras em cima de resultados dados (a França gasta mais do que a Alemanha, pagando bem menos a seus professores e obtendo resultados inferiores).
16. Podemos debater esse ponto. O atrelamento das receitas pode levar a um desperdício do dinheiro público; por exemplo, atrelar as receitas dos pedágios das autoestradas à construção de outras autoestradas só faz sentido se as autoestradas mais úteis já foram construídas (e quanto mais autoestradas foram construídas, mais elevadas são as receitas e, logo, há mais dinheiro disponível, ao passo que as necessidades diminuíram!). O contra-argumento é que atrelar as receitas às despesas pode levar à criação de um contrapoder que terá interesse em monitorar essas despesas. O princípio deveria ser o "não atrelamento", derrogações devendo ser justificadas pela aplicação motivada desse contra-argumento.
17. A digitalização (que atingia apenas 11% das compras em 2015!) está em curso; mas convém ir mais rápido, limitar o número de plataformas, hoje excessivas, e zelar para que os formulários pedindo informações sobre a empresa sejam padronizados pelos dados básicos a fim de fazer as empresas ganharem tempo.
18. Os custos de gestão dos organismos de previdência social elevam-se a €7,2 bilhões por ano, os dos organismos complementares a €6,2 bilhões.

7. A empresa, sua governança e sua responsabilidade social (p.187-205)

1. Ver o capítulo 16.
2. Alguns ingressaram na bolsa, como Goldman Sachs, fundado em 1989 e que entrou na bolsa em 1999. Alguns observadores estimam que esse ingresso na bolsa acarretou uma perda de interesse pelo cliente e levou a uma gestão de curto prazo.
3. Ver os artigos de Gary Gorton, Frank Schmid, "Capital, Labor and the Firm. A Study of German Codetermination", *Journal of the European Economic Association*, 2004, vol.2, nº5, p.863-905; Stefan Petry, "Workers on the Board and Shareholder Wealth. Evidence from a Natural Experiment", mimeo, 2015; e Han Kim, Ernst Maug, Christoph Schneider, "Labor Representation in Governance as an Insurance Mechanism", mimeo, 2015.
4. Transformar uma empresa capitalista em empresa autogerida é, em contrapartida, mais difícil, pois funcionários geralmente não dispõem dos meios de compensar os investidores proprietários da empresa – salvo no caso de uma retomada da empresa por parte dos funcionários, o que intervém precisamente a maior parte do tempo quando os títulos dos investidores perderam seu valor. Outro caso de figura é o dos *Leveraged Buyouts*, nos quais os funcionários ou apenas os dirigentes endividam a empresa fortemente para poderem adquirir as partes.
5. A Enron era uma das maiores empresas americanas, especializada no gás natural e na corretagem. Tendo especulado nos mercados de eletricidade, acumulou perdas que foram maquiadas em lucros via manipulações contábeis e não menos de 3 mil empresas offshore. Abriu falência em 2001, acarretando 20 mil demissões, mais a perda, para numerosos empregados, de parte de suas aposentadorias que

eles haviam investido em ações da Enron. Esse escândalo financeiro, bem como outro, na Worldcom, resultou na lei Sarbanes-Oxley de 2002, sobre a reforma da contabilidade das empresas cotadas em bolsa e a proteção dos investidores. Arthur Andersen, um dos maiores escritórios de auditoria do mundo, que certificava as contas da Enron, também desapareceu nessa ocasião.

6. Claro, os administradores podem pedir acesso à informação, mas uma informação não seletiva e não digerida não é de grande utilidade.
7. Ver meu artigo, com Philippe Aghion, "Formal and Real Authority in Organizations", *Journal of Political Economy*, 1997, vol.105, nº1, p.1-29.
8. Uma stock-option é uma opção de compra concedida a dirigentes ou empregados da empresa. As stock-options autorizam seu detentor a comprar um certo número de ações da empresa numa determinada data e por um preço preestabelecido, por exemplo, a comprar cem ações ao preço 10 dentro de quatro anos. Se a ação valer 15 dentro de quatro anos, o valor das opções será então 500. Se valer menos de 10, as opções não terão valor.
9. Entre os trabalhos empíricos mostrando a possibilidade de tal conivência (não obrigatoriamente nas finanças), citemos os de Marianne Bertrand e Sendhil Mullainathan, "Are CEOs Rewarded for Luck? The Ones without Principals Are", *Quarterly Journal of Economics*, 2001, vol.116, nº3, p.901-32, e de Lucian Bebchuk e Jesse Fried, *Pay without Performance. The Unfulfilled Promise of Executive Compensation*, Cambridge, Harvard University Press, 2004.
10. Esses assuntos mereceriam um ou vários capítulos. Ver, por exemplo, meu livro *The Theory of Corporate Finance*, Princeton, Princeton University Press, 2006.
11. Ver o capítulo 16.
12. Remeto ao capítulo 13 para uma discussão do financiamento das PME.
13. Ver David Sraer, David Thesmar, "Performance and Behavior of Family Firms: Evidence From the French Stock Market", *Journal of the European Economic Association*, 2007, vol.5, p.709-51.
14. Ver o capítulo 8.
15. Ver o capítulo 9.
16. Em seu livro verde de 2001, *Promoting a European Framework for Corporate Social Responsability*.
17. A discussão a seguir repousa no meu artigo com Roland Bénabou, "Individual and Corporate Social Responsability", *Economica*, 2010, nº77, p.1-19.
18. Ver o livro de Augustin Landier e Vinay Nair, *Investing of Change. Profit for Responsible Investing*, Oxford, Oxford University Press, 2008.
19. A tarefa das agências de classificação extrafinanceira é difícil. Essas agências baseiam-se em dados raros e não harmonizados.
20. O exemplo da Starbucks foi abundantemente comentado na imprensa. Um estudo realizado a partir de dados americanos sugere que as empresas que mais se engajam na RSE são também aquelas que fazem mais otimização fiscal; não há relação causal, mas uma correlação interessante (Angela Davis, David Guenther, Linda Krull, Brian M. Williams, "Do Socially Responsible Firms Pay More Taxes?", *The Accounting Review*, 2016, vol.91, p.47-68).

21. Remeto ao capítulo 1 para uma discussão das incompreensões acerca do impacto de determinadas políticas.

8. O desafio climático (p.205-44)

1. Na prática, agregam-se os diferentes gases por "equivalentes carbono". Este capítulo assimilará às vezes de maneira abusiva CO_2 e GEE.
2. A COP (Conference of the Parties) acontece todos os anos. A de Lima em dezembro de 2014 era a 20ª, e as COP 15 e 21 correspondem às grandes cúpulas de Copenhague e Paris.
3. As figuras 2 e 3 descrevem ao mesmo tempo as emissões totais e aquelas (quase sempre positivas) fruto da política agrícola e do desmatamento/reflorestamento. Os dois números fornecem em geral imagens similares, à exceção de dois países. A parte não energética das emissões é consequente no caso do Brasil e mais ainda no da Indonésia, países que efetuaram grandes desmatamentos.
4. Publicado em 21 de setembro de 2015.
5. Este capítulo se vale em especial de um artigo escrito em parceria com Christian Gollier, publicado em 2015 por *Economics of Energy & Environmental Policy*: "Negotiating Institutions Against Climate Change", vol.4, nº2, p.5-27. Esse artigo trata de diversos assuntos que não abordaremos aqui, como a incerteza e a volatilidade dos impostos de carbono ou o preço no mercado de créditos de emissão negociáveis, o comprometimento a longo prazo com políticas verdes ou as fórmulas de compensações. Contém igualmente um estudo detalhado comparando as diferentes abordagens econômicas. Além disso, remeto ao meu relatório do Conselho de Análise Econômica de 2009 advertindo contra a falta de ambição das negociações futuras em Copenhague.
6. Jared Diamond, *Collapse. How Societies Choose to Fail or Succeed*, Nova York, Penguin, 2005.
7. Elinor Ostrom, *Governing the Commons. The Evolution of Institutions for Collective Action*, Cambridge, Cambridge University Press, 1990.
8. Além disso, esse mecanismo pode incitar os países emergentes afetados a não adotarem legislação ambiental e a recusarem assinar acordos internacionais coercitivos. Adotar legislações ambientais desvalorizaria efetivamente os projetos de redução das emissões e, logo, os excluiria do acesso aos créditos MDL, privando-os de sua adicionalidade!
9. Ver o artigo de Christian Almer e Ralph Winkler, "Analysing the Effectiveness of International Environmental Policies. The Case of Kyoto Protocol", 2015, universidades de Bath e Berna.
10. Na prática, nem todas as emissões são submetidas a um mercado de licenças de emissão: por exemplo, menos da metade das emissões europeias acha-se hoje sujeita ao mercado de licenças de emissão de CO_2.
11. Os preços mencionados neste capítulo têm como base a tonelada de CO_2. Ainda que eu fale informalmente do "preço carbono", devemos lembrar que uma tone-

lada de carbono corresponde a 3,67 toneladas de CO_2. Logo, o preço do carbono é 3,67 vezes o preço do CO_2.
12. Chamada "contribuição clima energia", aumentando para €22 por tonelada de CO_2 em 2016. Como sempre, muitas isenções foram previstas: transportes rodoviários, táxis, agricultores, pescadores etc.
13. Alain Quinet, *La Valeur tutélaire du carbone*, Paris, La Documentation Française, "Rapports et documents", 2009.
14. Nos Estados Unidos, o US Interagency Working Group (2013) propôs três estimativas diferentes em função de três taxas de atualização possíveis (2,5%, 3% e 5%). Tomando uma taxa de atualização real de 3%, eles estimaram um custo social do carbono partindo de US$32 em 2010, para atingir US$52 em 2030 e US$71 em 2050. Esses valores evidentemente tendem a ser revisados para cima, pois a inatividade da comunidade internacional diminui nossas margens de manobra, aumentando na mesma proporção o custo das emissões.
15. Para utilizar uma expressão do economista Robert Stavins, de Harvard.
16. Segundo algumas estimativas, a compra dos créditos carbono necessários para que cumprisse os compromissos de Kyoto teria custado ao Canadá cerca de US$14 bilhões.
17. Em 2006-7, os preços já haviam afundado, na esteira de uma distribuição exagerada de licenças (as pressões de industriais haviam levado a uma inflação de licenças) e de uma falha de concepção do sistema europeu de fase I (2005-8): os detentores de licenças não podiam poupar suas licenças além do fim de 2007, o que implicava que mesmo um ligeiro excedente de licenças levaria o preço a 0. Nós nos interessamos aqui pelo segundo colapso, aquele pós-crise, que, por sua vez, não se deveu a uma razão técnica.
18. Essa falta de informação implica que todo acordo que resulte de um processo INDC desembocará numa alocação ineficiente dos esforços consentidos, pois conduzirá determinados atores econômicos a empreender ações de atenuação onerosas, ao passo que outros atores continuarão a emitir GEE cuja eliminação seria muito menos cara; voltarei a esse ponto.
19. O *greenwashing* em outros contextos abrange uma longa série de práticas. Por exemplo, uma empresa poderá utilizar a cor verde e colocar rótulos ecológicos nas etiquetas de produtos que não o são; ou recomendar práticas ecológicas que ela mesma não segue; ou pretender-se verde ao mesmo tempo que financia as campanhas eleitorais de candidatos que se opõem à regulação ambiental; ou ainda otimizar ou às vezes inclusive fraudar a mensuração de sua performance ambiental etc.
20. Joseph Stiglitz, "Overcoming the Copenhagen Failure with Flexible Commitments", *Economics of Energy & Environmental Policy*, 2015, nº4, p.29-36.
21. Não sou necessariamente contrário às normas. Se é possível utilizar um instrumento econômico para incentivar o isolamento térmico das moradias, incluindo o preço do carbono no preço da calefação por habitação, o cálculo econômico daí resultante é complexo para os consumidores, que, além do mais, nem sempre têm a informação necessária e podem assim raciocinar com base num curto prazo excessivo (os investimentos de isolamento têm um retorno que incide sobre dezenas

de anos). Uma norma bem concebida encontra então uma justificação cabal. Meu ponto de vista, no entanto, é que as normas são frequentemente estabelecidas sem uma análise clara do preço implícito do carbono que as justifica, dos objetivos dessa política e das políticas alternativas capazes de atingi-los. Além disso, as normas geralmente são coelaboradas pelos industriais estabelecidos, os quais costumam recorrer a elas para afastar os novatos potenciais.

22. Denny Ellerman, David Harrison e Paul Joskow, *Emissions Trading in the US Experience, Lessons and Considerations for Greenhouse Gases*, Pew Center on Global Climate Change, 2003; Thomas Tietenberg, *Emissions Trading. Principles and Practice*, Londres, Routledge, 2006, 2ª ed.; Robert Stavins, "Lessons from the American Experiment with Market-Based Environmental Policies", in John Donahue e Joseph Nye (orgs.), *Market-Based Governance. Supply Side, Demand Side, Upside, and Downside*, Washington, The Brookings Institution, 2002, p.173-200.

23. Pode parecer surpreendente que determinados investimentos que dariam frutos àqueles que os efetuam não sejam realizados. Em certos casos, o ator envolvido pode não dispor da informação; em outros casos, pode não ter suficiente dinheiro disponível para realizar o investimento (obrigação de liquidez de uma família modesta não lhe permitindo fazer obras de isolamento térmico, por exemplo).

24. Ver o artigo de Claude Crampes e Thomas-Olivier Leautier, "Le côté lumineux des subventions aux renouvelables", *La Tribune*, 2 de novembro de 2015.

25. Que sugere um vídeo deveras pedagógico: "Pourquoi et comment donner un prix au carbone?"

26. Um sinal animador na França é a lei sobre a transição energética adotada em 22 de julho de 2015. Os deputados aprovaram a meta de quadruplicar entre 2016 e 2030 o preço do carbono, através da contribuição *"climat énergie"*.

27. Trata-se, naturalmente, de um mesmo nível absoluto de preço do carbono; acrescentar um preço uniforme do carbono a um preço do carbono nacional preexistente seria ineficaz por um lado e, por outro, injusto para um país como a Suécia, que foi virtuoso antes mesmo do acordo nacional e para o qual o efeito seria tornar perene o extra de contribuição já dado.

28. Proposto por Peter Cramton, Axel Ockenfels e Steve Stoft, "An International Carbon-Price Commitment Promotes Cooperation", *Economics of Energy & Environmental Policy*, 2015, nº4, p.51-64.

29. No decurso dos últimos anos, apesar da existência de um programa austero e da implicação da Troica representando os credores, a Grécia pouco progrediu em sua luta contra a evasão fiscal. Isso mostra quão difícil é para países terceiros imporem o recolhimento do imposto se o governo central é pouco inclinado a aplicá-lo. E, no contexto da mudança climática, não existe Troica em todos os países para controlar o que está acontecendo.

30. Lembremos que na França (e, não obstante, a título excepcional), em 2014, o imposto no carbono sobre as energias fósseis foi compensado por uma queda equivalente do imposto interno de consumo sobre os produtos energéticos, e, logo, não teve incidência sobre os preços dos combustíveis rodoviários e o diesel.

31. Uma norma de construção que isola mais uma casa resulta em menos emissões. Para medir corretamente o esforço empenhado, cumpre estimar a economia de emissões realizadas nas casas nas quais se aplica a norma, bem como o extra estimado da norma para a construção. São operações complexas de efetuar.
32. Atualmente o preço no mercado é bastante baixo por diversas razões. Em primeiro lugar, a recessão, que até data recente assolou os Estados Unidos, desacelerou as emissões. Além disso, a descoberta do gás de xisto e a ameaça (ainda não concretizada) de tarifação não desprezível dos GEE desanimaram o investimento e o consumo do carvão. Esse preço baixo, portanto, também corresponde a um dano ambiental local menor.
33. Ver o capítulo 11.
34. Ver Jean-Jacques Laffont, Jean Tirole, "Pollution Permits and Compliance Strategies", *Journal of Public Economics*, 1996, nº62, p.85-125.
35. Determinados sistemas de créditos de emissão negociáveis especificavam um horizonte cronológico curto para utilizar cotas recebidas, gerando assim uma volatilidade muito forte: ao fim do horizonte estabelecido, digamos o fim do ano, o preço é ou igual a 0, se há excesso de cotas, ou muito elevado (igual à penalidade por falta de cota), se há excesso de demanda. Por conseguinte, todo desenvolvimento que acontece antes do fim do ano tem efeitos substanciais sobre o preço de mercado. Em geral, contudo, a possibilidade de poupar as cotas (o chamado *banking*), que existe em diversos países, reduz a volatilidade.
36. O Nasa Orbiting Carbon Observatory-2, ou OCO-2, já está em órbita. O projeto CarbonSat da ESA é igualmente promissor.
37. Há inúmeros debates sobre a responsabilidade relativa dos países. Alguns argumentam que a responsabilidade dos países desenvolvidos foi exagerada, pois nem todos os GEE foram levados em conta. Jean-Pierre Bompard e Olivier Godard ("Justice climatique: l'écueil de la démagogie", 2015) estimam uma divisão 50/50 das responsabilidades Norte-Sul uma vez que as fontes não energéticas de emissão de CO_2 (desmatamento e agricultura) e outros GEE (entre eles o metano) são levados em conta (em vez da cifra geralmente proposta de 75/25, isto é, emissões acumuladas para o norte três vezes superiores às do sul, obtida limitando-se as emissões de CO_2 de fonte energética).
38. Segundo o Green Climate Fund, o estoque de compromissos de 38 países elevava-se em 20 de novembro de 2015 a US$5,9 bilhões assegurados, mais US$4,3 bilhões de promessas não firmadas.
39. A parte fraca dos financiamentos que vão para os países emergentes e em desenvolvimento e destinados à adaptação – ou seja, 16% em 2013-14 contra 77% alocados para a atenuação – também permanece um tema delicado. Os países emergentes e em desenvolvimento pedem mais adaptação, enquanto os países desenvolvidos, por sua vez, beneficiam-se essencialmente das políticas de atenuação.
40. A questão da transparência é uma das razões pelas quais numerosos programas de luta contra a poluição através do mundo adotaram um esquema *cap and trade* e trataram a questão das transferências financeiras através de uma solução de cotas

intercambiáveis (frequentemente um sistema de "créditos do avô" – *grandfathering*), menos delicada politicamente. As transferências significativas em favor dos estados do Meio-Oeste estipuladas pelo Clean Air Act Amendment de 1990 nunca foram primeira página dos jornais. Tudo bem, as transferências feitas no quadro dos programas de *cap and trade* nacionais diferem por natureza dos pagamentos internacionais no âmbito do sistema internacional de *cap and trade*. Entretanto, no âmbito do esquema EU ETS, bilhões de euros poderiam ter sido potencialmente transferidos para os países do leste e para os países da ex-União Soviética (era o espírito do programa "Ar Quente"), pelo viés da alocação de cotas, para convencê-los a assinar o protocolo de Kyoto.

41. Alguns desses princípios são enunciados no artigo que escrevi em colaboração com Christian Gollier anteriormente citado, o qual, no entanto, não entra no detalhe do que poderia ser uma boa fórmula. Um trabalho mais preciso foi realizado na Universidade de Zurique.
42. Será preciso saber se o direito de emitir uma tonelada num sistema equivale ao mesmo direito num outro sistema. Os países mais virtuosos, tendo emitido menos cotas, correriam então o risco de ser lesados.

9. Superar o desemprego (p.245-77)

1. Considera-se desempregado, pela definição da OIT, aquele indivíduo que se encaixa em três critérios: 1) não trabalhou ao longo da semana em referência; 2) está disponível para trabalhar nas próximas duas semanas; 3) procurou ativamente um emprego no mês anterior (ou encontrou um emprego que começa em menos de três meses).
2. Em novembro de 2015, eram os seguintes os números nas outras quatro categorias estabelecidas pela Dares: 716.400 na categoria B, isto é, pessoas procurando emprego obrigadas a fazer esforços concretos na busca por emprego, tendo exercido uma atividade reduzida curta (por exemplo de 78 horas ou menos ao longo do mês); 1.151.300 na categoria C, isto é, pessoas procurando emprego obrigadas a fazer esforços concretos na busca por emprego, tendo exercido uma atividade reduzida longa (por exemplo de 78 horas ao longo do mês); 280.900 na categoria D, isto é, pessoas procurando emprego não obrigadas a fazer esforços concretos em busca por emprego (em razão de um estágio, de um curso de capacitação, de uma doença...); 420 mil na categoria E, isto é, pessoas com ocupação (beneficiários de contratos subsidiados, por exemplo) procurando emprego e não obrigadas a fazer esforços concretos em busca de emprego.
3. Em média, os franceses entre dezesseis e 74 anos trabalharam 28% menos que os americanos e 13% menos que os ingleses em 2008, enquanto haviam trabalhado na mesma proporção que eles em 1968 (ver Richard Blundell, Antoine Bozio e Guy Laroque, "Labor Supply and the Extensive Margin", *American Economic Review, Papers and Proceeedings*, 2011, vol.101, n°3, p.482-6). A distância que assim se abre pode ser

atribuída, em parte, à diminuição do tempo de trabalho, mas outra parte deve-se à estagnação do índice de emprego dos franceses, enquanto os de americanos e ingleses progrediram acentuadamente. Sem dúvida, os franceses de idade madura ou sêniores trabalham mais, porém essa evolução é mais do que contrabalançada pela forte diminuição do emprego entre os jovens, qualquer que seja o sexo, qualquer que seja a idade.

4. E não é por eles estarem estudando: 17% dos jovens entre quinze e 24 anos estão sem emprego e não frequentam nenhum curso de capacitação; 900 mil abandonaram qualquer tentativa de encontrar trabalho e não constam entre os desempregados.

5. Ver Jean-Benoît Eyméoud e Étienne Wasmer, "Emploi des jeunes et logement. Un effet Tanguy?", IEP, Paris, mimeo, 2015.

6. Segundo um relatório do Tribunal de Contas francês, divulgado em 2011, "no que concerne ao impacto dos contratos subsidiados no retorno ao emprego, os modelos econométricos fazem aparecer um efeito positivo nos contratos subsidiados do setor com fins lucrativos, e um efeito nulo nos contratos subsidiados do setor sem fins lucrativos". O setor sem fins lucrativos engloba as entidades que fornecem serviços gratuitamente ou com preços minorados: administrações públicas, prefeituras, comitês internos de representação trabalhista nas empresas, setores associativos etc.

7. Ver Corinne Prost e Pierre Cahuc, *Améliorer l'assurance chômage pour limiter l'instabilité de l'emploi*, Conseil d'analyse économique, 2015, nota 24.

8. Isso apesar dos fortes estímulos fiscais para não utilizar os CDD (aumento da contribuição patronal contra o desemprego) e para transformar o CDD em CDI (pagamento de uma indenização ao fim do contrato igual a no mínimo 10% da remuneração bruta total paga durante o contrato, isenções fiscais durante três ou quatro meses em caso de contratação de jovens com menos de 25 anos).

9. Ver OCDE, "Perspectivas do emprego 2014", p.182.

10. Na França, os assalariados que negociam com as empresas e com o Estado e têm poder de dificultar a vida dos governos vigentes são pouco atingidos pelo desemprego (essencialmente, são os assalariados do setor público e os em regime de CDI das grandes empresas). Não é surpresa que suas posições não reflitam necessariamente os interesses dos desempregados ou daqueles em regime CDD.

11. É difícil determinar se as reduções dos encargos sociais devem ser colocadas na soma da política de emprego, pois evidentemente o que conta é o resultado líquido (encargos sociais de base menos reduções). Além disso, elas serão mais eficazes quando incidirem sobre os salários mais baixos, aqueles próximos do salário mínimo (ver Pierre Cahuc e Stéphane Carcillo, *Améliorer l'assurance chômage*, Cátedra de Securitização das Trajetórias Profissionais, 2014).

12. OCDE, *Public Expenditure and Participant Stock on LMP*.

13. Segundo a Dares, as despesas em favor do emprego e do mercado de trabalho, de orientação específica ou gerais, são estimadas em €85,7 bilhões em 2012, ou seja, 4,1% do PIB (Dares, análise 019, março de 2015).

14. Ver o livro de Thomas Philippon, *Le Capitalisme d'héritiers*, que apresenta as posições internacionais no quesito qualidade nas relações de trabalho. (Paris, Seuil/La République des Idées, 2007). O livro de Yann Algan, Pierre Cahuc e André Zylberberg, *La Fabrique de la défiance et comment en sortir* (Paris, Albin Michel, 2012, p.120), desenvolve uma análise fina das fontes e mecanismos de desconfiança na França.
15. Nicolas Lepage-Saucier, Étienne Wasmer, "Does Employment Protection Raise Stress? A Cross-Country and Cross-Province Analysis", 2011, preparado pelo *Painel de Política Econômica 2012*.
16. Sobre o sentimento de segurança, ver também Andrew Clark e Fabien Postel-Vinay, "Job Security and Job Protection", *Oxford Economic Papers*, 2005, vol.61, p.207-39; e Fabien Postel-Vinay e Anne Saint-Martin, "Comment les salariés perçoivent-ils la protection de l'emploi?", *Économie et statistique*, 2005, nº372, p.41-59.
17. Na França, o déficit fiscal está situado entre 4% ou 5% do PIB nos últimos anos.
18. Ver, em particular, *Licenciements et institutions du marché du travail*, relatório para o Conselho de Análise Econômica, A documentação francesa, 2003, p.7-50; e "The Optimal Design of Unemployment Insurance and Employment Protection. A First Pass", *Journal of the European Economic Association*, 2008, vol.6, nº1, p.45-77. Ver também Pierre Cahuc e André Zylberberg, *Le Chômage. Fatalité ou nécessité?*, Paris, Flammarion, 2004.
19. Ver o capítulo 8.
20. Para uma descrição das instituições americanas, ver Julia Fath e Clemens Fuest, "Experience Rating of Unemployment Insurance in the US. A Model for Europe?", *CESifo DICE Report*, 2005, vol.2.
21. O leitor pode passar à seção seguinte e pular esses detalhes. Para mais detalhes, ver Olivier Blanchard e Jean Tirole, "The Joint Design of Unemployment Insurance and Employment Protection. A First Pass", *Journal of the European Economic Association*, 2008, vol.6, nº1, p.45-77. Para os aspectos mais específicos do financiamento das empresas e da noção de cobertura de passivo em grupos ou em relações comerciais mais informais, ver esse artigo e também meu artigo "From Pigou to Extended Liability. On the Optimal Taxation of Externalities under Imperfect Capital Markets", *Review of Economic Studies*, 2010, vol.77, nº2, p.697-729. Na presença de impedimentos financeiros, as empresas podem preferir mutualizar uma parte dos custos das demissões, na medida em que são expostas a choques em parte independentes uns dos outros (sem dúvida, os choques macroeconômicos não podem ser mutualizados, e a estabilizacão dos balanços pede, então, a interferência do poder público).
22. A indenização por demissão, que corresponde a um custo privado da demissão pago pela empresa, não pode ser inferior a ⅕ do mês de salário por ano de tempo de serviço. A indenização prevista pela convenção coletiva ou pelo contrato de trabalho pode ser mais vantajosa para o assalariado que a indenização legal.
23. A análise dos procedimentos legais está aqui muito esquematizada, de forma até simplificadora. Remeto a obra de Jean-Emmanuel Ray, *Droit du travail. Droit vivant* (Éditions Liaisons, 2013, 22ªed.) para uma análise muito detalhada dos aspectos jurídicos.

24. Em geral, o prazo de prescrição perante os conselhos da justiça trabalhista varia conforme o objeto da demanda: seis meses no prazo mais curto (questionamento de um recibo de quitação definitiva) e até dez anos no prazo mais longo (indenização por um dano físico causado pelo trabalho).
25. Números de 2013. A conciliação prevaleceu em apenas 6% dos casos.
26. Sem dúvida, alguns avanços podem ser percebidos na reforma de 2013: a empresa passou a poder privilegiar a competência profissional no regime de demissão por motivação econômica. A reforma de 2013 trouxe também a possibilidade de ajustar o salário e o tempo de trabalho em caso de ausência de demissão e de um acordo majoritário. Da mesma forma, os planos sociais são facilitados em caso de um acordo majoritário combinado a uma homologação administrativa. O recurso ao juiz permanece, no entanto, o ponto de referência da negociação.
27. Nos mercados de trabalho duais, como o da França, faz-se habitualmente uma distinção entre os *outsiders* (trabalhadores excluídos, que não possuem emprego permanente) e os *insiders* (trabalhadores integrados, com emprego permanente).
28. Ver, por exemplo, Jean-Emmanuel Ray, "Une mue salutaire, pour que la France épouse son temps", *Droit social*, dezembro de 2013, nº9, p.664-72.
29. Ver Franck Seuret, "Licenciements. La grande triche", *Alternatives économiques*, dezembro de 2006, nº253, rubrica "Tendances".
30. Em seu relatório "De la précarité à la mobilité: vers une sécurité sociale professionnelle".
31. A nota 7 do Conselho de Análise Econômica (Guillaume Plantin, David Thesmar e Jean Tirole, "Les enjeux économiques du droit des faillites", 2013) preconiza uma transferência do controle das empresas em dificuldade para os credores.
32. O efeito de uma reforma na proteção do emprego é difícil de se medir empiricamente, pois muitas outras variáveis mudam constantemente, seja em razão da própria reforma (por exemplo, a reforma italiana de 2014 foi acompanhada de subvenções à contratação), seja no ambiente macroeconômico. Os economistas tentam, portanto, isolar o efeito da mudança na proteção (e assim identificar a causalidade). Numerosos estudos econométricos constatam um resultado final positivo, às vezes significativo, mas também às vezes desprezível, da flexibilização do emprego (o impacto positivo da flexibilização recai, sobretudo, sobre os jovens e as mulheres, ao que parece). Um estudo clássico é o de David Autor, John Donohue e Stewart Schwab, "The Costs of Wrongful Discharge Laws", *Review of Economics and Statistics*, 2006, vol.88, nº2, p.211-31. Para uma revisão da metodologia, ver o artigo de Tito Boeri, Pierre Cahuc e André Zylberberg, "The Costs of Flexibility-Enhancing Structural Reforms, A Literature Review", OECD Working Paper, outubro de 2015. Os efeitos de longo prazo descritos acima são sem dúvida mais significativos.
33. Ver o capítulo 8. Os perdedores (os maiores poluidores) foram em geral compensados pela atribuição de direitos negociáveis gratuitos; isso não significa, é claro, que as reformas sejam inúteis, muito pelo contrário; de um lado, o número de autorizações é limitado (à metade da poluição anual anterior no caso do SO_2,

nos Estados Unidos, em 1990); de outro lado, os grandes poluidores são estimulados a diminuir sua poluição, pois podem revender suas autorizações excedentes (ou devem comprar novas autorizações se não diminuem sua poluição em nível suficiente).
34. A reforma italiana criou, além disso, estímulos fiscais à conciliação (o recurso aos tribunais diminuiu bastante), quando da assinatura de novos contratos. E também suprimiu a possibilidade de reintegração do empregado. Uma diferença entre a França e a Itália é que essa última não assinou a convenção 158 da Organização Internacional do Trabalho, que exige um motivo legítimo para cada demissão. Esse artigo dá ao assalariado um direito de recurso sistemático perante o juiz. Logo, a questão é determinar o que constitui um motivo legítimo. O artigo 4 dessa convenção, que liga o motivo legítimo à "atitude ou à conduta do trabalhador ou fundado sobre as necessidades de funcionamento da empresa, do estabelecimento ou do serviço", pode ser interpretado de várias maneiras. A Espanha, que assinou a convenção 158, reformou seu mercado de trabalho em 2012, limitando as indenizações por demissão e tornando mais claras as condições de uma demissão por motivação econômica.
35. Ver Roland Bénabou e Jean Tirole, "Laws and Norms", mimeo, e o capítulo 1 para uma discussão sobre as causas da dificuldade do público em assimilar a mensagem econômica.
36. Ver por exemplo George Loewenstein, Deborah Small e Jeff Strand, "Statistical, Identifiable, and Iconic Victims", in Edward J. McCaffery e Joel Slemrod, *Behavioral Public Finance*, Nova York, Russell Sage Foundation, 2006, p.32-5.
37. Segundo o Instituto Montaigne, em 2013, na França, 5,2% daqueles entre quinze e 24 anos estavam em algum estágio profissional, contra 16% na Alemanha.
38. Paul Samuelson, um dos maiores economistas do século XX, insurgiu-se contra o conceito em seu célebre livro-texto. Ver também, por exemplo, "Lumps of Labor", a coluna de Paul Krugman no *New York Times*, 7 de outubro de 2003.
39. David Card, "The Impact of the Mariel Boatlift on the Miami Labor Market", *Industrial and Labor Relations Review*, 1990, vol.43, p.245-57.
40. Esses métodos são análogos às técnicas de comparação, nas experiências científicas, entre grupo de controle e grupo de tratamento, e colocam em prática o que se chama, na linguagem econômica, de método das duplas diferenças.
41. Um resumo dessas contribuições pode ser encontrado na obra de Pierre Cahuc e André Zylberberg *Le Négationnisme économique* [Paris, Flammarion, 2016]. Ver também Tito Boeri e Jan van Ours, *The Economics of Imperfect Labour Markets*, Princeton, Princeton University Press, 2013; Pierre Cahuc, Stéphane Carcillo e André Zylberberg, *Labour Economics*, Cambridge, MIT Press, 2014; bem como o artigo clássico de David Autor, John Donohue e Stewart Schwab, "The Costs of Wrongful Discharge Laws", *Review of Economics and Statistics*, 2006, p.211-31.
42. Ver por exemplo Frédéric Docquier, Çağlar Ozden e Giovanni Peri, "The Labour Market Effects of Immigration and Emigration in OECD Countries", *Economic Journal*, 2014, vol.124, n°579, p.1106-45. Os efeitos sobre os salários dos assalariados

do país anfitrião não são negativos, aí compreendidos os salários mais baixos. Também, mais frequentemente, os imigrantes contribuem mais em impostos do que custam ao país. Sem dúvida, as instituições de um mercado de trabalho disfuncional, como é o caso da França, enfraquecem o argumento, pois oferecem menos flexibilidade na criação de empregos e, portanto, na integração desses trabalhadores.

43. Ver o artigo de David Autor, David Dorn, Gordon Hanson e Jae Song, "Trade Adjustment. Worker-Level Evidence", *Quarterly Journal of Economics*, 2014, vol.129, n°4, p.1799-860.
44. Na Alemanha, Wolfgang Dauth, Sebastian Findeisen e Jens Südekum ("Adjusting to Globalization. Evidence from Worker-Establishment Matches in Germany", 2016, CEPR Discussion Paper 1145) mostram que aqueles que perderam seu emprego nas indústrias sob a concorrência das importações não encontraram novas colocações nas empresas exportadoras do setor industrial, mas em vez disso tiveram de ocupar funções no setor de serviços.
45. Ver as referências empíricas na palestra de Pierre Cahuc proferida no seminário sobre políticas do emprego, em 20 de novembro de 2015, em Bercy (síntese das intervenções e dos debates).
46. Pierre Cahuc, anteriormente citado. A descentralização é mais forte na Alemanha desde 2004: ver Christian Dustmann, Bernd Fitzenberger, Uta Schönberg e Alexandra Spitz-Oener, "From Sick Man of Europe to Economic Superstar. Germany's Resurgent Economy", *Journal of Economic Perspectives*, 2014, vol.28, n°1, p.167-88. Isso não significa que as empresas alemãs não utilizem os acordos setoriais. Na verdade, elas estão cobertas por esses acordos se tiverem aderido às organizações patronais que os assinaram. É quase sempre, portanto, uma escolha (as extensões são decisões de Estado; os setores não dispõem da capacidade legal de extensão, caso contrário pode-se supor que fariam como fazem os da França), mas que faz parte de um pacote, pois a organização de empregadores oferece também outros serviços. O fato de a adoção dos acordos setoriais ser voluntária muda muitas coisas, pois os acordos setoriais devem então ser atrativos para as empresas, em vez de coagi-las; e as instituições estão mais sintonizadas com o direito da concorrência.
47. Na prática, a legislação permanece dirigista em algumas de suas dimensões e não deixa nenhuma margem de manobra à negociação. É o que o relatório Combrexelle (2015) chama de "a ordem pública convencional", da qual os parceiros sociais não podem se afastar (salário mínimo, início das horas extras superiores a 35 horas, primazia do CDI); esse relatório preconiza, além disso, uma extensão da negociação entre parceiros sociais na França.
48. Para uma análise dos aspectos contrarredistributivos e não responsabilizantes do sistema francês da capacitação profissional, bem como da ineficácia do excesso de níveis das administrações regionais, ver por exemplo Pierre Cahuc, Marc Ferracci e André Zylberberg, *Formation professionnelle. Pour en finir avec les réformes inabouties*, Instituto Montaigne, 2011; Pierre Cahuc e Marc Ferracci, *L'Apprentissage. Donner la*

priorité aux moins qualifiés, Paris, Presses de Sciences Po, 2015; e Pierre Cahuc, Marc Ferracci, Jean Tirole e Étienne Wasmer, *L'Apprentissage au service de l'emploi*, Conselho de Análise Econômica, 2014, nota 19.
49. Ver o capítulo 8.
50. Ver os capítulos 14 e 15.

10. A Europa na encruzilhada (p.278-307)

1. Barry Eichengreen, "Is Europe an Optimal Currency Area?", National Bureau of Economic Research, 1991, Working Paper nº3579.
2. Ver o artigo de Luigi Guiso, Paola Sapienza e Luigi Zingales, "Monnet's Error", *Economic Policy*, 2015.
3. As condições de endividamento da França, em contrapartida, permaneceram próximas da dos países do norte da Europa.
4. Christian Thimann, "The Microeconomic Dimensions of the Eurozone Crisis and Why European Politics Cannot Solve Them", *Journal of Economic Perspectives*, 2015, nº3, p.141-64.
5. Ver o capítulo 9 para o caso da França.
6. Não levo em conta aqui senão os ajustes feitos pelo sul da Europa. Se considerarmos apenas o comércio intraeuropeu, podemos naturalmente imaginar, ao contrário, uma alta dos preços e salários na Alemanha como altenativa à queda dos preços e salários no sul.
7. Jeremy Bulow e Ken Rogoff observam que o PNB dos gregos relacionado ao dos alemães passou de 41% em 1995 para 71% em 2009 para voltar a cair para 47% em 2014 ("The Modern Greek", *Vox EU*, 10 de junho de 2015).
8. Olivier Blanchard e Francesco Giavazzi, "Current Account Deficits In the Euro Area. The End of the Feldstein-Horioka Puzzle?", *Brookings Papers on Economic Activity*, 2002, vol.2, p.147-209.
9. A endogeneidade da política pública em reação à propriedade dos ativos financeiros é um item clássico da teoria econômica (é, por exemplo, o argumento frequentemente invocado em favor da aposentadoria por capitalização, que torna a população, e não só os mais ricos, proprietários das empresas através de suas participações nos fundos de pensão e logo cria um apoio popular às políticas favoráveis ao investimento). No caso das finanças internacionais e a respeito dos benefícios da preferência nacional dos investidores (em detrimento da diversificação internacional da poupança doméstica), ver, por exemplo, meu artigo "Inefficient Foreign Borrowing. A Dual-and Common-Agency Perspective", *American Economic Review*, 2003, vol.93, nº5, p.1678-702.
10. Carmen Reinhart e Kenneth Rogoff, *This Time is Different. Eight Centuries of Financial Folly*, Princeton, Princeton University Press, 2009.
11. A esse respeito, ver o relatório do FMI, "Évaluation de la stabilité financière", FMI, junho de 2012.
12. Problema suplementar: elas então levantaram capital, ações preferenciais (forma de dívida cuja distribuição dos cupons pode ser interrompida enquanto não hou-

ver pagamentos de dividendos aos acionistas, proporcionando certa flexibilidade ao emprestador com relação à dívida ordinária) e dívidas subordinadas junto a novos organismos, que, por sua vez, se financiaram junto a investidores espanhóis, frequentemente eles mesmos correntistas. Isso tornaria politicamente mais difícil uma participação do setor privado nos resgates futuros.

13. Este último fortaleceu o dispositivo de diversas maneiras: estabelecimento de um déficit máximo de 0,50% (déficit estrutural, isto é, ajustado ao ciclo econômico); sanções automáticas, anuladas somente em caso de uma aprovação majoritária; execução das decisões pela Corte europeia.
14. Além das indicações fornecidas abaixo, a Europa não estava preparada e não dispunha de nenhum corta-fogo; mas a situação mudou um pouco.
15. Em novembro de 2015, apesar dessa dívida de 240% do PIB, a taxa sobre os títulos soberanos para trinta anos era apenas de 1,36%!
16. Para uma interessante comparação do papel da reputação e das sanções, ver o artigo de Jeremy Bulow e Ken Rogoff, "Why Sovereigns Repay Debts to External Contributors and Why it Matters", *Vox EU*, 10 de junho de 2015.
17. Ver o artigo de Guillermo Calvo, "Servicing the Public Debt. The Role of Expectations", *American Economic Review*, 1988, vol.78, nº4, p.647-61.
18. Citi Global Perspectives & Solutions, "The Coming Pensions Crisis", 2016.
19. Recentemente, na Europa, foram feitas tentativas para estender a parte do passivo não resgatável indo além das ações: os grandes depósitos (logo, teoricamente, não segurados) no Chipre, a dívida subordinada e títulos híbridos no caso do banco SNS Real.
20. Os Estados Unidos, ao contrário da Europa, são uma federação. Voltarei a esse ponto no fim do capítulo.
21. Com efeito, os emprestadores privados estão por definição dispostos a conceder ao país um empréstimo, na taxa de juros do mercado, se tiverem certeza de que esse empréstimo será honrado. A menos que o FMI assuma um risco de não pagamento, a especificidade de seu empréstimo com relação aos do mercado é outra.
22. Michael Bordo, Lars Jonung e Agnieszka Markiewicz, "A Fiscal Union for the Euro: Some Lessons from History", *CESifo Economic Studies*, 2013, ift001.
23. Thomas Philippon, "L'état de l'union monétaire", agosto de 2015.
24. A Troica é composta pelo FMI, o BCE e a Comissão Europeia. Foi formada em 2010 para implementar os planos de resgate da Grécia e, mais tarde, da Irlanda, Portugal e Chipre.
25. De 25% no início de 2014 segundo um relatório da Comissão Europeia.
26. Ver Jeremy Bulow e Ken Rogoff, "The Modern Greek Tragedy", *Vox EU*, 10 de junho de 2015. O primeiro resgate decerto beneficiou em parte os bancos franceses e alemães, que detinham muito da dívida grega, mas o dinheiro que foi para esses bancos substituiu pagamentos que deveriam ter sido efetuados pela Grécia.
27. "Grèce: bilan des critiques et perspectives d'avenir", blog *imf-Direct*, 9 de julho de 2015.
28. No fim dos anos 1980, os credores bancários dos países da América Latina superendividados receberam bônus negociáveis com um desconto importante com

relação à sua dívida inicial. A liquidez desses títulos, no entanto, permitiu-lhes recomeçar e sair da dívida de seu balanço vendendo os bônus.
29. Na realidade Piigs: Portugal, Irlanda, Itália, Grécia e Espanha (Spain).
30. Pediu-se aos credores privados detentores da dívida do governo grego que estendessem a maturação de seus ativos, baixassem as taxas de juros e reduzissem o valor nominal da dívida em mais de 50%.
31. Jean Tirole, "Country Solidarity in Sovereign Crises", *American Economic Review*, 2015, vol.105, nº8, p.2333-63.
32. As nomeações são referendadas pela União Europeia. Os conselhos prestam contas a esta última e ao Tribunal Europeu de Justiça. Os membros desses conselhos supostamente dispõem de uma competência e experiência profissional reconhecidas.
33. Na França, o Alto Conselho das Finanças é composto por quatro magistrados do Tribunal de Contas e quatro outros especialistas (previsões macro, finanças públicas), não revogáveis durante cinco anos. Suas missões são: 1) aprovar as previsões de crescimento; 2) dar um parecer sobre o projeto de lei de finanças e a trajetória de retorno ao equilíbrio orçamentário; 3) eventualmente pedir medidas corretivas no decorrer do ano.
34. Por outro lado, a Europa não seria uma federação como as outras, pois a segmentação do mercado financeiro em período de crise limita a divisão dos riscos pelo mercado financeiro.
35. *The Economist*.
36. Alberto Alesina e Ed Glaeser, *Fighting Poverty in the US and Europe. A World of Difference*, Oxford, Oxford University Press, 2004.

11. Para que servem as finanças? (p.308-38)

1. Por exemplo, em 2012, os departamentos do Rhône e de Seine-Saint-Denis tinham respectivamente €418 e €345 milhões de empréstimos tóxicos: a comuna de Argenteuil, €118 milhões.
2. As parcerias público-privadas, que podem ser soluções interessantes para o financiamento das infraestruturas públicas, combinando a vontade pública com a eficiência do privado, historicamente foram muitas vezes adotadas por razões impróprias: a parceria privada se encarregava das despesas primárias e o poder público se comprometia a pagar somas significativas, mas remotas (ou ainda abandonava seus direitos às receitas futuras ligadas ao investimento). Os sistemas de contabilidade pública tentaram penalizar tais estratégias de transposição no tempo.
3. O FMI publica regularmente estudos sobre o funcionamento das regras fiscais. Por exemplo, "Expenditure Rules: Effective Tools for Sound Fiscal Policy?", fevereiro de 2015, Working Paper.
4. Uma divisa aparentemente sem risco, mas na realidade bastante arriscada: o Banco Central suíço conservou o franco suíço artificialmente subvalorizado em SFr1,20 por euro; até fevereiro de 2015, data em que deixou o franco suíço se revalorizar em cerca de 20% com relação ao euro.

5. Boris Vallee e Christophe Perignon, "The Political Economy of Financial Innovation. Evidence from Local Governments", mimeo, 2016. Esses autores mostram que os grandes governos subnacionais (que a priori têm um serviço financeiro mais qualificado e acesso a uma expertise externa) recorreram mais a empréstimos estruturados; acontece o mesmo com os administradores regionais com um alto nível de estudos (por exemplo, os que são altos funcionários).
6. Warren Buffett, dono de uma das maiores fortunas do planeta, é considerado um investidor dos mais argutos. Seu fundo Berkshire bateu os índices da bolsa S&P 500 e Dow Jones durante mais de quarenta anos, o que é excepcional.
7. Para uma discussão dos efeitos incitativos e dos perigos da titularização, ver (entre muitas outras fontes, pois esse ponto foi abundantemente discutido na literatura econômica) Mathias Dewatripont e Jean Tirole, *The Prudential Regulation of Banks*, Cambridge, MIT Press, 1994.
8. Benjamin Keys, Tanmoy Mukherjee, Amit Seru e Vikrant Vig, "Did Securization Lead to Lax Screening? Evidence from Subprime Loans", *Quarterly Journal of Economics*, 2010, vol.125, nº1, p.307-62.
9. Não entrarei aqui na complexidade do processo de securitização. Os emissores remeteram seus portfólios de empréstimos a "conduits" (veículos de investimento estruturado, *structured investment vehicles*) que em seguida venderam "fatias" com certo risco desses empréstimos para fornecer produtos condizentes com os apetites dos diferentes investidores (numerosos *atores*, para controlar melhor a gestão de seus riscos ou por razões regulamentares, são demandadores de títulos bem-classificados). Por exemplo, para os bancos comerciais, as regras prudenciais requeriam 8% de fundos próprios alinhados aos ativos ponderados por seu risco. Para fatias AAA (a melhor nota), o risco é estimado em apenas 20%, de maneira que basta 1,6 c de fundos próprios por euro de tais ativos. As linhas de crédito concedidas aos conduits tampouco tinham exigências fortes. Remeto à minha monografia de 2008 e aos inúmeros artigos dedicados a esse tema.
10. As agências de classificação (Standard and Poor's, Moddy's, Fitch) têm escalas que vão de AAA até D (que significa "inadimplente"): AAA, AA+, AA, AA−, A+... Os investimentos aquém de BB+ são ditos especulativos, mesmo sendo tal linha de demarcação, evidentemente, arbitrária.
11. O leitor poderá desaprovar a ideia de que o investidor recebe cupons de uma empresa ganhando dinheiro em detrimento da saúde de seus clientes. Aliás, alguns fundos de investimento socialmente responsáveis (ver o capítulo 7) evitam investir nesse tipo de empresa; e cabe igualmente ao Estado assumir suas responsabilidades. O ponto aqui é que, uma vez que são realizados lucros, é preferível que esses lucros vão para os poupadores, em vez de serem reinvestidos na empresa.
12. Por fim, a dívida de boa qualidade, pois os títulos podres podem ser tão arriscados quanto ações.
13. Designa-se um título desse tipo um *console*. Se r é a taxa de juros (aqui igual a 0,10), o valor fundamental do *console* é igual a $[1/(1+r)] + [1/(1+r)^2] + [1/(1+r)^3] + ... = 1/r = 10$.

14. Esse raciocínio abstrai a noção de "aura" cara a Walter Benjamin (ver *A obra de arte na era de sua reprodutibilidade técnica* [1939], Porto Alegre, L&PM, 2013). A aura remete à relação quase mística que temos com a obra de arte criada pelo autor e única. Esse lado mágico desaparece com a reprodução (a gráfica, a fotografia, o filme na época de Benjamin); a autenticidade não pode ser reproduzida. A reprodução, em contrapartida, pode nos fazer tomar consciência da aura do original. De um ponto de vista econômico, basta observar que a ausência de reprodução é crucial para a existência ao mesmo tempo de uma bolha e da aura.
15. *This Time is Different. Eight Centuries of Financial Folly*, op.cit.
16. Jean Tirole, "Asset Bubbles and Overlapping Generations", *Econometrica*, 1985, p.1499-528. A condição comparando a taxa de juros e a taxa de crescimento tem uma longa tradição científica, remontando aos trabalhos de Maurice Allais (1947) e de Paul Samuelson (1958) sobre a moeda.
17. É difícil verificar se essa condição é satisfeita ou não, pois ela coloca em pauta previsões de longo prazo sobre essas duas variáveis. François Geerolf (num artigo intitulado "Reassessing Dynamic Efficiency", UCLA, 2014) mostra que a condição parece cumprida no caso da maioria dos países da OCDE.
18. Observemos o qualificativo "em média"; o risco de que a bolha estoure requer uma taxa de rendimento superior à taxa de juros enquanto ela não estourar, para compensar o risco de estouro. Além disso, a regra de crescimento média pela taxa de juros só é verdadeira aproximativamente. A aversão ao risco dos atores e o fato de que o estouro de uma bolha se traduzirá por taxas de juros em baixa implicam algumas correções a essa regra.
19. Por exemplo, foi mostrado que os *hedge funds* às vezes amplificam o crescimento da bolha, e frequentemente saem dela antes que ela estoure (Markus Brunnemeier e Nagel Stefan, "Hedge Funds and the Technology Bubble", *Journal of Finance*, 2004 vol.59, p.2013-40).
20. Emmanuel Farhi e Jean Tirole, "Bubbly Liquidity", *Review of Economic Studies*, 2012, vol.79, nº2, p.678-706.
21. Ver, por exemplo, seu livro *L'Exubérance irrationnelle*, Hendaye, Valor, 2000.
22. A definição de um banco de investimento (também chamado banco de negócios) pode variar. Neste capítulo, distinguimos entre banco de varejo (também chamado banco comercial), que recebe depósitos de pequenos depositantes e em geral concede simultaneamente empréstimos às pequenas e médias empresas, e banco de investimento, que, por sua vez, não tem pequenos depositantes (e até recentemente não era praticamente regulado). O banco de investimento se ocupa, entre outras coisas, dos ingressos na bolsa, das emissões de títulos e das fusões-aquisições para grandes empresas (*corporate*), das emissões de dívida para os Estados, do design de derivativos, e exerce a função de esteio do mercado (fazendo as vezes de contraparte, *market-making*) e de contraparte dos mercados de balcão (*over the counter*, OTC).
23. O jogo no início é de soma nula, os ganhos de uns compensando as perdas dos outros; mas torna-se um jogo de soma negativa quando levamos em conta custos de investimento em software de fibra óptica e colocalização.

24. Thomas Philippon e Ariell Reshef, "Wages and Human Capital in the US Finance Industry. 1909-2006", *Quarterly Journal of Economics*, 2012, vol.127, nº4, p.1551-609.
25. Thomas Philippon, "Has the US Finance Industry Become Less Efficient?", *American Economic Review*, 2015, vol.105, nº4, p.1408-38.
26. Sobre a questão dos pânicos bancários, o artigo econômico fundador é o de Douglas Diamond e Philip Dybvig, "Bank Runs, Deposit Insurance, and Liquidity", *Journal of Political Economy*, 1983, vol.91, nº3, p.401-19, e para os pânicos face aos empréstimos soberanos, o de Guillermo Calvo "Servicing the Public Debt. The Role of Expectations", *American Economic Review*, 1988, vol.78, nº4, p.647-61.
27. O patrão de Mary Poppins é funcionário de um banco e um dia leva seus filhos ao seu local de trabalho. O diretor da agência pega o dinheiro do menino e o aconselha a investir no banco; o menino exige seu dinheiro de volta e os clientes presentes no banco, ouvindo esse pedido, julgam estar diante de um pânico bancário, e o boato se espalha. Os clientes então também exigem seu dinheiro, criando efetivamente um pânico bancário.
28. É, por exemplo, o caso para os empréstimos às pequenas e médias empresas, que refletem muita informação do banco não detida pelos outros intermediários financeiros.
29. "Within our mandate, the ECB is ready to do whatever it takes to preserve the euro."
30. Ver também o capítulo 5.
31. Por exemplo, os mercados podem reagir de maneira excessiva a tendências muito enfáticas (apreendidas pelo pesquisador, por exemplo, segundo avaliações tipo Google Trends) e gerar uma defasagem temporária de avaliação do ativo.
32. Roland Bénabou, "Groupthink. Collective Dellusions in Organizations and Markets", *Review of Economic Studies*, 2013, vol.80, nº2, p.429-46.
33. Uma aplicação clássica dessas ideias incide sobre o domínio da saúde. Os seres humanos tendem a recalcar os pensamentos ligados a doença e a morte, quer se trate de si próprios ou de seus parentes e amigos. Essa atitude é em parte funcional: ela nos permite ter uma vida mais serena e despreocupada, pois livre a maior parte do tempo de pensamentos muito ansiogênicos. Implica igualmente, contudo, aspectos disfuncionais: ausência de exames médicos, hábitos higiênicos imperfeitos etc.
34. Roland Bénabou mostra que a negação da realidade tende a ser contagiosa quando engendra externalidades negativas (os erros dos outros agravam a situação).
35. No âmbito dos leilões, isso se chama "maldição do ganhador": aquele que ganha deveria levar em conta informação contida no fato de que ele vence o leilão, isto é, que os outros compradores não estão dispostos a pagar muito pelo objeto leiloado.
36. O Estado tem então a possibilidade de "ressuscitar" esses mercados, mas a um custo financeiro: ver Thomas Philippon e Vasiliki Skreta, "Optimal Interventions in Markets with Adverse Selection", e meu artigo "Overcoming Adverse Selection. How Public Intervention Can Restore Market Functioning", *American Economic Review*, 2012, vol.102, nº1, respectivamente p.1-28 e 29-59.
37. Por exemplo, seguradoras que precisam livrar-se de títulos degradados ou fundos de investimento que sofrem retiradas maciças.

38. Markus Brunnermeier e Lasse Pedersen, "Predatory Trading", *Journal of Finance*, 2005, vol.60, p.1825-63.
39. Desde 2014, em colaboração sobre as questões bancárias com o BCE, que, com a união bancária, é agora responsável pela fiscalização bancária na Europa.
40. Remeto à minha obra escrita em colaboração com Mathias Dewatripont, *The Prudential Regulation of Banks*, op.cit., para uma discussão mais completa da "hipótese de representação" e as razões pelas quais as coisas são diferentes para o mercado de ações.
41. Esse peso foi em seguida reduzido para 0,35 para refletir uma queda de percepção do risco ligado aos imóveis.
42. Essa possibilidade de "arbitragem regulatória" é estudada, por exemplo, por George Pennacchi e Giuliano Iannotta em "Bank Regulation, Credit Ratings and Systematic Risk", mimeo, e por Matthias Efing em "Arbitraging the Basel Securitization Framework. Evidence from German ABS Investment", mimeo (este último referindo-se igualmente a outras formas de arbitragem da regulação da Basileia).
43. Os fundos de pensão patrocinados pelos Estados, os *broker-dealers* e os próprios fundos mútuos já eram obrigados ou incentivados a investir em ativos suficientemente bem-classificados.
44. Nessa lógica, convém minorar as problemáticas ligadas às notações se as agências de classificação não derem provas de maior integridade em seu processo de classificação do que antes da crise de 2008. Por exemplo, na esteira de Basileia II, eram requeridos 7,5 vezes mais fundos próprios quando se passa de um ativo com classificação AAA ou AA para um ativo BB+ a BB−; essas questões referentes à rentabilidade dos bancos exigem uma grande confiança no processo de classificação, sem o que será preciso reduzir a sensibilidade do requisito de fundos próprios ao *rating*.

12. A crise financeira de 2008 (p.339-66)

1. Em contrapartida, os problemas bancários da Itália, de Portugal ou da Grécia estão mais ligados ao mau desempenho de suas economias (ver capítulo 10).
2. Por exemplo, Gary Gorton, *Slapped by the Invisible Hand: The Panic of 2007*, Oxford, Oxford University Press, 2010; Paul Krugman, *The Return of Depression Economics and the Crisis of 2008*, Nova York, Norton, 2009; Robert Shiller, *The Subprime Solution. How Today's Global Financial Crisis Happened, and What to Do About It*, Princeton, Princeton University Press, 2008; e os simpósios do *Journal of Economic Perspectives* sobre o aperto do crédito (outono de 2009), a macroeconomia após a crise (outono de 2010), a "tubulação" financeira (inverno de 2010), a regulação financeira após a crise (inverno de 2011) ou os resgates ligados à crise (primavera de 2015). Vários livros publicados por economistas da Universidade de Nova York: Viral V. Acharya e Matthew Richardson (orgs.), *Restoring Financial Stability. How to Repair*

a Failed System. An Independent View from New York University Stern School of Business, Nova York, John Wiley & Sons, 2009; Viral V. Acharya, Thomas Cooley, Matthew Richardson e Ingo Walter (orgs.), *Regulating Wall Street. The Dodd-Frank Act and the New Architecture of Global Finance. An Independent View from New York University Stern School of Business*, Nova York, John Wiley & Sons, 2010. Ou minha monografia de 2008, *Leçons d'une crise*, Toulouse School of Economics, TSE Notes, #1 (tradução inglesa no livro *Balancing the Banks*, escrito em colaboração com Mathias Dewatripont e Jean-Charles Rochet, Princeton, Princeton University Press, 2011).

3. Isso felizmente não foi o caso na União Europeia, onde o BCE seguiu uma política menos complacente. Naturalmente, a frouxidão monetária é apenas um fator facilitador, como mostram as experiências inglesa e australiana, dois países onde uma bolha imobiliária se desenvolveu a despeito de taxas de juros mais normais.

4. A França foi em grande parte poupada desse fenômeno. Os bancos franceses tradicionalmente emprestaram às famílias solventes, essa prática sendo amparada pela jurisprudência (a Cour de Cassation, Tribunal Superior francês, considerando que o estabelecimento de crédito falta com seu dever de advertência se consente a um tomador de empréstimo um empréstimo desproporcional à sua capacidade de pagamento presente ou futura). Quanto aos empréstimos a taxas variáveis, muito populares durante certo tempo nos Estados Unidos, permaneceram minoritários na França (24% dos saldos em 2007), e sempre com uma parte fraca (inferior a 10%) de taxas variáveis "secas", isto é, sem teto demarcando as taxas ou limitando o nível das mensalidades.

5. Essa fraca seleção dos tomadores de empréstimo era enfeitada com o qualificativo "Ninja", isto é, *"No income, no job or assets"*.

6. Por exemplo, os emissores de empréstimos podiam basear-se nos dados das declarações de renda dos tomadores de empréstimo e não nas rendas reais.

7. Esses leilões a preços depreciados aumentam o custo para os bancos além do custo de transação, composto das despesas administrativas, da não ocupação e da degradação da moradia, dos impostos e apólices de seguros não pagas e das comissões das corretoras imobiliárias.

8. O mercado de classificação de risco é muito concentrado. Há apenas três grandes agências, e duas delas, Moody's e Standard and Poors', detêm cerca de 80% do mercado. Na medida em que uma dupla classificação é frequentemente exigida, essas agências não raro se veem em situação de quase monopólio.

9. Em outros termos, elas conservavam o risco dos produtos oriundos de seu balanço, mas esse risco doravante era pouco exigente no que se refere a fundos próprios. Elas também recorreram a aumentos de créditos (*credit enhancement*), por sua vez superavaliados, e comprometeram sua reputação, sem contrapartida em capital (assim, o banco Bear Stearns foi muito além de suas obrigações jurídicas para resgatar os conduits que ele criara).

10. Esse resgate de um ator não regulado não era uma novidade. Em 1998, o FED já tinha organizado um plano de resgate e baixado várias vezes suas taxas de juros a fim de evitar a falência do fundo especulativo Long Term Capital Management.

Notas

11. Esses "Government Sponsored Entreprises" (GSE) compram empréstimos imobiliários dos emissores. Seus US$5.300 bilhões de ativos se decompunham num portfólio de US$1.600 bilhões e uma securitização (com participação no portfólio securitizado) de US$3.700 bilhões.
12. Mas mesmo assim elas pagavam as ajudas públicas sob a forma de dividendos (cerca de 200 bilhões) recebidos em 2008.
13. Eram reguladas por uma agência específica mais do que pelo supervisor bancário. Seu regulador, o Department of Housing and Urban Development (HUD), não tinha realmente expertise nas questões de fiscalização prudencial, e além disso tinha incentivos a estimular o mercado imobiliário.
14. No caso do Crédit Foncier por exemplo.
15. Uma modelagem, a partir da teoria do racionamento do crédito, da ideia segundo a qual o Estado tem uma capacidade que os mercados não têm de fornecer liquidez em situações difíceis é desenvolvida em meus trabalhos com Bengt Holmström ("Private and Public Supply of Liquidity", *Journal of Political Economy*, 1998, vol.106, nº1, p.1-40, e *Inside and Outside Liquidity*, Cambridge, MIT Press, 2011) e Emmanuel Farhi ("Collective Moral Hazard, Maturity Mismatch, and Systemic Bailouts", *American Economic Review*, 2012, vol.102, nº1, p.60-93). Este último artigo mostra também que um afrouxamento da política monetária deve ser utilizado para salvar os bancos mesmo que, em outras ocasiões, o Estado possa regatar os bancos mediante transferências personalizadas.
16. Tecnicamente, o banco central não se endivida propriamente falando quando emite liquidez, por exemplo, aceitando acordos de recompra colateral de baixa qualidade por ocasião de um empréstimo a um banco. No entanto, se o banco central tem perdas sobre esses empréstimos, ele não terá outra escolha senão criar moeda ou então receber indiretamente dinheiro do contribuinte. Se ele criar moeda, "tributará" a detenção de moeda através da inflação.
17. O presidente de um *hedge fund* londrino, Marshall Wace, escreveu um artigo no *Financial Times* de 23 de setembro de 2015 com um título sugestivo: "Central Banks Have Made the Rich Richer".
18. Decerto há custos de transação em conservar papel-moeda e, logo, é possível termos taxas nominais ligeiramente negativas, o que alguns bancos centrais fazem hoje; mas elas não podem ser abertamente negativas.
19. A criação de antecipações inflacionistas, a *forward guidance* – o anúncio de taxas de juros fracas não somente hoje mas também no futuro –, o afrouxamento quantitativo (*quantitative easing*) – a aceitação como caução pelo banco central de ativos de risco, por exemplo títulos ou notas promissórias de risco emitidos pelas empresas, títulos hipotecários ou mesmo títulos de Estados em dificuldade financeira –, o estímulo fiscal (o último não sendo da alçada do banco central, naturalmente).
20. A noção de estagnação secular é antiga, mas voltou à moda em 2013 através de Larry Summers, professor em Harvard e ex-secretário de Estado do Tesouro de Bill Clinton. Para um apanhado dos debates sobre esse assunto, é possível consultar o livro organizado por Coen Teulings e Richard Baldwin, *Secular Stagnation. Facts, Causes and Cures*, CEPR Press/VoxEu.org. Book.

21. Ricardo Caballero e Emmanuel Farhi, "The Safety Trap", mimeo.
22. Outras causas foram sugeridas. Por exemplo, a desaceleração da inovação, que faria com que a demanda diminuísse, causa na qual pessoalmente não acredito, mas a cujo respeito é difícil decidir. Outros levantaram a hipótese de progresso tecnológico no setor dos bens de investimento, tendo como efeito idêntico a redução do investimento.
23. Jean Tirole, *Leçons d'une crise*, op.cit.
24. No entanto, alguns desses contratos (como aqueles sobre as taxas de câmbio) ainda são negociados no mercado de balcão.
25. A falência em 2006 do Amaranth, um grande *hedge fund* que negociava principalmente contratos a prazo sobre o gás natural e plataformas centralizadas, não teve praticamente nenhum efeito sistêmico e, a propósito, o *hedge fund* não precisou ser resgatado.
26. Para uma avaliação dessa abordagem, ver por exemplo meu artigo "The Contours of Banking and the Future of its Regulation", in George Akerlof, Olivier Blanchard, David Romer e Joe Stiglitz (orgs.), *What Have We Learned?*, Cambridge, MIT Press, 2014, p.143-53.
27. Esses dois argumentos são desenvolvidos em Holmström-Tirole (1997 e 1998) respectivamente. Meu livro com Mathias Dewatripont (*The Prudential Regulations of Banks*, op.cit.) sugeria reduzir a prociclicalidade da regulação ao introduzir prêmios de seguro igualmente procíclicos.
28. Ver o capítulo anterior.
29. Alguns economistas pedem um nível muito mais elevado, em especial Anat Admati e Martin Hellwig, *The Bankers' New Clothes*, Princeton, Princeton University Press.
30. Embora eu tome aqui o exemplo dos dirigentes, convém mesmo assim não esquecer que esses princípios de remuneração não se aplicam apenas à equipe dirigente. Os bônus distribuídos nos escalões mais baixos da hierarquia costumam ser substanciais no mundo das finanças.
31. Ver meu artigo com Roland Bénabou, "Bonus Culture", art.cit.
32. Decerto conhecemos os limites desse argumento. Os planos de remuneração de longo prazo (em especial os planos de *stock-options* de exercício muito estendido) são sistematicamente renegociados quando os incentivos criados por eles tornam-se inexistentes ou perversos após uma enxurrada de más notícias.
33. Ver meu artigo com Bengt Holmström, "Market Liquidity and Performance Monitoring", *Journal of Political Economy*, 1993, vol.101, nº4, p.678-709.
34. Xavier Gabaix e Augustin Landier ("What Has CEO Pay Increased so Much?", *Quarterly Journal of Economics*, 2008, vol.123, nº1, p.49-100) associam dessa forma a distribuição das remunerações ao tamanho das empresas (considerado como um indicador da importância do talento administrativo) e mostram um forte elo entre a evolução do tamanho das empresas e o das remunerações dos CEOs entre 1980 e 2003 (esse estudo não se limita ao meio bancário).
35. A partir de 2010, uma "renacionalização" dos mercados financeiros faz com que os títulos de dívida soberana constantes dos balanços bancários sejam essencial-

mente nacionais e que os bancos se vejam, por conseguinte, mais expostos ao risco soberano; inversamente, os Estados ficam expostos ao risco de terem de resgatar seus bancos. Essa interdependência entre bancos e Estados enseja a possibilidade de um círculo vicioso (chamado, nesse caso, *doom loop* ou *deadly embrace*) no qual as inquietudes dos mercados quanto à solvência de um Estado desvalorizam os títulos que ele emitiu e fragilizam os bancos domésticos que detêm esses títulos, o que força o Estado a desembolsar para resgatar os bancos, aumentando assim as inquietudes dos mercados quanto à solvência do Estado e fazendo cair ainda mais o preço dos títulos soberanos etc.

36. É forte, para os governos, a tentação de viver confortavelmente quando o preço das commodities está lá no alto, em vez de constituir, como fizeram a Noruega e o Chile por exemplo, um fundo soberano para melhor equalizar a atividade e se precaver contra períodos de preços de commodities baixos. O Chile, por exemplo, aplica desde 2001 uma regra orçamentária que condiciona as despesas públicas não à receita (que depende fortemente da cotação do cobre), mas à receita ajustada ao ciclo do cobre. Tal regra evita gastar exageradamente quando as cotações das commodities sobem para em seguida se ver em dificuldade orçamentária quando elas caem.

37. Em lugar de resgates com fundos públicos (*bailouts*), demasiado sistemáticos, surgiu uma vontade de aplicar uma política consistente de fazer com que os investidores imprudentes pagassem (*bailins*), sem que isso tivesse originado uma doutrina clara sobre sua envergadura.

38. Naturalmente, não se dará muito crédito àqueles que previram a crise sem descrever seus mecanismos, na medida em que, parafraseando Paul Samuelson, eles previram praticamente nove das últimas cinco crises (Paul Samuelson, zombando da incapacidade de previsão dos economistas, declarou: *"Wall Street indexes predicted nine out the last five recessions"*). Entre os economistas conhecidos que apontaram de maneira consistente os perigos da situação, podemos citar Raghuram Rajan (Universidade de Chicago, hoje presidente do Banco Central Indiano) e Nouriel Roubini (Universidade de Nova York). Robert Shiller (Yale), por sua vez, manifestara preocupação com a bolha imobiliária.

39. Remeto ao capítulo 4 para uma discussão das previsões no domínio científico mais *lato sensu*.

40. Ver o capítulo anterior.

13. Política da concorrência e política industrial (p.369-93)

1. Só recentemente a França converteu-se de fato à concorrência e à sua fiscalização. O decreto de 1986 pôs fim à economia administrada e ao controle dos preços pelo Estado, instituindo o Conselho da Concorrência. Nos Estados Unidos, o Sherman Act, base da lei antitruste, data de 1890. Evidentemente, há muitos outros antecedentes, como as decisões antimonopólio na Inglaterra, no começo do século XVII.

2. Mais precisamente, até a lei de modernização da economia, em 2008.
3. Tecnicamente, essas reduções de preço eram obtidas a título da cooperação comercial (*marges arrière*). Um estudo do Ministério da Economia ("As relações comerciais entre fornecedores e distribuidores", Direction Générale du Trésor e de la Politique Économique, novembro de 2006) estimava que uma reforma da lei Galland faria cair o índice dos preços ao consumidor em 1,4 ponto, ganharia 0,3 ponto do PIB e viria acompanhada da criação de 80 mil empregos num horizonte de quatro a cinco anos.
4. Segundo McKinsey, a produtividade do trabalho (a produção em valor por hora de trabalho) no setor automobilístico na França cresceu num ritmo de quase 8% ao ano de 1992 a 1999 (15% de 1996 a 1999) graças a uma melhor política de compras, uma reestruturação da administração e uma simplificação da produção. Hoje, naturalmente, a Peugeot passa por uma grave crise porque não exibe a eficiência de seus concorrentes. O valor agregado por empregado na indústria automobilística permanece (os primeiros números disponíveis datam de 2012) cerca de 50% inferior ao da Alemanha, bem como ao do Reino Unido, e inferior à média da União Europeia.
5. Ver, por exemplo, Nicholas Bloom, Mirko Draca e John Van Reenen, "Trade Induced Technical Change? The Impact of Chinese Imports on Innovation, IT and Productivity", mimeo.
6. "(Not) made in France", Lettre du Cepii, junho de 2013.
7. Ver, para os Estados Unidos, Lucia Foster, John Haltiwanger e C.J. Krizan, "Aggregate Lessons from Microeconomic Evidence", *New Development in Productivity Analysis, National Bureau of Economic Research*, 2001, p.303-72. E, para a França, Bruno Crépon e Richard Duhautois, "Ralentissement de la productivité et réallocations d'emplois: deux régimes de croissance", *Économie et Statistique*, 2003, nº367, p.69-82.
8. Ver o capítulo 9.
9. Idem.
10. Estudado no capítulo 8.
11. Naturalmente, tiro aqui de seu contexto a célebre fórmula de Mao em fevereiro de 1957 em seu Discurso das Cem Flores, conclamando a crítica do Partido Comunista.
12. Para um estudo centrado na China, ver Philippe Aghion, Mathias Dewatripont, Luosha Du, Ann Harrison e Patrick Legros, "Industrial Policy and Competition", *American Economic Journal* [vol.7, nº4, outubro de 2015].
13. Excluo aqui os setores em que o Estado é necessariamente comprador (educação, saúde, armamento, infraestruturas...) e em que ele não pode intervir.
14. Remeto aqui ao célebre estudo de AnnaLee Saxenian, *Region Advantage. Culture and Competition in Silicon Valley and Route 128*, que sugere que a cultura de trocas informais do Vale do Silício conferiu-lhe uma vantagem com relação ao antigo polo high-tech bostoniano, situado nos arredores da Estrada 128 (Cambridge, Harvard University Press).
15. Ver o estudo de Gilles Duranton, Philippe Martin, Thierry Mayer e Florian Mayeneris, que observa que "existem de fato pouquíssimos exemplos bem-sucedi-

dos de políticas de apoio aos clusters" ("Les pôles de compétitivité: que peut-on en attendre?", Cepremap, 2008). Em 2007, havia 71 polos de competitividade na França.
16. Por exemplo, de 105 projetos de polo de competitividade apresentados na França em 2005, 67 foram aceitos.
17. Damien Neven e Paul Seabright, "European Industrial Policy: the Airbus Case", *Economic Policy*, 22, setembro de 1995.
18. O Japão do pós-guerra foi construído essencialmente em torno de grupos privados, com um Estado certamente planificador (o famoso Miti), mas menos intervencionista.
19. Algumas dessas recomendações têm um campo de aplicação muito mais largo do que a política industrial: política de emprego, política educacional etc.
20. Philippe Aghion, Mathias Dewatripont, Caroline Hoxby, Andreu Mas-Colell e André Sapir, "Universities", *Economic Policy*, junho de 2010. Esse artigo aponta a relação de complementaridade entre autonomia das universidades e concorrência (intuitivamente, a concorrência só pode desempenhar um papel importante se as universidades forem livres na adoção de suas estratégias). Mostra também o impacto do financiamento do tipo realizado pela National Science Foundation e o National Institute of Health.
21. Em seu livro *État moderne, État efficace. Évaluer les dépenses publiques pour sauvegarder le modèle français* (Paris, Odile Jacob, 2012), Marc Ferracci e Étienne Wasmer propõem inverter o ônus da prova: segundo eles, deveria caber aos defensores da política em questão, após x anos, provar que ela foi eficaz e, logo, que deve seguir adiante; na falta de provas, a política implementada deve morrer.
22. Para uma excelente análise desse país, ver Bruce Greenwald e Joe Stiglitz, *Creating a Learning Society*, Nova York, Columbia Universtiy Press, 2014. Em contrapartida, não concordo com o argumento segundo o qual sem política industrial a Coreia teria forçosamente estagnado na produção de arroz, o que era sua vantagem comparativa em 1945. Em primeiro lugar, a vantagem comparativa é uma noção dinâmica. A partir do momento em que o país investia em educação e infraestrutura e facilitava o acesso ao crédito, não havia razão para que a economia não se voltasse para empregos industriais. Depois, impelir o país a se especializar no arroz teria sido o exemplo perfeito de política industrial!
23. Élie Cohen e Jean-Hervé Lorenzi, "Des politiques industrielles aux politiques de compétitivité en Europe", in *Politiques industrielles pour l'Europe*, Paris, La Documentation Française, 2000.
24. Sobre esse assunto o leitor poderá consultar o quadro que resume esses dispositivos nacionais de auxílio à inovação (Quadro 1) em "Quelles politiques d'innovation a-t-on déployé en France? Une cartographie", *France Stratégie*, 10 de novembro de 2015, documento de trabalho.
25. A estimativa dos efeitos de limiar é complexa. Ver, por exemplo, o artigo de Nila Ceci-Renaud e Paul-Antoine Chevalier, "L'impact des seuils de 10, 20 et 50 salariés sur la taille des entreprises françaises", *Économie et statistique*, 2010, vol.437, p.29-45. O Estado francês não é o único responsável pelos efeitos de limiar. O Parlamento

europeu optou por uma redução dos fundos próprios para os bancos quando eles não emprestam às pequenas e médias empresas.
26. Luis Garicano, Claire Lelarge e John Van Reenen, "Firm Size Distortions and the Productivity Distribution. Evidence from France", *American Economic Review* [2016, 106(11), p.3439-79]. Esses autores estimam em torno de 5% o custo, que se deve em grande parte ao rígido mercado de trabalho na França (eles estimam que em um país como os Estados Unidos o custo de tal regulação seria de no máximo 1%); um custo que, a bem da verdade, pode variar segundo os países e as épocas, mas que depende do contexto institucional e não parece negligenciável.
27. Ver, por exemplo, minha nota com Guillaume Plantin e David Thesmar, "Les enjeux économiques du droit des faillites", Conselho de Análise Econômica, 2013, nota 7, para proposições de reforma. Uma ordenação de 2014 sobre o direito de falências seguiu esse caminho, ao autorizar os credores a converter seus créditos em capital e a propor um plano de recuperação alternativo ao do dirigente.
28. O relatório do Conselho de Análise Econômica "Faire prosperer les PME" (outubro de 2015) aponta que o índice de cobertura convencional por parte dos acordos de setor é anormalmente elevado na França, em comparação ao resto do mundo (93% em 2008 contra uma média de 56% para a OCDE). Ver o capítulo 9.
29. Ver Yves Jacquin Depeyre, *La Réconciliation fiscale*, Paris, Odile Jacob, 2016.

14. Quando o digital modifica a cadeia de valor (p.394-416)

1. O Spotify oferece uma assinatura (além de uma base gratuita implicando publicidade e limites) de streaming de música, bem como links permanentes para comprar faixas ou álbuns. O usuário pode procurar títulos ou deixar o Spotify escolher para ele de acordo com seus gostos revelados.
2. Ou multiface; por exemplo, Microsoft Windows deve atrair os usuários (você e eu), os fabricantes de computadores e os desenvolvedores de aplicativos.
3. Os fornecedores de conteúdos criam softwares, arquivos de áudio e vídeo, aplicativos de geolocalização e qualquer outro serviço de que podem se beneficiar os usuários da Internet. O acesso dos consumidores a esses conteúdos depende das plataformas intermediárias, de seu fornecedor de acesso na Internet às outras plataformas intermediárias, como as redes de televisão (Canal+ etc.).
4. Glenn e Sara Ellison, "Match Quality, Search, and the Internet Market for Used Books", mimeo.
5. A taxa de intercâmbio, que é determinada de maneira centralizada nos sistemas Visa e MasterCard, é o pagamento feito pelo banco do comerciante ao nosso banco por ocasião da transação. Uma taxa de intercâmbio mais elevada repercute na taxa cobrada pelo banco ao lojista. Inversamente, incita os bancos emissores a nos oferecer boas condições, a fim de nos seduzir.
6. Não se sabe se esse modelo econômico pode ser replicado indefinidamente. Mesmo a publicidade sendo mais eficaz quando o alvo (isto é, nós mesmos) recebe o anúncio de

maneira repetida, há, ainda assim, *in fine* rendimentos decrescentes diante da exposição a uma dada publicidade; pode, além disso, haver um cansaço e uma desatenção maiores com respeito aos anúncios em geral. Por fim, existem cada vez mais aplicativos que permitem escapar aos anúncios comerciais (como TiVo para a televisão).

7. Esses números são apenas indicativos. Na realidade, eles variam no tempo e dependem do tipo de transação e de outras considerações.
8. Os fabricantes de impressoras, por sua vez, vendem suas impressoras com prejuízo ou sem grande lucro e fabricam seus próprios cartuchos, os quais cobrem suas margens. Em ambos os casos, somos confrontados com um problema de comprometimento. Receamos ter de pagar caro pelos nossos cartuchos. É uma situação diferente, contudo, dos videogames. No caso da impressora, há apenas um lado do mercado; são os mesmos consumidores que compram a impressora e os cartuchos. Os fabricantes de impressora têm duas soluções para tranquilizar o consumidor: ou eles colocam um preço muito baixo na impressora para atraí-lo, ou comprometem-se a adotar uma arquitetura aberta, de maneira a que outros fabricantes de cartuchos possam abastecer o comprador de impressora, fazendo o preço dos cartuchos cair; o fabricante de impressoras pode então vendê-las a um preço mais alto, cumprindo assim sua margem mais em cima da impressora que dos cartuchos.
9. David Evans e Richard Schmalensee, *Matchmakers. The New Economics of Platform Businesses*, Cambridge, Harvard Business School Press, 2016. Ver também seu livro *Catalyst Code* (Harvard Business School Press, 2007) e o escrito em colaboração com Andrei Hagiu, *Invisible Platforms. How Software Platformes Drive Innovations and Transfom Industries* (Cambridge, MIT Press, 2006). Recomendo ainda a leitura do livro de Marshall van Alstyne, Geoff Parker e Saugeet Paul Choudary, *Platform Revolution*, Nova York, Norton, 2016.
10. A Apple tem menos clientes, mas estes gastam mais dinheiro que os do Android, sendo, portanto, mais atrativos para os desenvolvedores de aplicativos.
11. Ver Tim Bresnahan, Joe Orsini e Pai-Ling Yin, "Demand Heterogeneity, Inframarginal Multihoming and Platform Market Stability. Mobile Apps", mimeo.
12. Mesmo criticada por não dar acesso suficiente a seu código e favorecer seu navegador, a Microsoft sempre foi, no conjunto, um sistema muito aberto.
13. Os usuários de iPhones e iPads gastaram US$20 bilhões em aplicativos em 2015.
14. Essa abertura para o exterior se faz pela publicação de interfaces, as Application Programming Interfaces (API). Claro, nem tudo se passa de maneira inteiramente neutra, e as plataformas e serviços externos concebidos por essas plataformas estão às vezes em conflito com as agências reguladoras da concorrência no que se refere a questões de "vendas casadas", isto é, presunção de favoritismo da plataforma para com os aplicativos internos. Ver infra.
15. Essa possibilidade existe no direito europeu da concorrência (mas não no direito americano), mesmo sendo pouco utilizada na prática.
16. Novas regulamentações reforçaram essas exigências em alguns países, por exemplo a lei Macron na França, que especifica que os proprietários de hotel são inteiramente livres no que se refere a seus preços.

17. Ver, por exemplo, o artigo de Hélène Bourguignon, Renato Gomes e Jean Tirole, "Shrouded Transaction Costs", mimeo, e a literatura sobre os "hold-ups" e os atributos escondidos dos consumidores. Esse artigo mostra também que as novas regulamentações, que restringem os montantes das sobretaxas para pagamento por cartão nos Estados Unidos, Reino Unido e Austrália, são demasiado clementes.
18. A Booking assumiu, em 2015, compromissos perante a agência reguladora da concorrência francesa. Os hotéis terão mais liberdade em suas ações; poderão, em especial, praticar preços inferiores aos oferecidos pela Booking não só em outras plataformas, como também em seus próprios canais fora da rede (reservas por telefone ou e-mail) ou, no âmbito de programas de fidelidade, on-line em seu próprio site. A Booking, a priori, deveria estender esses compromissos ao resto da Europa.
19. Ver Jean-Charles Rochet e Jean Tirole, "Cooperation among Competitors. Some Economics of Payment Card Associations", The Rand Journal of Economics, 2002, vol.33, nº4, p.549-70; e Ben Edelman e Julian Wright, "Price Coherence and Adverse Intermediation", Quarterly Journal of Economics, 2015, vol.130, nº3, p.1283-328.
20. Como o capítulo sobre o meio ambiente.
21. Esse princípio chama-se "o teste do custo evitado" ou o "teste do turista" (preferiria um lojista que um cliente pagasse em cartão e não em espécie, sabendo que o cliente que se encontra na loja dispõe de dois modos de pagamento possíveis e não será mais cliente no futuro, porque é um turista?). A teoria correspondente às linhas diretrizes da Comissão Europeia foi desenvolvida num artigo meu com Jean-Charles Rochet, "Must Take Cards. Merchant Discounts and Avoided Costs", Journal of the European Association, 2011, vol.9, nº3, p.462-95.
22. Incluímos aqui nessa categoria os sites de metabuscas que, ao contrário das agências de reservas, não tratam de reservas.
23. Ver o próximo capítulo.
24. Para uma discussão mais completa sobre a questão do direito da concorrência das compras casadas, ver meu artigo "The Analysis of Tying Cases. A Primer", Competition Policy International, 2005, vol.1, nº1, p.2-5.

15. Economia digital: os desafios sociais (p.417-46)

1. Isso não sem lembrar a frase de Aleksandr Soljenítsyn: "Nossa liberdade é construída sobre o que o outro ignora de nossa existência."
2. E a transação repetida; o que aprendemos sobre a pessoa a quem confiamos nossas economias ou sobre o cirurgião não é de grande utilidade se perdermos nossa poupança ou nossa saúde. Além disso, é difícil apreciar a eficácia de determinados bens, como as vitaminas, mesmo após consumo.
3. Do célebre slogan "Life is short. Have an Affair".
4. Uma intervenção da Federal Trade Commission e de autoridades judiciárias dos Estados limitou a extensão dessa transferência de dados.

5. Há, evidentemente, outras considerações a levar em conta quanto à defasagem Estados Unidos – Europa, como a distância que ainda separa a Europa de um mercado único.
6. O livre acesso a esses dados concedido a plataformas concorrentes é uma alternativa, mas levanta questões de confidencialidade.
7. Qual será o papel do médico nesse novo ambiente? Não tenho competência para prever. Num extremo do espectro da medicina-fiction, o médico de amanhã será apenas um biombo – dando um parecer de bom senso quando o sistema informático puder ter sido pirateado – e oferecerá um contato humano ao paciente. Mas seja qual for o futuro dessa profissão, ela se apoiará no mínimo num diagnóstico provisório, mas exaustivo, estabelecido por um software a partir dos exames.
8. Alguns desses temas são abordados, por exemplo, no livro de Éric Sebban, *Santé conectée. Demain tous médecins?*, Paris, Hermann, 2015.
9. Atualmente legal, com a introdução em 2008 da ruptura convencional no caso dos CDI. O empregador agora paga uma indenização de ruptura convencional (pelo menos igual à indenização legal de demissão). A ruptura convencional não é uma demissão e o funcionário recebe então auxílios-desemprego.
10. Pode-se invocar também a responsabilidade de um prefeito e de sua comuna ao permitir determinada construção, tendo conhecimento do Plano de Prevenção aos Riscos de Inundação estabelecido pelo administrador regional.
11. A própria hipocondria está na fronteira da seleção adversa (um verdadeiro distúrbio de ansiedade) e do risco moral (uma falta de controle sobre seu comportamento). A patologia está claramente em jogo quando os indivíduos procuram constantemente conselhos médicos na Internet, sem que se possa censurar o risco moral, pois eles não impõem então nenhum custo à previdência social.
12. De €1 por consulta médica, análise biológica ou de imagem, e de €19 para os atos cuja tarifa reembolsável ultrapasse €120; €0,50 por uma caixa de medicamentos e por cada ato paramédico e €2 por trajeto para transportes hospitalares, com um limite máximo anual de €50; e €18 por dia de hospitalização.
13. Mais precisamente, aquelas cobertas pela previdência social.
14. Os economistas chamam esse fenômeno de "efeito Hirshleifer", segundo o artigo de Jack Hirshleifer, "The Private and Social Value of Information and the Reward to Inventive Activity", *American Economic Review*, 1971, vol.61, n°4, p.561-74.
15. O sistema suíço é analisado em Brigitte Dormont, Pierre-Yves Geoffard e Karine Lamiraud, "The Influence of Supplementary Health Insurance on Switching Behavior. Evidence from Swiss Data", *Health Economics*, 2009, vol.18, p.1339-56.
16. Por uma dedutibilidade das contribuições salariais do imposto de renda e uma isenção de encargos sociais para a participação do empregador. A dedutibilidade foi suprimida em 2014, mas os seguros complementares de grupo foram estendidos a todos os empregados do setor privado.
17. Ver a nota "Redonner l'assurance-maladie", escrita em parceria com Brigitte Dormont e Pierre-Yves Geoffard, Conseil d'Analyse Économique, nota 12.
18. Blog de Robert Reich, "The Share-the-Scraps Economy", 2 de fevereiro de 2015.

19. Cabe nos perguntarmos por que o patrão não repassa a sobretaxa desse custo ligado à utilização de um táxi no contracheque do funcionário. A resposta é simples: a utilização do táxi, como a das passagens aéreas caras (flexíveis, classe executiva etc.), é uma forma de remuneração disfarçada, que, ao contrário do salário, não é sujeita a encargos sociais e imposto de renda. Ela também permite subestimar o custo das condições oferecidas ao empregado pelas administrações preocupadas em não ostentar altos salários.
20. Para uma teorização das reputações coletivas e individuais, ver meu artigo "A Theory of Collective Reputations, with Applications to the Persistence of Corruption and to Firm Quality", *Review of Economic Studies*, nº63, p.1-22.
21. George Baker e Thomas Hubbard, "Contractibility and Asset Ownership. On-Board Computers and Governance in US Trucking", *Quarterly Journal of Economics*, 2004, vol.119, nº4, p.1443-79; e "Make Versus Bug in Trucking, Asset Ownership, Job Design, and Information", *American Economic Review*, 2003, vol.93, nº3, p.551-72.
22. Exceto a parte VII do código trabalhista incidindo (essencialmente) no trabalho autônomo.
23. Anthony Atkinson, Thomas Piketty e Emmanuel Saez, *High Income Database*.
24. Erik Brynjolfsson e Andrew McAfee, *The Second Machine Age*, Nova York, Norton, 2014.
25. US$1.884 por residente em 2014.
26. David Autor, "Why Are There Still So Many Jobs? The History and Future of Workplance Automation", *Journal of Economic Perspectives*, 2015, vol.29, nº3, p.3-30.
27. Exceto em países como os do sul da Europa, que, como expliquei no capítulo 10, apresentam certas especificidades do mercado de trabalho.
28. Em "Economic Possibilities for our Grandchildren" (1931), onde ele contemplava um horizonte de apenas duas gerações para essa evolução.
29. Em "Will Humans Go the Way of Horses?", *Foreign Affairs*, julho-agosto de 2015.
30. Como fizeram antigamente para eliminar a bitributação.
31. Ver o capítulo anterior.

16. A inovação e a propriedade intelectual (p.447-71)

1. Utilizo aqui a terminologia da lavra de Philippe Aghion e Peter Howitt.
2. Edmund Phelps (prêmio Nobel em 2006), "What's Wrong with the West's Economies", *New York Review of Books*, 13 de agosto de 2015.
3. Estimulado pelos trabalhos de Michael Kremer, professor de economia em Harvard: ver "Making Markets for Vaccines. Ideas to Action, Center for Global Development", 2005. Uma entidade importante é a Gavi (Global Alliance for Vaccines and Imunization), agente público-privado (consórcio formado por vários países e pela fundação Bill e Melinda Gates).
4. Para pontos de vista ambos muito críticos das instituições, mas que chegam a conclusões divergentes, ver os livros de Adam Jaffe e Josh Lerner, *Innovation and*

its Discontents. *How our Broken Patent System is Endangering Innovation and Progress, and What to Do about it*, Princeton, Princeton University Press, 2004; e de Michelle Boldrin e David Levine, *Against Intellectual Monopoly*, Cambridge, Cambridge University Press, 2008.
5. Mais amplamente, inúmeras patentes foram concedidas a práticas já existentes fora da Internet, às vezes há séculos: por exemplo, a utilização on-line do "leilão holandês", no qual o leiloeiro começa com um preço alto e vai reduzindo-o até que um arrematador aceite.
6. Carl Shapiro, "Navigating the Patent Thicket. Cross Licenses, Patent Pools, and Standard Setting", in Adam Jaffe, Joshua Lerner, Scott Stern (orgs.), *Innovation Policy and the Economy*, vol.1, Cambridge, MIT Press, 2000, p.119-50.
7. Somente entre Mayence e Colônia havia treze pedágios. A situação era similar no Elba ou nos rios franceses (o Reno, o Sena, o Garonne e o Loire): ver Robert Spaulding, "Revolutionary France and the Transfomation of the Rhine", *Central European History*, 2011, vol.44, n°2, p.203-26.
8. Segundo a expressão utilizada pelo biólogo Garrett Hardin num artigo homônimo publicado na *Science* em 1968.
9. Na realidade, todos os pedágios foram pura e simplesmente suprimidos ao longo do Reno.
10. Para resumir, eu não conhecia a significação da expressão "pool de patentes" quando comecei a trabalhar em economia industrial no momento da minha tese.
11. Outro problema é que as patentes podem ser complementos a preço baixo (os usuários se servirão do conjunto completo a esses preços, e, logo, um aumento do preço da licença reduz a demanda para a tecnologia geral) e substitutos a preços mais altos (um aumento do preço da licença para uma patente que pode acarretar um aumento da demanda para as licenças de outras patentes).
12. Partindo, para simplificar, de um custo nulo de comercialização das licenças. O preço de monopólio é o preço que maximiza o produto PD (P) do preço da licença P e da demanda D(P) para utilização da tecnologia, uma função decrescente de P.
13. Uma divisão desigual implicaria que o detentor de patente dispondo de uma parte mais fraca teria ainda mais incentivos a reduzir seu preço. O raciocínio resistiria a fortiori.
14. O equilíbrio de concorrência em licenças individuais também restaura o nível de concorrência antes do pool no caso de um mau pool, quando há mais de duas licenças e/ou quando as patentes são substitutos imperfeitos. Porém com mais de duas patentes, problemas de coordenação podem então gerar vários equilíbrios. Aleksandra Boutin ("Screening for Good Patent Pools through Price Caps on Individual Licenses", *American Economic Journal* [vol.8, n°3, agosto de 2016]) mostra que acrescentar a exigência de desagrupamento (descrita adiante) seleciona o equilíbrio que restabelece a concorrência.
15. "Tácita", pois as empresas não precisam firmar um acordo de cartel (que aliás seria ilegal em quase todo o mundo), nem sequer se encontrar para discutir a coordenação sobre um comportamento "pacífico".

16. Ver meu artigo com Patrick Rey, "Cooperation vs. Collusion: How Essentiality Shapes Co-opetition", Toulouse School of Economics, mimeo.
17. Na prática, um obstáculo à formação de pools incide sobre a distribuição dos dividendos, os membros tendo interesses claramente divergentes na matéria. Distribuir esses dividendos proporcionalmente ao número de patentes detidas, independentemente do valor de sua contribuição à tecnologia, pode incitar os proprietários de patentes especialmente importantes a ficar fora do pool. Acordos de moderação mútua ("Aceito baixar meus royalties contanto que você aceite estabelecer um teto para os seus em tal nível...") tais como descrito aqui determinam implicitamente essa divisão.
18. Por exemplo, a Afnor na França, ETSI, ISSO, W3C ou IEEE. Esses organismos de padronização são muito numerosos, diferente em inúmeras dimensões (tecnologias certificadas, peso político relativo dos usuários e detentores de patentes...), e competem parcialmente, ao mesmo tempo zelando para conservar sua credibilidade. Ver meu artigo com Benjamin Chiao e Josh Lerner ("The Rules of Standard Setting Organizations: An Empirical Analysis", *Rand Journal of Economics*, 2007, vol.38, nº4, p.905-30) para uma análise empírica da seleção do organismo de padronização e do fenômeno do *forum shopping*, isto é, da procura de um organismo razoavelmente conciliador. Como prevê a teoria, os detentores de propriedade intelectual confiantes na perspectiva de que ela será objeto de um padrão voltam-se para organismos que dão mais poder aos detentores de patentes em seu processo de decisão e tendo menos exigências (em termos de royalties e divulgação das informações).
19. O objetivo de uma exigência de compromissos quanto aos preços das licenças é evitar que as licenças de exploração das patentes que venham a ser essenciais para o padrão sejam muito caras; o que não agrada obrigatoriamente aos detentores de propriedade intelectual. Ora, o organismo de padronização precisa desses detentores para identificar as patentes e construir o padrão; além disso, os detentores geralmente podem escolher entre vários organismos de padronização e voltar-se para um organismo mais conciliador se o organismo em questão exigir comprometimentos. Ver meus artigos com Josh Lerner, "Standard-Essential Patents", *Journal of Political Economy*, 2015, vol.123, nº3; e "A Better Route to Tech Standards", *Science*, 2014, vol.343, p.972-3.
20. Frederik Neumeyer, *The Employed Inventor in the United States. R&D Policies, Law and Practice*, Cambridge, MIT Press, 1971.
21. Mais tarde, após um processo, ele recebeu cerca de US$9 milhões.
22. Que comparam a atividade de patenteamento entre estruturas financiadas por venture capital ou por uma empresa. Ver Sam Kortum e Josh Lerner, "Assessing the Impact of Venture Capital to Innovation", *Rand Journal of Economics*, 2000, vol.31, nº4, p.674-92.
23. Em "What's Wrong with the West's Economies", *New York Review of Books*, 13 de agosto de 2015.
24. Ver Gaspard Koenig, *Le Révolutionnaire, l'Expert et le Geek*, op.cit., p.89.

25. Ver o capítulo 13.
26. Nem sempre é possível para o Estado ter acesso aos melhores especialistas, pois ele não pode oferecer as remunerações do setor privado.
27. Tecnicamente, o Linux não passa de um núcleo (*kernel*) de sistema operacional (OS). O Android, que, por sua vez, é um OS completo, é aliás baseado num *kernel* Linux. Sistemas operacionais completos fazem referência a "GNU/Linux". Em seguida, são "armazenados" sob forma cômoda no que é conhecido como "distribuição Linux" (Ubuntu é provavelmente a mais conhecida do grande público, Red Hat Entreprise Linux a mais conhecida das empresas).
28. A discussão a seguir inspira-se em nossos artigos "Some Simple Economics Open Source", *Journal of Industrial Economics*, 2002, vol.50, nº2, p.197-234; e "The Scope of Open Source Licensing", *Journal of Law, Economics and Organization*, 2005, nº21, p.20-56.
29. O código-fonte é escrito numa linguagem de programação. Em seguida é transformado numa representação binária de uma sequência de instruções executáveis pelos microprocessadores. Em geral, é o código binário que é disponível externamente, e não o trabalho de programação em si.
30. Desde então, softwares livres como LyX tentaram emular a facilidade de utilização do Scientific Workplace.
31. Apache 2.0.
32. Fim de 2007; o iPhone, por sua vez, foi lançado no início de 2007.
33. A licença LGPL (Lesser General Public License) é uma versão modificada para ser menos coercitiva quanto à sua utilização num contexto de coabitação com softwares proprietários.

17. A regulação setorial (p.472-99)

1. Meus trabalhos com Jean-Jacques Laffont sobre a regulação incitativa (mas não aqueles sobre a abertura à concorrência, em parte posteriores) estão sintetizados em *A Theory of Incentives in Regulation and Procurement*, Cambridge, MIT Press, 1993.
2. Pensemos, por exemplo, nos mercados públicos de produtos e serviços dos governos locais, hospitais, universidades, nos transportes coletivos, na água e no saneamento, nos projetos de construção de estabelecimentos escolares, autoestradas e pontes, ou ainda de equipamentos esportivos e culturais. O leitor pode, por exemplo, consultar meu artigo com Stéphane Saussier, "Renforcer l'efficacité de la commande publicque" (Conseil d'Analyse Économique, nota 22) e o livro de Stéphane Saussier, *Économie des partenariats public-privé*, Bruxelas, De Boeck, 2015.
3. A alternativa é criar um mercado de leasing do material rodante, como na Inglaterra, com os Roscos (*rolling stock operating companies*).
4. As garantias têm como objetivo assegurar o pagamento do credor e enfrentar a insolvência do devedor. Elas podem ser pessoais (caução) ou reais (depósito ou colateral).

5. O superávit dos consumidores é o benefício líquido do consumo desse bem; como havia mostrado o engenheiro-economista francês Jules Dupuit em 1844, ele pode ser calculado a partir da função de demanda. Para compreender como ele é calculado, tomemos o seguinte exemplo: suponhamos que um bem seja vendido ao preço de 10 e que haja dez consumidores dispostos a pagar mais do que 10 (para uma única unidade cada um): aquele que mais deseja comprar comprará contanto que o preço não ultrapasse 19 etc. até o último, que está disposto a pagar 11. O superávit dos consumidores é seu superávit total: $(20-10) + (19-10) + (18-10) + \ldots + (11-10) = 55$. Logo, o serviço se justifica contanto que o custo fixo não ultrapasse 55.
6. Ver a esse respeito meu artigo com Glen Weyl, "Market Power Screens Willingness-to-Pay", Quarterly Journal of Economics, 2012, vol.127, nº4, p.1971-2003.
7. Em 2014, €422/MWh para o fotovoltaico (preço contudo em queda nítida com relação a alguns anos antes), €88/MWh para o eólio, €133/MWh para a biomassa etc. (a título de comparação, o preço médio em 2014 no mercado de atacado – a bolsa de eletricidade europeia – era de €37/MWh).
8. A tarifação do carbono recompensaria efetivamente as reduções de emissões. Por exemplo, se o carro elétrico reduzisse drasticamente as emissões na França em virtude de uma produção elétrica pouco carbonada, ela poderia muito bem aumentar essas emissões num contexto em que a eletricidade é produzida a partir de tecnologias poluentes! Ver Stephen Holland, Erin Mansur, Nicholas Muller e Andrew J. Yates, "Environmental Benefits from Driving Eletric Vehicles?", mimeo.
9. Mais genericamente, as famílias americanas que se situam no top 20% das rendas receberam 60% dos US$18 bilhões de transferências concedidos pelo poder público entre 2006 e 2014 para as energias verdes (painéis solares, isolamento térmico, carros híbridos...); esse número atinge 90% no caso dos carros elétricos: ver Severin Borenstein e Lucas Davis, "The Distributional Effects of US Clean Energy Tax Credits", mimeo. Borenstein e Davis também calculam que uma tarifação do carbono seria menos regressiva.
10. Mais uma vez, convém definir o objetivo. Uma tarifação do carbono é realmente mais simples e lógica ao mesmo tempo.

Agradecimentos

Este livro se beneficiou de inúmeros conselhos e comentários. Faço questão de agradecer aqui muito especialmente a Frédéric Chebonnier, Mathias Dewatripont, Augustin Landier, Patrick Rey, Paul Seabright, Nathalie Tirole, Philippe Trainar e Étienne Wasmer, que leram a totalidade ou parte de versões anteriores. Philippe Aghion, Roland Bénabou, Olivier Blanchard, Christophe Bisière, Paul Champsaut e Alain Quinet igualmente forneceram valiosos comentários. Embora esses leitores indulgentes tenham contribuído muito para o livro, não devem em hipótese alguma ser considerados responsáveis por eventuais erros ou lacunas.

Como todo livro, *Economia do bem comum* tem muito do contexto intelectual do autor. No meu caso, as diferentes instituições às quais pertenço, e em primeiro lugar, naturalmente, a Toulouse School of Economics (TSE) e o Institute for Advanced Study in Toulouse (Iast), o instituto multidisciplinar fundado em 2011 na Universidade de Toulouse Capitole. Esse contexto intelectual é uma homenagem a Jean-Jacques Laffont, quintessência do economista e encarnação da pesquisa do bem comum. A influência intelectual de meus colaboradores, que tampouco são responsáveis pelas imperfeições deste livro, evidentemente, pode ser detectada em praticamente cada uma de suas linhas.

Tive muito prazer em trabalhar com a equipe das Presses Universitaires de France, em especial com Monique Labrune, diretora editorial, que acompanhou o processo de elaboração com talento e bom humor.

Por fim, gostaria de agradecer a todos que me incentivaram a escrever esta obra. A começar pelas diversas pessoas, às vezes anônimas, que fizeram com que eu tomasse consciência do meu dever de, sem sacrificar o rigor de minha disciplina, transmiti-la para além de um círculo de tomadores de decisão.

A marca FSC® é a garantia de que a madeira utilizada na fabricação
do papel deste livro provém de florestas que foram gerenciadas de maneira
ambientalmente correta, socialmente justa e economicamente
viável, além de outras fontes de origem controlada.

Este livro foi composto por Mari Taboada em Dante Pro 11,5/16
e impresso em papel offwhite 80g/m² e cartão triplex 250g/m²
por Geográfica Editora em março de 2020.